FELIX SPEHL

Die Zustimmungsvorbehalte des Aufsichtsrats bei der Unternehmenstransaktion

Schriften zum Wirtschaftsrecht

Band 378

Die Zustimmungsvorbehalte des Aufsichtsrats bei der Unternehmenstransaktion

Von

Felix Spehl

Duncker & Humblot · Berlin

Die Rechtswissenschaftliche Fakultät der Universität zu Köln
hat diese Arbeit im Jahre 2025 als Dissertation angenommen.

Bibliografische Information der Deutschen Nationalbibliothek

Die Deutsche Nationalbibliothek verzeichnet diese Publikation in der Deutschen Nationalbibliografie; detaillierte bibliografische Daten sind im Internet über http://dnb.d-nb.de abrufbar.

Satz: 3w+p GmbH, Rimpar
Druck: Prime Rate Zrt., Budapest, Ungarn

ISSN 0582-026X
ISBN 978-3-428-19721-7 (Print)
ISBN 978-3-428-59721-5 (E-Book)

Gedruckt auf alterungsbeständigem (säurefreiem) Papier
entsprechend ISO 9706 ♾

Verlagsanschrift: Duncker & Humblot GmbH, Carl-Heinrich-Becker-Weg 9,
12165 Berlin, Germany | E-Mail: info@duncker-humblot.de
Internet: https://www.duncker-humblot.de

Für Sarah und meine Eltern Beatrix und Hans-Gerd Spehl

Vorwort

Diese Arbeit wurde im Sommersemester 2025 unter dem Titel „Die Zustimmungsvorbehalte des Aufsichtsrats gem. § 111 Abs. 4 Satz 2 AktG in der Unternehmenstransaktion und im Rechtsvergleich mit dem Recht von England und Wales“ von der Rechtswissenschaftlichen Fakultät der Universität zu Köln als Dissertation angenommen. Besonderen Dank gilt meinem Doktorvater Herrn Professor Dr. *Martin Henssler*, der mir stets durch seinen wertvollen Rat geholfen hat. Gleichfalls gilt mein Dank Herrn Professor Dr. *Jens Koch* für die schnelle Erstellung des Zweitgutachtens. Neben der akademischen Begleitung wäre diese Arbeit jedoch gleichwohl nicht möglich gewesen ohne die umfangreiche und liebevolle private Unterstützung durch meine Familie und Freunde. Ein Dissertationsvorhaben ist geprägt von Höhen und Tiefen. Freunde und Familie waren in dieser stürmischen Zeit mein sicherer Anker. Ich kann an dieser Stelle nicht jedem Freund und dessen Hilfe gerecht werden. Hervorheben will ich indes *Carl Kurlanda*, der mir als treuer Freund immer eine farbenfrohe Abwechslung von der Juristerei schenken konnte. *Arne Kerstin* danke ich für die vielen kollegialen Gespräche und Diskussionen bei einem Kaffee oder beim Mittagessen. Auch möchte ich mich bei meinem Betreuer im Rahmen der Rechtsanwaltsstation des Referendariats, Herrn Rechtsanwalt Dr. *Georg Dietlein*, für seine wertvollen Ratschläge bedanken.

Schließlich gilt der größte Dank meiner Familie, meinen Eltern *Beatrix* und *Hans-Gerd Spehl* und meiner Verlobten *Sarah Kohlgraf*. Meine Eltern haben mir immer den Rücken freigehalten und mir alles ermöglicht. Gleichzeitig standen sie immer mit Rat und Tat zur Verfügung. Meiner Verlobten verdanke ich durch ihre unerschütterliche Unterstützung die Kraft und den Mut, dieses Vorhaben erfolgreich zu vollenden. Wegen eurer besonderen Hilfe widme ich euch diese Arbeit.

Köln, im November 2025 *Felix Spehl*

Inhaltsübersicht

Inhaltsverzeichnis

Abkürzungsverzeichnis

abhängige G.	abhängige Gesellschaft
Abs.	Absatz
AEUV	Vertrag über die Arbeitsweise der Europäischen Union
a. F.	alte Fassung
AG	Aktiengesellschaft
AktG	Aktiengesetz
AO	Abgabenordnung
BGB	Bürgerliches Gesetzbuch
BGH	Bundesgerichtshof
BKartA	Bundeskartellamt
BVerwG	Bundesverwaltungsgericht
BVG	Besonderes Verhandlungsgremium
bzgl.	bezüglich
bzw.	beziehungsweise
CA 2006	Companies Act 2006
CEO	Chief Executive Officer
CFO	Chief Financial Officer
CGI	The Chartered Governance Institute UK & Ireland
CIM	Confidential Information Memorandum
COO	Chief Operating Officer
DAX	Deutscher Aktienindex
DCGK	Deutscher Corporate Governance Kodex
DrittelbG	Drittelbeteiligungsgesetz
DSGVO	Datenschutz-Grundverordnung
EBIT	Earnings Before Interest and Taxes
EBITDA	Earnings Before Interest, Taxes, Depreciation and Amortization
EG	Europäische Gemeinschaft
EU	Europäische Union
EUR	Euro
EWR	Europäischer Wirtschaftsraum
FISG	Gesetz zur Stärkung der Finanzmarktintegrität
Fn.	Fußnote
FRC	Financial Reporting Council
FTSE	Financial Times Stock Exchange Index
gem.	gemäß
ggf.	gegebenenfalls
GmbH	Gesellschaft mit beschränkter Haftung
GmbHG	Gesetz betreffend die Gesellschaften mit beschränkter Haftung
GO NRW	Gemeindeordnung für das Land Nordrhein-Westfalen
GuV	Gewinn- und Verlustrechnung
GWB	Gesetz gegen Wettbewerbsbeschränkungen

herrsch. U.	herrschendes Unternehmen
HGB	Handelsgesetzbuch
ICSA	Institute of Chartered Secretaries and Administrators
insb.	insbesondere
IoD	Institute of Directors
i. S. d.	im Sinne des/im Sinne der
i. V. m.	in Verbindung mit
KG	Kommanditgesellschaft
KGaA	Kommanditgesellschaft auf Aktien
KonTraG	Gesetz zur Kontrolle und Transparenz im Unternehmensbereich
LBO	Leveraged Buy-out
LG	Landgericht
lit.	Litera
LoI	Letter of Intent
M&A	Mergers & Acquisitions
MAR	Marktmissbrauchsverordnung bzw. Market Abuse Regulation
MDAX	Mid-Cap-DAX
Mio.	Million
MitbestG	Gesetz über die Mitbestimmung der Arbeitnehmer
MM-Theorem	Modigliani-Miller-Theorem
Mrd.	Milliarde
NED	nichtexekutive Direktoren
Nr.	Nummer
NYSE	New York Stock Exchange
o. g.	oben genannt
OLG	Oberlandesgericht
OWiG	Gesetz über Ordnungswidrigkeiten
plc	Public Company
Q&A	Questions and Answers
RG	Reichsgericht
RL	Richtlinie
SE	Societas Europaea
SEBG	Gesetz über die Beteiligung der Arbeitnehmer in einer Europäischen Gesellschaft
TransPuG	Transparenz- und Publizitätsgesetz
TSA	Transitional Services Agreements
u. a.	unter anderem
UKCGC	United Kingdom Corporate Governance Code
UMAG	Gesetz zur Unternehmensintegrität und Modernisierung des Anfechtungsrechts
US	United States
u. s. w.	und so weiter
u. U.	unter Umständen
UWG	Gesetz gegen den unlauteren Wettbewerb
vgl.	vergleiche
Vo.	Verordnung
VorstAG	Gesetz zur Angemessenheit der Vorstandsvergütung
W&I	Warranty & Indemnity

halt des Aufsichtsrats im Zusammenhang mit dem Phänomen der Unternehmenstransaktion.

Für die deutsche Rechtswissenschaft ist das Phänomen der Unternehmenstransaktion mit seinen rechtlichen Fragen ebenfalls nicht neu[7] und dementsprechend häufig Gegenstand von ausführlichen wissenschaftlichen Bearbeitungen, Handbüchern und anderen Werken. Einen erheblichen Beitrag zum Erfolg der Unternehmenstransaktionen spielen die darauf spezialisierten Berater, Rechtsanwälte und Banken, die man zusammengefasst als M&A-Branche beschreiben kann. Ihr Beitrag ist die Erarbeitung von standardisierten Verfahren, Finanzierungen, Rechtskonstruktionen, eines allgemeinen Wissensschatzes und eines Netzwerks, die es erst wirtschaftlich ermöglichen, die Komplexität und Vielfalt an Problemen einer Unternehmenstransaktion für die Parteien zu bändigen.[8] Ihre Ursprünge hat diese Branche indes in der angloamerikanischen Welt und so überrascht es nicht, dass es vor allem englischsprachige Begriffe[9] und angloamerikanischen Ansätze sind, die bis heute deutsche Transaktionen dominieren.[10] Als Folge ist man gleichwohl mit der Erscheinung sog. Legal Transplants konfrontiert,[11] die in dieser Untersuchung eine wichtige Rolle spielen werden.

Es sind dabei vornehmlich die großen Unternehmenstransaktionen, die im Rampenlicht der Öffentlichkeit stehen und damit in den Köpfen der Menschen präsent sind. Jedoch spielen viele der M&A-Aktivitäten im kleineren oder mittleren Segment. Sie sind allerdings allgemein schwierig zu definieren und hängen vom individuellen Unternehmen ab. Besonders internationale Großunternehmen kaufen gern viele und auch aus ihrer Perspektive kleine Unternehmen.[12] Eine große wissenschaftliche Herausforderung ist hierbei der dichte Schleier um die M&A-Aktivitäten der deutschen Unternehmen. Selten dringen erfolglose Unternehmenskäufe

---

[7] So z. B. *Wiedemann*, in: FS Nipperdey, 1965, 815, 815 ff. über die Verkäuferhaftung bzgl. Mängeln am Unternehmen.

[8] *Fleischer*, ZHR 2008, 538, 570 spricht von „Wirtschaftsanwälte[n] als Bändiger[n] von Regulierungskosten".

[9] Aus diesem Grund verzichtet diese Untersuchung darauf, englische Begriffe kursiv darzustellen.

[10] *Berger*, in: FS Maier-Reimer, 2010, 17, 22 ff. weist bzgl. der angesprochenen „Anglisierung des Wirtschaftsrechts" darauf hin, dass die bloße Verwendung von englischen Begriffen im deutschen Rechtskontext nicht eine automatische Übernahme des angloamerikanischen Rechtsinstituts des englischen Begriffs bedeutet; siehe ferner *Merkt*, in: FS Sandrock, 2000, 657, 658 f. über die Amerikanisierung im Unternehmenskauf.

[11] Zum Phänomen und Umgang mit „Legal Transplants" im deutschen Gesellschaftsrecht: *Fleischer*, NZG 2004, 1129, 1129 f.

[12] Siehe für die M&A-Aktivitäten der deutschen Großunternehmen: C. I. 2. b). Ferner hat eine Studie über die großen US-amerikanischen Tech-Unternehmen ergeben, dass der überwiegende Anteil der erworbenen Zielunternehmen aus kleinen oder mittelgroßen Unternehmen bestand, die für weniger als 25 Mio. US-Dollar erworben wurden, dazu *Gerpott*, NZKart 2022, 561, 564.

an die Öffentlichkeit.[13] Noch seltener sind sie wegen der regelmäßig in den Verträgen enthaltenen Schiedsgerichtsklauseln Gegenstand deutscher gerichtlicher Entscheidungen.[14] Hingegen deuten vereinzelte Berichterstattungen, die umfangreichen Post-M&A-Abteilungen der Kanzleien und entsprechende Literatur darauf hin, dass es häufig Konflikte in den Unternehmen gibt.[15]

I. Ziele und Fragen der Untersuchung

1. Zustimmungsvorbehalte des Aufsichtsrats

In Kapitel B. wird in Anbetracht der Trennung von Leitung und Überwachung des deutschen Dualismus die übergeordnete Frage gestellt, wie Inhalt und Umfang der Zustimmungsvorbehalte nach § 111 Abs. 4 Satz 2 AktG beschaffen sind und wann der Aufsichtsrat handeln darf oder gar muss. Gleichfalls stellt sich die Frage, wie man praktikabel eine Wertgrenze umsetzen kann, die die Bedeutung eines Geschäfts widerspiegelt. Darf man ferner bei den konkreten Zustimmungsvorbehalten auch verhaltenssteuernde Tatbestandsmerkmale nutzen und welche Vorteile bieten sie? Zusätzlich soll rechtsökonomisch untersucht werden, warum der Aufsichtsrat in seiner Form rechtsökonomisch sinnvoll ist und ob wirklich ein Bedarf für Zustimmungsvorbehalte besteht. Schließlich wird gefragt, inwieweit sich die Rechtslage beim GmbH-Aufsichtsrat ändert.

2. Zustimmungsvorbehalte der Unternehmenstransaktion

Darauf aufbauend stellt Kapitel C. den Zustimmungsvorbehalt im Verhältnis zur Unternehmenstransaktion auf den Prüfstand und entwickelt Leitlinien für die Zustimmungsvorbehalte. Daher sollen vornehmlich die Fragen geklärt werden, wie der Aufsichtsrat bei verhältnismäßig kleinen und mittleren Transaktionen hinsichtlich der Zustimmungsvorbehalte reagieren kann, darf oder muss und ob es weitere Vorgänge in der Unternehmenstransaktion gibt, die für die Zustimmungsvorbehalte nach § 111 Abs. 4 Satz 2 AktG relevant sind. Dies umfasst den Prozess des Kauf-/Verkaufsversuchs eines Zielunternehmens, den Abschluss eines Letters of Intent, die Entscheidung zur Zulassung einer Due Diligence des Kaufinteressenten durch den Veräußerer, den Kaufvertragsschluss jeweils aus der Käufer- und der Verkäuferperspektive, die Akquisitionsfinanzierung und den Abschluss einer W&I-Versicherung. Den Ergebnissen der jeweiligen Abschnitte entsprechend wird auch eine

---

[13] *Bea/Scheurer*, DB 1994, 2145, 2145.

[14] Wenn Unternehmenstransaktionen vor einem staatlichen Gericht verhandelt wurden, waren es meist kleinere Transaktionen ohne professionelle Berater der M&A-Branche. Eine bekannte Ausnahme ist nur OLG Hamburg, Urteil v. 03.06.1994, 11 U 90/92, WM 1994, 1378.

[15] Dazu unten noch ausführlich: C. V. 2. und C. VI. 2.

konkrete Formulierungsempfehlung für den betroffenen Zustimmungsvorbehalt erarbeitet. Die Leitlinien sollen ebenso darlegen, worauf der Aufsichtsrat bei seinen entsprechenden Zustimmungsentscheidungen zu achten hat.

3. Rechtsvergleich mit dem Recht von England und Wales

Kapitel D. geht der Frage nach, wie im britischen bzw. englischen Recht und in der englischen Praxis das etwaige Bedürfnis nach nichtexekutiver Überwachung der Geschäftsführung bei wichtigen Entscheidungen am Beispiel der Unternehmenstransaktionen befriedigt wird und ob und inwieweit auf ein ähnliches Instrument des Zustimmungsvorbehalts eines Aufsichtsgremiums zurückgegriffen wird. Es soll überdies untersucht werden, welche Gemeinsamkeiten und Unterschiede bestehen. Aus dem Vergleich werden infolgedessen Erkenntnisse generell für die Zuständigkeitsverteilung von Geschäftsführung und Überwachung und speziell für die nichtexekutive Überwachung und Teilhabe bei Unternehmenstransaktionen gewonnen.

II. Wissenschaftlicher Erörterungsbedarf

1. Zustimmungsvorbehalte des Aufsichtsrats

Die Zustimmungsvorbehalte gem. § 111 Abs. 4 Satz 2 AktG waren bereits Gegenstand von Monografien. Zuerst widmeten sich jeweils Schönberger und Brouwer den Zustimmungsvorbehalten.[16] Sie stellten wichtige Ansätze vor, wie man die zustimmungsrelevanten Geschäfte bestimmen kann. Brouwer beleuchtete überdies ausführlich die Zustimmungsvorbehalte nach § 111 Abs. 4 Satz 2 AktG im Verhältnis zum Konzern- und GmbH-Recht. Es folgte eine weitere Monografie von Hofschroer, der die Zustimmungsvorbehalte allgemein untersuchte.[17] Er präsentierte zudem empirische Erkenntnisse über die Zustimmungsvorbehalte von börsennotierten Gesellschaften. Die letzte Monografie ist von Weyl, der sich insb. mit der Konzernsteuerung durch die Zustimmungsvorbehalte nach § 111 Abs. 4 Satz 2 AktG beschäftigte.[18]

Trotz des Umstands, dass die Zustimmungsvorbehalte nach § 111 Abs. 4 Satz 2 AktG schon ausführlich untersucht wurden, werden die Fragen, wie man die Grenze

[16] *Schönberger*, Der Zustimmungsvorbehalt des Aufsichtsrates bei Geschäftsführungsmaßnahmen des Vorstands (§ 111 Abs. 4 Satz 2–4 AktG) (2006); *Brouwer*, Zustimmungsvorbehalte des Aufsichtsrats im Aktien- und GmbH-Recht – Zur Funktion und Wirkweise von Aufsichtsratsvorbehalten im Einheitsunternehmen und im Konzern (2008).

[17] *Hofschroer*, Der Zustimmungsvorbehalt des Aufsichtsrats in der Aktiengesellschaft (2013).

[18] *Weyl*, Zustimmungsvorbehalte nach § 111 Abs. 4 Satz 2 AktG als Möglichkeit einer Konzernsteuerung (2015).

einer Zustimmungsvorbehaltspflicht einerseits und einer Zulässigkeitsgrenze andererseits zieht, nicht einheitlich beantwortet und vieles bleibt strittig.[19] Darüber hinaus wird die Frage sehr pauschal beantwortet, wie der konkret formulierte Zustimmungsvorbehalt aussehen sollte.[20] Kaum beantwortet ist zudem die Frage, ob der Aufsichtsrat auf verhaltenssteuernde Tatbestandsmerkmale im Zustimmungsvorbehalt zurückgreifen darf.[21] Ferner werden der Aufsichtsrat und insb. die Zustimmungsvorbehalte in diesem Zusammenhang nicht kritisch betrachtet. Diese offenen und strittigen Bereiche bedürfen deshalb einer Antwort.

2. Zustimmungsvorbehalte der Unternehmenstransaktion

Gleichwohl ist der Kernbereich dieser Untersuchung noch nicht ausgiebig beleuchtet worden. Regelmäßig liest man in der einschlägigen Literatur, dass der Erwerb und die Veräußerung von Unternehmensbeteiligungen und Unternehmen das Musterbeispiel für die Zustimmungsvorbehalte gem. § 111 Abs. 4 Satz 2 AktG sind.[22] Allerdings fehlen dann die Details, wann und unter welchen Umständen ein Zustimmungsvorbehalt begründet werden sollte oder muss. Eine sog. M&A-Transaktion oder in der Begrifflichkeit dieser Untersuchung eine Unternehmenstransaktion ist nämlich mehr als ein Kaufvertrag und spaltet sich in viele unterschiedliche Phasen und Instrumente. Es lohnt sich demnach, die Pauschalisierung in diesem Bereich in die einzelnen Elemente zu gliedern und im Detail herauszuar-

[19] So besteht beispielsweise ein Streit über die Pflicht des Aufsichtsrats zur Zustimmungsvorbehaltsbegründung für alle Geschäfte mit grundlegender Bedeutung. Dahingehend zustimmend: *Götz*, NZG 2002, 599, 602 f.; *Lange*, DStR 2003, 376, 376, 380; *Boujong*, AG 1995, 203, 206; *Lieder*, DB 2004, 2251, 2252 f.; *Altmeppen*, in: FS Karsten Schmidt, 2009, 23, 28 f.; *Säcker/Rehm*, DB 2008, 2814, 2815 ff.; *Schönberger*, Zustimmungsvorbehalt, S. 187 ff.; *Brouwer*, Zustimmungsvorbehalte, S. 101 ff.; *Liekefett*, Due Diligence, S. 78 f.; a. A.: *Seebach*, AG 2012, 70, 70; *Bachmann*, in: FS Hopt, 2010, 337, 351; *Henssler*, in: Henssler/Strohn, Gesellschaftsrecht, § 111 AktG Rn. 18; *Habersack*, in: FS Hüffer, 2010, 259, 266; *Fonk*, ZGR 2006, 841, 846 ff.; *Mertens/Cahn*, in: KK-AktG, § 111 Rn. 105; *Hopt/Roth*, in: Großkomm. AktG, § 111 Rn. 659 ff.; *Schnorbus/Ganze*, BB 2020, 386, 389; *Wirth*, ZGR 2005, 327, 337; *Weyl*, Zustimmungsvorbehalte Konzernsteuerung, S. 90 f.

[20] Exemplarisch: *Brouwer*, Zustimmungsvorbehalte, S. 123 f.; vereinzelt *Girgensohn*, DB 1980, 337, 341, *Schönberger*, Zustimmungsvorbehalt, S. 134 ff. und *Hofschroer*, Zustimmungsvorbehalt, S. 219 ff., 269 ff. nutzen zur Unterstützung betriebswirtschaftliche Ansätze, jedoch ohne konkreten Umsetzungsvorschlag.

[21] *Habersack*, in: MüKo AktG, Band 2, § 111 Rn. 144, spricht in einem Satz an, dass im Hinblick auf das Geschäftsführungsverbot problematisch sei, wenn Bedingungen den Vorstand zu einem bestimmten Verhalten veranlassen. Hier ist nicht erkennbar, ob Habersack nur auf „Bedingungen" für eine konkrete Zustimmungsentscheidung abstellt oder auch „Bedingungen" für das Vorliegen eines Zustimmungsvorbehalts meint, was Gegenstand der Bearbeitung ist.

[22] *Brouwer*, Zustimmungsvorbehalte, S. 152, spricht z. B. vom „praktisch bedeutsamsten" Fall der Zustimmungsvorbehalte; ähnlich *Hopt/Roth*, in: Großkomm. AktG, § 111 Rn. 695: „praktisch wichtigster"; andererseits gibt es auch M&A-Literatur, die nicht auf den Zustimmungsvorbehalt des Aufsichtsrats eingeht, wie z. B. *Holzapfel/Pöllath*, Unternehmenskauf.

beiten, wie der Zustimmungsvorbehalt gem. § 111 Abs. 4 Satz 2 AktG zum wirtschaftlichen Komplex der Unternehmenstransaktion steht, und die bisherige Praxis auf den Prüfstand zu stellen.

Die Pauschalität wird meist allgemein damit begründet, dass der Unternehmenskauf sehr risikoreich sei.[23] Während das bei Käufen und Verkäufen zu einem hohen Kaufpreis und dem offensichtlichen Kaufpreisverlust einleuchtet, stellt sich die Frage, wie diese pauschalen Aussagen zu kleineren und mittleren Transaktionspreisen im Verhältnis zur betroffenen Partei passen, z.B. wenn beispielhaft die *Siemens AG* mit einer Bilanzsumme von 151.502.000.000 EUR[24] für 10 Mio. EUR 100 % der Anteile an einer GmbH kauft. Es geht folglich gleichfalls um die Frage, was dazu führt, dass der Unternehmenskauf risikoreich ist. Immerhin wird in der professionellen M&A-Branche grundsätzlich eine haftungsbeschränkte Kapitalgesellschaft erworben. Diese Fragen bedürfen dementsprechend einer ausführlichen Beantwortung.

Die Ausführungen werden sich dabei auf die Transaktion von nichtbörsennotierten Gesellschaften als Zielunternehmen (Private M&A) und den identifizierten Vorgängen in ihrem festgelegten Umfang beschränken. Etwaige Besonderheiten durch die Übernahme von börsennotierten Gesellschaften als Zielunternehmen (Public M&A) und das WpÜG werden ausgeklammert.

3. Rechtsvergleich mit dem Recht von England und Wales

Ferner wurden die Zustimmungsvorbehalte, insb. am Beispiel der Unternehmenstransaktion, mit Ausnahme des österreichischem Rechts noch nicht im Rechtsvergleich untersucht.[25] Für diese Studie wird für den Rechtsvergleich das britische Gesellschaftsrecht oder präziser das Recht der Jurisdiktion von England und Wales gewählt, da es die historische Grundlage des Common-Law-Rechtskreises darstellt, das wiederum das bedeutsamste Gegenmodell zur dualistischen Struktur des deutschen Rechtskreises bildet.[26] Dabei werden die Regeln rund um den Bereich der Überwachung der Geschäftsführung im englischen und walisischen Recht[27] vornehmlich unter der Rubrik der Corporate Governance als ein Teil- und

---

[23] Exemplarisch *Weyl*, Zustimmungsvorbehalte, S. 95, spricht ohne nähere Erläuterungen von der „innewohnenden Existenzgefahr“.

[24] Jahresbericht des *Siemens AG* 2022, S. 19, abrufbar unter https://bit.ly/438D4Uw, zuletzt abgerufen am 24.11.2024.

[25] *Semler*, in: FS Doralt, 2004, 609, 609 ff.

[26] *Jungmann*, ECFR 2006, 426, 473.

[27] Zur Vereinfachung wird nur noch der Begriff des englischen Rechts genutzt. Regelmäßig gelten jedoch Regelungen nicht nur für England und Wales, sondern für das gesamte Vereinigte Königreich. Das Vereinigte Königreich setzt sich prinzipiell aus drei Jurisdiktionen zusammen (England und Wales, Schottland und Nordirland). Deshalb ist es präziser den vorliegenden Rechtsvergleich England und Wales und nicht dem Vereinigten Königreich zu-

Mischgebiet des englischen Gesellschaftsrechts diskutiert. Zudem ist das englische Recht für den Zweck dieser Untersuchung interessant, weil gerade das englische Recht Abneigung und Widerstand gegen die deutsche zweistufige Struktur von Geschäftsführung und Aufsicht hegte. Dies zeigt sich exemplarisch bereits an der Berichterstattung im Rahmen eines Richtlinienentwurfs der Europäischen Wirtschaftsgemeinschaft in den 1970ern. So heißt es in der *Financial Times* 1974: „Probably no single issue has caused more worry than the prospect of being obliged to conform to the German or Dutch model of a two-tier board.“[28]

Man kann sich daher durchaus fragen, ob das englische Recht wegen der damaligen und auch noch heutigen[29] Bedenken für die Herausforderung der Unternehmensüberwachung – am Beispiel der Unternehmenstransaktion – gänzlich andere Lösungen entwickelt hat oder ob es dennoch Gemeinsamkeiten gibt.

III. Begriffe

Ein zentraler Begriff dieser Arbeit ist das Zielunternehmen, das als eine organisatorische Einheit verstanden wird, die aus einer Gesamtheit von Sachen, Rechten, Verträgen, Wissen, Mitarbeitern, organisatorischen Strukturen, tatsächlichen Beziehungen, Geschäftschancen und vielem weiterem besteht,[30] und Gegenstand der Unternehmenstransaktion ist.[31]

Die Unternehmenstransaktion beschreibt hierbei den ganzen Prozess vom Vorfeld bis zur Integration des Zielunternehmens in die Strukturen des Erwerbers nach dem Erwerb.

Besonders relevant für die M&A-Branche sind die Begrifflichkeiten des Share und Asset Deals.[32] Der häufigste Fall einer Unternehmenstransaktion ist der Share Deal.[33] Bei einem Share Deal werden die Gesellschaftsanteile einer Gesellschaft,

---

zuweisen, da es durchaus Unterschiede in Schottland und Nordirland geben kann und das Vereinigte Königreich letztlich keine eigenständige Jurisdiktion hat.

[28] *John Temple Lang*, Supervision is the Key, Financial Times, 20. Dezember 1974, S. 15.

[29] A review of corporate governance in UK banks and financial industry entities, folgend nur der „Walker-Bericht 2009“, Rn. 2.6, abrufbar unter https://webarchive.nationalarchives.gov.uk/ukgwa/+/http:/www.hm-treasury.gov.uk/d/walker_review_261109.pdf, zuletzt abgerufen am 24.11.2024.

[30] *Engelhardt/v. Woedtke*, in: Holzapfel/Pöllath, Unternehmenskauf, Rn. 5 über das „Unternehmen“.

[31] Andere nutzten den Begriff der „Zielgesellschaft“. Jedoch ist der Begriff des Zielunternehmens präziser, da häufig auch mehrere Gesellschaften, die eine wirtschaftliche Einheit bilden, veräußert werden können, z.B. eine Produktions-GmbH und eine Vertriebs-GmbH; auch *Stoffels*, ZHR 2001, 362, 368 nutzt den Begriff.

[32] *Göthel*, in: Göthel, Grenzüberschreitende M&A-Transaktionen, S. 9, verweist darauf, dass die folgende Unterscheidung gleichfalls in vielen anderen Rechtsordnungen gilt.

[33] *Weißhaupt*, ZIP 2016, 2447, 2448.

die der Rechtsträger des Zielunternehmens ist, veräußert und übertragen. Es kommt daher ausschließlich zu einem Wechsel von Gesellschaftern. Das Zielunternehmen bleibt unberührt.[34]

Der Asset Deal ist dagegen die Veräußerung und Übertragung von einer „Vielzahl einzelner (passiver wie aktiver) Vermögensgegenstände", die jedoch in ihrem Gesamtbild das Zielunternehmen darstellen.[35] Es ist deshalb eine Individualsukzession. Die Vermögenswerte umfassen dabei dem Unternehmen dienende Sachen, wie Grundstücke, Warenlager, Inventar und Rechte aus entsprechenden Verträgen, Forderungen, Marken und Urheberrechte und alles Unkörperliche, was das Unternehmen ausmacht, wie die Organisation, der Goodwill,[36] Geschäftsbeziehungen, Kundenkreis, Marktanteile und Wissen.[37]

Wenn in dieser Untersuchung der Begriff des internationalen Großunternehmens benutzt wird, meint dies ein international agierendes Unternehmen mit mehr als 10.000 Mitarbeitern.[38] Mit dem Begriff des Großunternehmens meint die folgende Untersuchung ein Unternehmen von mehr als 500 bis 10.000 Mitarbeitern. Alles unterhalb dieser Schwelle sind kleine bis mittlere Unternehmen.[39]

---

[34] *Weber*, in: Hölters, Hdb. Unternehmenskauf, Rz. 9.112 ff.; *Göthel*, in: Göthel, Grenzüberschreitende M&A-Transaktionen, S. 8; *Jaques*, in: Beck'sches HB Unternehmenskauf Mittelstand, Rn. A. 27.

[35] *Göthel*, in: Göthel, Grenzüberschreitende M&A-Transaktionen, S. 8; *Jaques*, in: Beck'sches HB Unternehmenskauf Mittelstand, Rn. A. 28; *Weber*, in: Hölters, Hdb. Unternehmenskauf, Rz. 9.6; *Beck/Klar*, DB 2007, 2819, 2819.

[36] Der Goodwill bezeichnet sehr vereinfacht gesagt den Geschäftswert, den jemand bereit wäre, für den Kauf des Unternehmens zu bezahlen. Dabei ist der Goodwill sehr davon geprägt, dass das Unternehmen fortgesetzt wird (Going Concern), dazu *Tettenborn/Höltken*, DB 2018, 2513, 2513 ff.

[37] Aufzählung nach *Göthel*, in: Göthel, Grenzüberschreitende M&A-Transaktionen, S. 9.

[38] Auf die Grenze von 10.000 Arbeitnehmern wird auch im § 7 Abs. 1 Satz 1 Nr. 2 MitbestG zurückgegriffen.

[39] Diese Einteilung beruht auf der Schwelle des DrittelbG mit 500 Arbeitnehmern als Großunternehmen. Allerdings muss man, wie die folgenden Ausführungen aufzeigen, noch innerhalb der Großunternehmen die wirklich sehr großen von den insofern kleineren Großunternehmen unterscheiden.

B. Zustimmungsvorbehalte des Aufsichtsrats

Die Wirtschaftspresse berichtet gerne über die Zustimmungsentscheidungen der deutschen Aufsichtsräte der internationalen Großunternehmen.[40] Neben der regelmäßigen Veröffentlichung einer Pressemitteilung des betroffenen Unternehmens begründet sich diese Beliebtheit vermutlich in der Möglichkeit, komplexe wirtschaftliche Vorgänge einfach darzustellen. Denn die Zustimmungsentscheidung ist vereinfacht ein Ja oder Nein zum Vorhaben des Vorstands. Zusätzlich weist die Zustimmungsentscheidung des Aufsichtsrats eine vermeintliche Endgültigkeit und Verbindlichkeit auf, was als berichtenswert gilt.

Keine nennenswerte Prominenz hat dagegen die Entscheidung des Aufsichtsrats zur Zustimmungsvorbehaltsbegründung. Die Festlegung der Zustimmungsvorbehalte gem. § 111 Abs. 4 Satz 2 AktG findet im Stillen und ohne Aufmerksamkeit statt. Nie würde man in den Zeitungen – vermutlich auch nicht in den Fachzeitschriften – darüber lesen, dass ein Aufsichtsrat die Zustimmungsvorbehalte geändert hat und nun bei z.B. Unternehmenskäufen ab einem Kaufpreis von 100 statt 200 Millionen Euro mitentscheiden will. Die Vorarbeit hinsichtlich der Zustimmungsvorbehaltsbegründung steht im Schatten der Zustimmungsentscheidung.

In dieser Untersuchung ist es umgekehrt. Der Schwerpunkt ist die Zustimmungsvorbehaltsbegründung. Freilich spielt die Zustimmungsentscheidung ebenfalls eine wichtige Rolle. Indes gilt ohne begründeten Zustimmungsvorbehalt keine Zustimmungsentscheidung. Umso wichtiger ist es, zu verstehen, was der § 111 Abs. 4 Satz 2 AktG regeln soll und wie dies praktisch umgesetzt werden kann.

---

[40] Z. B. „Thyssenkrupp-Aufsichtsrat stimmt für Křetínský-Einstieg – Politik in Sorge" vom 23.05.2024 des Manager Magazins, abrufbar unter https://www.manager-magazin.de/unternehmen/industrie/thyssenkrupp-mitarbeiter-protestieren-gegen-einstieg-von-daniel-kretinsky-ceo-miguel-lopez-verteidigt-joint-venture-a-f33e50a9-0b17-41e2-a871-98b74d11190c, zuletzt abgerufen am 24.11.2024; „Aufsichtsrat gibt Mittel frei – Lufthansa stellt 1 Milliarde Euro für Air Berlin bereit" vom 26.09.2017, abrufbar unter https://www.manager-magazin.de/unternehmen/artikel/air-berlin-aufsichtsrat-der-lufthansa-gibt-1-milliarde-euro-frei-a-1170018.html, zuletzt abgerufen am 06.11.2024; „Daimler hat neues China-Ressort" vom 12.12.2012 von der DVZ, abrufbar unter https://www.dvz.de/unternehmen/logistik/detail/news/daimler-hat-neues-china-ressort.html, zuletzt abgerufen am 24.11.2024.

I. Inhalt und Umfang der Zustimmungsvorbehalte

Es ist unstrittig, dass aufgrund der alleinigen Leitungsverantwortung des Vorstands gem. § 76 Abs. 1 AktG[41] und des allgemeinen Geschäftsführungsverbots des Aufsichtsrats gem. § 111 Abs. 4 Satz 1 AktG[42] Zulässigkeitsgrenzen für die Zustimmungsvorbehalte gem. § 111 Abs. 4 Satz 2 AktG bestehen. Allerdings ist nicht eindeutig, wann ein Zustimmungsvorbehalt in Anbetracht der Zulässigkeitsgrenzen unzulässig ist – oder mit anderen Worten – was der allgemeine Anwendungsbereich der Zustimmungsvorbehalte gem. § 111 Abs. 4 Satz 2 AktG ist.

Dahingehend hat die TransPuG[43]-Reform nicht nur die Frage nach dem allgemeinen Anwendungsbereich der Zustimmungsvorbehalte gem. § 111 Abs. 4 Satz 2 AktG offengelassen. Vielmehr hat sie auch die Debatte eröffnet, ob man nach dem Gesetz den Anwendungsbereich der Zustimmungsvorbehalte untereilen muss in Geschäfte, bei denen der Aufsichtsrat einen Zustimmungsvorbehalt begründen muss, und in solche, bei denen der Aufsichtsrat sie begründen darf, wenn er es will. Während mehrheitlich anerkannt wird, dass es sicherlich Fälle gibt, in denen er handeln muss, sind diesbezüglich die stärksten diskutierten Fragen, wie weit diese Pflicht geht und in welcher Form er sie zu erfüllen hat. Hintergrund dieser Diskussion sind auch Haftungsfragen für den nebenamtlichen Aufsichtsrat.[44] Obwohl das TransPuG nun über 20 Jahre alt ist, hat sich kein einheitlicher Ansatz für diese Fragen entwickelt. Der gesamte Bereich ist aus der Literaturperspektive zudem so komplex, weil einige nicht die Fragen unterscheiden bzw. zusammen diskutieren oder anderen Grundkonzepten folgen, die demnach zu anderen Ergebnissen führen.

1. Tatbestandsmerkmale des § 111 Abs. 4 Satz 2 AktG

Bevor jedoch die strittigen Fragen des Untermaß- und Übermaßverbots behandelt werden, müssen die Tatbestandsmerkmale des § 111 Abs. 4 Satz 2 AktG in dem für die Untersuchung notwendigen Maß betrachtet werden. Die Norm des § 111 Abs. 4 Satz 2 AktG nennt in diesem Sinne, dass der Aufsichtsrat zu bestimmen hat, „daß bestimmte Arten von Geschäften nur mit seiner Zustimmung vorgenommen werden dürfen“.

---

[41] Ausführlich zu den Grundlagen und Grenzen der alleinigen Leitungsverantwortung: *Kuntz*, AG 2016, 101, 101 ff.

[42] Das Geschäftsführungsverbot flankiert die alleinige Leitungsverantwortung des Vorstands gem. § 76 Abs. 1 AktG und betont dessen vorgeschalteten Charakter, dazu *Grunewald*, ZIP 2016, 2009, 2009 f.

[43] Zum Titel „Transparenz und Publizitätsgesetz“ führt *Seibert*, ZIP 2001, 2192, 2192 aus, dass der Titel selbst keine Relevanz hat, da dieser allein von der Öffentlichkeit entwickelt und dann übernommen wurde.

[44] Zum nebenamtlichen Charakter: *Lutter et al.*, Rechte und Pflichten des AR, Rn. 894; *Westermann*, in: FS Hommelhoff, 2012, 1319, 1320 ff.

a) Maßnahmen der Geschäftsführung (Geschäfte)

Der „Bedeutungszusammenhang des Gesetzes“[45] von § 111 Abs. 4 Satz 1 und Satz 2 AktG zeigt auf, dass sich die „Geschäfte“ des Satzes 2 auf die davor genannten „Maßnahmen der Geschäftsführung“ beziehen.[46] Unter dem Merkmal der Geschäftsführungsmaßnahmen nach § 111 Abs. 4 Satz 1 AktG kann man wiederum „alle internen und nach außen wirkenden tatsächlichen und rechtlichen Entscheidungen oder Maßnahmen“ verstehen.[47] Indes wirft diese weite Definition[48] auch Fragen auf, die manche Vertreter abweichend vom Mehrheitskonsens beantworten. Diese Fragen sind dabei ebenso für das zweite Kapitel der Untersuchung relevant.

aa) Geschäfte unterhalb der Vorstandsebene

Eine solche Frage ist, ob der Maßnahmenbegriff des § 111 Abs. 4 Satz 1 AktG ausschließlich Maßnahmen umfasst, wenn sie vom Vorstand initiiert wurden oder ebenso eine initiierte Maßnahme der Angestellten unter den Maßnahmenbegriff des § 111 Abs. 4 Satz 1 AktG fallen kann.[49]

Es ist nicht eindeutig, ob ein enges Verständnis des Maßnahmenbegriffs dahingehend existiert.[50] Eine derartige Auslegung wäre jedoch keineswegs vorzugswürdig. Die Initiative der Maßnahmen muss für die Erfüllung des Tatbestandsmerkmals nicht zwingend vom Vorstand stammen.[51] Es liegen nämlich keine Anhaltspunkte vor, dass die „Maßnahmen der Geschäftsführung“ gem. § 111 Abs. 4 Satz 1 AktG eine Einschränkung in diese Richtung enthalten. Zudem erscheint es i. S. d. Regelungsabsicht des TransPuG-Gesetzgebers, der die Überwachung des Aufsichtsrats effektiver gestalten wollte,[52] widersprüchlich, wenn der Vorstand durch eine allge-

---

[45] Zur Auslegung nach dem Bedeutungszusammenhang des Gesetzes: *Larenz*, Methodenlehre, S. 324 ff.

[46] So *v. Rechenberg*, BB 1990, 1356, 1358; *Schönberger*, Zustimmungsvorbehalt, S. 96 f.

[47] Statt vieler: *Brouwer*, Zustimmungsvorbehalte, S. 92.

[48] Unter dieser weiten Definition sind gleichfalls Zwischenschritte eines wichtigen Geschäfts grundsätzlich subsumierbar, dazu *Habersack*, in: MüKo AktG, Band 2, § 111 Rn. 121; *Semler*, Leitung und Überwachung, S. 125. Ferner *v. Rechenberg*, BB 1990, 1356, 1357: der betont, dass die Funktion der Zustimmungsvorbehalte überdies aufzeigt, dass nicht nur Rechtsgeschäfte vom Maßnahmenbegriff umfasst sein sollen.

[49] *Brouwer*, Zustimmungsvorbehalte, S. 92 f., problematisiert vornehmlich diese Frage.

[50] So wohl *Semler*, Leitung und Überwachung, S. 120; *Schönberger*, Zustimmungsvorbehalt, S. 95 ff.; *Lange*, DStR 2003, 376, 377; *Dietrich*, DStR 2003, 1577, 1577; *Lutter*, AG 1991, 249, 254.

[51] BGH, Urteil v. 12.07.1979 – III ZR 154/77, BGHZ 75, 120, 133; *Brouwer*, Zustimmungsvorbehalte, S. 92 f.; *Hopt/Roth*, in: Großkomm. AktG, § 111 Rn. 681; allgemein *Habersack*, in: MüKo AktG, Band 2, § 111 Rn. 20; *Henssler*, in: Henssler/Strohn, Gesellschaftsrecht, § 111 AktG Rn. 8.

[52] Die TransPuG-Reform sollte die Überwachung des Aufsichtsrats verbessern und ihm eine originäre unternehmerische Mitverantwortung zuweisen, dazu Begr. RegE TransPuG,

meine Übertragung wichtiger Geschäfte auf Mitarbeiterebene die Zustimmungsvorbehalte des Aufsichtsrats sehr einfach umgehen könnte.[53]

Gerade in internationalen Großunternehmen findet man häufiger die Position oder eine vergleichbare Position eines Head of M&A, der als Leiter der M&A-Abteilung für die M&A-Projekte zuständig ist.[54] Diese Funktion haben meist leitende Angestellte inne und damit wären bei einer engen Auslegung seine initiierten Maßnahmen keine Maßnahmen nach § 111 Abs. 4 Satz 1 AktG. Besonders bei den Unternehmenstransaktionen erscheint dieses Ergebnis hinsichtlich der Überwachungsfunktion der Zustimmungsvorbehalte sehr fragwürdig und bestätigt die positive Ansicht.[55] Demnach sind die initiierten Maßnahmen eines angestellten Head of M&A oder einer vergleichbaren Position grundsätzlich vom Maßnahmenbegriff gem. § 111 Abs. 4 Satz 1 AktG umfasst.

bb) Unterlassen vs. Versuch/Vorhaben

Es wird überdies teilweise diskutiert, ob ein Unterlassen der Geschäftsführung eine Maßnahme i. S. d. § 111 Abs. 4 Satz 2 AktG sein kann.[56]

Bevor man sich jedoch mit dem Unterlassen auseinandersetzt, muss man unterscheiden, ob ein aktives Tun als unstrittiger Anknüpfungspunkt existiert oder nicht. Vornehmlich relevant sind Versuchsfälle.[57] Wenn der Vorstand die Entscheidung trifft, Maßnahmen zu ergreifen, um ein gewisses Projekt zu beginnen, liegt nämlich kein Unterlassen vor, sondern gerade ein aktives Tun. Dies ist ein legitimer Anknüpfungspunkt für die Zustimmungsvorbehalte. Wenn ein Vorstand eines Energieunternehmens z. B. beschließt, dass er eine große Pipeline in Deutschland planen will, kann allein dieser Versuch große Kosten (z. B. Gutachten- und Rechtsberatungskosten) verursachen und ist essenziell für die Unternehmensstrategie. Diese Entscheidung für einen Versuch mit anschließenden Maßnahmen könnte man

---

BT-Drs. 14/8769, 17. Im Übrigen wird das Verständnis der Regelungsabsicht wie bei *Schönberger*, Zustimmungsvorbehalt, S. 71 ff., 191 ff. mit den Ergänzungen von *Brouwer*, Zustimmungsvorbehalte, S. 101 ff. und *Fleischer*, BB 2013, 835, 835 ff. zugrunde gelegt.

[53] *Brouwer*, Zustimmungsvorbehalte, S. 93 f.

[54] *Rempp*, in: Hölters, Hdb. Unternehmenskauf, Rz. 1.108; siehe für die internen Akteure: C. I. 1. a) aa) (2).

[55] Zur unstrittigen Überwachungsfunktion: *Drygala*, in: K. Schmidt/Lutter, AktG, Band 1, § 111 Rn. 49; *Hopt/Roth*, in: Großkomm. AktG, Band 5, § 111 Rn. 636 f.; *Lieder*, DB 2005, 2251, 2251.

[56] *Lange*, DStR 2003, 376, 377, hat vornehmlich diese Diskussion nach der Gesetzesreform des TransPuG initiiert. *Lange* begründet seine Ansicht, dass auch ein Unterlassen zustimmungsvorbehaltsfähig und -pflichtig sein kann, damit, dass es auch Entscheidungen mit einem Unterlassen als Gegenstand geben kann, die grundlegend für die Risikoexposition der Gesellschaft seien können, z. B. die Nichtvornahme einer Investition.

[57] *Habersack*, in: MüKo AktG, Band 2, § 111 Rn. 121, spricht von Maßnahmen mit einem „vorbereitendem Charakter".

gleichwohl als ein „Projekt“ bezeichnen.[58] Wenn der Vorstand sich abschließend zu einem Projekt entscheidet und es beginnen will, stellt dies kein Unterlassen dar und kann deshalb zunächst dem Grunde nach auch Gegenstand eines Zustimmungsvorbehalts gem. § 111 Abs. 4 Satz 2 AktG sein.[59] Es sollte allerdings Folgendes betont werden: Allein wenn der vorgeschaltete Vorstand die Initiative zu einem Versuch eines Vorhabens ergreift, darf der nachgeschaltete Aufsichtsrat, wenn die weiteren Zulässigkeitsvoraussetzungen für dieses Versuchsvorhaben vorliegen,[60] einen Zustimmungsvorbehalt begründen. Ohne Initiative des Vorstands gibt es kein Tun des immer nachgeschalteten Aufsichtsrats.[61]

Dagegen ist ein Unterlassen keine Maßnahme der Geschäftsführung gem. § 111 Abs. 4 Satz 1 AktG.[62] Wenn der o. g. Vorstand des Beispiels lediglich bespricht und sich dagegen entschließt, eine Pipeline zu planen, kann der Aufsichtsrat nicht einen Zustimmungsvorbehalt begründen, dass der Vorstand seine Zustimmung für das Unterlassen des Planens der Pipeline benötigt. Würde man ein Unterlassen als taugliche Maßnahme gem. § 111 Abs. 4 Satz 1 AktG einstufen, würde dies bedeuten, dass der Aufsichtsrat indirekt ein Weisungsrecht bekommt. Dies verstößt jedoch gegen die aktienrechtliche Kompetenzverteilung, insb. die alleinige Leitungsverantwortung des Vorstands nach § 76 Abs. 1 AktG.[63] Zudem ist der Zustimmungsvorbehalt gerade als ein Vetorecht ausgestaltet, dessen Natur auch der Zulässigkeit widerspricht.[64] Mit anderen Worten ist auch eine Entscheidung des Vorstands, wonach etwas zukünftig passieren kann und wird, dem Grunde nach eine taugliche Maßnahme i. S. d. § 111 Abs. 4 Satz 1 AktG. Umgekehrt ist dies nicht der Fall für eine Entscheidung, dass zukünftig etwas nicht passieren wird. Der Aufsichtsrat kann indes nicht den skizzierten Grundsatz umgehen und einen für den

---

[58] Der Duden definiert Projekt als „[groß angelegte] geplante oder bereits begonnene Unternehmung“ oder „[groß angelegtes] Vorhaben“, abrufbar unter https://www.duden.de/rechtschreibung/Projekt, zuletzt abgerufen am 24. 11. 2024.

[59] *Lange*, DStR 2003, 376, 377, verortet die Entscheidungen zum Versuch ein Tochterunternehmen zu verkaufen oder zu erwerben als Unterlassen. Jedoch liegt hier – wie beschrieben – ein aktives Tun als ein Versuch bzw. Projekt des Vorstands vor. Siehe dazu ausführlich C. II. Es wäre unzulässig, wenn die von Lange empfohlene Geschäftsordnungsvorschrift so verstanden werden soll, dass ein Zustimmungsvorbehalt bei einem Unterlassen besteht, wenn der Vorstand sich gegen den Versuch zur Veräußerung oder zum Erwerb entscheidet. Allerdings liegt es im Lichte von Langes Ausführungen nahe, dass er die Geschäftsordnungsvorschrift so verstehen will.

[60] Vornehmlich müsste es eine erhebliche Bedeutung für die Gesellschaft haben, siehe dafür unten: B. I. 3. b).

[61] *Semler*, Leitung und Überwachung, S. 103: „nachgeschaltetes Organ“.

[62] *Hopt/Roth*, in: Großkomm. AktG, Band 5, § 111 Rn. 687; *Dietrich*, DStR 2003, 1577, 1577 f.; *Lieder*, DB 2004, 2251, 2254.

[63] *Dietrich*, DStR 2003, 1577, 1578 f.

[64] *Lieder*, DB 2004, 2251, 2254.

Vorstand wichtigen aktiven Zwischenschritt zum abschließenden Unterlassen mit einem Zustimmungsvorbehalt belegen und somit das Unterlassen blockieren.[65]

b) Adressat des Zustimmungsvorbehalts

Obgleich die o. g. veranlassten Mitarbeitermaßnahmen unter den Maßnahmenbegriff des § 111 Abs. 4 Satz 2 AktG fallen, bedeutet dies nicht, dass sie der Adressat der Zustimmungsvorbehalte des § 111 Abs. 4 Satz 2 AktG sind. Dieser kann nur der (gesamte) Vorstand sein.[66] Wenn ein entsprechender Zustimmungsvorbehalt besteht, ist der Vorstand gem. § 82 Abs. 2 AktG verpflichtet, die Zustimmungsentscheidung vom Aufsichtsrat einzuholen.[67]

Dies hat wiederum Bedeutung für den angestellten Head of M&A der Gesellschaft, da er sich nicht nach dem Zustimmungsvorbehalt des Aufsichtsrats richten muss. Praktisch allerdings werden die Zustimmungsvorbehalte gleichfalls eine Wirkung auf die Mitarbeiter und den angestellten Head of M&A haben. Ihm wird bewusst sein, dass durch die Vorlage der Unternehmenstransaktion beim Aufsichtsrat sein Vorgesetzter, der Vorstand, unter präziser Kontrolle steht. Seine Fehler werden die des Vorstands sein. Daher kann man bei einer lebensnahen Betrachtung davon ausgehen, dass auch von Mitarbeiterseite unternehmensintern zwischen den Transaktionen differenziert wird, die dem Aufsichtsrat vorgelegt werden, und denen, die es nicht werden.

c) Bestimmte Arten: Bestimmtheitserfordernis

Durch das Merkmal der bestimmten Arten nach § 111 Abs. 4 Satz 2 AktG legt das Gesetz im Übrigen ein Bestimmtheitserfordernis für den Tatbestand der Zustimmungsvorbehalte fest. Dem Vorstand als Adressat der Zustimmungsvorbehalte soll ohne Hindernis erkennbar sein, bei welchen Maßnahmen er die Zustimmungsentscheidung des Aufsichtsrats einholen muss.[68] Die Bestimmung der Zustimmungsvorbehalte erfolgt traditionell durch (1) die Art des Geschäftstypus und

[65] *Schönberger*, Zustimmungsvorbehalt, S. 102 f.

[66] *Brouwer*, Zustimmungsvorbehalte, S. 93 f. Überdies ergibt sich aus dem Ersetzungsrecht der Hauptversammlung gem. § 111 Abs. 4 Satz 4 AktG, dass sich die Geschäftsführung allein auf die Geschäftsführung des Vorstands bezieht. Der Aufsichtsrat kann mit dem Zustimmungsvorbehalt folglich nicht die Hauptversammlung oder die Aktionäre überwachen und binden, dazu: *Semler*, Leitung und Überwachung, S. 73 ff.

[67] *Habersack*, in: Großkomm. AktG, Band 4/1, § 82 Rn. 28; *Dauner-Lieb*, in: Henssler/Strohn, Gesellschaftsrecht, § 82 AktG Rn. 1, 13 f. Ohne Einholung der Zustimmungsentscheidung liegt eine Pflichtverletzung vor. Allerdings kann sich der Vorstand nach dem BGH auf ein rechtmäßiges Alternativverhalten berufen, wenn der Aufsichtsrat der Maßnahme zugestimmt hätte, dazu: BGH, Urteil v. 10.07.2018, II ZR 24/17, BB 2018, 2509, Rn. 35 ff.

[68] *Hopt/Roth*, in: Großkomm. AktG, Band 5, § 111 Rn. 682; *Altmeppen*, in: FS Karsten Schmidt, 2009, 23, 29 f.; *Brouwer*, Zustimmungsvorbehalte, S. 122; *Habersack*, NZG 2020, 881, 884; *Götz*, ZGR 1990, 633, 640; *Schnorbus/Ganzer*, BB 2020, 386, 388 f.

weitere Geschäftsmerkmale, z. B. (Ver-)Kauf von Unternehmen und/oder Beteiligungen, Immobilien, Lizenzen oder den Abschluss von Unternehmensverträgen nach §§ 291, 292 AktG oder von Kreditverträgen, Gründung einer Niederlassung im Ausland, und (2) ggf. durch den Umfang des Geschäfts.[69] Demnach sind eine Generalklausel oder zu unbestimmte und weite Zustimmungsvorbehalte bereits nach dem Bestimmtheitsgebot nicht zulässig und im Falle eines Verstoßes nichtig.[70] Das Bestimmtheitserfordernis des § 111 Abs. 4 Satz 2 AktG stellt allerdings keine materielle Vorgabe, sondern ausschließlich eine formelle Einschränkung dar.[71] Es ist überdies nicht so zu verstehen, dass nicht Einzelgeschäfte mit einem Zustimmungsvorbehalt gem. § 111 Abs. 4 Satz 2 AktG belegt werden können. Vielmehr ist es anerkannterweise zulässig, für einzelne Geschäfte einen Ad-hoc-Zustimmungsvorbehalt zu begründen.[72]

2. Untermaßverbot für Geschäfte von grundlegender Bedeutung

a) Herleitung eines Untermaßverbots

Der Begriff des Untermaßverbots stammt ursprünglich aus dem Verfassungsrecht und wird als ein „Mindeststandard" für „staatliche Interventionen" verstanden.[73] Die Schlüsselwörter „Mindeststandard" und „Interventionen" zeigen den Gehalt für die vorliegende Zuordnung an. Gleichfalls für die Zustimmungsvorbehaltsbegründung gem. § 111 Abs. 4 Satz 2 AktG gibt es einen Mindeststandard für die jeweilige Gesellschaft, der zumindest durch die Auffangkompetenz des Aufsichtsrats existieren muss.[74] Es wird in der Literatur indes gestritten, ob ein Untermaßverbot besteht oder in anderen Worten der Aufsichtsrat eine Pflicht hat, alle Geschäfte von grundlegender Bedeutung mit einem Zustimmungsvorbehalt zu erfassen.

---

[69] Dazu ausführlicher: *Brouwer*, Zustimmungsvorbehalte, S. 123 f.; siehe unten für Praxisbeispiele: C. I. 2.

[70] *Altmeppen*, in: FS Karsten Schmidt, 2009, 23, 29 f.; *Habersack*, in: FS Hüffer, 2010, 259, 262.

[71] *Götz*, ZGR 1990, 633, 640. *Brouwer*, Zustimmungsvorbehalte, S. 124, schließt sich *Götz* an.

[72] BGH, Urteil v. 15. 11. 1993 – II ZR 235/92, NJW 1994, 520, 521 f.; *Habersack*, in: MüKo AktG, Band 2, § 111 Rn. 131; *Boujong*, AG 1995, 203, 206; *Götz*, ZGR 1990, 633, 639; *Henze*, BB 2000, 209, 215; *Brouwer*, Zustimmungsvorbehalte, S. 125 f.; *v. Mettenheim*, DB 1977, 447, 448; nur bei Ausnahmen: *Semler*, Leitung und Überwachung, S. 125.

[73] *Sommermann*, in: v. Mangoldt/Klein/Starck, GG Art. 20 Rn. 319.

[74] Auch *Drygala*, in: K. Schmidt/Lutter, AktG, Band 1, § 111 Rn. 56 und *Fleischer*, BB 2013, 835, 840 nutzen den Begriff des Untermaßverbots. Zur Auffangkompetenz: *Götz*, NZG 2002, 599, 602; *Rubner/Leuering*, NJW-Spezial 2018, 207, 207; *Habersack*, in: FS Hüffer, 2010, 259, 262 f.; *ders.*, ZHR 2014, 131, 137 f.

aa) Generelle Pflicht

Insofern wird vertreten, dass der Aufsichtsrat eine Pflicht zur Zustimmungsvorbehaltsbegründung für alle relevanten wichtigen Geschäfte hat.[75] Das Hauptargument dieser Ansicht ist die Regelungsabsicht des TransPuG-Gesetzgebers, dessen Ziel es war, dass Entscheidungen von „existenzieller Bedeutung" vom „Votum beider Organe" getragen werden müssen.[76] Ein rein „formales Verständnis" einer Pflicht zur Erstellung eines Katalogs würde diese Regelungsabsicht verfehlen.[77] Für die Beurteilung des Anwendungsbereichs der Pflicht wird dem Aufsichtsrat teilweise ein Beurteilungsspielraum eingeräumt.[78]

bb) Keine generelle Pflicht

Die Gegenansicht, die ein allgemeines Untermaßverbot ablehnt, gestattet eine weitere Vorauswahl unter den erfassten wichtigen Geschäften.[79] Es bedarf mit anderen Worten nur der Erstellung eines Katalogs von Zustimmungsvorbehalten. Eine generelle Pflicht würde gegen die Annahme eines Ermessens verstoßen.[80] Ein weiteres Argument der Gegenansicht lautet, dass es für den Aufsichtsrat nicht möglich ist, im Vorfeld alle relevanten Geschäfte zu erkennen. Somit kann die Annahme einer Pflicht zur Haftung des nebenamtlichen Aufsichtsrats führen.[81] Diese nicht auflösbare Situation kann demnach nicht Inhalt des § 111 Abs. 4 Satz 2 AktG sein.[82]

---

[75] Der Zustimmungsvorbehaltspflicht zustimmend: *Götz*, NZG 2002, 599, 602 f.; *Lange*, DStR 2003, 376, 376, 380; *Boujong*, AG 1995, 203, 206; *Lieder*, DB 2004, 2251, 2252 f.; *Liekefett*, Due Diligence, S. 78 f.; *Altmeppen*, in: FS Karsten Schmidt, 2009, 23, 28 f.; *Säcker/Rehm*, DB 2008, 2814, 2815 ff.; *Schönberger*, Zustimmungsvorbehalt, S. 187 ff.; *Brouwer*, Zustimmungsvorbehalte, S. 101 ff.; *Hofschroer*, Zustimmungsvorbehalt, S. 162 ff.; wohl *Bosse*, DB 2002, 1592, 1594.

[76] Begr. RegE TransPuG, BT-Drs. 14/8769, 17.

[77] So *Lieder*, DB 2004, 2251, 2252.

[78] *Drygala*, in: K. Schmidt/Lutter, AktG, Band 1, § 111 Rn. 55, § 116 Rn. 10 ff.; *Schönberger*, Zustimmungsvorbehalt, S. 193 f.

[79] *Seebach*, AG 2012, 70, 70; *Bachmann*, in: FS Hopt, 2010, 337, 351; *Henssler*, in: Henssler/Strohn, Gesellschaftsrecht, § 111 AktG Rn. 18; *Habersack*, in: FS Hüffer, 2010, 259, 266; *Fonk*, ZGR 2006, 841, 846 ff.; *Mertens/Cahn*, in: KK-AktG, § 111 Rn. 105; *Hopt/Roth*, in: Großkomm. AktG, § 111 Rn. 659 ff.; *Schnorbus/Ganze*, BB 2020, 386, 389; *Wirth*, ZGR 2005, 327, 337; *Weyl*, Zustimmungsvorbehalte Konzernsteuerung, S. 90 f.; wohl *van Venrooy*, GmbHR 2005, 1243, 1243.

[80] *J. Hüffer*, in: FS Hüffer, 2010, 365, 369.

[81] *Habersack*, in: FS Hüffer, 2010, 259, 266; *Hopt/Roth*, in: Großkomm. AktG, Band 5, § 111 Rn. 659.

[82] *Seebach*, AG 2012, 70, 70; *Habersack*, NZG 2020, 881, 887.

cc) Stellungnahme

(1) Gestuftes Verständnis

Der ersten Ansicht ist zuzustimmen. Es ist zunächst wichtig, dass der TransPuG-Gesetzgeber unstrittig eine Pflicht des Aufsichtsrats zur Katalogerstellung angeordnet hat.[83] Es ist daher richtig, als eine erste Stufe festzuhalten, dass der Aufsichtsrat einen Katalog zu erstellen hat und alle erkennbaren relevanten Geschäfte darin erfassen muss.[84]

Auf der anderen Seite kann sich die Pflicht des Aufsichtsrats nicht darin erschöpfen, einmal im Jahr einen Zustimmungskatalog zu erstellen. Wenn nämlich Anhaltspunkte für ein anderes nicht vom Katalog erfasstes relevantes Geschäft vorliegen,[85] darf der Aufsichtsrat dieses nicht ignorieren. Ein antizipierter Katalog kann allein in dieser Hinsicht die Regelungsabsicht des Gesetzgebers nicht erfüllen.[86] Dies verkennt die Gegenansicht. Denn die Regelungsabsicht ist dahingehend klar, dass der Aufsichtsrat bei „wesentlichen Maßnahmen in [die] Willensbildung [der] Gesellschaft eingebunden wird".[87] Der TransPuG-Gesetzgeber hat folglich eine Pflicht geschaffen, die nicht nur aus dem Überwachungsauftrag gem. § 111 Abs. 1 AktG des Aufsichtsrats erwächst, sondern auch aus seiner originären unternehmerischen Mitverantwortung.[88] Es gibt dementsprechend Geschäfte, bei denen beide Organe – unabhängig von einem Katalog – immer eingebunden werden müssen. Zumal der Gesetzgeber gerade keinen eigenen Katalog vorgegeben und somit die Schwäche von Katalogen selbst betont hat.[89] Es bedarf demnach an dieser Stelle folgerichtig einer allgemeinen Pflicht, dass der Aufsichtsrat handelt. Ob er einen Ad-hoc-Vorbehalt begründet oder den konkreten Fall durch einen abstrakten Tatbestand im veränderten Katalog erfasst, ist dabei gleich.[90] Denn das Gesetz kennt

---

[83] Für die Regelungsabsicht einer Verbesserung der Überwachung und einer originären unternehmerischen Mitverantwortung des Aufsichtsrats siehe: Begr. RegE TransPuG, BT-Drs. 14/8769, 17; *Schönberger*, Zustimmungsvorbehalt, S. 71 ff., 191 ff.; *Brouwer*, Zustimmungsvorbehalte, S. 101 ff.; *Fleischer*, BB 2013, 835, 835 ff.

[84] *Hopt/Roth*, in: Großkomm. AktG, Band 5, § 111 Rn. 666; *Schönberger*, Zustimmungsvorbehalt, S. 187 f.; a. A. *Mertens/Cahn*, in: KK-AktG, § 111 Rn. 32.

[85] Richtigerweise kann die Pflicht nur greifen, wenn es erkennbar ist. Dann kann es nicht zu einer Haftung kommen, dazu *Gaul/Otto*, GmbHR 2003, 6, 11.

[86] *Schönberger*, Zustimmungsvorbehalt, S. 187 f.

[87] *Koch*, AktG, § 111 Rn. 58; das OLG Hamm, Urteil v. 06.04.2022 – 8 U 73/12, NZG 2022, 662, Rn. 202 übernimmt *Kochs* Formulierung; Begr. RegE TransPuG, BT-Drs. 14/8769, 17.

[88] So spricht *Brouwer*, Zustimmungsvorbehalte, S. 101, davon, dass der Gesetzgeber wollte, dass der Aufsichtsrat „aktiver an bedeutenden Geschäftsführungsmaßnahmen" beteiligt werden soll.

[89] Begr. RegE TransPuG, BT-Drs. 14/8769, 17.

[90] *J. Hüffer*, in: FS Hüffer, 2010, 365, 369; *Brouwer*, Zustimmungsvorbehalte, S. 101 f.; *Schönberger*, Zustimmungsvorbehalt, S. 187 f., ist für eine Kataloganpassungspflicht; *Koch*,

keinen Vorrang des Katalogs, sondern verlangt lediglich eine effektive Überwachung und unternehmerische Mitwirkung des Aufsichtsrats.[91] Dies ist die zweite Stufe des Verständnisses einer allgemeinen Pflicht.[92]

(2) Beurteilungsspielraum für den Anwendungsbereich

Überdies muss dem Aufsichtsrat richtigerweise ein Beurteilungsspielraum eingeräumt werden, um den Anwendungsbereich der Pflicht bzw. des Untermaßverbots zu ermitteln.[93] Denn ohne Vorwegnahme des nächsten Teils ist es offensichtlich, dass grundsätzlich nur besonders bedeutsame Maßnahmen des Vorstands die Pflicht auslösen können. Der vorliegende Beurteilungsspielraum folgt demnach zwingend daraus, dass wenn der Aufsichtsrat ermitteln soll, ob ein Geschäft bedeutsam ist, er eine entsprechende Prognose vornehmen muss. Eine vom Gesetz angeordnete Prognose korrespondiert jedoch mit einem gesetzlich eingeräumten Beurteilungsspielraum, da niemand vom Gesetz gezwungen sein kann, in die Zukunft zu schauen.[94] Dies würde man jedoch vom Aufsichtsrat verlangen, wenn er am heutigen Tag beurteilen müsste, welche Geschäfte in Zukunft bedeutsam für seine Gesellschaft sein werden.

Der eingeräumte Beurteilungsspielraum bedeutet, dass der Aufsichtsrat sich für seine Beurteilung auf eine „gesicherte Informationsgrundlage" beziehen muss.[95] Wenn er dann innerhalb seines Beurteilungsspielraums vertretbar auf einer gesicherten Informationsgrundlage und ohne sachfremde Erwägungen handelt, hat er die Sorgfalt eines ordentlichen und gewissenhaften Aufsichtsratsmitglieds ange-

---

AktG, § 111 Rn. 59, empfindet die Auflistung aller Geschäfte von grundlegender Bedeutung als nicht sinnvoll, allerdings verweist er auf die Flexibilität durch Ad-hoc-Vorbehalte.

[91] Begr. RegE TransPuG, BT-Drs. 14/8769, 17; *Schönberger*, Zustimmungsvorbehalt, S. 187 f.; *Säcker/Rehm*, DB 2008, 2814, 2815 ff.; a. A. *Lieder*, DB 2004, 2251, 2253, nach dem „[s]ämtliche diesen Anforderungen entsprechenden Geschäfte in den Katalog aufzunehmen [sind]".

[92] Ähnlich *Schönberger*, Zustimmungsvorbehalt, S. 187 f.; *Brouwer*, Zustimmungsvorbehalte, S. 101 f.; *J. Hüffer*, in: FS Hüffer, 2010, 365, 369. In vielen dieser Punkte besteht auch bei genauer Betrachtung der Gegenansicht kein echter Streit, so z. B.: *Habersack*, in: FS Hüffer, 2010, 259, 266, der grundsätzlich wohl ein Teil der Gegenansicht ist und gegen eine Pflicht ist, dass der Aufsichtsrat „sämtliche Geschäfte von grundlegender Bedeutung einem Zustimmungsvorbehalt zu unterstellen" hat. Auf der anderen Seite führt *Habersack* allerdings auch aus, dass es zu wenig sei, dass der Aufsichtsrat sich nur mit Geschäften von existenzieller Bedeutung beschäftigen muss, und es im konkreten Einzelfall zu einer Ermessensreduzierung auf null kommen kann. Deswegen kann es nach *Habersack* auch durch eine Verdichtung zur Pflicht kommen, sodass ein Ad-hoc-Vorbehalt begründet werden muss.

[93] *Drygala*, in: K. Schmidt/Lutter, AktG, Band 1, § 111 Rn. 55, § 116 Rn. 10 ff., sieht ebenfalls einen Beurteilungsspielraum und eine gebundene Entscheidung; auch *Schönberger*, Zustimmungsvorbehalt, S. 193 f. Hier würde die ablehnende Ansicht ein „pflichtgemäßes Ermessen" als Rechtsfolge sehen, anstelle vieler: *Habersack*, ZHR 2014, 131, 139.

[94] Allgemein zum Beurteilungsspielraum im Gesellschaftsrecht *Semler*, in: FS Ulmer, 2003, 627, 633 f.

[95] *Drygala*, in: K. Schmidt/Lutter, AktG, Band 1, § 111 Rn. 55, § 116 Rn. 10.

wendet.[96] Es kann daher bei einem solchen vertretbaren Ergebnis zu keiner Haftung kommen – selbst wenn sich später herausstellt, dass das vorliegende Geschäft eigentlich ein erfasstes wichtiges Geschäft gewesen wäre.[97] Durch die Annahme des Beurteilungsspielraums kann man folglich auch das Argument der Gegenansicht einer ungerechtfertigten Haftung des Aufsichtsrats entkräften.[98]

b) Untermaßverbot für Geschäfte von grundlegender Bedeutung

Die nun entscheidende Frage ist, welche Maßnahmen bzw. Geschäfte in den Anwendungsbereich der Pflicht gem. § 111 Abs. 4 Satz 2 AktG fallen. Die Begründung des TransPuG liefert dafür einen ersten Interpretationsansatz:[99]

> „Entscheidungen oder Maßnahmen, die nach den Planungen oder Erwartungen die Ertragsaussichten der Gesellschaft oder ihre Risikoexposition grundlegend verändern und damit von existentieller Bedeutung für das künftige Schicksal der Gesellschaft sind, müssen vom Votum beider Organe, des Vorstands und des Aufsichtsrats, getragen sein."[100]

Ferner bietet der für das TransPuG relevante Grundsatz 3.3 des DCGK[101] vom Februar 2002 eine Ergänzung zur Formulierung der TransPuG-Begründung:[102]

---

[96] Allgemein und zu den Besonderheiten der Haftung des Aufsichtsratsmitglieds: *Fischbach*, ZIP 2013, 1153, 1153 f.; *Wirth*, ZGR 2005, 327, 332 ff.; *Thümmel*, AG 2004, 83, 84 ff.; *Henssler*, in: Henssler/Strohn, Gesellschaftsrecht, § 116 AktG Rn. 1, 4.

[97] *Drygala*, in: K. Schmidt/Lutter, AktG, Band 1, § 111 Rn. 55, § 116 Rn. 10; allgemein zum Beurteilungsspielraum *Semler*, in: FS Ulmer, 2003, 627, 633 f.

[98] Eine solche sehen u. a. *Habersack*, in: FS Hüffer, 2010, 259, 266 und *Hopt/Roth*, in: Großkomm. AktG, Band 5, § 111 Rn. 659.

[99] *Fleischer*, BB 2013, 835, 840; *Lange*, DStR 2003, 376, 376; *Götz*, NZG 2002, 599, 602 f.; *Habersack*, NZG 2020, 881, 887 f.; *Schönberger*, Zustimmungsvorbehalt, S. 70 ff.

[100] Begr. RegE TransPuG, BT-Drs. 14/8769, 17.

[101] Die deutsche Kodex-Bestrebung fand ihr „Vorbild" bei dem damaligen britischen Gegenstück, dem Combined Code, dazu *Lutter*, in: FS Huber, 2006, 871, 872; allgemein zum ersten Kodex: *Seibert*, BB 2002, 581, 581 ff.; siehe unten: D. I. 1. b) aa) und bb) für die Geschichte des Combined Codes. Die anfängliche Einführung eines Kodex mit einem Comply-or-explain-Ansatz war jedoch nicht unstrittig, weil im Gegensatz zum angloamerikanischen Recht die deutsche Aktiengesellschaft bereits hoch reguliert war und die Befürchtung bestand, dass ein Kodex noch mehr Regulierung schafft, dazu *Seibert*, BB 2002, 581, 581.

[102] Konkret dazu: *Schönberger*, Zustimmungsvorbehalt, S. 77 ff.; *Fleischer*, BB 2013, 835, 839. Im Übrigen ist die Natur des DCGK nicht eindeutig. *Lutter*, in: FS Huber, 2006, 871, 872 f., sieht den Kodex als „unverbindliche Aufforderung an die Mitglieder von Vorstand und Aufsichtsrat der börsennotierten Gesellschaften zu einem bestimmten Verhalten." Nach *Kort*, in: FS Karsten Schmidt, 2009, 945, 948 ff., können die DCGK-Regeln konkretisierende haftungsrelevante Verhaltensregeln sein, wobei die gesetzlichen Haftungsregeln nicht durch sie verdrängt werden; kritisch zum DCGK: *Hoffmann-Becking*, in: FS Hüffer, 2010, 337, 339 ff. Allerdings hat er in jedem Fall zumindest für die börsennotierten Unternehmen eine durch § 161 AktG („comply or explain") mittelbare Rechtswirkung und ist anderseits nicht „Recht", dazu: *Lutter*, in: FS Hopt, 2010, 1025, 1025; *Schönberger*, Zustimmungsvorbehalte, S. 80. Für die nichtbörsennotierten Unternehmen hat er eine mittelbare Wirkung als Best Practice, dazu: *Spindler*, in: MüKo GmbHG, Band 2, § 52 Rn. 30; *Vetter*, GmbHR 2011, 449, 449.

„Für Geschäfte von grundlegender Bedeutung legen die Satzung oder der Aufsichtsrat Zustimmungsvorbehalte zugunsten des Aufsichtsrats fest. Hierzu gehören Entscheidungen oder Maßnahmen, die die Vermögens-, Finanz- oder Ertragslage des Unternehmens grundlegend verändern."

Demnach wird im Folgenden dieser Ansatz, der die Regelungsabsicht des Gesetzgebers wiedergibt, unterteilt in die Untersuchung der „existenziellen Bedeutung" und der „grundlegenden Veränderung" der „Ertragsaussichten" oder „Risikoexposition".[103] Hinsichtlich der Ertragsaussichten kann man i. S. d. Regelungsabsicht des TransPuG-Gesetzgebers an die von DCGK 2002[104] genannten genaueren Elemente der Vermögens-, Finanz- und Ertragslage anknüpfen.[105]

aa) „Existenzielle Bedeutung"

Was unter der „existenziellen Bedeutung" im Sinne der TransPuG-Begründung verstanden werden kann,[106] ist strittig. Es werden zwei Ansätze für eine Auslegung vorgeschlagen.

---

[103] *Fleischer*, BB 2013, 835, 840; *Götz*, NZG 2002, 599, 602 f.; *Schönberger*, Zustimmungsvorbehalt, S. 70 ff.

[104] Der Wortlaut des DCGK 2002 hat indes keinen Bestand mehr seit der Fassung von 2019. Zwar enthält der Grundsatz 6 Abs. 2 weiter die Konkretisierung der „Geschäfte von grundlegender Bedeutung", jedoch wurde der weitere Satz mit der Konkretisierung, was unter solche Geschäfte von grundlegender Bedeutung fallen soll, ersatzlos gestrichen. Die Begründung der Fassung von 2019 nennt keine Gründe zu dieser konkreten Streichung, siehe dazu Begründung DCGK 2019, S. 6. Die aktuelle Fassung von 2022 entspricht der von 2019. Wenngleich der Streichung im Kodex keine allzu große Bedeutung beigemessen werden sollte, zeigt es dennoch, dass die Zustimmungsvorbehalte gem. § 111 Abs. 4 Satz 2 AktG anders als andere Themen, wie z. B. die Zusammensetzung und Professionalisierung des Aufsichtsrats, nicht mehr den Schwerpunkt der aktuellen Corporate-Governance-Debatte bilden, dazu exemplarisch zur Professionalisierung/Zusammensetzung: *Thüsing*, ZIP 2020, 2500, 2500 ff. Überdies sind Zustimmungsvorbehalte mehr zur Norm geworden, sodass es ein geringeres Regulierungsbedürfnis geben könnte. Interessanterweise ist es den englischen Matters reserved im UKCGC ähnlich ergangen (siehe D. II. 2. a)).

[105] Zwar nennt der TransPuG-Gesetzgeber nicht ausdrücklich die einzelnen Elemente, jedoch nimmt er ausdrücklich Bezug auf die Konkretisierungen des DCGK und somit auf die Ziffer 3.3 des DGK 2002, vgl. Begründung TransPuG, BT 14/8769, S. 18, zumal die Kriterien der wirtschaftlichen Lage sich gegenseitig beeinflussen und eine isolierte Betrachtung der Ertragslage schwierig ist, so: *Fleischer*, BB 2013, 835, 840; *Brouwer*, Zustimmungsvorbehalte, S. 97; anders: *Schönberger*, Zustimmungsvorbehalt, S. 131 ff., die ausschließlich das in der TransPuG-Begründung gennannte Bewertungskriterium der Ertragslage als ausreichend betrachtet, sodass es der Nennung der Vermögens- und Finanzlage nicht bedarf, da nach ihr jede grundlegende Änderung der Ertragslage auch eine grundlegende Änderung der anderen Lagen zur Folge hätte. Der folgende Aufbau ist an der Formulierung der TransPuG-Begründung orientiert, es findet sich infolgedessen ein ähnlicher Aufbau bei *Brouwer*, Zustimmungsvorbehalte, S. 97 ff.

[106] Begr. RegE TransPuG, BT-Drs. 14/8769, 17.

(1) Restriktive Reichweite des Untermaßverbots

Das Dilemma hinsichtlich des Untermaßverbots ist nahezu offensichtlich. Unternehmerisch aktive Gesellschaften leben davon, dass ihre Geschäftsführung Entscheidungen trifft, die in fast jedem Fall ein Risiko enthalten und in vielen Fällen das Risiko eines größeren Schadenseintrittes. So kann sich z. B. der Bau einer neuen Fabrik oder der Erwerb von Gütern und Waren zu einem Millionengrab entwickeln. In Anbetracht dieser Realität wird eine enge Auslegung vertreten.[107] Nach ihr wollte der Gesetzgeber hinsichtlich der vom Untermaßverbot betroffenen Geschäfte die Notwendigkeit einer existenziellen Bedeutung klar hervorheben. Es muss über diese „einfach riskanten" Geschäfte hinausgehen. Demnach sind allein solche Geschäfte, die „grundlegend riskant" sind, von dem Untermaßverbot des § 111 Abs. 4 Satz 2 AktG umfasst.[108] Geschäfte sind wiederum grundlegend riskant, wenn ihnen ein solches Risiko innewohnt, dass sich bei „dessen Verwirklichung die Vermögens-, Finanz- oder Ertragslage [...] so verschlechtert, dass das Unternehmen mit an Sicherheit grenzender Wahrscheinlichkeit nicht mehr fortgeführt werden [kann]".[109] In diesen Fällen liegt ein Geschäft von existenzieller Bedeutung vor. In allen anderen Fällen, in denen es nicht zur „Beinahe-Existenzvernichtung" kommt, soll es somit keine Pflicht zur Zustimmungsvorbehaltsbegründung geben.[110]

(2) Extensive Reichweite des Untermaßverbots

Andere gewichten jedoch die vom Gesetzgeber bezweckte Stärkung präventiver Überwachung des Aufsichtsrats durch den Zustimmungsvorbehalt stärker und verneinen deswegen, dass nur solche Fälle der „Beinahe-Existenzvernichtung" vom Untermaßverbot erfasst sind.[111] Man läuft mit der engen Ansicht Gefahr, Geschäfte aus der Reichweite des Untermaßverbots auszuschließen, die zwar einerseits einen „herausragenden Einfluss" auf das Unternehmen der Gesellschaft haben, aber andererseits nicht die aktuelle Existenz des Unternehmens bedrohen.[112] Statt das herbeigeführte Ende des Unternehmens zu betrachten, sollte die „existenzielle Bedeutung" im Sinne einer für die Zukunft des Unternehmens „herausragenden" bzw. „grundlegenden" Bedeutung verstanden werden.[113] In anderen Worten liegt die

---

[107] So *Lange*, DStR 2003, 376, 377; *Dietrich*, DStR 2003, 1577, 1577 schließt sich *Lange* an.

[108] *Lange*, DStR 2003, 376, 377.

[109] *Lange*, DStR 2003, 376, 377; *Dietrich*, DStR 2003, 1577, 1577; *Hofschroer*, Zustimmungsvorbehalt, S. 162 ff. sieht in den exitenzgefährdenden Maßnahmen allein den Anwendungsbereich der Pflicht.

[110] *Lange*, DStR 2003, 376, 377 spricht davon, dass keine „vollständige Existenzvernichtung" nötig ist, aber „existenzverändernde Eingriffe".

[111] *Lieder*, DB 2004, 2251, 2252 f.; *Habersack*, ZHR 2014, 131, 140; *Schnorbus/Ganzer*, BB 2020, 389 f.; *Götz*, NZG 2002, 599, 602 f.; *Bosse*, DB 2002, 1592, 1594; *Schönberger*, Zustimmungsvorbehalt, S. 117 f.

[112] *Brouwer*, Zustimmungsvorbehalte, S. 95.

[113] *Götz*, NZG 2002, 599, 602 f.; *Fonk*, ZGR 2006, 841, 846 f.

existenzielle Bedeutung bei der Gefährdung der Erhaltung der Kapital- und Ertragskraft des Unternehmens, wobei keine existenzielle Krise vorliegen muss.[114]

(3) Stellungnahme

Das extensive Verständnis der Reichweite des Untermaßverbots ist überzeugender. Man wird zwar kaum der engeren Auffassung absprechen können, dass ihre Sichtweise im Ergebnis näher am Wortsinn der „existenziellen Bedeutung" ist. Allerdings ist die weitere Ansicht noch von dem Wortsinn der existenziellen Bedeutung umfasst – besonders wenn man es nicht als existenzvernichtende Bedeutung verstehen will.

Für eine im Ergebnis nicht restriktive Reichweite des Untermaßverbots spricht vor allem die Regelungsabsicht des Gesetzgebers, den Aufsichtsrat stärker durch das TransPuG in wichtige Entscheidungen für die Gesellschaft zu involvieren.[115] Diese Regelungsabsicht wird dagegen teilweise konterkariert, wenn die Zustimmungsvorbehaltspflicht erst ab dem Niveau der drohenden Existenzvernichtung greift.[116] Die TransPuG-Begründung erläutert zudem, was aus ihrer Sicht als existenziell bedeutsam gilt. So wird auf die grundlegende Veränderung der Ertragsaussichten oder der Risikoexposition abgestellt.[117] Somit geht es um grundlegende Geschäfte der Gesellschaft, die sich in anderen Worten bei ihrem Scheitern auf die Vermögens-, Finanz- oder Ertragslage oder die Risikoexposition so auswirken, dass „schwere Schäden" entstehen.[118]

Dies führt indes zur Folgefrage, was schwere Schäden sind. Es ist nämlich durchaus normal, dass es im Geschäftsverlauf eines Unternehmens Schäden entstehen. Das ist Teil der unternehmerischen Tätigkeit. Der drohende schwere bzw. herausragende Schaden des Untermaßverbots muss deshalb in seiner Summe weit über das hinausgehen, was übliche und häufig auftretende Schäden sind. Ein Ende des Unternehmens der Gesellschaft oder eine Insolvenz oder andere „existenzverändernde Eingriffe"[119] sind andererseits nicht nötig, wobei es evident ist, dass sie erst recht bei dem Merkmal von herausragenden bzw. schweren Schäden von existenzieller Bedeutung umfasst wären. Die Geschäfte mit einer existenziellen Bedeutung und damit des Untermaßverbots sind demnach „Geschäfte mit einer grundlegenden Bedeutung" für die Gesellschaft.[120]

---

[114] *Schönberger*, Zustimmungsvorbehalt, S. 120.

[115] Begr. RegE TransPuG, BT-Drs. 14/8769, 17; *Brouwer*, Zustimmungsvorbehalte, S. 96.

[116] *Götz*, NZG 2002, 599, 602; *Brouwer*, Zustimmungsvorbehalte, S. 96.

[117] Begr. RegE TransPuG, BT-Drs. 14/8769, 17.

[118] *Brouwer*, Zustimmungsvorbehalte, S. 97, 100.

[119] *Lange*, DStR 2003, 376, 377.

[120] Für die weitere Bearbeitung werden zur Vereinheitlichung der Bezeichnungen die „Geschäfte von grundlegender Bedeutung" als Reichweite des Untermaßverbots zugrunde gelegt. Dieser Begriff wird teilweise unterschiedlich gebraucht: *Götz*, NZG 2002, 599, 602 f. verwendet den Begriff für die zustimmungsvorbehaltspflichtigen Geschäfte, während *Henss-*

bb) Grundlegende Veränderung der wirtschaftlichen Lage/Risikoexposition

Die existenzielle Bedeutung muss nach der hiesigen Ansicht als eine grundlegende Bedeutung verstanden werden, die die Gefahr von herausragenden Schäden beinhalten kann. Das ist die eine Seite des Ansatzes der TransPuG-Begründung. Jedoch bleibt dies alles noch sehr unbestimmt, wenngleich es einen ersten Ansatz zur Konkretisierung des Anwendungsbereichs des Untermaßverbots bietet. An dieser Stelle eröffnet die andere Seite der TransPuG-Begründung und des DCGK 2002, „die grundlegende Veränderung der wirtschaftlichen Lage oder der Risikoexposition", indes eine noch genauere Konkretisierung der Geschäfte von grundlegender Bedeutung.[121]

Es steht dabei außer Frage, dass auch mit dieser Konkretisierung die Frage, ob eine Maßnahme oder Entscheidung ein Geschäft mit grundlegender Bedeutung darstellt, vom Einzelfall abhängt und es gewiss atypische Fälle geben kann.[122] Nichtsdestotrotz gilt, dass solche Kriterien helfen und für die abstrakte Fragestellung dieser Arbeit eine wesentliche Bedeutung einnehmen.

(1) Wirtschaftliche Lage des Unternehmens

Im Sinne der Regelungsabsicht des TransPuG-Gesetzgebers kann man an die vom DCGK 2002 genannten Elemente der Vermögens-, Finanz- und Ertragslage anknüpfen.[123] Hinsichtlich des Wortlauts und der Aufzählung der Elemente darf man davon ausgehen, dass diese Merkmale dem Bilanzrecht entnommen wurden und sich ihr Gehalt somit grundsätzlich an den gängigen Erkenntnissen orientiert.[124]

(a) Vermögenslage

Unter der Vermögenslage wird zunächst das „Saldo zwischen Vermögensgegenständen und Schulden der Gesellschaft" verstanden. Dies wird auch als „Reinvermögen" bezeichnet.[125] Nicht komplett deckungsgleich muss dieses Reinvermögen mit dem in der Bilanz dargestellten Vermögen sein, da dieses lediglich das „bilanzrechtlich relevante Vermögen zu bilanzrechtlichen maßgebenden Werten" umfasst. Es sind mehrere Abweichungen vom Bilanzrecht zu ökonomischen/zivil-

---

ler, in: Henssler/Strohn, Gesellschaftsrecht, § 111 AktG Rn. 20, den Begriff des Geschäfts von grundlegender Bedeutung für die zustimmungsvorbehaltsfähigen Geschäfte benutzt.

[121] *Fleischer*, BB 2013, 835, 840; *Götz*, NZG 2002, 599, 602 f.; *Schönberger*, Zustimmungsvorbehalt, S. 70 ff.

[122] *Hüffer*, NZG 2007, 47, 53; *Boujong*, AG 1995, 203, 206; *Habersack*, in: FS Hüffer, 2010, 259, 264; *J. Hüffer*, in: FS Hüffer, 2010, 365, 369; *Fleischer*, BB 2013, 835, 841; *Henssler*, in: Henssler/Strohn, Gesellschaftsrecht, § 111 AktG Rn. 20; *Schönberger*, Zustimmungsvorbehalt, S. 73.

[123] *Fleischer*, BB 2013, 835, 840.

[124] Vgl. § 264 Abs. 2 Satz 1 HGB; dazu *Brouwer*, Zustimmungsvorbehalte, S. 97.

[125] *Reiner*, in: MüKo HGB, Band 4, § 264 Rn. 81.

rechtlichen Umständen möglich: (1) Beim Bilanzansatz kommt es z. B. zu Abweichungen wegen des Aktivierungsverbots für selbst geschaffene immaterielle Gegenstände des Anlagevermögens nach § 284 Abs. 2 Satz 1 HGB oder durch die Aktivierungswahlrechte für bestimmte Posten (z. B. § 274 Abs. 1 Satz 2 HGB), (2) bei der Bewertung von Bilanzposten entstehen Abweichungen z. B. durch das Niederstwertprinzip nach § 253 Abs. 1 Satz 1 HGB und (3) kann die bilanzrechtliche von der zivilrechtlichen Vermögenszuordnung abweichen, so bei wirtschaftlichem Eigentum nach § 246 Abs. 1 Satz 2 Halbsatz 2 oder Verbindlichkeiten – wie einer Bürgschaft –, deren Inanspruchnahme nicht hinreichend wahrscheinlich erscheint.[126] Indes ist für die vorliegende Untersuchung im Sinne einer effektiven präventiven Überwachung allein die ökonomisch verstandene Vermögenslage und nicht die bilanzrechtliche Vermögenslage entscheidend, wobei die bilanzrechtliche Situation in den meisten Fällen ähnlich sein wird und im Übrigen deshalb ein wichtiger Indikator ist.[127]

(b) Finanzlage

Die Finanzlage[128] kann man dagegen als die Finanzstruktur der Gesellschaft begreifen; sie gibt infolgedessen Auskunft über die „Herkunft des Unternehmenskapitals", seine „Verwendung" und „schwerpunktmäßig über die gegenwärtige und zukünftige Liquidität".[129] Hinsichtlich der Geschäfte mit grundlegender Relevanz bedeutet dies ein Abstellen auf die Liquidität bzw. „Schuldnerqualität" der Gesellschaft oder in anderen Worten die „Fähigkeit zur Erfüllung finanzieller Verpflichtungen".[130] Die gegenwärtige und zukünftige Liquidität umfasst somit u. a. die „Fristigkeit der Forderungen und finanzielle Verpflichtungen, Finanzierungsspielräume, Investitionsvorhaben, schwebende Bestellungen und Kreditlinien".[131]

(c) Ertragslage

Die Ertragslage kann als „Erfolg des ökonomischen Wirkens" verstanden werden. Genauer bedeutet dies, dass der Gewinn eine Differenz von den Erträgen und Aufwendungen der Gesellschaft ist.[132] Das sorgt für eine zukunftsbezogene Pro-

[126] Zu den Abweichungen ausführlich: *Reiner*, in: MüKo HGB, Band 4, § 264 Rn. 81, 82; *Brouwer*, Zustimmungsvorbehalte, S. 97 f.

[127] *Brouwer*, Zustimmungsvorbehalte, S. 97 f.

[128] Während für die bilanzrechtliche Darstellung der Vermögenslage die Bilanz und für die Ertragslage die GuV als Hauptindikator dienen, gibt es für die Finanzlage keinen Hauptindikator. Die Finanzlage würde sich am einfachsten durch eine Kapitalflussrechnung darstellen. Mehr dazu: *Reiner*, in: MüKo HGB, Band 4, § 264 Rn. 83.

[129] *Reiner*, in: MüKo HGB, § 264 Rn. 83.

[130] *Brouwer*, Zustimmungsvorbehalte, S. 97.

[131] *Reiner*, in: MüKo HGB, Band 4, § 264 Rn. 83.

[132] *Reiner*, in: MüKo HGB, Band 4, § 264 Rn. 84.

gnose der Gewinnentwicklung durch die Maßnahmen des Vorstands, die ggf. unter dem Geschäft mit grundlegender Bedeutung zu subsumieren sind.[133]

(2) Risikoexposition

Die TransPuG-Begründung nennt zusätzlich die grundlegende Veränderung der Risikoexposition.[134] Unter dem Merkmal der Risikoexposition versteht man die individuelle Risikoaussetzung einer Gesellschaft in Bezug auf die Gefahr, dass es im Rahmen der Geschäftstätigkeit zu finanziellen Verlusten kommt.[135] Im Kern der Risikoexposition steht somit die Frage, welchen Risiken das Unternehmen ausgesetzt ist und wie sich das durch die Maßnahmen des Vorstands verändern kann. Doch was bedeutet Risiko und wie kann der Aufsichtsrat dies ermitteln?

(a) Risikobegriff

Der Begriff des Risikos ist allgegenwärtig für die beiden Organe Vorstand und Aufsichtsrat. So z. B. gehören Risikoanalyse und Risikomanagement zum Kerngebiet der Leitungsverantwortung des Vorstands nach § 76 Abs. 1 AktG.[136] Dies wiederum muss der Aufsichtsrat im Rahmen des allgemeinen Überwachungsauftrags gem. § 111 Abs. 1 AktG kontrollieren. Trotz dieser Allgegenwärtigkeit des Risikos findet man im Gesetz keinen Anhaltspunkt dazu, was unter einem Risiko überhaupt zu verstehen ist. Im normalen Sprachgebrauch wird der Begriff des Risikos als ein „möglicher negativer Ausgang bei einer Unternehmung verstanden, der mit Nachteilen, Verlust, Schäden verbunden ist".[137] Es geht folglich um eine Gefahr von negativen Folgen. Dies bedeutet umgekehrt, dass kein Risiko vorliegt, wenn es keine negativen Folgen geben kann. Eine gegenwärtige Maßnahme, die unmittelbar und ohne zusätzliche Aufwendungen oder Kosten korrigiert werden kann, ist demnach aus rechtlicher Perspektive kein Risiko.[138]

Hinsichtlich der einschlägigen Risikoexposition für Geschäfte mit grundlegender Bedeutung geht es folglich um Risiken, die die Gefahr mit sich bringen, „daß im Rahmen der Geschäftstätigkeit (je nach Problemstellung: Einzelgeschäft, Geschäftsbereich oder Gesamtunternehmung) Verluste entstehen können".[139] Mithin

---

[133] *Brouwer*, Zustimmungsvorbehalte, S. 97 f.

[134] Begr. RegE TransPuG, BT-Drs. 14/8769, 17.

[135] *Schönberger*, Zustimmungsvorbehalt, S. 128.

[136] *Habersack*, AG 2014, 1, 3; *Dauner-Lieb*, in: Henssler/Strohn, Gesellschaftsrecht, § 91 AktG Rn. 6; *Koch*, AktG, § 91 Rn. 11. Zur pflichtgemäßen Ausgestaltung einer ordnungsgemäßen Compliance-Organisation durch den Vorstand: *Hoffmann/Schieffer*, NZG 2017, 401, 402 ff. Überdies für die Haftung des Vorstands für die fehlerhafte Ausrichtung der Organisation der Compliance: *Balke/Klein*, ZIP 2017, 2038, 2040 ff.

[137] Siehe die Definition des Dudens, abgerufen unter https://www.duden.de/rechtschreibung/Risiko, zuletzt abgerufen am 24. 11. 2024.

[138] *Schönberger*, Zustimmungsvorbehalt, S. 123 f.

[139] *Kromschröder/Lück*, DB 1998, 1573, 1573.

geht es um negative Folgen in monetärer Hinsicht für das Unternehmen.[140] Für das volle Verständnis des Risikobegriffs ist es zudem nützlich, sich das grundsätzliche Gegenstück vorzustellen. Denn wenn auf der einen Seite das Risiko steht, wird häufig auf der anderen Seite die Chance stehen. Die Chance bedeutet in diesem Sinne den „möglichen Eintritt einer Gewinnsituation".[141]

Es gibt infolgedessen eine Vielzahl an namentlich relevanten Risiken: rechtliche Risiken (z. B. Schadenersatz), operative Risiken (z. B. Lieferkettenprobleme), Reputationsschadensrisiken (z. B. ein Korruptionsskandal), Finanzrisiken (z. B. Überschuldung oder Bonitätsprobleme) etc.[142] Dabei hängt es insgesamt vom konkreten Unternehmen und vom konkreten Markt als Einzelfall ab, welche Risiken besonders relevant sind.

(b) Exkurs: Bedeutung von Reputationsschäden für den Aufsichtsrat

Es bietet sich an dieser Stelle an, die Bedeutung und den Umfang von Reputationsschäden und -risiken zu untersuchen, die in der vorliegenden Betrachtung häufiger relevant werden.

Die Bedeutung von Reputation rückt immer mehr in den Fokus der Ökonomie. Die sog. Reputationsökonomie ist heute ein eigenes Forschungsfeld. Die Ausgangslage ist relativ einfach.[143] Käufer haben regelmäßig eine Informationsasymmetrie hinsichtlich der gekauften Produkte zu ihrem Nachteil und zugunsten der Verkäufer. Deswegen sind Käufer regelmäßig bereit, einen Aufschlag zu zahlen, um dafür die vermeintlich beste Qualität zu bekommen. Das bedeutet, ein Unternehmen kann seine Preise für seine Produkte, ob Waren oder Dienstleistungen, erhöhen, wenn sie ihre Reputation aufbauen. Andersrum kann ein Schaden der Reputation dafür sorgen, dass der Preis nach unten korrigiert werden muss oder weniger Käufer das Produkt mit dem Aufschlag kaufen.[144] Gem. einer britischen Studie der *Confederation of British Industry* (CBI) sind über 50 % der britischen Verbraucher bereit, einen Aufschlag für ein Produkt oder eine Dienstleistung von einem Unternehmen zu bezahlen, bei dem sie davon überzeugt sind, dass dieses die beste Reputation hat, obgleich sie das Produkt oder die Dienstleistung woanders günstiger kaufen können.[145] Andere internationale Studien zeigen ebenfalls dieses Potenzial von Reputationsgewinnen und umgekehrt Reputationsschäden auf.[146]

---

[140] *Kromschröder/Lück*, DB 1998, 1573, 1573; *Pahlke*, NJW 2002, 1680, 1681; *Schönberger*, Zustimmungsvorbehalt, S. 123 f.

[141] *Kromschröder/Lück*, DB 1998, 1573, 1573.

[142] *Brouwer*, Zustimmungsvorbehalte, S. 98, differenziert z. B. zwischen finanzwirtschaftlichen, leistungswirtschaftlichen, rechtlichen, unternehmorganisatorischen und externen Risiken.

[143] *Shapiro*, Q. J. Econ. 1983, 659, 662 ff.; *Klein/Leffler*, J. Pol. Econ. 1981, 615, 618 ff.

[144] Dazu ausführlich *Klöhn/Schmolke*, NZG 2015, 689, 690.

[145] Corporate Reputation Review, CBI, 2007, relevante Ergebnisse abgedruckt in: *Barber/Allen*, ICSA Corporate Governance, S. 250.

Insgesamt ist es daher essenziell anzuerkennen, dass die Reputation von einer praktischen Relevanz „als Vermögensgegenstand kaum überschätzt werden [kann]".[147] Ein Reputationsschaden kann demzufolge eine Art eines Vermögensschadens sein und schlägt sich regelmäßig im operativen Ergebnis eines Unternehmens nieder.[148]

(c) Bewertung von Risiko: Beurteilungsmaßstab

Eine weitere relevante Frage ist, welchen Beurteilungsmaßstab der Aufsichtsrat für die Bewertung der Risiken anlegen muss.[149] Die Regelungsabsicht des Gesetzgebers impliziert,[150] dass eine lebensnahe und wirtschaftliche Betrachtung von Risiken der richtige Maßstab für einen sorgfältigen und gewissenhaften Aufsichtsrat ist. Eine völlig übertriebene Beurteilung von Risiken führt nicht zu einer effektiven Überwachung des Aufsichtsrats oder nützt dem Unternehmensinteresse[151]. Allerdings muss man zwischen einer richtigen kaufmännischen Vorsicht und Übertreibung die Balance wahren. Für Arten von Geschäften mit typisierbaren Risiken – wie z. B. die Unternehmenstransaktionen – muss ein Bewusstsein hinsichtlich der Möglichkeiten der typisierbaren Risiken und ihres Ausmaßes bestehen. Zudem können im Einzelfall noch abweichende spezielle konkrete Risiken vorliegen. Dann muss bei einer lebensnahen Betrachtung des Einzelfalls und der konkreten Umstände des Unternehmens sowohl die Wahrscheinlichkeit, dass sich dieses typisierbare Risiko verwirklicht, als auch der Umfang der Folge des Risikoeintritts evaluiert werden. Die Relation von beiden Faktoren ist dann entscheidend für die Risikobewertung. Denn eine hohe Wahrscheinlichkeit, dass sich das Risiko verwirklicht, kann auch bei einem kleineren bis mittleren Schaden relevant sein. Umgekehrt kann jedoch für die Bewertung auch eine niedrige Wahrscheinlichkeit, dass sich das Risiko verwirklicht, relevant sein, wenn der mögliche Schaden indes sehr hoch ist.[152]

---

[146] The Company behind the brand: in reputation we trust, Weber Shandwick, 2012, die Zusammenfassung ist abrufbar unter https://webershandwick.com/uploads/news/files/InRepWeTrust_ExecutiveSummary.pdf, zuletzt abgerufen am 24. 11. 2024.

[147] *Klöhn/Schmolke*, NZG 2015, 689, 691.

[148] *Karpoff/Lott*, J. L. Econ 1993, 757, 790 ff.; *Klöhn/Schmolke*, NZG 2015, 689, 692.

[149] *Lange*, DStR 2003, 376, 378.

[150] Die Regelungsabsicht des TransPuG-Gesetzgebers umfasst eine Verbesserung der Überwachung besonders für eine effektive präventive Verhinderung von Schäden und eine originäre unternehmerische Mitverantwortung des Aufsichtsrats, siehe: Begr. RegE TransPuG, BT-Drs. 14/8769, 17; *Schönberger*, Zustimmungsvorbehalt, S. 71 ff., 191 ff.; *Brouwer*, Zustimmungsvorbehalte, S. 101 ff.; *Fleischer*, BB 2013, 835, 835 ff.

[151] Es wird vorliegend für das Unternehmensinteresse der Ansatz des modifizierten Shareholder Values zugrunde gelegt: *Dauner-Lieb*, in: Henssler/Strohn, Gesellschaftsrecht, § 76 AktG Rn. 10; ferner ausführlich: *Kort*, in: Großkomm. AktG, Band 4/1, § 76 Rn. 53 ff.; kritisch zum einfachen „Shareholder-Value-Approach": *Koch*, AktG, § 76 Rn. 30 ff.

[152] *Balke/Klein*, ZIP 2017, 2038, 2039 f. für die Compliance-Risikoanalyse mit übertragbaren Gedanken. Die Risikoermittlung und -bewertung und die entsprechende Einstufung oder

(3) Grundlegende Veränderung und risikobasierte Wertgrenzen

Es bedarf ferner nach der TransPuG-Begründung einer „grundlegenden Veränderung". In diesem Zusammenhang setzen Wertgrenzen an. Zwar wird man hinsichtlich des unbestimmten Merkmals der grundlegenden Veränderung keine einfache oder schematische Antwort entwickeln. Allerdings sind Wertgrenzen, dem Grunde nach, ein taugliches Mittel[153] und sie sind auch in der Praxis das gängigste Tatbestandsmerkmal eines Zustimmungsvorbehalts.[154] Bei der Wertgrenze stellen sich indes zwei entscheidende Fragen. Erstens: Welche quantitativen Anknüpfungswerte erscheinen für die Wertgrenze einer grundlegenden Bedeutung als geeignet? Zweitens: Wie wird der konkrete Geschäftswert des fraglichen Geschäfts berechnet, um diesen mit dem quantitativen Anknüpfungswert der Wertgrenze zu vergleichen?

(a) Quantitative Anknüpfungswerte

Allgemein betrachtet herrscht in der Praxis eine große Vielfalt von quantitativen Anknüpfungswerten der Zustimmungsvorbehalte. So gibt es einen schlichten Betrag in Euro oder komplexere quantitative Anknüpfungswerte wie einen Prozentbetrag des Eigenkapitals, das Grundkapital und die Konzernbilanzsumme.[155] Hingegen kommen auch Umsatz, EBIT und EBITDA generell in Betracht.[156]

Der konkrete quantitative Anknüpfungswert der Wertgrenze muss sich jedenfalls an den individuellen Verhältnissen des betroffenen Unternehmens orientieren. Teilweise wird jedoch vorgeschlagen, dass für eine grundlegende Veränderung generell 10 % der Aktiva des Unternehmens als quantitativer Anknüpfungswert genommen werden sollte.[157] Wenngleich der Aufsichtsrat einen Beurteilungsspielraum für das Tatbestandsmerkmal eines Geschäfts von grundlegender Bedeutung hat und damit für den konkreten quantitativen Anknüpfungswert,[158] erscheint es angemessen, für die Praxis konkrete Zahlen als Orientierung anzubieten. Ausschließlich der Verweis darauf, dass es keine schematische pauschale Antwort geben kann, stimmt zwar in seiner Aussage, ist aber für die Praxis eines konkreten

---

Nichteinstufung einer Maßnahme zu einem Geschäft von grundlegender Bedeutung sind im Übrigen ebenso davon bestimmt, inwiefern die konkrete Gesellschaft mit Risiko allgemein umgeht und demnach eher risikofreudig oder risikoscheu agiert, dazu: *Spindler*, AG 2006, 677, 679; *Brouwer*, Zustimmungsvorbehalte, S. 98; *Schönberger*, Zustimmungsvorbehalt, S. 123 f.

[153] *Mertens/Cahn*, in: KK-AktG, Band 2/2, § 111 Rn. 84; *Drygala*, in: K. Schmidt/Lutter, AktG, Band 1, § 111 Rn. 56; *Lange*, DStR 2003, 376, 379; *v. Rechenberg*, BB 1990, 1356, 1359; *Schönberger*, Zustimmungsvorbehalt, S. 136.

[154] *Schnorbus/Ganzer*, BB 2020, 451, 451 f.; siehe für Praxisbeispiele, die alle Wertgrenzen benutzen: C. I. 2.

[155] *Hofschroer*, Zustimmungsvorbehalt, S. 100 f.

[156] *Hofschroer*, Zustimmungsvorbehalt, S. 426.

[157] *Berrar*, DB 2001, 2181, 2185.

[158] Siehe oben für die Annahme eines Beurteilungsspielraums: B. I. 2. a) cc) (2).

Aufsichtsratsmitglieds nicht förderlich. Insofern ist es richtig, eine konkrete Orientierung anzubieten, auch wenn sie nicht für jeden Fall passen wird.

Ein vorgeschlagener quantitativer Anknüpfungswert kann sich dabei aus zwei Elementen zusammensetzen: zunächst aus der Anknüpfung an etwas wie die Aktiva oder den Umsatz und zweitens aus einer konkreten (Prozent-)Zahl.[159] Die Anknüpfung an etwas ist dabei das wichtige Element. 10 % der Aktiva oder 10 % des Umsatzes sind zwei unterschiedliche Dimensionen. Von allen angesprochenen Anknüpfungswerten ist allerdings eine Anknüpfung an das Eigenkapital am sinnvollsten.[160] Die vorgeschlagene Betrachtung der Aktiva kann dafür sorgen, dass der quantitative Anknüpfungswert zu hoch angesetzt ist. Denn die Aktiva können sehr hoch sein, wobei dies zum größten Teil mit Fremdkapital auf der Passivseite finanziert sein kann. In diesem Fall würde schon ein Schaden unterhalb von 10 % existenzvernichtend wirken. Fremdkapital ist zwar wichtig für ein günstiges Wachstum des Unternehmens, aber es ist letztlich lediglich eine verzinste Schuld gegenüber jemandem und damit benötigt das Unternehmen einen gegenüberstehenden Vermögenswert. Würde nun ein Unternehmen einen großen Schadensfall erleiden, was bedeutet, dass es keinen Gegenwert gibt, frisst die Begleichung des Schadens das Eigenkapital und die Fremdkapitalquote steigt. Mit anderen Worten: Wenn die Risiken durch Schäden auf das Eigenkapital zielen, dann ist auch eine Eigenkapitalbetrachtung bei ihrer präventiven Bekämpfung sinnvoll. Auch die empirische Häufigkeit der Eigenkapitalanknüpfung spricht für ihre Überlegenheit.[161] Es erscheint deswegen am vorzugswürdigsten, wenn man das Eigenkapital des Unternehmens betrachtet[162] und 10 % als Größenordnung für die Geschäfte von grundlegender Bedeutung nimmt.[163] Ab 10 % des Eigenkapitals erreicht man regelmäßig eine sehr schmerzvolle Schwelle für das Unternehmen. Besonders wenn man beachtet, dass die durchschnittliche Eigenkapitalquote bei den deutschen Un-

[159] Demgegenüber kann es außerdem nur einen Betrag in Euro geben, der an das finanzielle Volumen des Geschäfts selbst anknüpft, z. B. ein Zustimmungsvorbehalt für ein Darlehen ab 5 Mio. EUR; siehe dazu als ein Beispiel aus der Praxis C. I. 2. a) bb).

[160] *Fleischer*, BB 2013, 835, 842 legt sich nicht fest, welchen quantitativen Anknüpfungswert er vorzieht.

[161] *Hofschroer*, Zustimmungsvorbehalt, S. 100.

[162] Ebenfalls für eine Eigenkapitalbetrachtung: *Götz*, ZGR 1990, 633, 656; *Schönberger*, Zustimmungsvorbehalt, S. 138, 164; a. A. *Hofschroer*, Zustimmungsvorbehalt, S. 272 ff., der keinen Ansatz empfehlen will.

[163] Hierzu zur Verdeutlichung ein Beispiel: Die *Siemens AG* hat nach dem Jahresbericht 2022, S. 19, abrufbar siehe Fn. 24, eine Bilanzsumme von 151.502.000.000 EUR, davon sind 64 % Fremdkapital (96.697.000.000 EUR) und 36 % Eigenkapital (48.895.000.000 EUR). Würde man die 10 % als Orientierung übernehmen, wären die klaren Fälle eines Geschäfts von grundlegender Bedeutung und einer Pflicht grundsätzlich in einer Größenordnung von 4,8 Mrd. EUR. Neben den Fällen, bei denen allein eine einzelne Maßnahme schon genug Gewicht hat, um die Risikoexposition zu ändern, kann im Übrigen eine grundlegende Veränderung der Risikoexposition gleichfalls durch die Addition von verschiedenen Maßnahmen vorliegen, dazu *Götz*, NZG 2003, 599, 602; *Brouwer*, Zustimmungsvorbehalte, S. 98.

ternehmen bei ca. 30 % liegt.[164] Dieser empfohlene quantitative Anknüpfungswert entspricht der Regelungsabsicht des Gesetzgebers[165] und setzt gleichwohl die Schwelle für den nebenamtlichen Aufsichtsrat[166] nicht zu niedrig an.

Allerdings gilt dies ausschließlich als Orientierungsempfehlung. Es bleibt vom konkreten Fall und freilich von der Beurteilung des Aufsichtsrats abhängig, wann eine grundlegende Veränderung vorliegt. Es kann deshalb Fälle eines Geschäfts von grundlegender Bedeutung unterhalb dieser Orientierung geben.

(b) Berechnung des konkreten Geschäftswerts: risikobasierter Ansatz

Wenn man als quantitativen Anknüpfungswert z. B. 10 % des Eigenkapitals bzw. 100 Mio. EUR bei 1 Mrd. EUR Eigenkapital nimmt, stellt sich die bedeutsame und indes kaum berücksichtigte Folgefrage, wie man den Wert des in Frage stehenden Geschäfts berechnet, um es mit dem quantitativen Anknüpfungswert 100 Mio. EUR bzw. 10 % des Eigenkapitals zu vergleichen.

Käme es allein auf die wirtschaftliche Lage an, könnte man lediglich auf den Umfang einer Maßnahme abstellen, z. B. auf die Aufnahme eines Darlehens von 50 Mio. EUR oder 150 Mio. EUR. Denn der Umfang einer Maßnahme allein kann eine grundlegende Veränderung darstellen, weil sie eindeutige Auswirkungen auf die wirtschaftliche Lage des Unternehmens hat.[167] Demnach ist die Bestimmung, ob eine grundlegende Veränderung i. S. d. TransPuG-Begründung vorliegt, relativ einfach, wenn bereits der offensichtliche Umfang einer Maßnahme die grundlegende Veränderung indiziert.

Andererseits kann der Umfang im Verhältnis zur Wertgrenze des Zustimmungsvorbehalts im Hinblick auf die grundlegende Veränderung der Risikoexposition trügerisch sein.[168] Denn an dieser Stelle läuft man Gefahr, dass der Vergleich des offensichtlichen Umfangs des Geschäfts mit dem Wert der Wertgrenze versucht, einen komplizierten Sachverhalt zu einfach zu umfassen. Ein gutes und häufiges Beispiel ist der Kaufpreis für den Erwerb eines Zielunternehmens. So kann der Kaufpreis sehr gering sein und dennoch der Kauf ein hohes Risiko für den Erwerber bedeuten.[169] Andere Ansätze am Beispiel der Unternehmenstransaktionen

[164] Durchschnittliche Eigenkapitalquote laut Bundesbank: für 2022 29,5 % und 2021 30,7 %, abrufbar unter https://bit.ly/3UB12ES, zuletzt abgerufen am 24. 11. 2024.

[165] Für die Regelungsabsicht einer Verbesserung der Überwachung und einer originären unternehmerischen Mitverantwortung siehe: Begr. RegE TransPuG, BT-Drs. 14/8769, 17; *Schönberger*, Zustimmungsvorbehalt, S. 71 ff., 191 ff.; *Brouwer*, Zustimmungsvorbehalte, S. 101 ff.; *Fleischer*, BB 2013, 835, 835 ff.

[166] Zum nebenamtlichen Charakter des Aufsichtsrats: *Lutter et al.*, Rechte und Pflichten des AR, Rn. 894; *Westermann*, in: FS Hommelhoff, 2012, 1319, 1320 ff.

[167] *Schönberger*, Zustimmungsvorbehalt, S. 121.

[168] So auch *Lange*, DStR 2003, 376, 379.

[169] *Lange*, DStR 2003, 376, 379; siehe dazu für die Unternehmenstransaktion noch ausführlich C. V. und VI.

beziehen sich auf den Buchwert oder Verkehrswert.[170] Diese spiegeln in Anbetracht der unterschiedlichen Bewertungsmethoden jedoch nur bedingt das innewohnende Risiko bei Geschäften mit abstrakten und konkreten Risiken, wie einer Unternehmenstransaktion, wider.[171]

In Anbetracht der Regelungsabsicht des Gesetzgebers, dass er die Geschäfte mit einer bestimmten Bedeutung im Sinne einer grundlegenden Veränderung oder Gefahr für das Unternehmen vom Aufsichtsrat überwacht und mitentschieden haben will,[172] bietet sich ein risikobasierter Ansatz an. Nach dem risikobasierten Ansatz sollte der konkrete Geschäftswert das Ergebnis einer Addition des finanziellen Umfangs der Maßnahme (z. B. des Kaufpreises) und der Werte der quantifizierten Risiken (z. B. Schäden und andere Kosten) sein.[173] Dadurch wird die Wertgrenze auch bei einem Geschäft mit einem geringen Umfang erreicht, wenn es entsprechend hohe Schadensrisiken enthält. Der Ansatz filtert daher effektiver die Maßnahmen des Vorstands als ein statischer Geschäftswert und verbessert dadurch die präventive Überwachung. Dabei existieren viele wirtschaftswissenschaftliche Ansätze, wie man Risiken quantifizieren kann, sodass man sich auf diese beziehen kann.[174] Auch im juristischen Bereich wie der Compliance-Organisation wird mit Risikoermittlung und Risikogewichtung gearbeitet, die dadurch erfolgt, dass „jedem Risiko eine Eintrittswahrscheinlichkeit zugewiesen und der bei Realisierung drohende Schaden geschätzt wird".[175] Die Ansätze der Risikoanalyse des Compliance-Risikomanagements, die das Risiko ermitteln und quantifizieren, kann man für die Corporate Governance zur Berechnung des konkreten Geschäftswerts sinngemäß übernehmen.[176]

---

[170] Siehe unten: C. 2. a).

[171] Siehe unten: C. V. 2. d) ff. zu den Risiken für einen Schaden über den Kaufpreis beim Erwerb eines Zielunternehmens.

[172] Begr. RegE TransPuG, BT-Drs. 14/8769, 17; *Schönberger*, Zustimmungsvorbehalt, S. 71 ff., 191 ff.; *Brouwer*, Zustimmungsvorbehalte, S. 101 ff.; *Fleischer*, BB 2013, 835, 835 ff.

[173] Ebenfalls allgemein für den Einbezug von Risiko: *Schönberger*, Zustimmungsvorbehalt, S. 138 und *Hofschroer*, Zustimmungsvorbehalt, S. 219 ff., 269 ff. Allerdings erklären *Schönberger* und *Hofschroer* nicht, wie der Einbezug in einem konkreten Zustimmungsvorbehalt umgesetzt werden soll.

[174] Ausführlich: *Wilke/Offerhaus:* in: RMA-Risikomanagement, S. 21 ff.; *Berrar*, DB 2001, 2181, 2185 weist ferner darauf hin, dass die Regierungskommission selbst mit der Formel „Maßnahmen, die die Ertragsaussichten oder Risikoexposition grundlegend verändern" wohl Bezug zu Theorien der Betriebswirtschaftslehre, besonders der Corporate Finance, nimmt.

[175] *Balke/Klein*, ZIP 2017, 2038, 2039; ferner: *Nietsch*, ZHR 2016, 733, 757 ff.

[176] *Girgensohn*, DB 1980, 337, 341 schlägt vor, eine Skala von Umfang und Risiko zu entwickeln. Der konkrete Wert wäre dann durch eine Betrachtung von vergangenen Entscheidungen zu ermitteln; *Schönberger*, Zustimmungsvorbehalt, S. 134 ff. schlägt lediglich unterstützend zu den klassischen Wertgrenzen eine Sensitivitätsanalyse vor, die wohl in vielen Fällen zu ähnlichen Ergebnissen führen kann; *Hofschroer*, Zustimmungsvorbehalt, S. 217 ff.

Es geht an dieser Stelle darum, einen praktikablen Ansatz zur Gestaltung des Tatbestands der Zustimmungsvorbehalte anzubieten, der zudem die risikoorientierte Regelungsabsicht des TransPuG-Gesetzgebers umfasst.[177] Auf der anderen Seite geht es bei diesem Ansatz nicht darum, zu beantworten, ob der Aufsichtsrat die konkrete Zustimmung dazu erteilen oder verweigern soll. Dies ist eine reine Frage der Zustimmungsentscheidung.[178]

(c) Berechnung durch den Vorstand

Es liegt auf der Hand, dass der nebenamtliche Aufsichtsrat nicht die Risikoquantifizierung berechnen und schätzen kann.[179] Im Übrigen obliegt es dem Vorstand als Adressat der Zustimmungsvorbehalte bei seinen Maßnahmen zu überprüfen und zu kalkulieren, ob eine Maßnahme dabei ist, die unter einen Zustimmungsvorbehalt mit seiner entsprechenden Wertgrenze fällt.[180] Es ist diesbezüglich zuzustimmen, dass dies den Vorstand verleiten könnte, das Risiko so zu quantifizieren, dass die Maßnahme unterhalb der Wertgrenze bleibt.[181] Doch kann sich der Aufsichtsrat insgesamt kaum vor einem missbräuchlichen Verhalten in jedem Fall schützen.[182] Die rechtswidrige Missbrauchsgefahr ist demgegenüber kein Gegenargument für die Fähigkeit dieses Ansatzes, die Regelungsabsicht des Gesetzgebers zu erfüllen und die präventive Überwachung des Aufsichtsrats effektiver zu gestalten.[183]

Es ist ferner zu betonen, dass der Vorstand bei dieser Risikoquantifizierung gleichfalls nur eine Prognose vornehmen kann, weil es sich um „zukunftsgerichtete Einschätzungen unter Unsicherheit" handelt.[184] Das wiederum bedeutet, dass sich eine rechtliche Kontrolle ausschließlich darauf beschränken kann, ob der Vorstand

---

will das Risikomanagement im ersten Schritt zur Identifikation von bestandsgefährdenden Risiken nutzen.

[177] Diese Methode für den konkreten Geschäftswert muss sich im Zustimmungsvorbehalt wiederfinden, siehe als Beispiel unten: C. VI. 3. d).

[178] Siehe zur Zustimmungsentscheidung unten: B. I. 7.

[179] Für den nebenamtlichen Charakter des Aufsichtsrats: *Lutter et al.*, Rechte und Pflichten des AR, Rn. 894; *Westermann*, in: FS Hommelhoff, 2012, 1319, 1320 ff.

[180] Siehe oben für die Adressatenstellung: B. I. 1. b). Man kann gleichwohl an den Einbezug eines Sachverständigen denken, *Hofschroer*, Zustimmungsvorbehalt, S. 230 ff.

[181] *Berrar*, DB 2001, 2181, 2185, der kritisch gegenüber Wertgrenzen ist, die eine gewisse betriebswirtschaftliche Komplexität aufweisen. Ebenfalls etwas kritisch gegenüber betriebswirtschaftlichen Ansätzen: *Schönberger*, Zustimmungsvorbehalt, S. 135 f.

[182] *Bea/Scheurer*, DB 1994, 2145, 2145 sprechen zu Recht davon, dass die Effektivität der Überwachungstätigkeit für den Aufsichtsrat kaum kontrollierbar wird, wenn „kriminelle Energie" im Spiel ist.

[183] Begr. RegE TransPuG, BT-Drs. 14/8769, 17.

[184] Ausführlich zu Prognosen im gesellschaftsrechtlichen Kontext: *Spindler*, AG 2006, 677, 678 ff.

eine „ausreichende Tatsachengrundlage“ vorliegen hatte und ob der gewählte Ansatz gerechtfertigt ist und ordnungsgemäß angewendet wurde.[185]

cc) Geschäfte von grundlegender Bedeutung kraft Natur der Sache

(1) Herleitung kraft Natur der Sache

Die TransPuG-Begründung und die damalige Fassung des DCGK 2002 identifizieren zunächst die oben skizzierten Maßnahmen, die die wirtschaftliche Lage oder Risikoexposition grundlegend verändern, als so bedeutsam, dass der Aufsichtsrat sich mit ihnen beschäftigen muss. Indes muss man sich verdeutlichen, dass die Regelungsabsicht des TransPuG-Gesetzgebers neben der präventiven Verhinderung von Schäden auch eine unternehmerische Mitverantwortung des Aufsichtsrats umfasst.[186] Im Ergebnis kann die „Formel“ der TransPuG-Begründung daher richtigerweise keine Exklusivität für Geschäfte von grundlegender Bedeutung erreichen.[187] Denn die Formel hat allein ihre Wirkung, Geschäfte von grundlegender Bedeutung zu bestimmen, wenn es sich um negative Veränderungen wie eine große monetäre Veränderung der wirtschaftlichen Lage oder einen Schaden handelt. Es kann deswegen, wie im Folgenden dargestellt, Fälle geben, die durch ihre Natur als so bedeutsam einzustufen sind, dass sie unabhängig von den in der TransPuG-Begründung genannten Voraussetzungen als ein Geschäft von grundlegender Bedeutung gelten müssen.[188]

(2) Prägende Strategiemaßnahmen

Während die zuvor skizzierten Ermittlungsansätze der TransPuG-Begründung für ein Geschäft von grundlegender Bedeutung stets den gemeinsamen Nenner einer Verschlechterung haben, wird zu Recht in Teilen der Literatur darauf hingewiesen, dass es auch solche Maßnahmen geben muss, die aus ihrer Natur als eine prägende Strategieentscheidung, bereits ohne eine Risikoprüfung, als ein Geschäft mit grundlegender Bedeutung verstanden werden müssen.[189] Denn das

---

[185] *Spindler*, AG 2006, 677, 680 ff.

[186] Begr. RegE TransPuG, BT-Drs. 14/8769, 17; *Schönberger*, Zustimmungsvorbehalt, S. 71 ff., 191 ff.; *Brouwer*, Zustimmungsvorbehalte, S. 101 ff.; *Fleischer*, BB 2013, 835, 835 ff.

[187] *Fleischer*, BB 2013, 835, 841.

[188] *Fleischer*, BB 2013, 835, 841; *Brouwer*, Zustimmungsvorbehalte, S. 99.

[189] *Semler*, ZGR 1983, 1, 20 ff.; *Koch*, AktG, § 111 Rn. 68; *Fleischer*, BB 2013, 835, 841; *Habersack*, ZHR 2014, 131, 143; *Brouwer*, Zustimmungsvorbehalte, S. 99 f. Als Beispiele für solche nachhaltigen Strategieentscheidungen nennt *Brouwer* „die Bestimmung der Geschäftspolitik, die lang-, mittel- und kurzfristige Unternehmensplanung (Investitions-, Produktions-, Finanz- und Personalplanung), den Erwerb und die Veräußerung von Unternehmensteilen und Unternehmensbeteiligungen sowie den Abschluss oder die Beendigung von Unternehmensverträgen im Sinne der §§ 291, 292 AktG“. Auch *Kropff*, NZG 1998, 613, 618 sieht starke Gründe dafür, dass der Aufsichtsrat verpflichtet ist, die Unternehmensplanung mit

Ziel des TransPuG waren die Involvierung des Aufsichtsrats in wesentliche Entscheidungen und dessen Tragung der unternehmerischen Mitverantwortung.[190] Gewiss werden viele dieser Maßnahmen sowieso auch das nötige Gewicht für eine Veränderung der wirtschaftlichen Lage und/oder der Risikoexposition haben, es ist allerdings nicht konstitutiv für das Untermaßverbot.[191]

(3) Rechtswidrige oder offensichtlich unvertretbare Maßnahmen

Wenn eine Maßnahme der Geschäftsführung rechtswidrig ist und somit eine rechtswidrige Natur aufweist, liegt ebenfalls allein durch diesen Umstand ein Geschäft von grundlegender Bedeutung vor und der Aufsichtsrat muss die Maßnahme mit einem Zustimmungsvorbehalt verhindern.[192] Dies ist seit der Entscheidung des II. Zivilsenats des BGH aus dem Jahr 1993 zumindest für gesetzeswidrige Maßnahmen anerkannt.[193] Es spricht indes vieles dafür, hinsichtlich der Vergleichbarkeit der Situation dies für satzungswidrige Geschäfte ebenfalls anzuerkennen.[194]

Teilweise werden die rechtswidrigen Entscheidungen als eine eigene Kategorie angesehen.[195] Rechtswidrige Entscheidungen, von denen der Aufsichtsrat Kenntnis erlangt, sind jedoch stets Geschäfte von grundlegender Bedeutung. Dies folgt aus der Überwachungsfunktion der Zustimmungsvorbehalte, die wiederum als Erstes die Legalität des Handelns der Geschäftsführung als Gegenstand hat.[196] Das Verhindern rechtswidriger Handlungen hat somit stets eine grundlegende Bedeutung für die Gesellschaft des Aufsichtsrats. Insofern besteht gar nicht das Bedürfnis,

---

einem Zustimmungsvorbehalt zu belegen, weil es „existentiell" wichtig sei, dass der Aufsichtsrat und der Vorstand hierzu übereinstimmen. Zurückhaltend: *Kau/Kukat*, BB 2000, 1045, 1048 f.; a. A. wohl *Schönberger*, Zustimmungsvorbehalt, S. 160, 175.

[190] Siehe Begr. RegE TransPuG, BT-Drs. 14/8769, 17; *Schönberger*, Zustimmungsvorbehalt, S. 71 ff., 191 ff.; *Brouwer*, Zustimmungsvorbehalte, S. 101 ff.; *Fleischer*, BB 2013, 835, 835 ff.

[191] *Fleischer*, BB 2013, 835, 841; *Brouwer*, Zustimmungsvorbehalte, S. 99 f.

[192] BGH, Urteil v. 15.11.1993 – II ZR 235/92, BGHZ 124, 111, 127; *Boujong*, AG 1995, 203, 206; *Brandes*, WM 1994, 2177, 2182 f.; *Koch*, AktG, § 111 Rn. 68; *Hopt/Roth*, in: Großkomm. AktG, Band 5, § 111 Rn. 648 f.; *Kau/Kukat*, BB 2000, 1045, 1048 f.; *Schön*, JZ 1994, 684, 685; *Kropff*, ZGR 1994, 628, 643; *Götz*, ZGR 1990, 633, 639; *Hofschroer*, Zustimmungsvorbehalt, S. 194 f.; *Brouwer*, Zustimmungsvorbehalte, S. 110. Allerdings sieht *Brouwer* in den rechtswidrigen Geschäften eine eigene dritte Kategorie neben den zustimmungsvorbehaltspflichtigen und zustimmungsvorbehaltsfähigen Geschäften.

[193] BGH, Urteil v. 15.11.1993 – II ZR 235/92, BGHZ 124, 111, 127.

[194] *Koch*, AktG, § 111 Rn. 60; *Henze*, NJW 1998, 3309, 3312; *ders.*, BB 2000, 209, 215; *Schön*, JZ 1994, 684, 685; *Brouwer*, Zustimmungsvorbehalte, S. 110 ff. sieht einen Fall einer rechtswidrigen Maßnahme, weil der Vorstand hier gegen seine Sorgfaltspflichten verstößt.

[195] *Brouwer*, Zustimmungsvorbehalte, S. 110 ff.

[196] BGH, Urteil v. 25.03.1991 – II ZR 188/89, BGHZ 114, 127, 129 f.; *Semler*, Leitung und Überwachung, S. 107 ff.; *Theisen*, AG 1995, 193, 200 f.; *Lutter et al.*, Rechte und Pflichten des AR, Rn. 73 ff.; *Mertens/Cahn*, in: KK-AktG, § 111 Rn. 14; *Schönberger*, Zustimmungsvorbehalt, S. 43; *Brouwer*, Zustimmungsvorbehalte, S. 82; *Henze*, NJW 1998, 3309, 3310; *Lutter*, in: FS Hüffer, 2010, 617, 617.

rechtswidrige Geschäfte als eine eigene Kategorie zu behandeln.[197] Eine gleiche Bewertung wie bei rechtswidrigen Maßnahmen muss man richtigerweise bei Maßnahmen des Vorstands vornehmen, die offensichtlich völlig unvertretbar sind. Allein dadurch liegt ein Geschäft von grundlegender Bedeutung kraft der Natur ihrer Sache vor.[198]

(4) Kein Art.-7-MAR-Ansatz

Es gibt gleichwohl einen weiteren Ansatz, wann ein Geschäft von grundlegender Bedeutung vorliegen soll. So wird empfohlen, auf die Kriterien zur Einstufung von Insiderinformationen im Sinne von Art. 7 Abs. 1 der Marktmissbrauchsverordnung zurückzugreifen. Sofern ein Sachverhalt bei einer ggf. fiktionalen börsennotierten Gesellschaft eine Insiderinformation wäre, würde die Pflicht greifen. Als Argument werden die Praktikabilität und erhöhte Sicherheit durch die vielen Auslegungshinweise der Behörden und Literatur genannt.[199] Allerdings fehlt eine relevante Verbindung von Insiderinformation zu dem in der TransPuG-Begründung zum Ausdruck gebrachten Willen, was Geschäfte von grundlegender Bedeutung sein sollen, zumal Art. 7 Abs. 1 MAR eine andere Zielsetzung verfolgt.[200] Im Ergebnis ist dieser Ansatz deshalb nicht überzeugend.

dd) Zwischenergebnis

Die Geschäfte von grundlegender Bedeutung stellen den Anwendungsbereich des Untermaßverbots der Zustimmungsvorbehalte nach § 111 Abs. 4 Satz 2 AktG dar. Die Formulierung der TransPuG-Begründung und des Grundsatzes 3.3 des DCGK 2002 kann als erster Interpretationsansatz genutzt werden. Während man die grundlegende Veränderung der wirtschaftlichen Lage relativ einfach am Umfang einer Maßnahme ermitteln kann, ist dies bei der Risikoexposition wesentlich komplizierter. Der Aufsichtsrat muss sich zunächst die Risiken verdeutlichen und diese lebensnah im Einzelfall beurteilen. Vornehmlich die Eintrittswahrscheinlichkeit und der erwartbare Schadensumfang sind wesentlich für die Beurteilung, ob ein Geschäft von grundlegender Bedeutung vorliegt.

Bei einem konkreten Geschäftswert von 10 % des Eigenkapitals wird grundsätzlich ein Geschäft von grundlegender Bedeutung vorliegen. Für die konkreten Zustimmungsvorbehalte bietet es sich an, mit einer risikobasierten Wertgrenze zu arbeiten. Denn der konkrete Geschäftswert, mit dem die 10 % des Eigenkapitals

---

[197] Anders: *Brouwer*, Zustimmungsvorbehalte, S. 110 ff.

[198] *Schön*, JZ 1994, 684, 685 f. formuliert es treffend so: „schlechthin nicht gerechtfertigt werden können und zu deren Durchführung ein verantwortungsbewusst denkender und handelnder Kaufmann zu keiner Zeit bereit wäre"; ferner dazu *Henze*, NJW 1998, 3309, 3312; *Boujong*, AG 1995, 203, 206; *Hopt/Roth*, in: Großkomm. AktG, Band 5, § 111 Rn. 663.

[199] *Schnorbus/Ganzer*, BB 2020, 386, 389 f.

[200] *Koch*, AktG, § 111 Rn. 68.

verglichen werden, darf nicht allein das finanzielle Geschäftsvolumen z.B. der Kaufpreis oder die Darlehensvaluta sein. Vielmehr müssen die quantifizierbaren Risiken hinzuaddiert werden, um zu ermitteln, ob dieses Geschäft unter die Wertgrenze fällt und somit der Zustimmungsvorbehalt greift. Diese Methode für den konkreten Geschäftswert muss sich im Zustimmungsvorbehalt wiederfinden.

Neben dem Ansatz der TransPuG-Begründung kann auch unabhängig von der Risikoexposition oder wirtschaftlichen Lage ein Geschäft von grundlegender Bedeutung durch ihre Natur vorliegen. Wichtige Beispiele sind prägende Strategiemaßnahmen oder rechtswidrige oder offensichtlich unvertretbare Maßnahmen.

3. Kein Übermaßverbot für Geschäfte von erheblicher Bedeutung

a) Herleitung eines Übermaßverbots

Der Begriff des Übermaßverbots ist dem Verfassungsrecht entlehnt und bedeutet vereinfacht, dass eine Grenze für die Zulässigkeit von staatlichen Eingriffen besteht.[201] So gibt es Eingriffe des Staates, die er durchführen muss, die er durchführen kann und die er nicht durchführen darf. Das Übermaßverbot richtet sich erlaubend an diese zweite zuvor genannte Kategorie und verbietend an die dritte Kategorie. Dieses Konstrukt kann man gleichfalls auf den Aufsichtsrat und den Zustimmungsvorbehalt gem. § 111 Abs. 4 Satz 2 AktG sinngemäß übertragen. Denn obgleich es dem Aufsichtsrat freisteht, Zustimmungsvorbehalte, die nicht vom Untermaßverbot umfasst sind, nach seinem Ermessen zu bestimmen, so kann er dennoch nicht durch den Zustimmungsvorbehalt die alleinige Leitungsverantwortung des Vorstands gem. § 76 Abs. 1 AktG verletzen und sein Geschäftsführungsverbot nach § 111 Abs. 4 Satz 1 AktG umgehen.[202] Das Geschäftsführungsverbot des Aufsichtsrats bzw. die eigenverantwortliche Leitung der Gesellschaft durch den Vorstand ziehen demnach die finale Grenze zulässiger Zustimmungsvorbehalte. Ohne eine solche Grenze könnte der Aufsichtsrat durch die Begründung eines engmaschigen Netzes von Zustimmungsvorbehalten zulässigerweise die Geschäftsführung an sich reißen und den Vorstand zu seiner Assistenz degradieren.[203]

b) Übermaßverbot vs. Geschäfte von erheblicher Bedeutung

Wenngleich die Notwendigkeit eines Übermaßverbots für die Zustimmungsvorbehalte unstrittig ist, so ist dennoch unklar, wo die Grenze von zulässig zu unzulässig liegt. Einig ist man sich insofern, dass lediglich Geschäfte als zulässig in

---

[201] *Sommermann*, in: v. Mangoldt/Klein/Starck, GG Art. 20 Rn. 319.

[202] *Habersack*, NZG 2020, 881, 885 f.; *Schnorbus/Ganzer*, BB 2020, 386, 387.

[203] Anstelle vieler: *Brouwer*, Zustimmungsvorbehalte, S. 102.

Betracht kommen können, die von einem gewissen Gewicht sind.[204] Für die weitere Bestimmung gibt es ein umfassendes Meinungsspektrum.[205]

aa) Geschäfte im Rahmen einer Vorstandsentscheidungspflicht

Ein Ansatz sieht das Abgrenzungskriterium in solchen Fällen, „die bei sorgfältiger Unternehmensleitung vom Vorstand selbst entschieden werden müssen und nicht einer nachgeordneten Führungsebene überlassen werden können".[206] Sobald also ein Geschäft aus der Sicht eines sorgfältigen Vorstands vom Vorstand entschieden werden muss, kann es mit einem Zustimmungsvorbehalt belegt werden. Wenn dagegen der Vorstand diese Entscheidungen nicht zwingend selbst treffen müsste, wäre ein Zustimmungsvorbehalt durch das Übermaßverbot unzulässig.

bb) Außergewöhnliche Geschäfte

Der Ansatz mit den meisten Vertretern ist, ob es sich um ein für die Gesellschaft gewöhnliches oder eher ungewöhnliches Geschäft handelt. Wenn ein Geschäft nach seinem Gegenstand, Umfang, nach seiner Bedeutung oder seinem Risiko außerhalb des gewöhnlichen Geschäftsbetriebes ist, wird es als außergewöhnlich qualifiziert und kann mit einem Zustimmungsvorbehalt gem. § 111 Abs. 4 Satz 2 AktG belegt werden. Sofern es jedoch gewöhnlich ist und somit dem Tagesgeschäft der Gesellschaft zugeordnet wird, ist es dem Aufsichtsrat nicht gestattet, darauf Einfluss auszuüben oder es gar zu verhindern.[207]

cc) Geschäfte von erheblicher Bedeutung

Zudem gibt es einen Ansatz, der zwischen Außen- und Innengeschäften unterscheidet. Sofern ein Geschäft ein Außengeschäft ist, soll ein zulässiger Zustimmungsvorbehalt begründet werden können, wenn die Bedeutung erheblich i. S. d.

---

[204] Anstelle vieler: *Drygala*, in: K. Schmidt/Lutter, AktG, Band 1, § 111 Rn. 56.

[205] Der Streit über die Bestimmung der Zulässigkeitsgrenzen ist dabei keine neue Erscheinung. Bereits bei *Lutter*, in: FS Fischer, 1979, 419, 423 werden die Zulässigkeitsgrenzen besprochen.

[206] *Mertens/Cahn*, in: KK-AktG, Band 2/2, § 111 Rn. 84.

[207] *Immenga*, ZGR 1977, 249, 265: „Immer ist es ausgeschlossen, über § 111 Abs. 4 Satz 2 AktG die Beteiligung an gewöhnlichen Geschäften zu erzwingen"; *v. Rechenberg*, BB 1990, 1356, 1358 sieht einen unzulässigen Zustimmungsvorbehalt, sobald es „über de[n] gewöhnlichen Geschäftsbetrieb" hinausgeht; ähnlich *Weyl*, Zustimmungsvorbehalte Konzernsteuerung, S. 85 ff.; *v. Mettenheim*, DB 1977, 447, 449: „gewöhnliche oder nur bestimmte gewöhnliche Geschäfte"; *Lenz*, AG 1997, 448, 450: „mit Ausnahme der Tagesgeschäfte"; ähnlich *Girgensohn*, DB 1980, 337, 340; *Habersack*, ZHR 2014, 131, 142: „vom Tagesgeschäft des Vorstandes [...] in signifikanter Weise abhebt"; ähnlich *Hofschroer*, Zustimmungsvorbehalt, S. 120 ff.; *Lieder*, DB 2004, 2251, 2254: „Routinegeschäfte oder andere gewöhnliche Geschäftsführungsmaßnahmen"; *ders.*, ZGR 2018, 523, 537.

§ 90 Abs. 1 Satz 1 Nr. 4 AktG ist. Sofern ein Geschäft ein Innengeschäft ist, soll ein zulässiger Zustimmungsvorbehalt bei „wichtigen" Innengeschäften begründet werden. Als Beispiel wird die grundlegende Änderung der Organisation genannt. Sobald aber ein Außengeschäft keine erhebliche Bedeutung gem. § 90 Abs. 1 Satz 1 Nr. 4 AktG aufweist oder ein Innengeschäft nicht wichtig ist, wäre ein Zustimmungsvorbehalt durch das Übermaßverbot unzulässig.[208]

dd) Modifizierung der Formel der TransPuG-Begründung

Abschließend wird teilweise vertreten, dass es ebenfalls – wie bei den Geschäften von grundlegender Bedeutung – um eine Relevanz der veränderten Ertragslage und Risikoexposition des Unternehmens geht. Die in der TransPuG-Begründung genannte Veränderung der Ertragslage oder Risikoexposition kann man bis auf die Modifizierung der unterschiedlichen Bedeutungsschwelle übernehmen. Demnach kann der Aufsichtsrat solche Geschäfte mit einem Zustimmungsvorbehalt gem. § 111 Abs. 4 Satz 2 AktG belegen, die die Ertragslage oder die Risikoexposition bedeutsam verändern können.[209]

ee) Stellungnahme

Im Ergebnis ist den beiden letzten Ansichten zuzustimmen, die die Geschäfte von erheblicher Bedeutung nutzen und die TransPuG-Begründung modifizieren. Die restriktivste Auffassung, dass allein originäre Entscheidungen des Vorstands außerhalb des Übermaßverbots sind, ist i. S. d. Regelungsabsicht[210] und der objektiv-teleologischen Kriterien der Zustimmungsvorbehalte hinsichtlich einer präventiven Überwachung und einer Mitgeschäftsführung des Aufsichtsrats zu restriktiv.[211] Es würde faktisch auf die undelegierbaren Leitungsentscheidungen

---

[208] *Götz*, ZGR 1990, 633, 641 f.; *ders.*, NZG 2002, 599, 602; ebenso: *Lenz*, AG 1997, 448, 450; *Säcker/Rehm*, DB 2008, 2814, 2817; *Schönberger*, Zustimmungsvorbehalt, S. 140.

[209] *Fleischer*, BB 2013, 835, 840.

[210] Für die Regelungsabsicht einer Verbesserung der Überwachung und einer originären unternehmerischen Mitverantwortung siehe: Begr. RegE TransPuG, BT-Drs. 14/8769, 17; *Schönberger*, Zustimmungsvorbehalt, S. 71 ff., 191 ff.; *Brouwer*, Zustimmungsvorbehalte, S. 101 ff.; *Fleischer*, BB 2013, 835, 835 ff.

[211] Die objektiv-teleologischen Kriterien sind unstrittig die Überwachungsfunktion im Sinne einer präventiven und effektiven Verhinderung von Schäden, dazu: *Drygala*, in: K. Schmidt/Lutter, AktG, Band 1, § 111 Rn. 49; *Hopt/Roth*, in: Großkomm. AktG, Band 5, § 111 Rn. 636 f.; *Schönberger*, Zustimmungsvorbehalt, S. 65; *Lieder*, DB 2005, 2251, 2251; *ders.*, ZGR 2018, 523, 540; *Brouwer*, Zustimmungsvorbehalte, S. 59; *Schnorbus/Ganzer*, BB 2020, 386, 386, und eine hier zugrunde gelegte – jedoch teilweise strittige – Mitgeschäftsführungsfunktion des Aufsichtsrats, dazu und einer Mitgeschäftsführungsfunktion zustimmend: *Habersack*, in: FS Hüffer, 2010, 259, 259, er sieht eine „Teilhabe an der Geschäftsführung"; *ders.*, ZHR 2014, 131, 133; *Götz*, ZGR 1990, 633, 640, 656; *Henssler*, in: Henssler/Strohn, Gesellschaftsrecht, AktG, § 111 Rn. 18, spricht von einer „Mitwirkung an der Geschäftsführung"; *J. Hüffer*, in: FS Hüffer, 2010, 365, 366; *Hommelhoff*, ZGR 1978, 119, 141;

gem. § 76 Abs. 1 AktG hinauslaufen und somit besteht die Gefahr, dass wichtige, konkrete Entscheidungen unter dem Vorstand durch das Raster der präventiven Überwachung fallen.[212] Dies gilt besonders für die Unternehmenstransaktion, wenn die Entscheidung und die alleinige Umsetzung der Transaktion durch den angestellten Head of M&A geschehen, was bei internationalen Großunternehmen für kleinere bis mittlere Transaktionen nicht abwegig ist.[213]

(1) Bedeutung als einzige Grenze

Das Merkmal der Außergewöhnlichkeit der zweiten Ansicht vermag eine Grenze zu ziehen, wenn das infrage stehende Geschäft für das Unternehmen komplett alltäglich ist.[214] Allerdings ist die Außergewöhnlichkeit des Geschäfts nicht in der Lage, vollumfänglich die Zulässigkeitsgrenzen der Zustimmungsvorbehalte zu definieren. Denn dieses Merkmal weist einen markanten Mangel auf, wenn es dem Zweck entsprechend falsch verstanden wird. Denn wenn die Außergewöhnlichkeit so ausgelegt wird, dass per se das Tagesgeschäft aus dem Zulässigkeitsbereich der Zustimmungsvorbehalte fällt, läuft man Gefahr, wesentliche Routinegeschäfte auszuschließen. Der Regelungsabsicht des TransPuG-Gesetzgebers und der Funktion der Zustimmungsvorbehalte entsprechend bedarf es jedoch ebenfalls an dieser Stelle der Mitwirkung des Aufsichtsrats, da es auf die Tragweite des Geschäfts ankommt und nicht auf die Kategorie.[215] Insofern ist Teilen der Literatur zuzustimmen, wenn sie die Außergewöhnlichkeit lediglich in Kontext mit der Bedeutung setzen und nicht mit der Art des Geschäfts, z. B. Arten des Tagesgeschäfts.[216] Folglich geht es um Geschäfte, die zwar keine grundlegende Bedeutung haben, aber eine erhebliche Bedeutung in sich tragen, die sie von anderen Entscheidungen innerhalb des Betriebs eines Unternehmens noch deutlich abhebt. Der Ausgangspunkt

Drygala, in: K. Schmidt/Lutter AktG, Band 1, § 111, Rn. 5; *Hopt/Roth*, in: Großkomm. AktG, Band 5, § 111 Rn. 588, 590, 605, 634; *v. Rechenberg*, BB 1990, 1356, 1358: „nicht nur bloße Kontrolle, sondern auch mittelbare Teilhabe des Aufsichtsrats an der ihm sonst verschlossenen Geschäftsführung"; *Vetter*, GmbHR 2011, 449, 451: „Mitunternehmer"; zurückhaltend: OLG Stuttgart, Urteil v. 27.02.1979 – 12 U 171/77, WM 1979, 1296, 1300: „im begrenzten Umfang an der Geschäftsführung teilnehmen lässt"; *Koch*, AktG, § 111 Rn. 52: „Vetorecht […] gibt ihm aber auch Einfluss auf dessen Geschäftsführung"; a. A., die eine Mitgeschäftsführung ablehnt: *Weyl*, Zustimmungsvorbehalte Konzernsteuerung, S. 66 f.; *Semler*, Leitung und Überwachung, S. 129 f.; *Steinbeck*, Überwachungspflicht, S. 149; *Hofschroer*, Zustimmungsvorbehalt, S. 37 f.; *Fonk*, ZGR 2006, 841, 866 f.; *Mertens/Cahn*, in: KK-AktG, § 111 Rn. 84; *Henze*, NJW 1998, 3309, 3312; *Theisen*, AG 1995, 193, 199; *Spindler*, in: MüKo GmbHG, Band 2, § 52 Rn. 16, 310: für den AG-Aufsichtsrat und „erst recht" für den GmbH-Aufsichtsrat.

[212] *Brouwer*, Zustimmungsvorbehalte, S. 105.

[213] Siehe dazu unten die M&A-Praxis der DAX- und MDAX-Unternehmen: C. I. 2. b).

[214] *Götz*, ZGR 1990, 633, 640 ff.; *Brouwer*, Zustimmungsvorbehalte, S. 105 schließt sich *Götz* an.

[215] *Götz*, ZGR 1990, 633, 640 ff.

[216] *Götz*, ZGR 1990, 633, 640 ff.; *Brouwer*, Zustimmungsvorbehalte, S. 105.

für die Beurteilung ist daher stets die konkrete Bedeutung der Maßnahme für das betroffene Unternehmen.[217]

(2) Modifizierte Gesetzesformel als Ausdruck der Bedeutungsbestimmung

Demnach ist zu Recht der Ansicht zuzustimmen, die anhand der von der TransPuG-Begründung geäußerten Veränderung der Ertragslage bzw. der wirtschaftlichen Lage oder Risikoexposition die Geschäfte, die nicht unter das Übermaßverbot fallen, bestimmen will. Denn wenn der Vorstand einerseits den Bestand und die Rentabilität der Gesellschaft nach § 76 Abs. 1 AktG erhalten soll, ist es andererseits überzeugend, die Überwachung des Aufsichtsrats (u. a.) durch Zustimmungsvorbehalte an diesen – von der TransPuG-Begründung ebenfalls gennannten – Bezugspunkten zu orientieren.[218] Zudem erweist es sich methodisch als kein Problem, die TransPuG-Begründung des Reformgesetzgebers als „authentische Interpretation" für § 111 Abs. 4 Satz 2 AktG und an dieser Stelle wieder die Konkretisierung des DCGK 20002 zu nutzen.[219] Man kann in diesem Zusammenhang ebenfalls den risikobasierten Ansatz für die Wertgrenze mit einer Prozentzahl des Eigenkapitals als quantitativen Anknüpfungswert anwenden.[220]

Diese Auffassung widerspricht zudem im Ergebnis nicht der Auffassung, die § 90 Abs. 1 Satz 1 Nr. 4 AktG nutzen will,[221] sondern ergänzt sie präziser. Die Auffassung des § 90 Abs. 1 Satz 1 Nr. 4 AktG steht nämlich vor der Herausforderung, dass es sich ausschließlich auf die Rentabilität und Liquidität bezieht und somit Fragen der Risikoexposition – zumindest nicht unmittelbar – beleuchtet werden.

Richtigerweise sind die Unterschiede zwischen Geschäften von erheblicher Bedeutung und Geschäften von außergewöhnlicher Bedeutung gering und indizieren sich häufig gegenseitig. Wenn ein Geschäft für die Gesellschaft eine vom Tagesgeschäft hervorstechende außergewöhnliche Bedeutung aufweist, wird in der Regel auch ein Geschäft von erheblicher Bedeutung vorliegen.[222] Hingegen ist der Auffassung unter B. III. 3. b) bb) nicht in der Begrifflichkeit des „bedeutsamen bzw. außergewöhnlichen Geschäfts" zu folgen. Es erscheint sprachlich unpräzise, von bedeutsamen Geschäften zu sprechen, da es eben um Geschäfte von einer bestimmten Bedeutungsschwelle geht und eben das betont werden sollte. Demnach

---

[217] *Götz*, ZGR 1990, 633, 641; *Hopt/Roth*, in: Großkomm. AktG, Band 5, § 111 Rn. 680; *Habersack*, in: FS Hüffer, 2010, 259, 264; *Brouwer*, Zustimmungsvorbehalte, S. 105.

[218] *Fleischer*, BB 2013, 835, 840.

[219] *Fleischer*, BB 2013, 835, 840.

[220] Siehe oben: B. I. 2. b) bb) (3).

[221] *Götz*, ZGR 1990, 633, 641 f.; *ders.*, NZG 2002, 599, 602; *Brouwer*, Zustimmungsvorbehalte, S. 109.

[222] *Fleischer*, BB 2013, 835, 840 ff. differenziert nicht streng zwischen bedeutsamen und außergewöhnlichen Geschäften; ähnlich *Brouwer*, Zustimmungsvorbehalte, S. 109: „Geschäfte von erheblicher (und damit in der Regel außergewöhnlicher) Bedeutung".

bietet es sich an, die Begrifflichkeit des Geschäfts von erheblicher Bedeutung zu nutzen, die sprachlich an den Begriff in § 90 Abs. 1 Satz 1 Nr. 4 AktG angelehnt ist.[223]

(3) Zwischenergebnis

Nach diesen Ergebnissen sind die Bedeutungsschwellen gleichzusetzen mit den Zulässigkeitsgrenzen bzw. den Grenzen des Untermaß- und Übermaßverbots. Es ergibt sich für den Rechtsanwender deswegen ein praktischer dreistufiger Aufbau mit: (1) Untermaßverbot/-gebot mit dem Bereich der Geschäfte von grundlegender Bedeutung, (2) dem Bereich der Geschäfte von erheblicher Bedeutung, die nicht vom Übermaßverbot/-gebot erfasst sind, und (3) Geschäften, die weder grundlegende noch erhebliche Bedeutung haben und daher nicht mit einem Zustimmungsvorbehalt gem. § 111 Abs. 4 Satz 2 AktG durch das Übermaßverbot belegt werden dürfen.

c) Orientierungshilfe für Geschäfte mit erheblicher Bedeutung

Die Bewertung, wann eine Maßnahme ein Geschäft von erheblicher Bedeutung ist, kann durch verschiedene Überlegungen und Hilfsmittel erleichtert werden.

aa) Gewöhnlichkeit der Art des Geschäfts: Teil des Tagesgeschäfts

Es wird – wie bereits dargestellt – häufig vertreten, dass gerade die Gewöhnlichkeit den Umfang des Übermaßverbots abgrenzt.[224] Es ist zuzustimmen, dass die Gewöhnlichkeit eine starke Indizwirkung für die Bedeutungsschwellen hat. Sie kann allerdings nicht automatisch das Kriterium für den Zulässigkeitsbereich von Zustimmungsvorbehalten sein.[225] Andererseits ist sie als Hilfsüberlegung, die die Bedeutung des Geschäfts ermittelt, nützlich. Regelmäßig werden Geschäfte des Tagesgeschäfts nämlich nicht die notwendige erhebliche Bedeutung aufweisen. Ein Geschäft kann man als einen Teil des Tagesgeschäfts behandeln, wenn es hinsichtlich seiner Art und seines Ablaufs regelmäßig für die ausführende Person ist.[226] Das sind grundsätzlich Personalentscheidungen, Liefervertragsabschlüsse, Organisationshandlungen usw. Ob eine Art eines Geschäfts dem Tagesgeschäft zuordenbar

---

[223] So wie *Götz*, NZG 2002, 599, 602 f.

[224] *Immenga*, ZGR 1977, 249, 265; *v. Rechenberg*, BB 1990, 1356, 1358; v. *Mettenheim*, DB 1977, 447, 449; *Lenz*, AG 1997, 448, 450; *Girgensohn*, DB 1980, 337, 340; *Habersack*, ZHR 2014, 131, 142; *Lieder*, DB 2004, 2251, 2254; *ders.*, ZGR 2018, 523, 537.

[225] Siehe die vorherige Argumentation unter: B. I. 3. b) ee) (1).

[226] Nach dem Duden ist das Tagesgeschäft die „tägliche Arbeit", abrufbar unter https://www.duden.de/rechtschreibung/Tagesgeschaeft, zuletzt abgerufen am 24.11.2024.

ist, hängt auch von der Branche und den Eigenheiten des jeweiligen Unternehmens ab.[227]

bb) Ergänzung durch § 116 Abs. 2 HGB

Teilweise wird als Orientierungshilfe auf § 116 Abs. 1 HGB a.F. hingewiesen.[228] Die Kernidee dahinter ist, die umfassende Kasuistik des § 116 Abs. 1 HGB a.F. zu nutzen, um die zustimmungsvorbehaltsfähigen Geschäfte[229] vom Übermaßverbot abzugrenzen.[230] Dementsprechend sind auch für die Zustimmungsvorbehalte des Aufsichtsrats relevante (außergewöhnliche) Geschäfte z.B. Grundstücksverkäufe, Darlehen bei einer zu hohen Fremdfinanzierungsquote, die Gründung oder der Erwerb von Tochtergesellschaften etc.[231] Diese Ansicht ist auf die neue Fassung des § 116 Abs. 2 Satz 1 HGB übertragbar.

cc) Keine Arbeitnehmerbelange

Nicht überzeugend ist dagegen ein Ansatz aus den 1970ern, die Geschäfte von erheblicher Bedeutung auf die Interessen der Arbeitnehmer zu beziehen.[232] Schon damals wurde erwidert, dass allein das Unternehmensinteresse maßgeblich sei.[233] Die Zustimmungsvorbehalte dienen der effektiven präventiven Überwachung und der unternehmerischen Mitverantwortung bei wirtschaftlich wichtigen Entscheidungen.[234] Dass dadurch regelmäßig Arbeitsplätze geschützt und Interessen der Arbeitnehmer berücksichtigt werden, ist ein „Reflex der Zustimmungsvorbehalte“, aber nicht deren eigentliches Ziel.[235]

---

[227] Dazu allgemein: *Lenz*, AG 1997, 448, 450 f.; *Habersack*, ZHR 2014, 131, 142 f.

[228] Dieser Ansatz ist von *Brouwer*, Zustimmungsvorbehalte, S. 107 ff. als Ergänzungshilfe entwickelt worden.

[229] In der Terminologie der Untersuchung sind hier die Geschäfte von erheblicher Bedeutung gemeint.

[230] *Brouwer*, Zustimmungsvorbehalte, S. 107 ff.

[231] Beispiele von *Jickeli*, in: MüKo HGB, Band 2, § 116 Rn. 23 ff.

[232] *Martens*, BB 1973, 1118, 1123 ff.

[233] *Immenga*, ZGR 1977, 249, 265; *Hölters*, BB 1978, 640, 642 f.

[234] Für die Regelungsabsicht: Begr. RegE TransPuG, BT-Drs. 14/8769, 17; *Schönberger*, Zustimmungsvorbehalt, S. 71 ff., 191 ff.; *Brouwer*, Zustimmungsvorbehalte, S. 101 ff. Die objektiv-teleologischen Kriterien sind die präventive Überwachung, anstelle vieler: *Hopt/Roth*, in: Großkomm. AktG, Band 5, § 111 Rn. 636 f., und nach der hier sich angeschlossenen Ansicht eine Mitgeschäftsführungsfunktion, dazu anstelle vieler: *Habersack*, in: FS Hüffer, 2010, 259, 259.

[235] *Schönberger*, Zustimmungsvorbehalt, S. 118 f.; zustimmend: *Fleischer*, BB 2013, 835, 841; a.A. *Habersack*, ZHR 2014, 131, 145 ff., der jedoch bereits nicht die Bedeutung eines Geschäfts anhand der erheblichen Veränderung der wirtschaftlichen Lage oder Risikoexposition ermitteln will, sondern anhand der Außergewöhnlichkeit bzw. des Tagesgeschäfts;

d) Beurteilungsspielraum im Tatbestand und Ermessen in der Rechtsfolge

Nach dieser Untersuchung der Geschäfte von erheblicher Bedeutung, die nicht vom Übermaßverbot der Zustimmungsvorbehalte umfasst sind, muss die Frage geklärt werden, ob der Aufsichtsrat – so wie beim Geschäft von grundlegender Bedeutung – einen Beurteilungsspielraum für das Tatbestandsmerkmal des Geschäfts von erheblicher Bedeutung hat und was die Rechtsfolge bei Vorliegen eines Geschäfts von erheblicher Bedeutung ist.[236]

aa) Beurteilungsspielraum für Geschäfte von erheblicher Bedeutung

Zunächst ist man sich einig, dass der Aufsichtsrat nicht die Geschäftsführung übernehmen darf und ein Verstoß gegen das Übermaßverbot zur Nichtigkeit des entsprechenden Zustimmungsvorbehalts führt.[237] Problematisch ist wieder die bereits untersuchte Grenzziehung, wo genau das Übermaßverbot beginnt und wo es endet. Nach der hier vertretenen Ansicht ist die erhebliche Bedeutung des Geschäfts allein die Grenze für die Zulässigkeit.[238] Gewiss sind die erörterten Hilfsüberlegungen nützlich.[239] Demgegenüber muss man ebenso wieder dem Aufsichtsrat zugestehen, dass er erneut prognostizieren muss, ob die ins Auge gefassten Geschäfte tatsächlich Geschäfte von erheblicher Bedeutung für seine Gesellschaft sein werden.[240] Der Aufsichtsrat hat daher zwingend auch einen korrespondierenden Beurteilungsspielraum für die Frage, ob ein Geschäft von erheblicher Bedeutung als Tatbestandsmerkmal vorliegt.[241] Ansonsten würde man den Aufsichtsrat dazu zwingen, dass er fehlerfrei die Zukunft und die Bedeutung prognostiziert, um so eine gesellschaftsrechtliche Überschreitung seiner Kompetenz im Rahmen des Übermaßverbots zu verhindern.[242] Dieser Beurteilungsspielraum, ob ein Geschäft von erheblicher Bedeutung vorliegt, muss sich konsequenterweise auch auf den quantitativen Anknüpfungswert einer festgelegten Wertgrenze beziehen.[243]

Thiessen, AG 2013, 573, 579 f. bezieht den Personalaufwand als ein zulässiges Kriterium zur Ermittlung heran.

[236] Siehe oben für den Beurteilungsspielraum: B. I. 2. a) cc) (2).

[237] *Fleischer*, BB 2013, 835, 839 ff.; *Altmeppen*, in: FS Karsten Schmidt, 2009, 23, 29 f.; *Habersack*, in: FS Hüffer, 2010, 259, 262.

[238] Siehe oben: B. I. 3. b) ee).

[239] Siehe oben: B. I. 3. c).

[240] *Drygala*, in: K. Schmidt/Lutter, AktG, Band 1, § 111 Rn. 55, § 116 Rn. 10 ff.; zum Beurteilspielraum: *Semler*, in: FS Ulmer, 2003, 627, 633 f.

[241] *Habersack*, NZG 2020, 881, 885 f. will das auf ein Gebot der willkürfreien Festlegung beschränken; ähnlich: *Drygala*, in: Karsten Schmidt/Lutter, AktG, § 111 Rn. 56.

[242] Allgemein zum Beurteilungsspielraum im Gesellschaftsrecht: *Semler*, in: FS Ulmer, 2003, 627, 633 f.

[243] Siehe oben für die Geschäfte von grundlegender Bedeutung: B. I. 2. b) bb) (3).

bb) Rechtsfolge: Ermessen

Hat der Aufsichtsrat innerhalb des Beurteilungsspielraums festgestellt, dass es sich um ein Geschäft von erheblicher Bedeutung handelt, hat er nun ein vom Gesetz eingeräumtes eigenes Ermessen, ob er einen Zustimmungsvorbehalt gem. § 111 Abs. 4 Satz 2 AktG begründen will.[244] An diesem Punkt ist es wichtig zu betonen, dass dem Aufsichtsrat viele Mittel zur Überwachung zur Verfügung stehen.[245] Deswegen gibt es in diesem Fall keine Pflicht zum Zustimmungsvorbehalt nach § 111 Abs. 4 Satz 2 AktG. Allerdings muss der Aufsichtsrat im Allgemeinen seiner Überwachungsaufgabe nachgehen. Er muss dies nur in den Fällen der Geschäfte von erheblicher Bedeutung nicht mit dem Mittel des Zustimmungsvorbehalts gem. § 111 Abs. 4 Satz 2 AktG umsetzen. Die Pflicht des TransPuG greift nicht.[246] Es sollte demnach zwischen der Frage der Zustimmungsvorbehaltsfähigkeit und der Frage, wie der Aufsichtsrat seine Überwachung organisieren will, unterschieden werden. Es kann nämlich Fälle geben, in denen der Aufsichtsrat die Maßnahme des Vorstands als ein Geschäft von erheblicher Bedeutung einstuft und in zulässiger Weise dennoch keinen Zustimmungsvorbehalt begründen will und das Vorhaben stattdessen mit einem anderen Mittel überwacht.

Aber was ist mit den Fällen der „Ermessensreduzierung auf null" hinsichtlich seiner allgemeinen Überwachungsaufgabe und -pflicht? Die Fälle, in denen der Aufsichtsrat handeln muss, weil der Vorstand eine rechtswidrige, satzungswidrige oder völlig offensichtlich unvertretbare unzweckmäßige und unwirtschaftliche Maßnahme vornehmen will, sind nach der hiesigen Ansicht Geschäfte von grundlegender Bedeutung,[247] und bei diesen liegt als Rechtsfolge eine gebundene Entscheidung für die entsprechende Zustimmungsvorbehaltsbegründung vor.[248] Sie sind mit anderen Worten nie nur ein Geschäft von erheblicher Bedeutung. Die alte Bezeichnung einer Ermessensreduzierung ist somit nach der in dieser Untersuchung vertretenen Ansicht irreführend.

---

[244] Viele kommen zum Ergebnis, dass der Aufsichtsrat ein Ermessen hat. Jedoch muss man hier die Ansätze unterscheiden, die vorher ein Untermaßverbot ablehnen oder nicht, exemplarisch dazu *Habersack*, in: FS Hüffer, 2010, 259, 266; ferner *J. Hüffer*, in: FS Hüffer, 2010, 365, 369.

[245] Neben vielen informellen Möglichkeiten – wie mit dem Vorstand über die Angelegenheit zu beraten – hat der Aufsichtsrat ein breites Arsenal von Einwirkungs- und Überwachungsrechten. Er kann z. B. die Hauptversammlung nach § 111 Abs. 3 AktG einberufen oder einen entsprechenden Bericht nach § 90 Abs. 3 AktG vom Vorstand fordern, dazu allgemein: *Dauner-Lieb*, in: Henssler/Strohn, Gesellschaftsrecht, § 90 AktG Rn. 1; *Winter*, in: FS Hüffer, 2010, 1103, 1112; *Reuter*, NZG 2015, 249, 249 ff. Im Übrigen kann bei einer lebensnahen Betrachtung auch allein die Androhung der Prüfung der Abberufung nach § 84 Abs. 4 Satz 1 AktG ein erhebliches Einwirkungsmittel darstellen.

[246] Siehe allgemein: Begr. RegE TransPuG, BT-Drs. 14/8769, 17; *Schönberger*, Zustimmungsvorbehalt, S. 71 ff., 191 ff.; *Brouwer*, Zustimmungsvorbehalte, S. 101 ff.; *Fleischer*, BB 2013, 835, 835 ff.

[247] Siehe oben: B. I. 2. b) cc) (3).

[248] Siehe oben: B. I. 2. a) cc).

e) Zwischenergebnis

Das Übermaßverbot, ob man es nun so nennen will oder nicht, ist nicht strittig. Der Aufsichtsrat darf durch die Zustimmungsvorbehalte nach § 111 Abs. 4 Satz 2 AktG nicht zu tief in die Geschäftsführung eingreifen. Erst recht darf er nicht die Geschäftsführung durch ein Netz von Zustimmungsvorbehalten übernehmen. Jedoch wird der genaue Umfang unterschiedlich beurteilt. Nach der hiesigen Ansicht ist die Bedeutung eines Geschäfts das einzige relevante Kriterium für den Umfang des Übermaßverbots der Zustimmungsvorbehalte. Der modifizierte Ansatz der TransPuG-Begründung drückt dies auch aus. Insofern geht es um Geschäfte mit erheblicher Bedeutung für die Gesellschaft. Diese sind nicht vom Übermaßverbot erfasst und sind für eine Zustimmungsvorbehaltsbegründung zulässig. Als Orientierungshilfe kann man die Hilfsüberlegung nutzen, ob die in Frage stehenden Geschäfte Teil des Tagesgeschäfts sind oder unter die anerkannte Kasuistik des § 116 Abs. 2 HGB fallen würden.

Der Aufsichtsrat hat überdies für die Beurteilung, ob es sich um ein Geschäft von erheblicher Bedeutung handelt, ebenfalls einen Beurteilungsspielraum. Wenn der Aufsichtsrat zu dem Ergebnis kommt, dass ein Geschäft von erheblicher Bedeutung für die Gesellschaft vorliegt, hat er wiederum ein Ermessen, ob er mit dem Zustimmungsvorbehalt überwachen will oder ob er andere Überwachungsinstrumente nutzen möchte.

4. Abgestufte Überwachungspflicht: dynamische Bedeutungsschwellen

Des Weiteren gilt sowohl für die Geschäfte von grundlegender Bedeutung als auch für die Geschäfte von erheblicher Bedeutung, dass sie stets im Lichte der abgestuften Überwachungspflicht zu beurteilen sind.[249] Eine Folge der abgestuften Überwachungspflicht ist, dass es in der Phase einer bevorstehenden Krise oder in

[249] Nach *Semlers* „Theorie der abgestuften Überwachungspflicht" soll der Aufsichtsrat seine Überwachung an der Lage der Gesellschaft orientieren, dazu *Semler*, Leitung und Überwachung, S. 131 ff. Die Phasen nach *Semler* sind: (1) Begleitende Überwachung: Solange die Gesellschaft in einer guten Gesamtlage ist, bedarf es nur einer allgemeinen Kontrolle vornehmlich durch die Berichte des Vorstands, dazu auch BGH, Urteil v. 25.03.1991 – II ZR 188/89, BGHZ 114, 127, 132; *Henze*, BB 2000, 209, 214 schließt sich hier *Semler* an; (2) Unterstützende Überwachung: Steht die Gefahr einer unternehmerischen Schieflage bevor oder bahnt sie sich an, muss der Aufsichtsrat in eine intensivere Phase der Überwachung umschalten. Er muss die Frequenz seiner Sitzungen erhöhen, mehr Berichte anfordern oder weitere geeignete Zustimmungsvorbehalte statuieren, dazu auch LG Bielefeld, Urteil v. 16.11. 1999 – 15 O 91/98, AG 2000, 136, 138; (3) Gestaltende Überwachung in der Unternehmenskrise: Er hat das Geschäftsführungspersonal und ihre Besetzung zu evaluieren und neu zu besetzen. Zusätzlich sollen weitere Zustimmungsvorbehalte begründet werden. Doch selbst in der gestaltenden Überwachung darf der Aufsichtsrat nicht zur „Obergeschäftsführung" werden. Ergänzend kann die Unternehmensgröße relevant sein, dazu wieder *Semler*, in: FS Lutter, 2000, 721, 730 f.; kritisch zur abgestuften Überwachungspflicht: *Mertens/Cahn*, in: KK-AktG, § 111 Rn. 25; *Schmidt*, Unternehmerische Verantwortung des Aufsichtsrats, S. 252 ff.

der akuten Krise zu einer gesteigerten Überwachungspflicht kommt. Damit müssen sich auch die Beurteilungen, ob ein Geschäft von grundlegender oder lediglich erheblicher Bedeutung vorliegt, verschieben. Denn die Bedeutung ist nach der hiesigen Ansicht das einzige Kriterium und sie bestimmt sich logischerweise nach dem aktuellen Zustand des Unternehmens.[250]

Letztlich findet sich die abgestufte Überwachungspflicht auch mittelbar in der Formel der TransPuG-Begründung wieder. Denn der Ausgangspunkt sind die wirtschaftliche Lage des Unternehmens und dessen Risikoexposition und diese sind in Zeiten einer Unternehmenskrise anders als in Zeiten ohne Not.[251] Jedoch reicht diese mittelbare Bezugnahme nicht aus, da es in Zeiten, in denen sich lediglich eine Krise abzeichnet, noch keinen spürbaren Einfluss auf die wirtschaftliche Lage oder Risikoexposition geben muss. Insofern muss der Aufsichtsrat beachten, dass die Bedeutungsschwellen des Geschäfts von grundlegender oder erheblicher Bedeutung dynamisch sind und sich je nach den Zustandsveränderungen des Unternehmens verschieben.[252]

5. Fehlende Begründung: unternehmerische Entscheidung

Die Festlegung der Zustimmungsvorbehalte[253] kann auf verschiedenen Wegen erfolgen. Neben den bindenden Zustimmungsvorbehalten der Satzung[254] kann der Aufsichtsrat als Auffangorgan die Zustimmungsvorbehalte auch in seiner Geschäftsordnung oder in der Geschäftsordnung des Vorstands niederlegen.[255] Gleichfalls wird ein Ad-hoc-Zustimmungsvorbehalt für einen Einzelfall heute zu Recht mehrheitlich angenommen.[256] Doch was passiert, wenn der Aufsichtsrat den Zustimmungsvorbehalt nicht begründet, obwohl er dazu verpflichtet ist? Es ist anerkannt, dass die Zustimmungsentscheidung eine unternehmerische Entscheidung i. S. d. § 93 Abs. 1 Satz 2 AktG i. V. m. § 116 AktG ist.[257] Aber wie verhält sich dies mit der Entscheidung über die Zustimmungsvorbehaltsbegründung?

---

[250] Siehe oben: B. I. 3. b) ee) (1).

[251] Hierzu äußert sich *Fleischer*, BB 2013, 835, 840 als Vertreter der Ansicht nicht ausdrücklich.

[252] *Semler*, Leitung und Überwachung, S. 131 ff. sieht dies wohl ähnlich, da nach seinem Konstrukt der abgestuften Überwachungspflicht bei jeder Vertiefung der Krise mehr Zustimmungsvorbehalte begründet werden sollen.

[253] Für eine ausführliche Darstellung, wie Zustimmungsvorbehalte festgelegt werden können: *Brouwer*, Zustimmungsvorbehalte, S. 159 ff.

[254] *Hopt/Roth*, in: Großkomm. AktG, Band 5, § 111 Rn. 641 f.

[255] *Drygala*, in: K. Schmidt/Lutter, AktG, Band 1, § 111 Rn. 52.

[256] *Semler*, Leitung und Überwachung, S. 120 f.; *Drygala*, in: K. Schmidt/Lutter, AktG, Band 1, § 111 Rn. 52.

[257] *Hopt/Roth*, in: Großkomm. AktG, Band 5, § 111 Rn. 713; *Lieder*, ZGR 2018, 523, 529.

a) *Unternehmerische Entscheidung*

Zunächst wird vertreten, dass die Entscheidung über einen Zustimmungsvorbehalt eine unternehmerische Entscheidung ist und unter die sog. Business Judgement Rule des § 93 Abs. 1 Satz 2 AktG i. V. m. § 116 AktG fällt.[258] Immerhin sei die Zustimmungsvorbehaltsbegründung zukunftsgerichtet und diene der strategisch-präventiven Überwachung. Zudem bestehe eine Ungewissheit, weil der Aufsichtsrat nicht weiß, ob es sich um ein bedeutsames Geschäft[259] handeln wird.[260] Die Einstufung der Entscheidung zur Zustimmungsvorbehaltsbegründung als unternehmerische Entscheidung hätte zur Folge, dass die Aufsichtsratsmitglieder bei Einhaltung der Voraussetzungen ein Ermessen hätten, was von den Gerichten lediglich eingeschränkt überprüft wird.[261]

b) *Keine unternehmerische Entscheidung*

Dagegen wird eingewendet, dass es sich bei der Zustimmungsvorbehaltsbegründung um eine organisatorische Entscheidung handelt und Organisationsentscheidungen keine unternehmerische Entscheidung sind.[262] Es fehle an einem Prognoseelement.[263] Lediglich die Zustimmungsentscheidung ist eine unternehmerische und hat damit den Haftungsmaßstab des § 93 Abs. 1 Satz 2 AktG i. V. m. § 116 AktG. Für die Zustimmungsvorbehaltsbegründung gilt dagegen der reine Maßstab der Sorgfalt eines ordentlichen und gewissenhaften Aufsichtsratsmitglieds des § 93 Abs. 1 Satz 1 AktG i. V. m. § 116 AktG.

c) *Stellungnahme*

Im Ergebnis ist der zweiten Ansicht zu folgen. Jedoch geht die Diskussion insgesamt fehl. Zunächst muss man an dieser Stelle wieder die Geschäfte von grundlegender und erheblicher Bedeutung trennen.

Bei den Geschäften mit erheblicher Bedeutung darf der Aufsichtsrat einen Zustimmungsvorbehalt bestimmen; er ist allerdings nicht dazu gezwungen. Es stellt sich aufgrund des freien Ermessens keine Haftungsfrage bei einer fehlenden Be-

---

258 *Thümmel*, AG 2004, 83, 89; *Schnorbus/Ganzer*, BB 2020, 386, 390 f.; *Lieder*, DB 2004, 2251, 2253; *ders.*, ZGR 2018, 523, 536; *Vetter*, GmbHR 2011, 449, 456.

259 In dieser Untersuchung würde hier stattdessen der Begriff des Geschäfts von grundlegender Bedeutung genutzt werden.

260 *Lieder*, ZGR 2018, 523, 536.

261 *Schnorbus/Ganzer*, BB 2020, 386, 390 f.

262 *Schönberger*, Zustimmungsvorbehalt, S. 315 ff.; *Hüffer*, in: FS Hüffer, 2010, 365, 367 f.; *Groß-Bölting/Rabe*, in: Hölters/Weber, AktG, § 111 Rn. 86; *Habersack*, in: MüKo AktG, Band 2, § 111 Rn. 108; *Drygala*, in: K. Schmidt/Lutter, AktG, Band 1, § 111 Rn. 55.

263 *Habersack*, in: MüKo AktG, Band 2, § 111 Rn. 108.

gründung.[264] Es handelt sich dabei um eine Organisationsentscheidung, wie er seine Überwachung organisieren will. Er kann sich auch anderer Überwachungsmittel bedienen. Die Fälle, in denen der Aufsichtsrat handeln muss, weil der Vorstand eine rechtswidrige, satzungswidrige oder offensichtlich völlig unvertretbare unzweckmäßige und unwirtschaftliche Maßnahme vornehmen will, sind indes Geschäfte von grundlegender Bedeutung und damit nicht bei den Geschäften von erheblicher Bedeutung zu verorten.[265] Es ist ebenfalls eine andere Frage, wenn sich der Aufsichtsrat geirrt hat und ein Geschäft von grundlegender Bedeutung fälschlicherweise als ein Geschäft von erheblicher Bedeutung eingestuft hat und es an einer Zustimmungsvorbehaltsbegründung fehlt. In diesem Fall muss nach der in dieser Untersuchung vertretenen Auffassung überprüft werden, ob der Aufsichtsrat vorwerfbare Fehler bei der Beurteilung innerhalb seines Beurteilungsspielraums begangen hat, z. B. wegen einer sachfremden Erwägung, oder völlig falsche Tatsachen ermittelt hat.[266]

Bei den Geschäften mit grundlegender Bedeutung hat der Aufsichtsrat eine Pflicht zum Handeln und muss einen Zustimmungsvorbehalt begründen, wenn das Tatbestandsmerkmal des Geschäfts von grundlegender Bedeutung für die Gesellschaft vorliegt. Bei Entscheidungen, bei denen der Aufsichtsrat gezwungen ist, eine Entscheidung auf eine bestimmte Art und Weise zu treffen, gibt es keinen unternehmerischen Handlungsspielraum und folglich keine unternehmerische Entscheidung.[267] Dies muss ferner für die Zustimmungsvorbehaltsbegründung für die zustimmungspflichtigen Geschäfte von grundlegender Bedeutung gelten.[268] Es stimmt, dass die Beurteilung, ob ein Geschäft von grundlegender Bedeutung vorliegt, ein Prognoseelement hat. Der Aufsichtsrat kann lediglich schätzen und vermuten, was in der Zukunft von grundlegender Bedeutung sein kann. Jedoch wird nach der hier vertretenen Ansicht dem Aufsichtsrat dafür ein tatbestandlicher Beurteilungsspielraum vom Gesetz eingeräumt.[269]

6. Zulässigkeit von verhaltenssteuernden Merkmalen

Bisher ist nicht ausführlich untersucht worden, was die Folgen von verhaltenssteuernden Tatbestandsmerkmalen eines festgelegten konkreten Zustimmungsvorbehalts sind.[270] Diese sind der deutschen Praxis auch wohl fremd.[271] Zunächst ist es

[264] Siehe oben: B. I. 3. d) bb).

[265] Siehe oben: B. I. 2. b) cc) (3).

[266] *Drygala*, in: K. Schmidt/Lutter, AktG, Band 1, § 111 Rn. 55, § 116 Rn. 10.

[267] Allgemein *Lieder*, ZGR 2018, 523, 529.

[268] Ebenso *Lieder*, ZGR 2018, 523, 537 f.

[269] Ebenso *Drygala*, in: K. Schmidt/Lutter, AktG, Band 1, § 111 Rn. 55, § 116 Rn. 10 ff.; siehe oben: B. I. 2. a) cc) (2).

[270] *Habersack*, in: MüKo AktG, Band 2, § 111 Rn. 144 äußert, dass es im Hinblick auf das Geschäftsführungsverbot problematisch sei, wenn Bedingungen den Vorstand zu einem be-

wichtig zu betonen, dass es nicht um konkrete Bedingungen oder Auflagen geht, wann der Aufsichtsrat sich vorstellen kann eine Zustimmungsentscheidung für das vorgeschlagene Geschäft zu treffen.[272] Sondern es geht um (Tatbestands-)Merkmale im Zustimmungsvorbehalt, die zum Vorliegen oder Nichtvorliegen eines Zustimmungsvorbehalts für das entsprechende Geschäft führen.

Die Bestimmung der Zustimmungsvorbehalte erfolgt traditionell durch die Art des Geschäftstypus und weitere Geschäftsmerkmale, z. B. (Ver-)Kauf von Unternehmen und/oder Beteiligungen, Immobilien, Lizenzen und ggf. durch den Umfang des Geschäfts (Wertgrenze).[273] Dies sind die typischen Tatbestandsmerkmale der Zustimmungsvorbehalte.[274] Aber was wäre, wenn man dem Tatbestand des Zustimmungsvorbehalts ein Merkmal hinzufügt, das den Vorstand zu einem Verhalten animieren soll? Hierzu ein vereinfachtes Beispiel:

Der Vorstand muss die Zustimmung des Aufsichtsrats bei einer Veräußerung oder beim Erwerb eines Unternehmens, von Unternehmensanteilen oder -teilen ab einem Verkehrswert von 100 Mio. EUR einholen. Bei solchen Veräußerungen oder Erwerbungen mit einem Verkehrswert von 50 Mio. bis 100 Mio. EUR bedarf es keiner Zustimmung, wenn der Vorstand sich durch unabhängige Rechtsberater hat beraten lassen und eine Due-Diligence-Prüfung durchgeführt hat.[275]

Bei einem solchen Zustimmungsvorbehalt ergeben sich zwei mögliche Kritikpunkte. Erstens steht zur Frage, ob er nicht gegen das Bestimmtheitserfordernis des § 111 Abs. 4 Satz 2 AktG spricht, und zweitens, ob der Aufsichtsrat nicht in unzulässiger Weise den Vorstand im Sinne einer Weisung steuert und damit gegen das Geschäftsführungsverbot gem. § 111 Abs. 4 Satz 1 AktG bzw. die alleinige Leitungsverantwortung des Vorstands gem. § 76 Abs. 1 AktG verstößt.

---

stimmten Verhalten veranlassen. Hier ist indes nicht erkennbar, ob *Habersack* nur auf „Bedingungen" für eine konkrete Zustimmungsentscheidung abstellt – so spricht er von einer „positiven Due Diligence oder Vorlage regelmäßiger Informationen", die in dieser Untersuchung jedoch ausdrücklich nicht gemeint sind – oder ob er mit seiner Formulierung auch „Bedingungen" für das Vorliegen eines Tatbestands eines Zustimmungsvorbehalts meint, was ausschließlich Gegenstand der folgenden Bearbeitung ist.

[271] Vereinzelt tauchen sie bei den – noch zu erörternden – englischen Zustimmungsvorbehalten auf, siehe dazu die Matters reserved von *J Sainsbury plc* unter D. III. 3. a) dd). Allerdings fehlt auch in der englischen bzw. britischen Fachliteratur eine ausdrückliche Beschäftigung mit diesem Phänomen.

[272] So geht es *Brouwer*, Zustimmungsvorbehalte, S. 206 f. um die inhaltliche Bedingung für die Zustimmungsentscheidung und nicht um die Frage, ob ein Zustimmungsvorbehalt überhaupt greift.

[273] Siehe oben: B. I. 1. c); ferner *Brouwer*, Zustimmungsvorbehalte, S. 123 f.

[274] Siehe z. B. die aus der deutschen Praxis stammenden Zustimmungsvorbehalte für Unternehmenstransaktionen unter: C. I. 2.

[275] Zustimmungsvorbehalt in Anlehnung an die Matters reserved von *J Sainsbury plc* unter D. II. 3. a) dd).

a) Vereinbarkeit mit dem Bestimmtheitserfordernis

Zunächst kann man zum Bestimmtheitserfordernis feststellen, dass es lediglich formell vorgibt, dass der Vorstand ohne große Zweifel erkennen muss, wann er ein Geschäft vorlegen muss.[276] Bei dem zuvor genannten Zustimmungsvorbehalt weiß der Vorstand, dass er jede Unternehmenstransaktion ab 100 Mio. EUR vorlegen muss. Er kann ebenso erkennen, dass er für Unternehmenstransaktionen zwischen 50 bis 100 Mio. EUR keine Zustimmungsentscheidung des Aufsichtsrats einholen muss, wenn er sich Rechtsanwälten bedient und eine Due Diligence für die Unternehmenstransaktion durchgeführt hat. Grundsätzlich ist alles gut verständlich. Lediglich die Voraussetzung der Due-Diligence-Prüfung wird ungenauer, weil ein unterschiedliches Niveau von Prüfungen vorliegen kann. Andererseits ist auch der häufig benutzte Begriff eines „Unternehmens“ in Abgrenzung zu Vermögenswerten nicht präzise. Die Wortlautauslegung weist ebenfalls bei den Zustimmungsvorbehalten die klassischen Probleme auf.[277] Eine zu strenge Auslegung des Bestimmtheitserfordernisses würde dazu führen, dass alle Rechtsbegriffe nicht genutzt werden können, was unpraktikabel und unzweckmäßig wäre. Im vorliegenden Fall wäre sich ein Vorstand bei einer marktüblichen Due Diligence bewusst, dass diese das Merkmal des Zustimmungsvorbehalts erfüllt, und würde umgekehrt bei einer sehr kurzen und nur wenige Themen abdeckenden Prüfung ggf. zweifeln und zur Sicherheit die Transaktion dem Aufsichtsrat vorlegen. Allgemein kann man zunächst festhalten, dass verhaltenssteuernde Merkmale dem Grunde nach nicht gegen das Bestimmtheitserfordernis verstoßen. Allerdings kann man den Tatbestand eines Zustimmungsvorbehalts auch nicht zu stark ausdehnen, da sich bei zu vielen Merkmalen die Bestimmtheit verringert.

b) Vereinbarkeit mit dem Geschäftsführungsverbot

Es ist dem Aufsichtsrat ferner verboten, eine Weisung zu erteilen bzw. den Vorstand zu einer Art von Geschäftsführung zu zwingen.[278] Deswegen könnte man sich überlegen, ob ein solches verhaltenssteuerndes Tatbestandsmerkmal nicht gegen das Geschäftsführungs- bzw. Weisungsverbot des Aufsichtsrats verstößt. Letztlich sagt der Aufsichtsrat im Beispiel nichts anderes, als dass der Vorstand sich von Rechtsanwälten beraten lassen und eine Due-Diligence-Prüfung durchführen soll. Nichtsdestotrotz ist dies unproblematisch und verstößt aus mehreren Gründen

---

[276] *Götz*, ZGR 1990, 633, 640; *Brouwer*, Zustimmungsvorbehalte, S. 124; siehe oben: B. I. 1. c).

[277] Allgemein zur Bestimmtheit: *Brouwer*, Zustimmungsvorbehalte, S. 123: „Der Bestimmtheitsgrundsatz geht nicht so weit, dass der Vorstand von jeglicher Auslegungsarbeit verschont bleibt.“

[278] *Kort*, in: Großkomm. AktG, Band 4/1, § 76 Rn. 21; *Brouwer*, Zustimmungsvorbehalte, S. 37.

nicht gegen das Geschäftsführungsverbot des § 111 Abs. 4 Satz 1 AktG oder die alleinige Leitungsverantwortung des Vorstands gem. § 76 Abs. 1 AktG.

Zunächst muss der Vorstand die Tatbestandsmerkmale nicht erfüllen, sodass keine zwingende Weisung und kein Eingriff in seine Geschäftsführung vorliegen. Er steht mit anderen Worten nicht vor vollendeten Tatsachen. Er muss z. B. im o. g. Fall keine Due Diligence durchführen. Gleichwohl muss er dann die Transaktion vorlegen und auf die Zustimmungsentscheidung hoffen. Es ist daher ausschließlich eine Anreizstruktur geschaffen. Insofern zwingt der Aufsichtsrat den Vorstand nicht zu etwas. Dies wäre umgekehrt der Fall, wenn der Aufsichtsrat festlegt, dass er ohne ein bestimmtes Verhalten des Vorstands generell keine Zustimmung erteilen wird.[279] Jedoch nimmt an dieser Stelle der Aufsichtsrat schon in unzulässiger Weise die Zustimmungsentscheidung vorweg. Er kann demzufolge nicht bereits das Ergebnis eines Zustimmungsvorbehalts in einem Zustimmungsvorbehalt festlegen. Dies ist allerdings mit den verhaltenssteuernden Tatbestandsmerkmalen eines festgelegten konkreten Zustimmungsvorbehalts nicht der Fall.

Zweitens ist anerkannt, dass der Aufsichtsrat seine Zustimmung verweigern und dem Vorstand aufzeigen kann, dass er bei anderen Konditionen grundsätzlich seine Zustimmung erteilen würde.[280] Es kann folglich hinsichtlich der verhaltenssteuernden Merkmale zu keinem Unterschied führen, ob der Aufsichtsrat dies in den Tatbestand des Zustimmungsvorbehalts schreibt oder in einer Sitzung sagt, dass er sich eine Zustimmungsentscheidung vorstellen kann, wenn Rechtsberatung eingeholt und eine Due-Diligence-Prüfung durchgeführt wird. Gewiss muss der Aufsichtsrat, wenn er Bedingungen für eine Zustimmungserteilung stellt, eine Grenze für diese Bedingungen wahren, sodass ein Störgefühl zugunsten des Geschäftsführungsverbots richtig sein kann.[281] Indes betrifft das nicht den vorliegenden Vorschlag. Denn die verhaltenssteuernden Tatbestandsmerkmale lösen zum einen nur einen Zustimmungsvorbehalt aus und keine konkrete Zustimmungsentscheidung. Zum anderen

[279] *Habersack*, in: MüKo AktG, Band 2, § 111 Rn. 144.

[280] *Hopt/Roth*, in: Großkomm. AktG, Band 5, § 111 Rn. 717; *Habersack*, in: MüKo AktG, Band 2, § 111 Rn. 144; noch dazu ausführlich unter B. I. 7. a). Dass dies im Ergebnis erlaubt wird, stimmt auch mit der objektiven Funktion der effektiven Überwachung der Zustimmungsvorbehalte nach § 111 Abs. 4 Satz 2 AktG überein. Die Zustimmungsvorbehalte sollen dem Aufsichtsrat im Verhältnis zum Vorstand mit seiner alleinigen Leitungsverantwortung nämlich ein echtes Gegengewicht mit einem Druckmittel besonders im Vorfeld einer Maßnahme geben, dazu: *Martens*, BB 1973, 1118, 1121; *Lieder*, DB 2005, 2251, 2251 schließt sich *Martens* an. Diesbezüglich muss ausdrücklich betont werden, dass der Zustimmungsvorbehalt als Druckmittel bereits im Vorstadium wirkt und somit die problematischen strittigen Punkte häufig vorweg geklärt werden, dazu wieder: *Martens*, BB 1973, 1118, 1121; ferner *Schreyögg*, AG 1983, 278, 278.

[281] So sieht *Brouwer*, Zustimmungsvorbehalte, S. 206 f. bei der inhaltlichen Zustimmungsentscheidung eine Begrenzung von Bedingungen des Aufsichtsrats für die Zustimmungsentscheidung durch eine notwendige Sachnähe der Bedingungen und dadurch, dass die Bedingungen zur Zustimmungsentscheidung nachvollziehbar begründbar sind.

betreffen sie die Art und Weise der Vorbereitung des Geschäfts und dienen der Risikoreduktion.

c) *Vorteile von risikoreduzierenden verhaltenssteuernden Merkmalen*

Solche Merkmale haben einen großen Vorteil. Sie setzen in Anbetracht von typisierbaren Risiken einer Gattung den Anreiz zu einer Maßnahme, die typischerweise das relevante Risiko verringert. Ohne zu viel vom kommenden Kapitel vorwegzunehmen, kann im Beispiel einer Unternehmenstransaktion der Käufer nicht genau wissen, was er kauft; eine Due Diligence Prüfung hilft hierbei viele Risiken zu reduzieren. Nimmt man im o. g. Beispiel an, dass der Aufsichtsrat beurteilt und festgestellt hat, dass Unternehmenstransaktionen in der Größenordnung ab 100 Mio. EUR für sein Unternehmen Geschäfte von grundlegender Bedeutung sind, so wäre diese Transaktion durch die 100-Mio.-EUR-Grenze umfasst. Transaktionen unter 100 Mio. EUR sind demnach Geschäfte von erheblicher Bedeutung. Für Transaktionen von 50 bis 100 Mio. EUR als Geschäfte von erheblicher Bedeutung wird gleichwohl das Risiko bei der Einhaltung des Standards als so gering erachtet, dass diese Transaktionen nicht mehr mit einem Zustimmungsvorbehalt und einer konkreten Zustimmungsentscheidung überwacht werden müssen. Ferner spielen Unternehmenstransaktionen von 0 bis 50 Mio. EUR nach der Beurteilung des fiktiven Aufsichtsrats keine Rolle für die Zustimmungsvorbehalte. Diese werden mit anderen Überwachungsinstrumenten des Aufsichtsrats kontrolliert.

Eine Risikoverringerung führt zu einer Verringerung der Bedeutung des Geschäfts für die Gesellschaft und somit der Relevanz für die Zustimmungsvorbehalte gem. § 111 Abs. 4 Satz 2 AktG. Für den Vorstand setzt das den Anreiz, die Voraussetzungen zu erfüllen, weil er es in der Regel zwecks Durchführungssicherheit vorziehen würde, nicht von der Zustimmung eines anderen Organs abhängig zu sein. Insgesamt sind solche risikoreduzierenden verhaltenssteuernden Merkmale eines Zustimmungsvorbehalts in einem gewissen Umfang sehr vorteilhaft. Allerdings sollten die risikoreduzierenden verhaltenssteuernden Merkmale allein in einem überschaubaren Rahmen in Anspruch genommen werden, da ansonsten die Übersichtlichkeit und damit die Effektivität und Rechtssicherheit leidet.

7. Die Zustimmungsentscheidung

Der Zustimmungsvorbehalt des § 111 Abs. 4 Satz 2 AktG zeichnet sich dadurch aus, dass er zwei Ebenen hat. Die erste Ebene ist die Frage, ob ein Zustimmungsvorbehalt für eine bestimmte Art von Geschäft begründet wird. Die zweite Ebene ist die konkrete Entscheidung über die Erteilung oder Verweigerung der Zustimmung.[282] Bereits die Zustimmungsvorbehaltsbegründung ist sehr vom Einzelfall

[282] Zur Aufteilung der Zustimmungsvorbehalte gem. § 111 Abs. 4 Satz 2 AktG in die Begründung und Entscheidung: *Schönberger*, Zustimmungsvorbehalt, S. 64.

abhängig. Dies ist bei der konkreten Zustimmungsentscheidung noch stärker der Fall. Dies begründet sich in der Natur der Zustimmungsentscheidung. Während bei der Zustimmungsvorbehaltsbegründung der Aufsichtsrat für den Zustimmungskatalog abstrakte Tatbestände ermitteln und definieren muss und es sich somit um eine abstrakte Analyse an einem konkreten Fall handelt, ist es bei der Zustimmungsentscheidung ausschließlich eine konkrete Analyse. Nichtsdestotrotz gibt es allgemeine Leitlinien, die für den Aufsichtsrat relevant sind.

a) Der Maßstab und die Intensität für die Zustimmungsentscheidung

Die Zustimmungsentscheidung hat denselben Maßstab wie die restliche Überwachungsaufgabe des Aufsichtsrats. Der Aufsichtsrat muss die Rechtmäßigkeit, Zweckmäßigkeit, Wirtschaftlichkeit und Ordnungsmäßigkeit überprüfen.[283] Er greift bei der Zustimmungsentscheidung in die Geschäftsführung des Vorstands ein und somit treten gerade in diesem Fall die Zweckmäßigkeit und Wirtschaftlichkeit hervor.[284] Der Aufsichtsrat ist indes nicht auf eine Überprüfung der Entscheidung des Vorstands beschränkt und darf und muss auf eigene Wirtschaftlichkeits- und Zweckmäßigkeitserwägungen abstellen.[285] Das bedeutet außerdem, dass der Aufsichtsrat eine Zustimmung verweigern darf, obwohl die Maßnahme des Vorstands vertretbar ist und er andererseits nicht von der Zweckmäßigkeit und/oder Wirtschaftlichkeit überzeugt ist.[286] Dies ist gerade Ausdruck der Mitgeschäftsführung an diesen Maßnahmen.[287] Die Mitgeschäftsführung führt aber auch dazu, dass der Aufsichtsrat sich nicht blind auf den Vorstand verlassen darf. Er muss eine selbständige, unabhängige und „kritische Plausibilitätskontrolle" mit einer Risikoabschätzung auf Grundlage der Informationen des Vorstands durchführen.[288] Hinge-

---

[283] BGH, Urteil v. 25.03.1991 – II ZR 188/89, BGHZ 114, 127, 129 f.; *Semler*, Leitung und Überwachung, S. 107 ff.; *Theisen*, AG 1995, 193, 200 f.; *Lutter et al.*, Rechte und Pflichten des AR, Rn. 73 ff.; *Mertens/Cahn*, in: KK-AktG, § 111 Rn. 14; *Schönberger*, Zustimmungsvorbehalt, S. 43; *Brouwer*, Zustimmungsvorbehalte, S. 82; *Henze*, NJW 1998, 3309, 3310 weist auf die unterschiedlich genutzten Begrifflichkeiten hin.

[284] *Götz*, ZGR 1990, 633, 640.

[285] *Semler*, Leitung und Überwachung, S. 121; *Lieder*, ZGR 2018, 523, 540.

[286] *Lieder*, ZGR 2018, 523, 540.

[287] Ebenso für eine Mitgeschäftsfunktion der Zustimmungsvorbehalte gem. § 111 Abs. 4 Satz 2 AktG: *Habersack*, in: FS Hüffer, 2010, 259, 259; *ders.*, ZHR 2014, 131, 133; *Götz*, ZGR 1990, 633, 640, 656; *Henssler*, in: Henssler/Strohn, Gesellschaftsrecht, AktG, § 111 Rn. 18; *J. Hüffer*, in: FS Hüffer, 2010, 365, 366; *Hommelhoff*, ZGR 1978, 119, 141; *Drygala*, in: K. Schmidt/Lutter, AktG, Band 1, § 111, Rn. 5; *Hopt/Roth*, in: Großkomm. AktG, Band 5, § 111 Rn. 588, 590, 605, 634; *v. Rechenberg*, BB 1990, 1356, 1358; *Vetter*, GmbHR 2011, 449, 451; a. A. *Weyl*, Zustimmungsvorbehalte Konzernsteuerung, S. 66 f.; *Semler*, Leitung und Überwachung, S. 129 f.; *Steinbeck*, Überwachungspflicht, S. 149; *Hofschroer*, Zustimmungsvorbehalt, S. 37 f.; *Fonk*, ZGR 2006, 841, 866 f.; *Mertens/Cahn*, in: KK-AktG, § 111 Rn. 84; *Henze*, NJW 1998, 3309, 3312; *Theisen*, AG 1995, 193, 199; *Spindler*, in: MüKo GmbHG, Band 2, § 52 Rn. 16, 310.

[288] *Lieder*, ZGR 2018, 523, 561; *Hopt/Roth*, in: Großkomm. AktG, Band 5, § 111 Rn. 716.

gen muss er nicht mehr als eine „kritische Plausibilitätskontrolle“ vornehmen, da man von einem nebenamtlichen Aufsichtsrat nicht erwarten kann, dass er sich in der Tiefe mit jedem komplexen Projekt und jeder komplexen Fragestellung des Unternehmens auseinandersetzen kann.[289]

b) Die Zustimmungsentscheidung als unternehmerische Entscheidung

Der Aufsichtsrat darf die Zustimmung zum Geschäft erteilen, wenn er der Ansicht ist, dass dies im Unternehmensinteresse ist.[290] Die Zustimmungsentscheidung nach § 111 Abs. 4 Satz 2 AktG ist eine eigene unternehmerische Entscheidung des Aufsichtsrats i. S. d. §§ 93 Abs. 1 Satz 2, 116 Satz 1 AktG.[291] Es ist aus Sicht des Aufsichtsrats deshalb elementar, dass er für eine fehlerfreie Ermessensausübung des vorliegenden Geschäfts eine Grundlage von „angemessenen Informationen“ hat, wie es in §§ 93 Abs. 1 Satz 2, 116 Satz 1 AktG verlangt wird. Ein angemessenes Informationsgerüst bedeutet jedoch nicht das „bestmögliche“ Informationsgerüst.[292] Die Gesetzesbegründung des UMAG formuliert es so:

> „[Das Tatbestandsmerkmal ‚angemessene Information‘] reflektiert, dass insbesondere bei Entscheidungen, die unter hohem und nicht selbsterzeugtem Zeitdruck zu fällen sind, eine umfassende Entscheidungsvorbereitung schwierig oder gar unmöglich sein kann […]. Welche Intensität der Informationsbeschaffung im Sinne der Norm ‚angemessen‘ ist, ist anhand des Zeitvorlaufs, des Gewichts und der Art der zu treffenden Entscheidung und unter Berücksichtigung anerkannter betriebswirtschaftlicher Verhaltensmaßstäbe von ihm ohne groben Pflichtenverstoß zu entscheiden.“[293]

Es ist dabei offensichtlich, dass der Aufsichtsrat bei der Vorbereitung der Zustimmungsentscheidung vom Vorstand abhängig ist. Es liegt infolgedessen ebenso in der Verantwortung des Vorstands, den Aufsichtsrat „umfassend“ und „konzen-

---

[289] *Hopt/Roth*, in: Großkomm. AktG, Band 5, § 111 Rn. 716: Beschränkung auf „Vertretbarkeitsprüfung“.

[290] *Hopt/Roth*, in: Großkomm. AktG, Band 5, § 111 Rn. 715.

[291] *Lieder*, ZGR 2018, 523, 529; *Hopt/Roth*, in: Großkomm. AktG, Band 5, § 111 Rn. 713. Hinsichtlich der Sorgfaltspflichten und Verantwortlichkeit, die ein Aufsichtsratsmitglied der Gesellschaft schuldet, verweist § 116 Satz 1 AktG „sinngemäß“ auf § 93 AktG. Die Haftungsdurchsetzung erfolgt durch den Vorstand. Hieraus kann man gleichfalls den Schluss ziehen, dass der Vorstand in einem gewissen Umfang auch den Aufsichtsrat zu überwachen hat, dazu ausführlich: *Koch*, ZHR 2016, 578, 585 ff. Im Übrigen drückt der Begriff „sinngemäß“ des § 116 Satz 1 AktG die Verschiedenheit der Tätigkeit von Vorstands- und Aufsichtsratsmitgliedern aus. Bei der Konkretisierung der Sorgfaltspflichten und Verantwortlichkeiten sind deshalb die Unterschiede zu beachten, dazu: *Fischbach*, ZIP 2013, 1153, 1153 f.; *Thümmel*, AG 2004, 83, 84 ff.; *Henssler*, in: Henssler/Strohn, Gesellschaftsrecht, § 116 AktG Rn. 1. Das Leitbild im Sinne dieser Verweisung ist das des ordentlichen und gewissenhaften Aufsichtsratsmitglieds mit dem Schwerpunkt der Überwachung, dazu: *Wirth*, ZGR 2005, 327, 332 ff.; *Henssler*, in: Henssler/Strohn, Gesellschaftsrecht, § 116 AktG Rn. 4.

[292] *Cahn*, in: FS Stilz, 2014, 99, 100 f.

[293] Begr. RegE UMAG, BT-Drucks. 15/5092 S. 12.

triert" über Chancen und Risiken des beabsichtigten Geschäfts zu informieren.[294] Auf der anderen Seite darf der Aufsichtsrat eine Untätigkeit des Vorstands oder mangelnde Informationen nicht ignorieren und sich damit begnügen, obgleich er zunächst von der Richtigkeit der Informationen der Unterlagen, Präsentationen und Berichte des Vorstands ausgehen darf.[295] Wenn allerdings erkennbar Lücken bestehen oder die Richtigkeit angezweifelt werden kann, muss er eine Ergänzung und Korrektur verlangen.[296] Der Aufsichtsrat muss sich jedoch nicht jedes Dokument vorlegen lassen, das für das fragliche Geschäft relevant sein kann. Dies wäre weder mit seiner nebenamtlichen Funktion und seinen Ressourcen vereinbar,[297] noch wäre es zielführend, weil die Überwachung schlechter werden würde, wenn sich der Aufsichtsrat durch hunderte Seiten von Papier arbeiten müsste.[298] Der Vorstand ist diesbezüglich in einer vertrauensvollen Pflicht, die Informationen hinsichtlich Risiken und Chancen so darzustellen, dass der Aufsichtsrat seiner Funktion gerecht werden kann.[299] Nur wenn die Informationen nicht für eine selbständige Plausibilitätskontrolle genügen, muss der Aufsichtsrat auch in diesem Fall eine Ergänzung verlangen.[300]

Neben dem angemessenen Informationsgerüst müssen freilich die weiteren Voraussetzungen des §§ 93 Abs. 1 Satz 2, 116 Satz 1 AktG vorliegen, damit es nicht zur Haftung kommt.[301]

---

[294] *Semler*, Leitung und Überwachung, S. 122.

[295] OLG Düsseldorf, Urteil v. 23.06.2008 – I-9 U 22/08, AG 2008, 666, 666; *Groß-Bölting/Rabe*, in: Hölters/Weber, AktG, § 111 Rn. 97.

[296] *Groß-Bölting/Rabe*, in: Hölters/Weber, AktG, § 111 Rn. 97.

[297] *Hopt/Roth*, in: Großkomm. AktG, Band 5, § 111 Rn. 713; *Lieder*, ZGR 2018, 523, 561.

[298] *Hopt/Roth*, in: Großkomm. AktG, Band 5, § 111 Rn. 713 spricht von den „sehr begrenzten zeitlichen und personellen Ressourcen".

[299] *Lieder*, ZGR 2018, 523, 561.

[300] *Lieder*, ZGR 2018, 523, 561; *Hopt/Roth*, in: Großkomm. AktG, Band 5, § 111 Rn. 714 verweist auf die erhöhte Überwachungsdichte, wenn Anhaltspunkte für kriminelle Handlungen vorliegen.

[301] Die übrigen Voraussetzungen sind: (1) unternehmerische Entscheidung, (2) „zum Wohle der Gesellschaft", was gleichzusetzen ist mit den Unternehmensinteressen, (3) er muss frei von Interessenkonflikten sein (hier ist zu beachten, dass der Begriff des Interessenkonflikts beim Aufsichtsrat anders als beim Vorstand verstanden werden muss, da er ein vom Gesetzgeber angedachtes Organ mit „Konflikttoleranz" ist, dazu *Koch*, in: FS Ebke, 2021, 533, 538 ff.) und (4) muss gutgläubig sein, dazu allgemein: *Cahn*, in: KK-AktG, Band 7, § 93 Rn. 28; *Dauner-Lieb*, in: Henssler/Strohn, Gesellschaftsrecht, § 93 AktG Rn. 17 ff.; *Koch*, AktG, § 93 Rn. 54; *Westermann*, in: FS Hommelhoff, 2012, 1319, 1325 ff.; *Schäfer*, ZIP 2005, 1253, 1258.

c) *Der Zeitpunkt der Zustimmungsentscheidung*

Die Zustimmungsentscheidung gem. § 111 Abs. 4 Satz 2 AktG ist grundsätzlich als eine vorherige Zustimmung im Sinne einer Einwilligung zu verstehen.[302] Eine effektive präventive Überwachung und eine echte unternehmerische Mitverantwortung würden leerlaufen, wenn der Aufsichtsrat über schon verbindliche und insofern abgeschlossene Angelegenheiten entscheiden würde.[303] Allerdings kann sich der Zeitpunkt bei zwei folgenden Fällen zulässigerweise verschieben.

aa) Ausnahme: Genehmigung statt Einwilligung bei Dringlichkeit

Erstens muss man von dieser Regel eine Ausnahme zulassen, wenn durch die Dringlichkeit des Geschäfts die Einholung der Zustimmungsentscheidung das Geschäft verhindern würde.[304] Die Überwachung des Aufsichtsrats ist kein Selbstzweck. Sie soll helfen, dass das Unternehmen gut geführt wird, prosperiert und Schäden dementsprechend verhindert werden. Bietet sich eine gute Chance für das Unternehmen, so darf der Vorstand nicht daran gehindert sein, diese zu ergreifen, weil die Dringlichkeit der Einholung der Zustimmungsentscheidung des Aufsichtsrats entgegensteht. Hingegen ist hervorzuheben, dass der Vorstand die Dringlichkeit nicht als vermeintlichen Grund vorschieben und auf eine vorherige Zustimmung verzichten darf. Wenn jedoch tatsächlich ein dringlicher Fall vorliegt, kann der Vorstand die Zustimmungsentscheidung ausnahmsweise als Genehmigung beim Aufsichtsrat nachträglich einholen.[305]

bb) Ausnahme: Genehmigung statt Einwilligung bei fehlender Vertraulichkeit

Zweitens wird es teilweise im absoluten Ausnahmefall als zulässig betrachtet, dass der Vorstand auf die vorherige Zustimmung verzichtet und eine Genehmigung ohne Eilbedürftigkeit einholt, wenn die Vertraulichkeit im Aufsichtsrat trotz gesetzlicher Ausgangslage nach § 116 Satz 2 AktG nicht gewahrt wird und es das Unternehmensinteresse rechtfertigt.[306] Allerdings wird diesbezüglich kritisch angeführt, dass es – abseits von theoretischen Fällen – tatsächlich kaum Fälle geben wird, in denen das Unternehmensinteresse dies in der Praxis rechtfertigt.[307]

---

[302] *Götz*, ZGR 1990, 633, 643; *Vetter*, GmbHR 2011, 449, 456; *Hopt/Roth*, in: Großkomm. AktG, Band 5, § 111 Rn. 727 ff.

[303] *Drygala*, in: K. Schmidt/Lutter, AktG, Band 1, § 111 Rn. 61; *Groß-Bölting/Rabe*, in: Hölters/Weber, AktG, § 111 Rn. 95.

[304] *Groß-Bölting/Rabe*, in: Hölters/Weber, AktG, § 111 Rn. 95; *Semler*, Leitung und Überwachung, S. 122; kritisch *Götz*, ZGR 1990, 633, 643 f.; *Vetter*, GmbHR 2011, 449, 456; *Hopt/Roth*, in: Großkomm. AktG, Band 5, § 111 Rn. 728 f.

[305] *Semler*, Leitung und Überwachung, S. 122.

[306] *Semler*, Leitung und Überwachung, S. 122.

[307] *Fonk*, ZGR 2006, 841, 869.

Nichtsdestotrotz ist der Ansicht im Ergebnis zuzustimmen. Denn es bleibt beim wichtigen Ausgangspunkt, dass die Überwachung allein das Unternehmen schützen soll und kein Selbstzweck ist. Damit der Vorstand für das Unternehmensinteresse auf die vorherige Einholung verzichten kann, bedarf es mindestens eines Verstoßes der Vertraulichkeit in der Vergangenheit innerhalb des Aufsichtsrats und einer Wiederholungsgefahr im akuten Fall, deren Eintritt schwere Schäden für das Unternehmen bedeuten würde.[308] Obgleich diese Betrachtung zunächst einmal ungewohnt klingt, kann man die Gefahr eines dauerhaften Missbrauchs als äußert gering einstufen. Denn der Vorstand geht selbst ein hohes Risiko ein, wenn er auf eine Einwilligung des Aufsichtsrats verzichtet und die Genehmigung des Aufsichtsrats später versagt wird. Dann darf er ohne Ersetzungsentscheidung der Hauptversammlung gem. § 111 Abs. 4 Satz 4 AktG das Geschäft nämlich im Innenverhältnis nicht mehr weiter durchführen, obwohl es im Außenverhältnis schon abgeschlossen ist.[309]

d) Die verweigerte Zustimmungsentscheidung und Ersetzung

Der Aufsichtsrat soll die Zustimmung verweigern, wenn er der Ansicht ist, dass das Geschäft nachteilig für das Unternehmen ist.[310] Er ist hinsichtlich der Erteilung oder Versagung einzig durch das Unternehmensinteresse gebunden.[311] Der Aufsichtsrat kann überdies anerkanntermaßen ankündigen, die Zustimmung zu verweigern, und dabei mitteilen, unter welchen anderen Modalitäten er zustimmen würde.[312]

Wenn der Aufsichtsrat die Zustimmung verweigert hat, kann der Vorstand gem. § 111 Abs. 4 Satz 3, 4 AktG die Zustimmungsentscheidung durch einen Hauptversammlungsbeschluss mit einer Dreiviertelmehrheit ersetzen lassen. Diese Option hat jedoch in der Praxis kaum Bedeutung, weil es zu aufwendig, kostspielig und insb. zu öffentlich wäre.[313] Wenngleich es auf den ersten Blick sinnig erscheint, dass die unparteiische Hauptversammlung entscheiden soll, wenn Vorstand und Auf-

---

[308] Ähnlich: *Semler*, Leitung und Überwachung, S. 122.

[309] *Habersack*, in: MüKo AktG, Band 2, § 111 Rn. 148; *ders.*, in: Großkomm. AktG, Band 4/1, § 82 Rn. 28; *Dauner-Lieb*, in: Henssler/Strohn, Gesellschaftsrecht, AktG, § 82 Rn. 1, 13 f.

[310] *Hopt/Roth*, in: Großkomm. AktG, Band 5, § 111 Rn. 715.

[311] *Hopt/Roth*, in: Großkomm. AktG, Band 5, § 111 Rn. 715; ausführlich zum Inhalt des Unternehmensinteresses als modifizierten Shareholder-Value-Ansatz: *Kort*, in: Großkomm. AktG, Band 4/1, § 76 Rn. 53 ff. Für Interessenkonflikte und die Bedeutung der Unabhängigkeit des Aufsichtsratsmitglieds: *Spindler*, ZIP 2005, 2033, 2039 ff. Ferner hinsichtlich der „Konfliktoleranz“: *Koch*, in: FS Ebke, 2021, 533, 538 ff.

[312] *Hopt/Roth*, in: Großkomm. AktG, Band 5, § 111 Rn. 717; *Habersack*, in: MüKo AktG, Band 2, § 111 Rn. 144; *Götz*, ZGR 1990, 633, 640; *Semler*, Leitung und Überwachung, S. 122.

[313] *Götz*, ZGR 1990, 633, 644 f.

sichtsrat nicht einig sind, so muss wohl zu Recht von einer praktischen Seite zugestanden werden, dass eine weitere zukünftige Zusammenarbeit ohne großen Erfolg sein wird, wenn beide Organe in der Öffentlichkeit entsprechend streiten würden.[314] Indes darf der Vorstand ohne die Ersetzung die Maßnahme nicht durchführen.[315]

e) Zustimmungsentscheidung durch einen Ausschuss

Deutsche Aufsichtsräte erreichen schnell eine größere Anzahl an Aufsichtsratsmitgliedern. Es ist jedoch anerkannt, dass die Arbeit und Beratung in größeren Gruppen ineffektiver wird, und es kann sich deshalb anbieten, dass gewisse Zustimmungsentscheidungen von einem eingerichteten Ausschuss entschieden werden.[316] Dabei ist zu beachten, dass die Begründung eines Zustimmungsvorbehalts ausschließlich durch den gesamten Aufsichtsrat erfolgen kann.[317] Andererseits spricht bei Zustimmungsentscheidungen für Geschäfte von erheblicher Bedeutung nichts dagegen, dass diese durch einen Ausschuss entschieden werden.[318] Bei Geschäften von grundlegender Bedeutung bedarf es allerdings hinsichtlich der grundlegenden Bedeutung einer Zustimmungsentscheidung des gesamten Aufsichtsrats, insb. da die Regelungsabsicht des TransPuG-Gesetzgebers gerade ein „Votum beider Organe" verlangt.[319]

8. Rechtslage Unternehmensverbund und Zustimmungsvorbehalte

Häufig wird sich der Aufsichtsrat in einer Situation wiederfinden, in der seine Gesellschaft als herrschendes Unternehmen Teil eines Unternehmensverbunds gem. §§ 15 ff. AktG ist. Der Aufsichtsrat des herrschenden Unternehmens muss bei Geschäften mit grundlegender Bedeutung und darf bei Geschäften mit erheblicher Bedeutung seine Überwachung und unternehmerische Mitverantwortung auf die abhängigen Gesellschaften ausdehnen.[320] Die Fragen zu den Zustimmungsvorbe-

---

[314] *Fonk*, ZGR 2006, 841, 869.

[315] *Groß-Bölting/Rabe*, in: Hölters/Weber, AktG, § 111 Rn. 98.

[316] Zur Bedeutung von Aufsichtsratsausschüssen: *Hopt/Roth*, in: Großkomm. AktG, Band 5, § 107 Rn. 298 ff.

[317] *Lutter et al.*, Rechte und Pflichten des AR, Rn. 115; *Hopt/Roth*, in: Großkomm. AktG, Band 5, § 111 Rn. 643.

[318] *Hopt/Roth*, in: Großkomm. AktG, Band 5, § 111 Rn. 708; siehe oben für den Umfang der Geschäfte von erheblicher Bedeutung: B. I. 3.

[319] Begr. RegE TransPuG, BT-Drs. 14/8769, 17; siehe oben: B. I. 2.

[320] Allgemein zur Ausdehnung der Überwachungspflicht gem. § 111 Abs. 1 AktG: *Lutter*, AG 2006, 517, 518: „Das ist heute nichts Neues mehr"; *Weyl*, Zustimmungsvorbehalte Konzernsteuerung, S. 59; *Brouwer*, Zustimmungsvorbehalte, S. 279 ff.; *Götz*, ZGR 1998, 525, 542. Für die Zustimmungsvorbehalte gem. § 111 Abs. 4 Satz 2 AktG: *Lutter*, in: FS Fischer, 1979, 419, 421 ff.; *ders.*, in: Liber amicorum Happ, 2006, S. 143, 143; *ders.*, AG 2006, 517,

halten des Aufsichtsrats des herrschenden Unternehmens in Bezug zu abhängigen Gesellschaften sind bereits ausführlich erörtert worden.[321] An dieser Stelle sollen daher für das nächste Kapitel lediglich die relevanten Kernpunkte – insb. im Hinblick auf die Umsetzung in der Geschäftsordnung/Satzung – in Erinnerung gerufen werden. Dabei beschränkt sich dies auf die Konstellation einer AG und GmbH als abhängigen Gesellschaft.

a) *Von der Geschäftsführung des herrsch. U. veranlasste Maßnahmen*

Sobald die Geschäftsführung des herrschenden Unternehmens Maßnahmen veranlasst,[322] z. B. die abhängige Gesellschaft A soll sich beim Auktionsverfahren des Zielunternehmens B beteiligen oder die abhängige Gesellschaft A soll den Kaufvertrag zum Kauf des Zielunternehmens B abschließen, gibt es mit dieser Veranlassung eine einfache Anknüpfung für einen möglichen Zustimmungsvorbehalt des Aufsichtsrats des herrschenden Unternehmens.[323] Die Geschäftsführung des herrschenden Unternehmens muss dementsprechend vor der Veranlassung die Zustimmungsentscheidung des Aufsichtsrats einholen. Dies gilt auch, wenn der konkrete Zustimmungsvorbehalt des Aufsichtsrats des herrschenden Unternehmens keinen Bezug auf die abhängigen Gesellschaften nimmt. Denn solche neutralen „Zustimmungsvorbehalte" des Aufsichtsrats des herrschenden Unternehmens werden im Zweifelsfall auf die abhängigen Gesellschaften ausgedehnt.[324]

520; *Hoffmann-Becking*, ZHR 1995, 325, 339 ff.; *Uwe H. Schneider*, in: FS Hadding, 2004, 621, 630 f.; *Götz*, ZGR 1990, 633, 646 ff.; *Lenz*, AG 1997, 448, 451; *Brouwer*, Zustimmungsvorbehalte, S. 290 ff.; *Hopt/Roth*, in: Großkomm. AktG, Band 5, § 111 Rn. 734. Bei den Zustimmungsvorbehalten geht es vordergründig um die interne Organisation des Unternehmensverbunds und hier besonders um die Perspektive des herrschenden Unternehmens. Das „Konzernrecht" der Aktienrechtsnovelle von 1965 konzentrierte sich allerdings nur auf den Schutz der abhängigen Gesellschaft, dazu: *Wiedemann*, in: FS Fischer, 1979, 883, 886. Jedoch wurde diese Lücke erkannt und heute ist anerkannt, dass es auch eines Konzernrechts für das herrschende Unternehmen bedarf, dazu: *Lutter*, in: FS Westermann, 1974, 347 als zentraler wegweisender Beitrag; zur Bedeutung des Beitrags von *Lutter* siehe *Koch*, ZIP 2020, 2485, 2485 ff.

[321] An dieser Stelle ist ein weiterer wegweisender früher Beitrag von *Lutter* hervorzuheben: *Lutter*, in: FS Fischer, 1979, 419, 419 ff. Im Übrigen wurde dieser Bereich in den Monographien von *Brouwer*, Zustimmungsvorbehalte, und *Weyl*, Zustimmungsvorbehalte Konzernsteuerung, ausführlich untersucht.

[322] Diese Veranlassung kann durch verschiedenste Instrumente erfolgen, wie z. B. durch die Ausübung eines Weisungsrechts im Rahmen eines Vertrags-/Eingliederungskonzerns, durch die Ausübung der Mitgliedschaftsrechte in der Hauptversammlung (AG), durch die entsprechende Beschlussfassung in Gesellschafterversammlungen (GmbH) oder durch eine rein tatsächliche Einflussnahme der Geschäftsführung des herrschenden Unternehmens auf die Geschäftsführung der abhängigen Gesellschaft, eine entsprechende Auflistung findet sich bei *Brouwer*, Zustimmungsvorbehalte, S. 292.

[323] *Brouwer*, Zustimmungsvorbehalte, S. 291 ff., 300.

[324] *Henssler*, in: Henssler/Strohn, Gesellschaftsrecht, AktG, § 111 Rn. 21; *Lutter*, in: FS Fischer, 1979, 419, 432 ff.; *Uwe H. Schneider*, in: FS Hadding, 2004, 621, 631; *Götz*, ZGR

Hingegen sollten die entsprechenden Zustimmungsvorbehalte des herrschenden Unternehmens, um Zweifel zu vermeiden, ausdrücklich Bezug auf die abhängigen Gesellschaften nehmen. Empfohlen wird z. B. die Formulierung: „Die aufgeführten Geschäfte bedürfen auch dann der vorherigen Zustimmung des Aufsichtsrats, wenn sie von einer Tochter- oder Enkelgesellschaft vorgenommen werden".[325]

b) Von der Geschäftsführung der abhängigen G. veranlasste Maßnahmen

Komplizierter wird es, wenn in der abhängigen Gesellschaft ohne o. g. Veranlassung der Geschäftsführung des herrschenden Unternehmens wichtige Geschäfte für das herrschende Unternehmen durchgeführt werden. Indes hat die Geschäftsführung des herrschenden Unternehmens die Pflicht mit allen zur Verfügung stehenden Instrumenten zu erreichen, dass sein Aufsichtsrat bei diesen Geschäften der abhängigen Gesellschaft mitwirken kann.[326]

Im Fall eines Vertragskonzerns mit Beherrschungsvertrag gem. §§ 291, 293 ff. AktG, eines Eingliederungskonzerns[327] oder im faktischen Konzern mit einer GmbH als abhängigen Gesellschaft steht das entsprechende Weisungsrecht zur Verfügung,[328] worüber der Aufsichtsrat des herrschenden Unternehmens mit seiner Geschäftsführung seine Zustimmungsvorbehalte durchsetzen kann.[329]

Im Fall des faktischen Konzerns mit einer AG als Tochtergesellschaft kann man ohne Doppelmandatsträger[330] oder faktische Einhaltung des Vorstands der Tochter-AG kaum eine Bindung und Durchsetzung der eigenen Zustimmungsvorbehalte erreichen.[331] Allerdings kann man bei einer lebensnahen Betrachtung annehmen,

---

1990, 633, 654 f.; *Lenz*, AG 1997, 448, 451 f.; *Hopt/Roth*, in: Großkomm. AktG, Band 5, § 111 Rn. 736; a. A. *Brouwer*, Zustimmungsvorbehalte, S. 297 ff.

[325] Zur Formulierung: *Brouwer*, Zustimmungsvorbehalte, S. 299.

[326] *Götz*, ZGR 1990, 633, 646 ff.; *Hoffmann-Becking*, ZHR 1995, 325, 341 f.; *Lenz*, AG 1997, 448, 453; *Brouwer*, Zustimmungsvorbehalte, S. 300 f.

[327] Die Hauptgesellschaft ist gem. § 323 Abs. 1 AktG berechtigt, dem Vorstand der eingegliederten Gesellschaft hinsichtlich der Leitung der Gesellschaft Weisungen zu erteilen.

[328] Für den Vertragskonzern mit Beherrschungsvertrag besteht ein Weisungsrecht nach § 308 Abs. 1 Satz 1 AktG. Im anderen o. g. Fall ermöglicht das Weisungsrecht nach § 37 Abs. 1 GmbHG eine Durchsetzung des Zustimmungsvorbehalts des herrschenden Unternehmens. Auch ist es möglich, dem Aufsichtsrat des herrschenden Unternehmens das Weisungsrecht im Sinne eines Vetorechts für die entsprechende Maßnahme zu übertragen, dazu: *Lutter*, in: FS Fischer, 1979, 419, 431.

[329] *Lutter*, in: Liber amicorum Happ, 2006, 143, 145 f.; *Brouwer*, Zustimmungsvorbehalte, S. 312.

[330] *Lutter*, in: FS Fischer, 1979, 419, 427 f.; *ders.*, in: Liber amicorum Happ, 2006, S. 143, 147; *Götz*, ZGR 1990, 633, 650 ff.; *ders.*, ZGR 1998, 524, 543; *Brouwer*, Zustimmungsvorbehalte, S. 326 ff.

[331] So schlägt z. B. *Brouwer*, Zustimmungsvorbehalte, S. 333 f. vor, dass die Geschäftsführung des herrschenden Unternehmens den Vorstand der abhängigen AG veranlasst, keines der zustimmungspflichtigen Geschäfte aus der Perspektive des herrschenden Unternehmens

dass der Vorstand einer Tochter-AG nicht plötzlich anfängt, irgendwelche Geschäfte von grundlegender Bedeutung, z.B. verhältnismäßig große Unternehmenstransaktionen, ohne eine entsprechende Abstimmung mit der Geschäftsführung des herrschenden Unternehmens umzusetzen, wenngleich es keine rechtliche Abwehrmöglichkeit gäbe.

II. Kritische Betrachtung

Nach dieser umfassenden Untersuchung des Zustimmungsvorbehalts nach § 111 Abs. 4 Satz 2 AktG bietet es sich an zu fragen, ob man tatsächlich ein Bedürfnis für den Aufsichtsrat und seine Überwachung im Allgemeinen und für die Zustimmungsvorbehalte des Aufsichtsrats im Speziellen hat.

1. Bedürfnis nach Überwachung aus rechtsökonomischer Sicht

Die Ausgangslage für die erste Frage ist klar, der Aufsichtsrat soll den Vorstand überwachen, damit die Rechts-, Ordnungs-, Zweckmäßigkeit und die Wirtschaftlichkeit des Unternehmens gewahrt und gesteigert werden.[332] Als Schlagwort wird auf die Frage, ob es für diesen Ansatz des AktG tatsächlich ein Bedürfnis gibt, häufig der Begriff des Prinzipal-Agenten-Problems genannt.[333] In diesem Zusammenhang lohnt sich eine genauere Untersuchung, um zu verstehen, welchen rechtsökonomischen Nutzen ein Aufsichtsrat haben kann.

Für die relevante Principal Agency Theory von Michael Jensen und William Meckling, die das Phänomen der Trennung von wirtschaftlichem Eigentum (Ownership) und Kontrolle (Control)[334] in ein ökonomisches Modell überführt haben,[335] und ihre entsprechenden Aussagen ist es wichtig, sich zunächst den Ursprung der

---

ohne Zustimmung der Geschäftsführung des herrschenden Unternehmens durchzuführen. Dieser wäre wiederum von der Zustimmung von seinem Aufsichtsrat des herrschenden Unternehmens abhängig. Dies würde tatsächlich zu einer faktischen Durchsetzung führen. Es setzt jedoch das Einverständnis und die tatsächliche Umsetzung seitens des Vorstands der abhängigen AG voraus.

[332] BGH, Urteil v. 25.03.1991 – II ZR 188/89, BGHZ 114, 127, 129 f.; *Semler*, Leitung und Überwachung, S. 107 ff.; *Theisen*, AG 1995, 193, 200 f.; *Lutter et al.*, Rechte und Pflichten des AR, Rn. 73 ff.; *Mertens/Cahn*, in: KK-AktG, § 111 Rn. 14; *Schönberger*, Zustimmungsvorbehalt, S. 43; *Brouwer*, Zustimmungsvorbehalte, S. 82; *Henze*, NJW 1998, 3309, 3310.

[333] *Böttcher*, NZG 2007, 481, 481.

[334] *Berle/Means*, Modern Corporation, 1932, S. 7, die wesentlichste Aussage hierzu lautet: „The separation of ownership from control produces a condition where the interests of owner and of ultimate manager may, and often do, diverge, and where many of the checks which formerly operated to limit the use of power disappeared."

[335] Dazu *Fleischer*, WM 2003, 1045, 1048 f.; ferner *Seibert*, in: FS Hommelhoff, 2012, 1111, 1111 ff.

Principal Agency Theory aus dem Modigliani-Miller-Theorem über die Kapitalstruktur von Unternehmen zu verdeutlichen.[336] Anschließend wendet sich dieser Teil der eigentlichen Principal Agency Theory zu und ihrer neueren Ergänzung durch die Principal Cost Theory.

a) Modigliani-Miller-Theorem 1958 (Reverse MM Theorem)

Lange beschäftigte sich die ökonomische Forschung mit der Frage, ob es eine perfekte wissenschaftlich fundierte Kapitalstruktur für ein Unternehmen gibt.[337] Die Kapitalstruktur eines Unternehmens ist die Mischung aus Fremd- und Eigenkapital. Dabei gibt es noch unterschiedliche Arten von Eigen- und Fremdkapital wie z. B. beim Eigenkapital das Stammkapital der Gesellschafter oder Gewinnrücklagen.[338] Man könnte erwarten, dass die Antwort in Bezug auf die beste Kapitalstruktur für ein Unternehmen z. B. 40 % zu 60 % Eigen-/Fremdkapital oder etwas Ähnliches wäre. Überraschenderweise wurde jedoch von den zwei Ökonomen und späteren Nobelpreisträgern Franco Modigliani und Merton Miller 1958 ein Aufsatz veröffentlicht, in dem beide Ökonomen darlegten, dass das Verhältnis von Fremd- zu Eigenkapital für den Wert des Unternehmens irrelevant ist.[339] Nach dem Modigliani-Miller-Theorem („MM-Theorem") weist keine Kombination von Eigenkapital und Fremdkapital bessere Ergebnisse als eine andere Kombination auf, da der Cashflow durch die Kapitalstruktur geteilt wird, die Kapitalstruktur den Cashflow aber nicht verändert. Modigliani und Miller benutzten zur Verdeutlichung ihres Theorems das Beispiel einer Pizza, die den Cashflow eines Unternehmens darstellt. Egal wie man die Pizza in Stücke schneidet, die Pizza selbst bleibt gleich und wird nicht in ihrer Größe verändert. Dasselbe gilt für die Kapitalstruktur, die den Cashflow teilt, aber ihn nicht verändert; damit hat die Kapitalstruktur keinen Einfluss auf den Unternehmenswert, der der gegenwärtige Wert des Cashflows des Unternehmens ist.[340] Allerdings ist zu betonen, dass dieses überraschende Ergebnis nur unter vier strengen Annahmen resultiert, die Modigliani und Miller getroffen haben. Diese vier Annahmen umfassen (1) effiziente Kapitalmärkte („Efficient Capital Markets"), wonach jeder Investor die gleichen Informationen und den gleichen Zugang zu den Informationen hat und die Informationen gleichermaßen verarbeitet und infolgedessen eine Einigkeit über den Marktwert der Ströme von Cashflows herrscht, (2) reibungslose Märkte („Frictionless Markets"), wonach es keine Transaktionskosten gibt und Verträge alle möglichen Eventualitäten umfas-

---

[336] *Knoll*, MM-Theorem Legal Applications, 2018, S. 1.

[337] *Knoll*, MM-Theorem Legal Applications, 2018, S. 2, die folgenden Ausführungen orientieren sich an *Knolls* Beitrag.

[338] Zu weiteren Theorien der Kapitalstruktur, die besonders auch die Arten des Eigen- und Fremdkapitals einbeziehen, wie die Pecking Order Theory: *Frydenberg*, Theory of Capital Structure Review, 2004, S. 7 ff.

[339] *Modigliani/Miller*, The Cost of Capital, A. E. R. 1958, 261, 265 ff.

[340] *Knoll*, MM-Theorem Legal Applications, 2018, S. 4.

sen und ohne großen Aufwand und Kosten durchgesetzt werden, (3) keine Steuern oder Regulierungen („No Taxes or other Regulations") zumindest für die Kapitalstruktur und (4) sind die Investoren nur am Cashflow interessiert („Only Cash Flows Matter") und nicht an nicht geldwerten Zielen.[341] Modigliani und Miller räumten ein, dass ihre Ergebnisse verzerrt werden, wenn diese Annahmen nicht erfüllt sind.[342]

Aber wo liegt der Wert des MM-Theorems, wenn es kaum auf die reale Welt übertragbar ist? Eine Antwort ist das umgekehrte MM-Theorem (Reverse MM Theorem), das eine Adaption des ursprünglichen MM-Theorems ist und Rückschlüsse darauf zulässt, wie man den Wert eines Unternehmens beeinflussen kann. Denn dadurch, dass Modigliani und Miller herausfanden, welche Faktoren der Kapitalstruktur keinen Einfluss auf den Wert nehmen, entdeckten sie ebenfalls, welche Faktoren einen Einfluss haben.[343] Darum geht es bei dem Reverse MM Theorem. Es kehrt die Aussage um und besagt, dass die Kapitalstruktur den Wert des Unternehmens im Rahmen der vier MM-Annahmen beeinflusst.[344] Die Kapitalstruktur eines Unternehmens hat demnach dann Einfluss auf den gesamten Wert des Unternehmens, wenn z. B. Informationen zurückgehalten oder veröffentlicht werden oder wenn Steuern erhöht oder gesenkt werden oder wenn es Kosten von Regulationen gibt.[345]

b) *Jensen/Meckling: Principal Agency Problem 1976*

Mit dem MM-Theorem und seinen „falschen" Annahmen begannen andere Ökonomen, diese weiter fruchtbar zu machen. Dies gilt auch für das sog. „Principal Agency Problem" oder den „Principal Agency Conflict".[346] Die zwei Ökonomen Michael Jensen und William Meckling erkannten, dass die durch Trennung von „Ownership and Control" angelegte Situation von Managern auf der einen Seite und den Gesellschaftern auf der anderen Seite Kosten für das Unternehmen – die sog. „Agency Costs" – hervorrufen kann, weil die Manager nicht nur ein anderes Interesse als die Gesellschafter („Owner") haben, sondern häufig ein gegenteiliges.[347] Die Manager können z. B. ein Eigeninteresse haben, sich am Unternehmen zu bereichern. Auf der anderen Seite kontrollieren die Manager das Unternehmen und

---

[341] *Knoll*, MM-Theorem Legal Applications, 2018, S. 4 f.

[342] *Modigliani/Miller*, The Cost of Capital, A. E. R. 1958, 261, 296. Es gab ferner eine eigene Ergänzung bzw. Korrektur von *Modigliani* und *Miller* hinsichtlich des steuerlichen Aspektes, da Zinsen vom Fremdkapital steuerlich absetzbar sind, *Modigliani/Miller*, Corporate Income Taxes, A. E. R. 1963, 433, 442.

[343] *Knoll*, MM-Theorem Legal Applications, 2018, S. 6.

[344] *Knoll*, MM-Theorem Legal Applications, 2018, S. 6 f.

[345] Beispiele von *Knoll*, MM-Theorem Legal Applications, 2018, S. 6.

[346] Dazu *Knoll*, MM-Theorem Legal Applications, 2018, S. 7, ein weiteres Beispiel ist die „Signaling Theory" von u. a. *Stephen Ross*.

[347] *Jensen/Meckling*, Journal of Financial Economics 1976, 305, 305 f.

verfügen über wichtige Insiderinformationen. Sie könnten diese Informationsasymmetrie zu ihren Gunsten ausnutzen, wodurch die hier relevanten, aber auch vermeidbaren Kosten entstehen.[348] Diese Agentenkosten[349] sind letztlich Ausdruck davon, dass eine der Annahmen des MM-Theorems – die reibungslosen Märkte („Frictionless Markets") – in der Realität nicht zutrifft und insofern „falsch" ist.[350] Ein Vorstand kann sich z. B. durch einen günstigen Darlehensvertrag mit seiner Gesellschaft bereichern und damit davonkommen. Allerdings liegt an dieser Stelle der Kern des Principal Agency Problem bzw. des Reverse MM Theorems. Denn die Gesellschafter können versuchen, die Agentenkosten durch Überwachung der Manager zu reduzieren. Dadurch, dass eine Maßnahme innerhalb der Annahme der reibungslosen Märkte ergriffen wird, hat die Kapitalstruktur des Unternehmens Einfluss auf den Wert des Unternehmens und im Falle einer Reduktion von Agentenkosten durch Überwachung kommt es zu einem gesteigerten Unternehmenswert, da man sich mehr dem idealen Zustand annähert, bei dem die Annahmen erfüllt sind und die Kapitalstruktur keinen Einfluss hat.

Dieser ökonomische Befund von Jensen und Meckling aus dem Jahr 1976 fasst explizit zusammen, was seit langer Zeit im Gesellschaftsrecht adressiert wird: Der Aufsichtsrat als zwingendes Organ der Aktiengesellschaft soll die möglichen Agentenkosten des Vorstands für die Aktionäre durch eine institutionalisierte effektive Überwachung reduzieren.[351] Die Einrichtung eines Aufsichtsrats zur Überwachung kann deshalb Einfluss auf den Wert des Unternehmens i. S. d. (Reverse) MM-Theorems haben. Ferner bedeutet diese rechtsökonomische Betrachtung Folgendes: Je effektiver die Überwachung die Agentenkosten reduziert, desto mehr steigert sich theoretisch der gesamte Unternehmenswert. Eine ineffektive zwingende Überwachung des Aufsichtsrats auf der anderen Seite, die nicht zur Reduktion von Agentenkosten führt, sorgt jedoch ausschließlich für Kosten, die wiederum den Wert als Regulationskosten theoretisch sinken lassen.

Jedoch muss man unmittelbar folgende wichtige Einschränkung feststellen. Der Aufsichtsrat ist zwar der Repräsentant der Aktionäre bzw. „Owner", aber er selbst ist wieder in der Regel nicht der „Owner" der Gesellschaft, sondern erneut ein Agent.[352] Die Aufsichtsratsmitglieder haben folglich andere Interessen als die Ak-

---

[348] *Jensen/Meckling*, Journal of Financial Economics 1976, 305, 308 ff.

[349] Nach *Jensen/Meckling*, Journal of Financial Economics 1976, 305, 308 fallen folgende Kosten unter die Agentenkosten: „We define agency costs as the sum of: (1) the monitoring expenditures by the principal, (2) the bonding expenditures by the agent, (3) the residual loss." Der letzte Punkt „residual loss" sind dabei die Kosten, die durch die Abweichung der beiden Interessen entstehen: „There will be some divergence between the agent's decisions and those decisions which would maximize the welfare of the principal. The dollar equivalent of the reduction in welfare experienced by the principal due to this divergence is also a cost of the agency relationship."

[350] *Knoll*, MM-Theorem Legal Applications, 2018, S. 7.

[351] *Baums*, ZIP 1995, 11, 11 f.; *Seibert*, in: FS Hommelhoff, 2012, 1111, 1116.

[352] *Seibert*, in: FS Hommelhoff, 2012, 1111, 1117.

tionäre, die sich widersprechen können.[353] Letztlich wird ein Prinzipal-Agenten-Problem mit einem anderen Prinzipal-Agenten-Problem als Kompromiss gelöst.[354] Das bedeutet, der Aufsichtsrat kann auch Agentenkosten für das Unternehmen produzieren. Die Agentenkosten beruhen auf möglichen Fehlern aufgrund von Kompetenzmängeln oder einer Bereicherung an dem Unternehmen. Aber auch die Einrichtung und die Unterhaltung eines Aufsichtsrats produzieren Kosten.[355] Nichtsdestotrotz wird dieser Kompromiss als nötig angesehen, weil die Aktionäre mit ihrer Hauptversammlung als zur effektiven Kontrolle des Managements und zur Reduktion von Agentenkosten nicht geeignet gelten, da es u. a. bei der Hauptversammlung einer Publikumsgesellschaft typischerweise zu „Collective Action"-Problemen kommen kann.[356]

c) Ergänzung durch Goshen/Squire: Principal Cost Theory 2017

Allerdings endet die ökonomische Betrachtung nicht mit den Agentenkosten durch den Vorstand, die durch die Überwachung des Aufsichtsrats reduziert werden sollen, die indes wiederum Agentenkosten produzieren kann. Denn Zohar Goshen und Richard Squire entwickelten die Principal Costs Theory, die eine Ergänzung zu dem Principal Agency Problem von Jensen und Meckling darstellt.[357] Der Kern der Theorie ist, dass nicht nur Agenten Kosten für das Unternehmen entstehen lassen, sondern auch der Prinzipal und demnach die Aktionäre bzw. Investoren.[358] Prinzipalkosten sind Kosten für das Unternehmen, die ausgelöst werden können, wenn der Prinzipal Macht über das Unternehmen ausübt, z. B. durch einen Beschluss auf der Hauptversammlung bzw. Gesellschafterversammlung. Goshen und Squire unterteilen die Prinzipalkosten (wie auch die Agentenkosten) in „Kompetenzkosten", die aus Fehlern aufgrund von mangelndem Fachwissen, mangelnden Informationen oder mangelndem Talent entstehen, und „Konfliktkosten", die aus der Trennung von „Ownership and Control" erwachsen.[359] Die Konsequenz dieser Erkenntnis ist:

> „Principal costs and agent costs are substitutes for each other: Any reallocation of control rights between investors and managers decreases one type of cost but increases the other."[360]

---

[353] Deswegen steht der Aufsichtsrat auch in der Kritik, *Hopt/Roth*, in: Großkomm. AktG, Band 5, § 95 Rn. 8.

[354] *Hopt/Roth*, in: Großkomm. AktG, Band 5, § 111 Rn. 45: „mehrstufige Prinzipal-Agenten-Beziehung".

[355] Zum Kostencharakter des Aufsichtsrats: *Theisen*, in: FS Säcker, 2011, 487, 490 ff. Zur Vergütung der Aufsichtsräte: *Habersack*, NZG 2018, 127, 127 ff.

[356] *Baums*, ZIP 1995, 11, 11; *Berle/Means*, Modern Corporation, 1932, S. 3 ff.

[357] *Goshen/Squire*, Columbia Law Review 2017, 767, 767 ff.

[358] *Goshen/Squire*, Columbia Law Review 2017, 767, 770.

[359] *Goshen/Squire*, Columbia Law Review 2017, 767, 770.

[360] *Goshen/Squire*, Columbia Law Review 2017, 767, 771, 796 ff.

Dies ist insofern interessant, als gerade national und international die Investoren vermehrt aus ihrer Passivität herausgeholt werden sollen, weil man mit der aktuellen Reduktion von Agentenkosten durch den Aufsichtsrat nicht zufrieden ist.[361]

d) Die optimale Corporate Governance im konkreten Fall

Die Frage ist nun, welche Schlüsse man für die rechtswissenschaftliche Perspektive der Corporate Governance der AG und besonders für den Aufsichtsrat ziehen kann, wenn sowohl die Agenten (Vorstand/Aufsichtsrat) als auch der Prinzipal (Aktionäre) Kosten produzieren können.[362] Die Theorien indizieren, dass lediglich eine maßgeschneiderte Corporate-Governance-Lösung, die zu den konkreten tatsächlichen Umständen des Unternehmens passt, hilft, effektiv die summierten Agenten- und Prinzipalkosten zu senken.[363] Die Übernahme von pauschalen Antworten läuft jedoch Gefahr, in manchen Fällen eher Kosten zu produzieren als sie einzusparen. Wenn eine Corporate-Governance-Struktur für das eine Unternehmen passend ist, kann diese für ein anderes Unternehmen mit anderen Personen und anderem Hintergrund unpassend sein. Allerdings kann die Lösung auch nicht darin bestehen, keine allgemeineren Gesellschaftmodelle, wie die AG, mit einer entsprechenden Corporate Governance anzubieten, da ansonsten andere hohe Transaktionskosten entstehen würden, weil sich jeder Aktionär bzw. Beteiligte i. S. d. „Nexus of Contracts" informieren müsste, wie eine ihn schützende vertragliche Lösung aussehen könnte.[364] Daher ist der richtige Ansatz, einerseits ein breites Angebot an Gesellschaften mit Vorgaben für die Corporate Governance zu haben und andererseits die Möglichkeit, diese bei Bedarf sachgerecht und unter Einhaltung von Grenzen anzupassen.[365]

---

[361] Für Deutschland: *Seibert*, in: FS Hommelhoff, 2012, 1111, 1118 f.; für das Vereinigte Königreich: *Cheffins*, MLR 2010, 1004, 1007 ff.; kritisch zum aktuellen Ansatz im Vereinigten Königreich im Rahmen des Stewardship Codes: *Reddy*, MLR 2021, 842, 854 ff.

[362] Es gibt auch kritische Stimmen hinsichtlich der Rückschlüsse aus dem Prinzipal-Agenten-Problem: *Habersack*, AG 2009, 1, 6.

[363] So *Goshen/Squire*, Columbia Law Review 2017, 767, 771, 796 ff.

[364] Der rechtsökonomische Hintergrund ist hier die Lehre des „Nexus of Contracts", wonach eine Gesellschaft – wie die AG – eine Verknüpfung bzw. eine Vielzahl von ganz vielen Verträgen zwischen den Aktionären und dem Vorstand (und auch dem Aufsichtsrat) und anderen Beteiligten – wie Lieferanten und Arbeitnehmern etc. – darstellt. Ohne eine gewisse Standardisierung dieser Verträge bzw. des „Nexus" würde jeder Aktionär oder Vorstand sich eigene Verträge überlegen und verhandeln müssen. Das Gesellschaftsrecht senkt diese Kosten durch einen Vorschlag, der versucht bereits (im besten Fall) attraktiv alle Interessen in Einklang zu bringen; dazu: *Hansmann/Kraakman*, Yale Law Journal 2000, 390, 391 f. Abgeleitet wurde die Lehre des „Nexus of Contracts" auch von den Erkenntnissen von *Jensen* und *Meckling:* Journal of Financial Economics 1976, 305, 305 ff.

[365] *Goshen/Squire*, Columbia Law Review 2017, 767, 767 f., 771, 796 ff., 829: formulieren es so: „The rate of substitution is firm-specific, based on factors such as the firm's business strategy, its industry, and the personal characteristics of its investors and managers. Therefore, each firm has a distinct division of control rights that minimizes total control costs. Because

Diese rechtsökonomische Perspektive auf den Aufsichtsrat zu übertragen, kann z. B. Folgendes bedeuten: Wenn fähige und engagierte Gesellschafter sich in der Gesellschaft engagieren und die Geschäftsführung überwachen, wird der Aufsichtsrat mehr zur Kostenbelastung. Umgekehrt wird er umso nützlicher, je weniger die Gesellschafter sich engagieren können oder wollen oder wenn die Gesellschafter nicht fähig sind. Es bedarf in diesem Fall seiner Überwachung und Beratung des Vorstands. Dies ist häufig der Fall bei börsennotierten Aktiengesellschaften mit einem hohen Streubesitz.[366] Allerdings gilt die Eignung der konkreten Mitglieder gerade auch für den Aufsichtsrat. Wird eine Gesellschaft gezwungen, einen Aufsichtsrat einzurichten, hat aber keine ausreichend fähigen Personen, die sie bestellen kann, dann entstehen an dieser Stelle hohe Agentenkosten ohne eine gute Aussicht auf die Reduktion von Agentenkosten durch die Überwachung. Will man die Frage dementsprechend beantworten, ob ein Aufsichtsrat aus rechtsökonomischer Sicht nützlich ist, kann man diese weder mit einem klaren Ja noch mit einem klaren Nein beantworten und muss stattdessen prüfen, ob im konkreten Fall des Unternehmens ein Aufsichtsrat mit den entsprechenden konkreten Personen in der Lage ist, die Agentenkosten der Geschäftsführung oder die Prinzipalkosten der Gesellschafter mehr zu senken, als er selbst produziert.[367]

2. Bedürfnis nach den Zustimmungsvorbehalten

Für die zweite Frage nach dem Bedürfnis und der Sinnhaftigkeit der Zustimmungsvorbehalte des Aufsichtsrats gem. § 111 Abs. 4 Satz 2 AktG kann man zusätzlich die Rechtslage der KGaA mit einbeziehen. Denn der Aufsichtsrat einer KGaA hat kein Recht auf die Zustimmungsvorbehalte des § 111 Abs. 4 Satz 2 AktG.[368] Nun gibt es nicht sonderlich viele KGaAs in Deutschland, indes werden sie immer beliebter.[369] In diesem Zusammenhang kann sich deshalb hinsichtlich der Zustimmungsvorbehalte gefragt werden, wie es sich die KGaA leisten kann auf die Zustimmungsvorbehalte des Aufsichtsrats zu verzichten.[370] Bedarf es mit anderen Worten keiner Zustimmungsvorbehalte zur Überwachung der Geschäftsführung?

---

the cost-minimizing division varies by firm, the optimal governance structure does as well. The implication is that law's proper role is to allow firms to select from a wide range of governance structures, rather than to mandate some structures and ban others."

[366] Ebenso *Bachmann*, in: FS Hopt, 2010, 337, 339.

[367] Auch kritisch: *Hopt/Roth*, in: Großkomm. AktG, Band 5, § 95 Rn. 8.

[368] *Mertens/Cahn*, in: KK-AktG, Band 5, § 287 Rn. 14; *Kallmeyer*, ZGR 1983, 57, 62; *Koch*, AktG, § 278 Rn. 15; *Sethe*, AG 1996, 289, 291.

[369] *Terpitz/Osman*, Warum die KGaA immer beliebter wird – nicht nur bei Fußballklubs, Handelsblatt, 18.03.2018, abrufbar unter https://www.handelsblatt.com/unternehmen/management/rechtsform-warum-die-kgaa-immer-beliebter-wird-nicht-nur-bei-fussballklubs/21080158.html, zuletzt abgerufen am 24.11.2024; *Koch*, AktG, § 278 Rn. 2. Nach *Bayer et al.*, GmbHR 2022, 777, 779 gab es im Jahr 2022 in Deutschland 378 KGaAs.

[370] Wobei die Gründe für ihre jüngere Beliebtheit der KGaA vielfältig sind, dazu gleich unter: B. II. 2. a) aa).

a) KGaA-Aufsichtsrat ohne Zustimmungsvorbehalte

aa) Die KGaA und ihre zentralen Vorteile

Die KGaA ist eine Mischform der AG und der Personengesellschaft KG. Sie ist daher trotz ihrer Eigenschaft als juristische Person stark von den Merkmalen der Personengesellschaften geprägt.[371] Die KGaA gestattet folglich anders als die AG eine umfassende Satzungsautonomie.[372] Dies erlaubt eine große Gestaltungsfreiheit der Corporate Governance und eine Anpassung an die Bedürfnisse des jeweiligen Unternehmens.[373] Sie ist insofern eine „Oase der Vertragsfreiheit in dem ansonsten über § 23 Abs. 5 AktG versteinerten Aktienrecht".[374]

§ 278 Abs. 2 AktG verweist für die Organkompetenzen der KGaA auf §§ 161 ff., 105 ff. HGB, sodass der Grundsatz der Selbstorganschaft dem Komplementär[375] die Geschäftsführung der KGaA zuordnet. Dies ist in Abgrenzung zur AG ein weiteres zentrales Merkmal der KGaA.[376]

Trotz dieser besonderen Merkmale der Gestaltungsfreiheit und Selbstorganschaft einer Personengesellschaft erlaubt die börsenfähige Rechtsform den Zugang zum Kapitalmarkt.[377] Gerade bei Familienunternehmen und Sportvereinen, denen es wichtig ist, den unternehmerischen Einfluss zu behalten, und die gleichzeitig die Aufnahme von Eigenkapital an der Börse begehren, bietet die KGaA damit eine interessante Rechtsform.[378] Ein weiterer Vorteil aus unternehmerischer Perspektive besteht darin, dass die maßgeblichen Entscheidungen beim mitbestimmungsfreien Komplementär liegen.[379]

---

[371] *Kallmeyer*, ZGR 1983, 57, 57.

[372] *Mertens/Cahn*, in: KK-AktG, Band 5, Vorb. § 278 Rn. 4; *Müller-Michaels*, in: Hölters/Weber, AktG, § 278 Rn. 9; *Koch*, AktG, § 278 Rn. 6; *Kallmeyer*, ZGR 1983, 57, 58.

[373] *Mertens/Cahn*, in: KK-AktG, Band 5, Vorb. § 278 Rn. 4; *Koch*, AktG, § 278 Rn. 6.

[374] *Sethe*, Personalistische Kapitalgesellschaft, S. 199.

[375] Der Komplementär der KGaA kann unstrittig seit der Grundsatzentscheidung BGH, Beschluss v. 24.02.1997 – II. ZB 11/96, BGHZ 134, 392 auch eine juristische Person und eine Handelsgesellschaft sein.

[376] *Mertens/Cahn*, in: KK-AktG, Band 5, Vorb. § 278 Rn. 3, 11; *Sethe*, AG 1996, 289, 290; *Koch*, AktG, § 278 Rn. 11; *Müller-Michaels*, in: Hölters/Weber, AktG, § 278 Rn. 14.

[377] *Perlitt*, in: MüKo AktG, Band 5, § 278 Vorb. Rn. 5 mit einer Auflistung der aktuell an der *Deutschen Börse* zugelassenen Gesellschaften; *Mertens/Cahn*, in: KK-AktG, Band 5, Vorb. § 278 Rn. 7.

[378] *Perlitt*, in: MüKo AktG, Band 5, § 278 Vorb. Rn. 2; *Mertens/Cahn*, in: KK-AktG, Band 5, Vorb. § 278 Rn. 6, 7; *Koch*, AktG, § 278 Rn. 2.

[379] BGH, Beschluss v. 24.02.1997 – II ZB 11/96, BGHZ, 134, 400, 400 wendet das MitbestG streng an. Im Ergebnis zustimmend: *Henssler*, in: FS 50 Jahre BGH, 2000, 387, 405. *Henssler* sieht ein Aushöhlen der §§ 31 Abs. 1 Satz 2, 33 Abs. 1 Satz 2 im Falle einer analogen Anwendung des § 4 MitbestG auf die KGaA; *Mertens/Cahn*, in: KK-AktG, Band 5, § 278 Rn. 61; dagegen: *Habersack*, in: Habersack/Henssler, MitbestimmungsR, MitbestG, § 1 Rn. 40 f.

bb) Der KGaA-Aufsichtsrat

Der zwingende Aufsichtsrat der KGaA findet sich in dieser Gemengelage von Aktien- und Personengesellschaftsrecht wieder. Für ihn sollen gem. § 278 Abs. 3 AktG die Vorschriften des AG-Aufsichtsrats „sinngemäß“ angewendet werden. Diese stehen damit unter dem Vereinbarkeitsvorbehalt mit den KG-Merkmalen der KGaA.[380] Folglich ist der KGaA-Aufsichtsrat auch ein Überwachungsorgan und repräsentiert gem. § 287 AktG die Kommanditaktionäre.[381] Er übt jedoch – anders als der AG-Aufsichtsrat– keine Personalkompetenz über den Komplementär aus.[382] Dies ändert sich ebenfalls nicht durch eine Mitbestimmung gem. § 31 Abs. 1 Satz 2 MitbestG.[383] Der Aufsichtsrat hat überdies kein Recht auf die Zustimmungsvorbehalte gem. § 111 Abs. 4 Satz 2 AktG und auf die Erstellung einer Geschäftsordnung für den Komplementär.[384] Er wirkt zudem nicht an der Feststellung des Jahresabschlusses mit.[385] Im Ergebnis ist er demnach bei der KGaA ein reines Überwachungs- und Beratungsorgan.[386]

cc) Verlagerung der objektiv-teleolog. Kriterien der Zustimmungsvorbehalte

Der AG-Aufsichtsrat nimmt eine stärkere Funktion in der AG ein, weil die Hauptversammlung ihrer Konzeption nach keine gewichtige Rolle spielt und bei Geschäftsführungsmaßnahmen in der Regel nicht mitwirkt.[387] Dies ist bei der KGaA indes anders. Die Hauptversammlung der Kommanditaktionäre ist nämlich im Rahmen eines Zustimmungserfordernisses bei außergewöhnlichen Maßnahmen der Geschäftsführung durch einen Hauptversammlungsbeschluss nach § 164 HGB zu beteiligen, wenn dies nicht abbedungen wurde.[388] Das Gleiche gilt dem Grundsatz

---

[380] *Kallmeyer*, ZGR 1983, 57, 62; *Koch*, AktG, § 278 Rn. 15.

[381] *Sethe*, AG 1996, 289, 290; *Mertens/Cahn*, in: KK-AktG, Band 5, § 287 Rn. 2 ff.

[382] *K. Schmidt*, in: K. Schmidt/Lutter, AktG, Band 2, § 278 Rn. 27; *Mertens/Cahn*, in: KK-AktG, Band 5, Vorb. § 278 Rn. 4.

[383] Nach *Henssler*, in: FS 50 Jahre BGH, 2000, 387, 405 gilt dies auch für die GmbH und Co. KGaA; *Mertens/Cahn*, in: KK-AktG, Band 5, Vorb. § 278 Rn. 22.

[384] *K. Schmidt*, in: K. Schmidt/Lutter, AktG, Band 2, § 278 Rn. 36 weist darauf hin, dass die Satzung jedoch den Erlass einer Geschäftsordnung erlauben kann; *Mertens/Cahn*, in: KK-AktG, Band 5, Vorb. § 278 Rn. 4.

[385] *Mertens/Cahn*, in: KK-AktG, Band 5, Vorb. § 278 Rn. 21.

[386] *Perlitt*, in: MüKo AktG, Band 5, § 278 Vorb. Rn. 43; *Kallmeyer*, ZGR 1983, 57, 59.

[387] Zur fehlenden Kompetenz-Kompetenz der AG-Hauptversammlung *Cahn*, in: KK-AktG, Band 7, Vorb. § 76, Rn. 1.

[388] RG, Urteil v. 22.10.1938 – II 58/38, RGZ 158, 302, 305; *K. Schmidt*, in: K. Schmidt/Lutter, AktG, Band 2, § 278 Rn. 38; *Koch*, AktG, § 278 Rn. 13; *Kallmeyer*, ZGR 1983, 57, 58; *Sethe*, AG 1996, 289, 291; *Müller-Michaels*, in: Hölters/Weber, AktG, § 278 Rn. 21. Zwar besteht die Möglichkeit die Zustimmungsvorbehalte zu den außergewöhnlichen Geschäften gem. § 116 Abs. 2 Satz 1 HGB abzubedingen, dazu *Perlitt*, in: MüKo AktG, Band 5, § 278 Vorb. Rn. 33, jedoch wird dazu vertreten, dass es dann der Zuweisung zu dem Aufsichtsrat oder einem anderen Kontrollgremium zumindest für die GmbH & Co. KGaA bedarf, dazu

nach bei den Grundlagengeschäften.[389] Dagegen werden die Zustimmungsvorbehalte nach § 111 Abs. 4 Satz 2 AktG des Aufsichtsrats unstreitig nicht angewendet. Denn dadurch käme es zur Kollision mit dem Grundsatz der Selbstorganschaft.[390]

Die Hauptversammlung wird somit regelmäßig bei außergewöhnlichen und grundlegenden Geschäften involviert und folglich wird das Bedürfnis nach der generellen objektiven Funktion von Zustimmungsvorbehalten im Sinne einer effektiven Überwachung bei besonders wichtigen Angelegenheiten nicht ausgeklammert, sondern auf ein anderes Organ der KGaA verlagert.[391]

Allerdings rechtstatsächlich wird die Hauptversammlung der KGaA teilweise nicht als das geeignete Organ für die Zustimmungsvorbehalte betrachtet. So sieht man teilweise, dass in der Satzung die Zustimmungsvorbehalte der Hauptversammlung für die außergewöhnlichen Geschäfte abbedungen wurden. Jedoch werden dann regelmäßig ebenfalls per Satzung Einschränkungen der Geschäftsführungsrechte des Komplementärs durch Zustimmungsvorbehalte beschlossen, die einem anderen Organ der KGaA (z. B. Verwaltungsrat/Aktionärsausschuss) zugewiesen werden.[392] Obgleich die KGaA-Hauptversammlung dadurch umgangen wird, ist aus diesem teilweise tatsächlichen Verhalten keine eindeutige Tendenz gegen Zustimmungsvorbehalte zur Überwachung der Geschäftsführung im Allgemeinen erkennbar.

b) Nutzen der Zustimmungsvorbehalte im konkreten Fall

Die KGaA erbringt nicht den Gegenbeweis, dass Zustimmungsvorbehalte für wichtige Entscheidungen insgesamt unnötig sind. Vielmehr verlagert sie diese grundsätzlich auf die Hauptversammlung oder ein anderes Organ. Gleichwohl zeigt sie, dass eine Gesellschaft mit einem (internationalen) Großunternehmen auch ohne die Zustimmungsvorbehalte eines Aufsichtsrats funktioniert. Mit anderen Worten sind Zustimmungsvorbehalte für wichtige Maßnahmen der Geschäftsführung grundsätzlich auch für die KGaA ein bedeutsamer Teil einer guten Corporate

---

S. Koch, DB 2002, 170, 1702; wohlwollend *K. Schmidt*, in: K. Schmidt/Lutter, AktG, Band 2, § 278 Rn. 38.

[389] *Sethe*, AG 1996, 289, 291; *Koch*, AktG, § 278 Rn. 17a; zur Abdingbarkeit *Perlitt*, in: MüKo AktG, Band 5, § 278 Vorb. Rn. 36.

[390] *Kallmeyer*, ZGR 1983, 57, 69; *Sethe*, AG 1996, 289, 291.

[391] *Sethe*, AG 1996, 289, 291 verweist darauf, dass die „Rechtlosigkeit" der Hauptversammlung hinsichtlich der Geschäftsführung die „kompensatorischen" Zustimmungsvorbehalte des AG-Aufsichtsrats erforderlich macht. Ein verwandter Gedanke findet sich in der Ansicht, dass wenn der Hauptversammlung die Zustimmungsvorbehalte zu den außergewöhnlichen Geschäften entzogen werden, diese einem Aufsichtsrat oder einem anderen Kontrollgremium zugeteilt werden müssen, *S. Koch*, DB 2002, 1701, 1702; nach *Schönberger*, Zustimmungsvorbehalt, S. 227 weist das Gesetz einem anderen Organ das „Gegengewicht" zu.

[392] *Perlitt*, in: MüKo AktG, Band 5, § 278 Vorb. Rn. 33.

Governance. Allerdings müssen sie einem passenden Organ zugewiesen sein. Darauf beschränken sich indes die Erkenntnisse aus dem Vergleich.

Betrachtet man daher den Zustimmungsvorbehalt des Aufsichtsrats im Lichte der zuvor ausgeführten rechtsökonomischen Perspektive, kann man zunächst feststellen, dass dieser als Überwachungsinstrument in der Lage ist, die Agentenkosten des Vorstands zu reduzieren. Will der Vorstand z.B. viel zu große Risiken ohne verhältnismäßige geschäftliche Chancen eingehen, kann der Aufsichtsrat präventiv handeln. Allerdings sind dennoch erneut zwei große Einschränkungen festzustellen. Erstens: Die Aufsichtsratsmitglieder sind selbst Agenten und können deswegen auch selbst ihre eigenen Interessen über das des Unternehmens stellen oder selbst aufgrund von fehlender Kompetenz Agentenkosten produzieren.[393] Dies ist der Fall, wenn der Aufsichtsrat z.B. sich selbst etwas von dem riskanten Vorhaben erhofft, oder wenn er das Risiko aufgrund eines mangelnden Sachverstands nicht erkennt. Zweitens und das zeigt die theoretische Seite der KGaA: Wenn die Gesellschafter eine aktive Überwachungsrolle übernehmen, wird die Funktion der Zustimmungsvorbehalte von einem anderen Organ erfüllt und dies kann bedeuten, dass die Überwachung des Aufsichtsrats in diesem konkreten Fall unnötig ist und ausschließlich Kosten produziert.[394] Wobei nochmals darauf hinzuweisen ist, dass gleichwohl die Gesellschafter Kosten produzieren können (Prinzipalkosten), weil sie Interessenkonflikte oder Kompetenzmängel aufweisen.[395]

Freilich bestätigt dies das vorherige allgemeine Ergebnis, wonach die ideale Corporate Governance einer maßgeschneiderten Antwort bedarf, weil die Situation der Gesellschafter und des Managements und eines eventuellen Aufsichtsgremiums im konkreten Fall berücksichtigt werden muss. Jedoch kann man auch im Fall der Zustimmungsvorbehalte des Aufsichtsrats feststellen, dass sie auf den ersten Blick bei börsennotierten Aktiengesellschaften mit einer Vielzahl von passiven Aktionären sinnvoll erscheinen, und umgekehrt sind sie eher fraglich bei der „kleinen AG“, bei der wahrscheinlich engagierte Gesellschafter die Überwachungsfunktion zur Reduktion von Agentenkosten durch eine Fremdgeschäftsführung ausfüllen.[396]

III. Rechtslage GmbH und Zustimmungsvorbehalte

Selten beziehen sich Unternehmenstransaktionen ausschließlich auf Aktiengesellschaften als beteiligte juristische Personen. Insofern ist es angebracht, ebenfalls die Situation der GmbH mit einem eingerichteten Aufsichtsrat zu beleuchten. Dabei ist die Frage zu klären, ob durch einen GmbH-Sachverhalt wichtige Unterschiede zu dem AG-Aufsichtsrat und besonders zu dessen Zustimmungsvorbehalten nach

[393] Siehe oben zum ökonomischen Bedürfnis nach Überwachung: B. II. 1. b).

[394] Siehe oben: B. II. 1. d).

[395] Siehe oben: B. II. 1. c).

[396] Siehe oben: B. II. 1. d).

§ 111 Abs. 4 Satz 2 AktG erwachsen. In diesem Zusammenhang wird auch für den Rechtsvergleich in Kapitel D. untersucht, welche Wirkung die Einrichtung eines zwingenden oder fakultativen Aufsichtsrats auf die Corporate Governance einer GmbH hat.

1. Die flexible Corporate Governance der GmbH

Die GmbH gilt als die Kapitalgesellschaft für Kleinunternehmen und den Mittelstand, wobei es gleichwohl auch internationale Großunternehmen gibt, die als GmbH organisiert sind.[397] Die Beliebtheit der GmbH beruht auch in der privatautonomen Gestaltungsfreiheit im Innenverhältnis.[398] Insofern hebt sich die GmbH stark von ihrer großen Schwester, der Aktiengesellschaft, ab.[399]

a) Monistische Struktur im Vergleich zur AG

Die gesetzliche Ausgangslage der GmbH-Struktur ist zunächst sehr einfach. Nach dem GmbHG sind für eine GmbH allein zwei Organe, die Geschäftsführer gem. §§ 6, 35 ff. GmbHG[400] und die Gesellschafterversammlung gem. §§ 45 ff. GmbHG, zwingend vorgeschrieben. Während die AG im Innenverhältnis von der alleinigen Leitungsverantwortung des Vorstands gem. § 76 Abs. 1 AktG geprägt ist, steht im Mittelpunkt der GmbH-Struktur die Gesellschafterversammlung. Sie ist das oberste Organ der GmbH und entscheidet über die Grundsätze der Unternehmenspolitik.[401]

Die Merkmale dieser Hierarchiestruktur finden sich an vielen weiteren Stellen wieder. So werden gem. § 46 Nr. 5 GmbHG die Geschäftsführer, die für die laufende Geschäftsführung zuständig sind, von der Gesellschafterversammlung bestellt und abberufen. Sie vereinbart zudem den Anstellungsvertrag mit den Geschäftsführern und regelt somit deren Vergütung.[402] Die AG-Hauptversammlung hat dagegen keine Personalkompetenz. Diese liegt beim Aufsichtsrat und somit beim

---

[397] Als Beispiel ist hier die *Robert Bosch GmbH* mit Sitz in Gerlingen-Schillerhöhe zu nennen.

[398] Nach *Bayer et al.*, GmbHR 2022, 777, 779 gab es im Jahr 2022 in Deutschland 1.440.038 GmbHs und damit ist sie mit weitem Abstand die häufigste Kapitalgesellschaft.

[399] Zur Satzungsstrenge gem. § 23 Abs. 5 AktG: *Hopt*, in: FS Hüffer, 2010, 355, 355.

[400] *Oetker*, in: Henssler/Strohn, Gesellschaftsrecht, GmbHG, § 6 Rn. 5.

[401] Ausführlich: *Uwe H. Schneider/Sven H. Schneider*, in: Scholz, GmbHG, Band II, § 37 Rn. 11.

[402] Der Anstellungsvertrag ist ein Annex aus der Bestellungskompetenz, so bereits *Zöllner*, ZGR 1977, 319, 321; *Säcker*, DB 1978, 1845, 1847; ferner: *Mollenkopf*, in: Henssler/Strohn, Gesellschaftsrecht, GmbHG, § 6 Rn. 23 ff. Zur laufenden Geschäftsführung der Geschäftsführer: *Uwe H. Schneider/Sven H. Schneider*, in: Scholz, GmbHG, Band II, § 37 Rn. 12 ff.

Zwischengremium, sodass der Zugriff der Aktionäre auf den Vorstand durch eine zweite Ebene blockiert ist.[403]

Besonders das unmittelbare Weisungsrecht der Gesellschafterversammlung gegenüber den Geschäftsführern gem. §§ 45, 37 Abs. 1 GmbHG hebt die GmbH- von der AG-Struktur ab.[404] Die Gesellschafterversammlung hat folglich – anders als die Hauptversammlung – eine eigene Geschäftsführungskompetenz.[405] Ihr wird somit nicht nur die Chance eingeräumt, die Geschäftsführung eigenhändig zu gestalten, sondern sie ist als oberstes Organ dazu bestimmt, die wichtigen Entscheidungen der Gesellschaft zu treffen.[406]

Im Übrigen ergibt sich ebenso aus der monistischen Struktur der GmbH, dass die Gesellschafterversammlung für die Überwachung der Geschäftsführer zuständig ist (§ 46 Nr. 6 GmbHG). Diese allgemeine Überwachungsaufgabe darf indes nicht mit einer singulären Pflicht zur „flächendeckenden" Kontrolle verwechselt werden. Die Gesellschafterversammlung wird nicht zum „Quasi-Aufsichtsrat".[407] § 46 Nr. 6 GmbHG drückt stattdessen lediglich erneut die Rangordnung von Gesellschafterversammlung und Geschäftsführer aus. Beispiele für die Maßnahmen sind die Einsicht der Geschäftsbücher, die Prüfung von Anlagen oder auch das Verbot von bestimmten Geschäftsführungsmaßnahmen z. B. über Zustimmungsvorbehalte.[408]

b) Grundsatz der Satzungsfreiheit: Vielfalt an Gestaltungen

Im Übrigen ergibt sich aus der zentralen Stellung der Gesellschafter auch die angesprochene Gestaltungsfreiheit im Innenverhältnis.[409] Die Gesellschafterversammlung kann durch den Gesellschaftsvertrag vom gesetzlichen Leitbild der Corporate Governance der GmbH abweichen und andere Gremien mit eigenen Aufgaben einrichten. Es herrscht Satzungsautonomie anstatt der aktienrechtlichen Satzungsstrenge des § 23 Abs. 5 AktG.[410] Man spricht auch davon, dass die

---

[403] Zur Personalfunktion des AG-Aufsichtsrats und zu seinem Verhältnis zum Vorstand: *Spindler*, in: MüKo AktG, Band 2, Vorb. § 76 Rn. 54.

[404] *K. Schmidt/Bochmann*, in: Scholz, GmbHG, Band II, § 45 Rn. 5; *Vetter*, GmbHR 2011, 449, 449; *Brouwer*, Zustimmungsvorbehalte, S. 41; *Ganzer*, in: Rowedder/Pentz, GmbHG, § 45 Rn. 8.

[405] *Zöllner*, ZGR 1977, 319, 324 ff. spricht treffend von einem zulässigen „Hineinregieren" der Gesellschafterversammlung; *Oetker*, ZIP 2015, 1460, 1460.

[406] *Uwe H. Schneider/Sven H. Schneider*, in: Scholz, GmbHG, Band II, § 37 Rn. 11.

[407] *Uwe H. Schneider/Sven H. Schneider*, in: Scholz, GmbHG, Band II, § 46 Rn. 111 f.

[408] *Van Venrooy*, GmbHR 2005, 1243, 1243 ff.; *Uwe H. Schneider/Sven H. Schneider*, in: Scholz, GmbHG, Band II, § 46 Rn. 111 f.

[409] *Uwe H. Schneider/Sven H. Schneider*, in: Scholz, GmbHG, Band II, § 37 Rn. 43; *K. Schmidt/Bochmann*, in: Scholz, GmbHG, Band II, § 45 Rn. 2 ff.; *Zöllner*, ZGR 1977, 319, 320.

[410] *Vetter*, GmbHR 2011, 449, 450; *Henssler/Glindmann*, ZIP 2014, 2105, 2105.

„Kompetenz-Kompetenz" oder „Allzuständigkeit" im Innenverhältnis bei der Gesellschafterversammlung liegt.[411]

Das bedeutet konkret, dass die Gesellschafter einer nicht mitbestimmten GmbH frei darüber entscheiden dürfen, ob sie z. B. einen Aufsichtsrat nach § 52 Abs. 1 GmbHG einrichten wollen oder nicht. Eine weitere mögliche Abweichung vom gesetzlichen Leitbild der GmbH kann auch eine angenäherte monistische Struktur von Leitung und Überwachung im selben Organ sein.[412] Man kann z. B. einen Beirat als Exekutivorgan einrichten und ihm die Leitungskompetenz übertragen, die teilweise bis in das Tagesgeschäft gehen darf.[413] Denn die Geschäftsführer einer GmbH haben bis auf die gesetzlichen Kompetenzen, wie die organschaftliche Vertretung gem. § 35 GmbHG[414] oder die Pflicht zur Buchführung, kein Recht auf eine Mindestgeschäftsführung.[415] Dieser Beirat würde bis auf die Ausnahme der gesetzlichen Zuweisungen demnach zu einem „faktischen Geschäftsführer".[416]

c) Aktive statt passive Gesellschafter

Ein wichtiger Grund, warum beide Gesellschaftsformen voneinander abweichen, ist die unterschiedliche Gesellschafterstruktur. Bei der (börsennotierten) AG als große Publikumsgesellschaft gibt es grundsätzlich eine Vielzahl von Aktionären.[417] Sie soll ein „anonymes Kapitalsammelbecken" sein,[418] während es bei der GmbH nur wenige Gesellschafter gibt und der Gesellschafterkreis geschlossen ist.[419] Demnach stellt sich bei der GmbH das Problem der passiven Aktionäre nicht. Im Fall der GmbH sind es nämlich Gesellschafter, die in der Regel an ihrer Eigenkapitalbeteiligung interessiert sind und sich deshalb einbringen, oder sie sind als Geschäftsführer selbst Teil der Geschäftsführung.[420]

---

[411] *Lutter*, AG 1991, 249, 250; *Henssler*, GmbHR 2004, 321, 322; *Vetter*, GmbHR 2011, 449, 449 nutzt den Begriff „Entscheidungszentrum des Unternehmens".

[412] Siehe ausführlich zur monistischen Verwaltungsstruktur unten im Rechtsvergleich mit dem englischen Recht: D. I.

[413] *Spindler/Kepper*, DStR 2005, 1775, 1775 f.

[414] *Zöllner*, ZGR 1977, 319, 326 verweist auf die praktische Bedeutung der organschaftlichen Vertretungsmacht.

[415] Ausführlich siehe: *Spindler/Kepper*, DStR 2005, 1775, 1775 ff.; OLG Nürnberg, Urteil v. 09. 06. 1999, 12 U 4408/98, NZG 2000, 154, 155; a. A. *Sigle*, NZG 1998, 619, 620 f.

[416] *Spindler/Kepper*, DStR 2005, 1775, 1776; a. A. *Sigle*, NZG 1998, 619, 620 f.

[417] Anders ist die Aktionärsstruktur gleichfalls bei der „kleinen AG", die nicht börsennotiert ist und demnach von der Gesellschafterstruktur eher der privaten GmbH entspricht. Sie soll als Zwischenschritt zwischen privater GmbH und börsennotierter AG dienen, dazu: *Seibert*, in: HB der kleinen AG, S. 4; *ders.*, ZIP 1994, 247, 247 ff.

[418] *Priester*, in: FS Hüffer, 2010, 777, 779.

[419] *Wiedemann*, BB 1978, 5, 6; *K. Schmidt*, in: Scholz, GmbHG, Band II, § 35 Rn. 4 f.

[420] *Seyfarth*, in: Scholz, GmbHG, Band II, § 52 Rn. 20a.

2. Der obligatorische Aufsichtsrat der GmbH

Der Aufsichtsrat war und ist in seiner ursprünglichen Form ein originäres Organ der AG. Indes findet man heutzutage viele Aufsichtsräte als obligatorische Aufsichtsräte einer GmbH. Dies ist dem angesprochenen Umstand geschuldet, dass die GmbH eine beliebte Gesellschaftsform ist und das Mitbestimmungsregime davon viele umfasst.[421] Die Folge des Mitbestimmungsrechts ist eine „partielle Angleichung" der GmbH-Struktur an die AG-Struktur.[422] Andererseits bleiben gewichtige Unterschiede zwischen AG und mitbestimmter GmbH bestehen. Die folgende Darstellung wird auf das DrittelbG und das MitbestG beschränkt.

a) Partielle Angleichung an die AG-Struktur

Während für die AG alle betreffenden Normen des AktG gelten, entscheidet im Fall des mitbestimmten GmbH-Aufsichtsrats die jeweilige Verweisungsnorm, welche Normen des AktG angewendet werden.

aa) DrittelbG

Das DrittelbG verpflichtet GmbHs mit mehr als 500 Arbeitnehmern, einen Aufsichtsrat zu bilden, bei dem wiederum nach § 4 Abs. 1 DrittelbG ein Drittel der Mitglieder aus Arbeitnehmervertretern bestehen muss.[423] Zunächst sollte betont werden, dass sich die Unternehmensverfassung einer GmbH, die unter das DrittelbG fällt, erst durch die tatsächliche Einrichtung eines mitbestimmten Aufsichtsrats ändert. Ohne den mitbestimmten Aufsichtsrat werden die aktienrechtlichen Verweisungen nicht angewendet.[424] Wenn er eingerichtet ist, sind die Rechte aus den Verweisungen allerdings zwingend und können nicht durch den Gesellschaftsvertrag abbedungen werden.[425]

§ 1 Abs. 1 Nr. 3 Satz 2 DrittelbG verweist auf eine Vielzahl von Normen des AktG. Von Relevanz ist hier besonders die Verweisung auf den Überwachungsauftrag gem. § 111 Abs. 1 AktG und somit auf das konstitutive Merkmal eines Aufsichtsrats.[426] Spezieller Ausdruck der Überwachungskompetenz sind ferner die

---

[421] Nach *Bayer/Hoffmann*, GmbHR 2015, 909, 915 gibt es in Deutschland ca. 444 GmbHs, die unter das DrittelbG fallen.

[422] *Henssler*, in: FS 50 Jahre BGH, 2000, 387, 402; *ders.*, GmbHR 2004, 321, 321.

[423] *Habersack*, in: Habersack/Henssler, MitbestimmungsR, DrittelbG, § 1 Rn. 4 ff.; *Heither*, in: Boecken/Düwell/Diller/Hanau, Gesamtes ArbR, DrittelbG, § 1 Rn. 4 ff.; *Uwe H. Schneider/Seyfarth*, in: Scholz, GmbHG, Band II, § 52 Rn. 57 ff.

[424] Ausführlich: *Henssler/Glindmann*, ZIP 2014, 2105, 2108 f.

[425] Allgemein zu den mitbestimmungsrechtlichen Normen: *Habersack*, in: Habersack/Henssler, MitbestimmungsR, MitbestG Einl. Rn. 38; § 1 Rn. 4.

[426] *Brouwer*, Zustimmungsvorbehalte, S. 40; *Seyfarth*, in: Scholz, GmbHG, Band II, § 52 Rn. 13.

Verweisungen auf die Zustimmungsvorbehalte nach § 111 Abs. 4 Satz 2 AktG und auf § 90 Abs. 3, 4, 5 Satz 1 und 2 AktG, sodass der Aufsichtsrat nach dem DrittelbG Berichte verlangen darf, wobei eine laufende Berichterstattung nach § 90 Abs. 1, 2 AktG fehlt.[427] Des Weiteren gilt über die Verweisung auch das Geschäftsführungsverbot des § 111 Abs. 4 Satz 1 AktG. Es wird daher dem Grunde nach die duale Verwaltungsstruktur übertragen.[428]

bb) MitbestG

Das MitbestG ordnet im Vergleich zum DrittelbG gem. § 1 Abs. 1 MitbestG für alle GmbHs mit mehr als 2.000 Arbeitnehmern ein stärkeres Mitbestimmungsregime an.[429] Die innere Ordnung des nach § 6 Abs. 1 MitbestG zu bildenden Aufsichtsrats wird durch § 25 Abs. 1 Nr. 2 MitbestG geregelt. Dabei muss nach § 7 Abs. 1 MitbestG die Hälfte der Aufsichtsratsmitglieder aus Arbeitnehmervertretern bestehen.

Zusätzlich zu den Verweisungen des DrittelbG bekommt der obligatorische Aufsichtsrat nach dem MitbestG über §§ 30, 31 MitbestG die Bestellungs- und Abberufungsfunktion für die Geschäftsführer der GmbH sowie als Annex den Abschluss des Anstellungsvertrags.[430]

Die Verweisungen des MitbestG entfaltet ebenfalls eine zwingende Geltung, welche so weit reicht, dass selbst übereinstimmende Regelungen zwischen Arbeitnehmern und Anteilseignern keine Abweichungen gestatten.[431]

cc) Vergleichbarer Überwachungsintensität und -maßstab

Die Intensität der Überwachung des obligatorischen GmbH-Aufsichtsrats ist grundsätzlich mit der abgestuften Überwachungspflicht des AG-Aufsichtsrats ver-

---

[427] Dadurch kann es als Ergänzung der allgemeinen Überwachungspflicht notwendig werden, die entsprechenden Berichte einzuholen, dazu *v. Hoyningen-Huene/Potwietzka*, BB 2001, 529, 530; *Brouwer*, Zustimmungsvorbehalte, S. 81. Der obligatorische Aufsichtsrat ist im Übrigen bei der Ausübung seiner Aufgaben ausschließlich dem Unternehmensinteresse verpflichtet, *Seyfarth*, in: Scholz, GmbHG, Band II, § 52 Rn. 32.

[428] *Henssler/Glindmann*, ZIP 2014, 2105, 2106 sprechen davon, dass das deutsche Mitbestimmungsrecht „auf die dualistische Organverfassung zugeschnitten" ist; ähnlich *Oetker*, ZIP 2015, 1460, 1460. Für die mitbestimmte GmbH nach MitbestG: *Vollmer*, ZGR 1979, 135, 141.

[429] *Habersack*, in: Habersack/Henssler, MitbestimmungsR, MitbestG, § 1 Rn. 4 ff.; *Heither*, in: Boecken/Düwell/Diller/Hanau, Gesamtes ArbR, MitbestG, § 1 Rn. 2 ff.; *Uwe H. Schneider/Seyfarth*, in: Scholz, GmbHG, Band II, § 52 Rn. 31 ff.

[430] Bereits *Zöllner*, ZGR 1977, 319, 321; *Säcker*, DB 1978, 1845, 1847; *Henssler*, in: FS 50 Jahre BGH, 2000, 387, 402; allgemein zum Annex: *Mollenkopf*, in: Henssler/Strohn, Gesellschaftsrecht, GmbHG, § 6 Rn. 23 ff.

[431] Nach *Habersack*, in: Habersack/Henssler, MitbestimmungsR, MitbestG Einl. Rn. 38; § 1 Rn. 4 gilt dies freilich auch für das DrittelbG.

gleichbar.[432] Dies gilt auch für den Überwachungsmaßstab, der hinsichtlich der Geschäftsführung durch die Geschäftsführer die Rechts-,[433] Ordnungs-, Zweckmäßigkeit und die Wirtschaftlichkeit umfasst.[434]

b) Unterschiede zwischen der mitbestimmten GmbH und AG

Die Verweisungen sind jedoch nur eine Seite der Medaille. Die andere Seite ergibt sich aus den fehlenden Verweisungen und dem Fortbestehen des GmbH-Regimes mit der Gesellschafterversammlung als oberstem Organ. Daraus erwachsen bedeutsame Unterschiede zur AG-Struktur.

aa) Fehlende Verweisungen

Besonders für die mitbestimmte GmbH nach DrittelbG kann unmittelbar die geringste Angleichung an die AG festgestellt werden.[435] Denn das DrittelbG verweist nicht in die Normen zur Personalkompetenz des AG-Aufsichtsrats für den Vorstand.[436] In diesem Zusammenhang ist allerdings hervorzuheben, dass aus einer Praxisperspektive die Personalkompetenz des AG-Aufsichtsrats die wohl wichtigste Funktion ist.[437] Diese verbleibt hingegen beim DrittelbG bei der Gesellschafterversammlung.[438]

Zwar erhält der obligatorische GmbH-Aufsichtsrat nach dem MitbestG die Personalkompetenz zur Bestellung und Abberufung der Geschäftsführer.[439] Nichtsdestotrotz hat der Gesetzgeber gleichfalls auf eine volle Verweisung und Gleichstellung zum AG-Aufsichtsrat im Bereich der Personalkompetenz verzichtet. Dies

---

[432] *Brouwer*, Zustimmungsvorbehalte, S. 43, 81; *Seyfarth*, in: Scholz, GmbHG, Band II, § 52 Rn. 31, 275, 281.

[433] BGH, Urteil v. 20.09.2010 – II ZR 78/09, GmbHR 2010, 1200, 1202.

[434] Zum GmbH-Aufsichtsrat: *Spindler*, in: MüKo GmbHG, Band 2, § 52 Rn. 312; *Seyfarth*, in: Scholz, GmbHG, Band II, § 52 Rn. 282; *Henssler*, in: Henssler/Strohn, Gesellschaftsrecht, GmbHG, § 52 Rn. 12, ohne die Ordnungsmäßigkeit; zum AG-Aufsichtsrat: BGH, Urteil v. 25.03.1991 – II ZR 188/89, BGHZ 114, 127, 129 f.; *Semler*, Leitung und Überwachung, S. 107 ff.; *Theisen*, AG 1995, 193, 200 f.; *Lutter et al.*, Rechte und Pflichten des AR, Rn. 73 ff.; *Mertens/Cahn*, in: KK-AktG, § 111 Rn. 14; *Schönberger*, Zustimmungsvorbehalt, S. 43; *Brouwer*, Zustimmungsvorbehalte, S. 82.

[435] *Bayer/Hoffmann*, GmbHR 2015, 909, 910.

[436] *Henssler*, in: Habersack/Henssler, MitbestimmungsR, DrittelbG, Einl. Rn. 7 sieht darin eine „gravierende Schwächung“ der Arbeitnehmervertreter.

[437] *Henssler*, in: Henssler/Strohn, Gesellschaftsrecht, AktG, § 111 Rn. 4.

[438] *Habersack*, in: Habersack/Henssler, MitbestimmungsR, DrittelbG, § 1 Rn. 34.

[439] BGH, Urteil v. 14.11.1983 – II ZR 33/83, BGHZ 89, 48, 52 ff.

sieht man eindrücklich in der fehlenden Verweisung auf das Recht zum Erlass einer Geschäftsordnung für die Geschäftsführer gem. § 77 Abs. 2 Satz 1 AktG.[440]

Hingegen ist es nicht allein die Personalkompetenz des AG-Aufsichtsrats, die beim DrittelbG gänzlich fehlt und beim Aufsichtsrat nach MitbestG abgeschwächt ist. Auch die Überwachungsfunktion ist durch die fehlende Verweisung in die laufende Berichterstattung schwächer als beim AG-Aufsichtsrat.[441]

bb) Unterschiede durch die fortbestehende monistische Struktur

Der wichtigste Unterschied besteht jedoch darin, dass mehrheitlich unverändert die Normen des GmbHG angewendet werden. Denn dadurch bleibt es zunächst bei der elementar wichtigen Ausgangslage einer monistischen Hierarchiestruktur zugunsten der Gesellschafterversammlung als oberstem GmbH-Organ trotz des bestehenden obligatorischen Aufsichtsrats.[442]

Die folgenden Ausführungen beziehen sich auf den obligatorischen Aufsichtsrat nach dem MitbestG. Sie sind gleichwohl auf den Aufsichtsrat des DrittelbG übertragbar.

(1) Verhältnis GmbH-Recht und Mitbestimmungsrecht

Das Mitbestimmungsrecht zwingt zwar die GmbH zu einem Aufsichtsrat, schafft jedoch kein „eigenes Unternehmensrecht".[443] Die mitbestimmte GmbH mit einem Aufsichtsrat ist und bleibt eine GmbH und demnach muss man die Normen des AktG in einen GmbH-rechtlichen Kontext stellen. Das ist von zentraler Relevanz und bedeutet konkret Folgendes: Wenn sich aus der Perspektive des GmbH-Rechts keine Konflikte ergeben, kann man die Norm wie in einer aktienrechtlichen Situation anwenden. Nur wenn es durch das GmbH-Recht vornehmlich hinsichtlich der Stellung der Gesellschafterversammlung als oberstem Organ zur Kollision kommt, stellt sich die Frage, wie man die mitbestimmungsrechtliche Verweisung ins AktG in Einklang mit dem GmbH-Recht bringen kann.[444] Denn die Struktur der GmbH

---

[440] Die Gesellschafterversammlung kann sich folglich gleichfalls durch den Gesellschaftsvertrag das Recht zuweisen, einen Vorsitzenden der Geschäftsführung zu ernennen, dazu ausführlich und überzeugend: *Henssler*, GmbHR 2004, 321, 321 ff., 327; a. A. *Raiser*, in: Raiser/Veil/Jacobs, MitbestG, § 31 Rn. 31.

[441] *v. Hoyningen-Huene/Potwietzka*, BB 2001, 529, 530; *Brouwer*, Zustimmungsvorbehalte, S. 81.

[442] *Zöllner*, ZGR 1977, 319, 324 sieht die fehlende Verweisung in § 119 AktG als ursächlich für die fortbestehende monistische Hierarchiestruktur an; *Raiser*, in: Raiser/Veil/Jacobs, MitbestG, § 31 Rn. 16.

[443] *Spindler*, in: MüKo GmbHG, Band 2, § 52 Rn. 18; *Hommelhoff*, ZGR 1978, 119, 155, „die mitbestimmte GmbH ist GmbH geblieben".

[444] *Streicher*, GmbHR 2014, 1188, 1188 ff.; *Spindler*, in: MüKo GmbHG, Band 2, § 52 Rn. 18.

hat sich ausschließlich zu verändern, wenn es für die Zweckerreichung des Mitbestimmungsrechts notwendig ist.[445]

(2) Fortbestehen des Weisungsrechts

Die Gesellschafterversammlung kann sich deshalb auch im Falle einer mitbestimmten GmbH aktiv in die Geschäftsführung einbringen. Das bedeutet, dass das Weisungsrecht der Gesellschafterversammlung gegenüber den Geschäftsführern gem. § 37 Abs. 1 GmbHG trotz des mitbestimmten Aufsichtsrats fortbesteht.[446] Es wird insofern als „unbestreitbares Recht der Gesellschafter" anerkannt, dass die Weisung zumindest für wichtige Angelegenheiten durch das Mitbestimmungsrecht nicht genommen wird.[447] Dies hat erkennbar eine große Bedeutung und sorgt für einen erheblichen Unterschied zum AG-Aufsichtsrat.[448]

(3) Keine Verdrängung der Überwachung

Es ist ebenfalls über das Weisungsrecht hinaus wichtig zu betonen, dass der obligatorische GmbH-Aufsichtsrat nicht die Überwachungskompetenz der Gesellschafterversammlung verdrängt.[449] Die Verweisungsnormen übertragen nicht die Überwachungskompetenz der Gesellschafterversammlung, sondern schaffen vielmehr eine zusätzliche Überwachungskompetenz des Aufsichtsrats.[450] Somit treten beide Organe als „konkurrierende" Prüf- und Überwachungsorgane in Bezug auf die Geschäftsführung durch die Geschäftsführer nebeneinander.[451]

Auf der anderen Seite ist der Überwachungsgegenstand des obligatorischen GmbH-Aufsichtsrats allein die Geschäftsführung der Geschäftsführer. Es obliegt

---

[445] *Henssler*, GmbHR 2004, 321, 321, 322, 324; auch *Raiser*, in: Raiser/Veil/Jacobs, MitbestG.

[446] *Zöllner*, ZGR 1977, 319, 324; *Oetker*, ZIP 2015, 1460, 1462; *Wank*, GmbHR 1980, 12, 122 ff.; *Habersack*, in: Habersack/Henssler, MitbestimmungsR, MitbestG, § 25 Rn. 64; *Henssler*, in: Habersack/Henssler, MitbestimmungsR, DrittelbG, Einl. Rn. 7; *Henssler*, GmbHR 2004, 321, 321, 322, 326; *Seyfarth*, in: Scholz, GmbHG, Band II, § 52 Rn. 31; a. A. für Ad-hoc-Weisungen: *Vollmer*, ZGR 1979, 135, 142 f.

[447] So *Säcker*, DB 1978, 1845, 1845. Ob und wie weit im Fall eines eingerichteten mitbestimmten Aufsichtsrats die Weisung ins Tagesgeschäft gehen kann (*Säcker*, DB 1978, 1845, 1845 (siehe dort Fn. 4) sieht einen weisungsfreien Raum im Tagesgeschäft), ist für die Untersuchung nicht von Belang und kann deshalb offengelassen werden. Der mitbestimmte Aufsichtsrat darf sowieso ausschließlich Geschäfte von erheblicher Bedeutung mit einem Zustimmungsvorbehalt nach § 111 Abs. 4 Satz 2 AktG belegen. Für die Zustimmungsvorbehalte ist diese Frage folglich nicht entscheidend.

[448] Zur partiellen Angleichung: *Henssler*, in: FS 50 Jahre BGH, 2000, 387, 402; *ders.*, GmbHR 2004, 321, 321.

[449] *Spindler*, in: MüKo GmbHG, Band 2, § 52 Rn. 297.

[450] *Deilmann*, BB 2004, 2253, 2253.

[451] *Zöllner*, ZGR 1977, 319, 329; *Brouwer*, Zustimmungsvorbehalte, S. 41; *K. Schmidt*, in: Scholz, GmbHG, Band II, § 46 Rn. 111.

ihm folglich keine Überwachung der Geschäftsführung durch die Gesellschafterversammlung, z.B. durch Zustimmungsvorbehalte nach § 111 Abs. 4 Satz 2 AktG.[452]

(4) Der Geschäftsführer

Die einerseits zugewiesene Bestellungs- und Überwachungskompetenz des mitbestimmten GmbH-Aufsichtsrats und das andererseits fortbestehende Weisungsrecht und die Erlasskompetenz einer Geschäftsordnung der Gesellschafterversammlung zwingen den Geschäftsführer in eine schwierige Konfliktsituation. Er wird per Gesetz zum „Diener zweier Herren".[453] Indes muss Folgendes ausdrücklich festgestellt werden. Obgleich eine Konfliktsituation geschaffen wird, hat der Geschäftsführer zu akzeptieren, dass die Gesellschafterversammlung – auch in der mitbestimmten GmbH – immer noch das Recht hat, Geschäftsführungsmaßnahmen an sich zu ziehen.[454] Er muss folglich der Gesellschafterversammlung und ihren Weisungen folgen, da sie in Fragen der Geschäftsführung stets das letzte Wort hat.[455]

Es ist in dieser Hinsicht absolut zentral für die Unterscheidung zwischen der mitbestimmten GmbH und der AG, dass das Mitbestimmungsrecht dem Geschäftsführer keine alleinige Leitungsverantwortung zugewiesen hat.[456] Vielmehr bleibt diese starre interne Zuweisung der Leitungsverantwortung zugunsten des Handlungsorgans gem. § 76 Abs. 1 AktG und ihr daraus folgende Schwächung der Hauptversammlung und des Aufsichtsrats ein reines Kennzeichen der AG-Struktur.[457]

---

[452] *Habersack*, in: Habersack/Henssler, MitbestimmungsR, MitbestG, § 25 Rn. 65; DrittelbG, § 1 Rn. 35; *Spindler*, in: MüKo GmbHG, Band 2, § 52 Rn. 300; *Streicher*, GmbHR 2014, 1188, 1188; *Deilmann*, BB 2004, 2253, 2255; *Oetker*, ZIP 2015, 1460, 1467 f.; *Gaul/Otto*, GmbHR 2003, 6, 11.

[453] So treffend: *Henssler*, GmbHR 2004, 321, 321.

[454] *Henssler*, GmbHR 2004, 321, 321.

[455] *Brouwer*, Zustimmungsvorbehalte, S. 41 spricht von dem „Letztentscheidungsorgan".

[456] *Henssler*, GmbHR 2004, 321, 326; *Wank*, GmbHR 1980, 121, 122; a.A. *Vollmer*, ZGR 1979, 135, 141, der ohne jegliche gesetzliche Anknüpfung oder Verweisungen vom MitbestG eine teilweise eigenverantwortliche Leistungsverantwortung den Geschäftsführern einräumt und sich dabei auf die Eigenschaft als Großunternehmen bezieht. Dies überzeugt hinsichtlich des ausdrücklichen Grundsatzes gem. § 30 MitbestG nicht.

[457] Zur partiellen Angleichung: *Henssler*, in: FS 50 Jahre BGH, 2000, 387, 402; *ders.*, GmbHR 2004, 321, 321.

c) *Folgen für die Zustimmungsvorbehalte des obligatorischen Aufsichtsrats*

aa) Vorrang und Ersetzung der Weisung der Gesellschafterversammlung

Diese Situation von Neben- und doch Übereinander beider Organe sieht man besonders bei einer Weisung der Gesellschafterversammlung und einer ihr widersprechenden Zustimmungsentscheidung des obligatorischen Aufsichtsrats.

Zunächst kann die Gesellschafterversammlung die Zustimmungsvorbehalte gem. § 111 Abs. 4 Satz 2 AktG nicht einschränken oder beseitigen.[458] Auf der anderen Seite, wie bereits erwähnt, kann die Gesellschafterversammlung weiterhin für jedes Geschäft, für das ein Zustimmungsvorbehalt des Aufsichtsrats besteht, auch eine Weisung gegenüber den Geschäftsführern treffen.[459] Nun muss man zeitlich unterscheiden, ob zuerst eine Weisung der Gesellschafterversammlung oder eine Zustimmungsentscheidung des Aufsichtsrats für die Geschäftsführungsmaßnahme der Geschäftsführer getroffen worden ist.

(1) Kein Bedarf einer Wiederholung der Weisung

Im Falle, dass zuerst eine Weisung der Gesellschafterversammlung und somit des höchsten Organs vorliegt, bedarf es richtigerweise keiner Zustimmungsentscheidung des Aufsichtsrats mehr.[460] Eine Rückausnahme ist nur zuzulassen, wenn die Weisung dem Geschäftsführer ein Ermessen einräumt. Dann muss der Geschäftsführer den Zustimmungsvorbehalt im Rahmen dieses Ermessens wahren.[461] Die Gegenansicht verlangt hingegen, dass es nach der Weisung einer Zustimmungsentscheidung des Aufsichtsrats bedarf, und wenn diese verweigert wird, die Gesellschafterversammlung erneut eine Weisung zur Ersetzung beschließen muss.[462]

Umgekehrt, wenn der Aufsichtsrat zuerst eine Zustimmungsentscheidung getroffen hat, kann die Gesellschafterversammlung im Wege der Weisung die verweigerte Zustimmung des obligatorischen Aufsichtsrats ersetzen.[463] Es stellt sich

---

[458] *Habersack*, in: Habersack/Henssler, MitbestimmungsR, MitbestG, § 25 Rn. 64; *ders.*, DrittelbG, § 1 Rn. 36; *Uwe H. Schneider/Seyfarth*, in: Scholz, GmbHG, Band II, § 52 Rn. 324; *Deilmann*, BB 2004, 2253, 2254; *Streicher*, GmbHR 2014, 1188, 1188; *Immenga*, ZGR 1977, 249, 261 ff.; *Säcker*, DB 1978, 1845, 1848; *Brouwer*, Zustimmungsvorbehalt, S. 132.

[459] *Zöllner*, ZGR 1977, 319, 324; *Habersack*, in: Habersack/Henssler, MitbestimmungsR, MitbestG, § 25 Rn. 64; *Henssler*, in: Habersack/Henssler, MitbestimmungsR, DrittelbG, Einl. Rn. 7; *Säcker*, DB 1978, 1845, 1845; *Schnorbus/Ganzer*, BB 2020, 451, 459.

[460] *Zöllner*, ZGR 1977, 319, 327 f.; *Deilmann*, BB 2004, 2253, 2256; *Wiedemann*, BB 1978, 5, 7; *Schnorbus/Ganzer*, BB 2020, 451, 459; *Gaul/Otto*, GmbHR 2003, 6, 11 f.

[461] *Zöllner*, ZGR 1977, 319, 328; *Schnorbus/Ganzer*, BB 2020, 451, 459.

[462] *Brouwer*, Zustimmungsvorbehalte, S. 136 ff.; *Habersack*, in: Habersack/Henssler, MitbestimmungsR, MitbestG, § 25 Rn. 65 f., 67; *Oetker*, ZIP 2015, 1460, 1464.

[463] BGH, Urteil v. 06.03.1997 – II ZR 4/96, NJW 1997, 1985, 1987; *Seibert*, NZG 2002, 608, 610 spricht davon, dass „das Weisungsrecht der Gesellschafterversammlung (als oberstes

faktisch nicht die Frage, ob die Gesellschafterversammlung erneut eine Weisung beschließen muss. Hier kommen beide Ansichten zum selben Ergebnis.

Die o. g. Gegenansicht verkennt, dass selbst wenn man den § 111 Abs. 4 AktG sinngemäß auf die GmbH überträgt, dem § 111 Abs. 4 Satz 4 AktG nur zu entnehmen ist, dass es einer Entscheidung der Gesellschafterebene bedarf. Dies ist mit der vorgeschalteten Weisung der Gesellschafterversammlung der Fall. Dass diese zeitlich der Zustimmungsentscheidung des Aufsichtsrats nachgelagert sein muss, folgt jedoch allein aus der aktienrechtlichen Zuständigkeitsverteilung. Bei der AG ist es nicht möglich, dass eine Weisung der Hauptversammlung zeitlich vor einer Zustimmungsentscheidung des Aufsichtsrats liegt. Dies ist jedoch anders bei der GmbH und muss folglich berücksichtigt werden, da die mitbestimmungsrechtlichen Verweisungen unter dem Vorbehalt der fortbestehenden monistischen Hierarchiestruktur erfolgen.[464] Ansonsten hätte der Gesetzgeber für die mitbestimmte GmbH ebenso den § 37 Abs. 1 GmbHG für nicht anwendbar erklären oder in den § 119 AktG verweisen müssen.[465] Im Übrigen führt diese Ansicht zu einem unnötigen Formalismus, da die Gegenansicht eine spätere Ersetzung zulässt. Wenn der Aufsichtsrat berechtigte Punkte hat, die gegen das Vorhaben sprechen, kann er diese der Gesellschafterversammlung formlos ohne eine Zustimmungsentscheidung vortragen. Wenn die Befürchtungen nachvollziehbar sind, wird eine vernünftige Gesellschafterversammlung einlenken.[466]

(2) Bedarf einer Dreiviertelmehrheit

Eine verwandte Frage ist, ob es für die Beschlussfassung der zeitlich vorgeschalteten Weisung oder der Ersetzung der Zustimmungsentscheidung des obligatorischen Aufsichtsrats durch eine Weisung der Gesellschafterversammlung einer Dreiviertelmehrheit der Stimmen nach § 111 Abs. 4 Satz 4 AktG bedarf.[467] Dies muss hinsichtlich der Stellung der Gesellschafterversammlung als oberstes Organ

---

Organ) zweifelsfrei Vorrang vor der Zustimmung des Aufsichtsrats [hat]"; *Spindler*, in: MüKo GmbHG, Band 2, § 52 Rn. 16, 406, 407, 424; *Habersack*, in: Habersack/Henssler, MitbestimmungsR, MitbestG, § 25 Rn. 66; *Brouwer*, Zustimmungsvorbehalte, S. 42; *Schnorbus/Ganzer*, BB 2020, 451, 459; *Streicher*, GmbHR 2014, 1188, 1193.

[464] *Wiedemann*, BB 1978, 5, 7 hebt treffend hervor: „Es geht nicht darum, den Aufsichtsrat von der Geschäftspolitik entgegen den gesetzlichen Wertungen abzunabeln, sondern die Geschäftsführungszuständigkeit der GmbH-Gesellschafterversammlung anzuerkennen."

[465] Allgemein *Zöllner*, ZGR 1977, 319, 324.

[466] *Wank*, GmbHR 1980, 121, 126 weist darauf hin, dass kooperative Gesellschafter nach einer Zustimmungsverweigerung ihre Entscheidung überdenken werden.

[467] So *Streicher*, GmbHR 2014, 1188, 1188, 1192; *Vollmer*, ZGR 1979, 135, 141; *Hommelhoff*, ZGR 1978, 119, 153; *Säcker*, DB 1978, 1845, 1848; *Oetker*, ZIP 2015, 1460, 1469; *Wank*, GmbHR 1980, 121, 126 f.; *Schönberger*, Zustimmungsvorbehalt, S. 228 ff., 236.

und ihres Weisungsrechts verneint werden.[468] Es reicht die einfache Mehrheit gem. § 47 Abs. 1 GmbHG, wenn der Gesellschaftsvertrag nichts abweichend regelt. Der zentrale Punkt ist, dass der obligatorische GmbH-Aufsichtsrat vom Gesetz keine „verhindernde Kompetenz" in Bezug zur Gesellschafterversammlung bekommt.[469] Das Mitbestimmungsrecht verändert, wie oben besprochen, lediglich die GmbH-Struktur im notwendigen Ausmaß.[470] Dies ist im fortbestehenden Weisungsrecht der Gesellschafterversammlung ausgedrückt.[471] Wenn man jedoch der Gesellschafterversammlung das Weisungsrecht belässt, muss es auch nach den allgemeinen Regeln wirksam sein.[472]

(3) Anwendung auf die Zustimmungsvorbehalte der Gesellschafterversammlung

Zu denselben Ergebnissen kommt man nach der hiesigen Ansicht darüber hinaus, wenn entsprechende Zustimmungsentscheidungen von festgelegten Zustimmungsvorbehalten der Gesellschafterversammlung anstelle von konkreten Ad-hoc-Weisungen vorliegen.[473]

hh) Verschiebung des Übermaßverbots

Der Anwendungsbereich der Zustimmungsvorbehalte darf zwar nicht durch den Gesellschaftsvertrag reduziert werden,[474] die Gesellschafterversammlung kann jedoch durch den Gesellschaftsvertrag das Übermaßverbot einschränken und damit den Anwendungsbereich der Zustimmungsvorbehalte über die Geschäfte mit er-

---

[468] Ebenso: *Deilmann*, BB 2004, 2253, 2256; *Zöllner*, ZGR 1977, 319, 328; *Schnorbus/Ganzer*, BB 2020, 451, 459; *Vetter*, GmbHR 2011, 449, 456; *Gaul/Otto*, GmbHR 2003, 6, 11; *Rieckers*, in: Beck'sches M&A-HB, § 22 Rn. 43 f.

[469] *Zöllner*, ZGR 1977, 319, 328.

[470] *Henssler*, GmbHR 2004, 321, 326 führt treffend am Beispiel der Ernennung eines Vorsitzenden unter den GmbH-Geschäftsführern aus, dass die Konflikte zwischen Gesellschafterversammlung und Aufsichtsrat, die bei der AG nicht entstehen würden, nicht „im Sinne einer Widerspruchsfreiheit" stets zugunsten des mitbestimmten Aufsichtsrats entschieden werden dürfen. Stattdessen soll eine „funktionale Abgrenzung" erfolgen.

[471] Allgemein: *Zöllner*, ZGR 1977, 319, 324; *Säcker*, DB 1978, 1845, 1845; *Habersack*, in: Habersack/Henssler, MitbestimmungsR, MitbestG, § 25 Rn. 64; *Henssler*, in: Habersack/Henssler, MitbestimmungsR, DrittelbG, Einl. Rn. 7; *Seyfarth*, in: Scholz, GmbHG, Band II, § 52 Rn. 31.

[472] *Seyfarth*, in: Scholz, GmbHG, Band II, § 52 Rn. 2: „Friktionen zwischen Gestaltungsfreiheit der Gesellschafter der GmbH und den zwingenden Kompetenzen eines mitbestimmten Aufsichtsrats"; ähnlich *Spindler*, in: MüKo GmbHG, Band 2, § 52 Rn. 2.

[473] *Streicher*, GmbHR 2014, 1188, 1191. Die Gesellschafter können Zustimmungsvorbehalte für Geschäftsführungsmaßnahmen im Gesellschaftsvertrag, in der Geschäftsordnung oder durch einen Gesellschafterbeschluss (was wiederum eine Weisung ist) festlegen, dazu wieder *Streicher*, GmbHR 2014, 1188, 1188 f.

[474] *Habersack*, in: Habersack/Henssler, MitbestimmungsR, MitbestG Einl. Rn. 38, § 1 Rn. 4.

heblicher Bedeutung ausdehnen.[475] Dass dies möglich ist, folgt aus der monistischen Hierarchiestruktur der GmbH und dem fehlenden Verweis auf die alleinige Leitungsverantwortung des Vorstands gem. § 76 Abs. 1 AktG.[476] Hingegen bedeutet ein Verschieben des Übermaßverbots des § 111 Abs. 4 Satz 1 AktG kein komplettes Abbedingen. Denn auch bei der GmbH mit einem obligatorischen Aufsichtsrat und einem entsprechenden weiten Gesellschaftsvertrag darf der Aufsichtsrat nach der ausdrücklichen Regelung in § 111 Abs. 4 Satz 1 AktG nicht die Geschäftsführung in ihrer Gänze übernehmen.[477]

cc) Gleiches Untermaßverbot

Auf der anderen Seite stellt sich die Frage, ob den mitbestimmten GmbH-Aufsichtsrat auch eine Pflicht trifft, für alle Geschäfte von grundlegender Bedeutung einen Zustimmungsvorbehalt zu begründen. Das muss wiederum bejaht werden, weil das GmbH-Recht keine andere Anwendung des § 111 Abs. 4 Satz 2 AktG impliziert.[478] Die Stellung der Gesellschafterversammlung hat keine Relevanz dafür, ob der mitbestimmte Aufsichtsrat bei Geschäften von grundlegender Bedeutung handeln muss. Gleichzeitig ist der obligatorische Aufsichtsrat gesetzlich zwingend und keine privatautonome Lösung.[479] Somit kann an dieser Stelle auf die vorherigen Ausführungen verwiesen werden.[480]

d) Die Corporate Governance der GmbH mit mitbestimmtem Aufsichtsrat

Wenn in Anbetracht der vorherigen Ausführungen nun die Frage beantwortet werden soll, welche Rolle der obligatorische GmbH-Aufsichtsrat für die Corporate Governance der GmbH einnimmt, kann man festhalten, dass sich der obligatorische GmbH-Aufsichtsrat und der originäre AG-Aufsichtsrat teilweise ähneln. Vornehmlich der GmbH-Aufsichtsrat nach MitbestG nähert sich partiell durch die Personalkompetenz dem AG-Aufsichtsrat weiter an. Indes wird der GmbH nur ein Organ hinzugefügt und nicht etwas gänzlich Neues geschaffen. Das bedeutet, trotz

---

[475] *Spindler*, in: MüKo GmbHG, Band 2, § 52 Rn. 296.

[476] *Spindler*, in: MüKo GmbHG, Band 2, § 52 Rn. 308; *Wank*, GmbHR 1980, 121, 122.

[477] *Brouwer*, Zustimmungsvorbehalte, S. 102; *Spindler*, in: MüKo GmbHG, Band 2, § 52 Rn. 411.

[478] *Lange*, DStR 2003, 376, 376, 380; *Götz*, NZG 2002, 599, 602 f.; *Boujong*, AG 1995, 203, 206; *Lieder*, DB 2004, 2251, 2252 f.; *Altmeppen*, in: FS Karsten Schmidt, 2009, 23, 28 f.; *Brouwer*, Zustimmungsvorbehalte, S. 101 ff., 128; *Säcker/Rehm*, DB 2008, 2814, 2815 ff.; wohl *Bosse*, DB 2002, 1592, 1594; *Gaul/Otto*, GmbHR 2003, 6, 11; a. A. *Spindler*, in: MüKo GmbHG, Band 2, § 52 Rn. 409, der auch bei dem GmbH-Aufsichtsrat gegen eine Pflicht für alle Geschäfte von grundlegender Bedeutung ist.

[479] *Habersack*, in: Habersack/Henssler, MitbestimmungsR, MitbestG Einl. Rn. 38, § 1 Rn. 4.

[480] Siehe oben für das zu übernehmende Untermaßverbot des AG-Aufsichtsrats: B. I. 2.

der Ähnlichkeit auf den ersten Blick gehen der AG-Aufsichtsrat und der obligatorische GmbH-Aufsichtsrat bei vielen Fragen der Zuständigkeitsverteilung einen anderen Weg. Dies liegt nicht nur an den fehlenden mitbestimmungsrechtlichen Verweisungen ins AktG, sondern an der unveränderten monistischen Hierarchiestruktur der GmbH und damit der zentralen, wichtigen Stellung der Gesellschafterversammlung.[481] In dieser Hinsicht muss besonders das Weisungsrecht der Gesellschafterversammlung hervorgehoben werden. Es bleibt trotz der Einrichtung des obligatorischen Aufsichtsrats als Ausdruck des „unbestreitbaren Rechts“[482] der Gesellschafterversammlung, über die (wichtigen) Fragen der Geschäftsführung zu bestimmen, bestehen.

Auf der anderen Seite gibt es durch den obligatorischen Aufsichtsrat in der GmbH eine weitere bedeutsame Veränderung für die Corporate Governance der GmbH. Denn durch ihn wird viel der eigentlichen Flexibilität des GmbH-Rechts im Innenverhältnis genommen.[483] Der obligatorische Aufsichtsrat darf nämlich nur die Geschäftsführer der GmbH überwachen.[484] Infolgedessen müssen den Geschäftsführern bei einer mitbestimmten GmbH Mindestgeschäftsführungskompetenzen über die gesetzlichen Mindestkompetenzen hinaus verbleiben. Sämtliche Abweichungen, in denen ein anderes eingerichtetes Gremium wie z.B. ein exekutiver Beirat die Geschäftsführung (zumindest teilweise) ausführt, werden daher durch das zwingende Mitbestimmungsrecht unmöglich.[485]

Mit einer aufgesetzten rechtsökonomischen Brille muss man deshalb den obligatorischen Aufsichtsrat aus einer Kostenperspektive grundsätzlich kritisch sehen. Denn gerade bei der GmbH liegt eine deutlich engere Verknüpfung von Gesellschafter und Gesellschaft vor. Passive Eigenkapitalinvestoren sind bei der GmbH die Ausnahme und der aktive, involvierte Gesellschafter ist die Regel. Zudem sind regelmäßig die Gesellschafter als Geschäftsführer bestellt.[486] In diesen Szenarien stellt sich das Prinzipal-Agenten-Problem deutlich schwächer oder kaum.[487] Vielmehr werden kostenintensive Doppelstrukturen geschaffen, um den Arbeitnehmern die Möglichkeit zu geben, sich bei der Überwachung der Geschäftsführung zu beteiligen. Diese Gefahr von unnötigen bzw. „konkurrierenden“ Doppelstrukturen

---

[481] Siehe oben: B. I. 2. b); *Zöllner*, ZGR 1977, 319, 324; *Spindler*, in: MüKo GmbHG, Band 2, § 52 Rn. 18; *Hommelhoff*, ZGR 1978, 119, 155.

[482] *Säcker*, DB 1978, 1845, 1845.

[483] *Zöllner*, ZGR 1977, 319, 320 spricht davon, dass das Mitbestimmungsgesetz auf das „offene System der Zuständigkeitsverteilung einbricht“; *Seyfarth*, in: Scholz, GmbHG, Band II, § 52 Rn. 2, 31.

[484] *Zöllner*, ZGR 1977, 319, 323; *Säcker*, DB 1978, 1845, 1846; *Seyfarth*, in: Scholz, GmbHG, Band II, § 52 Rn. 1.

[485] *Teubner*, ZGR 1986, 565, 578 f.; *Spindler/Kepper*, DStR 2005, 1775, 1777; *Zöllner*, ZGR 1977, 319, 323; *Säcker*, DB 1978, 1845, 1846 sieht noch 1978 „zahlreiche in der Praxis entwickelte Beirats- und Verwaltungsratslösungen“.

[486] *Seyfarth*, in: Scholz, GmbHG, Band II, § 52 Rn. 20a.

[487] Siehe oben: B. II. 1. b).

wird auch von der Praxis kritisch gesehen. So ist zu beachten, dass in der Realität häufig, obwohl eine Pflicht besteht, einen Aufsichtsrat zu bilden, die Gesellschaft keinen Aufsichtsrat einrichtet.[488] Alternativ wird vermieden, die entsprechenden Schwellenwerte von mehr als 500 Arbeitnehmern (bzw. mehr als 2.000) zu erreichen.[489] Eine erfolgreiche tatsächliche Annahme dieses zwingenden Konstrukts durch die Anteilseigner kann man deswegen im größeren Umfang verneinen.[490]

3. Der fakultative Aufsichtsrat der GmbH

Für alle GmbHs, die nicht durch Mitbestimmungsrecht gezwungen sind, einen Aufsichtsrat einzurichten, kommt die freiwillige Einrichtung nach § 52 Abs. 1 GmbHG durch den Gesellschaftsvertrag in Betracht.[491]

a) Verweisung § 52 GmbHG

Als die zentrale Verweisungsnorm für den fakultativen Aufsichtsrat verweist § 52 Abs. 1 GmbHG auf eine Vielzahl von Normen des AktG.[492] Dies betrifft gleichwohl die Zustimmungsvorbehalte nach § 111 Abs. 4 Satz 2 AktG. Indes fehlen wieder zahlreiche Verweisungen in das AktG. Die Verweisung enthält z.B. nicht den Erlass der Geschäftsordnung nach § 77 Abs. 2 AktG oder die wichtige Personalkompetenz der Bestellung und Abberufung der Geschäftsführer (§ 84 AktG). Ebenso ist der fakultative Aufsichtsrat – trotz der Verweisung auf § 112 AktG – nicht für den Anstellungsvertrag zuständig, da Bestellung und Anstellung eine „Einheit“ bilden.[493]

Die innere Ordnung des fakultativen Aufsichtsrats orientiert sich ferner zwingend am Gesellschaftsvertrag.[494] Ohne Regelung gelten die §§ 107 bis 109 AktG auch ohne ausdrückliche Verweisung des § 52 Abs. 1 GmbHG entsprechend.[495]

---

[488] Die Studie von *Bayer/Hoffmann*, GmbHR 2015, 909, 915 stellt fest, dass von 444 GmbHs unter dem DrittelbG 247 (56 %) keinen Aufsichtsrat gebildet haben.

[489] *C. Götze et al.*, ZIP 2009, 245, 246, 247; *Adams*, ZIP 2006, 1561, 1567.

[490] Ebenfalls allgemein kritisch: *Adams*, ZIP 2006, 1561, 1567.

[491] *Seyfarth*, in: Scholz, GmbHG, Band II, § 52 Rn. 10; *Spindler*, in: MüKo GmbHG, Band 2, § 52 Rn. 35. Es ist möglich, die Entscheidung zur tatsächlichen Einrichtung des Aufsichtsrats der Gesellschafterversammlung zu überlassen: RG, Urteil v. 02.11.1934 – II 186/34, RGZ 146, 145, 150; *Henssler*, in: Henssler/Strohn, Gesellschaftsrecht, GmbHG, § 52 Rn. 3.

[492] *Vetter*, GmbHR 2011, 449, 452; *Henssler*, in: Henssler/Strohn, Gesellschaftsrecht, GmbHG, § 52 Rn. 1.

[493] *Zöllner*, ZGR 1977, 319, 321 f.

[494] *Spindler*, in: MüKo GmbHG, Band 2, § 52 Rn. 10.

[495] *Spindler*, in: MüKo GmbHG, Band 2, § 52 Rn. 12; *Henssler*, in: Henssler/Strohn, Gesellschaftsrecht, GmbHG, § 52 Rn. 9.

b) Flexible Abweichung durch den Gesellschaftsvertrag

Durch die weitgehend dispositive Natur des § 52 Abs. 1 GmbHG besteht für den fakultativen Aufsichtsrat eine umfassende Gestaltungsfreiheit durch den Gesellschaftsvertrag.[496] Der Gesellschaftsvertrag kann z. B. das Recht der Gesellschafterversammlung zur Bestellung des Geschäftsführers auf den fakultativen Aufsichtsrat übertragen.[497] Der Gesellschaftsvertrag kann auch die Zustimmungsvorbehalte gem. § 111 Abs. 4 Satz 2 AktG ausweiten.[498] Es wäre gleichfalls im Gesellschaftsvertrag zulässig allgemeinere Zustimmungsvorbehalte für den fakultativen Aufsichtsrat zu begründen, die keinen Verstoß gegen das Bestimmtheitserfordernis nach § 111 Abs. 4 Satz 2 AktG auslösen.[499]

c) Mindestgrenzen des fakultativen Aufsichtsrats

An das Vorliegen eines „Aufsichtsrats" sind trotz der Gestaltungsfreiheit gewisse Mindestvoraussetzungen zu stellen.[500] Diese erwachsen aus dem Vertrauen des Rechtsverkehrs in die grundsätzliche Natur eines Gremiums, das als Aufsichtsrat bezeichnet wird.[501] Dabei sind die folgenden drei Punkte einer Mindestüberwachung, keiner übermäßigen Geschäftsführung und einer Weisungsfreiheit zu beachten.

Ein reines Beratergremium kann kein Aufsichtsrat i. S. d. § 52 Abs. 1 GmbHG sein. Stattdessen bedarf es eines Mindestmaßes an Überwachung als konstitutives Element eines Aufsichtsrats.[502] Teilweise wird diese Erwartungshaltung des Rechtsverkehrs treffend zusammengefasst mit: „Wo Aufsichtsrat draufsteht, muss auch Aufsichtsrat drin sein."[503]

---

[496] *Seyfarth*, in: Scholz, GmbHG, Band II, § 52 Rn. 16, 323; *Henssler*, in: Henssler/Strohn, Gesellschaftsrecht, GmbHG, § 52 Rn. 2; *Spindler*, in: MüKo GmbHG, Band 2, § 52 Rn. 295.

[497] BGH, Urteil v. 05. 03. 1990 – II ZR 86/89, WM 1990, 630, 631; *Spindler*, in: MüKo GmbHG, Band 2, § 52 Rn. 294; *Henssler*, in: Henssler/Strohn, Gesellschaftsrecht, GmbHG, § 52 Rn. 16; *Seyfarth*, in: Scholz, GmbHG, Band II, § 52 Rn. 10.

[498] *Schnorbus/Ganzer*, BB 2020, 451, 460; *Spindler*, in: MüKo GmbHG, Band 2, § 52 Rn. 415; *Henssler*, in: Henssler/Strohn, Gesellschaftsrecht, GmbHG, § 52 Rn. 18; *Spindler/Kepper*, DStR 2005, 1775, 1776.

[499] BGH, Beschluss v. 26. 11. 2015 – 3 StR 17/15, ZIP 2016, 966, 970 f.; *Spindler*, in: MüKo GmbHG, Band 2, § 52 Rn. 412.

[500] Nach *Henssler*, in: Henssler/Strohn, Gesellschaftsrecht, GmbHG, § 52 Rn. 2 ist § 52 Abs. 1 GmbHG nicht anwendbar für „Gremien mit reiner Informations- oder Repräsentationsfunktion".

[501] *Vetter*, GmbHR 2011, 449, 452.

[502] *Vetter*, GmbHR 2011, 449, 452 ff.; *Spindler*, in: MüKo GmbHG, Band 2, § 52 Rn. 38; *Henssler*, in: Henssler/Strohn, Gesellschaftsrecht, GmbHG, § 52 Rn. 3; *Seyfarth*, in: Scholz, GmbHG, Band II, § 52 Rn. 13.

[503] *Vetter*, GmbHR 2011, 449, 449, 452.

Nicht eindeutig ist jedoch, wann das notwendige Minimum an Überwachung erreicht ist. Diese Frage wird auch im Bereich der Zustimmungsvorbehalte relevant. So wird vertreten, dass die Zustimmungsvorbehalte nach § 111 Abs. 4 Satz 2 AktG für den fakultativen GmbH-Aufsichtsrat ausgeschlossen werden können.[504] Dagegen wird eingewandt, dass der Aufsichtsrat ohne Zustimmungsvorbehalte gem. § 111 Abs. 4 Satz 2 AktG keine Substanz mehr hat und demnach auch kein Aufsichtsrat mehr wäre.[505] Allerdings ist den Vertretern zuzustimmen, dass für die Überwachung der Geschäftsführung andere Mittel zur Verfügung bleiben, wie die Ansprache der Gesellschafter oder sogar die Einberufung der Gesellschafterversammlung. Allein die Zustimmungsvorbehalte nach § 111 Abs. 4 Satz 2 AktG einzuschränken, reicht für die Annahme einer zu geringen Überwachungskompetenz deswegen nicht aus.[506]

Auch in die Richtung der Mitgeschäftsführung gibt es eine Mindestgrenze. Zwar darf der Gesellschaftsvertrag dem fakultativen GmbH-Aufsichtsrat weitere Aufgaben zuweisen, die nach dem AktG nicht dem AG-Aufsichtsrat zugewiesen werden dürfen.[507] Hingegen ist es richtigerweise nicht gestattet, dem Aufsichtsrat die ganze Geschäftsführung zuzusprechen.[508] An dieser Stelle kann man wieder „Wo Aufsichtsrat draufsteht, muss auch Aufsichtsrat drin sein“ anführen. Das Geschäftsführungsverbot des § 111 Abs. 4 Satz 1 AktG ist nämlich seit dem AktG von 1937 ein festes Kennzeichnen des Aufsichtsrats.[509]

Die dritte Mindestvoraussetzung ist die Weisungsfreiheit der Aufsichtsratsmitglieder. Denn obwohl die Gesellschafter eine Weisung gegenüber dem Geschäftsführer erteilen können, gilt dies – allgemein anerkannt – nicht für den Aufsichtsrat, weil dies gegen die grundsätzlich unabhängige Funktion des Aufsichtsrats verstoßen und einen falschen Rechtsschein in den Verkehr setzen würde.[510]

---

[504] *Gaul/Otto*, GmbHR 2003, 6, 12; *Deilmann*, BB 2004, 2253, 2254; *Spindler*, in: MüKo GmbHG, Band 2, § 52 Rn. 404; *Henssler*, in: Henssler/Strohn, Gesellschaftsrecht, GmbHG, § 52 Rn. 18; *Schnorbus/Ganzer*, BB 2020, 451, 460; *Vetter*, GmbHR 2011, 449, 456; *Vetter*, GmbHR 2011, 449, 456; a. A. *Brouwer*, Zustimmungsvorbehalte, S. 129 ff., 171.

[505] *Brouwer*, Zustimmungsvorbehalte, S. 129 ff.

[506] So *Spindler*, in: MüKo GmbHG, Band 2, § 52 Rn. 404; *Uwe H. Schneider/Seyfarth*, in: Scholz, GmbHG, Band II, § 52 Rn. 323; *Deilmann*, BB 2004, 2253, 2254.

[507] *Henssler*, in: Henssler/Strohn, Gesellschaftsrecht, GmbHG, § 52 Rn. 18.

[508] *Henssler*, in: Henssler/Strohn, Gesellschaftsrecht, GmbHG, § 52 Rn. 19.

[509] *Vetter*, GmbHR 2011, 449, 452 ff.

[510] BGH, Urteil v. 29.01.1962 – II ZR 1/61, BGHZ 36, 296, 306; *Henssler*, in: Henssler/Strohn, Gesellschaftsrecht, GmbHG, § 52 Rn. 11 macht jedoch eine Rückausnahme bei Einpersonen-Gesellschaften; *Vetter*, GmbHR 2011, 449, 457 f. macht keine Rückausnahme für Einpersonen-Gesellschaften; *Seyfarth*, in: Scholz, GmbHG, Band II, § 52 Rn. 14; a. A. *Altmeppen*, ZIP 2010, 1973, 1974 f. Eine weitere Ausnahme von der Weisungsfreiheit gibt es bei fakultativen GmbH-Aufsichtsräten mit einer 75 %-Beteiligung einer Gemeinde (siehe z. B. § 108 Abs. 4 Nr. 2 GO NRW), dazu: Urteil des BVerwG v. 31.08.2011 – 8 C 16.10, GmbHR 2011, 1205, 1205, wo die Anwendung des AktG im Gesellschaftsvertrag abbedungen wurde.

Wenn man alles zusammenfasst, bedarf es nach dem Vertrauen des Rechtsverkehrs für einen Aufsichtsrat nach § 52 Abs. 1 GmbHG eines (weisungsfreien) Organs mit einer Mindestüberwachungskompetenz einerseits und einer nicht zu umfassenden Mitgeschäftsführung andererseits. Ob dies vorliegt, ist eine Frage des Einzelfalls.

d) Gestaltungsfreiheit beim Untermaß- und Übermaßverbot

Das Untermaßverbot kann durch den Gesellschaftsvertrag abbedungen werden.[511] Immerhin kann beim fakultativen Aufsichtsrat auf die Zustimmungsvorbehalte gem. § 111 Abs. 4 Satz 2 AktG allgemein verzichtet werden.[512]

Auf der anderen Seite kann der Aufsichtsrat nicht bedeutsame Maßnahmen mit einem Zustimmungsvorbehalt belegen, wenn ihm dies der Gesellschaftsvertrag ausdrücklich eröffnet. Die entsprechende Maßnahme muss dann folglich kein Geschäft von erheblicher Bedeutung sein.[513] Allerdings bleibt es auch im Fall eines fakultativen Aufsichtsrats dem Aufsichtsrat verwehrt, die Geschäftsführung in ihrer Gänze zu übernehmen.[514]

Wenn im Gesellschaftsvertrag indes nichts Abweichendes bestimmt ist, kann man für den fakultativen Aufsichtsrat nach § 52 Abs. 1 GmbHG die Leitlinien zum Zustimmungsvorbehalt des AG-Aufsichtsrats gem. § 111 Abs. 4 Satz 2 AktG entsprechend anwenden.[515]

e) Die Corporate Governance der GmbH mit fakultativem Aufsichtsrat

Der fakultative Aufsichtsrat ist bis auf die Grenzziehung des Vertrauens des Rechtsverkehrs ein sehr flexibles Organ für die Corporate Governance. Damit ist er ein interessantes Angebot an die Ausgestaltung einer idealen maßgeschneiderten Corporate Governance für das konkrete Unternehmen und die Gesellschaft.[516] Sein Hauptanwendungsbereich werden bei einer lebensnahen Betrachtung die Fälle sein, in denen die Gesellschafter nicht die Überwachung übernehmen wollen oder können, weil sie z. B. zu viele sind oder daran nicht interessiert sind.[517] Deshalb kann unterstellt werden, dass der fakultative Aufsichtsrat regelmäßig eher helfen wird,

---

[511] *Spindler*, in: MüKo GmbHG, Band 2, § 52 Rn. 408.

[512] *Gaul/Otto*, GmbHR 2003, 6, 12; *Deilmann*, BB 2004, 2253, 2254; *Spindler*, in: MüKo GmbHG, Band 2, § 52 Rn. 404; *Henssler*, in: Henssler/Strohn, Gesellschaftsrecht, GmbHG, § 52 Rn. 18; *Schnorbus/Ganzer*, BB 2020, 451, 460; *Vetter*, GmbHR 2011, 449, 456; *Vetter*, GmbHR 2011, 449, 456; a. A. *Brouwer*, Zustimmungsvorbehalte, S. 129 ff., 171.

[513] Für den Umfang eines Geschäfts von erheblicher Bedeutung: B. I. 3. b).

[514] *Henssler*, in: Henssler/Strohn, Gesellschaftsrecht, GmbHG, § 52 Rn. 19.

[515] Siehe oben: B. I. 2. und 3.

[516] Ebenso ähnlich *Brouwer*, Zustimmungsvorbehalte, S. 142 f.

[517] *Seyfarth*, in: Scholz, GmbHG, Band II, § 52 Rn. 20a.

Agenten- und Prinzipalkosten zu senken, was entsprechend zu einem gesteigerten Unternehmenswert führt.[518]

IV. Ergebnisse des Kapitels B.

Seit dem TransPuG trifft den Aufsichtsrat die Pflicht, für alle Geschäfte von grundlegender Bedeutung einen Zustimmungsvorbehalt zu begründen. Dies ist das Untermaßverbot. Nach der hier vertretenen Ansicht besteht ein gestuftes Verständnis dieser Pflicht. Im ersten Schritt muss der Aufsichtsrat alle ihm erkennbaren Geschäfte von grundlegender Bedeutung in einem Zustimmungsvorbehaltskatalog umsetzen. Wenn es im zweiten Schritt Anhaltspunkte für ein nicht erfasstes Geschäft gibt, das jedoch ein Geschäft von grundlegender Bedeutung ist, muss der Aufsichtsrat entweder einen Ad-hoc-Vorbehalt begründen oder dieses in den Katalog aufnehmen. Für die Beurteilung, ob und ab wann das Tatbestandsmerkmal Geschäft von grundlegender Bedeutung vorliegt, hat der Aufsichtsrat einen Beurteilungsspielraum.

Ein Geschäft von grundlegender Bedeutung liegt entsprechend der TransPuG-Begründung bei Maßnahmen des Vorstands vor, die die wirtschaftliche Lage oder Risikoexposition des Unternehmens grundlegend verändern. Eine Wertgrenze ist ein verlässlicher Weg, um die grundlegenden Veränderungen der wirtschaftlichen Lage oder der Risikoexposition festzustellen. Als quantitativer Anknüpfungswert der Wertgrenze eignet sich am besten eine Prozentangabe des Eigenkapitals. Im Übrigen sollte der Zustimmungsvorbehalt für den konkreten Geschäftswert einen risikobasierten Ansatz nutzen. Danach ist der konkrete Geschäftswert das Ergebnis einer Addition des finanziellen Umfangs der Maßnahme (z. B. des Kaufpreises) und der Werte der quantifizierten Risiken (z. B. Schäden und andere Kosten). Bei einem konkreten Geschäftswert von 10 % des Eigenkapitals wird regelmäßig ein Geschäft von grundlegender Bedeutung vorliegen.

Unabhängig von der Formel der TransPuG-Begründung gibt es Geschäfte, die bereits durch ihre Natur als Geschäfte von grundlegender Bedeutung zu qualifizieren sind. Das sind prägende Strategiemaßnahmen sowie rechtswidrige und unvertretbare Maßnahmen.

Es gibt darüber hinaus ein Übermaßverbot als Ausdruck des Regel-Ausnahme-Verhältnisses, das dem Aufsichtsrat verbietet, durch Zustimmungsvorbehalte die Geschäftsführung zu übernehmen. Dies resultiert aus dem Geschäftsführungsverbot des § 111 Abs. 4 Satz 1 AktG und aus der Leitungsverantwortung nach § 76 Abs. 1 AktG. Daraus ergibt sich eine Aufteilung in drei Bereiche: einen Bereich, in dem der Aufsichtsrat einen Zustimmungsvorbehalt begründen und entscheiden muss, einen zweiten Bereich, in dem der Aufsichtsrat nach seinem Ermessen entscheidet,

[518] Siehe oben: B. II. 1. d).

ob er einen Zustimmungsvorbehalt begründen will, und einen dritten Bereich, in dem es dem Aufsichtsrat verboten ist, einen Zustimmungsvorbehalt zu begründen.

Im Bereich, der nicht vom Übermaßverbot erfasst ist, kann man die Geschäfte mit einer erheblichen Bedeutung für die Gesellschaft verorten. Dafür kann man die Formel der TransPuG-Begründung modifizieren, sodass ein Geschäft eine erhebliche Bedeutung hat, wenn es zu einer erheblichen Veränderung der wirtschaftlichen Lage oder Risikoexposition kommt. Ein tauglicher Anknüpfungspunkt sind dafür die erheblichen Geschäfte des § 90 Abs. 1 Satz 1 Nr. 4 AktG. Ebenso kann die Außergewöhnlichkeit eines Geschäfts ein Indiz sein. Indes ist die einzige Grenze der Zustimmungsvorbehalte die Grenze der Bedeutung des Geschäfts für die Gesellschaft. Man kann deshalb den risikobasierten Ansatz für die Wertgrenze mit einem Prozentwert des Eigenkapitals als quantitativen Anknüpfungswert gleichwohl beim Geschäft von erheblicher Bedeutung nutzen.

Überdies hat die Bedeutung als Grenze ebenfalls die Folge, dass die Bedeutungsbestimmung anhand des jeweiligen Unternehmenszustands erfolgen muss. Ein Geschäft kann folglich je nachdem, ob das Unternehmen in einer Krise ist oder gerade prosperiert, eine unterschiedliche Bedeutung haben. Die Bedeutungsschwellen sind dynamisch. An dieser Stelle kann man die abgestufte Überwachungspflicht aufgreifen.

Die „fehlende“ Begründung eines Zustimmungsvorbehalts wirft nur scheinbar die Frage auf, ob es sich bei der Begründungsentscheidung um eine unternehmerische Entscheidung i. S. d. § 93 Abs. 1 Satz 2 AktG handelt. Denn nach der hiesigen Auffassung liegt bei den Geschäften von grundlegender Bedeutung als Rechtsfolge eine gebundene Entscheidung vor und bei den Geschäften von erheblicher Bedeutung eine Ermessenentscheidung. Maßnahmen des Vorstands, die rechtswidrig oder offensichtlich unvertretbar sind, sind jedoch ein Fall der Geschäfte von grundlegender Bedeutung. Bei den Geschäften von erheblicher Bedeutung dient gerade das vom Gesetz eingeräumte Ermessen dazu, dass der Aufsichtsrat frei entscheiden kann, wie er die Überwachung organisiert. Nur aus dem Umstand heraus, dass er für ein Geschäft von erheblicher Bedeutung keinen Zustimmungsvorbehalt begründet hat, kann es folglich nicht zu einer Haftung kommen.

Der Aufsichtsrat kann sich verhaltenssteuernder und risikoreduzierender Tatbestandsmerkmale für seine Zustimmungsvorbehalte bedienen. Diese verstoßen, wenn sie konkret formuliert sind, nicht gegen das Bestimmtheitserfordernis oder gegen das Geschäftsführungsverbot. Sie beziehen sich nicht auf die konkrete Zustimmungsentscheidung, sondern auf das Vorliegen oder Nichtvorliegen des Zustimmungsvorbehalts und damit der Pflicht des Vorstands das Geschäft dem Aufsichtsrat vorzulegen.

Bei der Zustimmungsentscheidung muss der Aufsichtsrat für seine Entscheidung die unternehmerische Mitverantwortung nach einer kritischen Plausibilitätskontrolle tragen. Grundsätzlich muss die Zustimmungsentscheidung vor dem Abschluss des Geschäfts stattfinden. Nichtsdestotrotz kann das Unternehmensinteresse ausnahmsweise bei einer Eilbedürftigkeit oder einer Wiederholungsgefahr einer Verletzung der Vertraulichkeit eine nachträgliche Zustimmung des Aufsichtsrats rechtfertigen.

Grundsätzlich führt aus einer rechtsökonomischen Perspektive eine auf die Umstände und Bedürfnisse des konkreten Unternehmens passgenaue Corporate-Governance-Struktur zu den besten Ergebnissen hinsichtlich der Reduktion von Agenten- und Prinzipalkosten und somit zum höchsten Unternehmenswert. Der Aufsichtsrat soll und kann aus einer rechtsökonomischen Perspektive zur Reduktion von Agentenkosten beitragen. Demgegenüber kann er gleichwohl mehr Kosten produzieren als einsparen, wenn er selbst hohe Agentenkosten produziert oder nicht notwendig ist, weil seine Funktion von engagierten und fähigen Gesellschaftern übernommen wird.

Die KGaA und ihr Aufsichtsrat ohne gesetzliche Zustimmungsvorbehalte des § 111 Abs. 4 Satz 2 AktG zeigen nicht auf, dass die Zustimmungsvorbehalte des Aufsichtsrats grundsätzlich ein unnötiges Überwachungsinstrument sind. Vielmehr wird der Nutzen von Zustimmungsvorbehalten auf ein anderes Organ der Hauptversammlung der KGaA verlagert. Rechtsökonomisch erlauben die Zustimmungsvorbehalte des Aufsichtsrats eine Reduktion von Agentenkosten durch die Geschäftsführung. Allerdings kann der Aufsichtsrat gleichfalls selbst an dieser Stelle Agentenkosten produzieren und in Fällen, in denen die (unterstellt) fähigen Gesellschafter entweder die Geschäftsführung stellen oder selbst die Fremdgeschäftsführung überwachen, kann es zu kostspieligen Doppelstrukturen kommen. Indes sind die Zustimmungsvorbehalte für die typische börsennotierte AG eine ökonomisch sinnvolle Lockerung des Dualismus.

Das Übermaßverbot der Zustimmungsvorbehalte nach § 111 Abs. 4 Satz 2 AktG kann für den fakultativen und obligatorischen GmbH-Aufsichtsrat verschoben werden, sodass Geschäfte umfasst sein können, die sonst vom Übermaßverbot betroffen wären. Dagegen gilt das Untermaßverbot bei dem obligatorischen GmbH-Aufsichtsrat wie bei einem AG-Aufsichtsrat. Beim fakultativen GmbH-Aufsichtsrat kann es durch den Gesellschaftsvertrag abbedungen werden. Der fakultative GmbH-Aufsichtsrat eröffnet viel Potenzial für eine passgenaue Corporate Governance, während der obligatorische GmbH-Aufsichtsrat in vielen Situationen doppelte kostspielige Überwachungsstrukturen schaffen wird.

C. Zustimmungsvorbehalte der Unternehmenstransaktion

Der Prozess der Unternehmenstransaktion ist ein vielschichtiger und aufwendiger Vorgang. Jede Unternehmenstransaktion ist einzigartig und hat eigene Herausforderungen und Besonderheiten. Jedoch hat sich um das wirtschaftliche Phänomen Unternehmenskauf eine eigene milliardenschwere Industrie aus Investmentbanken, Kanzleien, Beratern und vielen anderen entwickelt. Die gesammelten Erfahrungswerte dieser auf M&A spezialisierten Institutionen haben somit zu ähnlichen und immer wieder aufzufindenden Phasen und dazugehörigen rechtlichen Instrumenten geführt.[519] Selbstverständlich stehen solche abstrakten Phasen und Instrumente immer unter dem Vorbehalt konkreter Änderungen des Einzelfalls und dennoch erlauben sie eine abstrakte rechtliche Beurteilung, die unter Berücksichtigung der vorherigen Ausführungen und Ergebnisse zum Zustimmungsvorbehalts des § 111 Abs. 4 Satz 2 AktG nun folgt.

I. Vorüberlegungen – Identifizierung zustimmungsrelevanter Vorgänge

Die Ergebnisse des Kapitels B. finden zunächst vereinfacht Anwendung in der Form, dass die Vorgänge einer Unternehmenstransaktion, die die entsprechende Bedeutungsschwelle des § 111 Abs. 4 Satz 2 AktG überschreiten können, für die weiteren Abschnitte identifiziert und herausgefiltert werden. Mit diesen identifizierten Vorgängen folgt anschließend die genaue Risikoanalyse wichtiger typisierbarer Risiken, des möglichen Schadensumfang sowie der Risikoreduzierung der Praxis. Es stellt keine Vorwegnahme dar, dass der Vertragsschluss über den Unternehmenskaufvertrag über das Zielunternehmen für beide Seiten eine offensichtliche Relevanz für die Zustimmungsvorbehalte des Aufsichtsrats gem. § 111 Abs. 4 Satz 2 AktG hat, die es ausführlich zu untersuchen gilt. Dieser Abschnitt zielt ausdrücklich auf andere Vorgänge einer Unternehmenstransaktion ab.

1. Die Unternehmenstransaktion

Einführend sollen zwei gängige Verfahren einer Unternehmenstransaktion für die Frage, welche Vorgänge die für einen Zustimmungsvorbehalt nach

[519] Näher dazu: *Rempp*, in: Hölters, Hdb. Unternehmenskauf, Rz. 1.121 f.

§ 111 Abs. 4 Satz 2 AktG erforderliche Bedeutung aufweisen, dargestellt und untersucht werden.

a) Das Auktionsverfahren

Die zurzeit gängigste Form einer Unternehmenstransaktion der M&A-Branche ist das Auktionsverfahren („Controlled Auction"). Die Dominanz des Auktionsverfahrens entwickelte sich aufgrund der Vorzüge, dass damit meist ein höherer Kaufpreises erzielt wird und gleichfalls die sog. „Certainty of Closing" – die tatsächliche Durchführungswahrscheinlichkeit – erhöht wird.[520] Die Popularität des somit eher verkäuferfreundlichen Auktionsverfahrens ist folglich auch Ausdruck des in den letzten Jahren dominierenden internationalen Verkäufermarkts.[521] Indes sind die angestiegenen Private-Equity-Aktivitäten auch förderlich für die Beliebtheit des Auktionsverfahrens. Denn durch die Private-Equity-Fonds ist das Publikum für Unternehmensverkäufe deutlich größer geworden und beschränkt sich nicht allein auf strategische Investoren, die selbst Wettbewerber sind.[522]

Das Auktionsverfahren beginnt aus der Perspektive des Verkäufers mit einer Vielzahl von internen Vorbereitungsmaßnahmen, die sowohl chronologisch als auch parallel stattfinden können. Danach schließen sich externe Schritte mit den potenziellen Käufern und deren Beratern an.[523]

aa) Interner Teil aus der Verkäuferperspektive

(1) Intern: Grundsatzentscheidung über den Verkauf

Die Entscheidung für einen Verkaufsversuch ist nicht zu unterschätzen, weil damit die Initiierung eines personal- und kostenaufwendigen Verfahrens ausgelöst wird. Die Initiative für einen Verkaufsversuch kann auf verschiedenen Gründen beruhen. So könnte dies eine Empfehlung einer Organisationsreform sein oder ein

---

[520] *Rempp*, in: Hölters, Hdb. Unternehmenskauf, Rz. 1.117; *Haberstock*, in: Holzapfel/Pöllath, Unternehmenskauf, Rn. 1339.

[521] Der Ukraine-Krieg und vornehmlich die Zinswende mit sehr starken Zinserhöhungen könnten jedoch den Markt wieder durch eine gesenkte Nachfrage zu einem Käufermarkt entwickeln. Nach dem *M&A Midyear Report 2023* von *Bain & Company* vom 11.07.2023 ist der Gesamtwert der weltweiten Unternehmenstransaktionen in den ersten fünf Monaten des Jahres 2023 um 44 % gesunken, abrufbar unter https://bit.ly/3YTO33y, zuletzt abgerufen am 24.11. 2024.

[522] Dabei will der Private-Equity-Fonds das Zielunternehmen hauptsächlich nicht für sein operatives Geschäft nutzten, sondern es mit (hohem) Einsatz von Fremdkapital erwerben, mittelfristig halten und effektiv umstrukturieren und abschließend für einen höheren Wert verkaufen, ausführlich zu den Besonderheiten: *Bergjan/Schwarz van Berk*, in: Holzapfel/Pöllath, Unternehmenskauf, Rn. 1775 ff.; für die Mittelstandsperspektive: *Jaques*, in: Beck'sches HB Unternehmenskauf Mittelstand, Rn. E. 5 ff.

[523] *Rempp*, in: Hölters, Hdb. Unternehmenskauf, Rz. 1.108.

neues Management leitet eine neue Unternehmenspolitik ein oder es werden Barmittel[524] benötigt. In jedem Fall hat eine solche Entscheidung eine nennenswerte eigenständige Bedeutung und sollte konsequent von der finalen eigentlichen Verkaufsentscheidung zu den noch unbekannten Konditionen unterschieden werden.

(2) Teambildung und externe Berater

Nach der internen Entscheidungsfindung wird meist beim Verkäufer ein Steering Committee forciert und werden zur Unterstützung externe Berater hinzugezogen.[525] Die Kernaufgabe des Steering Committees ist die Entscheidung wichtiger Fragen der Transaktion. Die Zusammensetzung kann variieren, allerdings findet man regelmäßig als Leiter dieses Arbeitskreises ein zuständiges Mitglied der Geschäftsführung, jeweils einen internen Vertreter der Finanzabteilung, der M&A-Abteilung[526] und als externe Vertreter Anwälte und Investmentbanker.[527] Neben dem Steering Committee wird intern ein Projektteam mit einem Leiter aus der möglichen M&A-Abteilung für das tägliche Geschäft einer Transaktion gebildet.[528] Dazu werden gleichfalls in der Regel externe Berater mandatiert. Diese sind konkret Investmentbanker,[529] Anwälte,[530] Wirtschaftsprüfer oder speziellere sonstige Berater, wie Kommunikationsberater oder Lobbyisten.[531] Durch die Mandatierung dieser Berater können bereits zu Beginn des Transaktionsprojekts erhebliche Kosten entstehen.[532]

(3) Screening und Sammeln von Informationen

Das Screening bezeichnet einen Vorgang, bei dem Investmentbanken den Markt nach möglichen Erwerbern durchsuchen und in der Regel eine sog. Long List von

[524] Ein jüngeres bekanntes Beispiel ist der Verkauf der Aufzugssparte der Thyssen Krupp AG, dazu https://bit.ly/4hC2r84 vom 27.02.2020, zuletzt abgerufen am 24.11.2024.

[525] *Gran*, NJW 2008, 1409, 1409 erklärt dabei den häufig durchgeführten „Beauty-Contest" für die Auswahl der Berater, bei dem sie ihre Kompetenz vorstellen.

[526] Hier findet sich ggf. der bereits oben erörterte Head of M&A des Unternehmens wieder.

[527] Dazu ausführlicher *Rempp*, in: Hölters, Hdb. Unternehmenskauf, Rz. 1.108.

[528] *Rempp*, in: Hölters, Hdb. Unternehmenskauf, Rz. 1.108.

[529] Für die Besonderheit des Einbezugs von Investmentbanken oder M&A-Beratern bei mittelständischen Transaktionen: *Jaques*, in: Beck'sches HB Unternehmenskauf Mittelstand, Rn. B. 12 ff.

[530] Zur Frage, ob die gleiche Kanzlei mehrere Beteiligte an einem Auktionsverfahren vertreten darf: *Henssler*, in: FS Maier-Reimer, 2010, 219, 233 ff., der dies hinsichtlich der anwaltlichen Rechtslage grundsätzlich ausschließt, wenn nicht z. B. entsprechende Einverständnisse der Mandanten vorliegen.

[531] Ausführlich zur Bedeutung der jeweiligen Beratergruppen: *Rempp*, in: Hölters, Hdb. Unternehmenskauf, Rz. 1.115 ff.

[532] *Geyrhalter et al.*, DStR 2006, 1559, 1559.

solchen möglichen Erwerbern erstellen.[533] Die Long List wird sodann anhand von Kriterien wie Finanzstärke, kartellrechtlichen Hürden, Zuverlässigkeit, Vertrauenswürdigkeit und anderen transaktionsrelevanten Vorüberlegungen auf eine Short List verkürzt.[534]

Weitere wichtige Schritte stellen die Vorbereitungshandlungen auf der internen Wissensebene dar. Dazu werden Informationen über das eigene zu verkaufende Unternehmen als Zielunternehmen gesammelt und zusammengefasst.[535] Dies geschieht aus mehreren Gründen. Zum einen dienen die Informationen der Verkäuferseite, um eigene Bewertungen und Bewertungsspannen bzgl. des Kaufpreises treffen zu können, und sie aktualisieren den Wissensstand über das eigene Zielunternehmen. Zum anderen wird mit diesen Informationen und Zusammenfassungen ein sog. Confidential Information Memorandum (CIM) entwickelt, das – wie ein Prospekt – den potenziellen Käufern zugesandt wird.[536] Das CIM enthält häufig Verfahrensvorgaben, das Marktumfeld des Zielunternehmens und eine Darstellung des Zielunternehmens aus einer operativen und finanziellen Sicht.[537]

Zudem werden durch diesen Vorgang die Due-Diligence-Prozesse der möglichen Erwerber vorbereitet, indem die Informationen in virtuelle Datenräume[538] überführt werden.[539] Teilweise findet bereits im Vorfeld eine eigene Due Diligence des Verkäufers statt (sog. Vendor Due Diligence).[540] Letztlich ist dies eine noch professionellere, umfangreichere und kostenintensivere Art, die gesammelten In-

---

[533] *Rempp*, in: Hölters, Hdb. Unternehmenskauf, Rz. 1.125, der im Übrigen betont, dass die Investmentbanken für diesen Vorgang gut geeignet sind, da sie einerseits eine umfangreiche Datenbank an einschlägigen Informationen und andererseits wertvolle Erfahrungswerte bzgl. jeder Art von Transaktionen haben.

[534] *Haberstock*, in: Holzapfel/Pöllath, Unternehmenskauf, Rn. 1343; *Rempp*, in: Hölters, Hdb. Unternehmenskauf, Rz. 1.125. Dieser Vorgang ist bei mittelständischen Transaktionen ähnlich, *Jaques*, in: Beck'sches HB Unternehmenskauf Mittelstand, Rn. B. 22.

[535] *Rosengarten*, in: Beck'sches M&A-HB, § 4 Rn. 9 f.

[536] *Rosengarten*, in: Beck'sches M&A-HB, § 4 Rn. 10.

[537] *Henssler*, in: FS Hopt, 2010, 113, 116, 125 weist darauf hin, dass die Eigenschaft als Verkaufsprospekt des CIM (bzw. Informationsmemorandum) in den relevanten „Verkehrskreisen" bekannt ist.

[538] Früher waren die Datenräume physischer Natur, heutzutage sind sie in der Regel von den virtuellen Datenräumen („Virtual Data Rooms") abgelöst worden. Die virtuellen Datenräume bieten viele Vorteile. So können unterschiedliche Zugänge mit unterschiedlichem Umfang eingerichtet werden. Zudem kann präzise nachverfolgt werden, welche Dokumente von wem und wie lange angeschaut wurden. Überdies sind sie kostengünstiger und auch von ihrer Handhabung her – etwa durch Such- und Sortierfunktionen – deutlich effizienter, dazu ausführlicher: *Rempp*, in: Hölters, Hdb. Unternehmenskauf, Rz. 1.125.

[539] *Rempp*, in: Hölters, Hdb. Unternehmenskauf, Rz. 1.125; *v. Werder/Kost*, BB 2010, 2903, 2903.

[540] Zu den Motiven und Vor-/Nachteilen einer Vendor Due Diligence: Cannivé, ZIP 2009, 254, 255 ff.

formationen des Zielunternehmens zu untersuchen und dem Käufer nutzerfreundlich zur Verfügung zu stellen.[541]

(4) Unternehmensbewertung

Ein zentraler interner Schritt ist überdies die eigene Preisbewertung. Dabei wird grundsätzlich ein Preiskorridor ermittelt, für den die unterste Schmerzgrenze und der höchste realistische Preis die Grenzen für die Verhandlungen bilden. Neben dem eigenen Erwartungsmanagement ermöglicht die Unternehmensbewertung[542] eine erste Informationsaufbereitung, die den möglichen Erwerbern im Rahmen des CIM zur Verfügung gestellt werden kann.[543]

bb) Externer Teil: Zusammenwirken von Verkäufer und Käufer

(1) Teaser und Vertraulichkeitsvereinbarung

Im typischen Auktionsverfahren wird zunächst mit einem Teaser gestartet, der eine anonyme Übersicht über das Zielunternehmen ist. Dabei wird der Teaser an alle auf der Short List gelisteten Unternehmen von den Investmentbanken oder dem M&A-Berater versandt, mit der Frage, ob eine Teilnahme am weiteren Verfahren gewünscht ist und somit grundsätzlich Interesse an dem Zielunternehmen besteht.[544] Bereits mit dem Teaser wird den Interessenten eine Vertraulichkeitsvereinbarung zugeschickt.[545]

Die Vertraulichkeitsvereinbarungen können sich unterscheiden, indes haben sie typischerweise zum Inhalt, dass die möglichen Erwerber des Zielunternehmens zunächst über die Veräußerung Stillschweigen bewahren, keine Mitarbeiter der Gegenseite ansprechen und alle Informationen über das Zielunternehmen geheim und vertraulich behandeln.[546] Meistens werden dazu Sanktionen in Form von Vertragsstrafen oder pauschalisiertem Schadenersatz bei Verletzung vereinbart.[547]

---

[541] *Nawe/Nagel*, in: Berens/Brauner/Strauch/Knauer, Due Diligence, S. 851 ff.; *Hopper et al.*, in: Kästle/Svernlöv, Legal Due Diligence, § 10 Rn. 10 ff.

[542] Für eine ausführlich Darstellung der relevanten Bewertungsverfahren: *Aders*, in: Beck'sches M&A-HB, § 13 Rn. 1 ff.; für den Mittelstand: *Jaques*, in: Beck'sches HB Unternehmenskauf Mittelstand, Rn. B. 25 ff.

[543] *Rempp*, in: Hölters, Hdb. Unternehmenskauf, Rz. 1.125.

[544] *Rempp*, in: Hölters, Hdb. Unternehmenskauf, Rz. 1.126; *Haberstock*, in: Holzapfel/Pöllath, Unternehmenskauf, Rn. 1343 bezeichnet es als Kennzeichen des Auktionsverfahren, dass die Kontaktaufnahme durch die Investmentbank/M&A-Berater stattfindet.

[545] *Haberstock*, in: Holzapfel/Pöllath, Unternehmenskauf, Rn. 1343.

[546] *Linke/Fröhlich*, GWR 2014, 449, 449 ff.; *v. Werder/Kost*, BB 2010, 2903, 2904 ff.; *Rempp*, in: Hölters, Hdb. Unternehmenskauf, Rz. 1.127; *Gran*, NJW 2008, 1409, 1410.

[547] Zur Unterscheidung von pauschalisiertem Schadenersatz und der Vertragsstrafe: *Beuthien*, in: FS Larenz, 1973, 495, 498 ff.; ferner *Gran*, NJW 2008, 1409, 1410; *Linke/Fröhlich*, GWR 2014, 449, 453 ff. für den M&A-Kontext.

(2) Process Letter I und Non-Binding Offer

Die möglichen Käufer, die eine Vertraulichkeitsvereinbarung abgegeben haben und somit am konkreteren Teil des Auktionsverfahrens teilnehmen wollen, erhalten einen sog. Process Letter I.[548] In diesem Dokument sind ein Plan für den Ablauf, Zeitvorgaben und weitere Schritte enthalten. Zusätzlich wird das CIM mitgeschickt,[549] das erstmals sehr konkrete und vertrauliche Informationen über das Zielunternehmen enthält.[550] Das CIM beinhaltet zusätzlich eine Haftungsbeschränkung (Disclaimer) für die darin getroffenen Aussagen. Dies bedeutet jedoch für den Verkäufer nicht automatisch einen Ausschluss der Haftung.[551]

Neben dem Process Letter I und dem CIM werden die Bieter (im Process Letter I) aufgefordert, ein erstes nicht verbindliches Angebot abzugeben. In der Regel wird detailliert festgehalten, welche Details das Non-Binding Offer oder auch Indicative Offer enthalten muss.[552]

(3) Kaufinteressent: Entscheidung zur Teilnahme am Auktionsverfahren

Wie beim Verkäufer ist an dieser Stelle hervorzuheben, dass die Entscheidung des Kaufinteressenten zur Teilnahme nicht unterschätzt werden sollte, weil allein dadurch eigene rechtliche Risiken und erhebliche Kosten entstehen.[553]

(4) Frühzeitige Sonderfragen aus Käufersicht

Während der Takt im Auktionsverfahren in der Regel vom Verkäufer vorgegeben wird und der Käufer sich dem Plan anpasst, muss er zusätzlich weitere wichtige Vorbereitungshandlungen parallel durchführen, da er im Falle der Akquisition des Zielunternehmens mit einem größeren Aufwand als der Verkäufer konfrontiert sein wird. Der Bieter muss sich früh mit der Frage der Integration des Zielunternehmens in seinen Verbund beschäftigen. So kann er mit der Situation konfrontiert sein, dass TSAs[554] notwendig sind. Besonders in Carve-out-Fällen[555] stellen sich viele Son-

---

[548] Zu dem Process Letter: *Engelhardt/v. Maltzahn*, in: Holzapfel/Pöllath, Unternehmenskauf, Rn. 667 f.

[549] *Haberstock*, in: Holzapfel/Pöllath, Unternehmenskauf, Rn. 1344.

[550] *Rempp*, in: Hölters, Hdb. Unternehmenskauf, Rz. 1.128.

[551] Besonders in Fällen von vorsätzlichen Falschangaben ist eine Haftungsbeschränkung gem. § 276 Abs. 3 BGB nicht möglich, dazu: *Gran*, NJW 2008, 1409, 1410; *Haberstock*, in: Holzapfel/Pöllath, Unternehmenskauf, Rn. 1375; siehe ferner unten: C. VI. 2. c) bb).

[552] *Haberstock*, in: Holzapfel/Pöllath, Unternehmenskauf, Rn. 1345.

[553] *Haberstock*, in: Holzapfel/Pöllath, Unternehmenskauf, Rn. 1340 betont, dass die Teilnahme am Auktionsverfahren ein „nicht unerhebliches Kostenrisiko" beinhaltet.

[554] Ausführlich zu Transitional Services Agreements: *Hoger*, in: Beck'sches M&A-HB, § 57 Rn. 57 ff.

[555] Zu Carve-out-Fällen: *Hörmann*, in: Holzapfel/Pöllath, Unternehmenskauf, Rn. 2170 ff.; *Hoger*, in: Beck'sches M&A-HB, § 57 Rn. 1 ff.

derfragen, die der Käufer früh beachten und prüfen muss.[556] Ebenfalls von Anfang an sehr bedeutsam für den Käufer sind die offenen Fragen einer teilweisen Fremdfinanzierung des Kaufpreises.[557]

(5) Erste Auswahlrunde Erwerber und Process Letter II

Sobald die Verkäuferseite sämtliche Non-Binding Offers analysiert hat, werden anhand der Kaufpreisangebote und weiterer Machbarkeitsfragen im Rahmen des Kartell- und Investitionsrechts einige mögliche Käufer aussortiert und wird die nun verringerte Anzahl an möglichen Erwerbern zu einer nächsten Runde eingeladen. Die Entscheidung über die Auswahl wird durch einen zusätzlichen Process Letter II übermittelt.[558]

(6) Due Diligence der Bieter

Als nächster Schritt beginnt regelmäßig die Due Diligence, bei der der Verkäufer den Bietern teilweise sehr sensible Daten zur Verfügung stellt.[559] In Abschnitt C. IV. wird die Due Diligence umfassend analysiert. Allerdings lässt sich bereits an dieser Stelle festhalten, dass die möglichen Erwerber – anders als beim CIM – innerhalb dieser Phase erstmals selbst über interne, sensible Dokumente eigenes Wissen über das Zielunternehmen erlangen und ihre Bewertungen nun nicht mehr auf eine fremde Aufbereitung stützen müssen.[560]

(7) Confirmatory Offer und Process Letter III

Nach der ersten Phase der Due Diligence verlangt der Verkäufer regelmäßig ein sog. Confirmatory Offer, dessen Zweck die Bestätigung des Non-Binding Offers ist.[561] Sofern die Confirmatory Offers der Bieter beim Verkäufer auf Gegeninteresse stoßen, werden sie mit einem Process Letter III zur nächsten Runde eingeladen. Der Verkäufer stellt danach alle weiteren Informationen des Zielunternehmens zur Verfügung, um die Due Diligence abschließen zu können (sog. Confirmatory Due Diligence). Zusätzlich sollen die Erwerber ein Binding Offer abgeben.[562] Bei diesem „bindenden Kaufangebot" handelt es sich in der Regel jedoch nicht um ein

---

[556] *Hoger*, in: Beck'sches M&A-HB, § 57 Rn. 27 ff.; *Rempp*, in: Hölters, Hdb. Unternehmenskauf, Rz. 1.134.

[557] *Rempp*, in: Hölters, Hdb. Unternehmenskauf, Rz. 1.134.

[558] *Rempp*, in: Hölters, Hdb. Unternehmenskauf, Rz. 1.129 f.

[559] *Haberstock*, in: Holzapfel/Pöllath, Unternehmenskauf, Rn. 1346.

[560] Für einen Überblick über den Inhalt dieser Due-Diligence-Phase: *Rempp*, in: Hölters, Hdb. Unternehmenskauf, Rz. 1.130; *Meurer*, in: Beck'sches M&A-HB, § 8 Rn. 2 ff.

[561] *Rempp*, in: Hölters, Hdb. Unternehmenskauf, Rz. 1.130.

[562] *Haberstock*, in: Holzapfel/Pöllath, Unternehmenskauf, Rn. 1347; *Rempp*, in: Hölters, Hdb. Unternehmenskauf, Rz. 1.131.

rechtlich bindendes Angebot, wie eine Put-Option,[563] sondern um den Kaufpreis, den man für die Vertragsgestaltung zugrunde legt.[564] Insofern ist die Bezeichnung aus einer rechtlichen Perspektive irreführend.

(8) Vertragsverhandlungen

Ob und in welcher Phase mit dem Austausch der Vertragsentwürfe und somit mit der Vertragsverhandlung im engeren Sinne gestartet wird, ist sehr vom Einzelfall der Transaktion abhängig. In der Regel wird der Verkäufer einen ersten Entwurf zur Verfügung stellen und die Gegenseite auffordern, diesen zu überarbeiten (Markup).[565] Von der Praxisliteratur wird dabei für die Verkäuferseite empfohlen, nach der Abgabe des Binding Offers mit mehreren möglichen Käufern mit den Vertragsverhandlungen zu beginnen, damit keine Gegenseite ihre Position als einzig verbliebener Interessent zu ihrem Vorteil ausnutzen kann.[566] Dagegen verlangt die Käuferseite regelmäßig eine Exklusivität.[567] Um eine Exklusivitätsproblematik für den Verkäufer zu vermeiden, kann den Kaufinteressenten eine Cost-Cover- oder Break-up-Fee-Vereinbarung zu ihren Gunsten angeboten werden.[568]

(9) Akquisitionsfinanzierung und W&I-Versicherung

Häufig wird der Kauf des Zielunternehmens nicht durch vorhandenes Eigenkapital des Erwerbers finanziert. Deshalb wird oft auf eine Fremdfinanzierung durch Kreditgeber, wie Banken, zurückgegriffen. Der Ablauf dieser Akquisitionsfinanzierung orientiert sich meistens am Ablauf der Unternehmenstransaktion. In der Anfangsphase finden erste Gespräche mit möglichen Kreditgebern zur Sondierung der Finanzierung statt.[569] Mit oder vor dem Abschluss des Unternehmenskaufvertrags wird dann der finale Kreditvertrag gleichfalls verhandelt und unterzeichnet und es werden im Anschluss ggf. Garantien und Sicherheiten gestellt.[570]

---

[563] Siehe unten: C. III. 2. a).

[564] *Rempp*, in: Hölters, Hdb. Unternehmenskauf, Rz. 1.131.

[565] *Haberstock*, in: Holzapfel/Pöllath, Unternehmenskauf, Rn. 1348; *Rempp*, in: Hölters, Hdb. Unternehmenskauf, Rz. 1.130. Nach *Habersack/Schürnbrand*, in: FS Canaris, Band 1, 2007, 359, 370 ff. unterliegen die vertraglichen Regelungen keiner AGB-rechtlichen Inhaltskontrolle, weil sie nach § 305 Abs. 1 S. 3 BGB als im Einzelnen ausgehandelt gelten.

[566] So *Rempp*, in: Hölters, Hdb. Unternehmenskauf, Rz. 1.132.

[567] *Haberstock*, in: Holzapfel/Pöllath, Unternehmenskauf, Rn. 1347; *Rempp*, in: Hölters, Hdb. Unternehmenskauf, Rz. 1.132.

[568] *Rempp*, in: Hölters, Hdb. Unternehmenskauf, Rz. 1.133.

[569] Dieser Abschnitt wird meist durch einen sog. „Highly Confident Letter" des Kreditgebers dokumentiert, dazu: *Ingenhoven/Eisen*, in: Hölters, Hdb. Unternehmenskauf, Rz. 4.78.

[570] *Jansen*, GWR 2009, 361, 361 f.; ausführlich zum Ablauf der Akquisitionsfinanzierung und ihrer Dokumentation: *Ingenhoven/Eisen*, in: Hölters, Hdb. Unternehmenskauf, Rz. 4.78 ff.

Ebenfalls kann eine sog. Warranty & Indemnity Insurance (W&I-Versicherung) verhandelt und abgeschlossen werden, die bei Unternehmenskäufen genutzt wird, um vom Veräußerer erklärte Garantien und Freistellungen zu versichern.[571]

(10) Signing, Closing und Post-M&A-Integration

Wenn die offenen Punkte übereinstimmend geklärt wurden und der Vertrag und alle weiteren Dokumente vorliegen, kommt es zur Vertragsunterzeichnung (sog. Signing) und somit zur Eingehung des Verpflichtungsgeschäfts.[572]

Danach schließt sich klassisch die Vollzugsphase des Kaufvertrags an, die üblicherweise als Closing bezeichnet wird.[573] Die Closing-Phase ist wichtig für die Unternehmenskaufpraxis, weil der Vollzug der Übertragung eines Unternehmens sehr kompliziert und aufwendig sein kann und selbst vertraglich geregelt werden sollte.[574] Zudem hilft die Closing-Phase zu verhindern, dass eine Partei zu umfangreich in Vorleistung gehen muss.[575]

Wenn die Closing-Phase erfolgreich beendet wurde, kommt es zur umfassenden und meistens komplexen Post-M&A-Integration des Zielunternehmens in die wirtschaftlichen Strukturen des Erwerbers.[576]

b) Zwei-Verhandlungspartner-Verfahren: der Letter of Intent

Während das Auktionsverfahren für mittlere und größere Transaktionen das standardisierte Verfahren ist, wird das Zwei-Verhandlungspartner-Verfahren regelmäßig als Transaktionsverfahren für kleinere und jüngere Unternehmen genutzt. Alternativ wird es häufig gewählt, wenn das Unternehmen aufgrund seiner wirtschaftlichen Situation nicht leicht verkauft werden kann oder wenn es aus kartellrechtlichen Erwägungen nur einen unbedenklichen Erwerber gibt.[577] In diesem Verfahren stehen sich, wie in vielen typischen Vertragsverhandlungen, nur zwei Parteien gegenüber.[578]

---

[571] Siehe ausführlich unten: C. VIII.

[572] *Engelhardt/v. Maltzahn*, in: Holzapfel/Pöllath, Unternehmenskauf, Rn. 1143.

[573] *Merkt*, in: FS Sandrock, 2000, 657, 680 ff., der überdies erklärt, dass der Begriff Closing ursprünglich aus der Abwicklung eines Immobilienkaufs nach US-amerikanischem Recht stammt; ferner *Rempp*, in: Hölters, Hdb. Unternehmenskauf, Rz. 1.135.

[574] *Engelhardt/v. Maltzahn*, in: Holzapfel/Pöllath, Unternehmenskauf, Rn. 1143 f.

[575] *Merkt*, in: FS Sandrock, 2000, 657, 680 f.

[576] Umfassend zu typischen Problemen der Post-M&A-Integration: *Möritz*, in: Beck'sches M&A-HB, § 53 Rn. 1 ff.

[577] Zu beiden Konstellationen: *Rempp*, in: Hölters, Hdb. Unternehmenskauf, Rz. 1.118.

[578] *Haberstock*, in: Holzapfel/Pöllath, Unternehmenskauf, Rn. 1338, bezeichnet es als das traditionelle „Face-to-Face"-Verfahren.

Die Ausführungen beim Auktionsverfahren zum internen Teil, zur Due Diligence, zur Vertragsverhandlung, zum Signing, Closing und zur Post-M&A-Integration gelten auch für dieses Verfahren.[579] Anders ist und betont wird jedoch in diesem Zusammenhang der Letter of Intent. In der Regel unterschreiben die beiden Parteien nach den ersten Gesprächen und Verhandlungen zu einem gewissen Zeitpunkt einen gemeinsamen sog. Letter of Intent (LoI)[580]. Die Praxis des Letters of Intent stammt aus dem angloamerikanischen Rechtsraum und etablierte sich schnell als internationaler Standard für die M&A-Industrie.[581] Der Grund für den Letter of Intent ist im Vorfeld eine gemeinsame Absicht zu erklären, dass man in der Zukunft einen Kaufvertrag abschließen will. Es geht dementsprechend darum, eine gewisse geschäftliche oder faktische Verbindlichkeit zu erreichen. Ferner dokumentiert der Letter of Intent den aktuellen Stand und die offenen Fragen.[582]

Der Zeitpunkt, wann der Letter of Intent gemeinsam unterschrieben werden kann, hängt entscheidend von dem Reifegrad des geregelten Inhalts des Letters of Intent ab. Insgesamt gibt es verschiedene detaillierte Erscheinungsformen, wobei grundsätzlich ein Letter of Intent einen Kaufpreis (und/oder die Methode zur Berechnung) sowie die Struktur der Unternehmenstransaktion, weitere wesentliche Verhandlungsergebnisse und einen Ablaufplan der Transaktion enthält.[583] Diesen Grundinhalten eines Letters of Intent ist in der Regel gemein, dass die Unterzeichner für diese Punkte keine Rechtsverbindlichkeit wollen.[584] Jedoch findet man zusätzlich auch häufig rechtsverbindliche Regelungen im Letter of Intent zur Vertraulichkeit, zu Gerichtsständen, zur Rechtswahl oder zu exklusiven Verhandlungen.[585]

c) *Identifizierung von relevanten Vorgängen*

Ein Vorgang kann lediglich dann relevant für die Zustimmungsvorbehalte gem. § 111 Abs. 4 Satz 2 AktG sein, wenn es sich um ein Geschäft von erheblicher oder grundlegender Bedeutung für die Gesellschaft handeln kann und es daher grundsätzlich zu einer erheblichen oder grundlegenden Veränderung der wirtschaftlichen

---

[579] *Rempp*, in: Hölters, Hdb. Unternehmenskauf, Rz. 1.135 ff.

[580] Für den Letter of Intent werden auch andere Begrifflichkeiten wie Absichtserklärung oder Memorandum of Understanding genutzt, vgl. dazu: *Rempp*, in: Hölters, Hdb. Unternehmenskauf, Rz. 1.135. Zur Vereinfachung wird für dieses Phänomen der M&A-Branche ausschließlich der Begriff des Letters of Intent genutzt.

[581] *Kösters*, NZG 1999, 623, 623.

[582] *Kösters*, NZG 1999, 623, 623; *Engelhardt/v. Maltzahn*, in: Holzapfel/Pöllath, Unternehmenskauf, Rn. 676.

[583] *Rempp*, in: Hölters, Hdb. Unternehmenskauf, Rz. 1.135; *Engelhardt/v. Maltzahn*, in: Holzapfel/Pöllath, Unternehmenskauf, Rn. 672 ff.

[584] *Engelhardt/v. Maltzahn*, in: Holzapfel/Pöllath, Unternehmenskauf, Rn. 676; *Weber*, in: Hölters, Hdb. Unternehmenskauf, Rz. 9.29.

[585] *Rempp*, in: Hölters, Hdb. Unternehmenskauf, Rz. 1.136 f.

Lage oder der Risikoexposition kommen kann. Alle Vorgänge, die das nicht erfüllen, gehören – vorbehaltlich, dass kein Fall eines Geschäfts von grundlegender Bedeutung kraft Natur der Sache vorliegt – exklusiv zum Bereich des Vorstands und sind vom Geschäftsführungsverbot des Aufsichtsrats gem. § 111 Abs. 4 Satz 1 AktG umfasst.

aa) Interne Vorgänge

Bei den internen Vorgängen der jeweiligen Parteien bei der Unternehmenstransaktion kann man prinzipiell davon ausgehen, dass diese keine Relevanz für den Aufsichtsrat und die Zustimmungsvorbehalte nach § 111 Abs. 4 Satz 2 AktG haben. Die einzelnen internen Vorgänge weisen kein erkennbares und praktisch relevantes Potenzial auf, dass sie besonders risikoreich sind und die entsprechenden Bedeutungsschwellen übertreten. Ihnen mangelt es häufig an einer rechtlichen Verbindlichkeit oder ihre Kosten sind grundsätzlich überschaubar. Sie sind wichtig für die Transaktion, allerdings gehören sie in ihrer Tätigkeit vielfach zum Tagesgeschäft des Vorstands.

Als Beispiel kann man die interne Suche nach möglichen Käufern nennen oder umgekehrt aus der Käuferperspektive die Suche nach einem geeigneten Zielunternehmen. Diese Suche ist ein Teil der Vorfeldmaßnahmen und übliches Tagesgeschäft.[586] Sie ist vergleichbar mit anderen Suchhandlungen wie der Suche nach einem neuen Lieferanten oder Zwischenhändler. Ferner fehlt ihnen als vorbereitende Handlung auch eine nennenswerte Bedeutung. Insofern kann man solche Vorgänge nicht mit einem Zustimmungsvorbehalt belegen, da das Übermaßverbot betroffen wäre.[587]

Auch die weiteren Maßnahmen wie die Teambildung, das Sammeln von Informationen oder das Durchführen von Unternehmensbewertungen sind keine Vorgänge, die für sich eine Ausnahme vom Geschäftsführungsverbot rechtfertigen.

Demgegenüber könnte eine Relevanz für den Verkaufsversuch selbst in seiner Gesamtheit vorliegen. Durch die Entscheidung, das Zielunternehmen verkaufen zu wollen, wird ein kostenintensiver Prozess in Form eines Versuchs gestartet. Immerhin ist nicht gewiss, dass das Zielunternehmen am Ende verkauft wird und diese Investitionen einer Einnahme durch den Kaufpreis gegenüberstehen. Dabei werden teure externe Berater mandatiert und viel Personal gebunden. Diesbezüglich lohnt es sich, neben den offensichtlich relevanten Transaktionskosten der Parteien eine genauere Risikoanalyse der typisierbaren Risiken durchzuführen, die speziell dem Versuch zugeordnet werden können. Spiegelbildlich gilt dies gleichwohl für den Bieter bzw. Kaufinteressenten. Denn auch durch die Entscheidung, sich an einer

---

[586] Siehe oben: B. I. 3. c) aa).

[587] Ebenso ohne große Auseinandersetzung: *Cahn*, AG 2014, 525, 528, der für die interne Suche nach Zielunternehmen eine Zustimmungsvorbehaltsbegründung ablehnt, da sie in den „Kernbereich der eigenverantwortlichen Leitungsmacht" des Vorstands eingreift.

Unternehmenstransaktion als Kaufinteressent zu beteiligen, entstehen erhebliche Kosten und Risiken. Ferner können durch rechtliche Vereinbarungen wie eine Break-up Fee oder ein Cost Cover oder durch eine Haftung auch die Kosten der anderen Seite relevant werden.

bb) Externe Vorgänge

Der Erwerb oder die Veräußerung des Zielunternehmens durch den Kaufvertragsschluss ist bereits Kerngegenstand dieser Arbeit und unstrittig relevant für die Zustimmungsvorbehalte des Aufsichtsrats gem. § 111 Abs. 4 Satz 2 AktG. Bei den übrigen externen Vorgängen der vorherigen Darstellung gibt es allerdings gleichfalls Klärungsbedarf im Verhältnis zu den Zustimmungsvorbehalten. Es erscheint lohnend, das Phänomen des Letters of Intent des Zwei-Verhandlungspartner-Verfahrens näher zu untersuchen. Ebenso muss die Entscheidung zur Zulassung der Due-Diligence-Prüfung einer genaueren Untersuchung hinsichtlich ihres Risikos unterzogen werden, da durch diese Entscheidung sehr sensible Informationen mit externen Personen ausgetauscht werden. Auch die Akquisitionsfinanzierung und der Abschluss einer W&I-Versicherung könnten eine Relevanz haben und werden somit untersucht.

Auf der anderen Seite gibt es auch viele externe Vorgänge, die nicht diese Bedeutung haben und dem klassischen Tagesgeschäft des Vorstands zuzuordnen sind. So sind alle Zwischenhandlungen wie der Teaser oder die Process Letters oder rechtsunverbindliche Angebotsangaben des Non-Binding Offers, Confirmatory Offers oder Binding Offers nicht relevant. Bei diesen Vorgängen würde man zu tief in die Geschäftsführung des Vorstands eingreifen. Immerhin ist es im Ergebnis nur die Korrespondenz zu einem möglichen Abschluss.

Auch Vertragsverhandlungen sind klassisches Tagesgeschäft. Es wäre ein Hineinregieren des Aufsichtsrats, wenn man an dieser Stelle Zustimmungsvorbehalte zulassen würde.[588] Die Vertragsverhandlungen können demzufolge ebenfalls nicht Teil eines Zustimmungsvorbehalts sein.[589]

2. Rechtspraxis: Zustimmungsvorbehalte für die Unternehmenstransaktionen

In der Rechtspraxis sind die Zustimmungsvorbehalte im Rahmen der Unternehmenstransaktion sehr relevant. Im Jahr 2013 wurde eine empirische Studie mit 153 börsennotierten Aktiengesellschaften und SEs durchgeführt. Dabei konnten von 51

---

[588] Hier greift das Übermaßverbot zum Schutz der Leitungsverantwortung des Vorstands, dazu oben: B. I. 3.

[589] Für Vertragsverhandlungen ebenso: *Cahn*, AG 2014, 525, 530.

Gesellschaften die Zustimmungskataloge untersucht werden.[590] 42 Gesellschaften hatten einen Zustimmungsvorbehalt im Bereich Gründung, Auflösung, Erwerb und Veräußerung von Tochtergesellschaften, was von allen Zustimmungsvorbehalten der höchste Wert war.[591] Trotz dieser empirischen Erkenntnis der weiten Verbreitung kann man feststellen, dass knapp 20 % diesen Bereich, zumindest nach den Erkenntnissen der Studie, nicht geregelt haben.

a) Konkrete Beispiele

Jedoch geht es nicht allein um die Frage des Ob, sondern ganz besonders um die des Wie. Wie regeln die Aufsichtsräte der großen deutschen Unternehmen ihre Corporate Governance bei Unternehmenstransaktionen mit dem Mittel der Zustimmungsvorbehalte nach § 111 Abs. 4 Satz 2 AktG? Daher werden im Folgenden fünf Beispiele von verschiedenen (börsennotierten) Aktiengesellschaften mit unterschiedlichen Größen und Branchen untersucht, verglichen und abschließend zusammen gewürdigt.

aa) Siemens AG

Die *Siemens AG* ist ein international agierender Mischkonzern mit dem Fokus auf Automatisierung, Digitalisierung und Mobilitätslösungen mit Sitz in Berlin und München.

(1) § 4 Abs. 3 lit. b) Geschäftsordnung von Oktober 2018

Die Zustimmungsvorbehalte des Aufsichtsrats der *Siemens AG* finden sich in der Geschäftsordnung des Aufsichtsrats[592]: Für den Bereich der Unternehmenstransaktionen heißt es dort, dass es der Zustimmung des Aufsichtsrats bedarf bei:

> „Erwerb, Veräußerung und Umwandlung von Unternehmen, Unternehmensbeteiligungen und Unternehmensteilen sowie die Bildung von Strategischen Unternehmen, soweit im Einzelfall der Verkehrswert oder in Ermangelung des Verkehrswerts der Buchwert den Betrag von 300 Mio. € erreicht oder übersteigt. Soweit im Einzelfall der Verkehrswert oder in Ermangelung des Verkehrswerts der Buchwert den Betrag von 600 Mio. € nicht erreicht, beschließt der Innovations- und Finanzausschuss an Stelle des Aufsichtsrats über die Zustimmung."

---

[590] *Hofschroer*, Zustimmungsvorbehalt, S. 93 ff.

[591] *Hofschroer*, Zustimmungsvorbehalt, S. 98; *Habersack*, NZG 2020, 881, 883; *Habersack*, in: FS Hüffer, 2010, 259, 262 hat in 20 börsennotierten Aktiengesellschaften ebenfalls den Erwerb und die Veräußerung von Unternehmen und Unternehmensanteilen als klassischen Zustimmungsvorbehalt identifiziert.

[592] Siehe *Siemens AG*, Geschäftsordnung des Aufsichtsrats vom Oktober 2018, abrufbar unter https://bit.ly/4ccfZVd, zuletzt abgerufen am 24.11.2024.

(2) Analyse

Diese Geschäftsordnungsregelung statuiert einen Zustimmungsvorbehalt für Unternehmenstransaktionen, die im ersten Schritt als Auslöser eine Wertgrenze von 300 Mio. EUR für den Verkehrswert haben. Im zweiten Schritt, falls es keinen Verkehrswert gibt, wird der gleiche Betrag für den Buchwert als Auslöser genommen. Transaktionen zwischen 300 Mio. EUR und 600 Mio. EUR werden vom Innovations- und Finanzausschuss und Transaktionen ab 600 Mio. EUR im gesamten Aufsichtsrat entschieden. Transaktionen mit einem Verkehrswert oder Buchwert unter 300 Mio. EUR werden demnach nicht vom Aufsichtsrat kontrolliert mitentschieden.

bb) Deutsche Telekom AG

Die *Deutsche Telekom AG* ist ein internationales Telekommunikationsunternehmen mit Sitz in Bonn.

(1) Satzung und Geschäftsordnung der Deutschen Telekom AG

In § 11 der Satzung[593] wird zunächst ein Rahmen gesetzt:

> „Im Rahmen der zwingenden gesetzlichen Vorschriften und der Bestimmungen dieser Satzung gibt sich der Aufsichtsrat eine Geschäftsordnung. Die Geschäftsordnung des Aufsichtsrats hat zu bestimmen, dass bestimmte Arten von Geschäften, insbesondere
>
> – solche, die die Vermögens-, Finanz- oder Ertragslage der Gesellschaft oder Risikoexposition der Gesellschaft grundlegend verändern, und
>
> – Gründung, Auflösung, Erwerb oder Veräußerung von Unternehmensbeteiligungen ab einer vom Aufsichtsrat in der Geschäftsordnung festzulegenden Grenze
>
> nur mit seiner Zustimmung vorgenommen werden dürfen.“

Die Zustimmungsvorbehalte hinsichtlich der angesprochenen Unternehmenstransaktionen sind in der Geschäftsordnung des Aufsichtsrats[594] geregelt. In § 6 Abs. 1 Nr. 2 steht:

> „Gründung, Auflösung, Erwerb oder Veräußerung von Unternehmen, Unternehmensteilen und Unternehmensbeteiligungen sowie Anteilsänderungen an unmittelbaren Beteiligungen durch die Gesellschaft, wenn der Gegenstandswert der jeweiligen Maßnahme den Betrag von EUR 125 Mio. übersteigt.“

---

[593] Siehe *Deutsche Telekom AG*, Satzung, abrufbar unter https://bit.ly/3A2FLwE, zuletzt abgerufen am 24. 11. 2024.

[594] Siehe *Deutsche Telekom AG*, Geschäftsordnung des Aufsichtsrates vom Januar 2024, abrufbar unter https://bit.ly/3Ycc30o, zuletzt abgerufen am 24. 11. 2024.

(2) Analyse

Interessant ist, dass § 11 der Satzung das Thema der Unternehmenstransaktion prominent und exklusiv aufnimmt und im Übrigen an die bekannte Formulierung der TransPuG-Begründung und des DCGK 2002 anknüpft. An dieser Stelle sei angemerkt, dass die wörtliche Übernahme der DCGK-2002-Formulierung nicht dem Bestimmtheitserfordernis gem. § 111 Abs. 4 Satz 2 AktG entspricht und deswegen als nichtig erachtet werden muss.[595]

Darüber hinaus spezifiziert § 6 Abs. 1 Nr. 2 der Geschäftsordnung des Aufsichtsrats der *Deutschen Telekom AG* dann den durch die Satzung gesetzten Rahmen mit einer Wertgrenze für den „Gegenstandswert". Was darunter zu verstehen ist, wird offengelassen. Indes kann man den Gegenstandswert wohl als den objektiven Geldwert oder das wirtschaftliche Interesse betrachten. Jedenfalls wird er nicht näher definiert. § 6 Abs. 1 Nr. 3 umfasst eindeutig den Share und Asset Deal. Der quantitative Anknüpfungswert ist lediglich ein Betrag in Euro.

cc) Evonik Industries AG

Die *Evonik Industries AG* ist ein Spezialchemieunternehmen mit Sitz in Essen.

(1) § 10 Abs. 1 lit. f) Geschäftsordnung des Aufsichtsrats vom Januar 2024

Ebenfalls hat der Aufsichtsrat der *Evonik Industries AG* die Zustimmungsvorbehalte für die Unternehmenstransaktion in seiner Geschäftsordnung[596] geregelt. Danach bedarf es der Zustimmung für:

> „Errichtung von oder Beteiligung (Share- und Asset-Deals) an anderen Unternehmen und Kapitalerhöhungen und -herabsetzungen an solchen Unternehmen, sofern der Wert der Maßnahmen im Einzelfall den Betrag von 100 Mio. € übersteigt; sowie Aufgabe von Beteiligungen an anderen Unternehmen und von Standorten, sofern der Wert der Maßnahmen im Einzelfall den Betrag von 100 Mio. € übersteigt."

(2) Analyse

Hier wird eine Wertgrenze von 100 Mio. EUR statuiert, die sich auf den „Wert der Maßnahme" bezieht. Diese offene Formulierung kann sich dementsprechend sowohl auf den Kaufpreis als auch auf den Buchwert oder eine andere Bewertung beziehen. Der § 10 Abs. 1 lit. f) nennt überdies ausdrücklich die Optionen Share und Asset Deal.

---

[595] *Altmeppen*, in: FS Karsten Schmidt, 2009, 23, 29 f.; *Habersack*, in: FS Hüffer, 2010, 259, 262.

[596] Siehe *Evonik Industries AG*, Geschäftsordnung des Aufsichtsrats vom Januar 2024, abrufbar unter https://corporate.evonik.com/de/unternehmen/aufsichtsrat, zuletzt abgerufen am 24.11.2024.

dd) Heidelberger Druckmaschinen AG

Die *Heidelberger Druckmaschinen AG* ist ein Unternehmen im Bereich des Präzisionsmaschinenbaus und insb. von Offsetdruckmaschinen mit Sitz in Heidelberg.

(1) § 8 Abs. 1 lit. a) Geschäftsordnung vom Juli 2023

Die *Heidelberger Druckmaschinen AG* hat ihre Zustimmungsvorbehalte im Bereich des Unternehmenskaufs ebenfalls in der Geschäftsordnung des Aufsichtsrats[597] geregelt. In § 8 Abs. 1 lit. a) heißt es:

> „Der Vorstand bedarf der Zustimmung des Aufsichtsrats:
>
> a) zum Erwerb, zur Veräußerung und zur Belastung von Grundstücken und Erbbaurechten, zum Erwerb und zur Veräußerung von bestehenden Anteilen an Unternehmen, zur Übernahme von Bürgschaften, Garantien oder ähnlichen Haftungen, sofern bei diesen Geschäften der Wert Euro 20 Millionen im Einzelfall übersteigt, zur Übernahme von Bürgschaften, Garantien oder ähnlichen Haftungen zudem nur dann, wenn diese außerhalb des üblichen Geschäftsverkehrs erfolgt und [...].“

(2) Analyse

Die Wertgrenze von 20 Mio. EUR umfasst lediglich den „Erwerb“ und die „Veräußerung von bestehenden Anteilen an Unternehmen“. Bei einer strengen Wortlautauslegung würden also etwaige Asset Deals grundsätzlich nicht darunterfallen, weil das Zielunternehmen ohne die Anteile des vorherigen Rechtsträgers veräußert wird. Der quantitative Anknüpfungswert bei diesem Zustimmungsvorbehalt ist ausschließlich ein Betrag in Euro.

ee) RWE AG

Die *RWE AG* ist eines der größten deutschen Energieversorgerunternehmen mit Sitz in Essen.

(1) § 8 Abs. 1 lit. b) Geschäftsordnung vom Dezember 2021

Der Bereich Unternehmenstransaktionen ist ebenfalls in der Geschäftsordnung des Aufsichtsrats[598] und nicht in der Satzung geregelt. In § 8 Abs. 1 lit. b) heißt es:

> „Der Vorstand bedarf der Zustimmung des Aufsichtsrats [...]
>
> b) zum Erwerb und zur Veräußerung von Unternehmen oder Unternehmensteilen oder Anteilen an diesen; [...]

---

[597] Siehe *Heidelberger Druckmaschinen AG*, Geschäftsordnung des Aufsichtsrats vom Juli 2023, abrufbar unter https://bit.ly/4dLQppj, zuletzt abgerufen am 24.11.2024.

[598] Siehe *RWE AG*, Geschäftsordnung des Aufsichtsrats, abrufbar unter https://bit.ly/3Ilh gLL, zuletzt abgerufen am 24.11.2024.

sofern bei den Geschäften gemäß lit. a) bis c) der Wert acht vom Hundert des Grundkapitals der Gesellschaft im Einzelfall übersteigt."

(2) Analyse

Die *RWE AG* benutzt eine Wertgrenze für ihre Zustimmungsvorbehalte im Bereich der Unternehmenstransaktion. Diese umfassen deutlich Share und Asset Deals. Der quantitative Anknüpfungswert sind 8 % des Grundkapitals der Gesellschaft.

ff) Würdigung

Diese Beispiele können nur einen Ausschnitt der tatsächlichen Praxis von vornehmlich deutschen internationalen Großunternehmen widerspiegeln. Freilich ist auch nicht bekannt, ob bei der konkreten Gesellschaft Ad-hoc-Zustimmungsvorbehalte genutzt werden oder die gelebte Praxis von der Regelung in der Satzung/Geschäftsordnung abweicht. Trotz dieser Vorbehalte lassen sich einige Erkenntnisse aus den Gemeinsamkeiten und Unterschieden gewinnen.

Unter den fünf Beispielen dominiert als der konkrete Geschäftswert, der mit der Wertgrenze verglichen wird, der Verkaufspreis/Kaufpreis des Zielunternehmens der Unternehmenstransaktion. Es gibt ferner den Verkehrswert, den Buchwert und den Gegenstandswert. Als quantitativer Anknüpfungswert dominiert bei den Beispielen ein Betrag in Euro. Ferner behandeln alle Zustimmungsvorbehalte lediglich die eigentliche, finale Erwerbung oder Veräußerung. Etwaige Vorbereitungsmaßnahmen oder andere Lebenssachverhalte der Unternehmenstransaktion werden nicht einbezogen.

Es wird nicht immer ausdrücklich die Variante eines Asset Deals in den Zustimmungsvorbehalten aufgenommen. Jedoch bezieht jedes Beispiel den Erwerb oder die Veräußerung von Anteilen als Tatbestandsmerkmal mit ein. Obgleich es unwahrscheinlich ist, dass in der Praxis vergleichbare Asset Deals nicht im Aufsichtsrat ähnlich diskutiert und beschlossen werden, überrascht diese tatbestandliche Lücke.

b) M&A-Aktivitäten deutscher internationaler Großunternehmen

Nicht allein das in den Geschäftsordnungen Geschriebene ist für diese Untersuchung interessant. Gerade auch die tatsächlichen M&A-Aktivitäten der deutschen internationalen Großunternehmen sind sehr wichtig. Die meisten deutschen internationalen Großunternehmen nehmen sehr aktiv am internationalen M&A-Markt teil und kaufen und verkaufen Zielunternehmen. Für die nicht börsennotierten deutschen internationalen Großunternehmen ist es schwierig, mit öffentlichen Quellen ihre M&A-Aktivitäten nachzuverfolgen. Dies ist bei den börsennotierten Unternehmen anders. Sie bieten im Rahmen der folgenden Darstellung einen guten

Einblick in die allgemeinen M&A-Aktivitäten deutscher internationaler Großunternehmen am M&A-Markt.[599]

Im Jahr 2022 haben die DAX-Unternehmen 264 Unternehmenstransaktionen (Deals) mit einem Gesamtwert von 41,655 Mrd. US-Dollar durchgeführt.[600] Im Jahr 2021 waren es sogar 273 Unternehmenstransaktionen mit einem Gesamtwert von 55,687 Mrd. US-Dollar.[601] Im Jahr 2020 waren es 233 Transaktionen mit einem Gesamtwert von 61,136 Mrd. US-Dollar.[602]

Für die MDAX-Unternehmen gab es im Jahr 2022 115 Transaktionen mit einem Gesamtwert von 8,793 Mrd. US-Dollar.[603] Im Jahr 2021 fanden dagegen mehr Transaktionen statt mit 154 Transaktionen und einem Gesamtwert von 22,140 Mrd. US-Dollar.[604] Allerdings wurden im Jahr 2020 nur 87 Transaktionen mit einem Gesamtwert von 6,015 Mrd. US-Dollar durchgeführt.[605]

Ebenso interessant ist Folgendes: Wenngleich der M&A-Markt ein internationaler Markt ist, tätigen die deutschen Großunternehmen auch viele Aktivitäten am regionalen deutschen Markt. So führten die DAX-Unternehmen von 2013 bis 2022 366 Transaktionen am deutschen regionalen M&A-Markt und die MDAX-Unternehmen 311 Transaktionen durch.[606] Damit ist der deutsche M&A-Markt für die deutschen börsennotierten internationalen Großunternehmen an der Spitze, gefolgt von den USA.[607] Deutsche internationale Großunternehmen werden deshalb für ihre M&A-Aktivitäten nicht ausschließlich mit ausländischem Recht, sondern gerade auch mit dem heimischen Recht konfrontiert.

---

[599] Die Darstellungen beziehen sich auf die Studie DAX/MDAX Global M&A Survey, 2023 in Auftrag gegeben und durchgeführt von der Kanzlei *Freshfields Bruckhaus Deringer*, abrufbar unter https://www.freshfields.com/en-gb/our-thinking/campaigns/german-ma-report/, zuletzt abgerufen am 24.11.2024.

[600] DAX/MDAX Global M&A Survey, 2023, Freshfields Bruckhaus Deringer, abrufbar unter https://www.freshfields.com/en-gb/our-thinking/campaigns/german-ma-report/deal-volumes-and-values/, zuletzt abgerufen am 24.11.2024.

[601] DAX/MDAX Global M&A Survey, 2023, Freshfields Bruckhaus Deringer, abrufbar siehe Fn 600.

[602] DAX/MDAX Global M&A Survey, 2023, Freshfields Bruckhaus Deringer, abrufbar siehe Fn. 600.

[603] DAX/MDAX Global M&A Survey, 2023, Freshfields Bruckhaus Deringer, abrufbar siehe Fn. 600.

[604] DAX/MDAX Global M&A Survey, 2023, Freshfields Bruckhaus Deringer, abrufbar siehe Fn. 600.

[605] DAX/MDAX Global M&A Survey, 2023, Freshfields Bruckhaus Deringer, abrufbar siehe Fn. 600.

[606] DAX/MDAX Global M&A Survey, 2023, Freshfields Bruckhaus Deringer, abrufbar unter https://www.freshfields.com/en-gb/our-thinking/campaigns/german-ma-report/deals-by-region/, zuletzt abgerufen am 24.11.2024.

[607] DAX/MDAX Global M&A Survey, 2023, Freshfields Bruckhaus Deringer, abrufbar siehe Fn. 606.

II. Verkaufs-/Kaufversuch bzw. Transaktionskosten

Als erster identifizierter relevanter Vorgang wird der Verkaufs- oder Kaufversuch im Verhältnis zu den Zustimmungsvorbehalten des Aufsichtsrats nach § 111 Abs. 4 Satz 2 AktG beleuchtet.[608] Dieser und die folgenden Abschnitte der identifizierten Vorgänge haben denselben Aufbau. Zuerst folgt zur Sortierung eine Vorüberlegung. Danach werden die typisierbaren abstrakten Risiken des relevanten Vorgangs – unter Einbezug der risikoreduzierenden Gegenmaßnahmen der M&A-Branche – analysiert. Aufbauend auf der Vorüberlegung und Risikoanalyse werden abschließend die Leitlinien für die Zustimmungsvorbehalte des AG-Aufsichtsrats nach § 111 Abs. 4 Satz 2 AktG entwickelt.

1. Vorüberlegung

Es liegt auf der Hand, dass mit der Entscheidung zum Kauf- oder Verkaufsversuch Transaktionskosten für den Verkäufer oder Kaufinteressenten entstehen.[609] Diese werden in der folgenden Risikoanalyse ausführlich gewürdigt. Allerdings muss man sich an dieser Stelle fragen, ob neben diesem Kostenrisiko weitere Risiken des isolierten Versuchs und nicht eines etwaigen abgeschlossenen Erwerbs oder einer Veräußerung des Zielunternehmens hinzutreten. Denn wenn es nur um die Transaktionskosten geht, muss sich auch ein etwaiger Zustimmungsvorbehalt darauf beschränken. In diesem Abschnitt soll jedoch darüber hinaus die Frage geklärt werden, ob der Versuch selbst in seiner Summe von Risiken, wovon die Transaktionskosten ein Teil sind, ein Geschäft von erheblicher oder grundlegender Bedeutung sein kann.

Als Risiken des isolierten Versuchsvorhabens, die zu einem monetären Verlust führen können, kommt bei einer lebensnahen Betrachtung neben den Transaktionskosten besonders eine vorvertragliche Haftung in Betracht. Überdies hat ein Transaktionsvorhaben in den betroffenen Kreisen stets weitere tatsächliche Auswirkungen. Daher soll das Risiko einer unfreiwilligen Veröffentlichung des Transaktionsvorhaben untersucht werden. Zudem ist beim Verkaufs- oder Kaufversuch zu fragen, ob ein relevantes strategisches Risiko in Bezug zu den Zustimmungsvorbehalten nach § 111 Abs. 4 Satz 2 AktG vorhanden ist. Auf der anderen Seite

[608] Es geht in diesem Abschnitt nur um die Entscheidung zum Verkaufs- oder Kaufversuch des Vorstands. Es ist offensichtlich zu differenzieren, wer die Entscheidung zum Versuch trifft. Denn in den Fällen, in denen die Aktionäre der AG die Entscheidung zum Verkaufsversuch ihrer Anteile selbst fällen, ist diese Entscheidung zum Verkaufsversuch keine der Geschäftsführung. Eine Entscheidung der Aktionäre kann jedoch nicht Gegenstand der Zustimmungsvorbehaltsbegründung nach § 111 Abs. 4 Satz 2 AktG des entsprechenden Aufsichtsrats sein. Für den anerkannten Ausschluss der Hauptversammlung aus dem Adressatenkreis der Zustimmungsvorbehalte gem. § 111 Abs. 4 Satz 2 AktG: *Semler*, Leitung und Überwachung, S. 73 ff. Der Ausgangspunkt bleibt somit die Entscheidung des Vorstands, ein Zielunternehmen, z. B. ein Tochterunternehmen, zu verkaufen.

[609] Hierzu bereits oben: C. I. 1. a) aa) (2).

dürfen keine Risiken in die Risikoanalyse einbezogen werden, die erst durch ein anderes, späteres Geschäft ausgelöst werden wie z. B. die Entscheidung des Verkäufers zur Zulassung einer Due Diligence[610] oder der Abschluss des Kaufvertrags[611].

2. Risikoanalyse

a) Pflicht zur redlichen Verhandlungsführung (culpa in contrahendo)

Grundsätzlich beginnt mit dem Verkaufs- oder Kaufversuch eine Haftungsgefahr. Denn es besteht die Möglichkeit einer Haftung im Rahmen des Verschuldens bei Vertragsanbahnung nach §§ 280 Abs. 1, 311 Abs. 2, 241 Abs. 2 BGB, wenn man die Grenze von rechtlich ganz unverbindlichen Gesprächskontakten überschreitet.[612] Durch die hohen Werte und Kosten von Unternehmenstransaktionen spielen Haftungsfragen in der Praxis unabhängig vom eigentlichen Kauf oder Verkauf eine besondere Rolle.[613]

Besonders die vorvertraglichen Pflichten, die sich auf die Auskunft und Offenlegung wesentlicher Informationen beziehen, sind regelmäßig Gegenstand von Streitigkeiten im Rahmen eines Unternehmenskaufs. Indes betreffen diese hauptsächlich den erfolgreichen Bieter im Auktionsverfahren bzw. den Käufer des Zielunternehmens.[614] Für die vorliegende Risikoanalyse des Verkaufs- oder Kaufversuchs spielen sie deshalb keine Rolle und sind bei der Risikoanalyse zum entsprechenden Unternehmenskaufvertrag zu verorten.[615]

aa) Verkäufer

Zunächst ist der Verkäufer des Zielunternehmens zu einer redlichen Verhandlungsführung verpflichtet. Da es dem Verkäufer bei einer lebensnahen Betrachtung nicht möglich ist, die Verhandlungen ausschließlich zu nutzen, um Informationen abzugreifen, reduziert sich diese Pflicht aus Verkäuferperspektive darauf, das Auktionsverfahren nicht ohne triftigen Grund abzubrechen.[616]

Zwar gilt grundsätzlich auch der willkürliche Abbruch von Verhandlungen als zulässig,[617] andererseits ändert sich dies ab dem Moment, wenn die eine Seite in

[610] Siehe unten: C. IV.

[611] Siehe unten: C. V. und C. VI.

[612] Zur Abgrenzung: LG München I, Urteil v. 31.03.2009 – 33 O 25598/05, BB 2009, 729, 729 ff.

[613] So *Geyrhalter et al.*, DStR 2006, 1559, 1559.

[614] *Weber*, in: Hölters, Hdb. Unternehmenskauf, Rz. 9.13.

[615] Siehe unten: C. V. und C. VI.

[616] *Weber*, in: Hölters, Hdb. Unternehmenskauf, Rz. 9.12.

[617] BGH, Urteil v. 07.12.2000 – VII ZR 360/98, WM 2001, 684, 685 ff.

zurechenbarer Weise ein solches berechtigtes Vertrauen auf den Vertragsschluss gesetzt hat, dass alles Weitere nur noch als reine Förmlichkeit betrachtet wird und die andere Seite im Vertrauen darauf Aufwendungen getätigt hat.[618]

Im Auktionsverfahren darf der mögliche Käufer vom Verkäufer erwarten, dass er nicht ohne triftigen Grund das Verfahren abbricht.[619] Insgesamt kann man daher sagen: Je weiter die Verhandlungen und der Prozess gehen, umso mehr wächst das Vertrauen in den Abschluss.[620] Jedoch dürfte bei einer lebensnahen Betrachtung der Verkäufer immer auf einen triftigen Grund zugreifen können, z.B. einen zu niedrigen Preis oder erkannte Haftungsrisiken bei Verkauf.[621] Zudem ist im Falle eines Auktionsverfahrens der Bieterseite auch bekannt, dass es meist mehrere Bieter gibt, sodass kaum ein schutzwürdiges Vertrauen entstehen kann.[622] Ebenfalls wird die Gefahr einer möglichen Haftung nochmals minimiert, wenn es um gesetzlich verpflichtende formbedürftige Verträge geht. In diesem Fall bezieht sich eine Haftung bzgl. des Abbruchs der Verhandlungen ausschließlich auf vorsätzliche, schwere Verletzungen.[623] Ebenso muss beachtet werden, dass regelmäßig die Haftung aus einer (fahrlässigen) vorvertraglichen Pflichtverletzung insgesamt abbedungen wird.[624]

Dementsprechend ist bei einer lebensnahen Betrachtung ein Haftungsrisiko aus §§ 280 Abs. 1, 311 Abs. 2, 241 Abs. 2 BGB für den Verkäufer als sehr gering zu qualifizieren, wobei es dennoch vorhanden ist.

bb) Bieter/Kaufinteressent

Die vorherigen Ausführungen hinsichtlich des grundlosen Abbruchs der Verhandlungen gelten auch für den Kaufinteressenten. Für den möglichen Käufer besteht ebenso die Pflicht der redlichen Verhandlungsführung, jedoch in einem relevanteren Umfang als für den Verkäufer. Dies liegt daran, dass es zwei Fälle gibt, die für den Verkäufer grundsätzlich keine Bedeutung haben und auf der anderen Seite für den Kaufinteressenten gefährlich werden können. Denn eine Verletzung der vorvertraglichen Pflichten kann erstens vorliegen, wenn man die Verhandlungen nutzt, um Informationen zu gewinnen, und der anderen Seite daraus ein Schaden

---

[618] BGH, Urteil v. 22.02.1989 – VIII ZR 4/88, DB 1989, 1022, 1022; BGH, Urteil v. 29.03.1996 – V ZR 332/94, DB 1996, 1916, 1916f.; *Weber*, in: Hölters, Hdb. Unternehmenskauf, Rz. 9.12.

[619] *Weber*, in: Hölters, Hdb. Unternehmenskauf, Rz. 9.12.

[620] *Geyrhalter et al.*, DStR 2006, 1559, 1561.

[621] *Geyrhalter et al.*, DStR 2006, 1559, 1562; *Hilgard*, BB 2008, 286, 288.

[622] *Geyrhalter et al.*, DStR 2006, 1559, 1562.

[623] BGH, Urteil v. 29.03.1996 – V ZR 332/94, DB 1996, 1916, 1916f.; OLG Stuttgart, Urteil v. 02.04.2007 – 5 U 177/06, WM 2007, 1743, 1743.

[624] *Henssler*, in: FS Hopt, 2010, 113, 116, 127f.; *Habersack/Schürnbrand*, in: FS Canaris, Band 1, 2007, 359, 361.

erwächst.[625] Zudem liegt zweitens eine Verletzung der vorvertraglichen Pflicht zur redlichen Verhandlungsführung vor, wenn eine Partei als möglicher Käufer verhandelt, allerdings tatsächlich nicht die finanziellen Mittel hat, um den Kaufpreis aufzubringen.[626]

Auf der anderen Seite wurden diese Risiken gleichwohl von der M&A-Branche erkannt und spezielle Lösungsansätze erarbeitet. Hinsichtlich der Gefahr, dass Informationen abgegriffen werden und so die Pflicht zur redlichen Verhandlungsführung verletzt wird, kann dieses Risiko durch eine praxisübliche Vertraulichkeitsvereinbarung reduziert werden. Bereits ohne ausdrückliche Vertraulichkeitsvereinbarung treffen beide Parteien Geheimhaltungspflichten, abgeleitet von ihrem vorvertraglichen Schuldverhältnis gem. § 241 Abs. 2 BGB.[627] Allerdings tauschen die Parteien grundsätzlich sehr früh im Prozess ausdrückliche Vertraulichkeitsvereinbarungen aus[628] und statuieren ein eigenes vertragliches Regime zur Klärung dieses Bereichs. Dies nützt auch dem potenziellen Anspruchsgegner, da regelmäßig fahrlässiges Handeln abbedungen wird.[629] Die Vertraulichkeitsvereinbarungen beinhalten zusätzlich häufig zur Vereinfachung eine Vertragsstrafe oder einen pauschalisierten Schadenersatz als Sanktionsmittel bei Verstoß gegen die Geheimhaltungspflicht.[630] Insgesamt werden mögliche Haftungsszenarien und viele Rechtsunsicherheiten durch die vertraglichen Regelungen beseitigt.

Das andere Haftungsszenario, in dem der Kaufinteressent eine Verletzung der vorvertraglichen Pflicht zur redlichen Verhandlungsführung begeht, weil er nicht die finanziellen Mittel für den Kaufpreis hat, kann durch einen Finanzierungsvorbehalt vermieden werden.[631]

Insgesamt kann man zwar das typisierbare Risiko des Kaufversuchs des Bieters/ Kaufinteressenten aus einer vorvertraglichen Haftung höher einstufen. Allerdings sollte es – wie beim Verkäufer – bei einer lebensnahen Betrachtung nicht überschätzt werden und kann durch den Einsatz von professionellen Rechtsberatern und entsprechenden Maßnahmen – wie einer Vertraulichkeitsvereinbarung oder eines Finanzierungsvorbehalts – stark reduziert werden.[632]

---

[625] *Weber*, in: Hölters, Hdb. Unternehmenskauf, Rz. 9.17.

[626] *Weber*, in: Hölters, Hdb. Unternehmenskauf, Rz. 9.12.

[627] *Lutter*, Letter of Intent, S. 48 f. geht bereits von einer konkludenten Geheimhaltungspflicht ab einem bestimmten Grad der Verhandlungen aus; *Larenz*, in: FS Ballerstedt, 1975, 397, 414 f. zu den „Diskretionsfällen".

[628] *Haberstock*, in: Holzapfel/Pöllath, Unternehmenskauf, Rn. 1343; siehe oben: C. I. 1. a) bb) (1).

[629] *Henssler*, in: FS Hopt, 2010, 113, 116, 127 f.; *Habersack/Schürnbrand*, in: FS Canaris, Band 1, 2007, 359, 361.

[630] *Clauss/Jäckle/Strehle*, in: Beck'sches M&A-HB, § 56 Rn. 1 ff.

[631] *Jansen*, GWR 2009, 361, 362 f.; *Weber*, in: Hölters, Hdb. Unternehmenskauf, Rz. 9.12.

[632] Für eine dennoch eventuelle Haftung auf Schadenersatz des Kaufinteressenten oder des Verkäufers gelten die allgemeinen Grundsätze §§ 280 Abs. 1, 311 Abs. 2, 241 Abs. 2 BGB,

b) Risiko hinsichtlich unfreiwilliger Veröffentlichung

Abseits rechtlicher Risiken herrscht beim Verkäufer und auch beim Käufer häufig die Angst, dass der Verkaufs- oder Kaufprozess öffentlich wird. Daher wird das gesamte Transaktionsvorhaben zunächst vertraulich und geheim behandelt. Zu groß können die Folgen für die Parteien sein.[633] Dabei geht es besonders um die Folgen eines Reputationsschadens.[634] Denn zum einen wird das Zielunternehmen Arbeitnehmer beschäftigen, die bei einer Veröffentlichung regelmäßig (ob gerechtfertigt oder nicht) Angst um ihren Arbeitsplatz bekommen, was wiederum zu negativer Berichterstattung führen kann.[635] Im Übrigen können sich Mitarbeiter auf neue Positionen bei anderen Unternehmen wegbewerben.[636] Es besteht überdies die Gefahr, dass Kunden, Lieferanten oder auch Banken durch solche Informationen abgeschreckt werden.[637] Zudem könnten manche Konkurrenten diesen Moment für ein aggressives Abwerben der Kunden nutzen.[638]

Selbstverständlich ist allen Beteiligten bewusst, dass eine solche Entscheidung im Falle einer erfolgreichen und abgeschlossenen Transaktion irgendwann kommuniziert werden muss. Allerdings steht während des Prozesses kaum etwas verbindlich fest. Auch kann es passieren, dass die Transaktion aus verschiedenen Gründen scheitert. Ohne eine handfeste Struktur und konkrete Konditionen gibt es für die weiteren Stakeholder zu viele offene Fragen, was bei diesen Verunsicherung auslöst. Deshalb wird mit aller Kraft versucht, die in der Regel gemeinsame Veröffentlichung der Transaktion auf einen Zeitpunkt zu koordinieren, zu dem eine gewisse Rechtssicherheit und eine damit verbundene Planungssicherheit für alle weiteren Stakeholder besteht.[639] Mit anderen Worten will man direkt nach der Bekanntmachung Antworten auf die berechtigten Fragen der Stakeholder anbieten.

---

wobei, wie bereits oben angesprochen, häufig eine vorvertragliche (fahrlässige) Haftung vertraglich ausgeschlossen wird, dazu: *Weber*, in: Hölters, Hdb. Unternehmenskauf, Rz. 9.15. Allerdings ist die unmögliche Abdingbarkeit der Vorsatzhaftung zu beachten, siehe unten dazu: C. VI. 2. c) bb).

[633] *Cahn*, AG 2014, 525, 525 spricht davon, dass bereits Gerüchte das Potenzial haben, eine Akquisition zu verhindern.

[634] Siehe oben allgemein zu Reputationsschäden: B. I. 2. b) bb) (2) (b).

[635] *Weber*, in: Hölters, Hdb. Unternehmenskauf, Rz. 9.14.

[636] Nach *Billing/Flötotto*, in: Hölters, Hdb. Unternehmenskauf, Rz. 2.51 ist es, um der „erhebliche[n] persönliche[n] Unsicherheit“ der Mitarbeiter entgegenzuwirken und eine „Bindung“ zu erreichen, wichtig, dass eine „klare Kommunikation“ erfolgt. Diese wird umso schwerer, je ungeplanter die Verkündung selbst erfolgt.

[637] *Weber*, in: Hölters, Hdb. Unternehmenskauf, Rz. 9.12.

[638] *Billing/Flötotto*, in: Hölters, Hdb. Unternehmenskauf, Rz. 2.51 führen aus, dass es nach einer Studie von *McKinsey* selbst bei einer organisierten Ankündigung zu einem Rückgang des Kerngeschäfts kommt, der u. a. auf die Abwerbung von Konkurrenten und die Ausnutzung des Ablenkungsmoments zurückzuführen ist. Stattdessen empfehlen sie eine „frühe und gezielte Kommunikation“ mit den Kunden.

[639] Dazu ausführlich: *Billing/Flötotto*, in: Hölters, Hdb. Unternehmenskauf, Rz. 2.101.

Doch wie kann es dazu kommen, dass jemand die Informationen, dass ein Verkauf oder Kauf beabsichtigt ist und verhandelt wird, vor der geplanten Bekanntmachung preisgibt? Man kann an viele unterschiedliche Szenarien denken, die die Mitarbeiter bzw. Berater und/oder Wirtschaftsjournalisten umfassen. Überdies wird besonders dem mitbestimmten Aufsichtsrat trotz gesetzlicher Verschwiegenheitspflicht gem. § 116 Satz 2 AktG eine mangelhafte Vertraulichkeit und Geheimhaltung vorgeworfen.[640] Folglich werden die Anteilseignervertreter regelmäßig zeitlich vor den Arbeitnehmervertretern über die Transaktion informiert.[641]

Zwar greift an dieser Stelle ebenfalls die Vertraulichkeitsvereinbarung zwischen dem Verkäufer und dem Käufer, ob es nun um den Umstand des Verhandelns selbst oder andere Informationen, z. B. aus der Due Diligence, geht.[642] Demgegenüber wird man allein durch die Vertraulichkeitsvereinbarungen nicht immer eine unfreiwillige Veröffentlichung des Verkaufsversuchs oder anderer Informationen verhindern können. Zumal selbst mit den Sanktionsmitteln der Nachweis schwierig ist, dass es nicht auf der eigenen Seite zum Verstoß kam.[643]

Unabhängig von einer rechtlichen Haftung liegt es zudem im wirtschaftlichen Interesse der beteiligten Parteien, ihre Verschwiegenheitspflichten zu wahren, da bereits der Eindruck einer Verantwortlichkeit für einen Vertraulichkeitsverstoß Reputationsschäden zur Folge haben kann.[644] Dies gilt vornehmlich für die Rechtsanwälte oder Investmentbanker, deren Geschäft davon lebt, dass ihre Mandanten und Kunden auf eine professionelle Durchführung der Unternehmenstransaktion setzen.

Somit lässt sich festhalten, dass diesem Risiko bei einer lebensnahen Betrachtung und bei dem Mangel an öffentlichen Fällen eine sehr niedrige Wahrscheinlichkeit zugeordnet werden sollte.

c) *Kein relevantes strategisches Risiko*

Als vorläufige Maßnahme hat der Verkaufs- oder Kaufversuch des Zielunternehmens keine endgültige Wirkung auf die Unternehmensstrategie und demzufolge hat der Versuch kein relevantes strategisches Risiko für den Aufsichtsrat. Etwas anderes ist es, wenn man sich als Käufer dazu entscheidet, nicht an einem Verkaufsprozess teilzunehmen, oder der Verkäufer entscheidet, den Verkaufsversuch

---

[640] *Hopt/Leyens*, ECFR 2004, 135, 145.

[641] So z. B. das Fusionsvorhaben der *Deutschen Börse AG* und *NYSE Euronext* im Jahr 2012, dazu: *Rieger/Rothenfußer*, NZG 2014, 1012, 1012 f.; zustimmend zur Zulässigkeit von Vorabinformationen an ausgewählte Aufsichtsratsmitglieder: *Cahn*, AG 2014, 525, 532 ff.; OLG Frankfurt, Urteil v. 01. 10. 2013 – 5 U 214/12, AG 2014, 373, 375.

[642] Siehe oben: C. I. 1. a) bb) (1).

[643] Allgemein zur Vertraulichkeitserklärung: *Haberstock*, in: Holzapfel/Pöllath, Unternehmenskauf, Rn. 1343.

[644] Siehe oben zu Reputationsschäden: B. I. 2. b) bb) (2) (b).

abzubrechen bzw. zu unterlassen. An dieser Stelle liegt eine endgültige Entscheidung vor, die insofern Fakten schafft. Allerdings wäre der Anknüpfungspunkt das Unterlassen des Vorstands, der nicht Gegenstand eines Zustimmungsvorbehalts nach § 111 Abs. 4 Satz 2 AktG sein kann.[645] Es bleibt deswegen außer Betracht.

d) Vergebliche Aufwendungen – Transaktionskosten

Deutlich relevanter für den Vorgang des Verkaufs- oder Kaufversuchs als die vorvertragliche Haftung und eine unfreiwillige Veröffentlichung ist die Frage der Transaktionskosten der jeweiligen Parteien. Man kann an drei mögliche Quellen für vergebliche Aufwendungen denken. Erstens entstehen fast immer Kosten durch den Einsatz von externen Beratern. Zweitens bedeutet das Transaktionsvorhaben einen hohen Einsatz von eigenen Ressourcen (z. B. Personal). Drittens kann es durch z. B. Freistellungen (sog. Cost Cover) zum Ersatz der Transaktionskosten von Dritten kommen. Ein wichtiger Sonderfall, der auch den Ersatz der Kosten eines Dritten umfasst, ist die Break-up-Fee-Vereinbarung, die in einem eigenen folgenden Unterabschnitt behandelt wird.[646]

aa) Eigene Transaktionskosten (besonders durch externe Berater)

Heutzutage wäre der ganze wirtschaftliche Komplex Unternehmenstransaktion ohne die M&A-Branche undenkbar.[647] Diese Branche ist schwerpunktmäßig u. a. auf die Beratung von verkaufs- und kaufwilligen Parteien ausgerichtet. Die Beratung von Investmentbanken, Anwälten, Wirtschaftsprüfern, Unternehmensberatern usw. ist jedoch ein kostspieliger Punkt für die Verkäufer und Käufer.[648]

Der Einsatz von Investmentbankern ist in größeren Unternehmenstransaktionen grundsätzlich der Regelfall.[649] Stattdessen sind im Bereich der mittelständischen Unternehmenstransaktionen nicht die klassischen großen Investmentbanken, sondern eher auf den Mittelstand spezialisierte M&A-Berater und Banken anzutreffen.[650] Das klassische Vergütungsmodell ähnelt sich allerdings bei beiden und ist ein Erfolgshonorar (Success Fee), das sich am Wert der Unternehmenstransaktion ori-

---

645 Siehe oben: B. I. 1. a) bb).

646 Im Übrigen sollte beachtet werden, dass die Transaktionskosten wie die Beratungsdienstleistungen – zumindest teilweise – regelmäßig durch Fremdkapital finanziert werden, dazu: *Knepper*, in: Beck'sches M&A-HB, § 17 Rn. 14; ferner siehe unten zur Akquisitionsfinanzierung: C. VIII.

647 *Fleischer*, ZHR 2008, 538, 570 spricht allgemein von „Wirtschaftsanwälte[n] als Bändiger von Regulierungskosten".

648 *Geyrhalter et al.*, DStR 2006, 1559, 1559.

649 *Engelhardt*, in: Holzapfel/Pöllath, Unternehmenskauf, Rn. 1108 ff.

650 *Jaques*, in: Beck'sches HB Unternehmenskauf Mittelstand, Rn. B. 10.

entiert.[651] Demgegenüber gibt es auch Teilvergütungsmodelle, die nicht auf den erfolgreichen Abschluss der Transaktion abstellen. Diese werden meist als Retainer-Gebühr bezeichnet und werden ausgelöst, wenn der Verkauf nicht durchgeführt wird.[652]

Ebenfalls regelmäßig eingeschaltet sind externe Wirtschaftsprüfungs- und Steuerberatungsgesellschaften. Ihr Aufgabenfeld liegt meist im Bereich der Financial oder Tax Due Diligence.[653] Die externe Dienstleistung von Anwälten – meistens auf Wirtschaftsrecht spezialisierten Kanzleien – findet man fast bei jeder Unternehmenstransaktion von kleinen bis sehr großen Transaktionen. Die Aufgaben der Rechtsanwälte sind grundsätzlich rechtliche Risikoabschätzungen, Gliederungen der Unternehmenstransaktionen, Due Diligence mit rechtlichen Prüfungsfragen, Verhandlungen bzgl. des konkreten Kaufvertrags und in manchen Fällen liegt die gesamte Organisation und Koordinierung des Projekts bei den Rechtsanwälten.[654] Die Vergütung der Wirtschaftsprüfer, Steuerberater und Rechtsanwälte kann besonders bei aufwendigen und komplexen Unternehmenstransaktionen sehr kostspielig werden und wird unabhängig von der erfolgreichen Durchführung der Transaktion gewährt.[655]

Ferner werden regelmäßig Versicherungsmakler für eventuelle W&I-Versicherungen[656] eingesetzt. Hinsichtlich einer möglichweise notwendigen Öffentlichkeitsarbeit wird häufig auch auf Kommunikationsberater und Lobbyisten zurückgegriffen.[657]

Es ist schwierig, allgemeinere Aussagen über die Transaktionskosten von Verkäufern und Kaufinteressenten zu treffen,[658] weil diese sehr abhängig vom Einzelfall sind. Es kann große Transaktionen mit wenig Aufwand geben und umgekehrt können kleinere Transaktionen sehr kompliziert werden. Hierzu existieren zwar keine empirischen Untersuchungen für Deutschland, allerdings tendieren Ergebnisse aus den USA dazu, dass die Transaktionskosten regelmäßig bei 1 % bis 4 %

---

[651] *Rempp*, in: Hölters, Hdb. Unternehmenskauf, Rz. 1.115b; *Jaques*, in: Beck'sches HB Unternehmenskauf Mittelstand, Rn. B. 15.

[652] *Jaques*, in: Beck'sches HB Unternehmenskauf Mittelstand, Rn. B. 15.

[653] Zur Zulässigkeit von M&A-Beratung durch Wirtschaftsprüfer: *Henssler*, ZHR 2007, 10, 27 ff.

[654] *Rempp*, in: Hölters, Hdb. Unternehmenskauf, Rz. 1.115c.

[655] Das Erfolgshonorar für Rechtsanwälte ist unter bestimmten Voraussetzungen (im Einzelfall und wenn es die Rechtsverfolgung ermöglichen soll) nach § 4a RVG zulässig, dazu ausführlicher: *Winkler/Teubel*, in: Mayer/Kroiß, RVG, § 4a Rn. 23 ff. Allerdings kann bei den Wirtschaftsprüfern ein Erfolgshonorar (besonders als pauschalisierte Erfolgsprämie) grundsätzlich zulässig sein, dazu: *Henssler*, ZHR 2007, 10, 29 ff.

[656] Siehe unten ausführlich für die W&I-Versicherung: C. VII.

[657] *Rempp*, in: Hölters, Hdb. Unternehmenskauf, Rz. 1.115g.

[658] *Gran*, NJW 2008, 1409, 1410 sieht besonders das Risiko vergeblicher Aufwendungen für den Bieter.

des Werts der Transaktion liegen.[659] Der Verkäufer und der Kaufinteressent müssen jedoch neben den offensichtlichen externen Kosten auch eigene Personal- und Sachmittel investieren. Diese Ressourcen können nicht anderweitig eingesetzt werden. Es gibt diesbezüglich gleichfalls keine Studien zu den Kosten. Zudem erscheint es schwierig, diese zu bestimmen. Jedoch genügt insgesamt für die hiesige Risikoanalyse, dass es hohe Summen sein können, die letztlich ohne Gegenwert aufgewendet werden, wenn die Unternehmenstransaktion scheitert.[660]

bb) Freistellung fremder Kosten: Cost Cover

Manchmal findet man darüber hinaus sog. Cost-Cover-Vereinbarungen, wonach die eine Seite der anderen Seite verspricht, sie im Falle gescheiterter Vertragsverhandlungen von ihren nachweisbaren Transaktionskosten freizustellen.[661] Der häufigste Fall einer Cost-Cover-Vereinbarung ist die des Verkäufers zugunsten der Kaufinteressenten.[662] Diese findet man besonders im Auktionsverfahren.[663] Aus der Perspektive der hiesigen Risikoanalyse werden die Kosten der vergeblichen Aufwendungen durch diese Vereinbarungen weiter vertieft.

e) Break-up-Fee-Vereinbarungen

Die Break-up-Fee-Vereinbarung zielt ähnlich darauf ab, das Risiko von erheblichen Kosten ohne Gegenwert durch einen gescheiterten Deal zu minimieren.[664] Die Break-up-Fee-Vereinbarung regelt zudem im Vergleich mit einer Cost-Cover-

---

[659] Dies ergab eine US-amerikanische Studie von *EY* über 229 Unternehmenstransaktionen im Jahr 2023, wobei diese auch die Integrationskosten einbezog, abrufbar unter https://www.ey.com/en_us/strategy-transactions/four-current-trends-estimating-mergers-acquisitions-integration-costs, zuletzt abgerufen am 24.11.2024.

[660] *Weber*, in: Hölters, Hdb. Unternehmenskauf, Rz. 9.41 spricht von „Aufwendungen", die „verloren" sind; ähnlich *Geyrhalter et al.*, DStR 2006, 1559, 1559; *Haberstock*, in: Holzapfel/Pöllath, Unternehmenskauf, Rn. 1340; *Cahn*, in: FS Stilz, 2014, 99, 102.

[661] *Rempp*, in: Hölters, Hdb. Unternehmenskauf, Rz. 1.133.

[662] Die Voraussetzung für eine Kostenerstattung im Fall von gescheiterten Vertragsverhandlungen ist jedoch, dass der potenzielle Käufer nicht ohne Rechtfertigung von seinen bisherigen Positionen, die sich aus dem Binding Offer, so z.B. Kaufpreis und Equity Bridge oder ersten Mark-ups, ergeben, abweicht. Das Ziel dieser Cost-Cover-Vereinbarung zulasten des Verkäufers ist es dem Verkäufer zu ermöglichen, dass er mit mehreren potenziellen Käufern verhandeln kann, dazu: *Rempp*, in: Hölters, Hdb. Unternehmenskauf, Rz. 1.133.

[663] *Rempp*, in: Hölters, Hdb. Unternehmenskauf, Rz. 1.133, der ferner betont, dass die Cost-Cover-Vereinbarungen zulasten des Verkäufers besonders geschätzt sind bei Private Equity-Käufern, da deren Ziele regelmäßig nur das mittelfristige Engagement und der anschließende Verkauf zu einem deutlich höheren Kaufpreis sind. Somit kann nur die erfolgreich durchgeführte Transaktion selbst die hohen Kosten der Transaktion refinanzieren. Dagegen haben Transaktionsaufwendungen im Fall von gescheiteten Vertragsverhandlungen keinen Gegenwert.

[664] *Hilgard*, BB 2008, 286, 286.

Vereinbarung meist detaillierter, was passiert, wenn eine der Seiten den Prozess abbricht.[665] Der zentrale Regelungsinhalt der Break-up-Fee-Vereinbarung ist zunächst, dass die Partei, die die Verhandlungen abbricht, zur Zahlung einer bestimmten Gebühr (Break-up Fee) verpflichtet wird.[666] Meist werden dafür Trigger-Events vereinbart, die die entsprechende Zahlungspflicht auslösen.[667] Das bedeutet für die andere Seite geringere vergebliche Aufwendungen ihrer Transaktionskosten ohne Verschuldensnachweis.[668]

Die Break-up-Fee-Vereinbarung ist vorteilhafter als der bereits dargestellte Anspruch aus culpa in contrahendo, weil beim Anspruch aus culpa in contrahendo die abbrechende Seite grundsätzlich einen triftigen Grund für den Abbruch finden wird und folglich die Haftung nie greift,[669] wenn sie sogar nicht vertraglich ausgeschlossen ist.[670]

aa) Rechtsnatur

Wichtig ist, dass die Break-up Fee nicht nur den nicht abbrechenden Teil vor vergeblichen Aufwendungen schützt, sondern sie soll auch zusätzlich eine Anreizfunktion erfüllen, dass keine Seite abbricht. Es geht mithin nicht allein um die Erstattung von Kosten, sondern auch um eine finanzielle Bindung zur Durchführung des Deals.[671] Die nächsthöhere Stufe wäre eine rechtliche Bindung, ein Geschäft einzugehen, wie ein Vorvertrag.[672]

Die Break-up-Fee-Vereinbarung kann die rechtliche Natur eines pauschalisierten Schadenersatzes, eines selbständigen Strafversprechens oder einer Vertragsstrafe nach § 339 BGB aufweisen, je nachdem, wie die Break-up-Fee-Vereinbarung ausgestaltet ist und wie stark die Ziele Kostenerstattung oder finanzieller Anreiz zur Durchführung umgesetzt werden.[673]

---

[665] *Weber*, in: Hölters, Hdb. Unternehmenskauf, Rz. 9.18; *Gran*, NJW 2008, 1409, 1410; *Geyrhalter et al.*, DStR 2006, 1559, 1560.

[666] *Fleischer*, AG 2009, 345, 345; *Clauss/Jäckle/Strehle*, in: Beck'sches M&A-HB, § 56 Rn. 18; *Hilgard*, BB 2008, 286, 286.

[667] *Fleischer*, AG 2009, 345, 346; *Hilgard*, BB 2008, 286, 286 f.

[668] *Gran*, NJW 2008, 1409, 1410; *Geyrhalter et al.*, DStR 2006, 1559, 1560.

[669] *Hilgard*, BB 2008, 286, 288 f.

[670] *Habersack/Schürnbrand*, in: FS Canaris, Band 1, 2007, 359, 361; *Weber*, in: Hölters, Hdb. Unternehmenskauf, Rz. 9.15.

[671] *Hilgard*, BB 2008, 286, 287; *Haßler/Wittgens*, BB 2018, 2178, 2178. Nach *Fleischer*, AG 2009, 345, 346 geht es jedoch primär um die Kostenerstattung.

[672] Siehe unten zum Vorvertrag im Rahmen eines Letters of Intent: C. III. 2. b).

[673] *Hilgard*, BB 2008, 286, 287 f.

Wenn ausschließlich die Erstattung der Kosten Gegenstand der Break-up-Fee-Vereinbarung ist, liegt ein vertraglicher pauschalisierter Schadenersatz[674] nahe.[675] Häufig wird es sich jedoch bei der Break-up-Fee-Vereinbarung um ein selbständiges Strafversprechen handeln,[676] wonach die Vereinbarung die Durchführung der Unternehmenstransaktion sicherstellen soll und die Parteien verpflichtet, eine bestimmte Handlung vorzunehmen bzw. zu unterlassen.[677] Bei Abbruch des Geschäfts kommt es dann zu einem vertraglichen Schadenersatz.[678] Die Break-up-Fee-Vereinbarung wird in diesem Fall absichtlich nicht als ein Vorvertrag, der eine rechtliche Bindung auslöst, ausgestaltet. Vielmehr wird die Freiheit bewahrt, den Deal abzulehnen, wenngleich ein wirtschaftlicher Schaden für den ablehnenden Teil entsteht.[679]

Eine akzessorische Vertragsstrafe nach § 339 BGB als Break-up Fee ist eher selten,[680] weil diese die Verletzung einer Handlungspflicht vorsieht und demnach die Parteien in Vorvereinbarungen eine rechtliche Verpflichtung zum Abschluss eingebaut haben müssten, was selten der Fall ist.[681]

bb) Folge der Break-up Fee

Die zu bezahlende Gebühr kann, wenn man bekannte internationale Fälle betrachtet, sehr hoch ausfallen: 200 Mio. EUR Barclays Bank, 1,8 Mrd. US-Dollar Warner-Lambert, 675 Mio. US-Dollar Hewlett-Packard, 560 Mio. US-Dollar Hilton Hotels und 500 Mio. US-Dollar Unocal Corp.[682]

Die Höhe der durchschnittlichen deutschen Break-up Fees ist empirisch nicht untersucht und dennoch kann man davon ausgehen, dass die amerikanische Praxis von höheren Summen auch teilweise in Deutschland anzutreffen ist. Die ersten Beispiele bei sehr großen Transaktionen sind z. B. der Deal Bayer/Monsanto mit

---

[674] Auf den pauschalisierten Schadenersatz finden nach überwiegender Ansicht die §§ 339 ff. BGB keine analoge Anwendung, BGH, Urteil v. 24. 04. 1992 – V ZR 13/91, NJW 1992, 2625; *Gottwald*, in: MüKo BGB, Band 3, Vor. § 339 Rn. 37.

[675] *Haßler/Wittgens*, BB 2018, 2178, 2179; *Hilgard*, BB 2008, 286, 287 f.; *Fleischer*, AG 2009, 345, 347.

[676] Zum selbständigen Strafversprechen: *Gottwald*, in: MüKo BGB, Band 3, Vor. § 339 Rn. 2.

[677] *Fleischer*, AG 2009, 345, 347; *Haßler/Wittgens*, BB 2018, 2178, 2179.

[678] *Hilgard*, BB 2008, 286, 288; *Haßler/Wittgens*, BB 2018, 2178, 2179.

[679] *Hilgard*, BB 2008, 286, 287 f.

[680] Zu den Voraussetzungen der akzessorischen Vertragsstrafe als unselbständige Strafabrede: *Gottwald*, in: MüKo BGB, Band 3, § 339 Rn. 15 ff.

[681] *Hilgard*, BB 2008, 286, 288, 290. Der Schutz durch eine gerichtliche Herabsetzung bei einem selbständigen Strafversprechen nach § 343 Abs. 1 Satz 1 BGB ist nämlich in der Regel durch § 348 HGB beschränkt. Es verbleibt demzufolge ausschließlich Raum für §§ 138, 242 BGB; ebenso *Fleischer*, AG 2009, 345, 347.

[682] Beispiele und Aufzählung von *Hilgard*, BB 2008, 286, 286.

vermutlich 2 Mrd. US-Dollar oder E.ON/Fortum mit wohl 1,5 Mrd. EUR.[683] Allgemein kann man wohl trotz fehlender empirischer Daten feststellen, dass sich die Break-up Fee am Transaktionswert orientieren wird.[684]

3. Leitlinien für die Zustimmungsvorbehalte

a) Kein Geschäft von grundlegender Bedeutung

Es ist wichtig, sich nochmals zu verdeutlichen, dass die Bedeutung eines Geschäfts das einzige Kriterium darstellt, ob ein Zustimmungsvorbehalt begründet werden muss, darf oder unterlassen werden muss. Die Bedeutung ist dabei grundsätzlich i. S. d. TransPuG-Begründung zu ermitteln. Es muss ein Geschäft von so grundlegender Bedeutung sein, dass die wirtschaftliche Lage oder Risikoexposition grundlegend verändert wird und somit u. a. sehr schwere bzw. herausragende Schäden für das Unternehmen entstehen können.[685] Es muss also über das hinausgehen, was ein üblicher Schaden im Geschäftsverlauf ist.[686]

Trotz der Aufwendungen für Berater und die anderen Transaktionskosten sind die weiteren Risiken, wie ein Schadenersatz einer vorvertraglichen Haftung und Reputationsschäden durch eine unfreiwillige Veröffentlichung, eher unwahrscheinlich und der Schadensumfang wird sich bei einer lebensnahen Betrachtung auch im Rahmen halten. Ferner helfen hier die Vertraulichkeitsvereinbarung und der Einsatz von entsprechenden fachkundigen Personen, eine solche Haftung zu vermeiden. Insofern fehlt es an der Bedeutung, um von einem Geschäft von grundlegender Bedeutung sprechen zu können. Man kann daher die Leitlinie formulieren, dass der Verkaufs- oder Kaufversuch grundsätzlich kein Geschäft von grundlegender Bedeutung sein wird. Das Untermaßverbot greift nicht ein.

b) Kein Geschäft von erheblicher Bedeutung

Dem Kauf- oder Verkaufsversuch fehlt es gleichfalls an einer erheblichen Bedeutung. Die rechtlichen Risiken aus einer vorvertraglichen Haftung sind bei dem Einsatz von fachkundigen Personen gering. Das gilt auch für eine unfreiwillige Veröffentlichung. Lediglich die Transaktionskosten weisen eine eigene Relevanz auf. Allerdings sollte – wie oben ausgeführt – dieser Teil neben den Transaktionskosten auch die anderen Risiken des Versuchs beleuchten. Nach der Analyse kann man demnach als Befund festhalten, dass lediglich eine abstrakte Gefahr besteht, die keine erkennbare Praxisrelevanz hat. Ferner weist die Frage des konkreten Verkaufs- oder Kaufversuchs des Zielunternehmens zwar einen strategischen Cha-

---

683 Beispiele aus *Haßler/Wittgens*, BB 2018, 2178, 2178.

684 *Hilgard*, BB 2008, 286, 290; *Haßler/Wittgens*, BB 2018, 2178, 2178.

685 Siehe oben: B. I. 2. b).

686 Siehe oben: B. I. 2. b) aa) (3).

rakter für den Vorstand auf, indes hat diese als vorläufige Maßnahme noch keine abschließende erhebliche Bedeutung. Man muss sich in diesem Zusammenhang stets verdeutlichen, dass die Zustimmungsvorbehalte im Rahmen eines Regel-Ausnahme-Verhältnisses durch eine erhebliche Bedeutung gerechtfertigt werden müssen.[687] Dem Grunde nach ist deswegen der isolierte Vorgang des Verkaufs- oder Kaufversuchs des Zielunternehmens nach der Risikoanalyse nicht bedeutsam genug, sodass ein Aufsichtsrat keinen entsprechenden Zustimmungsvorbehalt gem. § 111 Abs. 4 Satz 2 AktG begründen darf.[688]

c) Transaktionskosten bei entsprechender Wertgrenze

Ausnahmsweise und isoliert sollte man jedoch als Aufsichtsrat die Transaktionskosten im Blick behalten, wenngleich sie grundsätzlich der Risikoreduzierung dienen. Hier kann ein Geschäft von erheblicher Bedeutung für die Transaktionskosten mit einer entsprechenden Wertgrenze durch den starken Kapitalbedarf für die Aufwendungen für die Berater und andere Kosten vorliegen, die ggf. ohne Abschluss keinen Gegenwert haben.[689] Insofern kann man ausnahmsweise einen Zustimmungsvorbehalt für sehr hohe Transaktionskosten durch z. B. externe Berater begründen.[690]

Obgleich die Transaktionskosten regelmäßig nicht so hoch sein werden, dass ein Geschäft von erheblicher Bedeutung vorliegt, lohnt es sich dennoch, diesen Sonderfall gesondert im Katalog festzuhalten. Denn gerade in Unternehmenstransaktionen gibt es eine Vielzahl an Kosten, die lediglich in ihrer Summe diese Schwelle überschreiten. Ein vorformulierter und begründeter Zustimmungsvorbehalt schafft dahingehend beim Vorstand als Adressat der Zustimmungsvorbehalte ein Bewusstsein, diese Möglichkeit im Blick zu behalten. Dies bestätigt ebenfalls ein

[687] Ebenso lehnt *Cahn*, AG 2014, 525, 529 eine Zustimmungsvorbehaltsfähigkeit für die Beauftragung externer Berater ab. Er diskutiert allerdings nicht die Gefahr von hohen vergeblichen Aufwendungen und eine entsprechende Wertgrenze; *J. Hüffer*, in: FS Hüffer, 2010, 365, 377 sieht ohne Ausführungen zur Zulässigkeit einen Zustimmungsvorbehalt als nicht „relevant" für die Nebenkosten der Transaktion an; wohl a. A. *Lange*, DStR 2003, 376, 377 ff., der den Fall der Entscheidung über den Erwerbs- oder Veräußerungsversuch als möglichen Zustimmungsvorbehalt betrachtet. Dabei äußert *Lange* sich nicht dazu, ob angesichts des Geschäftsführungsverbots jeder Erwerbs- oder Veräußerungsversuch von einem Zustimmungsvorbehalt umfasst sein kann.

[688] Hierzu äußert sich *Lange*, DStR 2003, 376, 377 ff. nicht.

[689] Freilich kann bei einem extrem hohen Kapitalbedarf für die Aufwendungen auch ein zustimmungspflichtiges Geschäft von grundlegender Bedeutung vorliegen. Jedoch ist dies wohl ein sehr unwahrscheinlicher Fall.

[690] A. A. wohl *J. Hüffer*, in: FS Hüffer, 2010, 365, 377, der ohne Ausführungen zur Zulässigkeit einen Zustimmungsvorbehalt als nicht „relevant" für die Nebenkosten der Transaktion ansieht.

Blick ins Ausland, wo korrespondierende Zustimmungsvorbehalte teilweise ein Bewusstsein für die Kosten und die Relevanz für eine Überwachung aufzeigen.[691]

Für eine bessere Einordnung dieses Zustimmungsvorbehalts werden die Formulierungsempfehlungen in C. VI. 3. d) dargestellt.

d) Unzulässigkeit einer präjudizierenden Break-up Fee durch den Vorstand

Grundsätzlich sind Break-up-Fee-Vereinbarungen im Rahmen einer Unternehmenstransaktion unbedenklich. Immerhin hilft die Vereinbarung beiden Seiten, je weiter der Prozess gekommen ist und die Kosten gestiegen sind, eine stärkere Verbindlichkeit und notfalls eine bessere Kostenverteilung zu erreichen. Allerdings muss man eine Ausnahme in dem Fall vornehmen, in dem die Kostenübernahme sehr umfangreich ist und die abschließende Zustimmungsentscheidung des Aufsichtsrats über die Transaktion als Trigger umfasst ist. Denn dies löst für den Aufsichtsrat einen faktischen Zwang aus, der Transaktion am Ende insgesamt zuzustimmen.[692] In diesem Fall ist zwar die durch den Vorstand abgeschlossene Vereinbarung im Außenverhältnis wirksam, indes liegt im Innenverhältnis gegenüber dem Aufsichtsrat eine Pflichtverletzung des Vorstands vor.[693] Der Vorstand kann diese Problematik andererseits einfach umgehen, indem entweder die Break-up Fee im Einzelfall nicht zu hoch vereinbart wird und/oder die Break-up Fee nicht durch die verweigerte Zustimmung des Aufsichtsrats ausgelöst wird. Die letzte Option erscheint dabei die rechtssicherste und damit vorzugswürdige Variante zu sein.[694]

Ferner existiert der Vorschlag, die Break-up Fee oder andere, ähnliche Vereinbarungen selbst unter einen Zustimmungsvorbehalt des Aufsichtsrats zu stellen.[695] Es ist richtig, dass die Gebühr einen Umfang haben könnte, dass ein Geschäft von erheblicher Bedeutung vorliegt. Auch könnte sogar eine Zustimmungsvorbehaltspflicht gem. dem Untermaßverbot des § 111 Abs. 4 Satz 2 AktG bestehen, wenn der Vorstand einen zu hohe Break-up Fee vereinbaren will und die Zustimmungsentscheidung des Aufsichtsrats nicht als Trigger ausgenommen wird. Denn hier läge ein Fall vor, bei dem der Vorstand offensichtlich so gegen die Ordnungs-

---

[691] Dazu siehe unten: D. III. 3. a) bb).

[692] So zur Break-up Fee, die einen Zustimmungsvorbehalt des Aufsichtsrats betrifft: *Fleischer*, AG 2009, 345, 351; *Schnorbus/Ganze*, BB 2020, 386, 392; ebenfalls kritisch: *Clauss/Jäckle/Strehle*, in: Beck'sches M&A-HB, § 56 Rn. 19.

[693] *Hilgard*, BB 2008, 286, 293.

[694] Ebenso *Schnorbus/Ganze*, BB 2020, 386, 392.

[695] *Cahn*, AG 2014, 525, 529 sieht eine Zustimmungsvorbehaltsfähigkeit für die Fälle, „die in Anbetracht ihrer Höhe die Entscheidung des Aufsichtsrats über die Zustimmungserteilung faktisch präjudizieren"; ferner *Haßler/Wittgens*, BB 2018, 2178, 2179, die es als empfehlenswert ansehen, ab einem zu hohen Betrag die Zustimmung des Aufsichtsrats einzuholen, oder dass der Vorstand, wenn die Gebühr selbst so hoch wie der Schwellenwert der Transaktion im Katalog ist, entsprechend die Break-up-Fee-Vereinbarung vorlegen muss.

mäßigkeit[696] handelt, dass ein Geschäft von grundlegender Bedeutung kraft Natur der Sache gegeben wäre.[697] Denn der Vorstand kann nicht die gesellschaftsrechtliche Zuständigkeit des Aufsichtsrats für die eigentliche Zustimmungsentscheidung über die Transaktion durch eine zu hohe Break-up-Fee-Vereinbarung faktisch aushebeln.[698] Eine Zustimmungsentscheidung über die Break-up Fee würde ebenso die Pflichtwidrigkeit des Vorstands entfallen lassen. Es bestehen demzufolge keine rechtlichen Bedenken gegen eine Lösung über einen eigenen Zustimmungsvorbehalt, vielmehr kann sogar eine Pflicht dazu bestehen.[699]

Jedoch ist sie gegenüber der zuvor genannten Lösung nicht vorzugswürdig, bei der man die verweigerte Zustimmungsentscheidung des Aufsichtsrats nicht als Trigger-Event der Break-up Fee nimmt. Denn in dem Vorschlag eines eigenen Zustimmungsvorbehalts liegt eine gewisse Gefahr, dass die Notwendigkeit dafür schlicht übersehen wird, wenn ein Ad-hoc-Zustimmungsvorbehalt dafür genutzt werden soll. Der Aufsichtsrat findet sich dann in der faktischen präjudizierenden Situation wieder, die es eigentlich zu vermeiden galt. Im Übrigen ist das Hauptargument gegen diesen Ansatz, dass erst bei der abschließenden Zustimmungsentscheidung über den Kauf/Verkauf des Zielunternehmens dem Aufsichtsrat alle Informationen zur Transaktion vorliegen. Die Zustimmung zur Break-up-Fee-Vereinbarung ist indes zeitlich der Zustimmung zum Vertragsschluss vorgeschaltet. Eine sehr hohe Break-up Fee, die auch die nachgeschaltete verweigerte Zustimmungsentscheidung über die Transaktion als Trigger umfasst, kann deswegen den Druck zur Zustimmung auslösen, obwohl nun längst Tatsachen über die Transaktion vorliegen, weswegen der Aufsichtsrat die Zustimmung verweigern wollen würde. Dies widerspricht somit dem Ziel der präventiven Überwachung durch die Zustimmungsvorbehalte gem. § 111 Abs. 4 Satz 2 AktG.[700]

Deshalb sollte der Aufsichtsrat durch ein verhaltenssteuerndes Merkmal versuchen, den Vorstand zu animieren, ausschließlich solche Break-up-Fee-Vereinbarungen abzuschließen, bei denen die verweigerte Zustimmungsentscheidung kein Trigger-Event ist. Ist die Zustimmungsentscheidung ein Trigger-Event, greift ab einem gewissen Betrag der Zustimmungsvorbehalt für die Vereinbarung und der Aufsichtsrat behält so die Kontrolle und erfüllt eine ggf. bestehende Pflicht zur Zustimmungsvorbehaltsbegründung aus dem Untermaßverbot des

---

[696] Der Aufsichtsrat überprüft als Teil seines Überwachungsmaßstabs die allgemeine Ordnungsmäßigkeit der Gesellschaft. Innerhalb der Ordnungsmäßigkeit überprüft der Aufsichtsrat, ob die Geschäftsführung „sachgerecht" organisiert und ausgestaltet ist. Dieser Punkt greift somit die Corporate Governance auf, dazu *Semler*, Leitung und Überwachung, S. 107 f.

[697] Siehe oben: B. I. 2. b) cc) (3).

[698] *Cahn*, AG 2014, 525, 529; *Haßler/Wittgens*, BB 2018, 2178, 2179.

[699] Siehe oben allgemein zum hier vertretenen Untermaßverbot des § 111 Abs. 4 Satz 2 AktG: B. I. 2.

[700] Allgemein zur präventiven Überwachung der Zustimmungsvorbehalte des Aufsichtsrats: *Drygala*, in: K. Schmidt/Lutter, AktG, Band 1, § 111 Rn. 49; *Hopt/Roth*, in: Großkomm. AktG, Band 5, § 111 Rn. 636 f.

§ 111 Abs. 4 Satz 2 AktG. So werden beide Lösungsvorschläge im Umgang mit Break-up Fees kombiniert.

Die Formulierungsempfehlung eines Zustimmungsvorbehalts, der greift, wenn die verweigerte Zustimmungsentscheidung ein Trigger-Event ist, wird für eine bessere Einordnung in den Gesamtkontext in C. VI. 3. d) dargestellt.

III. Abschluss eines Letters of Intent im Zwei-Verhandlungspartner-Verfahren

Der Letter of Intent ist wie vieles in der deutschen M&A-Branche eine angloamerikanische Erfindung und deshalb im Vergleich zu vielen anderen Rechtskonstruktionen verhältnismäßig neu.[701]

1. Vorüberlegung

Um seine Relevanz für die Zustimmungsvorbehalte des Aufsichtsrats zu untersuchen, muss man zuerst einmal klären, was sich unter einen Letter of Intent fassen lässt. Denn der Letter of Intent ist als Ausgangspunkt ein Oberbegriff für viele unterschiedliche Maßnahmen und mithin eine „rechtlich neutrale Bezeichnung“.[702] Man muss im Folgenden zwei Fälle unterscheiden: zunächst den typischen Letter of Intent ohne Bindungswirkung und zweitens einen Letter of Intent, der eine Bindungswirkung als Vorvertrag oder durch die Einräumung einer Option aufweist. Für den zweiten Fall liegt es nahe, diesen im Rahmen der Risikoanalyse zu betrachten. Jedoch fragt sich, ob der typische Fall des Letters of Intent ohne Bindungswirkung überhaupt ein Risiko für eine Risikoanalyse aufzeigt.

Wenn man allein diesen typischen Fall betrachtet, geht es nämlich nur um eine gegenseitige, rechtlich nicht verbindliche Absichtserklärung zu einem zukünftigen Unternehmenskaufvertrag.[703] Die fehlende Bindungswirkung bezieht sich auf die

---

[701] *Lutter* hat mit seinem Werk „Der Letter of Intent“ (1. Auflage von 1982) dieses Phänomen früh ausführlich und generell betrachtet. Nach *Merkt*, in: FS Sandrock, 2000, 657, 683 wurde der Letter of Intent „relativ reibungslos in das System des deutschen Rechts integriert“. Am regelmäßigsten wird ein Letter of Intent im Zwei-Verhandlungspartner-Verfahren abgeschlossen, dazu: *Schönhaar*, GWR 2014, 273, 274.

[702] *Kösters*, NZG 1999, 623, 623; *Lutter*, Letter of Intent, S. 19 ff. erläutert unterschiedliche Erscheinungsformen des Letters of Intent (besonders außerhalb eines Unternehmenskaufkontextes).

[703] *Kösters*, NZG 1999, 623, 623. Obgleich die Bezeichnung als Letter of Intent keinen finalen Rückschluss auf die rechtliche Wirkung zulässt, muss man ihm bei der Auslegung eine Indizwirkung zugestehen, dass die Parteien zunächst keine Bindungswirkung haben wollten. Nichtsdestotrotz räumt man im professionellen Rahmen der M&A-Branche jeglichen Zweifel der Bindungswirkungsfragen aus, indem im Letter of Intent die fehlende Bindungswirkung

zentrale Funktion des Letters of Intent. Er soll das bereits Geklärte und die offenen Aspekte der Transaktion festhalten.[704] Ohne Bindungswirkung geht es jedoch ausschließlich, um den geschäftlichen Ruf sich an getroffene Absprachen zu halten. Zwar ist der geschäftliche Ruf im Wirtschaftsverkehr wichtig und kann sich ebenso in einem Reputationsschaden ausdrücken. Demgegenüber wird bei einer lebensnahen Betrachtung die abbrechende Seite stets ein Argument finden, warum sich die Situation geändert hat, und demnach ohne Reputationsverlust die Verhandlungen beenden können.[705] Im Ergebnis ist es dementsprechend fernliegend, dass eine rechtlich unverbindliche Absichtserklärung als typischer Fall eines Letters of Intent ein Geschäft von erheblicher oder gar grundlegender Bedeutung sein kann.[706]

2. Risikoanalyse

Der typische Fall eines Letters of Intent wird mangels Bedeutung nicht weiter untersucht. Umgekehrt ändert sich diese Betrachtung fundamental, wenn der Letter of Intent nicht nur eine geschäftliche Absichtserklärung ohne Bindungswirkung ist, sondern gerade eine bindende Wirkung im Verhältnis zur Unternehmenstransaktion erreicht werden soll, z.B. durch Optionen oder durch einen Vortrag

a) Optionseinräumung

Sofern der Letter of Intent Optionen für den Verkauf oder Kauf von Anteilen des Unternehmens enthält,[707] bekommt er eine neue Qualität. Bei Optionen handelt es sich zunächst um einen Begriff, der dem Gesetz fremd ist.[708] Welchen Regelungsgehalt eine Optionsvereinbarung hat, richtet sich folglich nach dem Willen der Parteien und kann somit variieren. Allerdings wird zwischen einer Option im engeren und weiteren Sinne unterschieden. Die Option im weiteren Sinne wird als „irgendein Wahlrecht" verstanden. Dagegen ist die Option im engeren Sinne eine durch Rechtsgeschäft begründete „Gestaltungsbefugnis", durch die der Inhaber der

ausdrücklich festgehalten wird, dazu: OLG Köln, Urteil v. 21.01.1994 – 19 U 73/93, EWiR 1994, 533, 534; *Kösters*, NZG 1999, 623, 623.

[704] *Lutter*, Letter of Intent, S. 10 nennt dies „die Trennung von Spreu und Weizen".

[705] Ähnlich wie oben: C. II. 2. a) aa).

[706] *J. Hüffer*, in: FS Hüffer, 2010, 365, 376 spricht lediglich davon, dass ein Zustimmungsvorbehalt „nicht erforderlich ist". Ohne Ausführungen dazu, ob es überhaupt zulässig ist, wohl auch *Hopt/Roth*, in: Großkomm. AktG, Band 5, § 111 Rn. 705, die nur davon sprechen, dass der Aufsichtsrat vor Abschluss eines Letters of Intent informiert werden sollte.

[707] *Lutter*, Letter of Intent, S. 35 f.

[708] Ausführlich zum Optionsvertrag und Optionsrecht: *Georgiades*, in: FS Larenz, 1973, 409, 409 ff.

Befugnis mit einer einseitigen Erklärung einen Vertrag entstehen lassen kann.[709] Es ist deshalb allein die Option im engeren Sinne weiter relevant.[710]

Die Option im engeren Sinne kann vornehmlich durch einen aufschiebend bedingten Vertrag begründet werden, bei dem ausschließlich der Inhaber der Option den Schwebezustand auflösen kann. Indes gibt es auch weitere Wege, eine ähnliche Wirkung zu erreichen.[711] Übertragen auf die Unternehmenstransaktion bedeutet das, dass der Inhaber der Gestaltungsbefugnis zu seinem gewählten Zeitpunkt einen Zustand wie durch einen Kaufvertragsschluss herbeiführen kann.[712]

Die Motive für eine Optionseinräumung können unterschiedlich ausfallen.[713] Jedoch kann sich eine Optionsregelung regelmäßig für die andere nicht begünstigte Seite durch einen reduzierten oder erhöhten Kaufpreis des Zielunternehmens lohnen.[714]

b) Vorvertrag

In einem Letter of Intent kann es gleichwohl vorkommen, dass die Parteien eine Vereinbarung im Sinne eines Vorvertrags treffen.[715] Durch einen Vorvertrag verpflichten sich Käufer und Verkäufer des Zielunternehmens, einen Hauptvertrag zu einem späteren Zeitpunkt zu schließen.[716] Es ist keine Option im engeren Sinne, weil es an der einseitigen Gestaltungsbefugnis fehlt. Anwendungsbereich der Vorverträge sind meist Fälle, bei denen der eigentliche Vertragsschluss im aktuellen

---

[709] *Engelhardt/v. Maltzahn*, in: Holzapfel/Pöllath, Unternehmenskauf, Rn. 680; *Weber*, in: Hölters, Hdb. Unternehmenskauf, Rz. 9.31.

[710] Hinsichtlich der Begrifflichkeit wird eine Option (im engeren Sinne) regelmäßig als „Call-Option" bezeichnet, wenn sie den Käufer begünstigt, und als „Put-Option", wenn sie den Verkäufer begünstigt. Ebenfalls kann beiden Seiten gleichzeitig jeweils eine Option zustehen („Überkreuz-Option"), dazu: *Engelhardt/v. Maltzahn*, in: Holzapfel/Pöllath, Unternehmenskauf, Rn. 680.

[711] So entsteht eine ähnliche Rechtswirkung, wenn ein Angebot abgegeben wird und sich der Antragende gem. § 148 BGB an eine Frist gebunden hält, dazu: *Weber*, in: Hölters, Hdb. Unternehmenskauf, Rz. 9.32.

[712] Teilweise ist auch ein anderes Verständnis vorhanden, wonach der Inhaber der Option lediglich berechtigt ist, den Abschluss des Vertrags zu verlangen. In diesen Fällen liegt kein Gestaltungsrecht, sondern ein Anspruch auf Abgabe einer Willenserklärung vor. Diese könnte bei Bedarf nach § 894 ZPO vollstreckt werden, dazu: *Weber*, in: Hölters, Hdb. Unternehmenskauf, Rz. 9.31.

[713] So könnte das Motiv sein, eine rechtssichere Position zu erreichen, um zu verhindern, dass eine „kostspielige Due Diligence" durchgeführt wird und der Verkäufer am Ende dennoch den Verkauf ablehnt, dazu: *Weber*, in: Hölters, Hdb. Unternehmenskauf, Rz. 9.33; *Engelhardt/v. Maltzahn*, in: Holzapfel/Pöllath, Unternehmenskauf, Rn. 680.

[714] Alternativ kommt auch eine Herabsetzung oder Verstärkung der Gewährleistungsansprüche in Betracht, dazu im Allgemeinen: *Weber*, in: Hölters, Hdb. Unternehmenskauf, Rz. 9.34.

[715] *Lutter*, Letter of Intent, S. 27 ff.

[716] *Engelhardt/v. Maltzahn*, in: Holzapfel/Pöllath, Unternehmenskauf, Rn. 684.

Zeitraum nicht erreichbar ist und dennoch in den Verhandlungen eine gewisse Reife bzgl. des Kaufpreises und anderer wichtiger Punkte vorliegt.[717]

Das Hauptrisiko des Vorvertrags ist seine Rechtsverbindlichkeit und damit die mögliche Haftung auf das positive Interesse.[718] Ferner können die offenen Lücken des Vertrags ggf. über §§ 315, 316 BGB durch einen Dritten oder ein Gericht mit Bestimmungen gefüllt werden.[719]

Ob es sich beim fraglichen Teil eines Letters of Intent um einen Vorvertrag handelt, bedarf der Auslegung gem. §§ 133, 157 BGB. Allerdings ist es regelmäßig gerade nicht das ausdrückliche Ziel beider Parteien, dass durch den Letter of Intent ein Vorvertrag geschlossen wird, sodass ein typischer Letter of Intent vorliegt.[720] Sie halten dies deswegen grundsätzlich in einer sog. Non-Binding Clause im typischen Letter of Intent fest. Auf der anderen Seite wird es dann gleichwohl ausdrücklich festgehalten, wenn ein Vorvertrag im Rahmen des Letters of Intent gewünscht ist.[721]

3. Leitlinien für die Zustimmungsvorbehalte

Der typische Fall eines Letters of Intent hat kein relevantes Risiko und keine Bedeutung für die Zustimmungsvorbehalte des Aufsichtsrats gem. § 111 Abs. 4 Satz 2 AktG. Jedoch kann dies nicht für eine Optionsregelung oder einen Vorvertrag in einem Letter of Intent gelten.[722]

Beim Vorvertrag in einem Letter of Intent sollten die Leitlinien zum Zustimmungsvorbehalt entsprechend zum Abschluss des Unternehmenskaufvertrags der jeweiligen Partei gelten.[723] Immerhin wird in diesem Fall der Vorvertrag zum Hauptvertrag geschlossen. Bei der Option gilt dies für die verpflichtete Partei der Option, da der Vertragsschluss ab dann nicht mehr in ihrem Ermessen steht, während für die optionsberechtigte Partei nicht die Begründung, sondern die Ausübung des Optionsrechts für die Zustimmungsvorbehalte relevant ist.[724]

Diese Art eines „rechtsverbindlichen" Letters of Intent ist relevant für die Zustimmungsvorbehalte und die Überwachung des Aufsichtsrats. Indes ist dies aus-

---

[717] *Weber*, in: Hölters, Hdb. Unternehmenskauf, Rz. 9.36.

[718] *Kösters*, NZG 1999, 623, 624; *Geyrhalter et al.*, DStR 2006, 1559, 1559.

[719] *Weber*, in: Hölters, Hdb. Unternehmenskauf, Rz. 9.37; *Engelhardt/v. Maltzahn*, in: Holzapfel/Pöllath, Unternehmenskauf, Rn. 685; *Kösters*, NZG 1999, 623, 623.

[720] *Geyrhalter et al.*, DStR 2006, 1559, 1559.

[721] *Geyrhalter et al.*, DStR 2006, 1559, 1559 f.

[722] Ebenso *J. Hüffer*, in: FS Hüffer, 2010, 365, 376 f.; *Hofschroer*, Zustimmungsvorbehalt, S. 272 schließt sich *J. Hüffer* an; *Hopt/Roth*, in: Großkomm. AktG, Band 5, § 111 Rn. 705, ohne Begründung.

[723] Siehe unten: C. V. 3. für den Käufer und C. VI. 3. für den Verkäufer.

[724] *J. Hüffer*, in: FS Hüffer, 2010, 365, 376 f.

drücklich nicht der Eigenschaft als Letter of Intent geschuldet, sondern isoliert nur für die Optionseinräumung oder den Vorvertrag. Das bedeutet gleichwohl, dass diese Regelungen zu überwachen sind, wenn sie in einem Dokument geschlossen werden, das die Parteien nicht einen Letter of Intent nennen. Deshalb sollte der Aufsichtsrat aufmerksam sein, ob Unternehmenstransaktionen über Vorverträge und Optionen abgeschlossen werden.

Hinsichtlich der Formulierungsempfehlungen für diese Ergebnisse der bindenden Vorfelderklärungen wird auf C. VI. 3. d) verwiesen.

IV. Entscheidung zur Zulassung einer Due Diligence (Verkäufer)

Das Phänomen der Due Diligence (wörtlich übersetzt: „gebotene Sorgfalt") stammt seinem Ursprung nach aus dem US-amerikanischen Recht[725] und ist deshalb für das deutsche Recht ein sog. Legal Transplant.[726] Der heutige in seiner Funktion von der ursprünglichen Funktion zu unterscheidende Prozess der Due Diligence im Rahmen einer Unternehmenstransaktion stellt für die Käuferseite in fast jedem Unternehmenskauf einen wesentlichen Bestandteil dar. Die Entscheidung zur Zulassung der Due Diligence und ihrer entsprechenden Durchführung wird in der Praxis vom Vorstand[727] der Gesellschaft getroffen.[728] Neben der Due Diligence des Kaufinteressenten kann auch eine im Vorfeld vom Verkäufer durchgeführte Due Diligence (sog. Vendor Due Diligence) stattfinden.[729]

Es handelt sich bei der Entscheidung der Zulassung einer Due Diligence durch den Vorstand um eine von dem Verkaufsversuch und der konkreten Verkaufsentscheidung zu trennende Maßnahme. Für den Verkaufsversuch ergibt sich das daraus, dass nur mit dem Unterfangen, das Zielunternehmen zu verkaufen, noch keine Entscheidung getroffen wird, ob einem noch nicht bekannten und somit unbestimmten Kaufinteressenten eine Due Diligence gewährt wird. Für die konkrete Verkaufsentscheidung, z.B. im Rahmen des Abschlusses des Unternehmenskauf-

[725] Zum Ursprung des Phänomens der Due Diligence: *Merkt*, in: FS Sandrock, 2000, 657, 667 ff., der auf den *caveat emptor*-Grundsatz im US-amerikanischen Kaufrecht und damit einhergehend die Notwendigkeit des Käufers, die Kaufsache umfassend zu prüfen, verweist, damit er ein spezielles Gewährleistungsrecht verlangen kann. *Liekefett*, Due Diligence, S. 26 führt dagegen an, dass die Due Diligence im US-Recht im Rahmen der Prospekthaftung bei IPOs als Entlastungsbeweis für Investmentbanker, Rechtsanwälte und Wirtschaftsprüfer (sog. Due Diligence Defense) diente; dazu auch: *Roth/Schoneweg*, NZG 2014, 204, 204 f.

[726] Zu Legal Transplants: *Fleischer*, NZG 2004, 1129, 1129 f.

[727] Hier ausgenommen sind Fälle, bei denen die Gesellschafter ihre Anteile an der Gesellschaft der Geschäftsführung veräußern. Im Übrigen kritisch zur Frage, ob eine ausnahmslose Pflicht des Vorstands des Erwerbers zur Durchführung einer Due Diligence besteht: *Cahn*, in: FS Stilz, 2014, 99, 104 ff.

[728] *Liekefett*, Due Diligence, S. 61 ff. für den Vorstand der AG.

[729] *Spill*, DStR 1999, 1786, 1787, 1791 f.

vertrags, ergibt sich die Trennung beider Maßnahmen allein schon daraus, dass grundsätzlich eine Due Diligence einem Kaufvertragsabschluss vorgeht und somit bereits unumkehrbare Fakten geschaffen wären und dies mit der präventiven Überwachungsfunktion der Zustimmungsvorbehalte nach § 111 Abs. 4 Satz 2 AktG nicht vereinbar wäre.[730]

1. Vorüberlegung

Für den Begriff der Due Diligence existiert keine einheitliche Definition. Nichtsdestotrotz kann man sich auf einen Mehrheitskonsens beziehen, wonach unter einer Due Diligence „eine Unternehmensprüfung, die vor Durchführung einer M&A-Transaktion unter Zugang zu internen Informationsquellen der Zielgesellschaft durchgeführt wird" zu verstehen ist.[731]

a) Funktionen der Due Diligence

Die Durchführung der Due Diligence auf Käuferseite findet aus mehreren Gründen statt.

aa) Identifikation von Risiko und Unternehmensbewertung

Die Due Diligence dient vornehmlich dazu, die vorhandenen Informationen des Zielunternehmens auf Risiken zu analysieren.[732] Auf der anderen Seite benötigt man die internen Einblicke und Risiken für eine eigene Unternehmensbewertung[733]. So erhält man durch sie weitere wirtschaftliche Kennzahlen des Zielunternehmens, die nicht Gegenstand des CIM[734] waren.[735]

---

[730] Zur unstrittigen Überwachungsfunktion im Sinne einer präventiven und effektiven Verhinderung von Schäden: *Drygala*, in: K. Schmidt/Lutter, AktG, Band 1, § 111 Rn. 49; *Hopt/Roth*, in: Großkomm. AktG, Band 5, § 111 Rn. 636 f.; *Schönberger*, Zustimmungsvorbehalt, S. 65; *Lieder*, DB 2005, 2251, 2251; *Lieder*, ZGR 2018, 523, 540; *Brouwer*, Zustimmungsvorbehalte, S. 59; *Schnorbus/Ganzer*, BB 2020, 386, 386.

[731] *Liekefett*, Due Diligence, S. 29; ähnlich *Schiffer/Bruß*, BB 2012, 847, 848: „die systematische Untersuchung der Zielgesellschaft durch den Erwerbsinteressenten"; *Krüger/Kalbfleisch*, DStR 1999, 174, 174: „vorausgehende Überprüfung des Kaufobjektes beim Unternehmenskauf"; *Spill*, DStR 1999, 1786, 1787: „Die Due Diligence ist eine Untersuchung einer Gesellschaft oder einer Unternehmensgruppe im Vorfeld einer Transaktion und dient zur Verifizierung der Selbstdarstellung des Unternehmens bzw. des Abgleichs der Erwartung des Erwerbers auf deren Erfüllbarkeit"; *Harrer*, DStR 1993, 1673, 1673: „weitgehende rechtliche Überprüfung einer Gesellschaft, die durch einen Erwerber oder eine sonstige Vertragspartei im Rahmen eines Unternehmenskaufs oder einer anderen Transaktion erfolgt".

[732] *Liekefett*, Due Diligence, S. 38 ff.

[733] Zu den relevanten Methoden der Unternehmensbewertung siehe unten: Fn. 816.

[734] Zum CIM: C. I. 1. a) bb) (2).

Durch die von der Due Diligence entdeckten Risiken kann der Kaufinteressent regelmäßig eine entsprechende Reduzierung des Kaufpreises verlangen.[736] Für solche Anpassungen des Kaufpreises eignen sich besonders quantifizierbare Risiken, z. B. die Entwicklung von Pensionsansprüchen.[737] Zusätzlich ermöglicht die Due Diligence ebenfalls andere Modifikationen des Kaufvertrags. So könnte statt einer Kaufpreisanpassung auch eine Freistellung, eine Garantie oder eine andere vertragliche Schadenersatzpflicht vereinbart werden.[738] Solche Regelungen eignen sich hauptsächlich für Risiken, die zwar abstrakt oder schon konkreter vorhanden sind, aber dennoch schlecht quantifiziert werden können.[739]

Während daher erkannte quantifizierbare Risiken grundsätzlich zu Kaufpreisanpassungen und nicht quantifizierbare Risiken zu Vertragsmodifikationen führen, gibt es auch solche identifizierten Risiken, die letztlich zu einem sog. Deal Breaker[740] werden.[741] Sie sind mit anderen Worten so gravierend für den Kaufinteressenten, dass er sich gezwungen sieht, die Verhandlungen abzubrechen.

bb) Transaktionsstruktur

Ferner können durch die Due Diligence Fragen der Transaktionsstruktur geklärt werden. Denn für die Entscheidung, welche Struktur eine Transaktion erhalten soll, sind die interne Umstände des Zielunternehmens und – falls vorhanden – der weiteren Unternehmensverbundstruktur sehr entscheidend.[742]

cc) Clean Deal

Sowohl für den Käufer als auch für den Verkäufer ist es wichtig, die Wahrscheinlichkeit zu erhöhen, dass die Transaktion durch die Due Diligence sicher und ohne später auftretende Probleme und Ärgernisse durchgeführt wird. Dies erlaubt dem Verkäufer somit, einen sauberen „Schlussstrich“ zu ziehen (sog. Clean Deal).[743]

---

[735] *Liekefett*, Due Diligence, S. 38 ff.; *Schiffer/Bruß*, BB 2012, 847, 848; *Harrer*, DStR 1993, 1673, 1673 f.

[736] *Rempp*, in: Hölters, Hdb. Unternehmenskauf, Rz. 1.140.

[737] Dazu *Liekefett*, Due Diligence, S. 41.

[738] *Rempp*, in: Hölters, Hdb. Unternehmenskauf, Rz. 1.140.

[739] *Liekefett*, Due Diligence, S. 41 nennt als Beispiele für einen solchen Deal Breaker eine Change-of-Control-Klausel bei wichtigen Kreditverträgen oder Joint Ventures.

[740] Teilweise wird auch der Begriff „Show Stopper“ genutzt.

[741] *Liekefett*, Due Diligence, S. 42; *Gran*, NJW 2008, 1409, 1411.

[742] *Meurer*, in: Beck'sches M&A-HB, § 8 Rn. 2; *Rempp*, in: Hölters, Hdb. Unternehmenskauf, Rz. 1.140.

[743] *Rempp*, in: Hölters, Hdb. Unternehmenskauf, Rz. 1.140.

dd) Fair Disclosure

Die Due Diligence wirkt sich zudem positiv auf die Haftung des Verkäufers aus. Durch sog. Anti-Sandbagging-Klauseln haftet der Verkäufer nicht wegen verletzter Garantien, wenn der Käufer von dem Mangel Kenntnis erlangt hat oder ihn durch die Due Diligence hätte erkennen können und somit „grob fahrlässige Unkenntnis" hat.[744] Diese grob fahrlässige Unkenntnis liegt dann regelmäßig vor, wenn der Umstand so offengelegt wurde, dass dem Käufer oder seinen beauftragten Beratern das „hieraus resultierende Risiko hinreichend klar hätte sein müssen".[745]

b) Untersuchungsbereiche der Due Diligence

Wie bereits erwähnt, kann die Due Diligence verschiedene inhaltliche Bereiche abdecken. Man kann die Due Diligence wiederum auch beliebig in Untergruppen unterteilen.[746] In erster Linie werden jedoch folgende Bereiche behandelt: Steuerdaten der letzten Jahre, wichtige HR-Dokumente wie Arbeitsverträge vom Management und von Schlüsselmitarbeitern, Rechts- und Compliance-Dokumente, wie der Code of Conduct oder aktuelle Klageverfahren, der Bereich Finanzen des Zielunternehmens (Darlehensverträge und Bankkorrespondenz) oder wichtige Versicherungen, der Bereich Umwelt/ESG, wichtige Dokumente rund um die Betriebsimmobilien oder Mietverträge, Daten im Bereich Technik/IT, Patente, geistiges Eigentum, Produktentwicklung des Zielunternehmens sowie Dokumente von Lieferanten, Kunden und Vermittlern.[747] Diese Aufzählung kann niemals abschließend sein, weil jeder Due-Diligence-Prozess abhängig von den Umständen des Einzelfalls ist. Im Ergebnis ist allerdings für diese Untersuchung von Bedeutung, dass eine Vielzahl von (internen) Daten und Informationen vom Zielunternehmen zur Verfügung gestellt wird und das Zielunternehmen bis in kleinste Bereiche von Fremden untersucht wird.

c) Informationsinstrumente der Due Diligence

Während früher die relevanten Papierdokumente in einem physischen Raum zur Verfügung gestellt wurde, sind heute (fast) alle relevanten Dokumente in einem virtuellen Datenraum abgelegt.[748] Diese virtuellen Datenräume ermöglichen es, dass wichtige Dokumente nicht heruntergeladen oder kopiert werden können, und erlauben die Nachverfolgung, wer die Daten angeschaut hat. Nichtsdestotrotz besteht

---

[744] *Meurer*, in: Beck'sches M&A-HB, § 8 Rn. 10; *Rempp*, in: Hölters, Hdb. Unternehmenskauf, Rz. 1.141.

[745] *Rempp*, in: Hölters, Hdb. Unternehmenskauf, Rz. 1.141.

[746] Ausführlicher zur Commercial-, Financial-, Tax-, Legal-, Real-Estate-, Litigation-, HR-, Cultural- und Environmental-Due-Diligence: *Gran*, NJW 2008, 1409, 1412 ff.

[747] *Gran*, NJW 2008, 1409, 1412 ff.; *Stoffels*, ZHR 2001, 362, 366.

[748] Ausführlich: *Meurer*, in: Beck'sches M&A-HB, § 10 Rn. 1 ff.

die Möglichkeit, diese Sicherheitsvorkehrung zu umgehen – z. B. durch das Abfotografieren – und dadurch wichtige Daten und Informationen zu speichern. Ebenfalls ein wichtiges Instrument sind die Managementpräsentationen und Fragerunden (Q&As), in denen den Kaufinteressenten die Gelegenheit gegeben wird, entweder mündlich oder schriftlich Fragen zu stellen und sie von den konkreten Akteuren des Zielunternehmens beantwortet zu bekommen.[749] Dieses „Werkzeug" ermöglicht es, von der einseitigen Analyse des Datenraums zu einem konkreten Austausch über offene, problematische Punkte zu kommen. Schließlich sind Ortsbesichtigungen von Betriebs- und Produktionsanlagen sehr wichtig.[750]

2. Risikoanalyse

Die folgende Risikoanalyse bezieht sich ausschließlich auf die Due Diligence und gilt unabhängig von der Frage, ob es zu einem Abschluss des Unternehmenskaufvertrags der beteiligten Parteien kommt.

a) Vulnerable Situation des Verkäufers durch die Due Diligence

Zunächst muss beachtet werden, dass sich der Verkäufer durch die Entscheidung zur Zulassung der Due Diligence einer vulnerablen Situation aussetzt. Dabei kann man die relevanten Fälle eines Missbrauchs von internen Informationen und die Abwerbung von Mitarbeitern unterscheiden.

aa) Missbrauch von internen Informationen

Der Verkäufer sieht sich durch das Offenlegen von geheimen internen Informationen einem ständigen Risiko ausgesetzt, dass die Kenntnisse aus der Due Diligence zu seinem Nachteil verwendet werden.[751] Dieses Risiko liegt besonders in den Fällen vor, wenn ein Wettbewerber unter den Kaufinteressenten ist oder er sogar der einzige Interessent ist. Denn die Due Diligence führt zu umfangreichen Kenntnissen über das Zielunternehmen, z. B. Profitabilität, strategische Entscheidungen, Forschungsergebnisse, Produktionsmethoden sowie Kunden- und Lieferantenbeziehungen.[752]

Vor dem Missbrauch durch die Due Diligence erlangten Informationen wird der Verkäufer zwar einerseits entweder ausdrücklich durch schriftliche Vertraulichkeits- und Geheimhaltungsvereinbarungen oder zumindest durch die Pflicht des Kaufinteressenten im Rahmen eines vorvertraglichen Schuldverhältnisses

[749] *Meurer*, in: Beck'sches M&A-HB, § 10 Rn. 15 ff.; *Gran*, NJW 2008, 1409, 1411.

[750] *Meurer*, in: Beck'sches M&A-HB, § 10 Rn. 26.

[751] *v. Werder/Kost*, BB 2010, 2903, 2903.

[752] *Weber*, in: Hölters, Hdb. Unternehmenskauf, Rz. 9.63; *Jaques*, in: Beck'sches HB Unternehmenskauf Mittelstand, Rn. B. 24.

gem. § 311 Abs. 2 BGB[753] geschützt. Jedoch resultiert hieraus nur ein gewisses Schutzniveau.[754] So haben die Geheimhaltungsvereinbarungen den großen Nachteil, dass der Verkäufer den Nachweis zu erbringen hat, dass der Missbrauch erst durch die im Rahmen der Due Diligence gewonnenen Kenntnisse stattfinden konnte.[755] Selbst wenn ihm dieser Nachweis gelingt, bestehen ggf. Probleme beim Schadensnachweis, wobei vereinbarte Vertragsstrafen oder ein pauschalisierter Schadenersatz[756] eine Möglichkeit sind, dieses Problem zu lösen.[757]

Neben den rechtlichen Lösungsansätzen gibt es auch organisatorische Ansätze, das Risiko eines Missbrauchs zu verringern. So werden z. B. manche Informationen nur von bestimmten Mitarbeitern oder nur von externen Beratern der Kaufinteressenten ausgewertet und/oder erst zu einer späteren verdichteten Phase durch eine abgestufte Due Diligence zur Verfügung gestellt.[758] Denn je wahrscheinlicher es wird, dass die Transaktion Erfolg hat, umso geringer wird die Bedeutung des Missbrauchs von Informationen über das Zielunternehmen.[759] Allerdings bleibt ein Restrisiko stets bestehen. Gleichwohl haben diese organisatorischen Ansätze den Nachteil, dass sie grundsätzlich dem Verkaufsinteresse zuwiderlaufen. Denn mit jeder Information, die zurückgehalten wird, erhöht sich die Wahrscheinlichkeit, dass die Kaufinteressenten ihren Kaufversuch abbrechen.[760]

bb) Abwerbung von wichtigen Mitarbeitern

Neben dem Risiko, dass Informationen missbraucht werden, besteht das weitere Risiko, dass der Kaufinteressent wichtige Mitarbeiter des Verkäufers abwirbt.[761] Dies ist dem Umstand geschuldet, dass durch die Due Diligence die Interessenten in engen Kontakt mit bedeutsamen Mitarbeitern des Verkäufers und des Zielunternehmens kommen. Dieser Kontakt und die Kenntnisnahme dieser Mitarbeiter erlauben im Fall einer gescheiterten Transaktion, Abwerbungsmaßnahmen einzulei-

---

[753] Dazu *Larenz*, in: FS Ballerstedt, 1975, 397, 414 f.

[754] *Weber*, in: Hölters, Hdb. Unternehmenskauf, Rz. 9.65; *v. Werder/Kost*, BB 2010, 2903.

[755] *Weber*, in: Hölters, Hdb. Unternehmenskauf, Rz. 9.65.

[756] Problematisch kann ein pauschalisierter Schadenersatz sein, wenn er gegen das schadensrechtliche Bereicherungsverbot verstößt (anders als eine Vertragsstrafe) und damit höher als der „typische Schaden" ist, dazu: *Beuthien*, in: FS Larenz, 1973, 495, 504 ff.

[757] *v. Werder/Kost*, BB 2010, 2903, 2910 f.

[758] So findet in manchen Fällen die Compliance Due Diligence nach dem Signing statt, da der Verkäufer des Zielunternehmens nicht immer gewillt ist, die Compliance-Informationen vor dem Verkauf zur Verfügung zu stellen, dazu ausführlich: *v. Busekist/Timmerbeil*, CCZ 2013, 225, 230 ff.

[759] *Weber*, in: Hölters, Hdb. Unternehmenskauf, Rz. 9.68.

[760] *v. Werder/Kost*, BB 2010, 2903, 2903.

[761] Man könnte die Abwerbung auch unter dem vorherigen Abschnitt des Missbrauchs der durch die Due Diligence geschöpften Informationen fassen. Für eine bessere Darstellung wird sie indes separat dargestellt.

ten und durchzuführen.[762] Grundsätzlich verbieten das Gesetz gem. § 1 UWG oder die Pflichten im Rahmen eines vorvertraglichen Schuldverhältnisses solche Abwerbungsmaßnahmen.[763] In der Praxis werden zudem regelmäßig ausdrücklich Abwerbungsverbote vereinbart. Diese sind dem Grunde nach wirksam und nicht wie Beschäftigungsverbote rechtswidrig.[764] Hingegen bestehen Probleme, den entsprechenden Nachweis zu erbringen, dass der Mitarbeiter durch Abwerbemaßnahmen des Kaufinteressenten gewechselt ist und diesen Wechsel nicht von sich aus initiiert hat.[765]

b) Verstoß gegen rechtliche Grenzen der Due Diligence

Im Übrigen müssen die rechtlichen Grenzen einer Due Diligence beachtet werden.[766] Es kommt vornehmlich die Verletzung von Geheimhaltungs- und Vertraulichkeitsvereinbarungen mit Dritten und vom Gesetz begründete Grenzen aus dem Datenschutz- und Wettbewerbsrecht in Betracht.[767]

aa) Grenzen aus Vertraulichkeitsvereinbarungen mit Dritten

Regelmäßig haben der Veräußerer und das Zielunternehmen vertragliche Vereinbarungen mit anderen Unternehmen, die es ausdrücklich verbieten, bestimmte Informationen für andere Personen offenzulegen.[768] Überdies kann sich eine Verpflichtung zur Vertraulichkeit aus einer vertraglichen Nebenpflicht ergeben.[769]

Diese Vertraulichkeitsverpflichtungen stehen dem Verkaufs- und Kaufinteresse entgegen. Um einen Bruch der vertraglichen Abreden und somit etwaige Schadenersatzansprüche oder Vertragsstrafen zu vermeiden, wird u. U. das Einverständnis vom Dritten eingeholt oder die Informationen werden anonymisiert oder geschwärzt. Andererseits bergen die Lösungen Nachteile darin, dass entweder die in

---

[762] *Weber*, in: Hölters, Hdb. Unternehmenskauf, Rz. 9.64.

[763] BGH, Urteil v. 17.03.1961 – I ZR 26/60, NJW 1961, 1308, 1309; *Stengel/Scholderer*, NJW 1994, 158, 161.

[764] Schleswig-Holsteinisches OLG, Urteil v. 10.11.2005 – 7 U 172/03; *Alexander*, ZWeR 2016, 16, 24 ff. sieht grundsätzlich vertragliche Abwerbeverbote als wettbewerbsbeschränkende Abreden im Anwendungsbereich des Kartellverbotes, außer bei einem anerkennenswerten Interesse, wie bei der einschlägigen Due Diligence im Vorfeld einer Unternehmenstransaktion.

[765] *Weber*, in: Hölters, Hdb. Unternehmenskauf, Rz. 9.67.

[766] Es geht mithin nicht um die Grenzen, die der Vorstand gegenüber der Gesellschaft verletzen kann, dazu: *Stoffels*, ZHR 2001, 362, 367 ff.

[767] Daneben könnte man auch über kapitalmarktrechtliche Grenzen im Rahmen von Insiderinformationen bei einer börsennotierten Gesellschaft denken, dazu ausführlich: *Weber*, in: Hölters, Hdb. Unternehmenskauf, Rz. 9.75 ff.; *Hensel/Dörstling*, DStR 2021, 170, 175 ff.

[768] Ausführlich: *Schiffer/Bruß*, BB 2012, 847, 847 ff.

[769] *Hensel/Dörstling*, DStR 2021, 170, 176 f.

der Regel geheime Transaktion Dritten offenbart wird oder die anonymisierten Informationen für den Käufer nur eine mindere Qualität haben.[770] Eine weitere Option kann eine durch den Verkäufer durchgeführte Due Diligence sein.[771] Ihre Ergebnisse werden dann dem möglichen Käufer zur Verfügung gestellt.[772] Allerdings hat diese Lösung für den Kaufinteressenten den offensichtlichen Nachteil, dass er in der Regel eine Überprüfung mit seinen Mitarbeitern und Beratern durchführen will.

Dieser komplizierten Situation geschuldet, kann es fahrlässig oder ggf. absichtlich in der Form von Umgehungsversuchen zu Verletzungen der betroffenen Abreden kommen. Der Schaden kann dabei umfangreiche Ausmaße annehmen, sofern ein Nachweis der Kausalität und des Schadens erbracht werden kann. Demgegenüber wohnt der Kausalität und der Schadensbestimmung ein hohes Maß an Unsicherheit bei, sodass in der Praxis häufig gleichfalls ein pauschalisierter Schadenersatz oder Vertragsstrafen im Rahmen der Vertraulichkeitsvereinbarungen festgelegt werden.[773]

bb) Datenschutzrechtliche Grenzen

Das Datenschutzrecht ist eine weitere immer relevanter werdende rechtliche Grenze der Due Diligence.[774] Besonders wichtig ist dahingehend, dass die Informationen, die im Rahmen der Due Diligence der Gegenseite offengelegt werden, keine personenbezogenen Daten nach Art. 4 Nr. 1 DSGVO beinhalten dürfen. In der Praxis werden folglich solche Informationen geschwärzt. Alternativ benötigt man als Verkäufer die Zustimmung der betroffenen Person gem. Art. 6 Abs. 1 Satz 1 lit. a DSGVO oder ein berechtigtes Interesse an der Offenlegung gem. Art. 6 Abs. 1 Satz 1 lit. f DSGVO.[775] Es ist demnach wichtig, dass der Verkäufer im Rahmen einer etwaigen Abwägung sorgfältig entscheidet, ob ausnahmsweise ein berechtigtes Interesse im Einzelfall vorliegt, sodass es keiner Zustimmung bedarf,

---

[770] *Schiffer/Bruß*, BB 2012, 847, 850 f.; *Weber*, in: Hölters, Hdb. Unternehmenskauf, Rz. 9.69.

[771] Siehe oben: C. I. 1. a) aa) (3); *Schiffer/Bruß*, BB 2012, 847, 851.

[772] *Schiffer/Bruß*, BB 2012, 847, 851.

[773] *Hensel/Dörstling*, DStR 2021, 170, 176 f.

[774] Für eine Darstellung etwaiger datenschutzrechtlicher Fragen im Prozess einer Unternehmenstransaktion: *Tribess/Spitz*, GWR 2019, 261, 262 ff.; *Klausch/Mentzel*, BB 2020, 1610, 1610 ff. Nach einer Studie des Datenraumanbieters *Merrill* haben 66 % der Entscheider in Asien, Europa und dem Nahen Osten angegeben, dass Datenschutz eine wichtige Rolle bei Unternehmenstransaktionen spielt, siehe: *Merrill*, Due Diligence 2022 – M&A in the Digital Age, teilweise abgedruckt bei: *Tribess/Spitz*, GWR 2019, 261, 261.

[775] *Hensel/Dörstling*, DStR 2021, 170, 172 ff.; *Tribess/Spitz*, GWR 2019, 261, 264; *Weber*, in: Hölters, Hdb. Unternehmenskauf, Rz. 9.87. Für einen Überblick der datenschutzrechtlichen Risiken der Zielgesellschaft: *Keßler*, CCZ 2020, 158, 158 ff.

z. B. wenn ein Mitarbeiter im Unternehmen eine besonders wichtige Position innehat.[776]

cc) Wettbewerbsrechtliche Grenzen

Kaum ein Rechtsgebiet hat so an weltweiter Bedeutung für die Unternehmenstransaktionen gewonnen wie das Wettbewerbsrecht. Es sorgt regelmäßig für Verzögerungen und manchmal zum Scheitern der gesamten Unternehmenstransaktion. Dies wird im Abschnitt zum Abschluss des Kaufvertrags noch ausführlich erläutert.[777]

An dieser Stelle blickt die Untersuchung auf die Grenzen bei der Due Diligence. Dies gilt besonders, wenn es um einen horizontalen Wettbewerber als möglichen Käufer geht. Gleichwohl sind auch andere Konstellationen relevant, z. B. wenn der mögliche Käufer auf einer anderen Stufe in einer vertikalen Beziehung steht oder wenn er beabsichtigt in den Markt einzutreten.[778]

In solchen Fällen muss sehr genau darauf geachtet werden, dass wettbewerbsrechtlich relevante Daten und Informationen – wie z. B. Preis- und Kundeninformationen – nur unter strengen Voraussetzungen geteilt werden können, sodass es zu keiner Verletzung nach Art. 101 AEUV bzw. § 1 GWB kommt. Denn ein (due-diligence-bedingter) Informationsaustausch kann sich als eine abgestimmte Verhaltensweise darstellen, da er das „fragliche Marktgeschehen verringert oder beseitigt und dadurch zu einer Beschränkung des Wettbewerbs zwischen den Unternehmen führt".[779] Das Bundeskartellamt und die Europäische Kommission haben sich bisher nur sehr allgemein über einen Informationsaustausch zwischen Unternehmen geäußert und keine unternehmenskaufspezifischen Anforderungen statuiert.[780] Ein Grund für den verhaltenen Umgang könnte in dem Umstand liegen, dass ein Informationsaustausch zwischen Unternehmen ebenso den Wettbewerb fördern

---

[776] *Tribess/Spitz*, GWR 2019, 261, 264; *Klausch/Mentzel*, BB 2020, 1610, 1613; *Bach*, EuZW 2020, 175, 177. Im Übrigen kann die Übermittlung von Arbeitnehmerdaten besonders beim Asset Deal und einem entsprechenden Betriebsübergang nach § 613a BGB zu einem Konflikt führen, weil der Erwerber des Zielunternehmens die Arbeitnehmerdaten benötigt, um den Betrieb fortzusetzen und die Widersprüche zu bearbeiten, siehe dafür mit auf die heutige DSGVO-Rechtslage übertragbaren Überlegungen: *Göpfert/Burkard*, NZA 2011, 486, 488 ff.

[777] Siehe unten: C. V. 2. f).

[778] *Hensel/Dörstling*, DStR 2021, 170, 173; *Besen/Gronemeyer*, CCZ 2013, 137, 137 ff.; *Schubert*, ZWeR 2013, 54, 65.

[779] EuGH, Urteil v. 04.06.2009 – C-8/08, Rn. 35, 43; *Besen/Gronemeyer*, CCZ 2013, 137, 139.

[780] Europäische Kommission, Mitteilung, Leitlinien zur Anwendbarkeit von Artikel 101 AEUV auf Vereinbarungen über horizontale Zusammenarbeit, C 11/1 v. 14.01.2011, Kapitel 2; ähnlich allgemein BKartA, Entflechtung von Gemeinschaftsunternehmen im Bereich Walzasphalt, Bericht zu den Verfahren B1 – 100/12 nach der Sektoruntersuchung Walzasphalt, Juli 2015, S. 56 f.; ferner der Fallbericht v. 26.05.2015 zum Bußgeldverfahren gegen Hersteller von Drogerieartikeln; kritisch dazu: *Baron/Trebing*, BB 2016, 131, 131.

kann. Es liegt demzufolge eine „kartellrechtliche Ambivalenz“ vor.[781] Insgesamt ist es folglich kompliziert, die aktuellen wettbewerbsrechtlichen Grenzen für einen Informationsaustausch zu bestimmen.[782]

Aus der Perspektive des Wettbewerbsrechts ist zudem für die Due Diligence positiv, dass der Verkäufer grundsätzlich so lange wie möglich versucht, den möglichen Käufern sensible Informationen vorzuenthalten, weil der Abschluss für ihn nicht gewiss ist.[783] Deshalb werden in der Regel nur die nötigsten Daten übermittelt, sodass ein solcher Informationsaustausch prinzipiell nicht unter das Verbot des Art. 101 AEUV oder § 1 GWB fallen würde.[784]

Ferner nützt im Rahmen der Due Diligence die Nebenabreden-Rechtsprechung, wonach eine Nebenabrede vom Anwendungsbereich des Kartellverbots ausgenommen wird, wenn die Hauptmaßnahme nicht wettbewerbsrechtlich unzulässig ist – wie z. B. der Zusammenschluss – und die relevante Nebenabrede notwendig ist und in einem angemessenen Verhältnis zur Hauptmaßnahme steht.[785]

Kommt es hingegen zu sensibleren Daten und Informationen, wie von Kunden, Aufwendungen oder vergangenen oder zukünftigen Preisen, wird in der Regel zur Sicherheit im Rahmen der Vertraulichkeitsvereinbarung die Pflicht des möglichen Käufers statuiert, ein sog. Clean Team zu gründen und für die Due Diligence zu nutzen. Das Clean Team besteht nicht aus Mitarbeitern des operativen Bereichs und unterhält auch keinen geschäftlichen Kontakt mit solchen Mitarbeitern.[786] Alternativ wird auf die Durchsichtung von eigenen Mitarbeitern gänzlich verzichtet und nur mit externen Beratern – wie Rechtsanwälten – gearbeitet, die einen speziellen Zugang (sog. Clean Room oder Red Data Room) für die sensiblen Informationen zwecks anonymisierter Analyse erhalten.[787] Durch diese internen oder externen Clean Teams soll grundsätzlich erreicht werden, dass die Verhältnismäßigkeit des Informationsaustausches im Rahmen der Nebenabreden-Rechtsprechung gewahrt wird.[788]

Selbst mit den o. g. Maßnahmen kann jedoch nicht völlig ausgeschlossen werden, dass wettbewerbswidriges Verhalten stattfindet und es ggf. zum Verstoß gegen

---

781 *Besen/Gronemeyer*, CCZ 2013, 137, 139.

782 *Schubert*, ZWeR 2013, 54, 68.

783 *Baron/Trebing*, BB 2016, 131, 131.

784 *Schubert*, ZWeR 2013, 54, 67; *Baron/Trebing*, BB 2016, 131, 131.

785 EuG, Urteil v. 24.05.2012 – Rs. T-111/08, WuW 2012, 878, 885 f.; *Schubert*, ZWeR 2013, 54, 58 f.

786 *Hensel/Dörstling*, DStR 2021, 170, 174; *Besen/Gronemeyer*, CCZ 2013, 137, 142 ff.; *Linke/Fröhlich*, GWR 2014, 449, 451; *Schubert*, ZWeR 2013, 54, 68 ff.; *Baron/Trebing*, BB 2016, 131, 132.

787 *Weber*, in: Hölters, Hdb. Unternehmenskauf, Rz. 9.86; *Hensel/Dörstling*, DStR 2021, 170, 174; *Schubert*, ZWeR 2013, 54, 68 f.

788 *Schubert*, ZWeR 2013, 54, 68.

das Kartellverbot des Art. 101 AEUV bzw. § 1 GWB kommt und somit u. U. zu einem Bußgeld und Kartellschadenersatz.[789]

dd) Würdigung

Insgesamt hat die Praxis Ansätze, wie den Abschluss von Vertraulichkeitsvereinbarungen, Schwärzen, den Einsatz von Clean Teams,[790] die Zustimmung von dritten Parteien und zeitlich gestaffelte Informationsphasen, entwickelt, die helfen, das Risiko zu reduzieren.[791] Die regelmäßige Gefahr zur Verwirklichung schwerer Schäden ist dementsprechend gering, wenn man diese Standards der professionellen M&A-Branche einhält. Ein Indiz für diese verringerte Gefahr ist der Mangel an bekannten Fällen, in denen die zuvor besprochenen Grenzen nicht eingehalten wurden.[792]

3. Leitlinien für die Zustimmungsvorbehalte

a) Kein Geschäft von grundlegender Bedeutung

Die Risikoanalyse zeigt auf, dass die Due Diligence gefährliche Risiken für den Verkäufer beinhaltet. Folglich kann die Entscheidung zur Zulassung der Due Diligence durch den Vorstand für das Untermaßverbot die erforderliche Bedeutung aufweisen. Auf der anderen Seite hat die M&A-Beratungsbranche funktionale und anerkannte Mittel entwickelt, die die Risiken der Due Diligence massiv reduzieren. Im Ergebnis erfordert es schon beim Einsatz von professionellen externen oder internen M&A-Spezialisten absichtliches oder grob fahrlässiges Verhalten einer der beiden Seiten, sodass ein großer Schaden entstehen kann. Hingegen kann man sich nur bedingt gegen absichtsvolles rechtswidriges Verhalten schützen.[793] Es ist zudem völlig richtig, dass bei der Due Diligence sensible Informationen weitergegeben werden,[794] sodass es seltene Fälle geben kann, bei denen die grundlegende Bedeutung erreicht wird. Das Risiko wird jedoch durch die Herangehensweise und Instrumente in einer tatsächlichen Weise minimiert.[795] In Anbetracht der von der

[789] Siehe dazu ausführlich unten: C. V. 2. f) aa) (3) und (4).

[790] *Schubert*, ZWeR 2013, 54, 68 ff.

[791] *Hensel/Dörstling*, DStR 2021, 170, 177.

[792] *Besen/Gronemeyer*, CCZ 2013, 137, 138.

[793] *Bea/Scheurer*, DB 1994, 2145, 2145 sprechen allgemein davon, dass die Effektivität der Überwachungstätigkeit für den Aufsichtsrat kaum kontrollierbar wird, wenn „kriminelle Energie" im Spiel ist.

[794] *Liekefett*, Due Diligence, S. 79 f. betrachtet dies als ausreichend, um ein Geschäft von grundlegender Bedeutung und einer entsprechenden Zustimmungsvorbehaltspflicht anzunehmen. Er grenzt jedoch die Pflicht wieder ein, wenn es sich nur um eine kleinere sektorale Due Diligence handelt.

[795] Darauf ist *Liekefett*, Due Diligence, S. 79 ff. nicht eingegangen.

Praxis entwickelten Lösungsansätze ist es daher bei der Beachtung der Standards grundsätzlich ausgeschlossen, dass eine Entscheidung zur Zulassung der Due Diligence ein Geschäft von grundlegender Bedeutung ist und folglich eine Pflicht des Aufsichtsrats zur Zustimmungsvorbehaltsbegründung nach dem Untermaßverbot des § 111 Abs. 4 Satz 2 AktG besteht.[796]

Gleichwohl muss der Aufsichtsrat immer handeln, wenn ihm Anhaltspunkte vorliegen, dass ein Rechtsverstoß durch die zugelassene Due Diligence stattfinden wird und es somit ein Geschäft von grundlegender Bedeutung kraft Natur der Sache ist.[797] Dies ist indes eine Frage des Einzelfalls und bei einer professionellen Begleitung eher unwahrscheinlich.

Als Leitlinie kann dementsprechend festgehalten werden, dass schon sehr besonders gelagerte Fälle oder drohende Rechtsverstöße vorliegen müssen, damit die zugelassene Due Diligence eine grundlegende Bedeutung aufweist. Die Regel wird dies nicht sein. An dieser Stelle können Ad-hoc-Zustimmungsvorbehalte gem. § 111 Abs. 4 Satz 2 AktG den Einzelfall abdecken,[798] wenn der Einzelfall sowieso nicht unter die folgende Kategorie einer fehlenden fachkundigen Begleitung fällt.

b) Grundsätzlich kein Geschäft von erheblicher Bedeutung

aa) Kein Geschäft von erheblicher Bedeutung mit fachkundiger Begleitung

Eine andere Frage ist, ob sich der Aufsichtsrat überhaupt im Rahmen der Zustimmungsvorbehalte mit der Zulassung der Due Diligence durch den Vorstand beschäftigen darf. Folglich müsste die Entscheidung des Vorstands zur Zulassung der Due Diligence eine erhebliche Bedeutung aufweisen. Es gibt Stimmen, die dem Aufsichtsrat pauschal ein entsprechendes Recht für eine Zustimmungsvorbehaltsbegründung gem. § 111 Abs. 4 Satz 2 AktG zusprechen.[799]

Zur Begründung dieser Ansicht kann man anführen, dass während die rechtlichen Grenzen der Due Diligence gut gewahrt werden können, gerade der Missbrauch der Informationen und die Abwerbung wichtiger Mitarbeiter ein nicht zu unterschätzendes Risiko sind. Es liegt nicht komplett fern, dass ein Wettbewerber sich an einem Auktionsverfahren beteiligt, um tiefere Einblicke zu gewinnen. Freilich sind diese Missbrauchsfälle grundsätzlich die Ausnahme. Indes können sie

---

[796] A. A. *Liekefett*, Due Diligence, S. 79 ff.

[797] Siehe oben: B. I. 2. b) cc) (3).

[798] Siehe oben: B. I. 1. c); zum Ad-hoc-Vorbehalt im Allgemeinen: BGH, Urteil v. 15. 11. 1993 – II ZR 235/92, NJW 1994, 520, 521 f.; *Habersack*, in: MüKo AktG, Band 2, § 111 Rn. 131; *Boujong*, AG 1995, 203, 206; *Götz*, ZGR 1990, 633, 639.

[799] *Liekefett*, Due Diligence, S. 79 ff. sieht sogar eine grundsätzliche Pflicht; *Hopt/Roth*, in: Großkomm. AktG, Band 5, § 111 Rn. 695 und *Habersack*, in: MüKo AktG, Band 2, § 116 Rn. 59, jeweils ohne Begründung.

dennoch passieren. Es besteht dahingehend ein unbestreitbares typisierbares Risiko der Due Diligence.

Andererseits bedarf es einer erheblichen Veränderung der Risikoexposition, damit eine Ausnahme zum Geschäftsführungsverbot des § 111 Abs. 4 Satz 1 AktG begründbar ist.[800] Dass eine Entscheidung risikoreich ist, reicht allein nicht aus. Zudem kann man es gleichermaßen als Teil des Tagesgeschäfts qualifizieren, dass der Vorstand entscheiden muss, welche Informationen er Wettbewerbern preisgibt. Gleichfalls bei der Vorbereitung einer Forschungspartnerschaft, Joint Ventures oder bei größeren Lieferverträgen kann es zu einem intensiven Informationsaustausch kommen. Obendrein muss man entscheidend berücksichtigen, dass die dargestellten Abläufe und Instrumente durch die fachkundige Begleitung von internen oder externen Experten das Risiko umfassend reduzieren. Es werden zuerst die Informationen stückweise zur Verfügung gestellt, Vereinbarungen geschlossen und wird mit externen unabhängigen Beratern an besonders sensiblen Punkten gearbeitet. Deswegen weist eine Entscheidung zur Zulassung der Due Diligence grundsätzlich keine erhebliche Bedeutung auf und das Übermaßverbot verbietet eine Zustimmungsvorbehaltsbegründung.[801]

Nur bei einer atypischen Situation, wenn trotz der fachkundigen Begleitung und professionellen Lösungen die Due Diligence so riskant bleibt, dass durch sie eine erhebliche Veränderung der Risikoexposition nach dem Beurteilungsspielraum des Aufsichtsrats[802] vorliegt, kann ein Geschäft von erheblicher Bedeutung vorliegen. Im Falle einer Zustimmungsvorbehaltsbegründung sollte bei der Zustimmungsentscheidung beachtet werden, dass die Weitergabe von vertraulicher Information nicht automatisch gegen das Unternehmensinteresse spricht.[803] Es hängt bei einem solchen atypischen Fall von den konkreten Umständen ab.

bb) Ausnahme: fehlende fachkundige Begleitung

Allerdings bedeutet dies auch, dass lediglich die Beteiligung und Begleitung von erfahrenen und professionellen internen oder externen M&A-Experten bei der Due Diligence die Risiken so verringern, dass der Aufsichtsrat grundsätzlich keinen Zustimmungsvorbehalt begründen darf. Umgekehrt bestehen somit umfangreiche Risiken, wenn dies fehlt und die o. g. Instrumente zur Risikoreduzierung nicht oder nicht optimal eingesetzt werden.[804]

---

[800] Siehe oben zum Geschäft von erheblicher Bedeutung: B. I. 3. b).

[801] Allgemein zum Übermaßverbot siehe oben: B. I. 3.

[802] Siehe oben zum Beurteilungsspielraum: B. I. 3. d).

[803] Nach *Stoffels*, ZHR 2001, 362, 373 f. kann eine Due Diligence durchaus im Unternehmensinteresse sein und deshalb die Verletzung der Verschwiegenheitspflicht des Vorstands ausschließen.

[804] Es bedarf zwar nicht des zwingenden Einsatzes von externen Rechtsberatern, aber irgendeine Personengruppe sollte das Unternehmen fachkundig begleiten.

Mithin kann man festhalten, dass die Due Diligence ohne fachkundige Begleitung grundsätzlich eine erhebliche Veränderung der Risikoexposition (unter Vorbehalt der Beurteilung des Aufsichtsrats im konkreten Fall) darstellt und somit eine Ausnahme zum Übermaßverbot – insb. aus der Perspektive einer präventiven Verhinderung von möglichen Schäden – gerechtfertigt ist. Der Aufsichtsrat kann demzufolge mit einem Zustimmungsvorbehalt in diesem Bereich arbeiten. Ebenso kann man diesbezüglich berücksichtigen, dass ohne fachkundige Begleitung das Vorliegen der oben besprochenen seltenen Fälle eines Geschäfts von grundlegender Bedeutung ebenfalls wahrscheinlicher wird. Die Leitlinie ist folglich, dass bei den gängigen Fällen einer Due Diligence mit fachkundiger Begleitung der Aufsichtsrat grundsätzlich weder die Pflicht noch das Recht hat, sich durch eine Zustimmungsvorbehaltsbegründung mit der Zulassung der Due Diligence zu beschäftigen. Nur ohne fachkundige Begleitung darf der Aufsichtsrat in jedem Fall einen Zustimmungsvorbehalt für die Zulassungsentscheidung einer Due Diligence begründen und in besonders gelagerten Fällen muss er sogar den Zustimmungsvorbehalt begründen.

Diese Leitlinie kann man – fast schon zwangsläufig – mit verhaltenssteuernden Tatbestandsmerkmalen umsetzen, die die Wirkung erzielen, dass der Vorstand auf eine professionelle interne oder externe Begleitung der Due Diligence achtet.[805] Ob dabei die fachliche Begleitung durch externe Rechtsberater oder der internen Rechts- oder M&A-Abteilung zur Verfügung gestellt wird, ist vom Einzelfall abhängig und nicht weiter relevant, soweit die handelnden Personen die entsprechende Fachkunde über die Standards von Unternehmenstransaktionen aufweisen.[806]

Sollte ein Vorstand tatsächlich eine solche Entscheidung zur Zulassung einer Due Diligence, die er nicht von professionell-fachkundigen Personen begleiten lassen will, dem Aufsichtsrat vorlegen, impliziert bereits diese riskante Herangehensweise die Versagung der Zustimmung,[807] außer er kann vernünftige Gründe für die Abweichung von der M&A-Praxis anführen.

cc) Formulierungsempfehlung

Die Entscheidung zur Zulassung einer Due-Diligence-Prüfung durch einen externen Kaufinteressenten im Rahmen einer Unternehmenstransaktion bedarf keiner Zustimmung durch den Aufsichtsrat, wenn die Due-Diligence-Prüfung von professionellen externen Rechtsberatern und der Rechtsabteilung begleitet wird.

---

805 Siehe oben: B. I. 6.

806 Dies gilt gleichfalls für die weiteren noch folgenden Fälle.

807 Siehe oben zur Zustimmungsentscheidung: B. I. 7.

V. Kaufvertrag: Erwerb des Zielunternehmens

Der Kaufvertrag ist das Herzstück einer Unternehmenstransaktion und bildet – wie letztlich jeder andere Kaufvertrag nach § 433 BGB – die rechtsverbindliche Einigung von zwei Parteien, dass der Verkäufer die Kaufsache – hier die Anteile des Unternehmensträgers oder das Unternehmen oder den Unternehmensteil – zu übertragen hat und dass der Käufer den vereinbarten Kaufpreis bezahlen muss.[808] Doch während die Vielzahl der Kaufverträge im Wirtschaftsleben eine nur beschränkte Komplexität aufweist, stellt sich dies in der Regel beim Unternehmenskaufvertrag gänzlich anders dar. So spielen die gesetzlichen Regelungen – insb. des BGB – eine geringere Rolle und stattdessen versuchen die Parteien neben den Kernverpflichtungen ein eigenes, auf ihre Bedürfnisse und Verhandlungsergebnisse zugeschnittenes Haftungsregime zu schaffen.[809]

1. Vorüberlegung

Zunächst wird dieser Abschnitt die Perspektive des Erwerbers im Rahmen eines Share Deals betrachten. Dazu ist anzumerken, dass der Asset Deal und der Share Deal sich zwar auf den ersten Blick fundamental unterscheiden, jedoch zielen beide Erscheinungsformen auf das gleiche wirtschaftliche Ziel der Akquisition des Zielunternehmens ab. Dieses wird praktisch meistens noch weiter rechtlich dadurch angeglichen, dass beim Asset Deal regelmäßig das erworbene Unternehmen in eine neue (Tochter-)Gesellschaft eingebracht wird.[810] Das bedeutet, dass zwar nur Vermögensgegenstände übertragen werden, aber selten werden diese Vermögenswerte durch das herrschende Unternehmen übernommen, sondern sie gehen stattdessen in eine neue haftungsbeschränkte abhängige Gesellschaft über. Es gibt zwar folglich Unterschiede zwischen beiden Varianten, aber im Ergebnis werden sie wieder angeglichen.

Der Erwerb eines Zielunternehmens im Rahmen einer Unternehmenstransaktion birgt eine Vielzahl von Risiken und Chancen für den Erwerber. Die anschließende Risikoanalyse untersucht die Risiken, die regelmäßig auftauchen und von erheblichem praktischem Gewicht sind. Die folgenden Risiken lassen sich unter zwei bzw. drei Oberkategorien fassen.

Zuerst gibt es die Kategorie, die sich mit dem investierten Kaufpreis und der Gefahr, diesen zu verlieren, beschäftigt. Diese Kategorie umfasst Fragen der Be-

---

[808] Unternehmensbeteiligungen sind Rechte gem. § 453 Abs. 1 Satz 1 Alt. 1 BGB und Unternehmen sind „sonstige Gegenstände" gem. § 453 Abs. 1 Satz 1 Alt. 2 BGB, dazu: Regierungsbegründung zum Schuldrechtsmodernisierungsgesetz, BT-Drs. 14/6040 v. 14.05. 2001, 209, 212; *Weber*, in: Hölters, Hdb. Unternehmenskauf, Rz. 9.4.

[809] *Weber*, in: Hölters, Hdb. Unternehmenskauf, Kap. 9 Überblick, spricht sogar davon, dass die „gesetzlichen Bestimmungen des BGB weitgehend überflüssig" sind.

[810] *Beck/Klar*, DB 2007, 2819, 2820.

wertung des Kaufpreises, das Risiko des Kaufpreisverlustes und damit korrespondierend die Bonität des Verkäufers für etwaige Regress- und Gegenansprüche. Besonders die Frage des Risikos des Kaufpreisverlustes im Verhältnis zu den Zustimmungsvorbehalten kann durch das folgende Beispiel beleuchtet werden. Wenn ein Unternehmen eine Maschine für 100 EUR erwirbt und diese untergeht, hat das Unternehmen offensichtlich 100 EUR verloren. Dieser einfache Gedanke könnte ebenso für die Frage der Zustimmungsvorbehalte für den Unternehmenserwerb fruchtbar gemacht werden. Folglich wäre die Wertgrenze mit dem Kaufpreis als Auslöser ein zweckmäßiger Ansatz. Der Erwerber A-AG erwirbt das Zielunternehmen B für 30 Mio. EUR und damit ist das Risiko auf 30 Mio. EUR beschränkt. Denn es herrscht eine Haftungsbeschränkung – entweder weil man direkt Anteile an einer haftungsbeschränkten GmbH oder AG erworben hat oder weil man die Vermögenswerte in eine haftungsbeschränkte Tochtergesellschaft eingebracht hat. Zusätzlich zum Kaufpreisbetrag könnten noch weitere Investments vom Erwerber in das Zielunternehmen addiert werden, z. B. die A-AG gibt dem Zielunternehmen B noch weitere 5 Mio. EUR für notwendige Anschaffungen. In diesem Fall wäre der Betrag dann 35 Mio. EUR, der dem Risiko eines Totalverlustes ausgeliefert ist. Wenn der Erwerber A-AG ein internationales Großunternehmen mit Gewinnen in Milliardenhöhe ist, liegt nun die Vermutung nahe, dass dies nicht besonders relevant für den Aufsichtsrat der A-AG ist.

Demgegenüber gibt es die zweite Kategorie, die diesen einfachen Ansatz indes verhindert. Denn es kann durch verschiedene (rechtliche) Quellen zu einer Haftung über den Kaufpreis kommen. Dies bedeutet, dass neben dem Verlust des Kaufpreises und ggf. weiterer Investments ein unbekannter Betrag hinzukommen kann. Vornehmlich kommen dafür eine Haftung aufgrund des Rechts der verbundenen Unternehmen (Konzernrecht), der Verletzung der Aufsichtspflicht gem. §§ 30, 130 OWiG (Reputationsschäden) und des Kartellrechts in Betracht. Zur Konzentration auf die vorgenannten relevanten Risiken werden weitere mögliche Haftungsquellen über den Kaufpreis wie z. B. § 75 AO, § 25 Abs. 1 HGB[811] oder gesellschaftsrechtliche Ansprüche hinsichtlich Kapitalaufbringung und Kapitalerhaltungsgebot[812] ausgeklammert. Besonders bei § 75 AO werden noch nicht festgesetzte Steuerschulden durch vertragliche Regelungen – je nach Verhandlungsmacht – auf eine der beiden Seiten wirtschaftlich verlagert.[813] Auf der anderen Seite kann man bei § 25 Abs. 1 HGB unkompliziert auf § 25 Abs. 2 HGB zurückgreifen.[814] Diese Auswege aus der Haftung über den Kaufpreis stehen nicht oder kaum für die vorherigen Haftungsmöglichkeiten zur Verfügung.

---

[811] *Jaques*, in: Beck'sches HB Unternehmenskauf Mittelstand, Rn. D. 262 ff.

[812] Ausführlich *Jaques*, in: Beck'sches HB Unternehmenskauf Mittelstand, Rn. D. 255 ff.

[813] *Banerjee*, BB 2012, 1518, 1520 ff.

[814] *Jaques*, in: Beck'sches HB Unternehmenskauf Mittelstand, Rn. D. 268 empfiehlt ausdrücklich, dass der Erwerber den Haftungsausschluss nutzen sollte.

Ferner gibt es die dritte Kategorie, die man auch noch zur zweiten Kategorie zählen könnte. So ist jeder Unternehmenskauf von strategischen Entscheidungen geprägt, die die Unternehmensstrategie und die Integration des Zielunternehmens betreffen. In diesem Zusammenhang kann es für den Erwerber durch strategisch-wirtschaftliche Gründe zu einem Schaden über den Kaufpreis kommen.

Diese Vorüberlegungen zeigen Folgendes: Der Erwerb eines Zielunternehmens im Rahmen einer abhängigen haftungsbeschränkten Kapitalgesellschaft ist zwar der bevorzugte Ansatz der M&A-Branche. Demgegenüber bedeutet dies nicht, dass sich ein Schaden nur auf das getätigte Investment (insb. den Kaufpreis) beschränken wird. Das hat Folgen für den Aufsichtsrat. Man muss folglich zwischen den Risiken unterscheiden, die den investierten Kaufpreis gefährden, und solchen, die eine darüberhinausgehende eigene rechtliche Haftung oder Verluste des Erwerbes bedeuten. Zwar besteht für alle darüberhinausgehenden Verluste, bei denen das herrschende Unternehmen als Erwerber nicht Anspruchsgegner ist, keine rechtliche Verpflichtung zum Ausgleich. Denn es existiert bei einer haftungsbeschränkten abhängigen Gesellschaft immer die theoretische Möglichkeit, sie schlicht nicht zu retten und insofern bankrottgehen zu lassen. Auf der anderen Seite wird dies gleichwohl häufig aus wirtschaftlichen Erwägungen abgelehnt werden müssen, sodass zumindest ein faktischer Zwang zum Tragen des Verlustes bestehen wird.

Es versteht sich von selbst, dass noch weitere Risiken denkbar sind, die für einen Verlust des Kaufpreises und/oder die Haftung über den Kaufpreis sorgen könnten. Diese können allerdings aufgrund der Vielzahl der Möglichkeiten und Besonderheiten des Einzelfalls nicht Gegenstand der folgenden Untersuchung sein.

2. Risikoanalyse

a) Risiko Kaufpreisbewertung

Der Ausgangspunkt des klassischen Käufers eines Zielunternehmens ist zunächst, dass er den investierten Kaufpreis nutzen will, um eine Rendite zu erwirtschaften. Wie dies im Einzelfall aussieht, kann massiv variieren und kann z. B. die Optimierung oder die Herbeiführung von Synergieeffekten oder die Auszahlung der Gewinne sein. Der Käufer ist demnach an einem preislich günstigen oder zumindest ausgeglichen Preis interessiert. Die Frage des Kaufpreises ist damit zentral und zugleich risikoreich. Denn der Käufer kann ebenso Gefahr laufen, durch eine überhöhte Kaufpreisbewertung einen zu hohen Kaufpreis für das Zielunternehmen zu bezahlen. Es gibt verschiedene Wege, den Wert eines Unternehmens zu ermitteln.[815] Die Auswahl des Verfahrens wird dabei häufig Gegenstand der Verhand-

---

[815] Man muss bei den fundamentalen Methoden unterscheiden zwischen: (1) der Discounted-Cashflow-Methode (auch Zukunftserfolgsverfahren), wonach im Rahmen risikoangepasster Zinssätze zukünftige Zahlungen des Zielunternehmens an den Erwerber bewertet werden; (2) der Multiplikatoren-Methode (auch Vergleichsverfahren), wonach am Markt be-

lungen sein, da das Bewertungsverfahren regelmäßig im Kaufvertrag verankert wird.[816] Die Verfahren dienen als Orientierung und insb. mit ihren von der Verhandlungsmacht abhängigen Konkretisierungen können sie zu deutlich unterschiedlichen Ergebnissen führen.[817] Unabhängig davon, welches Verfahren man anwendet, bleibt indes die entscheidende Frage, ob der danach ermittelte Kaufpreis den gegenwärtigen und zukünftigen Wert des Zielunternehmens in vertretbarer Weise widerspiegelt. Es gibt daher keinen richtigen Kaufpreis, wohl aber einen falschen.

aa) Risikoreduzierung: Fairness Opinion

Dem soll die sog. Fairness Opinion Abhilfe schaffen. Sie gehört heute zum Alltag von professionellen M&A-Transaktionen, wobei es keine rechtliche Pflicht dazu gibt.[818] Die Fairness Opinion ist im Ergebnis nur „eine sachverständige Stellungnahme zur finanziellen Angemessenheit einer Unternehmenstransaktion".[819] Mit anderen Worten äußert sich ein Dritter zum Wert des Zielunternehmens. Die Fairness Opinion wird dabei in der Regel von Investmentbanken oder einer Wirtschaftsprüfungsgesellschaft als Drittem erstellt.[820] Sie hat keine gesetzliche Form. Indes kann man in der Praxis feststellen, dass es einen Opinion Letter gibt, der in wenigen Seiten die Beurteilung zusammenfasst, und ein Valuation Memorandum, das das ganze Bewertungsverfahren und die Hintergründe ausführlich darstellt.[821]

bb) Risikoreduzierung: Earn-out-Klausel

Eine weitere Möglichkeit, die Gefahr eines zu hohen bzw. falschen Kaufpreises zu reduzieren, ist eine Earn-out-Klausel. Durch eine solche Klausel kann sich der Kaufpreis abhängig von bestimmten Ergebnissen des Unternehmens gestaltet und

---

obachtete Unternehmenskäufe und ein daraus abgeleiteter Multiplikator für Kennzahlen des Unternehmens bewertet werden; (3) und der Liquidationswert (auch Substanzwert), wonach die vorhandenen Vermögenswerte und Verbindlichkeiten einzeln bewertet werden, dazu: *Aders*, in: Beck'sches M&A-HB, § 13 Rn. 3 ff.; *Jaques/Behringer*, in: Beck'sches HB Unternehmenskauf Mittelstand, Rn. B. 25 ff., die hervorheben, dass durch das subjektive Element der Bewertung bereits unterschiedliche Personen zu unterschiedlichen Unternehmenswerten kommen werden.

[816] Zu den Preisberechnungsklauseln: *Jaques/Behringer*, in: Beck'sches HB Unternehmenskauf Mittelstand, Rn. B. 100 ff.

[817] *Aders*, in: Beck'sches M&A-HB, § 13 Rn. 1; *Jaques/Behringer*, in: Beck'sches HB Unternehmenskauf Mittelstand, Rn. B. 103.

[818] *Fleischer*, in: FS Hopt, 2010, 2753, 2753.

[819] *Fleischer*, in: FS Hopt, 2010, 2753, 2754.

[820] Ausführlich zur Fairness Opinion: *Fleischer*, in: FS Hopt, 2010, 2753, 2756 ff.

[821] *Fleischer*, in: FS Hopt, 2010, 2753, 2756 f.

verändern.[822] Demnach wird der Kaufpreis mit dem zukünftigen Erfolg des Unternehmens verbunden.[823] Die Earn-out-Klausel wird vornehmlich als Kompromiss gewählt, wenn die Kaufpreisvorstellung des Käufers und die des Verkäufers zu weit auseinandergehen.[824] Zwar bedeutet dies für den Käufer, wenn er dem Aufsichtsrat das Vorhaben vorlegt, dass er noch keinen finalen Kaufpreis nennen kann, auf der anderen Seite steht zumindest die konkrete Methode im Vertrag fest.[825] Zudem kann es zwar passieren, dass der Käufer durch die Klausel später deutlich mehr für das Zielunternehmen zahlen muss. Dann jedoch war das erworbene Zielunternehmen entsprechend erfolgreich. Zusätzlich kann der Käufer die zukünftige höhere Zahlung durch den Cashflow des erworbenen Zielunternehmens finanzieren.[826] Insgesamt bewirkt die Earn-out-Klausel eine Risikoverringerung für den Käufer und kann zudem für beide Seiten zu einer attraktiven Vertragsgestaltung führen.

cc) Würdigung

Insgesamt steckt in der Kaufpreisbewertung aufgrund ihrer Unbestimmtheit und ihres subjektiven Elements ein gewisses Risiko. Wird ein Zielunternehmen durch den Käufer zu hoch bewertet, läuft er Gefahr, einen nicht vergleichbaren Gegenwert für sein gezahltes Geld zu erhalten. Das allein wäre bereits ein Schaden für den Erwerber. Die Fairness Opinion und die Earn-out-Klausel können helfen, diese Risiken zu minimieren. Bei der Fairness Opinion sollte allerdings beachtet werden, dass es sein kann, dass unabhängige Dritte, z. B. eine Investmentbank, wegen der Success Fee ein eigenes Interesse am erfolgreichen Abschluss der Transaktion haben und dies den Wert der Aussagen der Fairness Opinion verringert.[827] Ferner bieten sich eine Fairness Opinion und eine Earn-out-Klausel nicht bei jeder Unternehmenstransaktion an. Zudem muss besonders berücksichtigt werden, dass die konkreten Vertragsverhandlungen zu dem konkreten Kaufpreis führen und dies vom Einzelfall abhängig ist. In jedem Fall ist das Risiko einer fehlerhaften bzw. überhöhten Kaufpreisbewertung für den Aufsichtsrat relevant.

b) Risiko Verlust des Kaufpreises und weiterer Investments

Aus der Käuferperspektive kommt das offensichtliche Hauptrisiko hinzu, dem der Verkäufer nicht ausgesetzt ist. Denn der Verkäufer erhält für seine Leistung

---

[822] *Ziegenhain*, in: Beck'sches M&A-HB, § 16 Rn. 55 ff.; *Hilgard*, BB 2010, 2912, 2912; zur Abgrenzung zu vergleichbaren Rechtsinstituten wie Stichtagsbilanz, Meilensteinen und Mehrerlösklauseln: *Werner*, DStR 2012, 1662, 1662 f.

[823] *Hilgard*, BB 2010, 2912, 2913.

[824] *Ziegenhain*, in: Beck'sches M&A-HB, § 16 Rn. 54; *Hilgard*, BB 2010, 2912, 2912; *Werner*, DStR 2012, 1662, 1662.

[825] Zur Vertragsgestaltung: *Werner*, DStR 2012, 1663 ff.

[826] *Hilgard*, BB 2010, 2912, 2913.

[827] *Fleischer*, in: FS Hopt, 2010, 2753, 2759 ff.

grundsätzlich einen Geldbetrag als Gegenleistung, während der Käufer das Zielunternehmen erhält, dessen Wert durch eine wirtschaftliche Krise, z. B. aufgrund von Veränderungen am Markt oder politischen Umbrüchen, reduziert oder verloren gehen kann. Er läuft somit Gefahr, seinen investierten Kaufpreis zu verlieren. Dagegen erhält der Verkäufer „sicheres Geld“.[828]

Um den Risikogehalt des Kaufpreisverlustes zu bewerten, muss man beim Share Deal zusätzlich den Umstand einbeziehen, dass durch den Kauf des Rechtsträgers des Zielunternehmens alle Verbindlichkeiten, die auch schon vor der Akquisition angelegt waren, weiter vom Zielunternehmen zu tragen sind. Es ist bei einer lebensnahen Betrachtung faktisch ausgeschlossen, dass die Vertragsparteien alle möglichen Haftungsquellen bzgl. des Zielunternehmens identifizieren können. Solche Fälle sind z. B., dass Forderungen von Dritten noch nicht bekannt sind, weil sie schlicht noch nicht angetragen wurden, oder zukünftige Haftungstatbestände können nur angelegt und noch nicht eingetreten sein. Gegen eine spätere Insolvenz des Zielunternehmens aus wirtschaftlichen Gründen besteht ebenfalls keine Chance, sich zu schützen. Das ist das zentrale unternehmerische Risiko, wenn man ein Unternehmen betreibt.

c) Risiko Bonität des Verkäufers

Das Ziel, für den Kaufpreis ein adäquates Zielunternehmen zu erhalten und somit den Wert der investierten finanziellen Mittel zu sichern, ist ebenso regelmäßig Gegenstand von Regelungen im Kaufvertrag. Besonders die Herabsetzung des Preises, die Gewährleistung und die Haftung für Verbindlichkeiten werden deshalb regelmäßig zugunsten des Käufers vereinbart, sodass der Verkäufer für den angemessenen Wert wirtschaftlich einzustehen hat.[829]

Dies bedeutet indes, dass der Käufer im Übrigen auf die Bonität des Verkäufers achten muss.[830] Gerade in Unternehmenskäufen nimmt die Bonität des Verkäufers eine überdurchschnittliche Bedeutung ein. Denn Gewährleistungs- und Haftungsfälle können schnell große Summen erreichen. Im Falle der Akquisition durch einen Share Deal kommt erschwerend hinzu, dass nur eine vertragliche Regelung zum Zwecke des wirtschaftlichen Verbleibs des Risikos beim Veräußerer möglich ist.[831] Es besteht hingegen gerade das Risiko, dass nicht alle Risiken und Verbindlichkeiten bekannt sind. Wenn sie jedoch nicht geregelt werden (können), verbleiben sie

---

[828] *Beck/Klar*, DB 2007, 2819, 2821.

[829] *Weber*, in: Hölters, Hdb. Unternehmenskauf, Rz. 9.197.

[830] *Beck/Klar*, DB 2007, 2819, 2826.

[831] Siehe unten zum Vergleich des Asset Deals: C. VI. 2. i).

bei dem Rechtsträger des Zielunternehmens und somit beim Käufer. Das gilt z. B. für unerwartete Bußgelder aufgrund von Rechtsverstößen.[832]

aa) Relevante Anspruchsfallgruppen

Doch aus welchen vertraglichen Regelungen kann man grundsätzlich einen Zahlungsanspruch des Käufers gegen den Verkäufer des Zielunternehmens erwarten? Um diese Frage zu beantworten, zeigen besonders die Praxishandbücher die folgenden Fallgruppen auf:

(1) Nachträgliche Herabsetzung des Kaufpreises

Der Kaufpreismechanismus kann auch nachträglich zur Herabsetzung führen, sodass der Überschuss zurückgezahlt werden muss. Denn stellt sich im Anschluss an die Akquisition oder innerhalb des Integrationsprozesses des Zielunternehmens heraus, dass manche Umstände zur Kaufpreisberechnung – z. B. unterstellte finanzielle Kennzahlen – unrichtig sind, ist die nachträgliche Herabsetzung des Kaufpreises ein beliebtes vertragliches Mittel.[833]

(2) Gewährleistung und Garantien

Der gesetzliche Ausgangspunkt ist zunächst, dass das gesetzliche Gewährleistungsrecht angewendet wird, weil Unternehmensbeteiligungen Rechte gem. § 453 Abs. 1 Satz 1 Alt. 1 BGB sind.[834] Demnach kann ein Mangel unter den weiteren gesetzlichen Voraussetzungen einen Gewährleistungsanspruch auslösen.[835] Allerdings wird in den meisten Fällen jedes dispositive Recht durch speziellere vertragliche Regelungen im Unternehmenskaufvertrag ersetzt.[836]

Die beiden Parteien kreieren grundsätzlich ein umfassendes, komplexes und meist sehr detailreiches vertragliches Gewährleistungsregime, das regelmäßig aus Garantien für bestimmte Umstände des Zielunternehmens besteht. Bei einer Verletzung der Garantie haftet der Veräußerer meist bis zu einem bestimmten Betrag durch Haftungshöchstbeträge, die sich am Kaufpreis orientieren,[837] oder erst ab

---

[832] Z. B. der Fall *Marriott/Starwood*, bei dem aufgrund von Datenschutzverstößen gegen die DSGVO ein Bußgeld über 20 Mio. EUR verhängt wurde, siehe dazu im M&A-Kontext: *Keßler*, CCZ 2020, 158, 158 ff.

[833] *Ziegenhain*, in: Beck'sches M&A-HB, § 16 Rn. 54 ff.

[834] Dazu siehe: Regierungsbegründung zum Schuldrechtsmodernisierungsgesetz, BT-Drs. 14/6040 v. 14.05.2001, 209, 212; ferner *Weber*, in: Hölters, Hdb. Unternehmenskauf, Rz. 9.4, 9.201.

[835] Siehe zum Vergleich hinsichtlich der alten kaufrechtlichen Lage vor der Schuldrechtsreform: *Schröcker*, ZGR 2005, 63, 71 ff.

[836] *Meyer-Sparenberg*, in: Beck'sches M&A-HB, § 47 Rn. 7; *Mellert*, BB 2011, 1667, 1667.

[837] *Mellert*, BB 2011, 1667, 1671.

einem bestimmten Betrag. Bei diesen Haftungsmindestbeträgen findet man regelmäßig De-minimis-Angaben, wonach erst ab einer gewissen Höhe ein Garantieanspruch geltend gemacht werden darf, und/oder Freibeträge und Freigrenzen („Basket"). Baskets bzw. Freigrenzen bedeuten, erst wenn alle Gesamtschäden die Höhe der Freigrenze erreicht haben, dürfen diese geltend gemacht werden, aber ab dann ist der gesamte Betrag ersatzfähig. Dies wäre anders bei einem Freibetrag bzw. „Floor". Der Verkäufer haftet hier ausschließlich für die Summe, die den Freibetrag übersteigt, aber nicht auf den Freibetrag selbst.[838] Die Garantien werden rechtlich meist als selbständige Garantieversprechen im Unternehmenskaufvertrag als Vertragstyp eigener Art i. S. d. § 311 Abs. 1 BGB geregelt.[839] Im Ergebnis liegt dann ein Zahlungsanspruch gegen den Verkäufer vor, dessen Werthaltigkeit sich nach der Bonität des Verkäufers richtet.

(3) Freistellungsansprüche

Überdies gibt es vertragliche Haftungsfreistellungen. Bei diesen geht es um bekannte Risiken des Zielunternehmens, z. B. offene Klagen. Wenn eine Freistellung vereinbart wurde und sich die umfassten Risiken in einem Schaden verwirklichen, muss der Veräußerer den Erwerber von der Haftung freistellen.[840] Das Entscheidungskriterium für eine Freistellung ist meist die unbekannte Höhe der drohenden Schäden. Sind diese kalkulierbarer, tendiert man zu den Garantien.[841] Klassische Beispiele für Freistellungen bestehen in Bezug auf Steuerrisiken, Umweltrisiken, Rückforderungen von öffentlichen Beihilfen oder andere Rechtsrisiken.[842]

bb) Risikoreduzierung

Es kommen mehrere Maßnahmen in Frage, die der Sicherung der möglichen Ansprüche gegen den Verkäufer des Zielunternehmens bzw. des Werts des Zielunternehmens dienen. Folgende gehören zu den Standardinstrumenten:

---

[838] *Mellert*, BB 2011, 1667, 1671 f.

[839] Ausführlich zum selbständigen Garantieversprechen im Unternehmenskauf: *Mellert*, BB 2011, 1667, 1667 ff.; *Meyer-Sparenberg*, in: Beck'sches M&A-HB, § 47 Rn. 7 ff.

[840] *Hilgard*, BB 2016, 1218, 1218; siehe oben hinsichtlich der Funktion der Due Diligence: C. IV. 1. a).

[841] Nach *Meyer-Sparenberg*, in: Beck'sches M&A-HB, § 47 Rn. 6 wird überdies auch die wirtschaftliche Bedeutung von Garantien bei professionellen Transaktionen überschätzt, weil durch eine ordentliche und gründliche Due Diligence die Risiken meist gut erkannt werden und dann eingepreist werden oder Freistellungsansprüche verlangt werden; ferner *Hilgard*, BB 2016, 1218, 1222.

[842] Beispiele von *Hilgard*, BB 2016, 1218, 1222 ff.

(1) Sicherung über den Vertrag: Material Adverse Change Clause (MAC)

Zu einem bestimmten Bereich deckt die Störung der Geschäftsgrundlage nach § 313 BGB als Teil des „kodifizierten dispositiven Risikoverteilungskonzepts" die Situation ab, dass sich der Wert des Unternehmens durch gewisse Umstände (schnell) gravierend verschlechtert.[843] Auf der anderen Seite genügt vielen Parteien diese gesetzliche Ausgangslage nicht. Denn gerade die Tatbestandselemente des § 313 BGB sind kaum rechtssicher definierbar.[844]

Insofern findet man häufig als ein Legal Transplant[845] die sog. Material-Adverse-Change-Klausel (MAC[846]), die den Tatbestand und die Rechtsfolge vertraglich konkretisiert.[847] Sie findet sich vornehmlich bei solchen Unternehmenstransaktionen, bei denen zwischen Kaufvertragsschluss (Signing) und Closing ein umfangreicher Zeitraum besteht.[848] Durch solche Klauseln verfolgt der Käufer seinen Schutz dahingehend, dass sich der Wert des Unternehmens im Verhältnis zum vereinbarten Kaufpreis durch bestimmte Umstände während des Übergangszeitraums nicht unangemessen verändert.[849] Wenn es jedoch zu einer entsprechenden Verschlechterung kommt, hat der Käufer ein Rücktrittsrecht.[850] Dagegen ist bei der Störung der Geschäftsgrundlage vorrangig eine Vertragsanpassung vorzunehmen, was sie wiederum für die Praxis weniger attraktiv macht.[851] Die Umstände können sich auf eine wirtschaftliche Verschlechterung des Zielunternehmens selbst oder deutlich weiter auf allgemeine wirtschaftliche Verhältnisse beziehen.[852] Letzteres wird indes selten vereinbart.[853] Wie nützlich eine MAC-Klausel für den Käufer ist, hängt letztlich wieder von der konkreten Verhandlungssituation und -macht im Einzelfall ab.[854]

---

[843] *Henssler*, in: FS Huber, 2006, 739, 746 ff.

[844] *Henssler*, in: FS Huber, 2006, 739, 749 f.

[845] Zum Phänomen und Umgang mit Legal Transplants im deutschen Gesellschaftsrecht: *Fleischer*, NZG 2004, 1129, 1129 f.

[846] Als Synonym wird der Begriff Material Adverse Effect genutzt.

[847] *Jansen*, GWR 2009, 361, 362 weist darauf hin, dass sich die MAC-Klausel häufig an der MAC-Klausel der Finanzierung orientiert. Zur Auslegung: *Kuntz*, DStR 2009, 377, 377 ff. Hinsichtlich eines Streits sieht *Borris*, BB 2008, 294, 296 ff. nur eine schnelle Streiterledigung durch ein Fast-Track-Schiedsverfahren.

[848] *Henssler*, in: FS Huber, 2006, 739, 740.

[849] *Kuntz*, DStR 2009, 377, 377; *Weber*, in: Hölters, Hdb. Unternehmenskauf, Rz. 9.201 ff.

[850] *Kuntz*, DStR 2009, 377, 377.

[851] *Henssler*, in: FS Huber, 2006, 739, 750 weist darauf hin, dass sich die Rechtsunsicherheit bei der Rechtsfolge – wie beim Tatbestand – durch das Unzumutbarkeitskriterium des § 313 Abs. 3 BGB fortsetzt.

[852] *Weber*, in: Hölters, Hdb. Unternehmenskauf, Rz. 9.201.

[853] So zumindest: *Weber*, in: Hölters Hdb. Unternehmenskauf, Rz. 9.203.

[854] Siehe *Henssler*, in: FS Huber, 2006, 739, 754 ff. mit Empfehlungen für eine verkäufer- und käuferfreundliche Klausel und für einen Kompromiss.

(2) Sicherung über den Einbezug Dritter

Etwaige Bürgschaften von Banken, von dem herrschenden Unternehmen, sofern dieses nicht der Erwerber ist, oder von anderen nahestehenden Gesellschaften sind eine Möglichkeit, die Bonitätsrisiken des Verkäufers für den Käufer des Zielunternehmens zu reduzieren.[855] Dasselbe gilt für das Mittel der Patronatserklärung.[856]

Zudem gibt es die Möglichkeit, entsprechende W&I-Versicherungen als Sicherungsinstrument abzuschließen.[857] Allerdings hängt es vom geregelten Umfang ab, wie umfassend die Sicherungswirkung ist. In diesem Zusammenhang muss beachtet werden, dass eine W&I-Versicherung keinen Schutz für grob fahrlässige oder vorsätzliche Verletzungen bietet, wenn sie vom Verkäufer abgeschlossen wurde.[858]

(3) Sicherung über den Kaufpreis: Treuhandkonten/Streckung in Raten

Es ist darüber hinaus verbreitet, ein Treuhandkonto zugunsten des Käufers des Zielunternehmens einzurichten, auf dem ein Teil des Kaufpreises eingezahlt wird.[859] Dadurch ist der Käufer nicht von der – möglicherweise veränderten – Bonität des Verkäufers bei Haftungsfällen oder einer nachträglichen Kaufpreisherabsetzung abhängig.[860] Gleichwohl muss beachtet werden, dass das Treuhandkonto selbst insolvenzfest gestaltet sein muss, um von der Bonität des Verkäufers unabhängig zu sein.[861]

Eine ähnliche und noch effektivere Wirkung hat die Aufteilung des Kaufpreises in Raten über einen längeren Zeitraum als Sicherungsinstrument für die Ansprüche des Käufers gegen den Verkäufer des Zielunternehmens. Dieser Ansatz ist dahingehend effektiver, da die Barmittel in der Gewalt des Käufers stehen und sich nicht etwaige Probleme mit dem Treuhänder ergeben.[862]

---

[855] *Weber*, in: Hölters, Hdb. Unternehmenskauf, Rz. 9.200; *Meyer-Sparenberg*, in: Beck'sches M&A-HB, § 48 Rn. 133 ff.

[856] Zur Patronatserklärung und die Unterscheidung von weicher und harter Patronatserklärung: *Emmerich*, in: Emmerich/Habersack, Aktien/GmbH-Konzernrecht, AktG, § 302 Rn. 8 ff.

[857] Siehe unten für eine ausführlichere Darstellung der W&I-Versicherung C. VIII.; ferner *Weber*, in: Hölters, Hdb. Unternehmenskauf, Rz. 9.200; *Hoenig/Klingen*, NZG 2016, 1244, 1245 ff.

[858] *Hoger/Baumann*, NZG 2017, 811, 812 f.; *Kränzlin et al.*, BB 2013, 2314, 2315.

[859] *Meyer-Sparenberg*, in: Beck'sches M&A-HB, § 48 Rn. 136.

[860] *Weber*, in: Hölters, Hdb. Unternehmenskauf, Rz. 9.200.

[861] *Meyer-Sparenberg*, in: Beck'sches M&A-HB, § 48 Rn. 139; *Rößler*, DB 2013, 1607, 1608 ff. mit übertragbaren Ausführungen zur Insolvenzfestigkeit am Beispiel von Arbeitnehmeransprüchen.

[862] Allerdings verliert dieses Sicherungsinstrument an Schlagkraft, wenn mit dem Verkäufer kein Ausschluss von Zurückbehaltungs- oder Aufrechnungsrechten vereinbart wurde, dazu: *Weber*, in: Hölters, Hdb. Unternehmenskauf, Rz. 9.200.

cc) Würdigung

Dass im Rahmen eines Kaufvertrags die Bonität des Verkäufers eine wichtige Rolle spielt, gilt grundsätzlich überall. Jedoch stellen sich bei den großen Volumina und der Komplexität von Unternehmenstransaktionen entsprechende Erwägungen als elementar dar. Es kann dem Käufer des Zielunternehmens nicht gleichgültig sein, vom wem er dieses erwirbt und ob dieser Verkäufer im Falle einer Herabsetzung des Kaufpreises, der Gewährleistung oder Garantie von Freistellungsansprüchen etc. leistungsfähig ist. Dafür ist die Wahrscheinlichkeit zu hoch, dass es im Nachhinein zu solchen Situationen kommt. Allerdings kann man dieses Risiko durch die skizzierten Instrumente deutlich reduzieren. Das Repertoire der dargestellten entwickelten Möglichkeiten der M&A-Branche zur Risikoreduzierung ist somit sehr groß und kann maßgeschneidert für die individuellen Bedürfnisse vereinbart werden.

d) Risiko Haftung über den Kaufpreis aufgrund Unternehmensverbund

Die folgenden Abschnitte verlassen die erste Ebene, die sich auf den Kaufpreis bezieht, und wenden sich dem Teil zu, bei dem der Erwerber direkt entweder durch Recht oder aufgrund wirtschaftlicher Entwicklungen einen eigenen monetären Verlust über den Kaufpreis erleiden kann.[863]

Es wird mit den Haftungsrisiken über den Kaufpreis begonnen, die durch die gesellschaftsrechtliche Sonderverbindung zwischen Erwerber als herrschendem Unternehmen und dem Zielunternehmen entstehen können.

aa) Trennung der Haftung

Zunächst gilt als Grundsatz bei haftungsbeschränkten Gesellschaften im Unternehmensverbund, dass zwischen diesen Rechtssubjekten eine Trennung der Haftung besteht.[864] Dieses Ergebnis der generellen Haftungstrennung ist ein wichtiger Grund und ein Motiv für die Existenz von Unternehmensverbünden. Etwaige Haftungen oder Insolvenzen bleiben separiert und somit wird die Attraktivität für die Nutzung dieser unternehmerischen Organisation erhöht.[865] Daher wird auch eine deliktische Haftung des herrschenden Unternehmens für das Verhalten der abhängigen Gesellschaft mehrheitlich verneint. Dabei wird vornehmlich die Ansicht abgelehnt, dass die abhängige Gesellschaft ein Verrichtungsgehilfe des herrschenden

---

[863] Siehe oben: C. VI. 1.

[864] Ausführlich dazu: *Beck*, Konzernhaftung, S. 39 ff. Der Konzern im Speziellen und erst recht der Unternehmensverbund als Organisationsform hat keine eigene Rechtspersönlichkeit und demnach auch keine zentralisierte Haftung. Zur Rechtsfähigkeit allgemein: *Huber*, in: FS Lutter, 2000, 107, 108 ff.

[865] *Beck*, Konzernhaftung, S. 41.

Unternehmens nach § 831 BGB sei.[866] Die Deliktshaftung der Mutter für das Verhalten der abhängigen Gesellschaft spielt folglich aus einer Praxisperspektive keine Rolle und wird deshalb auch nicht näher ausgeführt.[867] Anders ist dies jedoch beim kodifizierten Recht der verbundenen Unternehmen – häufiger als Konzernrecht bezeichnet[868] –, das aus dem Gesetz heraus Ansprüche begründen kann.[869]

bb) Haftung als Ausnahmefall

Neben dem Bedürfnis, dem Wirtschaftssystem haftungsvermeidende Konstrukte an die Hand zu geben, gibt es auch diverse Fälle, in denen der Rechtsverkehr, Gläubiger und Staat ein berechtigtes Interesse haben, nicht selbst das Opfer dieser Haftungsvermeidung zu werden. Denn wenngleich beim Unternehmensverbund auf der einen Seite die rechtliche Selbständigkeit zu einer Separierung der Risiken führt, so besteht auf der anderen Seite ebenso eine wirtschaftliche Gemeinschaft der entsprechenden Chancen.[870] Indes darf die Haftungstrennung nicht falsch verstanden werden. Sie führt nicht zum Ausschluss der Haftung für eigenes Verhalten des herrschenden Unternehmens.[871]

Die jeweilige Haftung des herrschenden Unternehmens entscheidet sich anhand der Rechtsform des Rechtsträgers des abhängigen Unternehmens (abhängige Gesellschaft). Somit bedarf es für die weitere Untersuchung einer getrennten Betrachtung der Haftung je nach Rechtsform der Gesellschaft.[872] Es wird ausschließlich die Haftung im Fall einer AG (mit Ausnahme der Eingliederung) und GmbH als abhängiger Gesellschaft untersucht.

[866] BGH, Urteil v. 14.06.1974 – VI ZR 8/73, BGHZ 109, 297; *Wagner*, in: MüKo BGB, Band 7, § 831 Rn. 17; a. A. *Schall*, ZGR 2018, 479, 492 ff.

[867] Für einen umfassenden Streitüberblick mit allen Argumenten: *Schall*, ZGR 2018, 479, 479 ff.

[868] *Emmerich/Habersack*, Konzernrecht, § 1 Rn. 2; *Koch*, AktG, § 15 Rn. 2.

[869] Zur Geschichte des Konzernrechts: *Spindler*, in: Bayer/Habersack, Aktienrecht im Wandel, Band I, S. 515 ff. Zu den Arten der Unternehmensverbindung siehe: *Koch*, AktG, § 15 Rn. 21.

[870] *Beck*, Konzernhaftung, S. 41.

[871] Besonders sind hier die eigenen Verkehrssicherungspflichten nach § 823 Abs. 1 BGB zu nennen und im Falle einer Delegation an eine Tochter kann es zu Auswahl- und Kontrollpflichten mit einem jedoch engen Anwendungsbereich kommen, dazu: *Schall*, ZGR 2018, 479, 500 ff.

[872] Für die ausführliche Erklärung der Unterscheidung siehe *Beck*, Konzernhaftung, S. 48 ff.

cc) Aktiengesellschaft als abhängige Gesellschaft

(1) Bedeutung der Haftung im Vertragskonzern, §§ 291 ff. AktG

Bei einer abhängigen AG muss man zwischen einem Vertragskonzern und einem faktischen Konzern unterscheiden. Ein Vertragskonzern wird durch einen aktienrechtlichen Unternehmensvertrag geschaffen und ist eine Art der Unternehmensverbindung.[873] Das Gesetz unterscheidet ferner zwischen dem Beherrschungsvertrag nach § 291 Abs. 1 Satz 1 Alt. 1 AktG[874] und dem Gewinnabführungsvertrag gem. § 291 Abs. 1 Satz 1 Alt. 2 AktG[875]. Die Begründung eines Vertragskonzerns sorgt für eine gesetzliche Pflicht des herrschenden Unternehmens zur Verlustübernahme der vom Vertrag beherrschten Aktiengesellschaft nach § 302 AktG.[876] Im Falle, dass nur ein isolierter Gewinnabführungsvertrag besteht, ist zudem der Einzelausgleich der §§ 311, 317 AktG eröffnet.[877]

Erwirbt dementsprechend der Käufer im Rahmen eines Share Deals eine AG und schließt dann einen Unternehmensvertrag nach § 291 Abs. 1 Satz 1 AktG ab, begründet dies einen Vertragskonzern und die korrespondierende Konzernhaftung.

Gleichwohl wird zu Recht allgemein anerkannt, dass der Abschluss eines Unternehmensvertrags selbst ein Geschäft von grundlegender Bedeutung und somit ein zustimmungspflichtiges Geschäft nach § 111 Abs. 4 Satz 2 AktG ist.[878] Das Risiko, das somit durch die Haftung des Vertragskonzerns für die Mutter und den Erwerber der AG mit dem Zielunternehmen erwächst, ist somit diesem separaten Zustimmungsvorbehalt zuzuweisen.[879] Die präventive Überwachung durch die Zustim-

---

[873] *Beck*, Konzernhaftung, S. 60.

[874] Ausführlich zum Beherrschungsvertrag: *Emmerich*, in: Emmerich/Habersack, Aktien/GmbH-Konzernrecht, AktG, § 291 Rn. 2 ff., der erklärt, dass der Fokus der gesetzlichen Regelung der §§ 291 bis 310 AktG auf dem Beherrschungsvertrag liegt, der sich wiederum vornehmlich durch das Weisungsrecht gem. § 308 AktG gegenüber der abhängigen AG/KGaA auszeichnet.

[875] Ausführlich zum Gewinnabführungsvertrag: *Emmerich*, in: Emmerich/Habersack, Aktien/GmbH-Konzernrecht, AktG, § 291 Rn. 47 ff.

[876] Der relevante Zeitpunkt für die Entstehung des Anspruchs gem. § 302 AktG ist das Ende des entsprechenden Geschäftsjahrs. Der Anspruch nach § 302 AktG ist als eine Innenhaftung konzipiert. Irrelevant ist der Grund des Verlustes oder wer verantwortlich für den Verlust ist, dazu: *Emmerich*, in: Emmerich/Habersack, Aktien/GmbH-Konzernrecht, AktG, § 302 Rn. 30; *K. Schmidt*, ZGR 1983, 513, 518 ff. identifiziert die Verlustausgleichspflicht als ein gesetzliches Dauerschuldverhältnis.

[877] Zur Frage der Sinnhaftigkeit hinsichtlich des fehlenden Einzelausgleichs gem. §§ 311, 317 AktG für den Beherrschungsvertrag: *Beck*, Konzernhaftung, S. 127 f.

[878] *Brouwer*, Zustimmungsvorbehalte, S. 153 ff.

[879] Das Gleiche gilt für die Eingliederung einer AG nach §§ 319 ff. AktG. Sofern eine AG eine andere AG erwirbt und später eine Eingliederung vornehmen will, ist das Risiko dieser Maßnahmen, einen separaten Zustimmungsvorbehalt unabhängig von der Akquisition zuzuweisen, weil sie eine nicht sachgerechte Folge der Akquisition ist. Zur Eingliederung siehe ausführlich: *Habersack*, in: Emmerich/Habersack, Aktien/GmbH-Konzernrecht, AktG, § 319 Rn. 3 ff.

mungsvorbehalte ist am effektivsten, wenn die Folgen von unterschiedlichen Maßnahmen der Geschäftsführung auch im Rahmen unterschiedlicher Zustimmungsvorbehalte beurteilt werden und nur solche Folgen, die sachgemäß verbunden sind, in die Betrachtung des jeweiligen Zustimmungsvorbehalts miteinbezogen werden.[880] Dies ist indes nicht der Abschluss eines Unternehmensvertrags nach der Akquisition. Deswegen bleibt diese Haftung außer Betracht.

(2) Haftungsquellen im „faktischen Konzern"

Anders stellt es sich hingegen beim sog. „faktischen Konzern" dar. Ein faktischer Konzern liegt vor, wenn ein Unternehmen i. S. d. § 17 Abs. 1 AktG von einem anderen abhängig ist. Es bedarf ferner nicht einer einheitlichen Leitung nach § 18 AktG für die Anwendung der §§ 311 ff. AktG.[881] Nach § 17 Abs. 1 AktG besteht eine Abhängigkeit, wenn ein Unternehmen einen beherrschenden Einfluss auf ein anderes ausüben kann. Dass sie tatsächlich genutzt wird, ist allerdings für das Vorliegen einer Abhängigkeit nicht notwendig.[882] Unter einem beherrschenden Einfluss versteht man wiederum, dass „die Möglichkeit besteht, Herrschaft auszuüben" bzw. eine „Beeinflussung von Bereichen der Geschäftspolitik im eigenen Interesse".[883] Der klassischste Fall für das Vorliegen eines beherrschenden Einflusses gem. § 17 Abs. 1 AktG ist die Mehrheitsbeteiligung an der Gesellschaft. § 17 Abs. 2 AktG statuiert in dieser Hinsicht die widerlegbare Vermutung, dass ein in Mehrheitsbesitz stehendes Unternehmen von dem mit Mehrheit beteiligten Unternehmen abhängig ist.

Als Folge des Bestehens eines faktischen AG-Konzerns werden die §§ 311 ff. AktG und somit der Einzelausgleich nach §§ 311, 317 AktG angewendet.[884] Der § 311 Abs. 1 AktG begründet zunächst für das herrschende Unternehmen eine Ausgleichspflicht, wenn es sein Einfluss benutzt, um die abhängige AG zu veranlassen[885], ein für sie nachteiliges Rechtsgeschäft vorzunehmen oder eine Maßnahme

[880] Dies entspricht auch der Regelungsabsicht des TransPuG-Gesetzgebers hinsichtlich einer effektiveren Gefahrenabwehr, siehe: Begr. RegE TransPuG, BT-Drs. 14/8769, 17; *Schönberger*, Zustimmungsvorbehalt, S. 71 ff., 191 ff.; *Brouwer*, Zustimmungsvorbehalte, S. 101 ff.; *Fleischer*, BB 2013, 835, 835 ff.

[881] *Koppersteiner*, ZGR 1973, 1, 2 benutzt sogar die Begriffe Abhängigkeit und faktischen Konzern als Synonyme; *Koch*, AktG, § 18 Rn. 2 hebt hervor, dass der „Sammelbegriff" des faktischen Konzerns „üblicherweise" das Modell der §§ 311 ff. AktG umfasst, welches nur die Abhängigkeit als Voraussetzung hat.

[882] BGH, Urteil v. 04.03.1974 – II ZR 89/72, BGHZ 62, 193, 201; *Emmerich*, in: Emmerich/Habersack, Aktien/GmbH-Konzernrecht, AktG, § 17 Rn. 8.

[883] *Beck*, Konzernhaftung, S. 70 f.; *Emmerich*, in: Emmerich/Habersack, Aktien/GmbH-Konzernrecht, AktG, § 17 Rn. 5; OLG Stuttgart, Beschluss v. 01.12.2008 – 20 W 12/08, AG 2009, 204, 205 f.

[884] Zur fehlenden Rechtsprechung über die abhängige AG im faktischen Konzern: *Altmeppen*, in: MüKo AktG, Band 5, § Anh. § 317 Rn. 9.

[885] Das Tatbestandsmerkmal der Veranlassung wird weit verstanden und meint jede Art der Einwirkung, dazu: *Kropff* (Hrsg.), AktG von 1965, S. 418; *Beck*, Konzernhaftung, S. 136.

zu ihrem Nachteil zu treffen oder zu unterlassen.[886] Es ist demnach grundsätzlich nicht verboten, eine nachteilige Einflussnahme auszuüben.[887] Allerdings muss die Mutter bei nachteiliger Einflussnahme die entstandenen Nachteile verpflichtend ausgleichen.[888] Ob etwas nachteilig ist, wird dadurch ermittelt, ob ein unabhängiger Vorstand ebenfalls die fragliche Maßnahme durchgeführt hätte.[889]

Die Ausgleichspflicht ist eine Innenhaftung zwischen dem herrschenden Unternehmen und der abhängigen AG; wenn die Ausgleichspflicht nicht erfüllt wird, begründet § 317 Abs. 1 AktG einen entsprechenden Schadenersatzanspruch der abhängigen AG, der den „wirtschaftlichen Wert“ des Nachteils abdeckt.[890]

Die tatsächliche Schlagkraft dieser Innenhaftung zwischen herrschendem Unternehmen und der abhängigen AG liegt indes nur in solchen Situationen vor, in denen es eine Partei gibt, die ein (wirtschaftliches) Interesse an der Durchsetzung hat. Dies werden hauptsächlich solche Fälle sein, in denen es noch einen oder mehrere Minderheitsgesellschafter gibt, die den Wert ihrer Beteiligung erhalten wollen, oder wenn ein Insolvenzverwalter bestellt ist. Grundsätzlich müssten auch der betroffene Vorstand und der Aufsichtsrat der abhängigen AG ein rechtliches Interesse haben, einen etwaigen Einzelausgleich bzw. Schadenersatz gegen das herrschende Unternehmen geltend zu machen. Demgegenüber wird bei einer lebensnahen Betrachtung die tatsächliche Durchsetzung in Konstellationen, in denen das herrschende Unternehmen Alleingesellschafter ist, unwahrscheinlicher. Ebenfalls können Gläubiger der abhängigen AG, wenn sie keine Befriedigung erhalten, den Ersatzanspruch nach § 317 Abs. 1 i. V. m. § 309 Abs. 4 Satz 3 AktG geltend machen. Insofern kann man drei realistische Parteien identifizieren: (1) Minderheitsgesellschafter, (2) Insolvenzverwalter und (3) Gläubiger der abhängigen AG.

---

[886] Problemtisch ist jedoch der Fall, wenn der Nachteil nicht (direkt) in einem konkreten Wert beziffert werden kann. Wenn ein nicht bezifferbarer Nachteil vorliegt, werden teilweise die Grundsätze des qualifizierten faktischen Konzernes angewendet und somit wird eine Haftung gem. §§ 302 f. AktG begründet. Dafür anstelle vieler: *Habersack*, ZGR 2008, 533, 552 f.; a. A. und gegen die Anwendung der Grundsätze des qualifizierten faktischen Konzerns für eine abhängigen AG anstelle vieler: *Hüffer*, in: FS Goette, 2011, 191, 200 ff.

[887] *Habersack*, in: Emmerich/Habersack, Aktien/GmbH-Konzernrecht, AktG, § 311 Rn. 2; *Beck*, Konzernhaftung, S. 132.

[888] Als Nachteil wird wiederum jede „Minderung oder konkrete Gefährdung der Vermögens- und Ertragslage“ der abhängigen AG anerkannt, dazu: BGH, Urteil v. 04. 12. 2012 – II ZR 17/12, AG 2013, 165, 168; *Priester*, in: FS Goette, 2011, 369, 372 f.; *Beck*, Konzernhaftung, S. 136. Es geht dabei um den Schutz des Vermögens der abhängigen AG, dazu: *Wiedemann*, GmbHR 2011, 1009, 1009. Dieser Nachteil muss des Weiteren als eine Abhängigkeitsfolge qualifiziert werden, dazu: BGH, Urteil v. 04. 12. 2012 – II ZR 17/12, AG 2013, 165, 168.

[889] Nach *Spindler*, AG 2006, 677, 688 f. sollte man hier auf eine Privilegierung als Prognoseentscheidung verzichten oder zumindest einen strengeren Maßstab anlegen; kritisch: *Koppersteiner*, ZGR 1973, 1, 10 ff.

[890] *Beck*, Konzernhaftung, S. 76.

Gleichfalls ist § 117 AktG als Haftungsgrundlage zu beachten, wenn seine entsprechenden eher engen Vorsatzvoraussetzungen vorliegen,[891] wobei dieser in der Regel durch die speziellere Regelung des § 311 AktG zurücktritt.[892] Nur wenn kein angemessener Ausgleich erfolgt ist, wird der § 117 AktG neben dem § 317 AktG angewendet.[893]

dd) GmbH als abhängige Gesellschaft

Die Haftung des herrschenden Unternehmens stellt sich zu einer abhängigen GmbH anders als zu einer abhängigen AG dar. Prinzipiell müssen drei Ebenen unterschieden werden: (1) eine abhängige GmbH im Vertragskonzern, (2) eine abhängige GmbH mit mehr als einem Gesellschafter ohne Unternehmensverträge und (3) eine abhängige GmbH mit nur einem Gesellschafter als beherrschendes Unternehmen ohne Unternehmensverträge.

(1) Vertragskonzern

Hinsichtlich des Vertragskonzerns mit einer GmbH als abhängiger Gesellschaft ist anerkannt, dass Unternehmensverträge geschlossen werden können, wobei man aufgrund der Strukturunterschiede der AG und der GmbH keine Gesamtanalogie der §§ 291 ff. AktG annehmen darf.[894] Gleichwohl wird mehrheitlich anerkannt, dass der Grundgedanke des § 302 AktG auf die abhängige GmbH im Vertragskonzern entsprechend angewendet werden sollte.[895] Die Voraussetzung des § 17 Abs. 1 Satz 2 Nr. 2 KStG und die strenge Praxis der Finanzverwaltung führen ferner dazu, dass aus der Praxisperspektive fast jeder GmbH-Vertragskonzern eine Verlustübernahme i. S. d. § 302 AktG vereinbart hat.[896] Für den Zweck dieser Risikoanalyse reicht diese Ausgangslage aus, ohne auf die strittigen gesellschaftsrechtlichen Details einzugehen. Jedoch ist an dieser Stelle der Abschluss eines Unternehmensvertrags auch eine Frage des eigenen Zustimmungsvorbehalts und damit nicht weiter relevant.[897]

---

[891] Zu den Tatbestandsvoraussetzungen: *Spindler*, in: MüKo AktG, Band 2, § 117 Rn. 10 ff.

[892] *Spindler*, in: MüKo AktG, Band 2, § 117 Rn. 90; *Koch*, AktG, § 117 Rn. 1.

[893] *Spindler*, in: MüKo AktG, Band 2, § 117 Rn. 92; *Koch*, AktG, § 117 Rn. 14.

[894] Die Rechtsprechung wendet nichts gegen Unternehmensverträge mit einer GmbH ein, dazu: BGH, Urteil v. 31.05.2011 – II ZR 109/10, NZG 2011, 902, 902 ff.; ebenso die Literatur, dazu: *Emmerich*, in: Emmerich/Habersack, Aktien/GmbH-Konzernrecht, AktG, § 291 Rn. 59; *Koch*, AktG, § 291 Rn. 6; *Beck*, Konzernhaftung, S. 61.

[895] Anstelle vieler: *Emmerich*, in: Emmerich/Habersack, Aktien/GmbH-Konzernrecht, AktG, § 302 Rn. 25.

[896] BFH, Urteil v. 10.05.2017 – I R 93/15, NZG 2018, 77, 77 f.; *Emmerich*, in: Emmerich/Habersack, Aktien/GmbH-Konzernrecht, AktG, § 302 Rn. 25a.

[897] Siehe oben: C. VI. 2. d) cc) (1).

(2) Treuepflicht als Schranken im faktischen GmbH-Konzern

Die aktienrechtlichen Vorschriften für die Regeln des faktischen Konzerns gem. §§ 311 ff. AktG gelten nicht im Verhältnis zur GmbH als abhängiger Gesellschaft.[898] Die Schranken einer nachteiligen Einflussnahme werden im Falle der GmbH durch die Treuepflicht der Gesellschafter bzw. hier des herrschenden Mehrheitsgesellschafters gezogen.[899] Die Treuepflicht regelt das Miteinander zwischen den Gesellschaftern und kann sich auf die beabsichtigte Vornahme von Mitgliedschaftsrechten auswirken.[900] Man kann deshalb festhalten, dass die Treuepflicht nicht aus dem Unternehmensverbund erwächst, sondern eher allgemeinerer Natur ist und dadurch ebenfalls Lebenssachverhalte von Unternehmensverbindungen erfassen kann.[901] Es bedarf dahingehend keiner besonderen Erwägungen, vielmehr geht es um die Frage, wie nachteilig ein Gesellschafter gegenüber den anderen agieren darf.[902] Die Konsequenz einer nachteiligen Einflussnahme eines Mehrheitsgesellschafters führt daher zum Schutze des Minderheitsgesellschafters zu einer Pflicht der Kompensation des Nachteils gegenüber der Gesellschaft;[903] wenn diese Kompensation nicht vorgenommen wurde, löst dies eine Schadenersatzpflicht des Mehrheitsgesellschafters gem. § 280 Abs. 1 BGB wegen der Verletzung der Treuepflicht aus.[904] Ohne Minderheitsgesellschafter wird dies jedoch nicht angewendet, weil diese Einschränkung der nachteiligen Einflussnahme im Unternehmensverbund aus der Treuepflicht der Gesellschafter erwächst und nicht aus der Treuepflicht gegenüber der Gesellschaft.[905]

(3) Existenzvernichtungshaftung, § 826 BGB

Der Tatsache geschuldet, dass die Haftung aus der Treuepflicht lediglich für eine GmbH mit mehr als einem Gesellschafter bedeutsam ist, muss die praktisch relevante Frage geklärt werden, ob und wie der etwaige Insolvenzverwalter einer abhängigen GmbH die Mutter als herrschendes Unternehmen im faktischen GmbH-Konzern in Haftung nehmen könnte. Das ehemalige Haftungsregime des BGH

---

[898] BGH, Urteil v. 05.06.1975 – II ZR 23/74, NJW 1976, 191, 191; BGH, Urteil v. 16.09.1985 – II ZR 275/84, NJW 1986, 188, 190; *Lutter*, ZGR 1982, 244, 260 f.; *Verse*, in: Henssler/Strohn, Gesellschaftsrecht, GmbHG § 13 Anh. Rn. 7.

[899] BGH, Urteil v. 05.06.1975 – II ZR 23/74, NJW 1976, 191, 191; *Habersack*, ZGR 2008, 533, 535 f.; *Wiedemann*, GmbHR 2011, 1009, 1013 ff.

[900] *K. Schmidt*, Gesellschaftsrecht, S. 587 ff.; *Raiser*, ZHR 1987, 422, 422 f.; *Beck*, Konzernhaftung, S. 161. Zur Frage des Minderheitenschutzes durch das Bilanzrecht im faktischen GmbH-Konzern: *Henssler*, in: FS Zöllner, 1998, 203, 204 ff.

[901] *K. Schmidt*, Gesellschaftsrecht, S. 1220 f.; *Beck*, Konzernhaftung, S. 161.

[902] *Koppersteiner*, ZGR 1973, 1, 5; *Beck*, Konzernhaftung, S. 161.

[903] Allerdings können die Minderheitsgesellschafter nicht die Zahlung an sich selbst fordern, dazu ausführlich: *Beck*, Konzernhaftung, S. 162 f.

[904] Ausführlich zur Herleitung dieses zweistufigen Ansatzes: *Beck*, Konzernhaftung, S. 167 ff.

[905] *Habersack*, ZGR 2008, 533, 536 ff.; *Beck*, Konzernhaftung, S. 161.

durch den sog. qualifiziert faktischen Konzern ist vom ihm aufgegeben worden.[906] An dessen Stelle ist die Existenzvernichtungshaftung als eine reine Innenhaftung gerückt.[907] Diese Existenzvernichtungshaftung ist nach dem BGH eine Fallgruppe des vorsätzlichen sittenwidrigen Eingriffs nach § 826 BGB.[908] Die Existenzvernichtungshaftung nach § 826 BGB hat als Ziel den Schutz des Vermögens ohne Bezug auf das Stammkapital[909] und geht somit über den Schutz des Stammkapitals hinaus.[910] Die Existenzvernichtungshaftung führt zum Ausgleich eines nachteiligen, kompensationslosen Eingriffs, der die Existenz gefährdet oder vernichtet und somit die Insolvenz verursacht oder vertieft.[911]

ee) Würdigung

Sofern man nun im Lichte dieser Ausführungen das Risiko bewerten will, das sich im Rahmen eines Unternehmenskaufs im Verhältnis zur erläuterten Haftung stellt, sind mehrere Punkte relevant. Fragen des Vertragskonzerns werden hier ausgeklammert.

Zuerst muss man nicht zwischen dem Risiko des Share und Asset Deals unterscheiden, wenn im Rahmen des Asset Deals das Unternehmen in eine abhängige (neue) Gesellschaft der Mutter eingebracht wird. Zweitens ist die Akquisition einer AG bzw. die Einbringung des Unternehmens als Asset Deal in eine neue Tochter-AG aus der Perspektive des Erwerbers als herrschendes Unternehmen nachteilig, weil dann die Haftung des Einzelausgleichs nach §§ 311 Abs. 1, 317 Abs. 1 AktG eröffnet ist, der von einem Minderheitsgesellschafter, Insolvenzverwalter oder Gläubiger durchgesetzt werden kann. Drittens ist die Haftung dahingehend zukunftsgerichtet, da nur nachteilige Maßnahmen nach dem Erwerb z.B. im Rahmen der Integration des Zielunternehmens eine Haftung auslösen. Die Perspektive eines „faktischen Konzerns" mit einer abhängigen GmbH ist weniger risikoreich, da die Treuepflichtverletzung und erst recht die Existenzvernichtungshaftung im Hinblick auf ihre Tatbestandsvoraussetzungen einen kleinen, für die M&A-Branche wohl

---

906 Für eine ausführliche Darstellung der Entwicklung der Rechtsprechung: *Beck*, Konzernhaftung, S. 179 ff.

907 BGH, Urt. v. 16.07.2007 – II ZR 3/04 – „Trihotel-Entscheidung", NJW 2007, 2689, 2690; bestätigt in: BGH, Urteil v. 28.04.2008 – II ZR 264/06, NJW 2008, 2437, 2438; BGH, Urteil v. 09.02.2009 – II ZR 292/07, NJW 2009, 2127, 2129; die Literatur stimmt gleichfalls zu: *Habersack*, ZGR 2008, 533, 544; *Hüffer*, in: FS Goette, 2011, 191, 196.

908 BGH, Urt. v. 16.07.2007 – II ZR 3/04, NJW 2007, 2689, 2690; BGH, Urteil v. 28.04.2008 – II ZR 264/06, NJW 2008, 2437, 2438; BGH, Urteil v. 09.02.2009 – II ZR 292/07, NJW 2009, 2127, 2129.

909 *Beck*, Konzernhaftung, S. 213. Zum Unterschied von Grundkapital und Vermögen der Gesellschaft: *K. Schmidt*, Gesellschaftsrecht, S. 776.

910 *Beck*, Konzernhaftung, S. 213.

911 Ausführlich zu den einzelnen Tatbestandsmerkmalen: *Beck*, Konzernhaftung, S. 213 ff.; ferner *Wiedemann*, GmbHR 2011, 1009, 1012.

kaum relevanten Anwendungsbereich haben, sofern es sich um ein gesundes Zielunternehmen handelt.

Jedoch ist die einfachste Schlussfolgerung aus diesem Teil, dass grundsätzlich für den Käufer eines Unternehmens eine Haftung über den Kaufpreis hinaus möglich ist, selbst wenn er sein Geschäft in der Form der beschränkten Haftung der AG und GmbH organisiert. Es sind somit nicht der Kaufpreis und weitere Investments in das Zielunternehmen, die verloren gehen können, sondern darüber hinaus noch weitere Beträge. Diesem Umstand geschuldet sollte sich der Aufsichtsrat des Erwerbers dieses Risikos bewusst sein und es in seine Überlegungen einbauen. Dies wird noch wichtiger, wenn mit der Akquisition des Unternehmens klar ist, dass nachteilige Eingriffe, z.B. im Rahmen der Integration oder Umstrukturierung, vorgenommen werden. Ebenfalls ist die Rechtsform des Zielunternehmens im „faktischen Konzern" relevant und ob es weitere Minderheitsgesellschafter gibt.

e) Risiko Haftung über den Kaufpreis aufgrund OWiG/Reputationsschäden

Neben der zuvor besprochenen Haftung aus dem Zivilrecht gibt es zudem weitere Haftungstatbestände für das herrschende Unternehmens. Folgend wird daher das Risiko einer Haftung aus dem Ordnungswidrigkeitsrecht im Kontext der Unternehmenstransaktion besprochen. Unabhängig von einer eigenen Haftung aus dem Ordnungswidrigkeitsrecht befindet man sich hier zusätzlich in einem sensiblen Bereich. Dem Erwerber drohen eigene Reputationsschäden für von dem erworbenen Zielunternehmen begangene Verstöße.[912]

Die Begrifflichkeit des „herrschenden Unternehmens" passt wegen des § 30 Abs. 1 OWiG indes nicht für diesen und ebenso wenig den kartellrechtlichen Abschnitt. Deswegen wird stattdessen der Begriff der herrschenden Gesellschaft (oder Mutter) gebraucht.

aa) Verletzung der Aufsichtspflicht, §§ 30, 130 OWiG

Ausgangspunkt für eine Haftung der herrschenden Gesellschaft kann des Weiteren § 130 Abs. 1 Satz 1 OWiG sein. Zwar hat das OWiG keinen eigenen Unternehmensverbundbegriff. Dennoch ist es zunächst über § 30 Abs. 1 OWiG möglich, eine Buße ebenso gegen eine juristische Person zu verhängen. Zudem eröffnet § 130 Abs. 1 Satz 1 OWiG eine Sanktionsnorm für den Inhaber eines Unternehmens. Der Tatbestand des § 130 Abs. 1 Satz 1 OWiG ist etwas kompliziert und lautet wie folgt:

> „Wer als Inhaber eines Betriebes oder Unternehmens vorsätzlich oder fahrlässig die Aufsichtsmaßnahmen unterläßt, die erforderlich sind, um in dem Betrieb oder Unternehmen Zuwiderhandlungen gegen Pflichten zu verhindern, die den Inhaber treffen und deren

[912] Siehe oben zu den Reputationsschäden: B. I. 2. b) bb) (2) (b).

Verletzung mit Strafe oder Geldbuße bedroht ist, handelt ordnungswidrig, wenn eine solche Zuwiderhandlung begangen wird, die durch gehörige Aufsicht verhindert oder wesentlich erschwert worden wäre."

Mit anderen Worten: Der Adressat (Inhaber eines Unternehmens) wird für die unterlassene erforderliche und zumutbare Aufsicht in Verantwortung gezogen, wenn eine andere Person einen Verstoß gegen eine Pflicht begeht, die den Inhaber des Unternehmens selbst trifft.[913] Die Feinheiten des Tatbestands sind ferner für die Untersuchung nicht von Belang. Allerdings ist es relevant, ob die herrschende Gesellschaft dem Grunde nach das Tatbestandsmerkmal Inhaber eines Unternehmens des § 130 Abs. 1 Satz 1 OWiG erfüllen kann, sodass dies in die hiesige Risikoanalyse miteinfließen muss.

(1) Streit: herrschende Gesellschaft als Inhaberin des Unternehmens

Es gibt keine einhellige Ansicht darüber, ob die herrschende Gesellschaft als Inhaberin des Unternehmens i.S.d. § 130 Abs. 1 Satz 1 i.V.m. § 30 Abs. 1 OWiG zu qualifizieren ist, die aus der Delegation hervorgegangene betriebsbezogene Pflichten treffen. Dagegen wird der entsprechende Rechtsträger des Unternehmens und somit die (abhängige) Gesellschaft einvernehmlich als Inhaberin i.S.d. § 130 Abs. 1 Satz 1 mit den betriebsbezogenen Pflichten qualifiziert.[914] Der Gesetzgeber wollte jedenfalls als Adressat die Person, die „an der Spitze einer gewerblichen Einrichtung steht".[915]

(a) Keine Anwendung: trennende Betrachtung

Eine breit vertretene Ansicht sieht in der herrschenden Gesellschaft keinen „Inhaber des Gesamtkonzerns". Vielmehr trägt sie nur ihr eigenes Unternehmen.[916] Diese Ansicht fußt auf den klaren Zuordnungsprinzipien des Zivilrechts und somit auf der Trennung der Gesellschaften.[917] Das Unternehmen ist nach § 130 Abs. 1 OWiG der Gesellschaft zugeordnet, die es trägt, und somit wäre das Unternehmen einer abhängigen Gesellschaft ein fremdes Unternehmen aus der Perspektive des Rechtsträgers der Mutter. Zwar geben auch Teile dieser Ansicht zu, dass die herrschende Gesellschaft wirtschaftlich die Nutznießerin der unternehmerischen Betätigung der abhängigen Gesellschaft ist. Daraus erwachse aber keine Inhaberschaft für das Unternehmen der abhängigen Gesellschaft, da der Trennungsgrundsatz im-

---

[913] Ausführlich zum Tatbestand siehe: *Beck*, Konzernhaftung, S. 251 f.; *Achenbach*, NZWiSt 2012, 321, 324 f.

[914] *Achenbach*, NZWiSt 2012, 321, 323; *Koch*, WM 2009, 1013, 1018; *Habersack*, in: FS Möschel, 2011, 1175, 1178 f.; *Beck*, Konzernhaftung, S. 256.

[915] Begr. RegE eines Einführungsgesetzes zum Gesetz über Ordnungswidrigkeiten (EGOWiG), BT-Drs. V/1319, S. 64.

[916] So *Koch*, AG 2009, 564, 569 ff.; *ders.*, WM 2009, 1013, 1018; *Brouwer*, CCZ 2009, 161, 165; *Beck*, Konzernhaftung, S. 257.

[917] *Habersack*, in: FS Möschel, 2011, 1175, 1178 f.

merhin auch der Rechtssicherheit dient.[918] Ferner wird ausgeführt, dass § 130 OWiG als Normzweck hat, Sanktionslücken zu schließen, die sich durch die Delegation von betriebsbezogenen Pflichten ergeben können. Jedoch fehlt es bei der herrschenden Gesellschaft an betriebsbezogenen Pflichten im Verhältnis zum Unternehmen der abhängigen Gesellschaft, die dementsprechend nicht in eine Aufsichtspflicht des § 130 OWiG der Mutter umschlagen können.[919]

(b) (Teilweise) Anwendung: tatsächliche Betrachtung

Dagegen wird eine tatsächliche Betrachtung des Begriffs Unternehmen des § 130 Abs. 1 OWiG vertreten.[920] Schließlich agiert der Unternehmensverbund oder genauer gesagt der Konzern in einer tatsächlichen Betrachtung in vielen Fällen wie ein Unternehmen und nicht wie viele (kleinere) Unternehmen unter einer Leitung. Die rechtliche Selbständigkeit der abhängigen Gesellschaften darf i. S. d. objektiv-teleologischen Kriterien des § 130 OWiG nicht zu einer Umgehung des Faktischen führen.[921]

Ebenso wird angeführt, dass § 130 Abs. 1 OWiG der wirtschaftlichen Betrachtung offen gegenüber ist, weil die herrschende Gesellschaft die „Inhaberin des Unternehmensverbundes“ sei und somit für sie eine Aufsicht über die abhängigen Gesellschaften ausgelöst wird.[922] Allerdings besteht diese Pflicht zur Aufsicht auch nur dann, wenn überhaupt die Möglichkeit besteht, dass die Mutter eine Aufsicht ausführen kann. Dies ist stets der Fall beim Vertragskonzern und beim faktischen Konzern mit einer abhängigen GmbH. Dagegen beschränkt sich die Aufsichtspflicht beim faktischen Konzern mit einer abhängigen AG auf die „tatsächlichen Informations- und Einflussmöglichkeiten“.[923] Eine andere verwandte Ansicht will den § 130 OWiG nur anwenden, wenn die herrschende Gesellschaft tatsächlich eine (starke) Konzernaufsicht begründet hat und somit eine Entziehung der Aufsichtshoheit der abhängigen Gesellschaft stattfindet.[924] Es wird überdies vertreten, dass § 130 Abs. 1 OWiG nicht anwendbar ist, außer die herrschende Gesellschaft hat eine 100 %-Beteiligung an der Tochter.[925]

---

[918] Dazu *Beck*, Konzernhaftung, S. 257 f.

[919] *Koch*, WM 2009, 1013, 1018; *Koch*, ZHR 2007, 545, 572 ff.

[920] *Grundmeier*, Rechtspflicht zur Compliance, S. 77 f.; *ders.*, Der Konzern 2012, 487, 492; *Rogall*, in: Karlsruher Kommentar OWiG, § 130 Rn. 25, 27; *Mansdörfer/Timmerbeil*, WM 2004, 362, 368; *Löbbe*, ZHR 2013, 518, 545 f.; *Lutter*, in: FS Goette, 2011, 289, 290 ff. kritisiert zumindest nicht die Anwendung des § 130 OWiG.

[921] *Rogall*, in: Karlsruher Kommentar OWiG, § 130 Rn. 25, 27.

[922] *Grundmeier*, Rechtspflicht zur Compliance, S. 77 ff.

[923] *Lutter*, in: FS Goette, 2011, 289, 292 ff.; *Grundmeier*, Rechtspflicht zur Compliance, S. 84 ff.; *Vollmer*, in: MüKoWettbR, GWB, § 81 Rn. 65.

[924] *Wirtz*, WuW 2001, 342, 348 f.; ähnlich *Achenbach*, NZWiSt 2012, 321, 322, 327.

[925] *Tiedemann*, NJW 1979, 1849, 1852.

(c) Stellungnahme

Eine vermittelnde Ansicht erscheint vorzugswürdig. Zwar ist aus gesellschaftsrechtlicher Sicht ein grundsätzlicher Vorrang der Trennung nachvollziehbar. Jedoch überzeugt die faktische Betrachtung, wenn eine herrschende Gesellschaft tatsächlich Einfluss nimmt. Denn dann muss sie auch daran im Rahmen des § 130 Abs. 1 OWiG gemessen werden und ausnahmsweise eine Inhaberin mit der entsprechenden betriebsbezogenen Pflicht sein. Eine zu strenge gesellschaftsrechtliche Betrachtung eröffnet in diesem Fall ansonsten eine Umgehung, die gegen die Präventions- und die Repressionsfunktion des Straf- und Ordnungswidrigkeitsrecht spricht und nur durch eine Betrachtung der tatsächlichen Verhältnisse erfüllt werden kann. Ein Überschreiten der Wortlautgrenze ist ferner nicht gegeben, da der Wortlaut sehr offen ist. Insofern ist richtigerweise dann von der Inhaberschaft nach § 130 Abs. 1 OWiG auszugehen, wenn die herrschende Gesellschaft eine tatsächliche Einflussnahme durch ein Weisungsrecht genutzt oder anders faktisch auf das Unternehmen der abhängigen Gesellschaft eingewirkt hat. Allerdings bedarf es einer tatsächlichen Einflussnahme und nicht nur der abstrakten Möglichkeit.[926]

Ein Beispiel soll dies verdeutlichen. Die A-GmbH ist die Tochter der B-AG und in verschiedenen Ländern für den Einkauf von Rohstoffen für die B-AG zuständig. Die Geschäftsführung der A-GmbH will Antikorruptionsmaßnahmen ergreifen und die B-AG weist sie durch ihren Vorstand an, dies wegen Kostengründen zu unterlassen, oder nutzt ihren tatsächlichen Einfluss anstelle einer Weisung. Es kommt zu Korruptionsfällen von Mitarbeitern der A-GmbH. Die B-AG wird in diesem Beispiel bei einer faktischen Betrachtung durch die tatsächliche Einflussnahme zum Inhaber des Unternehmens der A-GmbH. Wenn man nur darauf abstellen würde, dass die B-AG formal keine betriebsbezogene Pflicht hat, Korruptionsverstößen im Unternehmen der A-GmbH vorzubeugen, würde man die tatsächlich stattgefundene Verschiebung ignorieren. Zur Erfüllung der Funktion des § 130 Abs. 1 OWiG muss die B-AG deshalb als Inhaberin mit der entsprechenden betriebsbezogenen Pflicht i. S. d. § 130 Abs. 1 OWiG qualifiziert werden.[927] Anders ist es, wenn die A-GmbH schlicht nichts unternimmt, um Korruptionsfällen vorzubeugen, obwohl sie in einem sensiblen Bereich unterwegs ist und die B-AG es ebenfalls unterlässt, die A-GmbH dazu zu veranlassen.

(d) Relevanz für den Aufsichtsrat der herrschenden Gesellschaft

Zudem muss im Rahmen dieses Teils, der das Risiko eines Kaufs eines Zielunternehmens herausarbeiten will, vornehmlich die tatsächliche Ausgangslage für den Aufsichtsrat betrachtet werden. Der BGH hat die Frage in einer älteren Entschei-

---

[926] Insgesamt ähnlich wie *Habersack*, in: FS Möschel, 2011, 1175, 1179 f.

[927] Für eine andere Lösung, bei der die entsprechenden Handlungen der Geschäftsführung der herrschenden Gesellschaft direkt über § 30 OWiG zugerechnet werden, siehe: *Koch*, ZHR 2007, 545, 578.

dung von 1981 offengelassen.[928] Das Bundeskartellamt[929] und andere Behörden[930] sowie das OLG München[931] zeigen allerdings ihren Willen, den § 130 Abs. 1 i. V. m. § 30 OWiG auf die herrschende Gesellschaft zumindest im Einzelfall anzuwenden, sodass dies aus einer tatsächlichen Betrachtung in die Risikoanalyse einfließen muss, obgleich noch keine einheitliche, eindeutige, höchstrichterliche Rechtsprechung des BGH für die Praxis existiert.[932] Der Streit bleibt daher offen und ist noch nicht entschieden. Beide Seiten habe gute Argumente. Der Aufsichtsrat darf sich jedoch nicht allein auf eine vorteilhafte Entscheidung im Rahmen eines Streits verlassen und muss das Risiko miteinbeziehen, dass die nachteilige Rechtsansicht gleichfalls Ansicht der höchsten Rechtsprechung wird.[933]

(2) Buße

Die Konsequenzen eines Verstoßes des § 130 Abs. 1 Satz 1 OWiG sind dabei nicht zu unterschätzen. Im Falle des Verstoßes wird ein Bußgeld festgesetzt. Dieses Bußgeld setzt sich in der Regel aus zwei Komponenten, dem Ahndungsteil gem. § 17 Abs. 3 OWiG und dem Abschöpfungsteil gem. § 17 Abs. 4 OWiG, zusammen.[934] Besonders der Abschöpfungsteil kann unter Umständen Millionen- bis Milliardenbeträge umfassen.[935]

---

[928] BGH, Urteil v. 01. 12. 1981, GRUR 1982, 244.

[929] So stützte z. B. das Bundeskartellamt ein Bußgeld gegen die herrschende Gesellschaft der Etex-Gruppe (*Etex Holding GmbH*) auf § 130 Abs. 1 S. 1 OWiG, dazu: Bundeskartellamt, Fallbericht B1–200/06 (09. 02. 2009), S. 2. Hier hat das Bundeskartellamt zwar den Bußgeldbescheid aus tatsächlichen Gründen wieder aufgehoben, dabei aber seine Rechtsauffassung hinsichtlich § 130 Abs. 1 OWiG bekräftigt, dazu: Bundeskartellamt, Fallbericht B1–200/06 (09. 02. 2009), S. 2. Weitere Anwendungen des § 130 Abs. 1 OWiG des Bundeskartellamtes sind der Spanplatten/OSB-Platten-Fall: BKartA, Pressemitteilung v. 20. 09. 2011 und der Preisbindung-Bier-Fall: BKartA, Tätigkeitsbericht 2015/2016, S. 58.

[930] Laut *Lutter*, in: FS Goette, 2011, 289, 290, 291 fanden Korruptionsfälle bei Tochter- und Enkelgesellschaften der *Siemens AG* statt und die Staatsanwaltschaft hat nur gegen die *Siemens AG* nach § 130 Abs. 1 OWiG ein Bußgeld verhängt.

[931] OLG München, Beschluss vom 23. 09. 2014 – Ws 599, 600/14, BeckRS 2015, 14184, Rn. 14: „Die Anwendbarkeit des § 130 OWiG auf Konzernsachverhalte kann nicht pauschal beantwortet werden, sondern ist stets von den konkreten Umständen des Einzelfalls abhängig. Für den Umfang der Aufsichtspflicht im Sinne des § 130 OWiG sind die tatsächlichen Verhältnisse im Konzern maßgeblich, weshalb auf die tatsächliche Einflussnahme der Konzernmutter auf die Tochtergesellschaft abzustellen ist. Nur wenn der Tochtergesellschaft von der Konzernmutter Weisungen erteilt werden, die das Handeln der Tochtergesellschaft beeinflussen, und dadurch die Gefahr der Verletzung betriebsbezogener Pflichten begründet wird, besteht im Umfang dieser konkreten Einflussnahme eine gesellschaftsrechtliche Aufsichtspflicht der Konzernmutter."

[932] BGH, Urteil v. 01. 12. 1981, GRUR 1982, 244.

[933] *Lutter*, in: FS Goette, 2011, 289, 291.

[934] *Achenbach*, NZWiSt 2012, 321, 322 f.

[935] So wurde gegen die *Volkswagen AG* ein Bußgeld in Höhe von einer Milliarde Euro nach § 130 Abs. 1 Satz 1 OWiG verhängt, siehe Presseinformation vom 13. 06. 2018 der Staatsanwaltschaft Braunschweig, abrufbar unter https://bit.ly/42WO6w5, zuletzt abgerufen am 24. 11.

bb) Reputationsschaden als Haftung über den Kaufpreis

Daneben drohen gleichfalls Reputationsschäden.[936] Es kann grundsätzlich nicht verhindert werden, dass der Verstoß und die entsprechende Buße in der Öffentlichkeit bekannt werden. Bei Verfahren mit einer gewissen öffentlichen Aufmerksamkeit stellen die Behörden und Gerichte ggf. selbst Pressemitteilungen zur Verfügung. Reputationsschäden sind in dieser Hinsicht nicht zu unterschätzen.[937] Selbst wenn man nicht die hiesige Ansicht vertritt, ist jedoch evident, dass ein entsprechender Rechtsverstoß Auswirkungen auf die Reputation der Mutter haben wird. Somit entsteht auch ohne direkte rechtliche Konsequenz ein wirtschaftlicher Schaden für die herrschende Gesellschaft. Dieses Risiko hat der Aufsichtsrat bei Unternehmenstransaktionen auf Käuferseite zu beachten.

cc) Würdigung

Unterstellt man den Erwerb einer betroffenen Gesellschaft, müssen zwei Situationen unterschieden werden.

(1) Abgeschlossener Verstoß

Die erste Situation bezieht sich auf einen abgeschlossenen Verstoß und eine Verletzung des § 130 Abs. 1 OWiG vor dem Erwerb durch den Käufer, der nur dem erworbenen Rechtsträger und der ehemaligen Mutter zugeordnet werden kann. Das Risiko von Schäden durch solche Fälle vor dem Erwerb kann über die bekannten vertraglichen Präventivmaßnahmen – wie z. B. eine Garantie oder eher eine Haftungsfreistellung – erheblich reduziert oder ausgeglichen werden.[938] Dies gilt für die Haftung des erworbenen Zielunternehmens. Die Haftung des Verkäufers bzw. der ehemaligen herrschenden Gesellschaft ist für die Risikoanalyse aus Käufersicht irrelevant. Indes drohen Reputationsschäden, die vertraglich für einen Ausgleich geregelt sein müssten.[939]

(2) Fortsetzung des Verstoßes und eigener Einflussnahme

Die zweite Situation umfasst einen bereits begonnenen Verstoß im Zielunternehmen und eine Verletzung des § 130 OWiG, der sich allerdings in der eigenen Struktur des Erwerbers fortsetzt und nicht behoben wird. In diesem Fall könnte man folgerichtig für die erwerbende herrschende Gesellschaft, sofern sich die tatsächli-

---

2024. Hier ging es allerdings nicht um ein Tochterunternehmen der *Volkswagen AG*, sondern das Bußgeld nach § 130 Abs. 1 OWiG wurde direkt gegen die *Volkswagen AG* verhängt.

[936] *Habersack*, AG 2014, 1, 3; *Hoffmann/Schieffer*, NZG 2017, 401, 401; *v. Busekist/Timmerbeil*, CCZ 2013, 225, 225.

[937] Siehe oben allgemein zu den Reputationsschäden: B. I. 2. b) bb) (2) (b).

[938] Siehe oben: C. V. 2. c) aa) (2).

[939] Siehe oben allgemein zu den Reputationsschäden: B. I. 2. b) bb) (2) (b).

che Einflussnahme fortsetzt, einen Fall des § 130 Abs. 1 OWiG mit der Folge eines eigenen, bußgeldpflichtigen Verstoßes des § 130 Abs. 1 i. V. m. § 30 OWiG bejahen. Ferner drohen unabhängig von der rechtlichen Einschätzung umfassende Reputationsschäden für den Erwerber, wobei dies von den Umständen des Einzelfalls abhängt.

Zudem ist ein Schutz für den Erwerber kaum vorhanden. Selbst wenn ein Verkäufer bereit wäre, ein solches Bußgeldrisiko vertraglich freizustellen, würde eine solche Klausel aufgrund der Sittenwidrigkeit nach § 138 Abs. 1 BGB nichtig sein. Denn im Bereich einer eigenen (fortgesetzten) Verletzung des § 130 OWiG handelt es sich um eine im Voraus gegebene Erstattungszusage und diese kann zur „Relativierung der Präventionswirkung von Straf- und Ordnungswidrigkeitstatbeständen" führen.[940] Dies trifft nicht für die o. g. Haftungsfreistellungen zu, da es sich hier um nachträgliche Freistellungen eines abgeschlossenen Sachverhalts handelt und diese am Ergebnis der begangenen Ordnungswidrigkeit oder Straftat nichts mehr ändern können.[941] Somit kann die Haftung in diesem Fall nicht durch eine klassische M&A-Regelung umgangen werden und würde originär den Erwerber treffen. Auch der Versuch dieses Risiko auf eine Versicherung im Rahmen einer W&I-Versicherung zu verlagern, führt zu keiner Lösung. Denn zukünftiges gesetzwidriges Verhalten im Voraus zu entschädigen, ist gleichfalls eine Umgehung der etwaigen gesetzlichen Vorschriften und der immanenten Verhaltenslenkung und muss deswegen im Ergebnis nichtig sein. Dies gilt auch für eine W&I-Versicherung.[942] Die Due Diligence kann ebenso nur beschränkt vor einem solchen Schaden schützen. Denn gerade in diesem compliance-sensitiven Bereich ist mit einer Verdeckung zu rechnen.[943]

Insgesamt kann sich das Risiko, dass im Zielunternehmen Verstöße nach der Akquisition fortgesetzt werden, sowohl in einem Bußgeld als auch in Reputationsschäden für den Erwerber realisieren. Einen effektiven Schutz gibt es kaum, sodass hier Vorsicht angebracht ist.

f) Risiko Haftung über den Kaufpreis aufgrund des Kartellrechts

Neben der bereits dargestellten Haftung aus dem Recht der verbundenen Unternehmen (Konzernrecht) und dem allgemeinen Ordnungswidrigkeitsrecht muss allein aus praktischen Gesichtspunkten auch eine Haftung durch das Kartellrecht analysiert werden. Dabei wird auf das Kartellverbot und die Fusionskontrolle ab-

---

[940] *Busche*, in: MüKo BGB, Band 1, § 133 Rn. 62.

[941] BGH, Urteil v. 08.07.2014 – II ZR 174/13, NZG 2014, 1058, 1059.

[942] Nur für das Zielunternehmen selbst: *Hoenig/Klingen*, NZG 2016, 1244, 1247.

[943] Dass dieser Bereich sehr sensibel ist, sieht man auch an der teilweisen Praxis, dass in manchen Fällen die Compliance Due Diligence erst nach dem Signing stattfindet, dazu: *v. Busekist/Timmerbeil*, CCZ 2013, 225, 230 ff.

gestellt. Das Kartellverbot unterteilt sich in das deutsche und das europäische Recht.[944]

aa) Das erworbene Kartell

Das Kartellrecht spielt eine immer größere Rolle bei Unternehmenstransaktionen. Es kann nicht nur eine fast uferlose Haftung für das Zielunternehmen bedeuten, sondern auch den Erwerber u. U. durch das Konstrukt der wirtschaftlichen Einheit hart treffen, wenn das erworbene Zielunternehmen kartellrechtliche Verstöße begeht.

(1) Kartellverbot

Das Kartellverbot des § 1 GWB entspricht dem europäischen Kartellverbot des Art. 101 Abs. 1 AEUV. Sie sind beinahe identisch. Art. 3 Abs. 2 Satz 1 Kartellverfahrens-VO schreibt zudem vor, dass das deutsche Kartellrecht nicht zu anderen Ergebnissen führen darf, als wenn man Art. 101 Abs. 1 AEUV angewendet hätte. Demnach wird § 1 GWB wie Art. 101 Abs. 1 AEUV ausgelegt.[945]

Im Ergebnis verbieten sowohl Art. 101 Abs. 1 AEUV als auch § 1 GWB horizontale[946] und vertikale Kartelle.[947] Dieses Verbot wird in allen Wirtschaftsbereichen angewendet.[948] Die Verbotsadressaten sind dabei gem. § 1 GWB die „Unternehmen" oder „Unternehmensvereinigungen".

---

[944] Bei der Frage, welche konkrete Behörde einen etwaigen Verstoß gegen das Kartellverbot verfolgt, muss unterschieden werden, auf welchem Gebiet sich das Kartell auswirkt und welches Recht angewendet wird. Sofern der Vorfall nur in dem Gebiet eines Bundeslandes relevant ist, sind die Landeskartellämter zuständig, sofern es deutsches Recht anwendet. Das Bundeskartellamt ist für die etwaigen Verstöße zuständig, die sich darüber hinaus ins Gebiet der Bundesrepublik Deutschland erstrecken oder wenn nur das Gebiet eines Bundeslandes betroffen ist, aber europäisches Kartellrecht angewendet wird. Sofern eine internationale grenzüberschreitende Ebene des möglichen Verstoßes vorliegt, wird im Europäischen Netzwerk der Wettbewerbsbehörden (European Competition Network) entschieden, welche nationalen Behörden oder die Europäische Kommission den Verstoß verfolgen sollen. Die Kommission wird indes grundsätzlich erwogen, wenn sich der mögliche Verstoß gegen das europäische Kartellrecht auf mehr als drei Mitgliedstaaten erstreckt.

[945] *Bechtold/Bosch*, GWB § 1 Rn. 4; *Säcker/Steffens*, in: MüKoWettbR, GWB, § 1 Rn. 6 f.

[946] Horizontale Kartelle: Unternehmen „auf demselben Markt" und auf „derselben Marktstufe", dazu *Bechtold/Bosch*, GWB, § 1 Rn. 49.

[947] Vertikale Kartelle: „Beschränkungen, die zwischen Unternehmen in deren Funktion als Angehörige verschiedener Wirtschaftsstufen vereinbart werden", dazu: *Bechtold/Bosch*, GWB, § 1 Rn. 62.

[948] Lediglich für die Landwirtschaft gibt es Einschränkungen nach den VOen 1184/2006 und 1308/2013 basierend auf Art. 103 Abs. 2 lit. b AEUV.

(2) Kartellrechtlicher Unternehmensbegriff: wirtschaftliche Einheit

Das Unternehmen i. S. d. Kartellverbots ist nicht mit dem Unternehmensbegriff anderer Rechtsgebiete, wie des Gesellschaftsrechts, gleichzusetzen.[949] Ob etwas als Unternehmen eingestuft wird, hängt nicht davon ab, wer oder was tätig ist, sondern von der aktiven Teilnahme am Wirtschaftsleben.[950] Die erforderliche wirtschaftliche Tätigkeit kann darin bestehen, Güter oder Dienstleistungen auf einem spezifischen Markt anzubieten oder nachzufragen.[951] Somit wird als ein Unternehmen i. S. d. § 1 GWB „jede wirtschaftliche Tätigkeit ausübende Einheit" verstanden.[952] Dies wird als sog. funktionale Unternehmensbegriff bezeichnet.[953]

Für den Gegenstand der hiesigen Untersuchung ist besonders dieses Merkmal der Einheit innerhalb des funktionalen Unternehmensbegriffs relevant. Für den Unternehmensbegriff muss die etwaige Tätigkeit von einer Einheit durchgeführt werden, die fähig ist, durch ihre institutionelle Struktur „autonom" am wirtschaftlichen Leben zu partizipieren.[954] Dies wird als sog. Selbstständigkeitspostulat bezeichnet.[955] Die Gerichte wenden diese wirtschaftliche Betrachtung an, um zu prüfen, ob der relevante Handelnde einen unabhängigen Willen von etwaigen assoziierten Einheiten bilden kann.[956] Dies gilt auch innerhalb von Konzernkomplexen.[957] Der alleinige Umstand, dass der Anteilseigner einen gewissen Einfluss hat und ein wirtschaftliches Risiko trägt, reicht für die Qualifikation zum einheitlichen Unternehmen nicht aus.[958] Etwaige abhängige Gesellschaften, die in anderen Bereichen teilautonom agieren, sind daher singuläre Unternehmen i. S. d. § 1 GWB bzw. Art. 101 Abs. 1 AEUV. Wenn es umgekehrt an einer eigenen Führung der Gesellschaft und somit auch an Autonomie mangelt, ist die herrschende Gesellschaft mit ihren unselbständigen abhängigen Gesellschaften ein Unternehmen i. S. d. § 1 GWB bzw. Art. 101 Abs. 1 AEUV.[959] Mit anderen Worten: Eine wirtschaftliche Einheit im Verhältnis Tochter und Mutter liegt vor, wenn die abhängige Gesellschaft ihr eigenes Marktverhalten nicht selbst autonom bestimmt und stattdessen einem be-

---

[949] *Maritzen*, in: KK-KartellR, GWB, § 1 Rn. 49.

[950] *Bechtold/Bosch*, GWB, § 1 Rn. 7.

[951] EuGH, Urteil v. 18.06.1998 – C-35/96, Slg. 1998 I-3851, Rn. 36.

[952] EuGH, Urteil v. 23.04.1991 – C 41/90, ECLI EU C 1979 161, Rn. 21; EuGH, Urteil v. 11.12.1997 – C-55/96, ECLI EU C 1997 603, Rn. 21.

[953] *Maritzen*, in: KK-KartellR, GWB, § 1 Rn. 49; *Bechtold/Bosch*, GWB, § 1 Rn. 7.

[954] EuGH, Urteil v. 23.04.1991 – C 41/90, ECLI EU C 1979 161, Rn. 21; EuGH, Urteil v. 11.12.1997 – C-55/96, ECLI EU C 1997 603, Rn. 21.

[955] Ausführlich dazu: *Säcker/Steffens*, in: MüKo WettbR, GWB, § 1 Rn. 28 f.

[956] EuGH, Urteil v. 16.03.2000 – C-395/96 und C-396/96, ECLI EU C 2000 132, Rn. 35 ff.; EuG, Urteil v. 12.01.1995 – T-102/92, ECLI EU T 102 92, Rn. 32 ff.; *Säcker/Steffens*, in: MüKo WettbR, GWB, § 1 Rn. 28 f.

[957] *Säcker/Steffens*, in: MüKo WettbR, GWB, § 1 Rn. 28 f.

[958] EuGH, Urteil v. 28.06.2005 – C 189/02 P, ECLI EU C 2005 404, Rn. 118 f.

[959] *Säcker/Steffens*, in: MüKo WettbR, GWB, § 1 Rn. 31.

stimmenden Einfluss der herrschenden Gesellschaft unterliegt[960] und dieser bestimmende Einfluss auch tatsächlich ausgeübt wird.[961] Die tatsächliche Ausübung wird indes bereits angenommen, wenn unter einer Gesamtbetrachtung die herrschende Gesellschaft die generelle Geschäftspolitik, wie die Unternehmensstrategie, Investitionen, Personal, Betriebspläne etc., beeinflusst hat.[962] Diese wirtschaftliche Einheit findet sich auch in § 81c Abs. 5 Satz 1 GWB.

Im europäischen Recht wird ein solcher bestimmender Einfluss widerleglich vermutet, wenn die herrschende Gesellschaft (beinah) alleinige Anteilseignerin der abhängigen Gesellschaft ist.[963] Eine Zwischenholding ändert ebenfalls nichts an der wirtschaftlichen Einheit.[964] Auch wenn sich die Mutter lediglich als Investorin begreift, gilt diese Vermutung. Ausschließlich wenn die herrschende Gesellschaft darlegen und beweisen kann, dass sie von jedweder Mitwirkung an der Geschäftsführung Abstand hält und der Zweck die reine Gewinnerzielung ist, greift die Vermutung nicht.[965]

(3) Bußgeld aufgrund Kartellverstoß

Sofern ein Verstoß gegen das Kartellverbot des § 1 GWB bzw. des Art. 101 Abs. 1 AEUV vorliegt, kann eine Buße gegen die handelnde natürliche Person verhängt werden. Ist diese zudem als Anknüpfungstäter i. S. d. § 30 Abs. 1 OWiG zu qualifizieren, kann gem. § 81a GWB[966] auch gegen juristische Personen und Personenvereinigungen ein Bußgeld[967] festgesetzt werden. Der europäische Unternehmensbegriff bestimmt dabei den Kreis an möglichen Bußgeldschuldnern. § 81a GWB ist demnach die Grundlage dafür, dass gegen die „lenkende Muttergesellschaft" (Abs. 1), den Gesamtrechtsnachfolger der Muttergesellschaft (Abs. 2) oder den sog. wirtschaftlichen Nachfolger (Abs. 3) ein Bußgeld verhängt werden kann.[968]

---

[960] *Vollmer*, in: MüKo WettbR, GWB, § 81a Rn. 11.

[961] *Bechtold/Bosch*, GWB, § 81a Rn. 7.

[962] *Achenbach*, in: Frankf. Komm. KartellR, GWB, § 81a Rn. 8.

[963] Die sog. Akzo-Vermutung, EuGH, Urteil v. 10.09.2009 – Rs. C-97–08 P, Slg. 2009 I-8231, Rn. 60 ff.; *Achenbach*, in: Frankf. Komm. KartellR, GWB, § 81a Rn. 10.

[964] EuGH, Urteil v. 08.05.2013 – C-508/11, ECLI EU C 2013 289, Rn. 48; EuG, Urteil v. 12.07.2018 – T-419/14, ECLI EU T 2018 445, Rn. 46.

[965] EuG, Urteil v. 12.07.2018 – T-419/14, ECLI EU T 2018 445, Rn. 151.

[966] Gegen § 81a GWB bestehen teilweise im Schrifttum verfassungsrechtliche Bedenken. Für die Darstellung der Argumente und überzeugend dagegen siehe: *Vollmer*, in: MüKo WettbR, GWB, § 81a Rn. 4 ff.

[967] Im europäischen Recht werden Geldbußen verhängt (Art. 23 VO (EG) Nr. 1/2003), im deutschen Recht Bußgelder (§ 81a GWB), einfachheitshalber wird einheitlich der Begriff Bußgeld verwendet.

[968] *Vollmer*, in: MüKo WettbR, GWB, § 81a Rn. 3.

(a) Bußgeld gegen die „lenkende Muttergesellschaft“

Um gegen eine lenkende Muttergesellschaft als herrschende Gesellschaft ein Bußgeld nach § 81a Abs. 1 GWB zu verhängen, bedarf es einer Bezugstat des § 81 Abs. 1–3 GWB. Ferner bedarf es entweder einer Bereicherung oder einer Verletzung betriebsbezogener Pflichten durch die Bezugstat. Diese muss sich auf das Unternehmen i. S. d. § 1 GWB bzw. Art. 101 Abs. 1 AEUV beziehen. Zudem können Täter der Bezugstat nur Leitungspersonen gem. § 30 Abs. 1 OWiG sein.[969] Besonders wichtig für die Festsetzung des Bußgeldes ist, dass die lenkende Muttergesellschaft und die juristische Person, deren Leitungsperson eine Ordnungswidrigkeit begangen hat, zum Zeitpunkt der Begehung Teil desselben Unternehmens i. S. d. Art. 101 Abs. 1 AEUV sind, was wiederum identisch ist mit der bereits besprochenen wirtschaftlichen Einheit. Zwar kann die europäische Vermutungsregel im deutschen Ordnungswidrigkeitenverfahren durch den allgemeinen Grundsatz „in dubio pro reo“ nicht direkt angewendet werden, indes kann man es als Erfahrungssatz für das Verfahren nutzen.[970]

(b) Asset Deal und lenkende Muttergesellschaft

§ 81a Abs. 3 Satz 1 GWB deckt dagegen die Lücke ab, die durch Asset Deals entstehen kann, und leitet die Unternehmensgeldbuße um auf den wirtschaftlichen Nachfolger der lenkenden Muttergesellschaft und auf die juristische Person, deren Leitungspersonal die Bezugstat durchgeführt hat.[971] Für die notwendige wirtschaftliche Kontinuität gem. § 81a Abs. 3 Satz 1 GWB ist zwischen einer internen[972] und externen Vermögensübertragung zu unterscheiden.[973] Vorliegend relevant ist ausschließlich die externe Vermögensübertragung an eine Person außerhalb des Verbundes des Verkäufers. Sie bedarf einer (teilweisen) Übernahme der Wirtschaftsgüter und der Fortführung der wesentlichen Geschäftstätigkeit.[974] Eine Festsetzung des Bußgelds gegen den Erwerber einer externen Vermögensübertragung ist ausschließlich möglich, wenn das Unternehmen, das den Verstoß gegen das

---

[969] Ausführlich zu allen Voraussetzungen: *Vollmer*, in: MüKo WettbR, GWB, § 81a Rn. 8 f.

[970] *Achenbach*, wistra 2018, 185, 186 f.; *Vollmer*, in: MüKo WettbR, GWB, § 81a Rn. 11; kritisch: *Mäger/v. Schreitter*, NZKart 2017, 264, 272 f.

[971] *Bechtold/Bosch*, GWB, § 81a Rn. 10; *Vollmer*, in: MüKo WettbR, GWB, § 81a Rn. 16.

[972] Die interne Vermögensübertragung wird von der europäischen Rechtsprechung weit verstanden. Es ist anders als bei der externen Vermögensübertragung nicht notwendig, dass das Unternehmen des relevanten Verstoßes rechtlich fortgefallen ist oder wirtschaftlich nicht mehr besteht, dazu: EuGH, Urteil v. 07. 01. 2004 – C-204/00 P, Slg. 2004, I-123, Rn. 347 ff. Jedoch muss bereits bei der Übertragung eine „strukturelle Verbindung“ zwischen den Unternehmen und dem entsprechenden Erwerber existiert haben, dazu: EuGH, Urteil v. 18. 12. 2014 – C-434/13 P, EuZW 2015, 194, Rn. 49, 52.

[973] *Vollmer*, in: MüKo WettbR, GWB, § 81a Rn. 16.

[974] EuG, Urteil v. 14. 12. 2006 – T-259/02 bis T-264/02 und T-271/02, Slg. 2006, II-5169, Rn. 325 ff.

Kartellverbot begangen hat, rechtlich fortgefallen ist oder wirtschaftlich nicht mehr existiert.[975]

(c) Höhe des Bußgeldes

Das Höchstmaß der Buße wird in § 81a Abs. 4 GWB geregelt und bestimmt sich nach § 81c GWB. Demnach kann das nach § 81c Abs. 2 GWB für eine lenkende Muttergesellschaft bis zu 10 % des weltweiten Gesamtumsatzes des Konzerns bzw. der wirtschaftlichen Einheit als Geldbuße bedeuten. Abschließend statuiert Abs. 5 eine Gesamtschuldnerschaft. Ferner ist die Vorteilsabschöpfung zu beachten.[976]

(4) Kartellschadenersatz aufgrund Kartellverstoß

Neben dem Beseitigungs- und Unterlassungsanspruch gem. § 33 GWB kann es auch zur folgenreichen Konsequenz eines Schadenersatzes nach § 33a Abs. 1 GWB kommen.[977] Danach wird bei einem Verstoß gegen das deutsche und europäische Kartellverbot (oder bei einem Verstoß gegen die Verfügung einer Kartellbehörde) eine zivilrechtliche Haftung ausgelöst, wenn Rechtswidrigkeit, Verschulden (Fahrlässigkeit/Vorsatz[978]), Kausalität und Schaden vorliegen.[979]

Damit eine juristische Person haftet, bedarf es auch hier einer Zurechnung des Handelns der natürlichen Personen. Das Handeln der Organe und der verfassungsmäßig berufenen Vertreter erfolgt gem. § 31 BGB analog.[980] Komplizierter wird die Zurechnung, wenn praxisrelevant nur Mitarbeiter des Unternehmens gehandelt haben. Hingegen ist an dieser Stelle gleichfalls wieder das europäische Wettbewerbsrecht zu beachten. Nach der EuGH-Rechtsprechung ist kartellwidriges Verhalten der Mitarbeiter, die in ihrer Zuständigkeit gehandelt haben, dem Unternehmen ganz und generell zuzurechnen.[981] Diese unmittelbare Zurechnung des Ver-

---

[975] EuGH, Urteil v. 11.12.2007 – C-280/06, Slg. 2007, I-10893, Rn. 39 ff.

[976] Durch § 34 GWB ist es den Kartellbehörden möglich, dass sie den wirtschaftlichen Vorteil abschöpft, der dem Unternehmen nach Schadenersatzleistungen und Geldbuße noch verbleibt. Die Höhe kann nach § 34 Abs. 4 GWB geschätzt werden. Allerdings ist die Vorteilsabschöpfung ein Schwert, das wohl kaum genutzt wurde. So hat das Bundeskartellamt, soweit ersichtlich, die Abschöpfung des § 34 GWB noch nie angewendet, dazu: Reg.–Begr., BT-Drs. 18/10207, S. 68; auch *Roth*, in: Frankf. Komm. KartellR, GWB, § 34 Rn. 5.

[977] Die Norm des § 33a GWB ist Teil der deutschen Umsetzung der Richtlinie 2014/104/EU.

[978] Es gelten die generellen zivilrechtlichen Grundsätze: *Roth*, in: Frankf. Komm. KartellR, GWB, § 33a Rn. 8.

[979] Zu den einzelnen Tatbestandsmerkmalen und zum Umfang der Rechtsfolge: *Roth*, in: Frankf. Komm. KartellR, GWB, § 33a Rn. 2 ff.

[980] *Roth*, in: Frankf. Komm. KartellR, GWB, § 33a Rn. 9.

[981] EuGH, Urteil v. 07.06.1983 – Rs. 100/80 bis 103/80, ECLI EU C 1983 158, Rn. 97 f.; EuGH, Urteil v. 21.07.2016 – C-542/14, ECLI EU C 2016 578, Rn. 23; EuGH, Urteil v. 07.02.2013 – C-68/12, ECLI EU C 2013 71, Rn. 28; ferner dazu *Roth*, in: Frankf. Komm. KartellR, GWB, § 33a Rn. 10.

haltens der Mitarbeiter des Unternehmens bedarf dann keines Organisationsverschuldens und wird auch für das deutsche Kartellrecht als Zurechnung bejaht.[982]

Die Passivlegitimation des Kartellschadenersatzes erstreckt sich gleichwohl nicht allein auf den Rechtsträger, bei dem die agierenden natürlichen Personen angestellt waren, sondern ebenso im Falle einer wirtschaftlichen Einheit auf die herrschende Gesellschaft. Dies folgt aus dem europarechtlichen Effektivgrundsatz, der es gebietet, dass das europarechtliche Verständnis der Adressaten der kartellrechtlichen Verhaltens- und Sanktionsnormen im nationalen Gleichlauf ist.[983] Die Rechtsprechung bestätigte dies und ordnete an, im Falle des § 33a GWB den europäischen Unternehmensbegriff des Art. 101 AEUV (wirtschaftliche Einheit) ebenso für das nationale Kartellschadenersatzrecht zu nehmen, sodass der wirtschaftliche Nachfolger des Täterunternehmens Anspruchsgegner sein kann.[984] Insofern laufen Bußgeld und Kartellschaden grundsätzlich parallel. Die Gefahr beim Kartellschadenersatz ist allerdings, dass – anders als beim Bußgeld – die Höhe keine Obergrenze hat und somit grundsätzlich noch höhere Summen möglich sind. Der gebotene Schadenersatz umfasst dabei den eingetretenen Vermögensschaden, den entgangenen Gewinn und die Zahlung von Zinsen.[985]

(5) Würdigung: das erworbene Kartell

Die Ausführungen zeigen zunächst das Potenzial eines hohen kartellrechtlichen Risikos im Rahmen eines Unternehmenskaufs auf, wenn dem erworbenen Zielunternehmen kartellrechtliche Verstöße zur Last gelegt werden können. Ferner belegen die Ausführungen, dass es keine nennenswerten Umgehungsmöglichkeiten gibt. Darüber hinaus verdeutlichen sie, dass die folgenden drei Konstellationen mit verschiedenen Folgen zu unterscheiden sind.

Die erste Konstellation umfasst den Sachverhalt, dass der kartellrechtliche Verstoß des Zielunternehmens vor dem Unternehmenskauf beendet wurde. In diesem Fall drohen lediglich ein Bußgeld und Ansprüche auf Ersatz des Kartellschadens gegen die Gesellschaft des Zielunternehmens und somit ein Verlust des Kaufpreises bzw. Investments.[986] Die herrschende Gesellschaft, die das Zielunternehmen erworben hat, muss keine eigene Haftung fürchten. Das Ergebnis ändert sich nicht, wenn das Zielunternehmen durch einen Asset Deal in eine separate abhängige Ge-

---

[982] So *Roth*, in: Frankf. Komm. KartellR, GWB, § 33a Rn. 10.

[983] *Roth*, in: Frankf. Komm. KartellR, GWB, § 33a Rn. 45; a. A. *Harnos*, ZWeR 2016, 284, 286 ff.

[984] EuGH, Urteil v. 14.03.2019 – C-724/17, ECLI EU C 2019 204.

[985] EuGH, Urteil v. 13.07.2006 – C-295 bis 298/04, ECLI EU C 2006 461, Rn. 95 ff.; *Roth*, in: Frankf. Komm. KartellR, GWB, § 33a Rn. 66. Zum Verhältnis des Kartellschadens zum allgemeinen zivilrechtlichen Schadensrecht vor der deutschen Umsetzung der Richtlinie 2014/104/EU: *Schiemann*, in: FS Möschel, 2011, 547, 547 ff.

[986] So auch *Baron/Trebing*, BB 2016, 131, 133 f. für das europäische Recht, die indes die alte deutsche Rechtslage betrachtet.

sellschaft übertragen wurde. In dieser Konstellation würde es erst zu einer Haftung des Erwerbers kommen, wenn das Zielunternehmen mit dem beendeten Kartellverstoß ohne separate abhängige Gesellschaft in die Muttergesellschaft selbst (z.B. als Sparte) eingebracht wird und das betroffene Unternehmen rechtlich fortgefallen ist oder wirtschaftlich nicht mehr existiert. Indes ist dies aus praktischer Sicht sehr selten, da ein Zielunternehmen grundsätzlich immer im Wege des Asset Deals in eine eigene abhängige Gesellschaft überführt wird, um ebendiese wichtige Haftungstrennung zu erreichen.[987]

Die zweite Konstellation umfasst den Sachverhalt, dass der kartellrechtliche Verstoß im Zielunternehmen nach dem Erwerb fortgesetzt wird und die herrschende Gesellschaft und das Zielunternehmen eine wirtschaftliche Einheit i.S.d. Kartellrechts bilden. In diesem Fall kommt es zu einer eigenen Haftung der lenkenden herrschenden Gesellschaft.[988] Obgleich die herrschende Gesellschaft nicht selbst gegen das Kartellverbot verstoßen hat, drohen ihr dennoch ein Bußgeld und Ansprüche auf Ersatz des Kartellschadens. Sie ist selbst Anspruchsgegnerin und folglich besteht keine Option, die Gläubiger auf das Vermögen der abhängigen Gesellschaft (erworbene Zielunternehmen) zu verweisen.

Die dritte Konstellation umfasst zwar den Sachverhalt, dass der kartellrechtliche Verstoß im Zielunternehmen nach der Erwerbung fortgesetzt wird. Andererseits werden die Mutter und das Zielunternehmen nicht als wirtschaftliche Einheit i.S.d. Kartellrechts eingestuft. In diesem Fall kommt es, wie bei der ersten Konstellation, auch zu keiner Kartellrechthaftung des Erwerbers des Zielunternehmens und es haftet nur die Gesellschaft des betroffenen Zielunternehmens.

bb) Weitere kartellrechtliche Risiken im M&A-Kontext

Neben dem Hauptfall eines „erworbenen Kartells“ sind indes noch weitere Konstellationen relevant. Diese sollen nun im notwendigen Umfang besprochen werden.

(1) Verletzung des Kartellverbots im Rahmen der Transaktion

Man muss berücksichtigen, dass sich gerade in der Unternehmenstransaktion der Erwerber selbst im kartellrechtlich sensiblen Bereich aufhält und es zu einem Verstoß gegen Art. 101 AEUV bzw. § 1 GWB kommen kann. In diesem Fall ist der Erwerber selbst der Verletzer und setzt sich einem Bußgeld oder einem Kartellschadenersatz aus.[989] Fast jede Unternehmenstransaktion enthält etliche Vereinbarungen zu Vorgaben der Geschäftstätigkeit des Verkäufers und/oder des Käufers.

---

[987] *Beck/Klar*, DB 2007, 2819, 2820.

[988] *Baron/Trebing*, BB 2016, 131, 133 f.; *v. Busekist/Timmerbeil*, CCZ 2013, 225, 228 sprechen davon, dass der Erwerber sich ein „Kartellbußgeldrisiko [einkaufen]“ kann.

[989] Siehe oben zum Umfang: C. VI. 2. f) aa) (3) und (4).

Zum Beispiel könnt es passieren, dass Verkäufer und Erwerber des Zielunternehmens hinsichtlich der Akquisition ihre Geschäftsstrategie abstimmen, um dem Zielunternehmen zu helfen und somit die Akquisition für den Erwerber attraktiver zu gestalten. Dies könnte u. U. als ein Verstoß eingestuft werden.[990] Ein etwaiges kartellrechtliches Privileg, wettbewerbsbeschränkende Absprachen zu treffen, weil sich die Akteure im Rahmen eines Unternehmenskaufs befinden, existiert nicht.[991]

(2) Unternehmensumstrukturierung/Gemeinschaftsunternehmen

Auch der Erwerb einer Beteiligung eines Zielunternehmens kann zu einem Verstoß gegen das Kartellverbot führen. Es geht dabei um den kartellrechtlich sensiblen Bereich der sog. Gemeinschaftsunternehmen. Unter Gemeinschaftsunternehmen werden Unternehmen verstanden, die durch zwei oder mehr Mutterunternehmen gemeinsam kontrolliert werden und für einen gemeinsamen Zweck der Mutterunternehmen gegründet wurden,[992] z. B. wenn das Unternehmen A 50 % der Anteile am Unternehmen B erwirbt, das bis zum Erwerb zu 100 % dem Unternehmen C gehörte.[993] Die Folgen eines solchen Gemeinschaftsunternehmens auf den Wettbewerb können wettbewerbsbeschränkende Wirkungen haben und teilweise kann das reine Vorhandensein eines Gemeinschaftsunternehmens eine Wettbewerbsbeschränkung sein.[994] Zwar werden Unternehmenszusammenschlüsse auch unter dem Regime der Fusionskontrolle der § 36 ff. GWB erfasst, andererseits hat der BGH anerkannt, dass für die Gründung eines Gemeinschaftsunternehmens, z. B. durch Erwerb von Anteilen an der Gesellschaft durch das Mutterunternehmen, auch das Kartellverbot angewendet wird.[995] Es gilt somit eine Doppelkontrolle von Gemeinschaftsunternehmen von Fusionskontrolle und Kartellverbot im deutschen Recht.[996]

Innerhalb der Gemeinschaftsunternehmen unterscheidet man zwischen sog. konzentrativen Gemeinschaftsunternehmen und kooperativen Gemeinschaftsunternehmen.[997] Konzentrative Gemeinschaftsunternehmen sind solche, die einen wirtschaftlich eigenständigen Geschäftsbetrieb haben und keine Verhaltenskoordinierung der Mütter bewirken oder bezwecken; sie unterfallen daher nur der Fusions-

---

[990] So *Baron/Trebing*, BB 2016, 131, 133.

[991] *Baron/Trebing*, BB 2016, 131, 133.

[992] *Zimmer*, in: Immenga/Mestmäcker, GWB, § 1 Rn. 162.

[993] Beispiel von *Baron/Trebing*, BB 2016, 131, 135.

[994] Ausführlich *Zimmer*, in: Immenga/Mestmäcker, GWB, § 1 Rn. 162.

[995] BGH, Beschluss v. 13.01.1998 – KVR 40/96 (KG), GRUR 1998, 739, 741; BGH, Beschluss v. 08.05.2001 – KVR 12/99 (KG), GRUR 2000, 99, 99 ff.

[996] Im europäischen Recht gilt dagegen die sog. Trennungstheorie und somit eine Zuweisung entweder zur Fusionskontrolle oder einer Prüfung des Kartellverbots gem. Art. 101 AEUV, dazu *Zimmer*, in: Immenga/Mestmäcker, GWB, § 1 Rn. 164; ferner: *Baron/Trebing*, BB 2016, 131, 136.

[997] *K. Schmidt*, in: FS Säcker, 2011, 949, 951 ff.

kontrolle.[998] Infolgedessen haben sie keine besondere Relevanz für die Risikoanalyse.[999] Dagegen sind kooperative Gemeinschaftsunternehmen (potenziell) auf demselben Markt wie die Mütter tätig und das Gemeinschaftsunternehmen nützt der Koordination der Mütter.[1000] In diesem Fall erfolgt die Doppelkontrolle. Bei dieser prüft das Bundeskartellamt in zwei Verfahren und ist beim Verfahren hinsichtlich eines Kartellverstoßes – anders als bei der Fusionskontrolle – nicht an Fristen gebunden, sodass selbst die fusionsrechtliche Freigabe keine Rechtssicherheit für den Erwerber der Anteile des Zielunternehmens schafft.[1001]

Die Folgen können – wie Praxisbeispiele zeigen – immens sein. So wurde in der Sektoruntersuchung Walzasphalt des Bundeskartellamts deutlich, dass die gesamte Branche von einer größeren Anzahl kooperativer Gemeinschaftsunternehmen geprägt ist, die wiederum zu einer Interessenkoordinierung führen können.[1002] Die konkrete Folge waren mithin die Einleitung von über 100 Verfahren, 80 Entflechtungen und 70 Untersagungen.[1003]

(3) Verletzung der Fusionskontrolle

Besondere Prominenz in der Unternehmenskaufpraxis genießt die kartellrechtliche Fusionskontrolle (Zusammenschluss), die sich bis heute zu einer der wichtigsten Fragen im Rahmen der Transaktionen entwickelt hat.[1004] Der eindeutigste Fall eines Verstoßes gegen das kartellrechtliche Vollzugverbot ist der Vollzug eines anmeldepflichtigen Zusammenschlusses ohne vorherige Anmeldung. Die Europäische Kommission hat für solche Fälle teilweise schmerzvolle Bußgelder festgesetzt.[1005] Das Bundeskartellamt hatte einen längeren Zeitraum die Festsetzung von Bußgeldern in diesen Fällen abgelehnt.[1006] Jedoch hat gleichfalls das Bundeskartellamt seine Praxis dahingehend verändert und setzt nun entsprechende Bußgelder fest.[1007] Auch hier können die Europäische Kom-

---

[998] *Zimmer*, in: Immenga/Mestmäcker, GWB, § 1 Rn. 173 ff.

[999] Auch *Baron/Trebing*, BB 2016, 131, 136 sehen keine Relevanz im spezifischen M&A-Zusammenhang.

[1000] *Zimmer*, in: Immenga/Mestmäcker, GWB, § 1 Rn. 171 ff.

[1001] So *Baron/Trebing*, BB 2016, 131, 136.

[1002] Sektoruntersuchung Walzasphalt, Unternehmensverflechtungen in Form von Gemeinschaftsunternehmen, Abschlussbericht gemäß § 32e GWB, Az. B1–33/10, 01.09.2012, abrufbar unter https://bit.ly/49MBbiq, zuletzt abgerufen am 24.11.2024.

[1003] *Baron/Trebing*, BB 2016, 131, 136.

[1004] *Baron/Trebing*, BB 2016, 131, 131.

[1005] So z.B. betrug das Bußgeld beim Fall *Marine/Harvest/Morpol* 20 Mio. EUR, dazu Kommission, 23.07.2014, COMP/M.7184 abrufbar unter https://ec.europa.eu/competition/mergers/cases/decisions/m7184_1048_2.pdf, zuletzt abgerufen am 24.11.2024.

[1006] Dazu *Baron/Trebing*, BB 2016, 131, 132.

[1007] So z.B. BKartA, Pressemitteilung v. 13.02.2009, mit einem Bußgeld von 4,13 Mio. EUR gegen die „Druck- und Verlagshaus Frankfurt am Main GmbH“, abrufbar unter https://bit.ly/3T1Vphj, zuletzt abgerufen am 24.11.2024.

mission (Art. 23 VO [EG] Nr. 1/2003) und das Bundeskartellamt (§ 81a GWB) Bußgelder von bis zu 10 % des weltweiten Umsatzes gegen das Unternehmen im Sinne einer wirtschaftlichen Einheit verhängen. Im Übrigen ist neben dem Bußgeld zu beachten, dass die Rechtsgeschäfte zudem nach europäischem Recht (Art. 7 Abs. 4 FKVO) oder deutschem Recht (§ 41 Abs. 1 Satz 3 GWB) schwebend unwirksam sind. Neben diesem eindeutigen Fall der Nichtbeachtung besteht die Möglichkeit, durch sonstige einzelne Maßnahmen einen Vollzugsverstoß zu begehen.[1008]

cc) Würdigung

Durch die wirtschaftliche Einheit des Kartellrechts funktioniert die Haftungstrennung der jeweiligen Gesellschaften innerhalb des Unternehmensverbunds nicht mehr umfassend. Erschwerend kommt hinzu, dass das Kartellrecht scharfe Schwerter wie die hohen Bußgelder und den unbeschränkten Kartellschadenersatz kennt. Sowohl die öffentliche Durchsetzung von Bußgeldtatbeständen durch die Europäische Kommission und das Bundeskartellamt als auch die zivile Durchsetzung des Kartellschadenersatzes sind zudem – wie die Ausführungen aufgezeigt haben – in der Lebenswirklichkeit angekommen. Dies wirkt sich auf die hiesige Risikoanalyse aus. Zusätzlich zum erworbenen Kartell besteht das Risiko für den Erwerber, durch sein eigenes Verhalten und Fehler gegen das Kartellverbot oder die Fusionskontrolle zu verstoßen und dadurch eine Haftung auszulösen.

Dies hat gleichwohl eine Relevanz für den Aufsichtsrat der herrschenden Gesellschaft. Selbstverständlich obliegt es in erster Linie dem Vorstand, darauf zu achten, dass das eigene Unternehmen und die abhängigen Gesellschaften ihren Geschäftstätigkeiten im Einklang mit dem Kartellrecht nachgehen.[1009] Allerdings hat der Aufsichtsrat i. S. d. § 111 Abs. 4 Satz 2 AktG bei grundlegenden Entscheidungen eine präventive Überwachung und unternehmerische Mitverantwortung zu übernehmen.

Die Risikoverringerungsmaßnahmen – wie insb. die kartellrechtliche Due-Diligence-Prüfung[1010] – können nur so weit funktionieren, wie sie tatsächlich in der Lage sind, durch Dokumente und Gespräche wettbewerbsproblematische Angelegenheiten zu entdecken. Jedoch liegt diesbezüglich im Kartellrecht der mitentscheidende Punkt. Entweder werden die Beteiligten aktiv versuchen, es zu verdecken, oder es ist ihnen aus Fahrlässigkeit nicht bekannt, dass ihre Praxis problematisch ist. Zudem können sich Kartelle häufig über einen längeren Zeitraum erstrecken. Das erhöht die Gefahr, ein Kartell im Wege der Unternehmenstransaktion zu erwerben und sich selbst einer Haftung auszusetzen. Auch vereinzelte Beispiele

[1008] Ausführlich *Baron/Trebing*, BB 2016, 131, 132 f.

[1009] Zur Legalitätspflicht und zu ihren Schranken: *Habersack*, in: FS Uwe H. Schneider, 2011, 429, 431 ff.

[1010] Siehe oben zur Due Diligence: C. IV. 1. b) und c).

zeigen, dass für den Erwerber nach dem Unternehmenskauf nicht selten ein böses Erwachen folgte.[1011]

Natürlich ist das kartellrechtliche Risiko von Unternehmen zu Unternehmen unterschiedlich. So können sich der Markt, preisbildende Umstände und ihre Stabilität oder auch die Wettbewerberanzahl massiv unterscheiden.[1012] Nichtsdestotrotz kann jedes Zielunternehmen theoretisch in wettbewerbswidriges Verhalten involviert sein. Ebenso sollte beachtet werden, dass neben dem Kartellschaden und den Bußgeldern auch beim wettbewerbswidrigen Verhalten ein Reputationsschaden entstehen kann, wie bei anderen Gesetzesverstößen.[1013] Das alles muss der Aufsichtsrat bei seiner präventiven Überwachung und der Frage der Zustimmungsvorbehalte mitberücksichtigen.

g) Risiken Unternehmensstrategie

Die Chancen und Folgen, die durch Unternehmenskäufe ermöglicht werden, werden im Allgemeinen als positiv identifiziert. Die Akquisition von Unternehmen ist demnach ein „wichtiger Wachstumstreiber" für Unternehmen.[1014] Die Unternehmen, die sich strategisch beim M&A-Markt engagieren, haben mehr wirtschaftlichen Erfolg und wachsen schneller als Unternehmen, die ausschließlich auf organisches Wachstum setzen.[1015] Auf der anderen Seite kann eine Unternehmenstransaktion auch mehr schaden als nützen. Dies gilt z. B., wenn eine Haftung droht oder weitere Investments notwendig werden, um das bereits investierte Geld zu

---

[1011] So z. B. im Fall von EuGH v. 14. 03. 2019 – C-724/17, ECLI EU C 2019 204.

[1012] *Hoffmann/Schieffer*, NZG 2017, 401, 404.

[1013] Siehe oben allgemein zu Reputationsschäden: B. I. 2. b) bb) (2) (b).

[1014] *Billing/Flötotto*, in: Hölters, Hdb. Unternehmenskauf, Rz. 2.1.

[1015] Nach McKinsey Global M&A 1.000 Database haben die 1.000 Unternehmen mit der größten Marktkapitalisierung im Zeitraum von 2004 bis 2014 über 15.800 Unternehmenstransaktionen getätigt mit einem Volumen von 5,2 Billionen US-Dollar, dazu: *Billing/Flötotto*, in: Hölters, Hdb. Unternehmenskauf, Rz. 2.3 ff., die ferner das Transaktionsverhalten dieser 1.000 Unternehmen in vier Gruppen unterscheiden: (1) Unternehmen mit einem „programmatischen Programm", diese tätigen mindestens drei mittelgroße Übernahmen im Jahr und stellen 30 % der 1.000 dar, (2) Unternehmen mit einem „selektiven Programm", diese tätigen grundsätzlich bis zu zwei Akquisitionen im Jahr, wobei das Volumen der Akquisition sich deutlich unterscheiden kann und stellen 43 % der 1.000 dar, (3) Unternehmen mit einem „auf große Deals fokussierten Programm", diese tätigen mindestens eine „transformatorische" Akquisition, die mehr als 30 % der Marktkapitalisierung des Erwerbers ausmacht, und stellen 13 % der 1.000 dar und zuletzt (4) Unternehmen mit einem „organischen Wachstum", diese führen maximal eine Transaktion im Jahr mit kleinen Volumina durch und machen 13 % der 1.000 Unternehmen aus. Nach *Billing/Flötotto* können ferner Unternehmen mit einem programmatischen Programm ihre Platzierung in den Top 1.000 langfristig besser halten, während Unternehmen mit einem organischen Wachstum oder mit einem selektiven Programm regelmäßig ihre Platzierung in diesen Top 1.000 verlieren und durch andere, stärker wachsende Unternehmen verdrängt werden.

sichern.[1016] Darüber hinaus stellt sich die Kernfrage, was mit dem Zielunternehmen unternehmerisch bezweckt werden soll. Der Vorstand muss daher beantworten, wie die verfolgten Ziele der geplanten Akquisition im Verhältnis zu der übergeordneten Unternehmensstrategie und deren Zielsetzung stehen. Neben den strategischen Chancen, die eine M&A-Akquisition erlaubt, bestehen nämlich korrespondierende strategische Risiken. Besonders in der Nachkriegszeit herrschte ein Trend, die Geschäftsfelder durch Akquisitionen ineffizient zu diversifizieren. Dies führte zu erheblichen Verlusten. Deshalb änderte sich der Trend in den 1980ern bis heute zu einer Fokussierung auf das Kerngeschäft.[1017]

Für die Risikoanalyse muss das strategische Risiko miteinbezogen werden, ob die Akquisition sich in die Unternehmensstrategie einbettet oder sie torpediert und erschwert. Ein quantifizierbarer Ausdruck der Risiken sind potenzielle weitere Investments in das Zielunternehmen.[1018] Der Erwerber lässt bei einer lebensnahen Betrachtung das Unternehmen nicht bei der ersten Krise oder beim ersten Problem bankrottgehen. Immerhin soll es einen Teil der Unternehmensstrategie erfüllen und wenn das erworbene Zielunternehmen kein Fremdkapital aufbringen kann, wird wohl in vielen Fällen der Erwerber selbst Kapital nachschießen müssen. Auch in der Verhaltensökonomik sind viele Phänomene wie die Loss Aversion (Verlustaversion) oder der Confirmation Bias (Bestätigungsfehler) bekannt, wonach die Entscheider (Manager) dazu neigen können, statt eines „Exits" aus dem Investment weiter Kapital nachzulegen.[1019]

Weitere schon beim Erwerb absehbare – rechtlich freiwillige – Kapitalinvestments in das Zielunternehmen müssen deshalb vom Aufsichtsrat als Teil des Gesamtrisikos mitbeachtet werden. Denn selbst wenn diese Kapitalinvestments in der Zukunft zustimmungspflichtig sind, findet sich der Aufsichtsrat mehr oder weniger vor vollendeten Tatsachen und wird aufgrund des faktischen Drucks, das Investment und die Strategie zu retten, selten ablehnen. Sie sind deshalb sachgerecht mit

---

[1016] *Böttcher*, NZG 2007, 481, 481; *Mutschler/Mersmann*, DB 2003, 79, 79; *Stoffels*, ZHR 2001, 362, 363.

[1017] *Schreyögg*, Unternehmensstrategie, 1984, S. 64 f.; *Holzer*, Das Ende der Konglomerate, Frankfurter Allgemeine Zeitung vom 25.05.2019, abrufbar unter https://www.faz.net/aktuell/wissen/geist-soziales/wandel-der-unternehmensstrategien-das-ende-der-konglomerate-16171012.html, zuletzt abgerufen am 24.11.2024.

[1018] *Knepper*, in: Beck'sches M&A-HB, § 17 Rn. 21 erläutert im Rahmen der Fremdfinanzierung, dass beim Erwerb häufig weitere Investitionen, z.B. für eine weitere Expansion des Zielunternehmens, geplant sind.

[1019] Der Confirmation Bias beschreibt untechnisch das „Recht-haben-Wollen". Personen neigen dazu, nach Informationen zu suchen, die ihre (unternehmerische) Entscheidung bestätigen, und blenden Informationen gegen ihre Überzeugung eher aus. Die Loss Aversion geht noch weiter. Sie beschreibt vereinfacht ein Verhalten, wonach sich Personen (Manager) ihre Verluste nicht eingestehen wollen und deshalb länger die Investition bzw. das Projekt halten und keinen Exit durchführen, dazu: *Schmidt/Zank*, J. Risk Uncertain 2005, 157, 157, 158.

dem Erwerb des Zielunternehmens verbunden und müssen folglich im Rahmen seines Zustimmungsvorbehalts miterfasst werden.

h) Risiken der Integration des Zielunternehmens

Die Akquisition des Zielunternehmens ist aus ökonomischer Perspektive nur ein Teil eines wirtschaftlichen Ganzen. Denn das Zielunternehmen muss nach der Akquisition erfolgreich in die wirtschaftlichen Strukturen des Erwerbers integriert werden. Die sog. Post-Merger-Integration des Zielunternehmens ist dabei das eigentliche Ziel des Erwerbers.[1020] Er will das Zielunternehmen für einen wirtschaftlichen Zweck, z. B. Synergieeffekte oder den Eintritt in einen neuen Markt, nutzen und dafür muss er es integrieren.[1021] Wie eine solche erfolgreiche Integration nach der Akquisition umgesetzt werden kann, muss aufgrund der Komplexität schon im Vorfeld und während der Transaktion beim Erwerber geklärt werden.[1022] Neben dem allgemeinen Risiko, dass die Integration langwierig, kostenintensiv[1023] und nicht erfolgreich ist, können vornehmlich die folgenden drei Risiken einschlägig sein.

Erstens üben eine Veräußerung und Integration einen großen Druck auf die Mitarbeiter des Zielunternehmens aus. Es entstehen für sie viele unsichere und ungeklärte Fragen, besonders hinsichtlich ihrer Karriere. Deshalb besteht ein Risiko, dass Schlüsselmitarbeiter mit Fachkenntnissen oder wichtigen Beziehungen zu Kunden das Zielunternehmen verlassen.[1024] In Anbetracht des aktuellen Mangels an Arbeitskräften sollte man dieses Risiko insgesamt auf alle Mitarbeiter beziehen, da selbst Mitarbeiter ohne größere Fachkenntnis schwer zu ersetzen sind.

Zweitens sollten Abhängigkeiten bedacht werden. Denn die wirtschaftliche Realität von Tochterunternehmen oder Sparten ist meist eine enge Verflechtung in den Strukturen der Mutter. Es kann z. B. sein, dass im bisherigen Unternehmensverbund Teile oder Materialien für die Produkte der Produktion der Tochter hergestellt oder verarbeitet und ihr zur Verfügung gestellt werden. Es kann vorkommen, dass eine solche Tochter mit einem Geschäft, das operativ abhängig von der Mutter ist, als

---

[1020] Diese kann man in vier Phasen einteilen: 1. Phase Vorbereitung der Integration; 2. Phase Planung der Integration; 3. Phase Durchführung der Integration und die 4. Phase Übergang zum Tagesgeschäfts, ausführlich dazu: *Billing/Flötotto*, in: Hölters, Hdb. Unternehmenskauf, Rz. 2.21 ff.

[1021] Zu den Akquisitionszielen hinsichtlich der Integration: *Stiller-Meynerts/Rohloff*, Post Merger Management, 2022, S. 102 ff.

[1022] *Stiller-Meynerts/Rohloff*, Post Merger Management, 2022, S. 61 ff.; ferner *Billing/Flötotto*, in: Hölters, Hdb. Unternehmenskauf, Rz. 2.22, die den Beginn der Vorbereitung der Integration „idealerweise schon vor dem Signing bzw. der Ankündigung“ sehen.

[1023] Zur (teilweisen) Fremdfinanzierung von Post-M&A-Integrationsvorhaben: *Knepper*, in: Beck'sches M&A-HB, § 17 Rn. 1 ff.

[1024] *Stiller-Meynerts/Rohloff*, Post Merger Management, 2022, S. 107; *Billing/Flötotto*, in: Hölters, Hdb. Unternehmenskauf, Rz. 2.32.

Zielunternehmen veräußert wird.[1025] Umso wichtiger ist es, dass der Erwerber mit dem Verkäufer diese wirtschaftlichen Abhängigkeiten, die auch nach dem Verkauf bestehen, identifiziert und dass sie dahingehend gemeinsam wirtschaftlich und rechtlich vertretbare Lösungen finden.[1026]

Als letzter wichtiger Punkt muss beachtet werden, dass die Integration sowohl für die Seite des Erwerbers als auch für die des erworbenen Zielunternehmens mit einem großen personellen und zeitlichen Aufwand verbunden ist. Demnach kann es passieren, dass auf beiden Seiten die ordnungsgemäße Durchführung des Alltagsgeschäfts an Stellenwert verliert und sich dadurch negative Folgen im Alltagsgeschäft der jeweiligen Seite ergeben.[1027]

i) Besonderheiten beim Asset Deal

aa) Besondere Risiken und Vorzüge des Asset Deals

Der Asset Deal ist rechtlich riskanter und verringert die Rechtssicherheit, weil alles dem sachenrechtlichen Bestimmtheitsgrundsatz unterliegt.[1028] Der Asset Deal hat im Übrigen weitere risikoreiche Nachteile im Vergleich zum Share Deal. Während beim Share Deal die Arbeitnehmer keine Möglichkeiten haben zu widersprechen, können sie dies gem. § 613a BGB im Rahmen eines Asset Deals. Dies bietet besonders dort ein Risiko, wo es für die Arbeitnehmer vorteilhafter erscheint zu bleiben.[1029] Für den Erwerber besteht in diesem Fall das Risiko, dass er wichtige Arbeitskräfte verliert. Zumal er sich dagegen nicht wehren kann. Außerdem kann der Asset Deal als Betriebsänderung einen Sozialplan und die Einbeziehung des Betriebsrats auslösen.[1030] Ein ähnliches Problem besteht bei den übergehenden Verträgen, die innerhalb einer Vertragsübernahme die (ungewisse) Zustimmung der jeweils dritten Partei benötigen.[1031] Öffentliche Genehmigungen bleiben grundsätzlich ebenso allein beim Rechtsträger, sodass sie beim Share Deal in einem un-

---

1025 *Billing/Flötotto*, in: Hölters, Hdb. Unternehmenskauf, Rz. 2.32.

1026 Diese werden meist die Transitional Services Agreements sein, dazu: *Hoger*, in: Beck'sches M&A-HB, § 57 Rn. 57 ff.; *Billing/Flötotto*, in: Hölters, Hdb. Unternehmenskauf, Rz. 2.32.

1027 *Billing/Flötotto*, in: Hölters, Hdb. Unternehmenskauf, Rz. 2.32.

1028 *Meyer-Sparenberg*, in: Beck'sches M&A-HB, § 44 Rn. 86; *Beck/Klar*, DB 2007, 2819, 2819.

1029 *Beck/Klar*, DB 2007, 2819, 2820.

1030 *Bockenheimer*, in: Beck'sches M&A-HB, § 40 Rn. 28 ff.

1031 *Busche*, in: Staudinger, BGB, Buch 2, § 398, Einl. zu §§ 398 ff. Rn. 196 ff., wonach die Vertragsübernahme ein „Vorgang summierter Schuldübernahmen und summierter Forderungsabtretungen" als ein einheitliches Rechtsgeschäft ist und zu einer Gesamtnachfolge führt; *Beck/Klar*, DB 2007, 2819, 2820 f.; *Meyer-Sparenberg*, in: Beck'sches M&A-HB, § 44 Rn. 66.

technischen Sinn mit übertragen werden,[1032] was indes für den Asset Deal grundsätzlich nicht gilt.[1033]

Der Asset Deal hat andererseits den großen Vorzug, dass die Altverbindlichkeiten grundsätzlich beim Veräußerer verbleiben,[1034] sofern sie nicht vertraglich mit übernommen werden.[1035] Im Ergebnis können deshalb grundsätzlich nur eine Vertrags-/Schuldübernahme oder ein Schuldbeitritt dafür sorgen, dass Altverbindlichkeiten für den Erwerber relevant werden. Ob und wie das geschieht, ist wieder eine Frage der konkreten Verhandlungssituation.

bb) Grundsätzliche Vergleichbarkeit trotz Unterschieden

Insgesamt kann man die Ergebnisse des Share Deals auf die des Asset Deals übertragen. Denn gerade der Umstand, dass das Zielunternehmen regelmäßig in eine neue haftungsbeschränkte Tochtergesellschaft eingebracht wird, sorgt für eine Angleichung der Ergebnisse.[1036] Hinsichtlich der Bonität des Verkäufers[1037] kann man allerdings positiv den möglichen Verbleib von Altverbindlichkeiten festhalten, sodass seine Bonität für den Käufer eine geringere Rolle spielt.[1038]

3. Leitlinien für die Zustimmungsvorbehalte

a) Wirtschaftliche Aufweichung der „Haftungsbeschränkung"

Die Risikoanalyse der typisierbaren Risiken zeigt auf, dass ein Unternehmenskauf für den Erwerber risikoreich ist, weil man zusätzlich zum gezahlten Kaufpreis als Erwerber noch weitere umfangreiche Verluste erleiden kann. Darin unterscheidet sich der Unternehmenskauf von einem Kapitalanlagegeschäft. Die Verluste können aus einem rechtlichen Ursprung – wie dem Kartellrecht – oder aus wirtschaftlichen Risiken, wie durch eine fehlerhafte Integration oder eine Inkompatibilität zur Unternehmensstrategie, stammen. Mit anderen Worten, nur weil man

---

[1032] *Beck/Klar*, DB 2007, 2819, 2821; *Meyer-Sparenberg*, in: Beck'sches M&A-HB, § 44 Rn. 86.

[1033] Zur Ausnahme bei sach-/anlagebezogenen Genehmigungen: *Schmidt-Kötters*, in: Beck'sches M&A-HB, § 86 Rn. 27 ff.

[1034] Eine Ausnahme ist unter den Voraussetzungen des § 25 Abs. 1 HGB und § 75 AO möglich. § 25 Abs. 1 HGB nimmt im professionellen M&A-Kontext kaum Relevanz ein, weil man grundsätzlich nach § 25 Abs. 2 HGB einen Haftungsausschluss vornehmen wird, dazu: *Jaques*, in: Beck'sches HB Unternehmenskauf Mittelstand, Rn. D. 268. Hinsichtlich des § 75 AO wird man grundsätzlich eine vertragliche Regelung je nach konkreter Verhandlungssituation finden, dazu: *Banerjee*, BB 2012, 1518, 1520 ff.

[1035] *Beck/Klar*, DB 2007, 2819, 2822.

[1036] *Beck/Klar*, DB 2007, 2819, 2820.

[1037] Siehe oben: C. V. 2. c).

[1038] *Beck/Klar*, DB 2007, 2819, 2826.

Anteile an einer haftungsbeschränkten Kapitalgesellschaft erwirbt oder ein Unternehmen in einer haftungsbeschränkten Kapitalgesellschaft einführt, ist der Erwerber des Zielunternehmens nicht davor geschützt, eigene Verluste zu verhindern oder die Verluste nur auf die abhängige Gesellschaft(en) zu beschränken. Selbst wenn aus juristischer Perspektive das herrschende Unternehmen als Erwerber Schäden und Verluste der abhängigen Gesellschaft in vielen Fällen mangels eigener Passivlegitimation und Haftungsbeschränkung ignorieren könnte und dürfte, wird der Vorstand indes wegen einiger Rückschläge regelmäßig nicht direkt das ganze Investment opfern. Im Ergebnis wird sich das herrschende Unternehmen deshalb aus wirtschaftlichen Überlegungen faktisch gezwungen sehen, die Verluste und Schäden auszugleichen.[1039] Letztlich ist es wenig überraschend, wenn eine wirtschaftliche Einheit vorliegt, dass gleichfalls eine faktische Aufweichung der eigentlichen „Haftungsbeschränkung" festzustellen ist.[1040] Aufgrund dieser Ausgangslage ist ein Unternehmenskauf risikoreich.

b) Nicht immer ein Geschäft von grundlegender Bedeutung

Es ist unstrittig, dass Akquisitionen mit einem großen Volumen im Verhältnis zum Erwerberunternehmen ein Geschäft von grundlegender Bedeutung sind.[1041] Allerdings ist es gerade Ziel dieser Arbeit, auch kleinere und mittlere Transaktionen zu betrachten. Insb. kann man nach der vorherigen Risikoanalyse fragen, ob nicht jeder Erwerb eines Zielunternehmens ein Geschäft von grundlegender Bedeutung sein sollte.

aa) Pflicht zur Zustimmungsvorbehaltsbegründung

Es gibt teilweise Stimmen, die für jeden Unternehmenskauf eine Begründungspflicht des Aufsichtsrats für die Zustimmungsvorbehalte gem. § 111 Abs. 4 Satz 2 AktG sehen.[1042] Dafür spräche zunächst die schwierig bestimmbare Haftung über

---

[1039] Dies kann aus dem Phänomen der Loss Aversion folgen, dazu: *Schmidt/Zank*, J. Risk Uncertain 2005, 157, 157, 158.

[1040] Siehe oben: C. V. 2. e) und f).

[1041] *Cahn*, AG 2014, 525, 528 spricht ohne weitere Erörterungen davon, dass eine „große Akquisition [...] regelmäßig auch einem Zustimmungsvorbehalt unterworfen sein wird"; *Schönberger*, Zustimmungsvorbehalt, S. 163 f. legt sich nicht fest und sieht den Unternehmenskauf grundsätzlich als Geschäft von grundlegender Bedeutung, wenn der „Wert im Einzelfall" einen gewissen Prozentanteil des Eigenkapitals übersteigt; *Brouwer*, Zustimmungsvorbehalte, S. 152 f. sieht „regelmäßig" Unternehmenskäufe als Geschäft von grundlegender Bedeutung an; ferner *Schmidt*, Unternehmerische Verantwortung des Aufsichtsrats, S. 273; *Hofschroer*, Zustimmungsvorbehalt, S. 269 für „existenzgefährdende Erwerbungen und Veräußerungen".

[1042] *Weyl*, Zustimmungsvorbehalte Konzernsteuerung, S. 95 sieht ohne ausführliche Beschäftigung mit dem Risiko des Unternehmenskaufs (ohne Unterscheidung zwischen Erwerden Kaufpreis. In dieser Hinsicht sind die rechtlichen Haftungsquellen und ganz besonders das Kartellrecht relevant. Die wirtschaftlichen Risiken – wie die Integration – werden indes geringer, je kleiner das Transaktionsvolumen ist. Ein kleines Unternehmen integriert man nämlich mit anderen Risiken als ein großes Unternehmen.[1043]

bb) Stellungnahme: nicht immer Geschäft von grundlegender Bedeutung

Auf der anderen Seite muss man jedoch beachten, dass die M&A-Branche eine Vielzahl von Instrumenten zur Risikoreduzierung entwickelt hat. Man kann diesbezüglich die Due Diligence hervorheben, die besonders gut hilft ein umfassendes Haftungsbild vom Zielunternehmen zu erlangen.[1044] Aber auch andere Lösungen, wie die Fairness Opinion, Earn-out-Klauseln, MAC-Klauseln, Bürgschaften, Garantien, Freistellungen etc., helfen dabei, Risiken zu adressieren und zu reduzieren. Ein professionell durchgeführter Erwerb hat ein gänzlich anderes und geringeres Gesamtrisiko als ein Erwerb ohne professionelle Begleitung.[1045]

Aufgrund dessen kann man sich nicht der Ansicht anschließen, dass der Aufsichtsrat die Pflicht hat, für jeden Erwerb einen Zustimmungsvorbehalt zu begründen. Der Erwerb eines im Verhältnis zum Erwerber kleinen bis mittleren Unternehmens, der professionell durchgeführt wird, hat nicht immer den Stellenwert, dass ein Geschäft von grundlegender Bedeutung vorliegt. Allerdings kann man umgekehrt Folgendes sagen: Wenn eine kleine Transaktion ohne interne oder externe Experten und ohne die Marktstandards, wie eine Due Diligence, durchgeführt wird, müssen die besprochenen abstrakten typisierbaren Risiken den Aufsichtsrat dazu zwingen, dass er diesen Fall präventiv überwacht. Es liegt dann ein Geschäft von grundlegender Bedeutung vor und das Untermaßverbot greift. Diesbezüglich bietet es sich an, beim Zustimmungsvorbehalt risikoreduzierende verhaltenssteuernde Tatbestandsmerkmale zu nutzen.

cc) Rückausnahme: Unternehmenskrise

Die Bedeutung eines Geschäfts steht ferner in einem Verhältnis zum Zustand eines Unternehmens. Deshalb sollte man beachten, dass sich die Bedeutungsgrenze gleichwohl verschieben kann, wenn sich eine Krise anbahnt oder sich das Unternehmen in einer Krise befindet. Besonders im letzteren Fall, in dem sich das Un-

ber- und Veräußerer-Situation) bis auf Bagatellfälle immer eine Pflicht zum Zustimmungsvorbehalt.

[1043] Dazu allgemein: *Billing/Flötotto*, in: Hölters, Hdb. Unternehmenskauf, Rz. 2.21 ff.; siehe oben: C. V. 2. h).

[1044] Siehe oben ausführlich zur Due Diligence: C. IV. 1.

[1045] Ein ähnlicher Gedankengang findet sich bei *Henssler*, in: FS Hopt, 2010, 113, 133 f., der keine Übertragbarkeit der Rechtsprechung des BGHs zu Aufklärungspflichten bei unprofessionellen Unternehmenskäufen auf die professionelle M&A-Branche sieht.

ternehmen in der Krise befindet und eine gestaltende Überwachung notwendig ist,[1046] kann man als Leitlinie festhalten, dass das abstrakt risikoreiche Geschäft des Erwerbs eines Zielunternehmens grundsätzlich ein Geschäft von grundlegender Bedeutung ist. In einer Krise muss der Aufsichtsrat folglich die präventive Überwachungsdichte erhöhen und mehr unternehmerische Mitverantwortung gerade bei Unternehmensakquisitionen übernehmen.[1047]

c) Immer Geschäft von erheblicher Bedeutung

Allerdings zeigt die vorherige Risikoanalyse, dass in jedem Erwerb eines Zielunternehmens ein solches abstraktes Risiko verborgen ist, dass er zu einer erheblichen Veränderung der Risikoexposition führen kann und somit jeder Erwerb eines Zielunternehmens ein Geschäft von erheblicher Bedeutung darstellt.[1048]

Teilweise wird in der Literatur die Frage, ob der Aufsichtsrat jeden Erwerb überprüfen darf, nicht eindeutig beantwortet. Die Ausführungen zum Zustimmungsvorbehalt für den Unternehmenskauf werden meistens offen gehalten und darauf eingeschränkt,[1049] dass z.B. für manche individuelle Gesellschaften die Veräußerung und der Erwerb von Unternehmen generell oder unter dem Vorbehalt, dass sie das gewöhnliche Geschäft überschreiten, ein Zustimmungsvorbehalt begründet werden kann.[1050] Alternativ wird darauf abgestellt, dass eine „große Akquisition" grundsätzlich einem Zustimmungsvorbehalt „unterworfen sein wird".[1051] Es ist zuzustimmen, dass es in der Regel etwas Außergewöhnliches und Bedeutsames für den Erwerber ist, wenn ein kleines oder mittleres Unternehmen ein Zielunternehmen kauft. Für den Mittelstand und Großunternehmen ist es deshalb grundsätzlich kein Problem, ob der Aufsichtsrat in der Form der Zustimmungsvorbehalte involviert sein darf.

Andererseits ist eine eingeschränkte Ansicht gefährlich für die relevanten Fälle, dass ein internationales Großunternehmen verhältnismäßig kleinere bis mittlere Zielunternehmen erwirbt. In diesen Fällen handelt es sich für den Erwerber nicht um

---

[1046] Siehe allgemein zur abgestuften Überwachungspflicht: Fn. 249.

[1047] Siehe oben: B. I. 4.

[1048] Ebenso ähnlich: *Weyl*, Zustimmungsvorbehalte Konzernsteuerung, S. 95; *Koch*, AktG, § 111 Rn. 65.

[1049] *Hopt/Roth*, in: Großkomm. AktG, Band 5, § 111 Rn. 695: Ausnahme: Unternehmenskäufe „von ganz untergeordneter Bedeutung" ohne Erläuterungen; *Fleischer*, ZHR 2008, 538, 545 f.: Zustimmungsvorbehalte für Unternehmenskäufe oberhalb einer Bagatellgrenze seien „im Grundsatz richtig und wichtig", er verweist jedoch darauf, dass auch Unternehmenskäufe zu einem symbolischen Preis umfasst sein sollten, allerdings ohne eine Darstellung, wie das erfolgen könnte; ferner ähnlich offen: *J. Hüffer*, in: FS Hüffer, 2010, 365, 370; *Cahn*, AG 2014, 525, 528.

[1050] *J. Hüffer*, in: FS Hüffer, 2010, 365, 370, ohne ausführliche Auseinandersetzung mit den Risiken von Unternehmenstransaktionen.

[1051] So *Cahn*, AG 2014, 525, 528 ohne Begründung.

eine große Akquisition. Zudem muss man betonen, dass solche Akquisitionen gleichfalls nicht mehr ungewöhnlich sind. Das Gegenteil ist der Fall. Denn die deutschen internationalen Großunternehmen kaufen regelmäßig Zielunternehmen ein.[1052] Man kann deshalb teilweise bei kleineren und mittleren Transaktionen nicht mehr von einer Außergewöhnlichkeit sprechen. In diesem Bereich könnte man deshalb geneigt sein festzustellen, dass der Aufsichtsrat nicht jeden Unternehmenserwerb überprüfen darf. Indes muss man in diesem Zusammenhang die Ergebnisse der vorherigen Risikoanalyse beachten. Es bedarf der Klarheit, dass für alle Gesellschaften, ob kleine oder internationale Großunternehmen, und für alle Größen eines Unternehmenserwerbs der Aufsichtsrat einen Zustimmungsvorbehalt begründen darf. Auch unabhängig von der Frage, ob die konkrete Gesellschaft häufig Erwerbungen durchführt. Hier zeigt sich ebenfalls teilweise die Schwäche des Kriteriums der „Außergewöhnlichkeit" für die Bestimmung der erfassten Geschäfte unter § 111 Abs. 4 Satz 2 AktG.[1053]

d) Wertgrenze: Tauglichkeit des risikobasierten Ansatzes

Doch bedeutet diese Erkenntnis nicht, dass der Aufsichtsrat eines internationalen Großunternehmens jede Transaktion im Wege der Zustimmungsvorbehalte überwachen und mitentscheiden sollte. Die Geschäfte von erheblicher Bedeutung erlauben dem Aufsichtsrat, im Rahmen seines vom Gesetz eingeräumten Ermessens zu entscheiden, ob er im Wege der Zustimmungsvorbehalte des § 111 Abs. 4 Satz 2 AktG aktiv werden will. Allerdings ist es diesbezüglich ebenso sinnvoll, mit einer Wertgrenze zu arbeiten, um die Ressourcen des Aufsichtsrats effektiv zu nutzen. Wichtig ist jedoch, dass sich, wie bereits erarbeitet, diese Wertgrenze nicht auf den Kaufpreis beziehen sollte, da dieser nur einen Teil der Bedeutung des Geschäfts darstellt.[1054] Gerade in diesem Fall ist es schwierig, von „Bagatellfällen" zu reden. Denn vornehmlich ungesunde oder fragwürdige Zielunternehmen werden günstig mit einem großen Abschlag gehandelt.[1055] Andererseits ist es auch in Anbetracht der Risiken nicht zielführend, auf den Unternehmenswert des Zielunternehmens und eines ggf. gesenkten Schwellenwerts für die Unternehmenstransaktionen abzustellen.[1056] Denn die Risiken führen allenfalls zur Senkung des Werts und erhöhen diesen nicht. Zudem ist ein einfach gesenkter Schwellenwert zu statisch.

Der Unternehmenserwerb ist vielmehr das perfekte Beispiel für den vorgestellten risikobasierten Ansatz,[1057] der im Tatbestand des Zustimmungsvorbehalts zur Be-

---

[1052] Siehe oben: C. I. 2. b).

[1053] Siehe oben: B. I. 3. b) ee) und c) aa).

[1054] Siehe oben: B. I. 2. b) bb) (3).

[1055] Dazu auch: *Lange*, DStR 2003, 376, 379.

[1056] *Hofschroer*, Zustimmungsvorbehalt, S. 297 ff. ohne ausführliche Beschäftigung mit den Risiken der Unternehmenstransaktion.

[1057] Siehe oben: B. I. 2. b) bb) (3) (b).

rechnung des konkreten Geschäftswerts die quantifizierten Risiken einbezieht und den dann ermittelten Geschäftswert – vorzugsweise[1058] – mit einem Eigenkapitalwert als quantitativem Anknüpfungswert vergleicht. Der konkrete Geschäftswert als quantifiziertes Risiko besteht aus dem Kaufpreis, weiteren schon absehbaren Kapitalinvestments und den geschätzten quantifizierten Haftungsrisiken, die über den Kaufpreis hinausgehen und den Erwerber treffen können.

Dazu ein vereinfachtes Beispiel: Der Aufsichtsrat der A-AG entscheidet, dass er Unternehmenserwerbungen mit dem risikobasierten Geschäftswert im Wege der Zustimmungsvorbehalte überwachen will, die 5 % des Eigenkapitals (konkret 300 Mio. EUR) der A-AG entsprechen. Der Vorstand der A-AG will alle Anteile der B-GmbH mit einem Kaufpreis von 200 Mio. EUR erwerben. Allerdings ist absehbar, dass noch ca. 100 Mio. EUR an weiteren Investments in die B-GmbH getätigt werden müssen, damit die Profitabilität gewahrt ist. Zudem war die B-GmbH in der Vergangenheit an Korruptionsfällen beteiligt und wenn ein solcher Vorfall nochmal vorkommen würde, erwartet der Vorstand der A-AG einen geschätzten Reputationsschaden von 50 Mio. EUR für die A-AG. In diesem Fall wäre deshalb der risikobasierte Geschäftswert 350 Mio. EUR, obwohl der Kaufpreis nur bei 200 Mio. EUR und somit unter 300 Mio. EUR liegen würde.

e) Zustimmungsentscheidung über den Erwerb

aa) Vorbereitung der Entscheidung

Der Aufsichtsrat benötigt nach einer „umfassenden Unterrichtung" die Informationen, die es ihm erlauben, die Erwägungen und Wirtschaftlichkeitsrechnung des Vorstands nachzuvollziehen und eine eigene Abschätzung durchzuführen.[1059] Das bedeutet, dass sich der Aufsichtsrat ggf. die im Rahmen der Transaktion erstellten wesentlichen Dokumente vorlegen lassen soll. Dabei darf der nebenamtliche Aufsichtsrat nicht überfordert werden.[1060] Hunderte Seiten eines Due-Diligence-Reports oder der Verträge vorzulegen, ist nicht zielführend, wenn es keinen konkreten Anlass dazu gibt.[1061] Demgegenüber bietet es sich an, dem Aufsichtsrat die Zusammenfassung der Due Diligence vorzulegen, die meist nur wenige Seiten beinhaltet. Das Gleiche gilt für den Opinion Letter einer Fairness Opinion, falls sie

[1058] Siehe oben: B. I. 2. b) bb) (3) (a).

[1059] *Cahn*, in: FS Stilz, 2014, 99, 109; *Fleischer*, ZHR 2008, 538, 547; *Schönberger*, Zustimmungsvorbehalt, S. 217 f.

[1060] Für den allgemeinen nebenamtlichen Charakter: *Lutter et al.*, Rechte und Pflichten des AR, Rn. 894; *Westermann*, in: FS Hommelhoff, 2012, 1319, 1320 ff.

[1061] *Cahn*, AG 2014, 525, 531; a. A. wohl *Schmidt*, Unternehmerische Verantwortung des Aufsichtsrats, S. 278 ohne Ausführungen.

erstellt wurde. Diese ist in der Regel ebenfalls übersichtlich verfasst.[1062] Beim Opinion Letter haben externe Dritte wie Investmentbanken und Wirtschaftskanzleien wichtige Informationen gesammelt, ausgewertet und bewertet, sodass er für die Entscheidung hilfreich sein kann. Allerdings sollte man die Bedeutung dieser Dokumente auch nicht überschätzen; sie entbinden den Aufsichtsrat nicht von einer eigenen Prüfung der Plausibilität.[1063] Der Aufsichtsrat sollte dahingehend gleichwohl beachten, dass die Investmentbanken durch die Erfolgshonorare insgesamt ein großes Interesse an der Transaktion haben.[1064]

Gleichfalls kann es sich anbieten, bei einer entsprechenden Größe eines Aufsichtsrats, besonders für deutsche internationale Großunternehmen, die Zustimmungsentscheidung für Erwerbungen und ihre Vorbereitung, die keine grundlegende Bedeutung haben, einem spezialisierten Ausschuss zu überlassen, z. B. einem Investitions-, Finanz- oder M&A-Ausschuss.[1065] Denn in diesem Ausschuss können die ausgewählten Aufsichtsratsmitglieder mit entsprechender Fachkunde besser überwachen und beraten als in einem großen Plenum.[1066]

Wurden gewisse übliche Standards nicht eingehalten, wie die Durchführung einer Due Diligence, sollte der Aufsichtsrat kritisch werden und nachfragen und dies für die Entscheidung einbeziehen.[1067] Das Gleiche gilt, wenn er den Verdacht hat, dass der Vortrag des Vorstands nicht vollständig ist.[1068] Dem Aufsichtsrat sollten überdies bei einem konkreten Verlangen die entsprechenden Originaldokumente vorgelegt werden.[1069] Indes ist zu erwarten, dass der Aufsichtsrat im Rahmen eines Zustimmungsvorbehalts den fraglichen Unternehmenskauf insgesamt aufmerksamer überwachen wird.[1070]

[1062] *Fleischer*, ZHR 2008, 538, 547 verlangt für die Zustimmungsentscheidung des Aufsichtsrats, dass diesem ein „Bewertungsgutachten“ und „Wirtschaftlichkeitsberechnungen“ vorgelegt werden.

[1063] *Fleischer*, in: FS Hopt, 2010, 2753, 2759 über die Fairness Opinion beim Verwaltungsrat.

[1064] *Fleischer*, in: FS Hopt, 2010, 2753, 2759 ff.

[1065] Siehe oben allgemein zur Zustimmungsentscheidung in einem Ausschuss: B. I. 7. e); für ein konkretes Praxisbeispiel der *Siemens AG* siehe: C. I. 2. a) aa).

[1066] Allgemein zur Effektivität von Ausschüssen: *Hopt/Roth*, in: Großkomm. AktG, Band 5, § 107 Rn. 298 ff.

[1067] *Fleischer*, ZHR 2008, 538, 548; *Schönberger*, Zustimmungsvorbehalt, S. 218.

[1068] Siehe oben allgemein zur Zustimmungsentscheidung: B. I. 7.

[1069] *Cahn*, AG 2014, 525, 531.

[1070] Die erwartbare gesteigerte Effektivität der Überwachung liegt vornehmlich in der vorliegenden intrinsischen Motivation der Aufsichtsratsmitglieder begründet. Denn die Zustimmungsvorbehalte gem. § 111 Abs. 4 Satz 2 AktG räumen dem Aufsichtsrat eine autonome Gestaltungsmöglichkeit ein, die dadurch eine positive Wirkung auf die intrinsische Motivation des Aufsichtsrats hat. Denn ein Aufsichtsratsmitglied wird bei einer lebensnahen Betrachtung regelmäßig zwischen einer eher passiven Kontrolle, z. B. der Entgegennahme von Berichten, und einer eigenen aktiven Handlung durch die Zustimmungsvorbehaltsbegründung oder Zustimmungsentscheidung unterscheiden. Beim Zustimmungsvorbehalt ist das Aufsichtsrats-

bb) Verweigerte Zustimmung

Teilweise wird erst eine Zustimmung des Aufsichtsrats erlaubt, wenn selbst beim schlechtesten zukünftigen Szenario („Worst Case“) der Erwerber nicht durch diesen Worst Case existenzgefährdet ist.[1071] Dieser Standard ist zu hoch, sodass ihm nicht gefolgt werden kann. Es ist völlig richtig, eine höhere Prüfungsdichte zu verlangen, wenn der Worst Case oder weniger schlimme Fälle zu einer Existenzgefährdung führen können. Allerdings hat die Risikoanalyse gezeigt, wie umfangreich die abstrakten Risiken sind. Kauft z. B. ein Güterhersteller einen anderen Güterhersteller in späterer wirtschaftlicher Einheit und wird ein verdeckter Kartellverstoß nach dem Erwerb fortgesetzt, können Bußgeld und Kartellschadenersatz bereits schnell existenzgefährdend sein.[1072] Dieser Worst Case ist nicht wahrscheinlich, aber dennoch ist das Risiko vorhanden und gilt praktisch für jeden Fall oder in Abwandlung mit anderen besprochenen Risiken. Ein solche enge Betrachtung würde – genau betrachtet – fast jeden Kauf ausschließen.

Insgesamt sollte man vorsichtiger sein, eine solche unternehmerische Entscheidung des Aufsichtsrats mit zu vielen rechtlichen Vorgaben zu belasten, und es bei den Vorgaben der §§ 93 Abs. 1 Satz 2, 116 Satz 1 AktG belassen. Der Aufsichtsrat darf, wie der Vorstand, mit den entsprechenden angemessenen Informationen auch Geschäften mit hohem Risiko und hohen Chancen zustimmen, wenn es im Unternehmensinteresse ist.[1073] Dies gilt besonders für Unternehmenskäufe. Vermutlich würden viele heutige Unternehmen nicht existieren, wenn ihr Vorstand und Auf-

---

mitglied somit autonom und allein dadurch motivierter und effektiver. Dies gilt unabhängig von verknüpften Haftungsfragen. Dieser Aspekt kann mit der jüngeren Forschung der Verhaltenspsychologie zur Frage, was uns intrinsisch motiviert, untermauert werden. Denn die aus mehreren Teiltheorien bestehende, in der Psychologie „zentrale“ Selbstbestimmungstheorie stützt – übertragen auf die Zustimmungsvorbehalte – das hiesige Ergebnis. Die Selbstbestimmungstheorie ist im Überblick eine empirisch fundierte Theorie der menschlichen Motivation, sie behandelt u. a. die sozialen Bedingungen, die die Motivation fördern oder abschwächen. In diesen Zusammenhang besagt die Theorie, dass die Art und die Stärke der Motivation beeinflusst werden durch das Ausmaß, in dem die „psychologischen Grundbedürfnisse nach Autonomie, Kompetenz und sozialer Verbundenheit bzw. Eingebundenheit“ behindert oder unterstützt werden. Gerade das autonome Entscheiden über die Zustimmungsvorbehalte gem. § 111 Abs. 4 Satz 2 AktG motiviert daher den Aufsichtsrat ausnahmsweise intrinsischer und verlässt den ansonsten eher fremdbestimmten Bereich seiner Tätigkeit, wo die Motivation grundsätzlich extrinsisch durch „Strafen“ (Schadenersatz) gesteuert wird. Gleichwohl besagt die Selbstbestimmungstheorie vereinfacht, wenn eine Person autonom motiviert ist, so ist ihr Verhalten effektiver und kreativer gegenüber fremdbestimmt motiviertem Handeln, dazu: *Deci/Ryan*, Canadian Psychology 2008, 182, 182 ff. Sie gelten als die Begründer der heutigen Selbstbestimmungstheorie. Allgemein und zur „zentralen“ Bedeutung der Theorie: *Brandstätter et al.*, Motivation und Emotion, S. 92.

[1071] *Schönberger*, Zustimmungsvorbehalt, S. 217.

[1072] Siehe oben zum Umfang des Bußgelds und Kartellschadenersatz: C. V. 2. f) aa) (3) und (4).

[1073] Siehe oben für das Unternehmensinteresse: Fn. 151.

sichtsrat keinem risikoreichen und andererseits chancenreichen Unternehmenskauf zugestimmt hätten.

cc) Zeitpunkt der Zustimmungsentscheidung

Die Sitzung und die Entscheidung des Aufsichtsrats sollten mit ausreichendem Abstand zur Sichtung der Unterlagen vor dem Signing des Kaufvertrags stattfinden.[1074] Hinsichtlich der Ausnahme bei Eilbedürftigkeit gelten die Ausführungen des Abschnitts B. III. 7. c) entsprechend. Besonders beim Unternehmenskauf kann man sich die Situation vorstellen, dass aufgrund vorheriger Verletzungen der Vertraulichkeit aus dem Aufsichtsrat eine konkrete Wiederholungsgefahr besteht und sich der Vorstand im Unternehmensinteresse nach dem Signing die Zustimmung einholt.[1075]

f) Formulierungsempfehlung

Für eine gemeinsame Formulierungsempfehlung mit der Verkäuferseite siehe unten C. VI. 3. d).

VI. Kaufvertrag: Veräußerung des Zielunternehmens

Mit den Erkenntnissen der vorherigen Abschnitte widmet sich dieser Abschnitt der Veräußerung des Zielunternehmens aus der Verkäuferperspektive. Die Ausführungen orientieren sich wieder am Share Deal; dort, wo es passend erscheint, werden Ausführungen zum Asset Deal gemacht. Überdies werden weitere Besonderheiten am Ende erörtert. Vorliegend wird nur auf die Konstellation eingegangen, dass die Gegenleistung in Geld erfolgt.

1. Vorüberlegung

Es gibt zwei Varianten der Veräußerung die für den Zustimmungsvorbehalt nach § 111 Abs. 4 Satz 2 AktG des Aufsichtsrats relevant sein können.

So hat der Aufsichtsrat zunächst einen Zustimmungsvorbehalt zu begründen, wenn (fast) alle Vermögenswerte seiner Gesellschaft im Wege des Asset Deals verkauft werden. Der Verkauf über alle (wesentlichen) Vermögenswerte ist stets eine grundlegende Veränderung der wirtschaftlichen Lage des Unternehmens und somit ein Geschäft von grundlegender Bedeutung.[1076] Die Hauptversammlung wird

---

[1074] *Cahn*, AG 2014, 525, 531; *Rieckers*, in: Beck'sches M&A-HB, § 22 Rn. 5.

[1075] Siehe oben: B. I. 7. c).

[1076] Siehe oben zum Geschäft von grundlegender Bedeutung: B. I. 2. b).

ferner über einen solchen Kaufvertrag einen Beschluss nach § 179a Abs. 1 AktG fassen.[1077] Indes ist dies ein klarer Ausnahmefall und wird deshalb nicht weiter untersucht.

Im Übrigen bezieht sich das Verkaufsverhalten der deutschen internationalen Großunternehmen grundsätzlich auf den Verkauf von Tochterunternehmen oder Sparten.[1078] Dieser Fall ist deswegen Gegenstand des folgenden Teils.

2. Risikoanalyse

Dem Umstand geschuldet, dass die Risiken des Kaufs und Verkaufs eines Zielunternehmens voneinander abweichen, muss die Risikoanalyse anders angegangen werden. Man kann das Risiko für die folgende Risikoanalyse auf drei Ebenen einteilen: Die erste Ebene bezieht sich auf den Kaufpreis, die zweite Ebene auf Fragen der Haftung und die dritte Ebene auf die Unternehmensstrategie des Verkäufers.

a) Kaufpreisrisiken

Die Ermittlung und die Verhandlung zum Kaufpreis weisen ein hohes offensichtliches Risiko auf. Denn jeder Kaufvertrag birgt die Gefahr, dass eine Seite ein gutes Geschäft macht und die andere Seite ein schlechtes.[1079] Aus der Perspektive des Verkäufers bedeutet das, dass dieser entweder an einem finanziell lohenden oder – alternativ zumindest – an einem ausgewogenen Geschäft interessiert ist. Die Bestimmung des Kaufpreises in Geld[1080] ist, wie bereits oben ausgeführt, von vielen Einzelfragen über das Zielunternehmen und dem Bewertungsverfahren[1081] abhängig.[1082] Dies wird durch die konkreten Verhandlungen entschieden. Somit stellen

[1077] *Koch*, AktG, § 179a Rn. 3 ff.

[1078] So z. B. der Verkauf der Tochter *Yunex Traffic GmbH* durch die *Siemens AG*, der Verkauf der Tochter *H. C. Starck GmbH* durch die *Bayer AG* oder der Verkauf der Tochter *SEG Automotive Germany GmbH* durch die *Robert Bosch GmbH.*

[1079] Allerdings ist auch beim Unternehmenskauf stets an die Schranken der Sittenwidrigkeit gem. § 138 BGB zu denken, wenn ein auffälliges Missverhältnis und weitere sittenwidrigkeitsbegründende Umstände wie eine verwerfliche Gesinnung vorliegen, vgl. dazu OLG Hamm, Urteil v. 15.07.1998 – 8 U 200/91, GmbHR 1998, 984.

[1080] Für die aktienrechtlichen Besonderheiten, sofern eine AG ein Unternehmen gegen Gewährung von Aktien erwirbt: *Loges/Zimmermann*, WM 2005, 349, 349 ff.; *Wieneke*, NZG 2004, 61, 61 ff.

[1081] Einen guten Überblick zu den typischen Bewertungsverfahren bietet *Aders*, in: Beck'sches M&A-HB, § 13 Rn. 1 ff. Ebenso ist ein eventuelles Wechselkursrisiko zu beachten. Gegen dieses Risiko kann man sich durch eine sog. Wertsicherungsklausel im Allgemeinen schützen. Die Rechtmäßigkeit solcher Klauseln richtet sich nach dem Preisklauselgesetz, dazu: *Weber*, in: Hölters, Hdb. Unternehmenskauf, Rz. 9.193.

[1082] Häufig wird nur ein vorläufiger Kaufpreis bestimmt und dieser dann regelmäßig durch eine endgültige Bestimmung des Kaufpreises durch eine Abrechnungsbilanz an einem besich alle Chancen, aber auch Risiken, die in einer Verhandlungssituation immanent sind.

aa) Risikoreduzierung: professionelles Auktionsverfahren

Die Hauptquelle für das Risiko für einen Verkauf unter Wert sind die Vertragsverhandlungen mit den möglichen Käufern. Es ist offensichtlich, dass der Wert eines Unternehmens eine strittige Sache sein kann und abseits der Bewertungsmethoden die Verhandlungssituation mitentscheidend ist. Ein Verkäufer unter Druck oder mit nur wenigen Interessenten wird einen anderen Kaufpreis bekommen können, als wenn er eine größere zeitliche Flexibilität und ein beliebtes Zielunternehmen als Angebot hat. Die konkreten Verhandlungen und Taktiken sind deshalb zentral. Die Entwicklung der M&A-Beraterbranche und ihr Erfahrungsschatz sind in der Gesamtschau folglich eine zentrale Risikoreduzierung für die Unternehmen, die Tochtergesellschaften verkaufen wollen. Eine besondere Ausprägung dieses Erfahrungsschatzes und Ansätze für einen möglichst hohen Kaufpreis ist das professionelle Auktionsverfahren, das durch mehrere Bieter und die Begleitung von Investmentbanken und Rechtsberatern eine ideale Verhandlungsgrundlage für den Verkäufer schafft.[1083]

bb) Risikoreduzierung: Fairness Opinion und Earn-out-Klauseln

An dieser Stelle soll außerdem auf die bereits vorgestellten risikoreduzierenden Instrumente einer Fairness Opinion und einer Earn-out-Klausel verwiesen werden. Eine Fairness Opinion durch einen Dritten hilft nicht nur dabei, den Käufer einzuschätzen, ob er zu einem fairen Preis kauft, sondern auch den Verkäufer dahingehend, ob er zu einem fairen Preis verkauft.[1084]

Auch eine Earn-out-Klausel ist aus Verkäuferperspektive interessant, wenn der Verkäufer den angebotenen Kaufpreis als zu niedrig empfindet und von der Zukunft des Zielunternehmens überzeugt ist.[1085] Demnach kann in diesem Fall eine Earn-out-Klausel helfen, einen besseren Kaufpreis zu bekommen und sich mittelbar am Erfolg des Zielunternehmens zu beteiligen. Allerdings hat der Verkäufer nach dem Verkauf kaum Einfluss auf das Zielunternehmen und deswegen ist eine sichere und bestimmte Vertragsgestaltung wichtig, um Streit und Missbrauch vorzubeugen.[1086]

---

stimmten Übergangsstichtag verändert oder bestätigt, dazu *Weber*, in: Hölters, Hdb. Unternehmenskauf, Rz. 9.175 ff.

[1083] *Rempp*, in: Hölters, Hdb. Unternehmenskauf, Rz. 1.117; *Haberstock*, in: Holzapfel/Pöllath, Unternehmenskauf, Rn. 1339; siehe oben ausführlich zum Auktionsverfahren: C. I. 1. a).

[1084] Siehe oben zur Fairness Opinion: C. V. 2. a) aa).

[1085] Siehe oben zur Earn-out-Klausel: C. V. 2. a) bb).

[1086] Ausführlich: *Hilgard*, BB 2010, 2912, 2913 ff.

b) Zahlungs- und Bonitätsrisiko des Käufers

Das Bonitätsrisiko ist für den Verkäufer ebenfalls ein stets immanentes Risiko, besonders wenn der Kaufpreis nicht direkt vollständig bezahlt wird.[1087] Es gibt eine Vielzahl von Möglichkeiten um ein Ausfallrisiko des Käufers zu reduzieren, wobei die Finanzierungszusage durch Kreditinstitute und Bürgschaften eine starke Praxisrelevanz haben.[1088] Die Finanzierungszusage eines Kreditinstituts (sog. Commitment Letter) wird im Interesse des betreffenden Kreditinstituts regelmäßig unter verschiedenen Vorbehalten erteilt. Diese Vorbehalte können sich darauf beschränken, dass es zu keiner wirtschaftlichen Verschlechterung beim Zielunternehmen, Erwerber oder der Weltwirtschaft kommt.[1089] Deutlich effektiver stellt sich daher eine Bankbürgschaft zur Sicherung des Kaufpreises dar, wenn diese selbstschuldnerisch und „auf erstes Anfordern" ausgestaltet ist.[1090] Insgesamt kann man deshalb festhalten, dass effektive Mittel der M&A-Branche existieren, um Bonitätsrisiken zu reduzieren.

c) Haftungsrisiko

Ganz zentral für die Risikoanalyse des Verkäufers sind die möglichen Haftungsfragen. Denn obgleich der Verkäufer eine sichere Leistung mit Geld erhält, verkauft er mit dem Zielunternehmen eine Kaufsache, die verschiedenste Mängel aufweisen kann und ein kompliziertes Verfahren benötigt, um es zu verkaufen und zu übertragen.

aa) Vertragliches Haftungsregime

Das Haftungsrisiko des Verkäufers wird grundsätzlich durch die konkreten Vereinbarungen im Kaufvertrag definiert.[1091] Es ist infolgedessen nicht möglich, ein durchschnittliches vertragliches Haftungsregime zu definieren, da besonders die Vereinbarung über den Haftungsumfang von den konkreten Umständen des Zielunternehmens abhängig ist. Gleichwohl kann man als grundsätzliche Richtschnur

---

[1087] So *Weber*, in: Hölters, Hdb. Unternehmenskauf, Rz. 9.193.

[1088] *Weber*, in: Hölters, Hdb. Unternehmenskauf, Rz. 9.200; *Meyer-Sparenberg*, in: Beck'sches M&A-HB, § 48 Rn. 133 ff.; siehe oben: C. V. 2. c) bb) (2).

[1089] Es handelt sich um sog. MAC-Klauseln, dazu: C. V. 2. c) bb) (1). Im Rahmen von Finanzierungszusagen: *Weber*, in: Hölters, Hdb. Unternehmenskauf, Rz. 9.193.

[1090] *Weber*, in: Hölters, Hdb. Unternehmenskauf, Rz. 9.194. Statt einer Bankbürgschaft kann ebenso das herrschende Unternehmen oder eine nahestehende Gesellschaft innerhalb des Unternehmensverbunds für die erwerbende Käufergesellschaft bürgen. Alternativ zur Bürgschaft kann es auch eine sog. Patronatserklärung einer solchen Gesellschaft geben. Die Rechtsverbindlichkeit einer solchen Erklärung kann jedoch unterschiedlich stark ausgeprägt sein, sodass von weichen und harten Patronatserklärungen gesprochen wird, siehe dafür *Emmerich*, in: Emmerich/Habersack, Aktien/GmbH-Konzernrecht, AktG, § 302 Rn. 8 ff.

[1091] Siehe oben für das vertragliche Regime: C. V. 2. c) aa).

Folgendes feststellen: Je beliebter das Zielunternehmen als Akquisitionsobjekt ist, desto mehr reduziert sich der Haftungsumfang zugunsten des Verkäufers, und umgekehrt erhöht er sich, wenn das Zielunternehmen unbeliebt ist.[1092]

Wenngleich die konkrete vertragliche Haftung durch die vertragliche Festsetzung planbarer erscheint, gilt das, unten ausführlich behandelte, Arglist-Risiko ebenfalls für die vertragliche Haftung, da nach § 276 Abs. 3 BGB eine im Vorfeld getroffene Haftungsbeschränkung bei Vorsatz zwingend unwirksam ist und somit sämtliche vertraglichen Haftungshöchst- und -mindestgrenzen nicht wirksam sein können.[1093]

bb) Außervertragliches Haftungsregime

Das vertragliche Haftungsregime hat die entscheidenden Vorteile, dass die Parteien frei bei der Gestaltung sind und der Verkäufer oder der Käufer schlicht dem Vertrag nicht zustimmen können, wenn ihnen die konkreten Regelungen nicht zusagen. Allerdings gibt es abseits der selbst gestalteten Haftungsregime auch eine nicht dispositive gesetzliche Haftung. Diese ist auch relevant für den Unternehmenskauf und vornehmlich für den Verkäufer.

Hauptsächlich muss man an eine Haftung aus einer vorsätzlichen culpa in contrahendo gem. § 311 Abs. 2 i.V.m. §§ 280 Abs. 1, 241 Abs. 2 BGB[1094] und eine Anfechtung wegen arglistiger Täuschung nach § 123 Abs. 1 Alt. 1 BGB denken.[1095] Die praktische Relevanz entsteht, wie die folgenden Ausführungen aufzeigen werden, dadurch, dass es im deutschen Recht nicht möglich ist, eine Vorsatzhaftung vertraglich auszuschließen, und dass auf der anderen Seite die Grenzen der Rechtsprechung zum Vorsatz schnell erreicht werden. Dabei muss man zwischen einer vorsätzlichen Falschinformation und einer vorsätzlichen unterlassenen Aufklärung bei einer bestehenden Aufklärungspflicht unterscheiden.

(1) Vorsätzliche Falschinformation

Es ist allgemein sehr üblich, dass im Vorfeld des Kaufvertragsschlusses ein intensiver Informationsaustausch über die Kaufsache zwischen Käufer und Verkäufer erfolgt. Diese generelle Ausgangslage wird bei der Unternehmenstransaktion indes

---

[1092] Siehe oben: C. V. 2. c).

[1093] *Mellert*, BB 2011, 1667, 1671, 1672.

[1094] Nach *Wittmann*, IWRZ 2022, 209, 212 ähneln funktional die Ansprüche aus culpa in contrahendo den Misrepresentation Claims nach US-Recht, da der Haftungsgrund die Täuschung über relevante Umstände für den Vertragsschluss ist.

[1095] Freilich besteht unter den Voraussetzungen des § 826 BGB oder des § 823 Abs. 2 BGB i.V.m. § 263 StGB auch die Möglichkeit einer Deliktshaftung, die jedoch aufgrund der strengen Voraussetzungen eine geringere Bedeutung für diese Risikoanalyse als die vorsätzliche culpa in contrahendo und die arglistige Täuschung hat. Deswegen wird auf eine Darstellung verzichtet.

deutlich komplizierter, da hier besonders viele Informationen über das Zielunternehmen vorhanden sind und sich diese auf viele unterschiedliche Personen und Dokumente verteilen. Die Konsequenz dieser besonderen Situation ist eine erhöhte Fehleranfälligkeit, die eine Relevanz für eine potenzielle Vorsatzhaftung des Verkäufers aufweist.[1096]

Denn Falschaussagen über das Zielunternehmen können eine Haftung nach § 311 Abs. 2 i. V. m. §§ 280 Abs. 1, 241 Abs. 2 BGB oder eine Anfechtung wegen einer arglistigen Täuschung nach § 123 Abs. 1 Alt. 1 BGB auslösen. Dies gilt ebenfalls im Rahmen des Unternehmenskaufs.[1097] Eine fahrlässige culpa in contrahendo spielt dagegen in der Praxis grundsätzlich keine Rolle, weil sie von den Parteien regelmäßig abbedungen wird.[1098] Allerdings kann generell bei einer vorsätzlichen culpa in contrahendo gem. § 276 Abs. 3 BGB kein vorheriger vertraglicher Haftungsausschluss erfolgen und das speziellere Gewährleistungsrecht ist gleichfalls nicht vorrangig.[1099] Dies gilt entsprechend für die Anfechtung wegen arglistiger Täuschung gem. § 123 Abs. 1 Alt. 1 BGB.[1100]

Offensichtlich liegt eine solche Vorsatzhaftung vor, wenn der Vorstand der Verkäufergesellschaft schlicht über Informationen lügt. Indes reicht es gleichermaßen aus, dass der Verkäufer unrichtige Angaben ohne eine hinreichende tatsächliche Grundlage über das Zielunternehmen macht und dies weiß.[1101] Dies kursiert unter der Begrifflichkeit, eine Aussage „ins Blaue hinein" zu treffen.[1102]

Die vorliegende Relevanz von Aussagen ins Blaue hinein folgt daraus, dass für eine vorsätzliche culpa in contrahendo nur der anerkannte Vorsatz gem. § 276 Abs. 1 Satz 1 BGB in seinen unterschiedlichen Erscheinungsformen verlangt wird und somit der bedingte Vorsatz genügt.[1103] Vermutet z. B. der Vorstand der Ver-

---

[1096] *Jaques*, in: Beck'sches HB Unternehmenskauf Mittelstand, Rn. C. 24.

[1097] *Henssler*, in: FS Hopt, 2010, 113, 116.

[1098] *Henssler*, in: FS Hopt, 2010, 113, 116, 127 f.; *Habersack/Schürnbrand*, in: FS Canaris, Band 1, 2007, 359, 361; zumal ein Vorrang der Mängelgewährleistung besteht, dazu: *Emmerich*, in: MüKo BGB, Band 3, § 311 Rn. 95 ff.

[1099] Für die Abgrenzung des Verschuldens bei Vertragsanbahnung und dem Gewährleistungsrecht gilt grundsätzlich der Vorrang des Gewährleistungsrechts ab Übergabe der Kaufsache. Allerdings gilt dies nicht bei Arglist des Verkäufers, dazu: BGH, Urteil v. 27. 03. 2009 – V ZR 30/08, BGHZ 180, 205, Rn. 19, 24; *Emmerich*, in: MüKo BGB, Band 3, § 311 Rn. 96 f.

[1100] Dazu: *Risse*, NZG 2020, 856, 856 ff.; *Jaques*, in: Beck'sches HB Unternehmenskauf Mittelstand, Rn. C. 24.

[1101] BGH, Urteil v. 07. 06. 2006 – VIII ZR 209/05, NJW 2006, 2839, 2840; *Armbrüster*, in: MüKo BGB, Band 1, § 123 Rn. 16.

[1102] BGH, Urteil v. 07. 06. 2006 – VIII ZR 209/05, NJW 2006, 2839, 2840; *Schöne/Laufenburg*, BB 2022, 72, 74; *Mellert*, BB 2011, 1667, 1673; *Wittmann*, IWRZ 2022, 209, 213.

[1103] BGH, Urteil v. 07. 06. 2006 – VIII ZR 209/05, NJW 2006, 2839, 2840; *Grundmann*, in: MüKo BGB, Band 2, § 276 Rn. 161. Ebenfalls bei einer Anfechtung wegen einer arglistigen Täuschung wird nach der Rechtsprechung des BGH die Arglist mit dem Vorsatz und somit mit käufergesellschaft bei einem Q&A mit dem Käufer ohne hinreichende Grundlage, dass die Fertigungsanlagen des Zielunternehmens in einem guten Zustand sind, obgleich dies nicht zutrifft, könnte sich bereits daraus eine Vorsatzhaftung mit all ihren Folgen ergeben.

(2) Vorsätzlich unterlassene Aufklärung

Grundsätzlich ist es die Ausnahme, dass der Verkäufer ohne Nachfrage des Käufers eine Aufklärungspflicht hat. Jede Partei eines Kaufvertrags ist für ihre Informationsbasis selbst verantwortlich.[1104] Dies gilt grundsätzlich zunächst auch für den Unternehmenskauf. Demnach besteht keine allumfängliche Pflicht zur Aufklärung aller relevanten Informationen.[1105] Allerdings ist die weitere Lage im Unternehmenskauf etwas anders. Der Verkäufer muss nämlich potenziell eine von der Rechtsprechung entwickelte gesteigerte Aufklärungspflicht beachten, da der Unternehmenskauf eine herausragende wirtschaftliche Bedeutung für den Käufer hat.[1106]

Das bedeutet, dass der Verkäufer sich in einer Situation wiederfinden kann, in der er ohne Anlass den Käufer des Zielunternehmens über Tatsachen und Umstände informieren muss, die für dessen Entscheidung wichtig sind oder den Vertragszweck verhindern.[1107] Andererseits gibt es entwickelte Rückausnahmen, bei denen sich die gesteigerte Aufklärungspflicht wieder reduzieren kann, z. B. wenn bestimmte Verbindlichkeiten nicht übernommen werden.[1108] Weitere standardisierte Betrachtungsweisen sind nicht relevant. So ist die Form der Unternehmenstransaktion als Auktionsverfahren oder Zwei-Verhandlungspartner-Verfahren für eine gesteigerte Aufklärungspflicht nicht von Bedeutung.[1109] Es bleibt deshalb insgesamt bei einer Einzelfallbetrachtung für die Frage, wie weit die Aufklärungspflichten im Einzelfall der Unternehmenstransaktion für den Verkäufer reichen.[1110] Die Due Diligence nimmt dabei für die Aufklärungspflicht eine zentrale Rolle ein und kann, wenn sie ordnungsgemäß durchgeführt wird, die Pflicht erfüllen.[1111]

---

dem bedingten Vorsatz gleichgesetzt, dazu: *Armbrüster*, in: MüKo BGB, Band 1, § 123 Rn. 15.

[1104] BGH, Urteil v. 12. 11. 1969 – I ZR 93/67, NJW 1970, 653, 655; *Henssler*, in: FS Hopt, 2010, 113, 128.

[1105] *Henssler*, in: FS Hopt, 2010, 113, 131.

[1106] BGH, Urteil v. 28. 11. 2001 – VIII ZR 37/01, NJW 2002, 1042, 1043; *Schöne/Laufenburg*, BB 2022, 72, 74.

[1107] BGH, Urteil v. 28. 11. 2001 – VIII ZR 37/01, NJW 2002, 1042, 1043; *Klesse/Michels*, NZG 2021, 732, 734 f.; *Schöne/Laufenburg*, BB 2022, 72, 74; *Boll-Kempelmann*, NZG 2021, 541, 542 f. sieht hinsichtlich der BGH-Rechtsprechung keine „ausufernde, allumfassende Informations[pflicht]".

[1108] BGH, Urteil v. 28. 11. 2001 – VIII ZR 37/01, NJW 2002, 1042, 1043.

[1109] *Henssler*, in: FS Hopt, 2010, 113, 132 f.

[1110] *Henssler*, in: FS Hopt, 2010, 113, 131 ff.

[1111] *Henssler*, in: FS Hopt, 2010, 113, 136 f.

Es ist an dieser Stelle ebenso wie bei der positiven Falschinformation zu betonen, dass fahrlässige Situationen in der Praxis durch den Ausschluss der culpa in contrahendo und das ausdrückliche vertragliche Haftungsregime keine Rolle spielen.[1112] Jedoch kann eine Haftung aus culpa in contrahendo bei einer vorsätzlich unterlassenen Aufklärung bei entsprechender Aufklärungspflicht gleichfalls nicht ausgeschlossen werden. Ebenfalls kann auch eine Anfechtung wegen arglistiger Täuschung eröffnet sein.[1113]

Der Verkäufer muss für diese Vorsatzhaftung Kenntnis von dem Fehler haben, wobei es genügt, wenn der Verkäufer „die den Fehler begründenden Umstände kennt (oder für möglich hält)".[1114] Hat der Verkäufer die entsprechende Kenntnis, reicht für ein vorsätzliches Handeln, dass er weiß oder damit rechnet und es billigend in Kauf nimmt, dass der Erwerber Unkenntnis über den Fehler hat und es bei einer entsprechenden Offenlegung nicht zum Vertragsschluss gekommen wäre.[1115]

(3) Risikoerhöhung durch Wissenszurechnung

Die rechtliche Lage wird noch komplizierter und weist ein erhöhtes Risiko auf, weil nicht nur der Vorstand als gesetzliches Organ, sondern auch u. U. das Wissen anderer Personen als Wissensvertreter und das typischerweise aktenmäßig festgehaltene Wissen der juristischen Person des Verkäufers zugerechnet werden können.[1116]

(a) Wissensvertreter

Der von der Rechtsprechung entwickelte Wissensvertreter beruht auf einer analogen Anwendung des § 166 Abs. 1 BGB. Er wird auf dem „allgemeinen Rechtsgedanken" begründet, dass „derjenige, der sich bei der Erledigung bestimmter Angelegenheiten eines Vertreters bedient, die in diesem Rahmen vom Vertreter erlangte Kenntnis als eigene gelten muss, sich also nicht auf Unkenntnis berufen kann".[1117] Die BGH-Definition eines Wissensvertreters ist danach jeder, „der nach

---

[1112] *Habersack/Schürnbrand*, in: FS Canaris, Band 1, 2007, 359, 361.

[1113] BGH, Urteil v. 27.03.2009 – V ZR 30/08, BGHZ 180, 205, Rn. 19, 24; *Risse*, NZG 2020, 856, 856 ff.; *Emmerich*, in: MüKo BGB, Band 3, § 311 Rn. 96 f.

[1114] BGH v. 08.12.2006 – V ZR 249/05, MDR 2007, 644, Rn. 8.

[1115] BGH v. 08.12.2006 – V ZR 249/05, MDR 2007, 644, Rn. 9 mit einem Verweis auf weitere BGH-Rechtsprechung als ständige Rechtsprechung.

[1116] *Risse*, NZG 2020, 856, 856 beschreibt es daher als „schwierigste Rechtsfrage" im Bereich der Haftung des Unternehmenskaufs. Zur Wissenszurechnung aus dem Aufsichtsrat: *Koch*, ZIP 2015, 1757, 1760 ff., nach dem eine solche Wissenszurechnung aus dem Organ Aufsichtsrat für die AG nur bei seinen (überschaubaren) direkten und originären gesetzlichen Zuständigkeiten in Betracht kommt.

[1117] BGH, Urteil v. 01.03.1984 – IX ZR 34/83, NJW 1984, 1953, 1954. Es folgten Bestätigungen dieser Rechtsprechung in: BGH, Urteil v. 01.06.1989 – III ZR 261/87, NJW 1989, 2879, 2881; BGH, Urteil v. 08.12.1989 – V ZR 246/87, NJW 1990, 975, 976; BGH, Urteil v.

der Arbeitsorganisation des Geschäftsherrn dazu berufen ist, im Rechtsverkehr als dessen Repräsentant bestimmte Aufgaben in eigener Verantwortung zu erledigen und die dabei angefallenen Informationen zur Kenntnis zu nehmen sowie gegebenenfalls weiterzuleiten".[1118] Die Rechtsprechung zum Wissensvertreter erweitert besonders das Haftungsrisiko für den Unternehmenskauf. Denn danach würde es nicht allein auf den Vorstand und dessen Wissen ankommen, sondern auch auf das Wissen der entsprechenden Mitarbeiter, wie z. B. des Abteilungsleiters der Buchhaltung oder eines Werksleiters.[1119] Dementsprechend ist das Konstrukt des Wissensvertreters relevant für den Verkäufer eines Zielunternehmens.[1120]

(b) Typischerweise aktenmäßig festgehaltenes Wissen

Allerdings bleibt es hinsichtlich der Wissenszurechnung nicht nur bei den Wissensvertretern. Es kann zusätzlich ebenso zu einer Zurechnung bei „einmal vermitteltem, typischerweise aktenmäßig festgehaltenem Wissen" kommen.[1121] Gleichfalls in dieser Konstellation argumentiert der BGH im Lichte des Gleichstellungsarguments und konstatiert: „Ein Bürger [...] darf [bei einem Vertragsschluss mit einer Körperschaft] im Prinzip nicht schlechter gestellt werden, als wenn er es nur mit einer einzigen natürlichen Person zu tun hätte."[1122] Dies ist für den Verkäufer des Zielunternehmens bedeutsam,[1123] da es möglicherweise zur Zurechnung von dokumentiertem Wissen kommen kann.

(c) M&A-Problem und Lösungsansätze

Sowohl der Wissensvertreter als auch das typischerweise aktenmäßig festgehaltene Wissen bergen das folgende Problem: Wenn einer juristischen Person das Wissen einerseits entsprechend zugerechnet wird und andererseits eine andere zurechenbare Aussage durch den Vorstand getroffen wird, handelt sie nach der Rechtsprechung im Ergebnis vorsätzlich, weil der BGH beim Vorsatz auch das Gleichstellungsargument gelten lässt.[1124] Das bedeutet beispielsweise Folgendes: Wenn der Werksleiter eines Werks der zu veräußernden Landmaschinensparte der A-AG von Mängeln der Fertigungsmaschinen weiß, er dem Vorstand der A-AG jedoch ein anders Bild geschildert hat und der Vorstand wiederum beim Q&A mit

15.12.2005 – IX ZR 227/04, NZI 2006, 175, 176; ferner: *Weißhaupt*, ZIP 2016, 2447, 2453; *Schöne/Laufenburg*, BB 2022, 72, 74.

[1118] BGH, Urteil v. 24.01.1992 – V ZR 262/90, NJW 1992, 1099, 1100.

[1119] So *Risse*, NZG 2020, 856, 858.

[1120] *Risse*, NZG 2020, 856, 860; *Hoenig/Klingen*, NZG 2013, 1046, 1049; *Schöne/Laufenburg*, BB 2022, 72, 74.

[1121] BGH, Urteil v. 08.12.1989 – V ZR 246/87, NJW 1990, 975, 976.

[1122] BGH, Urteil v. 08.12.1989 – V ZR 246/87, NJW 1990, 975, 976.

[1123] *Meyer-Sparenberg*, in: Beck'sches M&A-HB, § 44 Rn. 28 ff.; *Schöne/Laufenburg*, BB 2022, 72, 74.

[1124] BGH, Urteil v. 08.12.1989 – V ZR 246/87, NJW 1990, 975, 976; *Risse*, NZG 2020, 856, 859 f.

den Kaufinteressenten die Aussage trifft, dass alle Fertigungsanlagen des Werkes einsatzfähig sind, dann hat die juristische Person A-AG vorsätzlich eine falsche Information abgegeben, wenn man den Werksleiter als Wissensvertreter qualifiziert.[1125]

Es sollte für das volle Bild an dieser Stelle hervorgehoben werden, dass noch keine BGH-Entscheidungen über die Wissenszurechnung oder die Aufklärungspflichten für professionell durchgeführte Unternehmenskäufe existieren. Wobei es gleichwohl durch die vertraglichen Schiedsgerichtsklauseln unwahrscheinlich ist, dass es jemals diese Entscheidungen geben wird. Zudem gibt es aus der Praxis viel Kritik für die Lösung der Rechtsprechung.[1126] Sie versucht deshalb diese Rechtsunsicherheit vertraglich aufzulösen, z.B. könnte man einen entsprechenden Ausschluss beschließen oder die Eigenschaft als Wissensvertreter auf gewisse Personen begrenzen.[1127]

Andererseits steht diesen vertraglichen Lösungen das gesetzliche Prinzip einer ausgeschlossenen Vorsatzhaftung der §§ 276 Abs. 3 BGB, 444 BGB und 202 Abs. 1 BGB problematisch im Weg. Die Frage bleibt deshalb offen, ob ein staatliches Gericht die vertraglichen Lösungen in Anbetracht dieser Normen zulassen würde.[1128] Auch eine Versicherungslösung kommt für die M&A-Praxis nicht in Betracht, da eine entsprechende W&I keinen Schutz für eine Vorsatzhaftung bietet.[1129]

(4) Rechtsfolgen: Schadenersatz/Rückabwicklung

Die Rechtsfolgen einer vorsätzlichen Falschinformation oder unterlassenen Aufklärung sind sehr umfangreich. Zunächst kann der Käufer Schadenersatz wegen einer vorsätzlichen culpa in contrahendo oder die Rückabwicklung verlangen.[1130] Eine Anfechtung nach § 123 Abs. 1 Alt. 1 BGB wegen einer arglistigen Täuschung ist ebenfalls möglich und würde dazu führen, dass die Unternehmenstransaktion bereicherungsrechtlich rückabgewickelt werden müsste.[1131] Eine Rückabwicklung ist ein wirtschaftliches Chaos, das mit erheblichen Kosten für beide Seiten, aber besonders für den Verkäufer verbunden wäre und für mittlere bis größere Transaktionen praktisch schwer umsetzbar ist.[1132]

[1125] Diese Vorsatzhaftungsgefahr droht auch prinzipiell über gesellschaftsrechtliche Grenzen hinweg, dazu ausführlich: *Risse*, NZG 2020, 856, 860.

[1126] Für eine ausführliche dogmatische Kritik im Rahmen des Unternehmenskaufs: *Risse*, NZG 2020, 856, 861 f.

[1127] *Risse*, NZG 2020, 856, 862 f.; *Hoenig/Klingen*, NZG 2013, 1046, 1050.

[1128] *Hoenig/Klingen*, NZG 2013, 1046 (1051); *Schöne/Laufenburg*, BB 2022, 72, 75 f.

[1129] Siehe unten ausführlich für die W&I-Versicherung: C. VIII.

[1130] *Ernst*, in: MüKo BGB, Band 2, § 280 Rn. 37.

[1131] OLG München, Urteil v. 03.12.2020 – 23 U 5742/19, NZG 2021, 423; *Klesse/Michels*, NZG 2021, 732, 732.

[1132] *Louven/Mehrbrey*, NZG 2014, 1321, 1323.

cc) Würdigung

Grundsätzlich spielen fahrlässige Pflichtverletzungen im Rahmen der vorvertraglichen Haftung keine Rolle, weil diese abbedungen werden.[1133] Allerdings ändert sich das Bild bei vorsätzlichen Falschaussagen und unterlassenen Aufklärungspflichten. Praktische Relevanz entsteht auch durch den weiten Anwendungsbereich der Zurechnung über den Wissensvertreter und den Umstand, dass eine vorsätzliche Haftung im Vorfeld nicht ausgeschlossen werden kann.[1134] Dies gilt für die Haftung aus culpa in contrahendo gem. § 311 Abs. 2 i. V. m. §§ 280 Abs. 1, 241 Abs. 2 BGB ebenso wie für die mögliche arglistige Täuschung gem. § 123 Abs. 1 Alt. 1 BGB.[1135]

Es wird im Übrigen zu Recht die Frage aufgeworfen, wie weit man die vom BGH entwickelten Grundsätze bzgl. der Aufklärungspflichten beim Unternehmenskauf auf große Unternehmenstransaktionen übertragen kann, bei denen professionelle Berater und entwickelte Herangehensweisen existieren.[1136] Doch obgleich kein entsprechendes Urteil vom BGH existiert, muss man aus der Perspektive des Aufsichtsrats die aktuelle Lage erst einmal hinnehmen und kann sich umgekehrt nicht darauf verlassen, dass es zu einem solchen Urteil kommt.

Zwar haben sich auch in diesem Bereich branchenübliche Lösungsansätze entwickelt, aber das Kernproblem bleibt. Es besteht zunächst eine allgemeine Fehleranfälligkeit. Der Verkäufer und die Mitarbeiter des Zielunternehmens wollen zudem vor dem Verkauf das Zielunternehmen im besten Licht präsentieren. Dann jedoch wechseln nach dem Kauf die Loyalitäten der Mitarbeiter des Zielunternehmens. Es kann nun schneller innerhalb der Käuferorganisation bekannt werden, dass manche Fakten zum Zielunternehmen nicht der vollen Wahrheit entsprechen oder einige Beteiligte aus z. B. Reputationsgründen gelogen haben. Dies kreiert für den Käufer des Zielunternehmens aufgrund der gesetzlichen Folgen einer Vorsatzhaftung ein beträchtliches Druckmittel für Nachverhandlungen, obwohl der Kaufvertrag eigentlich alles abschließend geregelt hat. Solche Fälle würden wieder M&A-typisch außergerichtlich oder im Schiedsgerichtsverfahren fernab der Öffentlichkeit geklärt.[1137] Mithin ist es daher insgesamt angebracht, für den Verkäufer von einem „sehr reelle[n] Risiko“ durch eine Vorsatzhaftung zu sprechen.[1138]

1133 *Habersack/Schürnbrand*, in: FS Canaris, Band 1, 2007, 359, 361.

1134 *Jaques*, in: Beck'sches HB Unternehmenskauf Mittelstand, Rn. C. 24.

1135 Ausdrücklich für GmbH-Anteile: BGH, Urteil v. 17.01.20007 – VIII ZR 37/06, NZG 2007, 271, 271 f.

1136 Überzeugend gegen eine Übertragung auf professionelle große Unternehmenstransaktionen: *Henssler*, in: FS Hopt, 2010, 113, 133 f.

1137 *Henssler*, in: FS Hopt, 2010, 113, 113; *Louven/Mehrbrey*, NZG 2014, 1321, 1321; *Risse*, NZG 2020, 856, 856.

1138 *Klesse/Michels*, NZG 2021, 732, 732; in OLG München, Urteil v. 03.12.2020 – 23 U 5742/19, NZG 2021, 423 kam es zu einer Haftung des Unternehmensveräußerers durch eine arglistige Täuschung.

d) Risiken bzgl. der Unternehmensstrategie

Der Verkauf einer Tochter als Zielunternehmen stellt den Verkäufer vor strategische Fragen.[1139] Denn durch den Verkauf des Zielunternehmens erlangt man einerseits neues Kapital, aber andererseits verabschiedet man sich auch von einer Sparte, Produkten oder einem ganzen Markt. Das Risiko ist demnach der Verlust von geschäftlichen Chancen und Wachstum mit dem Zielunternehmen. Die genauen unternehmensstrategischen Risiken, die sich für den gesamten Unternehmensverbund durch den Verkauf ergeben, sind stark vom Einzelfall und von der Frage abhängig, in welche Richtung der Unternehmensverbund insgesamt steuern will. Allerdings ist der wohl offensichtliche Fall einer strategischen Fehlentscheidung, wenn die verkaufte Tochter erfolgreicher als die ehemalige Mutter wird.[1140] Freilich steht so eine verlorene Chance immer unter dem Vorbehalt, ob eine Tochter wirklich ähnlich prosperiert hätte, wenn sie nicht verkauft worden wäre. In jedem Fall sind sowohl die unternehmensstrategischen Risiken als auch die Chancen vom Aufsichtsrat vor dem Verkauf zu berücksichtigen.

e) Besonderheiten beim Asset Deal (Verkäuferperspektive)

Zunächst kann man in Bezug auf die allgemeinen Risiken durch einen Asset Deal auf die obigen Ausführungen verweisen.[1141] Hingegen sollte an dieser Stelle aus der Verkäuferperspektive der Verbleib von Verbindlichkeiten bei der Alt-Gesellschaft des Zielunternehmens betont werden. Dies kann die Motivation sein, die Unternehmenstransaktion im Wege des Asset Deals durchzuführen.[1142] Durch die Veräußerung des Zielunternehmens treffen die Verbindlichkeiten jedoch nicht auf ein Unternehmen, das die Verbindlichkeiten erwirtschaften kann. Das bedeutet für den Veräußerer, dass er die Verbindlichkeiten in seine Planung miteinbeziehen muss. Ansonsten droht eine Haftung.[1143]

[1139] *Hopt/Roth*, in: Großkomm. AktG, Band 5, § 111 Rn. 695; siehe oben für die Risiken im Zusammenhang mit der Unternehmensstrategie: C. V. 2. g).

[1140] Ein niederländisches Beispiel ist dafür der stückweise Verkauf der damaligen 100%-Tochter *ASML Holding N. V.* durch *Philipps N. V.* ab 1995, dazu siehe https://www.asml.com/en/company/about-asml/history, zuletzt abgerufen am 24. 11. 2024.

[1141] Siehe oben: C. V. 2. i).

[1142] *Beck/Klar*, DB 2007, 2819, 2822.

[1143] Siehe oben für die Existenzvernichtungshaftung gem. § 826 BGB: C. V. 2. d) dd) (3).

3. Leitlinien der Zustimmungsvorbehalte

Zunächst kann man festhalten, dass das Risiko eines Erwerbs und das einer Veräußerung eines Zielunternehmens zwei unterschiedliche Situationen sind, obgleich sie nur zwei Seiten derselben Transaktion bilden.[1144]

a) Nicht immer Geschäft von grundlegender Bedeutung

Auch an dieser Stelle ist es unstrittig, dass große Veräußerungen von Tochterunternehmen oder Sparten im Verhältnis zum Veräußerer relevant sind und ein Geschäft von grundlegender Bedeutung sein können.[1145] Durch den Verkauf einer großen abhängigen Gesellschaft verliert das herrschende Unternehmen wichtige Vermögenswerte, Kunden, Produkte und Mitarbeiter und dies bestimmt grundlegend die Zukunft. Doch was ist mit kleineren bis mittleren Veräußerungen? Verhält es sich ähnlich wie beim Erwerber eines Zielunternehmens?

Wenn man die drei Ebenen der Risikoanalyse betrachtet, fällt einem im direkten Vergleich mit dem Erwerbsteil ein überschaubareres Gesamtrisiko auf. Der Veräußerer erhält Geld, während der Erwerber ein Zielunternehmen erhält. Geld kann nicht wie das Zielunternehmen wegen einer Innovation oder einer Veränderung des Markts – woran keine der Seiten ein Verschulden trägt – untergehen. Das Risiko, für einen schlechten Preis zu verkaufen, hängt von der Verhandlungsposition ab und wird ansonsten von der durch die professionelle M&A-Branche entwickelten Praxis stark reduziert.[1146] Auch die Haftung ist planbar. Der Veräußerer kennt sein Zielunternehmen und kann abschätzen, welche vertraglichen Garantien oder Freistellungen aus seiner Perspektive zu weit greifen. Anders als der Käufer ist er nicht mit großen Unbekannten konfrontiert. Dieser Umstand ist ausdrücklich zu betonen. Der Vorstand des Erwerbers des Zielunternehmens kennt dieses schlicht nicht. Diese Informationsasymmetrie erlaubt eine andere Risikozuweisung. Auf der anderen Seite heißt das nicht, dass es kein Risiko gibt, denn die gesetzliche Haftung, besonders wegen Arglist, kann ein großes und kostspieliges Problem darstellen. Schließlich ist der Verkauf für die Unternehmensstrategie wichtig. Bei der Unternehmensstrategie stellen sich für den Veräußerer die umgekehrten Fragen des Käufers. Denn der Verkäufer muss sich fragen, welche Chance er verliert und welche strategischen Risiken dadurch entstehen.

[1144] Im Rahmen der Zustimmungsvorbehalte wird kaum zwischen dem Erwerb und der Veräußerung unterschieden. Eine Ausnahme stellt *Rieckers*, in: Beck'sches M&A-HB, § 22 Rn. 23 ff. dar, der die verschiedenen Situationen grob unterscheidet.

[1145] *Lange*, DStR 2003, 376, 379; *J. Hüffer*, in: FS Hüffer, 2010, 365; *Rubner/Leuering*, NJW-Spezial 2018, 207, 207; *Mutschler/Mersmann*, DB 2003, 79, 79; *Schönberger*, Zustimmungsvorbehalt, S. 163 f. legt sich nicht fest und sieht den Unternehmensverkauf grundsätzlich als Geschäft von grundlegender Bedeutung, wenn der „Wert im Einzelfall" eine gewisse Prozentzahl des Eigenkapitals übersteigt; *Brouwer*, Zustimmungsvorbehalte, S. 152 f. sieht „regelmäßig" Unternehmensverkäufe als Geschäft von grundlegender Bedeutung an.

[1146] Siehe oben: C. VI. 2. a).

Ähnlich wie beim Erwerb eines Zielunternehmens kann es in Anbetracht des gesunkenen typisierbaren Gesamtrisikos und der ebenfalls vorhandenen Lösungsansätze der Praxis deshalb erst recht keine Leitlinie für die Zustimmungsvorbehalte sein, jede Veräußerung eines Zielunternehmens als ein Geschäft von grundlegender Bedeutung zu qualifizieren, wenn sie professionell begleitet und durchgeführt wird.[1147] Umgekehrt liegt gleichwohl ein Geschäft von grundlegender Bedeutung vor, wenn der Vorstand die Unternehmenstransaktion nicht professionell durchführt.[1148] Denn der Verkäufer hat ein eigenes Haftungsinteresse, dass der Käufer z. B. eine Due Diligence und andere Standards durchführt.[1149]

Auch kann man auf die Verschiebung der Bedeutungsgrenzen hinsichtlich des Zustands des Unternehmens auf den Erwerberteil verweisen. Es liegt deshalb vorbehaltlich dem Beurteilungsspielraum des Aufsichtsrats ein Geschäft von grundlegender Bedeutung in dem Verkauf einer Tochter vor, wenn sich das herrschende Unternehmen des Aufsichtsrats in einer Krise befindet. In diesem Fall muss der Aufsichtsrat präventiv überwachen und unternehmerische Mitverantwortung übernehmen, damit nicht wertvolle Töchter unzweckmäßig verkauft werden.[1150]

b) Immer Geschäft von erheblicher Bedeutung

Man kann ebenfalls feststellen, dass ähnlich zum Erwerbsfall jede Veräußerung eines Zielunternehmens ein Geschäft von erheblicher Bedeutung innerhalb des Beurteilungsspielraums des Aufsichtsrats sein wird. Obgleich das typisierbare Risiko geringer ist als beim Erwerb, bleibt ein abstraktes Risiko im Bereich der Haftung und im Hinblick auf die Unternehmensstrategie, das es rechtfertigt, dass der Aufsichtsrat nicht gegen sein Geschäftsführungsverbot gem. § 111 Abs. 4 Satz 1 AktG verstößt, wenn er selbst kleine Transaktionen überwachen würde, die professionell durchgeführt und begleitet wurden.

Jedoch – wie beim Erwerb – ist es nicht empfehlenswert, dass der nebenamtliche Aufsichtsrat jede Veräußerung kontrolliert und mitentscheidet. Stattdessen kann auch hier mit dem vorgestellten risikobasierten Ansatz und einer Wertgrenze gearbeitet werden.[1151] Dafür gelten die vorherigen Ausführungen entsprechend, wobei der Kaufpreis kein Risiko für den Veräußerer ist, allerdings die strategische Bedeutung bzw. den Wert des Zielunternehmens widerspiegelt.[1152] Der konkrete Ge-

---

[1147] Siehe oben: C. V. 3. b) bb).

[1148] A. A. *Weyl*, Zustimmungsvorbehalte Konzernsteuerung, 2015, S. 95 sieht ohne ausführliche Beschäftigung mit dem Risiko des Unternehmenskaufs bis auf Bagatellfälle – immer eine Pflicht zum Zustimmungsvorbehalt.

[1149] Siehe oben hinsichtlich der Aufklärungspflicht und arglistigen Täuschung: C. VI. 3. c) bb) (1) und (2).

[1150] Siehe oben C. V. 3. b) cc).

[1151] Siehe oben: B. I. 2. b) bb) (3) (a) und (b).

[1152] Siehe oben: C. V. 3. c).

schäftswert für die Veräußerung sind demnach der Kaufpreis und die weiteren vom Vorstand zu quantifizierenden Risiken.[1153]

c) Zustimmungsentscheidung

Grundsätzlich kann man auch bei der Zustimmungsentscheidung auf die obigen Erläuterungen verweisen.[1154] Der Aufsichtsrat, der die Zustimmungsentscheidung zur Veräußerung des Zielunternehmens zu treffen hat, muss demgegenüber eine andere Plausibilitätsprüfung vornehmen als der Aufsichtsrat, der ein Zielunternehmen erwirbt. Sie ähneln sich andererseits spiegelbildlich bei der Frage des Kaufpreises und der Bewertung. Hinsichtlich des Preises muss sich der Aufsichtsrat fragen, ob er den Wert des zu verkaufenden Zielunternehmens plausibel darstellt.[1155] In diesem Zusammenhang bietet sich auch die Inbezugnahme der Fairness Opinion an.[1156]

Bei den Haftungsfragen hat der Aufsichtsrat des Veräußerers hingegen eine leichtere Ausgangslage als der Käufer, da man das Zielunternehmen intern kennt und der Aufsichtsrat demnach den Vorstand gut darüber befragen kann. Wenn eine Vendor Due Diligence durchgeführt wurde, bietet es sich dennoch an, dass der Aufsichtsrat die Zusammenfassung erhält.[1157] Ganz zentral für den Aufsichtsrat ist ferner die Frage, ob der Verkauf strategisch zweckmäßig ist oder man eine wertvolle Wachstumsoption verliert.[1158]

Gleichfalls bietet es sich für ein deutsches internationales Großunternehmen mit einem großen Aufsichtsrat an, dass ein spezieller Ausschuss mit ausgewählten Mitgliedern bei den Veräußerungen ohne grundlegende Bedeutung über den strategischen Mehrwert und die Risiken diskutiert und berät und die Zustimmungsentscheidung zur Veräußerung trifft.[1159]

d) Gemeinsame Formulierungsempfehlung für den Kauf und Verkauf

Satz 1: *Die Veräußerung oder der Erwerb eines Unternehmens, von Unternehmensbeteiligungen oder -teilen bedarf nicht der Zustimmung des Aufsichtsrats, so-*

[1153] Der Vorstand hat die Aufgabe die Risiken zu quantifizieren und entsprechend zu überprüfen, ob er dem Aufsichtsrat das fragliche Geschäft vorlegen muss, siehe dazu: B. I. 2. b) bb) (3) (c).

[1154] Siehe oben: C. V. 3. e).

[1155] Siehe oben: C. V. 3. e).

[1156] Siehe oben zur Fairness Opinion: C. VI. 2. a) bb).

[1157] Allgemein zur Vorlage von Transaktionsdokumenten: *Cahn*, AG 2014, 525, 531; a. A. wohl *Schmidt*, Unternehmerische Verantwortung des Aufsichtsrats, S. 278, ohne Ausführungen; zur Vendor Due Diligence siehe oben: C. I. 1. a) aa) (3).

[1158] Siehe oben: C. VI. 2. d).

[1159] Siehe oben allgemein zum Ausschuss: B. I. 7. e).

fern eine Due-Diligence-Prüfung durchgeführt und die Unternehmenstransaktion unter Einbezug von unabhängigen Rechtsberatern und der Rechtsabteilung begleitet wurde.[1160]

Satz 2: *Liegt eine Veräußerung oder ein Erwerb nach Satz 1 vor, bedarf diese Veräußerung oder dieser Erwerb dennoch der Zustimmung des Aufsichtsrats, wenn der konkrete Geschäftswert X % des Eigenkapitals entspricht oder übersteigt.*[1161]

Satz 3: *Soweit im Fall des Satzes 2 der konkrete Geschäftswert X % des Eigenkapitels nicht erreicht, beschließt anstelle des Aufsichtsrats der Investitionsausschuss über die Zustimmung.*[1162]

Satz 4: *Der konkrete Geschäftswert setzt sich aus dem Kaufpreis und den quantifizierten Schadensrisiken zusammen.*[1163]

Satz 5: *Dieser Zustimmungsvorbehalt gilt entsprechend beim Abschluss eines Vorvertrags oder einer Verpflichtung aus einem Optionsvertrag oder anderen vergleichbaren Vereinbarungen, die zu der rechtsverbindlichen Veräußerung oder dem Erwerb des Unternehmens, von Unternehmensbeteiligungen oder -teilen führen; dies gilt gleichfalls für die Ausübung einer Option, die zur Veräußerung oder zum Erwerb führt.*[1164]

Satz 6: *Erwartbare Transaktionskosten, besonders für Aufwendungen für externe Berater, im Rahmen einer Unternehmenstransaktion, die X % des Eigenkapitals entsprechen, bedürfen der Zustimmung des Aufsichtsrats.*[1165]

Satz 7: *Wenn die verweigerte Zustimmungsentscheidung des Aufsichtsrats oder des Investitionsausschusses nach Satz 2 und 3 eine Strafzahlung einer Transaktionsvereinbarung (Break-up Fee) auslöst, bedarf diese Transaktionsvereinbarung der Zustimmung des Aufsichtsrats, sofern der zu zahlende Betrag X % des Eigenkapitals entspricht.*[1166]

[1160] Satz 1 greift die Ergebnisse von C. V. 3. b) bb) und C. VI. 3. a) auf.

[1161] Satz 2 greift den klassischen Aufbau auf und nimmt dazu einen Eigenkapitalwert als quantitativen Anknüpfungswert und den risikobasierten Ansatz für die Berechnung des konkreten Geschäftswertes, siehe dazu oben: B. I. 2. b) bb) (3).

[1162] Satz 3: Hier können nach dem Beurteilungsspielraum des Aufsichtsrats die Unternehmenstransaktionen mit nur erheblicher Bedeutung einem Ausschuss zugeordnet werden. Dies greift die Effektivität von Ausschüssen auf, dazu allgemein B. I. 7. e) und für den Unternehmenskauf C. V. 3. e) aa). Er orientiert sich an dem Zustimmungsvorbehalt der *Siemens AG* (siehe C. I. 2. a) aa)).

[1163] Satz 4 definiert den konkreten Geschäftswert in Hinsicht auf den risikobasierten Ansatz der Bedeutungsgrenzen bei Unternehmenstransaktionen, siehe oben: B. I. 2. b) bb) (3) (b).

[1164] Satz 5 greift die Problematik auf, dass es bereits im Vorfeld zu einer bindenden Wirkung kommen kann, siehe oben: C. III. 3.

[1165] Satz 6 greift die Ergebnisse von C. II. 3. c) auf.

[1166] Satz 7 greift die Ergebnisse von C. II. 3. d) auf.

Satz 8: *Diese Zustimmungsvorbehalte gelten ferner, wenn die Veräußerung, der Erwerb oder die entsprechende Vereinbarung von einer Tochtergesellschaft oder einer anderen abhängigen Gesellschaft vorgenommen werden.*[1167]

VII. Akquisitionsfinanzierung des Käufers

1. Vorüberlegung

Die praktische Relevanz der Akquisitionsfinanzierung ist immens, da der Unternehmenskauf selten durch Sachleistungen beglichen wird[1168] oder häufig nicht die vollen Finanzmittel zur Verfügung stehen. Deshalb ist die professionelle M&A-Branche geprägt von Transaktionen, die zum (großen) Teil fremdfinanziert sind.[1169] Die Gestaltungsmöglichkeiten der Finanzierung sind sehr vielfältig und hängen von den Bedürfnissen und den Umständen des Einzelfalls ab.[1170] Es gibt mehrere verschiedene Instrumente der Akquisitionsfinanzierung,[1171] die jedoch alle als Merk-

---

[1167] Bei Satz 8 wird die Empfehlung einer ausdrücklichen Ausdehnung der Zustimmungsvorbehalte des herrschenden Unternehmens auf die abhängigen Gesellschaften von B. I. 8. übernommen.

[1168] Z.B. könnte ein Tausch von Beteiligungsrechten mit angeschlossener Überkreuzbeteiligung beider Parteien oder die Einbringung des Unternehmens als Sachleistung innerhalb einer Kapitalerhöhung vereinbart werden, dazu: *Ingenhoven/Eisen*, in: Hölters, Hdb. Unternehmenskauf, Rz. 4.1.

[1169] *Ingenhoven/Eisen*, in: Hölters, Hdb. Unternehmenskauf, Rz. 4.1.f.

[1170] *Knepper*, in: Beck'sches M&A-HB, § 17 Rn. 3.

[1171] Zum Überblick eine kurze Beschreibung der gewöhnlichen Finanzierungsinstrumente nach *Ingenhoven/Eisen*, in: Hölters, Hdb. Unternehmenskauf, Rz. 4.14 ff.: (1) Der Konsortialkredit, der einen Darlehensvertrag gemäß §§ 488 ff. BGB darstellt und wo die Valuta durch eine Gruppe von Kreditgebern (insofern das Konsortium) zur Verfügung gestellt wird; (2) Bilateraler Kredit, der ein Darlehen zwischen den Kreditnehmern und einem einzelnen Kreditgeber (Bank) ist und besonders häufig bei kleineren Transaktionen anzutreffen ist; (3) Senior-Kredit, der ein Darlehen in einer mehrschichtigen Struktur mit anderen Finanzierungsinstrumenten ist und gegenüber diesen vorrangig (insofern Senior) und i.d.R. auch erstrangig besichert sein wird; (4) Second-Lien-Kredit, der ein nachrangiges Darlehen (Konsortialkredit) zum Senior Kredit ist und häufig von Debt Funds geleistet wird; (5) Mezzanine-Kredit, der ein nachrangiges Darlehen gegenüber den Senior-Krediten bzgl. der Zahlungsansprüche und auch der Sicherheitsverwertung ist und ebenfalls grundsätzlich nur von Debt Funds gewährt wird; (6) PIK-Kredit, der ein tief gestelltes Darlehen ist, das in der Laufzeit keine Zahlungen vorsieht, keine Beschränkungen statuiert und als ein eigenkapitalähnliches Finanzierungsinstrument qualifiziert wird; (7) Unitranche-Kredit, der Elemente des Senior-Kredits und Nachrangkredits vermischt; (8) Super-Senior-Kredit, der wiederum ein Darlehen ist, welches durch eine schuldrechtliche Vereinbarung zwischen mehreren Kreditgebern vorrangig zu den Senior-Krediten ist; (9) Covenant-Lite- und Covenant-Loose-Kredit, die eine Sonderform der Konsortialkredite sind; (10) Verkäuferdarlehen, auch als sog. Vendor Loan bezeichnet, sowie zur Vollständigkeit (11) Kapitalmarktinstrumente, wie die Anleihe. Freilich bestehen auch Mischformen zwischen den verschiedenen Finanzierungsinstrumenten, dazu ausführlich: *Ingenhoven/Eisen*, in: Hölters, Hdb. Unternehmenskauf, Rz. 4.74 ff.

mal eine Darlehensvergabe haben. Der Konsortialkredit in seinen unterschiedlichen Formen ist dabei das geläufigste Instrument.[1172]

Die Verwendung des Fremdkapitals muss sich dabei nicht allein auf den Kaufpreis beschränken. Gleichfalls werden damit häufig die Transaktionskosten und eine weitere Finanzierung des Zielunternehmens, der Integration oder anderer Investitionen des Zielunternehmens, z. B. eine Expansion, beglichen.[1173]

a) Arten der Fremdfinanzierung

In der M&A-Branche wird grob zwischen zwei Kategorien der Akquisitionsfinanzierung unterschieden. Zunächst kann ein bereits existierendes Unternehmen mit einem bereits laufenden Betrieb und Vermögenswerten ein Zielunternehmen erwerben. Dies wird als sog. Corporate-Transaktion[1174] oder als strategischer Erwerb[1175] bezeichnet. Die zweite idealtypische Kategorie ist die Leveraged-Transaktion bzw. der Leveraged Buy-out (LBO), bei denen ein Vehikel ohne laufendes Geschäft zum Zwecke der Akquisition des Zielunternehmens benutzt wird.[1176]

Bei einer Leveraged-Transaktion hat die erwerbende, leere Vehikelgesellschaft bei einer lebensnahen Betrachtung keinen Aufsichtsrat.[1177] Für den Zweck der Untersuchung ist deshalb nur die Corporate-Transaktion relevant.

b) Akquisitionsfinanzierung Corporate-Transaktion

Die Corporate-Transaktion wird als „Normalfall“ bezeichnet.[1178] In der Corporate-Transaktion will ein bereits existierendes Unternehmen mit meist eigenen umfassenden Vermögenswerten ein Zielunternehmen erwerben, um sich anorganisch zu erweitern. Somit ist es grundsätzlich verschieden zu der Leveraged-Transaktion[1179], weil aus der Geldgebersicht bereits bestehende Vermögenswerte

---

[1172] So *Ingenhoven/Eisen*, in: Hölters, Hdb. Unternehmenskauf, Rz. 4.12.

[1173] *Knepper*, in: Beck'sches M&A-HB, § 17 Rn. 17 ff.

[1174] *Ingenhoven/Eisen*, in: Hölters, Hdb. Unternehmenskauf, Rz. 4.4.

[1175] *Knepper*, in: Beck'sches M&A-HB, § 17 Rn. 3.

[1176] *Ingenhoven/Eisen*, in: Hölters, Hdb. Unternehmenskauf, Rz. 4.8 ff.; *Knepper*, in: Beck'sches M&A-HB, § 17 Rn. 3. Diese beiden Arten sind ebenfalls in Mischformen vorzufinden.

[1177] Nach *Ingenhoven/Eisen*, in: Hölters, Hdb. Unternehmenskauf, Rz. 4.9 wird für deutsche Sachverhalte meist eine GmbH als Vehikel genutzt.

[1178] So *Ingenhoven/Eisen*, in: Hölters, Hdb. Unternehmenskauf, Rz. 4.5.

[1179] Bei der Leveraged-Transaktion gründet der sog. Sponsor ein Vehikel, das keinen Geschäftsbetrieb besitzt, und investiert nur einen gewissen Betrag an Eigenkapital in den Erwerb des Zielunternehmens. Vielmehr ist es das Ziel einen Großteil des Kaufs durch Fremdkapital zu stemmen und somit eine Hebelwirkung zu nutzen. Ein Rückgriff (Recourse) auf den Sponsor wird ausgeschlossen und somit können die möglichen Kreditgeber nur auf das Zielunternehmen und die Strategie des Sponsors für ihre Entscheidung und Struktur zur Finanvorhanden sind und folglich eine eigene Bonität des Erwerbers besteht. Für eine Kreditentscheidung stellt sich somit nicht so dringend die Frage, ob das Zielunternehmen tatsächlich den vereinbarten Kaufpreis wert ist und ob die Ertragslage des Zielunternehmens Zinsen, Tilgung und andere Akquisitionsfinanzierungskosten bewältigen kann. Stattdessen ist bei der Kreditentscheidung der Corporate-Transaktion relevant, ob das erwerbende Unternehmen in Verbindung mit dem Zielunternehmen die Akquisitionsfinanzierung völlig stemmen kann.[1180] Wenn man den Fall eines Käufers mit besonders hoher Bonität, z. B. ein internationales Großunternehmen mit einem guten Rating, das KMUs erwirbt, betrachtet, ist allein seine Kreditwürdigkeit das ausreichende Fundament für die Fremdfinanzierung der Akquisition.[1181] In dieser Situation schließt meist das herrschende Unternehmen des Unternehmensverbunds die Akquisitionsfinanzierung ab, sodass die Kreditgeber (insb. Banken) die ganze Ertragslage des Unternehmensverbunds als Fundament haben. Als Folge dieser hohen Kreditwürdigkeit bedarf es auch grundsätzlich keiner persönlichen Sicherheiten, wie Bürgschaften oder Garantien, oder dinglicher Sicherheiten, wie Pfandrechte (an Anteilen), Sicherungsabtretungen oder Grundschulden.[1182] Allerdings hängt dieses Ergebnis offensichtlich von der verhältnismäßig hohen Kreditwürdigkeit ab.

2. Risikoanalyse

a) Überschuldung

Jede Akquisitionsfinanzierung ist letztlich ein Darlehen, das die Schuldenlast des Erwerbs einer Corporate-Transaktion zukünftig finanziell belastet und somit die „Schuldentragungsfähigkeit" verringert.[1183] Selbst im Falle einer positiven Entwicklung der Transaktion erschwert grundsätzlich jede Erhöhung des Verschuldungsgrads einem Unternehmen die Aufnahme von weiterem Fremdkapital.[1184] Dieses Ergebnis ist dementsprechend umso negativer, wenn die Transaktion und Integration des Zielunternehmens und dessen wirtschaftliche Entwicklung schlecht zu bewerten sind.[1185] Bei einer Akquise durch Eigenkapital wird zwar dieses verfügbare Kapital gebunden und es geht bei wirtschaftlichem Misserfolg verloren, die

---

zierung aufbauen. Bei einem Ausfall stehen nur die Vermögenswerte des Zielunternehmens für die Kreditgeber als Haftungs- oder Insolvenzmasse zur Verfügung. Diese Leveraged-Transaktion tritt typischerweise bei Private-Equity-Unternehmen auf, ausführlich dazu: *Ingenhoven/Eisen*, in: Hölters, Hdb. Unternehmenskauf, Rz. 4.8 ff.

[1180] *Ingenhoven/Eisen*, in: Hölters, Hdb. Unternehmenskauf, Rz. 4.5.

[1181] *Knepper*, in: Beck'sches M&A-HB, § 17 Rn. 5, § 18 Rn. 1; *Ingenhoven/Eisen*, in: Hölters, Hdb. Unternehmenskauf, Rz. 4.6.

[1182] *Ingenhoven/Eisen*, in: Hölters, Hdb. Unternehmenskauf, Rz. 4.6.

[1183] Zur „Schuldentragungsfähigkeit": *Knepper*, in: Beck'sches M&A-HB, § 17 Rn. 25.

[1184] Siehe oben zur Finanzlage: B. I. 2. b) bb) (1) (b).

[1185] Siehe oben zu den Risiken einer Post-Merger-Integration: C. V. 2. h).

Folgen von hohen Zinsbelastungen und eine erschwerte Refinanzierung sollten aber bei einer Fremdfinanzierung ebenfalls nicht unterschätzt werden.[1186]

b) Verwertung der Sicherheiten

Bei einer geringen Bonität des Erwerbers z. B. wegen einer hohen Fremdkapitalquote wird er zwangsläufig umfangreiche Sicherheiten zugunsten der Fremdkapitalgeber gewähren müssen. Zwar ist die genaue Ausgestaltung von den Umständen des Einzelfalls abhängig. Jedoch gibt es gewisse Grundsätze. Zunächst sind die Fremdkapitalgeber interessiert, die Vermögensgegenstände des Zielunternehmens als dingliche Sicherheiten zu erlangen.[1187] Das Repertoire der dinglichen Sicherheiten umfasst die Bestellung von Pfandrechten an den Anteilen des Zielunternehmens, Sicherungsübereignungen an beweglichen Sachen, die Bestellung und Übertragung einer Grundschuld an unbeweglichen Sachen, Sicherungsabtretungen von Forderungen und Kontenverpfändungen.[1188] Wenn diese dinglichen Sicherheiten des Zielunternehmens nicht ausreichen, werden ggf. weitere dingliche oder persönliche Sicherheiten beim herrschenden Unternehmen oder anderen nahestehenden Gesellschaften des Unternehmensverbundes bestellt.[1189] An dieser Stelle wird erkennbar, dass sich die Transaktion nicht nur in der Sphäre des Zielunternehmens auswirken kann. Wenn wichtige Vermögensgegenstände anderer Gesellschaften des Unternehmensverbunds aufgrund des Zahlungsausfalls verwertet würden, kann es nämlich zu umfangreichen Schäden für den gesamten Verbund kommen.

3. Leitlinien für die Zustimmungsvorbehalte

a) Gleichbehandlung der Fremdfinanzierungsvorhaben

Im Ergebnis ist zunächst festzustellen, dass sich das Risiko nicht nennenswert von anderen Fremdfinanzierungsvorhaben unterscheidet und keine besonderen M&A-Risiken erwachsen. Wenn z. B. eine Gesellschaft für den Kauf und Bau neuer Produktionsanlagen eine Fremdfinanzierung vereinbaren würde, entstünden für sie auch umfangreiche Schulden. Zudem wäre die zukünftige Rentabilität dieses Projekts ähnlich wie die eines Kaufs eines Zielunternehmens ungewiss. Folglich kann als ein erstes Ergebnis festgehalten werden, dass im Rahmen der Zustimmungsvorbehalte des Aufsichtsrats nach § 111 Abs. 4 Satz 2 AktG die Akquisitionsfinanzierung nicht anders behandelt werden muss als jede andere Fremdfinanzierung

---

[1186] Zur Wirkung der konkreten Kreditwürdigkeit für die Zwischenformen der Akquisitionsfinanzierung: *Knepper*, in: Beck'sches M&A-HB, § 17 Rn. 5.

[1187] *Knepper*, in: Beck'sches M&A-HB, § 18 Rn. 58.

[1188] *Ingenhoven/Eisen*, in: Hölters, Hdb. Unternehmenskauf, Rz. 4.6 Fn. 4.

[1189] *Knepper*, in: Beck'sches M&A-HB, § 18 Rn. 2, Rn. 7, der überdies betont, dass die Personalsicherheiten dabei der Erweiterung des Schuldnerkreises dienen.

der Gesellschaft. Man kann für die konkreten Zustimmungsvorbehalte mit den bereits bekannten Ansätzen arbeiten.[1190] Deswegen wird auf eine eigene Formulierungsempfehlung verzichtet.

b) Getrennte Behandlung

Man muss sich allerdings fragen, ob man für eine Unternehmenstransaktion zwei Zustimmungsvorbehalte benötigt – einen für die Fremdfinanzierung und einen für den Kauf – oder ob man alles in einem Zustimmungsvorbehalt als Aufsichtsrat behandeln kann. Jedoch geht es bei den Zustimmungsvorbehalten der Fremdfinanzierungsvorhaben um die Verhinderung der Überschuldung und die Überwachung der Unternehmensfinanzierung, während es bei einer Unternehmenstransaktion um das strategische und operative Vermögen bzw. Investments geht. Beide Komplexe werfen andere Risiken und Fragen auf und benötigen eine getrennte Überwachung gem. § 111 Abs. 4 Satz 2 AktG. Demzufolge müssen zwei getrennte Zustimmungsentscheidungen getroffen werden.

c) Zustimmungsentscheidung oder -versagung

Die notwendige getrennte Behandlung kann zur Situation führen, dass zwar der Kauf des Zielunternehmens vom Aufsichtsrat unterstützt wird, aber nicht die (konkrete) Fremdfinanzierung. In diesem Fall darf der Aufsichtsrat, nur weil er das Finanzierungsvorhaben unterstützt, nicht der Fremdfinanzierung zustimmen. Dies widerspräche seiner präventiven Überwachungsfunktion gem. § 111 Abs. 1, 4 Satz 2 AktG.[1191] Insofern muss der Aufsichtsrat die beiden Komplexe deutlich und sauber unterscheiden.

Ein Aufsichtsrat verhält sich überdies nicht pflichtwidrig, wenn er dann als Folge dem Kauf des Zielunternehmens zustimmt, aber nicht der vorgeschlagenen Finanzierung. Dass dadurch Druck auf den Vorstand ausgeübt wird, die Fremdfinanzierung zu ändern, ist dabei unschädlich. Der Aufsichtsrat darf nämlich durch das Mittel der Zustimmungsvorbehalte Einfluss nehmen und kann auch klar formulieren, unter welchen sachbezogenen Punkten er zustimmen würde.[1192] Einzig wenn der Vorstand klar artikuliert, dass der Kauf ausschließlich unter den konkreten Fremdfinanzierungsmaßnahmen möglich ist und eine Veränderung der Bedingun-

---

[1190] *Schönberger*, Zustimmungsvorbehalt, S. 172 bezieht die Zustimmungsvorbehalte allgemein für Kreditgeschäfte auf die Summe, die Laufzeit des Kredits oder das Rückzahlungsrisiko.

[1191] Allgemein zur Überwachungsfunktion: *Hopt/Roth*, in: Großkomm. AktG, Band 5, § 111 Rn. 18; *Henssler*, in: Henssler/Strohn, Gesellschaftsrecht, § 111 AktG Rn. 8, 9; *Hüffer*, NZG 2007, 47, 47.

[1192] Allgemein: *Hopt/Roth*, in: Großkomm. AktG, Band 5, § 111 Rn. 717; *Habersack*, in: MüKo AktG, Band 2, § 111 Rn. 144; siehe oben: B. I. 7. a), b) und d).

gen ebenfalls nicht möglich ist, sollte der Aufsichtsrat konsequenterweise die Zustimmung für beides versagen oder dies in Aussicht stellen.

VIII. Abschluss einer W&I-Versicherung

1. Vorüberlegung

Die W&I-Versicherungen sind für den deutschen Rechtskreis relativ neue[1193] Versicherungen, die bei Unternehmenskäufen genutzt werden, um vom Veräußerer erklärte Garantien und Gewährleistungen zu versichern.[1194] Der Erfolg dieses Versicherungsprodukts beruht vornehmlich auf der Professionalisierung in diesem Bereich und dem früheren verkäuferdominierten Markt.[1195] Der Kernvorteil einer W&I-Versicherung ist dabei, dass bei einer strittigen Frage über die Risikozuteilung zwischen den Parteien die Versicherung das Risiko auf einen Dritten – den Versicherer – verschiebt und man somit Unstimmigkeiten ausräumen kann.[1196]

Die W&I-Versicherungen sind ferner besonders in Private-Equity-Transaktionen beliebt, da die Private-Equity-Unternehmen zeitnah den Transaktionserlös an ihre Investoren ausschütten wollen, ohne hohe Rücklagen bilden zu müssen („clean exit“).[1197]

a) Käuferpolice

In dieser Konstellation ist der Käufer des Zielunternehmens der Versicherungsnehmer und steht direkt in Verhandlungen mit dem Versicherungsunternehmen. Die Käuferpolice ist mit Abstand die häufigste Erscheinungsform der W&I-Versicherungen.[1198] Dies folgt aus den regelmäßig niedrigen Haftungsobergrenzen des Verkäufers des Zielunternehmens mit gerade einmal 0,5 oder 1 % des Akquisitionspreises.[1199] Gleichfalls ist ein faktischer Komplettausschluss der Haftung des Verkäufers keine Seltenheit mehr.[1200]

[1193] *Weber*, in: Hölters, Hdb. Unternehmenskauf, Rz. 9.272 spricht von einem aus dem „angloamerikanischen Rechtsraum stammenden Instrument“, das sich „in den letzten Jahren“ verbreitet hat; ebenso *Hoenig/Klingen*, NZG 2016, 1244, 1244.

[1194] *Hoenig/Klingen*, NZG 2016, 1244, 1244 f.

[1195] *Weber*, in: Hölters, Hdb. Unternehmenskauf, Rz. 9.272; *Hoenig/Klingen*, NZG 2016, 1244, 1244; *Kaufhold*, BB 2016, 394, 396 rechnet mit einem weiteren Anstieg.

[1196] *Grossmann/Mönnich*, NZG 2003, 708, 708; *Hoenig/Klingen*, NZG 2016, 1244, 1245 f.

[1197] Bereits *Grossmann*, AG 2003, R488; *Hoenig/Klingen*, NZG 2016, 1244, 1245 f.; *Daghles/Haßler*, GWR 2016, 455, 455, 456; *Kaufhold*, BB 2016, 394, 394 ff.

[1198] *Hoenig/Klingen*, NZG 2016, 1244, 1245; *Metz*, NJW 2010, 813, 814.

[1199] *Hoger/Baumann*, NZG 2017, 811, 814; *Kaufhold*, BB 2016, 394, 396.

Bei der Käuferpolice der W&I-Versicherung sichert der Käufer die vom Verkäufer erklärten Garantien und Gewährleistungen ab. Kommt es zu einer Verletzung der abgedeckten Gewährleistungen und Garantien des Kaufvertrags, kann der Käufer direkt den entsprechenden Anspruch gegen das Versicherungsunternehmen geltend machen und durchsetzen. Er ist folglich nicht allein vom Verkäufer (und dessen möglicher Haftungsgrenze) abhängig.[1201] Darüber hinaus bietet die Käuferpolice den großen Vorteil, dass eine etwaige grobe Fahrlässigkeit oder ein Vorsatz des Verkäufers keine Auswirkungen auf den Versicherungsschutz hat.[1202] Die Deckung der Versicherungspolice soll dabei die Haftungsregeln des Vertrags widerspiegeln. Die vereinbarte Deckungssumme beträgt grundsätzlich 10 bis 30 %[1203] oder 10 bis 50 %[1204] des Unternehmenswerts.[1205]

b) Verkäuferpolice

In dieser Konstellation ist der Verkäufer der Versicherungsnehmer. Die Versicherung weist folglich eine Ähnlichkeit zur Haftpflichtversicherung auf, die Deckungsschutz bietet, wenn der Verkäufer in Anspruch genommen wird.[1206] Wie sich aus dem zuvor Gesagten ergibt, ist die Verkäuferpolice in der Praxis seltener und hat (noch) einen geringeren Marktanteil als die Käuferpolice. Der Veräußerer des Zielunternehmens versichert eine etwaige Haftung wegen einer im Unternehmenskaufvertrag geregelten Garantie, Gewährleistung oder einer Freistellung, z.B. einer Steuerfreistellung. Wenn es zum Haftungsfall kommt, nimmt der Käufer zunächst den Verkäufer in Haftung und dieser hat nun durch Abschluss der W&I-Versicherung die Möglichkeit, den Versicherer in Regress zu nehmen. Bei der Verkäuferpolice ist deshalb das Risiko, dass der etwaige Haftungsfall auch von der Versicherung umfasst ist, beim Verkäufer zu verorten.[1207] Zudem ist zu beachten, dass grundsätzlich für grob fahrlässige oder vorsätzliche Verletzungen der abgedeckten Garantien und Gewährleistungen kein Schutz durch eine W&I-Versicherung besteht.[1208]

1200 Dies ist häufiger z.B. bei Auktionsverfahren mit engagierter Beteiligung vieler Bieter oder bei Private-Equity-Gesellschaften als Veräußerer der Fall, dazu: *Weber*, in: Hölters, Hdb. Unternehmenskauf, Rz. 9.274; *Hoger/Baumann*, NZG 2017, 811, 814.

1201 *Weber*, in: Hölters, Hdb. Unternehmenskauf, Rz. 9.274.

1202 *Kränzlin et al.*, BB 2013, 2314, 2315; *Daghles/Haßler*, GWR 2016, 455, 455, die Versicherung wird in diesen Fällen jedoch meist Regress beim Verkäufer suchen.

1203 *Weber*, in: Hölters, Hdb. Unternehmenskauf, Rz. 9.281.

1204 *Hoenig/Klingen*, NZG 2016, 1244, 1247; *Kränzlin et al.*, BB 2013, 2314, 2316.

1205 *Hoger/Baumann*, NZG 2017, 811, 813 f.; *Hoenig/Klingen*, NZG 2016, 1244, 1247; *Kaufhold*, BB 2016, 394, 396; *Metz*, NJW 2010, 813, 815.

1206 *Kränzlin et al.*, BB 2013, 2314, 2315; *Daghles/Haßler*, GWR 2016, 455, 455; *Grossmann/Mönnich*, NZG 2003, 708, 710.

1207 *Weber*, in: Hölters, Hdb. Unternehmenskauf, Rz. 9.273.

1208 *Kränzlin et al.*, BB 2013, 2314, 2315; *Daghles/Haßler*, GWR 2016, 455, 455.

2. Risikoanalyse

Der Abschluss einer W&I-Versicherung enthält kein überdurchschnittliches Risiko im Vergleich zu anderen Rechtsgeschäften für den etwaigen Versicherungsnehmer. Insb. ist ein zusätzliches, erhöhtes Haftungsrisiko nicht erkennbar. Vielmehr ist das Gegenteil der Fall. Durch den Abschluss einer W&I-Versicherung wird das Risiko für den Versicherungsnehmer minimiert. Gleichzeitig ist sie ein erfolgreiches Mittel, die Transaktionssicherheit zu erhöhen und Unstimmigkeiten auszuräumen.[1209]

Auch hinsichtlich der Höhe der Prämie sind keine relevanten Besonderheiten für die Überwachung des Aufsichtsrats erkennbar. Besonders der Kapitalbedarf hält sich in Grenzen, denn die Prämie orientiert sich häufig an der Deckungssumme der Versicherungspolice und an den identifizierten Risiken des Zielunternehmens und dessen Branche. Eine Marktstudie eines Versicherungsmaklers hat dabei ermittelt, dass die Durchschnittsprämie im Jahr 2017 in Deutschland, Österreich und der Schweiz bei 1,42 % der Deckungssumme lag.[1210]

3. Leitlinien für die Zustimmungsvorbehalte

Weder im Hinblick auf ein eigenes Risiko noch hinsichtlich der Höhe der Prämie ist davon auszugehen, dass die Bedeutungsgrenze eines Geschäfts von grundlegender oder erheblicher Bedeutung durch den Abschluss einer W&I-Versicherung erreicht wird. Vielmehr wird durch die W&I-Versicherung das Risiko minimiert. Dies gilt für beide Optionen, Käufer- und Verkäuferpolice. Ferner muss man miteinbeziehen, dass der Abschluss von Versicherungen als Teil des gewöhnlichen Tagesgeschäfts zu qualifizieren ist, was als Orientierungshilfe zudem gegen eine erhebliche Bedeutung der Maßnahme spricht.[1211]

Demnach ist der Abschluss einer W&I-Versicherung vom Übermaßverbot umfasst und der Aufsichtsrat kann grundsätzlich keinen Zustimmungsvorbehalt nach § 111 Abs. 4 Satz 2 AktG begründen. Zwar hat der Abschluss einer W&I-Versicherung eine eigene Bedeutung für die Transaktion. Diese bemisst sich indes allein als Sicherungsmaßnahme des Käufers oder Verkäufers. Es rechtfertigt keine Ausnahme zum Geschäftsführungsverbot gem. § 111 Abs. 4 Satz 1 AktG und der alleinigen Leitungsverantwortung des Vorstands gem. § 76 Abs. 1 AktG. Es ist ferner schwer vorstellbar, wie eine atypische Konstellation vorliegen kann, die zu einem anderen Ergebnis führen könnte.

[1209] *Kaufhold*, BB 2016, 394, 394 f.; *Daghles/Haßler*, GWR 2016, 455, 455; *Hoenig/Klingen*, NZG 2016, 1244, 1245.

[1210] Howden M&A Annual Review 2017, S. 4, abrufbar unter https://bit.ly/42XJxS5, zuletzt abgerufen am 24.11.2024.

[1211] Siehe oben: B. I. 3. c) aa).

IX. Besonderheiten beim GmbH-Aufsichtsrat

Grundsätzlich kann man alle Ergebnisse der vorherigen Untersuchungen auf den GmbH-Aufsichtsrat übertragen.[1212]

Allerdings besteht für den fakultativen GmbH-Aufsichtsrat die Möglichkeit, die Pflicht zur Begründung für Geschäfte von grundlegender Bedeutung durch den Gesellschaftsvertrag abzubedingen.[1213] Hierdurch würden die identifizierten Geschäfte von grundlegender Bedeutung nicht zu einer Pflicht zur Zustimmungsvorbehaltsbegründung gem. § 111 Abs. 4 Satz 2 AktG führen.

Überdies ist es durch den Gesellschaftsvertrag möglich, für den fakultativen und obligatorischen GmbH-Aufsichtsrat die Zulässigkeitsgrenze des Übermaßverbots nach unten zu verschieben und somit Geschäfte zu umfassen, die ansonsten vom Übermaßverbot bei einem AG-Aufsichtsrat betroffen wären.[1214] Das bedeutet, mit einer entsprechenden Regelung im Gesellschaftsvertrag könnte der GmbH-Aufsichtsrat anders als der AG-Aufsichtsrat nach den hier vertretenen Ergebnissen über den Kauf- oder Verkaufsversuch eines Zielunternehmens, den Abschluss eines Letters of Intent, die Entscheidung zur Zulassung einer Due-Diligence-Prüfung mit einer professionellen, fachkundigen Begleitung und den Abschluss einer W&I-Versicherung einen Zustimmungsvorbehalt gem. § 111 Abs. 4 Satz 2 AktG begründen. Der hiesigen Ansicht geschuldet, dass jeder Kauf oder Verkauf eines Zielunternehmens ein Geschäft von erheblicher Bedeutung ist, spielt die Möglichkeit einer Ausweitung der Zulässigkeitsgrenzen der Zustimmungsvorbehalte gem. § 111 Abs. 4 Satz 2 AktG durch den Gesellschaftsvertrag in diesem Fall keine Rolle.

X. Ergebnisse des Kapitels C.

Verkaufs-/Kaufversuch bzw. Transaktionskosten: Der Verkaufs- oder Kaufversuch des Zielunternehmens ist grundsätzlich kein Geschäft von erheblicher Bedeutung und hat daher keine Relevanz für die Zustimmungsvorbehalte. Eine gesonderte erhebliche Bedeutung können jedoch die Transaktionskosten, insb. vergebliche Aufwendungen für Berater, bei einer entsprechenden Wertgrenze haben. Ferner ist bei der Break-up-Fee-Vereinbarung vom Vorstand zu beachten, dass die verweigerte Zustimmungsentscheidung des Aufsichtsrats über den Kauf oder Verkauf des Zielunternehmens kein vereinbarter Trigger der Break-up-Fee-Vereinbarung ist. Ansonsten kann der Aufsichtsrat einen Zustimmungsvorbehalt für den Abschluss der Vereinbarung erwägen, wenn die Break-up Fee eine entsprechende

---

[1212] Siehe für die allgemeine Ausgangslage ohne Änderung durch den Gesellschaftsvertrag: B. III. 2. c) bb) und cc) und B. III. 3. d).

[1213] Siehe oben: B. III. 3. d).

[1214] Siehe oben: B. III. 2. c) cc) und 3. d).

Schwelle überschreitet. Durch ein verhaltenssteuerndes Merkmal des Zustimmungsvorbehalts kann der Aufsichtsrat den Vorstand animieren, die verweigerte Zustimmungsentscheidung nicht als Trigger zu vereinbaren.

Letter of Intent: Der Aufsichtsrat darf keinen Zustimmungsvorbehalt über einen typischen Letter of Intent begründen. Der Letter of Intent als rechtsunverbindliche Absichtserklärung, das Unternehmen unter den grob festgelegten Bedingungen zu kaufen oder zu verkaufen, ist mangels Risikos kein Geschäft von erheblicher Bedeutung. Die Lage ändert sich jedoch vermeintlich, wenn der Letter of Intent oder jede andere Vorfeldvereinbarung (wie ein Memorandum of Understanding) einen Vorvertrag oder einen Optionsvertrag enthält. Im Fall des Vorvertrags ist dieser für beide Seiten relevant. Dagegen liegt bei der Option die Relevanz für die Zustimmungsvorbehalte zunächst bei der verpflichteten Seite und darauffolgend bei der berechtigten Seite, wenn sie die Option ausübt. Indes ist nicht der Letter of Intent maßgeblich und Gegenstand eines Zustimmungsvorbehalts, sondern isoliert der Optionsvertrag, der Vorvertrag oder andere ähnliche vertragliche Regelungen.

Due Diligence: Die Entscheidung zur Zulassung der Due Diligence birgt zwar die Gefahr des Missbrauchs von sensiblen Daten und andere Risiken. Allerdings hat die professionelle M&A-Branche effektive Mittel entwickelt, um diese Risiken zu reduzieren, sodass grundsätzlich keine erhebliche Veränderung der Risikoexposition vorliegt und somit die Entscheidung zur Zulassung der Due Diligence grundsätzlich exklusiv dem Vorstand obliegt. Eine Ausnahme besteht, wenn der Vorstand auf eine professionelle interne oder externe Begleitung der Due Diligence verzichtet. In diesem Fall liegt immer ein Geschäft von erheblicher Bedeutung oder im Einzelfall sogar eines von grundlegender Bedeutung vor. Der Aufsichtsrat sollte in jedem Fall einen Zustimmungsvorbehalt begründen, um eine positive Verhaltenssteuerung des Vorstands zu erreichen.

Erwerb und Veräußerung des Zielunternehmens: Der Erwerb oder die Veräußerung eines verhältnismäßig großen Unternehmens ist ein Geschäft von grundlegender Bedeutung für die Gesellschaft. Der Erwerb eines verhältnismäßig kleinen oder mittleren Zielunternehmens, der professionell im Rahmen der M&A-Standards durchgeführt wird, ist hingegen kein Geschäft von grundlegender Bedeutung. Erst wenn die professionelle Begleitung und insb. die Due Diligence fehlt, drohen zu viele unbekannte Risiken, sodass die grundlegende Bedeutung vorhanden ist und eine entsprechende Pflicht des Aufsichtsrats besteht.

Wenn sich das eigene Unternehmen in einer Krise befindet, ist vorbehaltlich des Beurteilungsspielraums des konkreten Aufsichtsrats jeder Erwerb und jede Veräußerung ein Geschäft von grundlegender Bedeutung und vom Untermaßververbot erfasst.

Besonders das Beispiel des Unternehmenserwerbs oder der -veräußerung zeigt, dass das Kriterium der Gewöhnlichkeit für die Bestimmung der Zulässigkeitsgrenzen des Zustimmungsvorbehalts nicht in jedem Fall funktioniert und deshalb nur als Orientierungshilfe genutzt werden sollte. Für manche deutsche internationale

Großunternehmen kann man durchaus von einer Gewöhnlichkeit des Erwerbs und der Veräußerung von Zielunternehmen sprechen.

Jeder Erwerb und jede Veräußerung eines Zielunternehmens sind ein Geschäft von erheblicher Bedeutung und nicht vom Übermaßverbot umfasst. Der Vorstand, besonders eines internationalen Großunternehmens, kann dem Aufsichtsrat daher die Überwachung eines Erwerbs oder einer Veräußerung durch einen Zustimmungsvorbehalt nicht verweigern.

Trotz der Einstufung als ein Geschäft von erheblicher Bedeutung ist es nicht vorzugswürdig, für jede Unternehmenstransaktion einen Zustimmungsvorbehalt zu begründen. Stattdessen sollte mit dem risikobasierten Ansatz die relevante Unternehmenstransaktion herausgefiltert werden.

Für die eigene Plausibilitätsprüfung und Risikoabschätzung des Aufsichtsrats bei der Zustimmungsentscheidung sollte auf die originalen Zusammenfassungen der Transaktionsdokumente, wie einer Fairness Opinion oder eines Due Diligence Reports, zurückgegriffen werden. Andererseits ist zu vermeiden, dass der Aufsichtsrat mit einer Dokumentenflut überlastet wird.

Der Aufsichtsrat darf unter den Voraussetzungen der §§ 93 Abs. 1 Satz 2, 116 Satz 1 AktG auch risikoreichen Transaktionen zustimmen. Er muss nicht automatisch seine Zustimmung verweigern, wenn theoretische Szenarien existieren, bei denen der Erwerb zu einer Existenzgefährdung führt.

Akquisitionsfinanzierung: Die Akquisitionsfinanzierung ist vergleichbar mit jeder anderen Fremdfinanzierung. Es bedarf demzufolge keines gesonderten Zustimmungsvorbehalts für die Akquisitionsfinanzierung, sofern sie unter den allgemeinen Zustimmungsvorbehalt für die Fremdfinanzierungsvorhaben fällt. Es bedarf überdies einer getrennten Überwachung und somit auch getrennter Zustimmungsvorbehalte und Zustimmungsentscheidungen für den Erwerb eines Zielunternehmens und der Akquisitionsfinanzierung.

W&I-Versicherung: Der Abschluss einer W&I-Versicherung kann mangels relevanter Bedeutung für Schäden für die Gesellschaft kein Gegenstand eines Zustimmungsvorbehalts des Aufsichtsrats nach § 111 Abs. 4 Satz 2 AktG sein.

Besonderheiten beim GmbH-Aufsichtsrat: Man kann prinzipiell alle Ergebnisse auf dem GmbH-Aufsichtsrat übertragen. Allerdings kann man für den fakultativen Aufsichtsrat sämtliche Fälle, in denen ein Geschäft von grundlegender Bedeutung angenommen wird, durch den Gesellschaftsvertrag abbedingen. Ferner kann man für den fakultativen und obligatorischen Aufsichtsrat das Übermaßverbot durch den Gesellschaftsvertrag verschieben, sodass ein Zustimmungsvorbehalt für den Kauf- oder Verkaufsversuch eines Zielunternehmens, den Abschluss eines typischen Letters of Intent, die Entscheidung zur Zulassung einer Due-Diligence-Prüfung mit einer professionellen, fachkundigen Begleitung und dem Abschluss einer W&I-Versicherung möglich wäre.

D. Rechtsvergleich mit dem Recht von England und Wales

Während das deutsche Recht von der teilweise gelockerten dualistischen Verwaltungsstruktur der AG geprägt ist, haben andere Rechtskreise keine vergleichbare Struktur. Für die Beurteilung des deutschen Modells ist es dementsprechend interessant, wie in solchen Rechtskreisen das Bedürfnis nach Überwachung der Geschäftsführung bei wichtigen Entscheidungen, besonders am Beispiel der Unternehmenstransaktionen, befriedigt wird und ob und wie weit auf ein ähnliches Instrument wie den Zustimmungsvorbehalt eines Aufsichtsgremiums zurückgegriffen wird. Dieser Frage widmet sich das folgende Kapitel im Rahmen eines Rechtsvergleichs des bereits dargestellten deutschen Rechts mit dem Recht von England und Wales.

Der Rechtsvergleich ist kein „Selbstzweck", sondern es geht bei der funktionalen Rechtsvergleichung[1215] um praktische „Erkenntnisfortschritte".[1216] Man hat die Fragen zu untersuchen, wie sich die Rechtsordnungen in dem vorliegenden (ähnlichen) Sachverhalt unterscheiden, warum sie sich unterscheiden und welche Vor- und Nachteile die entsprechenden Regelungen aufweisen. Zur Klärung der Warum-Frage hat man den kulturellen und historischen Kontext und den „Pfad" zur Regelung zu berücksichtigen.[1217] Es geht um die Beziehung von Gesellschaft und Rechtsordnung und folglich ist die Rechtsvergleichung ein auf die Realität fokussierter Ansatz.[1218] Es darf folglich nicht nur zu einem reinen Vergleich, dem sog. „Textism", und damit zu einem Klebenbleiben an übersetzten Worten des Rechts kommen.[1219]

Gerade diese tatsächliche historische Pfadabhängigkeit vom herrschenden Recht darf nicht unterschätzt werden.[1220] Besonders bei dem gewählten Recht von England und Deutschland ist der historische Pfad zum Regelungssystem mit seiner einzelnen Regelung sehr stark. In diesen Rechtssystemen gab es für den hiesigen Bereich nicht die teilweise oder vollständige Übernahme eines fremden Rechts. Wenn etwas

---

[1215] Zur kritischen Würdigung der Methodik der funktionalen Rechtsvergleichung: *Großfeld*, in: FS Sandrock, 2000, 329, 333 ff.

[1216] *Berger*, in: FS Sandrock, 2000, 49, 49.

[1217] *Kischel*, Rechtsvergleichung, S. 187.

[1218] *Zweigert/Kötz*, Rechtsvergleichung, S. 12.

[1219] *Großfeld*, in: FS Sandrock, 2000, 329, 337 f.

[1220] *Hopt/Leyens*, ECFR 2004, 135, 161 zur Theorie der „Path Dependence"; *Großfeld*, in: FS Sandrock, 2000, 329, 334 formuliert es wortgewandt: „jede Zukunft Herkunft braucht".

übernommen wurde, erfolgte dies partiell.[1221] Mit diesem Hintergrund ist es wichtig zu betonen, von keinem „besseren" oder „schlechteren" Recht zu sprechen. Zwar kann eine Regelung von außen betrachtet vorteilhafter als eine andere Regelung sein, aber dies bedeutet nicht automatisch eine erfolgreiche Übernahme der Regelung in einen fremden nationalen Rechtskontext.[1222] Indes bietet der Rechtsvergleich als wertvolle Quelle viele Denkanstöße und Beispiele für eine mögliche Reform des Rechts oder auch die Bestätigung für das aktuelle Recht. Dies gilt vornehmlich für das Wirtschaftsrecht.[1223] Denn der Rechtsvergleich kann helfen, sich von einem von „nationalem Recht geprägten Vorverständnis" zu lösen und das aus dem Lebenssachverhalt erwachsene Problem einer neuen rechtlichen Lösung zuzuführen.[1224]

I. Das Board of Directors der Company

1. Einführung und Überblick über die Company und ihre Corporate Governance

Das englische Gesellschaftsrecht kennt als die zentrale (haftungsbeschränkte) Körperschaft die Company, die wiederum verschiedene Erscheinungsarten haben kann. Das Company-Recht ist von zwei wichtigen Prämissen bestimmt – dass erstens die Company eine eigenständige juristische Person ist und diese zweitens nur durch Vertreter handelt.[1225]

a) Arten der Company

Zunächst kann man zwischen einer Company limited by shares nach § 3 Abs. 2 CA 2006 und einer Company limited by guarantee nach § 3 Abs. 3 CA 2006 unterscheiden. Bei der Company limited by shares muss ein Stammkapital (Share Capital) von den Gesellschaftern (Members) eingezahlt werden. Stattdessen müssen sich die Gesellschafter der Company limited by guarantee dazu verpflichten, einen bestimmten Betrag (typischerweise £ 1) zu bezahlen, wenn die Company abgewickelt werden muss. Prinzipiell ist es auch möglich, eine Unlimited Company nach

---

[1221] Z. B. fand die deutsche Kodex-Bestrebung ihr „Vorbild" in dem damaligen britischen Gegenstück, dem Combined Code, dazu *Lutter*, in: FS Huber, 2006, 871, 872.

[1222] *Hopt/Leyens*, ECFR 2004, 135, 161; *Großfeld*, in: FS Sandrock, 2000, 329, 336 f.

[1223] *Berger*, in: FS Sandrock, 2000, 49, 50.

[1224] *Berger*, in: FS Sandrock, 2000, 49, 59 am Beispiel der internationalen Schiedspraxis im Verhältnis zur nationalen Auslegung.

[1225] *Steinfeld et al.*, Blackstone's CA 2006, Rn. 13.03.

§ 3 Abs. 4 CA 2006 zu gründen, bei der die Gesellschafter im Falle der Abwicklung dieser Gesellschaft unbeschränkt haften würden.[1226]

Schließlich ist noch die Unterscheidung zwischen einer Private Company (limited by shares)[1227] und einer Public Company (limited by shares)[1228] relevant.[1229] Während bei der Private Company bereits £ 1 als Stammkapital reicht, benötigen die Gründer gem. § 761 i. V. m. § 763 Abs. 1 CA 2006 für die Public Company mindestens £ 50.000 als Stammkapital. Der bedeutsame Unterschied zwischen der Private Company und der Public Company ist überdies, dass nur bei der Public Company ihre Anteile – aber auch Schuldverschreibungen (wie Anleihen) – der Öffentlichkeit gem. § 755 Abs. 1 CA 2006 angeboten werden dürfen.[1230] Daher wird die Private Company gem. § 4 Abs. 1 CA 2006 negativ definiert, sodass jede Company, die keine Public Company ist, eine Private Company ist.[1231]

Es existieren keine getrennten Gesetze für die Private und die Public Company, sodass beide Erscheinungsformen der Company im CA 2006 geregelt sind. Etwaige Bestrebungen, dies zugunsten separater Gesetze zu ändern, sind nicht aktuell.[1232]

Die Private Company weist nach den Ausführungen Ähnlichkeiten zur deutschen GmbH und die Public Company dagegen zur deutschen AG auf.[1233] Indes sollte man die Ähnlichkeiten mit Vorsicht genießen, weil sie eben keine de-

---

[1226] Dazu *French*, in: Mayson/French/Ryan, Company Law, 2021, Abschnitt 6, D.4.2 ff.; *Davies/Worthington/Hare*, in: Gower Company Law, Rn. 1.027 ff.

[1227] Meist bekannt unter dem Namenszusatz *Limited* bzw. *Ltd.* Die Private Company ist mit Abstand die häufigste Gesellschaftsform in Großbritannien mit ca. 4,5 Millionen (Stand Juni 2020), siehe dazu: *French*, in: Mayson/French/Ryan, Company Law, 2021, Teil 1, Rn. 1.2.3.

[1228] Meist bekannt unter dem Namenszusatz *plc.* Von der Public Company waren Stand Juni 2020 ca. 6.100 registriert, siehe dazu: *French*, in: Mayson/French/Ryan, Company Law, 2021, Teil 1, Rn. 1.2.3.

[1229] In dieser Arbeit werden die Begriffe der Private Company und Public Company genutzt. Sofern nur das Wort Company verwendet wird, bezieht es sich auf beide Erscheinungsformen.

[1230] Für weitere Details siehe die §§ 755 ff. CA 2006; unter *Loose et al.*, Company Director, Rn. 2.36 ff. findet sich eine Auflistung mit den weiteren – hier nicht relevanten – Unterschieden zwischen einer Public und einer Private Company.

[1231] Auch dazu: *Worthington/Angew*, Company Law, 2022, S. 22.

[1232] *Worthington/Angew*, Company Law, 2022, S. 23.

[1233] So hat die Private Company wie die AG ein höheres Stammkapital als die Private Company bzw. die GmbH. Ferner sind die Anteile an der Private Company und AG anders als bei der Private Company und der GmbH öffentlich handelbar. Zudem erfüllen die jeweiligen Gesellschaften in der Regel bei einer lebensnahen Betrachtung ähnliche wirtschaftliche Bedürfnisse. So ist die Public Company bzw. AG eher die anzutreffende Gesellschaftsform, wenn es sich um ein Großunternehmen bzw. ein internationales Großunternehmen handelt, während die Private Company und die GmbH eher für die kleineren bis mittleren Unternehmen als Gesellschaftsform gewählt werden; *Wooldridge*, in: Feldmann/Meisel, CCL, S. 33 f. vergleicht ebenfalls grundsätzlich die Public Company mit der deutschen AG und die Private Company mit der deutschen GmbH.

ckungsgleichen Konstrukte sind.[1234] Vielmehr handelt es sich bei der AG und GmbH um unterschiedliche Gesellschaftsarten, die auch auf anderen Gesetzen beruhen, und andererseits sind Public und Private Company nur andere Erscheinungsformen der Company. Gleichwohl werden sie in dieser Arbeit jeweils miteinander verglichen, wenn es angemessen und zweckdienlich im Sinne eines funktionalen Rechtsvergleichs erscheint.

b) Überblick über die Geschichte der Corporate Governance

Das moderne Company-Recht wird mit dem Joint Stock Companies Act von 1856 eingeleitet.[1235] Es folgten weitere unterschiedliche Gesetzgebungen, die zunächst im Companies Act 1985 einheitlich konsolidiert und sodann im heutigen Companies Act 2006 reformiert wurden.

Bevor man sich der jüngeren Geschichte ab den 1990ern widmet, muss man allerdings für das Verständnis der englischen Corporate Governance die Bedeutung der Erkenntnisse von Berle/Means für die englische Rechtswissenschaft betonen. Unter der Studie *The Modern Corporation and Private Property* haben Adolf Berle und Gardiner Means 1932 das Phänomen der „Separation of Ownership and Control in Public Companies" bekannt gemacht. Es beschreibt die in den Publikumsgesellschaften entstandene personelle Trennung von wirtschaftlichem Eigentum (Anteilseigner) und Macht bzw. Kontrolle (Manager).[1236] Die Studie bezog sich zwar auf die USA, wurde jedoch mit den Jahren im Vereinigten Königreich zum Motor einer dynamischen Debatte und verschiedener Reformen hinsichtlich der Corporate Governance der Public Company.[1237] Dagegen ist die Private Company erst seit jüngerer Zeit Gegenstand der Forschung und Reformen.[1238]

aa) Der Cadbury Code: Beginn der modernen Corporate Governance

In den 1990ern begann im Vereinigten Königreich ein lebhafter Diskurs über die Corporate Governance englischer Public Companies. In den USA debattierte man hingegen die Corporate Governance der öffentlichen Kapitalgesellschaften bereits

[1234] Zwar haben sie Ähnlichkeiten, wie in Fn. 1233 beschrieben, jedoch gibt es gleichwohl wichtige Unterschiede. So kann man schwer die Organe und Regeln der Public/Private Company auf die AG/GmbH übertragen und umgekehrt, wie im weiteren Verlauf dieses Abschnitts zu sehen ist.

[1235] Abrufbar unter bit.ly/49sGpQu, zuletzt abgerufen am 24.11.2024.

[1236] *Berle/Means*, Modern Corporation, 1932, S. 7.

[1237] *Parkinson*, Corporate Power, S. 54; *Moore/Petrin*, Corporate Governance, S. 14 ff.

[1238] So kam der erste offizielle Corporate-Governance-Leitfaden für große Private Companies erst im Jahr 2018 heraus: The Wates Corporate Governance Principles for large Private Companies, abrufbar unter https://www.frc.org.uk/getattachment/31dfb844-6d4b-4093-9bfe-19cee2c29cda/Wates-Corporate-Governance-Principles-for-LPC-Dec-2018.pdf, zuletzt abgerufen am 24.11.2024.

seit den 1970ern.[1239] Die Frage, warum es die Corporate-Governance-Debatte erst in den 1990ern über den Atlantik schaffte und entsprechend Anklang fand, wird mit dem bis dahin prinzipiell robusten britischen Markt beantwortet.[1240] Gleichwohl ereigneten sich dann einige schwere Unternehmensskandale, wovon der gravierendste die Insolvenz des FTSE-100-Medienunternehmens *Maxwell Communication Corporation plc* im Jahr 1991 war. Diese Skandale, vor allem *Maxwell*, führten zu einem Evaluierungsprozess durch das Cadbury-Komitee ab 1991.[1241] Dieses Komitee, das sich aus Vertretern des staatlich unabhängigen Financial Reporting Councils (FRC), der Londoner Börse und wichtigen Wirtschaftsprüfern zusammensetzte, erstellte und veröffentlichte im Jahr 1992 einen Bericht (sog. Cadbury Report)[1242] und einen Best Practice Code (sog. „Cadbury Code“).[1243] Der Bericht trifft zwei fundamentale Annahmen. Erstens: Eine gesetzliche Regelung und Durchsetzung sind ein schlechterer Weg als eine Selbstregulierung zur Verbesserung der Corporate Governance. Zweitens: Der Markt (besonders der Kapitalmarkt) bietet eine effektivere externe Kontrolle als eine staatliche Behörde.[1244] Ganz im Geiste einer flexiblen Selbstregulierung durch den Kapitalmarkt sollte dies durch den Comply-or-explain-Ansatz erreicht werden, wonach die betroffene Company erklären kann, warum die vorgeschlagene Best-Practice-Lösung keine gute Lösung für sie ist.[1245]

Das Cadbury-Komitee gilt als die Ursprung der Corporate-Governance-Debatte, die vornehmlich die Zusammensetzung des Boards of Directors und einen gesellschafterorientierten Ansatz zum Inhalt hat.[1246] Indes wurde bereits zur damaligen Zeit angemerkt, dass die Companies mit einem kleinen bis mittleren Unternehmen im Rahmen dieser Diskussion nicht beachtet wurden.[1247] Obendrein muss wie beim

---

[1239] *Cheffins*, CLP 2015, 387, 387 ff.

[1240] So führt *Cheffins*, CLP 2015, 387, 397 ff. aus, dass das Bedürfnis nach einer besseren Kontrolle aufgrund einer Marktsituation nicht so ausgeprägt war und die Politik relativ spät anfing sich mit Themen der Corporate Governance intensiv auseinanderzusetzen.

[1241] *Robertson*, Hume Papers Vol. 3, 1995, 1, 6 weist zudem auf weitere relevante Skandale hin: *Polly Peck*, *BCCI*, *Lloyds of London* und *Barings*; ebenso *Harvey*, I.B.L.J. 1995, 947, 948; *Davies*, ZGR 2001, 268, 270.

[1242] Ausführlich zum Bericht: *Finch*, JBL 1992, 581 ff.

[1243] Committee on the Financial Aspects of Corporate Governance, Report und Code of Best Practice, 1992, abrufbar unter https://www.frc.org.uk/getattachment/9c19ea6f-bcc7-434c-b481-f2e29c1c271a/The-Financial-Aspects-of-Corporate-Governance-(the-Cadbury-Code).pdf, zuletzt abgerufen am 24.11.2024.

[1244] *Finch*, JBL 1992, 581, 581.

[1245] *Arcot et al.*, IRLE 30 2010, 193, 194 gehen ferner auf die Frage ein, ob dieser Ansatz zur Erreichung einer besseren Corporate Governance erfolgreich war. Sie kritisieren vornehmlich die Qualität der Erklärungen bei Abweichungen, wonach diese Public Companies sich zwar an den Wortlaut halten, aber nicht an den Sinn der Erklärung, warum es wirklich in diesem konkreten Fall sinnvoll war, vom Standard abzuweichen.

[1246] So *Cheffins*, CLP 2015, 387, 406 ff.

[1247] *Robertson*, Hume Papers Vol. 3, 1995, 1, 7.

deutschen Recht angemerkt werden, dass zwar der Begriff der Corporate Governance jung ist, jedoch nicht die Fragen, mit denen sich dieses Gebiet beschäftigt.[1248]

bb) Der Weg zum Combined Code 1998

Es folgten weitere wichtige Arbeiten von Reform-Komitees mit einem entsprechenden Abschlussbericht, die viel Einfluss auf die Corporate-Governance-Entwicklung im Vereinigten Königreich hatten.[1249] So war 1995 der Greenbury-Bericht unter Richard Greenbury zum Thema der Vergütung von Führungskräften wichtig,[1250] der einen Code of Best Practice bzgl. der exekutiven Vergütung beinhaltete und getrennt von dem Best Practice Code des Cadbury-Berichts war.

Im Jahr 1998 folgte der Hampel-Bericht mit vielen wichtigen Ergebnissen zum Board. Ein bedeutsames Ergebnis war die Betonung der Gefahr, dass trotz des Comply-or-explain-Ansatzes des Cadbury Codes eine „Box Ticking"-Mentalität vorherrscht.[1251] Dabei meint „Box Ticking", dass die betroffenen Unternehmen nicht auf den eigentlichen Sinn der Vorschriften des Codes abstellen, sondern alle Vorschriften des Codes für ihre Investoren ohne Hinterfragen auf dem Papier erfüllen wollen.[1252] Die Konsequenz der Kritik durch den Hampel Bericht waren eine Reform und ein Zusammenschluss beider Kodizes in dem „Combined Code" 1998 und eine erstmalige staatliche Verankerung des Comply-or-explain-Ansatzes in den verbindlichen Rechtsvorschriften der Listing Rules.[1253]

[1248] *Tricker*, Corporate Governance, S. 4 ff. fasst es so zusammen: „Corporate Governance is old, only the phrase is new."

[1249] Insgesamt muss man anmerken, dass etwaige Reform-Komitees und ihre Abschlussberichte einen hohen Stellenwert einnehmen und häufig zur Orientierung genommen werden.

[1250] Directors' Remuneration, Report of Study Group chaired by Sir Richard Greenbury, 1995, abrufbar unter https://www.ecgi.global/code/greenbury-report-study-group-directors-remuneration, zuletzt abgerufen am 24. 11. 2024.

[1251] *Keay*, Leg. Stud. 2014, 279, 303 erklärt ausführlich die Effektivität des UKCGC und stellt hauptsächlich zwei Mängel fest. Erstens fehle es an einem Engagement der Gesellschafter (Aktionäre) und zweitens sei die Qualität der Erklärungen bei Abweichungen nicht zufriedenstellend; *MacNeil/Li*, Corp. Gov. Intl. Rev. 2006, 486, 486 ff. fanden ebenfalls bei ihrer Studie über die FTSE-100-Unternehmen heraus, dass die Flexibilität überbewertet sei. Der Code könnte nach ihnen auch schlicht im Company-Recht verankert werden. Für eine Analyse der Erklärungen für die Nichteinhaltung der Code-Vorschriften: *Shrives/Brennan*, CPA 2017, 31, 31 ff.

[1252] Committee on Corporate Governance, „Hampel-Bericht", 1998, Rn. 1.12 ff., abrufbar unter https://www.ecgi.global/code/hampel-report-final, zuletzt abgerufen am 24. 11. 2024. Auch ausführlich dazu: *Reddy*, MLR 2019, 692, 698 ff.

[1253] *Barber/Allen*, ICSA Corporate Governance, S. 10 f.; *Davies*, ZGR 2001, 268, 272 f.

cc) Der weitere Verlauf der Corporate-Governance-Debatte

Die Fragen einer guten Corporate Governance waren jedoch nicht nur eine Erscheinung der 1990er Jahre. Bis heute beschäftigt man sich ausführlich mit der Corporate Governance der englischen Unternehmen. Im Jahr 2003 war besonders der Higgs-Bericht relevant, der die Bedeutung und Wirkung von nichtexekutiven Direktoren beleuchtet hat.[1254] Nach dem Beginn der Finanzkrise 2008 im Jahr 2009 wurde der Walker-Bericht für Banken und Finanzinstitute veröffentlicht, der wiederum gleichfalls eine hohe Bedeutung für die allgemeine Corporate-Governance-Entwicklung einnimmt.[1255] Die Debatte hinsichtlich der Qualität und der Kontrolle des Managements nahm ferner durch die Zahl der steigenden Unternehmensübernahmen zu.[1256]

Der CA 2006 und die erneuten Überarbeitungen des Combined Codes, der 2009/10 zum UK Corporate Governance Code (folgend „UKCGC") umbenannt wurde, und die letzte aktuelle Version, die von 2018 ist,[1257] bilden heute die aktuelle Ausgangslage für die Corporate Governance der (börsennotierten) Public Companies in England bzw. dem Vereinigten Königreich.[1258] Der Comply-or-explain-Ansatz des Cadbury Codes besteht weiterhin für den aktuellen Code. Jedoch hat die zweite o. g. Annahme des Cadbury-Reports nicht überlebt. Heute ist eine staatliche Behörde – die Financial Conduct Authority (FCA) – für den Erlass des UKCGC zuständig und nicht eine private Institution.[1259]

Der weitere aktuelle Stand der Corporate Governance hinsichtlich der Leitung und Überwachung wird in den folgenden Abschnitten ausführlich erläutert.

2. Struktur und Bedeutung des Boards of Directors

So wie man den Aufsichtsrat nur im Zusammenhang mit den anderen Organen der AG umfassend verstehen kann, kann man das Board of Directors auch nur verstehen, wenn man es ins Verhältnis zu den anderen Akteuren der Company setzt. Dafür wird wie bereits angemerkt die Public Company als Ausgangspunkt genommen.

[1254] Review of the role and effectiveness of non-executive directors, „Higgs-Bericht", 2003, abrufbar unter https://bit.ly/3wAlX1u, zuletzt abgerufen am 24.11.2024.

[1255] Walker-Bericht, 2009, abrufbar siehe Fn. 29.

[1256] *Cheffins*, CLP 2015, 387, 419.

[1257] Die Version von 2018 wird durch die neue Version (UKCGC 2024) mit Wirkung ab dem 01.01.2025 abgelöst. Allerdings sind die relevanten Regelungen für diese Untersuchung weiter enthalten und daher wird mit der aktuell gültigen Version von 2018 gearbeitet. An jeder Stelle wird ebenfalls die entsprechende Norm des UKCGC 2024 zitiert.

[1258] *Barber/Allen*, ICSA Corporate Governance, S. 10. Allerdings gibt es auch Stimmen, die den UKCGC für die heutigen Zwecke nicht mehr als nützlich betrachten und folglich seine Abschaffung empfehlen, so *Cheffins/Reddy*, Time to Abolish the UKCGC, S. 50.

[1259] *Davies*, ZGR 2001, 268, 273.

a) Die Akteure der Company und die Rolle des Boards of Directors

Hinsichtlich der englischen Company kann man drei wesentliche Akteure identifizieren: die Gesellschafter bzw. Anteilseigner (Shareholder), die Mitglieder des Boards of Directors bzw. die Direktoren[1260] und die Manager der Gesellschaft.[1261]

aa) Gesellschafter/Anteilseigner (Members/Shareholder)

(1) Einordnung der Gesellschafter zu ihrer Public Company

Es ist strittig, ob man die Gesellschafter einer börsennotierten Public Company in Anbetracht ihrer schwachen tatsächlichen Beziehung und Position als rechtliche Eigentümer („Owner") des Unternehmens qualifizieren kann.[1262] Die börsennotierten Public Companies sind grundsätzlich von einer Vielzahl von passiven Anteilseigner geprägt.[1263] Sie nehmen kaum an den jährlichen Gesellschafterversammlungen (Annual General Meetings) teil und üben auch in anderer Weise keinen Einfluss auf die Public Company aus. Anders als das klassische Bild eines Gesellschafters, der sich für seine Gesellschaft interessiert und engagiert ist, wird ihre Rolle daher teilweise als reine Eigenkapitalinvestoren verstanden.[1264] Als Gegenbeispiel gilt bei den Public Companies die Rolle eines sog. Controlling Shareholders, der durch seine Anteile – die nicht zwingenderweise die Mehrheit sein müssen – eine starke Kontrolle über die Gesellschaft ausüben kann.[1265]

Auf der anderen Seite gab es in der jüngeren Vergangenheit auch Veränderungen beim Engagement der Anteilseigner der börsennotierten Public Companies. In den letzten Jahrzehnten hat eine stärkere Entwicklung von aktiven Investoren (Shareholder Activism) begonnen, in denen bedeutende Gesellschafter oder Koalitionen von ihnen ihre Gesellschafterrechte nutzten, um eine Verbesserung der Unternehmensleitung voranzubringen.[1266] Trotz der vereinzelten gesteigerten Aktivitäten der Gesellschafter der Public Companies bleiben sie im Bereich der börsennotierten

---

[1260] Im Folgenden wird von „Direktoren" gesprochen.

[1261] *Moore/Petrin*, Corporate Governance, S. 17.

[1262] Zur ausführlichen Diskussion: *Moore/Petrin*, Corporate Governance, S. 5 ff.; *Bloomfield*, Corporate Governance, S. 38 ff. lehnt es aufgrund der Entfernung zur Gesellschaft und des mangelnden Engagements ab, dass Gesellschafter börsennotierter Public Companies als Eigentümer qualifiziert werden. Zur deutschen Betrachtung der Aktionäre: *Claussen*, in: FS Karsten Schmidt, 2009, 217, 218 ff.; *Mülbert/Leuschner*, ZHR 2006, 615, 615 ff.; kritisch zum Umgang mit dem „Kleinaktionär": *Wiedemann*, in: FS Karsten Schmidt, 2009, 1731, 1732 ff.

[1263] *Parkinson*, Corporate Power, S. 54; *Bloomfield*, Corporate Governance, S. 46 f.

[1264] *Moore/Petrin*, Corporate Governance, S. 5 ff.

[1265] *Reddy*, OJLS 2018, 733, 733 ff. spricht sich für eine stärkere Regulierung im Bereich der börsennotierten Public Companies aus.

[1266] Für Beispiele und Erläuterungen zu den zur Verfügung stehenden Rechten und Einwirkungsmöglichkeiten: *G. Davies et al.*, PLC Mag. 2008, 23, 23 ff.; *Keay*, JBL 2007, 656, 662, insb. über das Entfernen von Direktoren.

Public Company insgesamt „wirtschaftlich unbedeutend" („economically minor").[1267] Die von Berle/Means im Jahr 1932 festgestellte Trennung von „Ownership" und „Control" ist demnach auch heute noch Realität.[1268]

Im Ergebnis wird trotz der strittigen Belange im Allgemeinen anerkannt, dass es sich beim Gesellschafter einer Public Company um ein positives Recht („positive right") in Form einer eher passiven Nutznießung bzw. Begünstigung („passive beneficiaries") durch die wirtschaftliche Entwicklung der Gesellschaft handelt und nicht um eine negative Verantwortlichkeit („negative responsibility") der Gesellschaft gegenüber.[1269] Die Gesellschafter haben somit nach dem englischen Gesellschaftsrecht keine treuhänderischen Pflichten gegenüber ihrer Company.[1270] Dies ändert sich nur, wenn sie gleichfalls Direktoren sind. Indes entspringen diese Pflichten dann rein aus der Direktorenstellung.[1271]

(2) Geschäftsführungsbefugnis der Gesellschafter

Ein sehr wichtiger Punkt für das Recht der Company und ihre Corporate Governance ist, dass die Gesellschafter die „ultimative Quelle von Geschäftsführungsbefugnis" („ultimate source of managerial authority") darstellen.[1272] Es wird ihnen somit, um in einer deutschen Formulierung zu bleiben, die „Kompetenz-Kompetenz" zugewiesen. Von diesem theoretischen Standpunkt aus können die Gesellschafter – auch einer börsennotierten Public Company mit einem internationalen Großunternehmen – die Geschäfte der Gesellschaft führen. Indes ist das englische Company-Recht von vielen praktischen Annahmen geprägt und betrachtet folglich eher die Rechtsrealität als abwegige theoretische Möglichkeiten. So ist es auch in diesem Fall. In der Realität findet eine Geschäftsführung durch die Gesellschafter in Form der Gesellschafterversammlung bei (börsennotierten) Public Companies freilich nicht statt.[1273]

[1267] *Gomtsian*, J. Corp. 2020, 659, 659, 682 ff. erläutert dies ausführlich in seiner empirischen Untersuchung mit dem Fokus auf die großen institutionellen Investoren.

[1268] *Mallin*, Corporate Governance, S. 19 f.; *Moore/Petrin*, Corporate Governance, S. 14 ff.

[1269] *Moore/Petrin*, Corporate Governance, S. 19.

[1270] Estmanco (Kilner House) Ltd. v Greater London Council [1982] 1 All E.R. 437, 444 (zwecks besserer Auffindbarkeit wird die englische Zitierweise für die englischen Urteile gewählt). Unter anderem für „Asset Owners" und „Asset Managers" gibt es die Möglichkeit den Stewardship Code 2020 unter einem „Apply-and-explain"-Ansatz freiwillig anzuwenden. Der Stewardship Code legt Grundsätze und Vorschriften fest, die für engagierte institutionelle Anteilseigner entworfen sind und dabei unterstützen sollen, dass die institutionellen Investoren aus ihrer Passivität bei ihren Investments in börsennotierten britischen Unternehmen herauskommen und somit helfen etwaige Agentenkosten zu reduzieren, kritisch zum Stewardship Code 2020: *Reddy*, MLR 2021, 842 ff.

[1271] Siehe unten: D. I. 2. a) bb).

[1272] *Davies/Worthington/Hare*, in: Gower Company Law, Rn. 3.010; *Kershaw*, Company Law, S. 234.

[1273] Dies kann man vornehmlich an den Model Articles sehen, siehe dazu sogleich unter: D. I. 2. a) aa) (3).

(3) Rechte und Einfluss der Gesellschafter der Company

Die Rechte der Gesellschafter der Company im Innenverhältnis sind umfassend und können flexibel gestaltet werden.[1274] Wenn z.B. die Gesellschafter die Geschäftsführungsbefugnis an das Board of Directors delegieren, was noch ausführlich betrachtet wird, können sie trotz der Delegierung durch besonderen Beschluss (Special Resolution)[1275] nach ihrem Belieben dem Board of Directors eine Weisung erteilen. Dies spiegelt sich in Art. 4 Abs. 1 der Model Articles for Public Companies wider: „The members may, by special resolution, direct the directors to take, or refrain from taking, specified action."

An dieser Stelle ist allgemein die Bedeutung der Model Articles für die Companies hervorzuheben. Diese werden nämlich von den meisten Companies umfassend genutzt.[1276] Das staatliche Companies House veröffentlicht, beruhend auf einer Ermächtigung gem. § 19 CA 2006, die Model Articles und bietet mit ihnen eine freiwillige kostenlose Standardsatzung für die Private Company (jeweils für die Optionen limited by shares[1277] und limited by guarantee[1278]) und für die Public Company[1279] an. Sie dienen auch gem. § 20 CA 2006 als Auffangsatzung, wenn die jeweilige Company keine eigenen Articles of Association bei der Gründung einreicht. Die Model Articles ergänzen in vielen Punkten den größtenteils unbehandelten Bereich der internen Zuständigkeitsverteilung der Company im CA 2006.

Neben der Möglichkeit der Weisung können die Gesellschafter in den Articles of Association (sozusagen die Satzung) umfassende Zustimmungsvorbehalte zu ihren Gunsten festlegen.[1280] Es sind lediglich die Grenzen der vom Gesetz zugewiesenen Aufgaben des Boards of Directors zu beachten.[1281] Im Ergebnis können sie deshalb sehr weite Zustimmungsvorbehalte festlegen.[1282]

[1274] Für eine umfassende Darstellung der Rechte siehe *Hollington*, Shareholder Rights, Rn. 2.06 ff.; *Martin/Slade*, in: Kawamura, Corporate Governance, United Kingdom, Sec. 3.

[1275] Nach § 283 Abs. 1 CA 2006 bedarf es für eine Special Resolution einer Mehrheit von 75 % der Stimmrechte.

[1276] Dies ergab eine empirische Studie für die Private Companies für das gesamte Vereinigte Königreich, dazu *Hardman*, Articles of Association in UK Private Companies: An Empirical Leximetric Study, 2021. Eine Studie für die Public Companies existiert nicht. Die Ergebnisse dürften jedoch bei einer lebensnahen Betrachtung zumindest auf die hier relevante Grundstruktur der Public Companies übertragbar sein; ferner *Shutkever/Hayward*, PLC Mag. 2016, 12, 12 f.

[1277] Abrufbar unter https://www.gov.uk/government/publications/model-articles-for-private-companies-limited-by-shares, zuletzt abgerufen am 24. 11. 2024.

[1278] Abrufbar unter https://www.gov.uk/government/publications/model-articles-for-private-companies-limited-by-guarantee, zuletzt abgerufen am 24. 11. 2024.

[1279] Abrufbar unter https://www.gov.uk/guidance/model-articles-of-association-for-limited-companies, zuletzt abgerufen am 24. 11. 2024.

[1280] Es können sich gleichwohl Zustimmungsvorbehalte der Gesellschafter aus dem Gesetz ergeben: §§ 190–196 CA 2006 oder aus den Listung Rules, Chapter 10 und 11.

[1281] Siehe unten: D. II. 1.

Im Übrigen ist das wohl wichtigste Mittel zum Einwirken auf die Company das Recht der Gesellschafterversammlung, die Direktoren des Boards of Directors zu wählen (Art. 20 der Model Articles for Public Companies) und nach § 168 CA 2006 abzuwählen.[1283]

bb) Die Direktoren – das Board of Directors

(1) Verpflichtende Einrichtung und Wahl

Der CA 2006 setzt zwingend voraus, dass jede Company ein Board of Directors einrichtet.[1284] Die Gesellschafter müssen daher auf ihrer Gesellschafterversammlung die entsprechenden Mitglieder des Boards of Directors wählen. Denn das Board of Directors ist das zentrale Organ und trägt die kollektive Verantwortung für den Erfolg der Company.[1285] In der verpflichtenden Bestellung des Boards of Directors setzt das Gesetz somit einen Mindeststandard an Struktur und Verantwortlichkeit voraus. Prinzipiell wäre es zwar für die Gesellschafter möglich, über die Gesellschafterversammlung die Geschäfte der Company zu führen. Nichtsdestotrotz können und dürfen sie nicht auf die Einrichtung des Boards of Directors verzichten.

(2) Geschäftsführung durch das Board of Directors

Die Geschäftsführungsbefugnis hat ihren Ausgangspunkt bei den Gesellschaftern mit deren „Kompetenz-Kompetenz“. Diese geben gleichwohl in den absolut meisten Fällen diese Befugnis wiederum in der Form einer Regelung in der Satzung (Articles of Association) an das Board of Directors ab. Dies geschieht hauptsächlich durch die bereits angesprochenen Model Articles. In Art. 3 der Model Articles für Public Companies heißt es:

> „Subject to the articles, the directors are responsible for the management of the company's business, for which purpose they may exercise all the powers of the company.“

Für die Private Company wurde eine wortgleiche Regelung ebenfalls in Art. 3 der jeweiligen Model Articles gewählt.

Durch diese Delegierung der Geschäftsführungsbefugnis der Gesellschafter auf das Board of Directors ist es grundsätzlich das wichtigste Entscheidungsorgan der

---

[1282] *Hollington*, Shareholder Rights, Rn. 3.03 ff.

[1283] *Keay*, JBL 2007, 656, 662 ff.

[1284] Gemäß § 154 Abs. 1 CA 2006 muss eine Private Company mindestens einen Direktor haben und eine Public Company nach § 154 Abs. 2 CA 2006 sogar mindestens zwei Direktoren. Ausführlich dazu: *Goodison*, in: Mortimore Company Directors, Rn. 3.01 ff.; *Steinfeld et al.*, Blackstone's CA 2006, Rn. 11.01 ff.; *Davies*, ZGR 2001, 268, 276.

[1285] Review of the role and effectiveness of non-executive directors, „Higgs-Bericht“, 2003, S. 21, abrufbar siehe Fn. 1254.

Company.[1286] Die Zuweisung der Geschäftsführungsbefugnis nach Art. 3 beinhaltet dabei auch die Überwachung der Geschäftsführung.[1287]

Gleichwohl führt diese umfassende Delegierung zu der Frage, wie etwaige Geschäftsführungskonflikte zwischen dem Board und der Gesellschafterversammlung gelöst werden. Lange war in dieser Hinsicht anerkannt, dass die Gesellschafterversammlung immer das oberste Organ der Company ist.[1288] Gleichwohl werden heute die Bedeutung der Articles of Association und ihre bindende Aufteilung der Macht betont.[1289] Sofern den Direktoren Befugnisse innerhalb der Articles zugewiesen werden, müssen die Gesellschafter das respektieren und können es ausschließlich im Wege ihrer „Kompetenz-Kompetenz" beim nächsten Mal ändern. Dieser Grundsatz spiegelt sich in der Rechtsprechung wider:

> „Some of its powers may, according to its articles, be exercised by directors, certain other powers may be reserved for the shareholders in general meeting. If powers of management are vested in the directors, they and they alone can exercise these powers. The only way in which the general body of the shareholders can control the exercise of the powers vested by the articles in the directors is by altering their articles, or, if opportunity arises under the articles, by refusing to re-elect the directors of whose actions they disapprove. They cannot themselves usurp the powers which by the articles are vested in the directors any more than the directors can usurp the powers vested by the articles in the general body of shareholders."[1290]

(3) Aufgaben des Board of Directors

Sofern es nicht zu einer weiteren Delegierung der Geschäftsführung kommt, leitet das Board durch seine Sitzungen und Beschlüsse die Geschäfte der Company.[1291] Hingegen bleibt es in der Regel nicht allein bei der ersten Delegierung der Geschäftsführung von Gesellschaftern auf das Board of Directors. Vornehmlich in mittleren bis größeren Gesellschaften wird die eigentliche Geschäftsführung der Direktoren ein weiteres Mal auf die sog. Manager delegiert.[1292] Deshalb ist in diesen

---

[1286] Nach *Davies/Worthington/Hare*, in: Gower Company Law, Rn. 9.001: der „most important decision-making body".

[1287] *Kershaw*, Company Law, S. 234.

[1288] Isle of Wight Railway Co v Tahourdin (1883) 23 Ch. D. 320 CA; *Davies/Worthington/Hare*, in: Gower, Company Law, Rn. 9.003 verweisen auf das frühere Verständnis des „supreme organ".

[1289] Automatic Self-Cleansing Filter Syndicate Co Ltd v Cuninghame [1906] 2 Ch. 34 CA; Quin & Axtens Ltd v Salmon [1909] 1 Ch. 311 CA (bestätigt durch das House of Lords [1909] A.C. 442 HL); John Shaw & Sons (Salford) Lid v Shaw [1935] 2 K.B. 113 CA. Allerdings sollte man dies nicht überschätzen, da die Gesellschafter jederzeit die Articles of Association ändern können.

[1290] *Greer* LJ, John Shaw & Sons (Salford) Ltd v Shaw [1935] 2 K.B. 113 CA, Rn. 134.

[1291] Zur Funktion der Board-Sitzungen: *Cardale*, Guide Corporate Governance, Rn. 9.010 ff.

[1292] Vgl. Art. 5 der Model Articles of Association für Public und Private Companies.

Companies die gemeinsame Aufgabe des Boards of Directors, die Unternehmensstrategie zu erarbeiten und Ziele zu formulieren, die die Manager umsetzen sollen, und anschließend diese Umsetzung zu beaufsichtigen.[1293] Dies spiegelt sich auch in den Regelungen des UKCGC 2018 wider (Grundsätze A und B).[1294] Das Board fungiert dann neben den Gesellschaftern als ein Teil des internen Mechanismus für die wirtschaftliche Rechenschaft („accountability") der Geschäftsführung gegenüber der Company.[1295]

Zusätzlich trifft das Board of Directors auch vereinzelte verpflichtende Aufgaben aus dem Companies Act 2006, z. B. die Herstellung der Geschäftsberichte.[1296] Ansonsten schweigt der Companies Act 2006 hauptsächlich über die Funktion des Boards.[1297] Der genaue Umfang der Zuständigkeiten und einer etwaigen (Mit-)Geschäftsführung der Gesellschaft bleibt deshalb stets vom Einzelfall abhängig.[1298]

cc) Die Manager

Anders als die Gesellschafter oder das Board of Directors werden die Manager im Companies Act 2006 nicht als eigenständiger Akteur der Company angegeben. Sie werden lediglich mit der Definition des Begriffs „Officer" in § 1173 Abs. 1 CA 2006 aufgeführt,[1299] der wiederum als Tatbestandsmerkmal für Ordnungswidrigkeiten des CA 2006 genutzt wird.[1300] Es steht jedoch außer Frage, dass die Manager ein fester Bestandteil der Corporate Governance der englischen Company sind. Denn die Delegierung von Geschäftsführungsbefugnis ist für die effiziente Organisation eines Großunternehmens essenziell.[1301]

1293 *Moore/Petrin*, Corporate Governance, S. 18.

1294 Diese gelten auch für den UKCGC 2024.

1295 Von den internen Mechanismen, die die Verantwortlichkeit des Managements erhöhen sollen, werden die externen Mechanismen unterschieden, z. B. staatliche Regulierung, Wettbewerbsdruck/Übernahme durch fremde Unternehmen (Wettbewerber) und organsierte Arbeitnehmer, dazu ausführlich: *Cheffins*, TBL 2019 Vol. 74, S. 1 ff. *Cheffins* sieht mehr Potenzial in den externen Mechanismen als im aktuellen Trend sich mehr auf die internen Mechanismen durch das Board of Directors und die Gesellschafter (Shareholder) zu fokussieren, dazu S. 37 ff.

1296 Für die verpflichtenden Aufgaben der Direktoren: *Davies/Worthington/Hare*, in: Gower, Company Law, Rn. 9.001 ff.

1297 *Kershaw*, Company Law, S. 234.

1298 *Davies/Worthington/Hare*, in: Gower, Company Law, Rn. 9.001.

1299 Der komplette Wortlaut: „Officer, in relation to a body corporate, includes a director, manager or secretary".

1300 *Goodison*, in: Mortimore Company Directors, Rn. 3.85; *Davies/Worthington/Hare*, in: Gower, Company Law, Rn. 9.006.

1301 *Parkinson*, Corporate Power, S. 51: „In all but the smallest companies efficiency necessitates the delegation of authority to manage the business to a specialized management team"; ähnlich *Willson*, in: Mortimore, Company Directors, Rn. 5.57.

(1) Geschäftsführung kraft Delegierung

Während das Board of Directors grundsätzlich als das höchste Kontrollorgan („control organ") bezeichnet wird, gilt die Gruppe der wichtigsten Manager als das höchste Geschäftsführungsorgan („management organ").[1302] Diese exekutive Funktion in der Company beruht indes allein auf der Delegierung durch das Board of Directors. Ohne entsprechende Regelung in den Articles of Association wäre allerdings eine Delegierung an die Manager unzulässig.[1303]

(a) Model Articles

Die Model Articles räumen daher dem Board of Directors allgemein und umfassend die Möglichkeit ein, ihre Befugnisse an andere Personen zu delegieren. In Art. 5 Abs. 1 der Model Articles for Public Companies heißt es:

> „Subject to the articles, the directors may delegate any of the powers which are conferred on them under the articles –
>
> (a) to such person or committee;
>
> (b) by such means (including by power of attorney);
>
> (c) to such an extent;
>
> (d) in relation to such matters or territories; and
>
> (e) on such terms and conditions;
>
> as they think fit."

Für die Private Company wurde eine wortgleiche Regelung in Art. 5 der jeweiligen Model Articles gewählt.

Art. 5 Abs. 1 der Model Articles ist die zentrale Vorschrift. Sie begründet ein Ermessen des Boards für die Delegierung der eigenen Befugnisse. Es ist an dieser Stelle wichtig anzumerken, dass die Direktoren nur ihre Befugnisse („power") und nicht ihre Verantwortlichkeit („responsibility") delegieren können.[1304] Sie bleiben demnach gem. Art. 3 Model Articles voll verantwortlich für die Geschäftsführung der Company, was für eine etwaige Haftung relevant ist.

Art. 5 Abs. 2 statuiert ferner die Möglichkeit einer Kettendelegierung (sog. Sub-Delegation) von der Person, die ihre Befugnis vom Board of Directors erhalten hat, auf eine andere Person usw. Das bedeutet z.B., dass der CEO (früher häufig „Managing Director") seine Befugnisse auf einen Abteilungsleiter weiterdelegieren kann und der Abteilungsleiter entsprechend auf weitere Mitarbeiter der Company

---

[1302] Ausführlich: *Moore/Petrin*, Corporate Governance, S. 18.

[1303] Re County Palatine Loan and Discount Co, Cartmell's Case (1874) 9 Ch App 691, 695; Boschoek Proprietary Co u Fuke (1906) 1 Ch 148, 159; Nebon U James Nelson & Sons [19141 2 KB 770, 779, CA; *Willson*, in: Mortimore, Company Directors, Rn. 5.57; *Davies/Worthington/Hare*, in: Gower, Company Law, Rn. 9.005; *Shutkever/Hayward*, PLC Mag. 2016, 12, 12 f.

[1304] Ausführlich dazu: *Shutkever/Hayward*, PLC Mag. 2016, 12, 12 f.

usw.[1305] Art. 5 Abs. 3 gibt den Direktoren auf der anderen Seite die Möglichkeit, jederzeit die Delegierung aufzuheben oder zu ändern.

(b) Delegierung als Notwendigkeit

Die Delegierung von Aufgaben an Manager ist aus der Perspektive des englischen Rechts für die effektive Geschäftsführung eines Großunternehmens essenziell.[1306] Deswegen ist Folgendes anerkannt: Wenn das Board of Directors wichtige Geschäftsführungsaufgaben im Rahmen der Articles of Association delegiert, ist dies grundsätzlich kein Pflichtverstoß der Direktoren. Ein angemessenes Maß an Delegierung wird deswegen nicht nur als zulässig, sondern als notwendig angesehen.[1307]

(2) Aufgaben und Prinzipal-Agenten-Verhältnis

Die Manager führen somit das Tagesgeschäft des Unternehmens. Sie bereiten die Unternehmensstrategie vor und führen sie aus.[1308] Die klassischen, höchsten Funktionen sind Chief Executive Officer (CEO), Chief Financial Officer (CFO) und Chief Operating Officer (COO).[1309]

Die Manager haben durch die Durchführung des Tagesgeschäfts eine beträchtliche tatsächliche Macht im Unternehmen oder in den Worten von Berle/Means die Kontrolle („Control") über das Unternehmen. Sie widmen ihre gesamte Zeit dem Geschäft und verfügen über mehr Wissen als das Board oder die Gesellschafter. Gleichzeitig sind die Manager und die Gesellschafter bei einer größeren Public Company regelmäßig nicht deckungsgleich, sodass der typische Fall eines Prinzipal-Agenten-Verhältnisses vorliegt, das Agentenkosten produzieren kann.[1310]

dd) Unterscheidung: exekutiver Direktor und nichtexekutiver Direktor

Sofern ein Manager zugleich Mitglied des Boards of Directors ist, spricht man in diesem Fall von einem Executive Director bzw. exekutivem Direktor[1311]. Umgekehrt spricht man von einem Direktor, der nicht als Manager in dem Unternehmen

---

[1305] *Davies/Worthington/Hare*, in: Gower, Company Law, Rn. 9.005.

[1306] *Parkinson*, Corporate Power, S. 51; *Willson*, in: Mortimore, Company Directors, Rn. 5.57; *Davies/Worthington/Hare*, in: Gower, Company Law, Rn. 9.005.

[1307] Re Westmid Packing Services Ltd [1998] 2 BCLC 646; Re Continental Assurance Co of London plc (in liq) [2007] 2 BCLC 287.

[1308] *Moore/Petrin*, Corporate Governance, S. 17 f.

[1309] *Barber/Allen*, ICSA Corporate Governance, S. 279 ff.

[1310] Siehe oben: B. II. 1. b); *Tricker*, Corporate Governance, S. 64, 66 ff.; *Mallin*, Corporate Governance, S. 18 f. Deswegen war die Verbesserung der Verantwortlichkeit bzw. Rechenschaft des Managements (Managerial Accountability) gegenüber der Company lange Zeit Gegenstand der Reformen der Corporate Governance, dazu: *Cheffins*, OJLS 2013, 503, 509.

[1311] Folgend: exekutiver Direktor.

der Company beschäftigt ist, als Non-Executive Director bzw. nichtexekutivem Direktor (folgend „NED“)[1312]. Allerdings findet sich weder im CA 2006 noch in anderen relevanten Gesetzen wie dem Insolvency Act 1986 oder dem Company Directors Disqualification Act 1986 eine gesetzliche Unterscheidung von exekutiven Direktoren und NEDs.[1313] Der Walker-Bericht lehnt eine legislative Ausfüllung sogar ausdrücklich ab, weil dies die monistische Struktur des Boards schwächen würde.[1314]

Die NEDs sind in ihrer primären Überwachungsfunktion hinsichtlich des höheren Managements mit den Mitgliedern eines Aufsichtsrats vergleichbar. Gleichwohl sollte man sich von Anfang an stets Folgendes vor Augen halten: Sofern das Board of Directors selbst Geschäftsführungsentscheidungen trifft, gibt es keine Unterscheidung zwischen exekutiven und nichtexekutiven Direktoren.[1315] In diesem Fall agieren die NEDs auch als Teil des Geschäftsführungsorgans der Company und somit selbst als Teil der Geschäftsführung.[1316] Ebenso sollte in dieser Hinsicht betont werden, dass diese enge Verdrahtung von exekutiven und nichtexekutiven Kräften im gleichen Verwaltungsgremium das wesentliche Merkmal des monistischen Systems ist.[1317]

(1) Bedeutung von NEDs

Die Funktion der NEDs war in der englischen Company im 19. Jahrhundert noch davon geprägt, dass ihnen keine ernsthafte Rolle im Unternehmen zugeschrieben wurde und sie eher dazu genutzt wurden, das Ansehen der Gesellschaft zu steigern.[1318] Als prominentes Beispiel für diesen Ansatz gilt der *Marquis of Bute*, dessen Familie eine große Burg in Cardiff besaß und der im Alter von bereits sechs Monaten zum Präsidenten eines Boards of Directors einer lokalen Bank (*Cardiff Savings Bank*) ernannt wurde und in seinem ganzen Leben nur einmal einer Sitzung des Boards of Directors beiwohnte.[1319]

[1312] Folgend wird die übliche Abkürzung NED benutzt.

[1313] *Goodison*, in: Mortimore Company Directors, Rn. 3.53; *Chambers*, Corporate Governance Handbook, D1.1.

[1314] A review of corporate governance in UK banks and financial industry entities, „Walker-Bericht“, Rn. 2.9, abrufbar siehe Fn. 29. Allerdings gibt es auch Stimmen, die für eine stärkere und verbindliche Institutionalisierung von unabhängigen nichtexekutiven Direktoren sind, dazu: *Chiu*, JBL 2009, 697, 699 ff.

[1315] *Barber/Allen*, ICSA Corporate Governance, S. 36; *Cheffins*, Company Law, S. 96.

[1316] *Goodison*, in: Mortimore Company Directors, Rn. 3.55.

[1317] Anstelle vieler: *Barber/Allen*, ICSA Corporate Governance, S. 37.

[1318] *Davies/Worthington/Hare*, in: Gower, Company Law, Rn. 10.045.

[1319] Re Cardiff Savings Bank [1892] 2 Ch. 100 Ch D: Das Gericht hat die Haftung des *Marquis of Bute* angesichts seiner tatsächlich unwichtigen Rolle in der Gesellschaft trotz der Position als Direktor im Ergebnis verneint.

Hingegen änderte sich diese Betrachtung der NEDs mit der Entwicklung der Corporate-Governance-Debatte ab den 1990ern,[1320] und vornehmlich der Cadbury Code wies den NEDs mit der Kontrolle des Managements eine sehr wichtige Funktion zu.[1321] Insofern gibt es zumindest durch den Cadbury Code und seine Nachfolger eine formelle Anerkennung der Unterscheidung von exekutiven und nichtexekutiven Direktoren im Soft Law, obgleich die Einführung von NEDs in einem monistischen System durch den Code teilweise kritisch gesehen wurde.[1322] In der heutigen Zeit hält sich indes die Mehrheit der Public Companies, die vom heutigen UKCGC 2018 und seinen Vorgängen betroffen sind, an die Empfehlungen des Codes für die unabhängigen NEDs.[1323]

Außerhalb des Anwendungsbereichs des UKCGC 2018 sind die NEDs nicht außerordentlich relevant. In kleineren bis mittleren Unternehmen vereinen einzelne natürliche Personen die unterschiedlichen Akteure Gesellschafter, Direktor und Manager häufig in ihrer Person.[1324]

(2) Funktion der NEDs

Nach dem Konzept des Grundsatzes H des UKCGC 2018 haben die NEDs in erster Linie zwei besondere Funktionen im Verhältnis zu den exekutiven Direktoren: eine beratende und eine „überwachende" Funktion, wobei die überwachende Funktion auch im Verhältnis zur Personalfunktion steht.[1325] Mangels gesetzlicher Ausfüllung kann man die UKCGC-Beschreibung eines NED gleichfalls als Orientierungshilfe für solche NEDs nutzen, die nicht in einem Board einer börsennotierten Public Company sind.

Überdies sollte für die Funktion betont werden, dass die Aufgabe eines NEDs traditionell als Nebenamt gesehen wird.[1326] Wie viel Zeit und Kraft ein NED in seine Position investiert, hängt hauptsächlich von den konkreten Umständen des Einzelfalles ab und ist schwierig zu generalisieren. In jedem Fall wird erwartet, dass er

---

[1320] *Davies/Worthington/Hare*, in: Gower, Company Law, Rn. 10.045.

[1321] Committee on the Financial Aspects of Corporate Governance, Report und Code of Best Practice, 1992, Empfehlung 4.10 ff., abrufbar siehe Fn. 1243. Ausführlich dazu: *Davies/Worthington/Hare*, in: Gower, Company Law, Rn. 9.018; *Barber/Allen*, ICSA Corporate Governance, S. 310 ff.

[1322] *Finch*, JBL 1992, 581, 581; *Green*, „Why Cadbury Leaves a Bitter Taste", Financial Times, June 9, 1992: „If the members of the Cadbury committee believe in a unitary board this is nonsense. If they seek this kind of segregation, they should have the courage of their convictions and advocate a two-tier board structure."

[1323] *Arcot et al.*, IRLE 30 2010, 193, 195 f.

[1324] *Moore/Petrin*, Corporate Governance, S. 17; dazu mehr unter: D. III.

[1325] Siehe Grundsatz H des UKCGC 2018 (entspricht Grundsatz H des UKCGC 2024).

[1326] *Haywood*, in: Mortimore, Company Directors, Rn. 14.49 spricht auch davon, dass eine zu große zeitliche Verpflichtung gar nicht wünschenswert („desirable") wäre.

seine Kontroll- und Beratungsfunktion mit der eingesetzten Zeit ordentlich ausüben kann.[1327]

(a) Beratungsfunktion

Die beratende Funktion ist im Lichte der Verantwortung des Boards für die Festlegung der Unternehmensstrategie zu sehen (Grundsatz B UKCGC 2018).[1328] Besonders der Cadbury Report und der Cadbury Code legten bereits den Fokus auf die Beratungskomponente.[1329] Danach sollen die NEDs die exekutiven Direktoren mit ihrem Wissen, ihrer Erfahrung und ihrem Rat unterstützen.[1330] Auch der Higgs- und der Walker-Bericht bestätigen eine ähnliche entsprechende Erwartungshaltung im Hinblick auf die Beratungsfunktion der NEDs.[1331]

(b) Überwachungsfunktion („Watchdog“)

Die Überwachungsfunktion („hold management to account“, Grundsatz H, UKCGC 2018[1332]) konzentriert sich auf die Arbeit der Führungskräfte und, falls erforderlich, darauf, die Führungskräfte zur Rechenschaft zu ziehen, z. B. durch eine Klage auf Schadenersatz, oder sie abzuberufen.[1333] Die Überwachungsfunktion überschneidet sich demnach mit der Personalfunktion des gesamten Boards of Directors. Das gilt auch für die Festsetzung der exekutiven Vergütung, die den NEDs in der Regel obliegt.[1334]

[1327] *Haywood*, in: Mortimore, Company Directors, Rn. 14.49.

[1328] *Kershaw*, Company Law, S. 241 sieht sie als Teil der Geschäftsführungsaufgabe des Boards; Committee on Corporate Governance, „Hampel-Bericht“, 1998, Rn. 3.11, abrufbar siehe Fn. 1252, sieht darin die Hauptaufgabe; siehe Grundsatz B des UKCGC 2018 (entspricht dem Grundsatz B des UKCGC 2024).

[1329] Committee on the Financial Aspects of Corporate Governance, Report und Code of Best Practice, 1992, Empfehlung 4.3, abrufbar siehe Fn. 1243.

[1330] *Cheffins*, Company Law, S. 96.

[1331] Der Higgs-Report fasst dies so zusammen: „Non-executive directors should constructively challenge and contribute to the development of strategy“, siehe Review of the role and effectiveness of non-executive directors, „Higgs-Bericht“, 2003, S. 27, abrufbar siehe Fn. 1254; A review of corporate governance in UK banks and financial industry entities, „Walker-Bericht“, Rn. 2.12, abrufbar siehe Fn. 29.

[1332] Entspricht dem Grundsatz H des UKCGC 2024.

[1333] Committee on Corporate Governance, „Hampel-Bericht“, 1998, Rn. 3.8, abrufbar siehe Fn. 1252, sieht auch die Überwachungsfunktion; auch der Walker-Bericht bestätigt die wichtige Kontroll- und Überwachungsfunktion der NEDs für die Senkung der Agentenkosten des Managements, dazu: A review of corporate governance in UK banks and financial industry entities, „Walker-Bericht“, Rn. 2.8, abrufbar siehe Fn. 29. Es ist im Übrigen Teil der Überwachungsaufgabe der NEDs, die Einrichtung und Kontrolle eines internen Kontroll- und Risikosystems zu überwachen, dazu wieder: *Kershaw*, Company Law, S. 239.

[1334] *Petrin*, Comp. Law. 2015, 196, 196 ff.; *Kershaw*, Company Law, S. 239. Für einen Vergleich der Gemeinsamkeiten und Unterschiede der deutschen und britischen Festsetzung der exekutiven Vergütung: *Thomas/Van der Elst*, Wash. U. L. Rev. 2014, 653, 664 ff., 688 ff., 707 ff.

Die Überwachungsfunktion kann hingegen in einem offensichtlichen Spannungsverhältnis mit der Beratungsfunktion der NEDs stehen.[1335] Zuletzt wurde teilweise kritisch angemerkt, dass die Überwachungsfunktion dahingehend „überbetont“ werde.[1336] Darüber hinaus äußerten sich auch die wichtigen Berichte zu Corporate-Governance-Reformen ausführlich zum Spannungsverhältnis zwischen der Überwachungsfunktion und der Beratungsfunktion. So betonte z. B. der Hampel-Bericht die wichtige Balance zwischen den beiden Funktionen.[1337] Der spätere Higgs-Bericht stellte dagegen fest, dass ein Spannungsverhältnis nicht automatisch bestehen muss, wenn „ein Geist der Partnerschaft und des gegenseitigen Respekts im monistischen Board [etabliert wurde]“.[1338]

(c) Allgemeine Funktion

Trotz der besonderen Funktionen der NEDs sollte ausdrücklich betont werden, dass sich ihre Aufgaben nicht in der Überwachung und Beratung des Managements erschöpfen. Sie tragen eine „kollektive Verantwortung“ und sind ordentlicher Teil von jeder Board-Entscheidung, besonders hinsichtlich etwaiger Geschäftsführungsmaßnahmen des Boards, der Strategie oder der Suche nach fähigen Managern für das Unternehmen.[1339] Folglich wäre es auch unproblematisch, einem NED (teilweise) Managementaufgaben zu übertragen (sog. Hybrid Director).[1340]

(d) Vergleichbarkeit mit dem Aufsichtsrat

Die vorherigen Ausführungen zeigen eine gewisse Ähnlichkeit mit der Funktion der deutschen Aufsichtsratsmitglieder auf. Beide sind für die Überwachung und Beratung der höchsten Manager und deren Auswahl zuständig.[1341] Demgegenüber sind es nach dieser Betrachtung auch nur Ähnlichkeiten, weil der AG-Aufsichtsrat bis auf Ausnahmesituationen zwingend von der Geschäftsführung

[1335] Der Higgs-Bericht fasst den Kern der Überwachungsfunktion der NEDs treffend wie folgt zusammen: „Non-executive directors should scrutinise the performance of management in meeting agreed goals and objectives and monitor the reporting of performance“, siehe: Review of the role and effectiveness of non-executive directors, „Higgs-Bericht“, 2003, S. 27, abrufbar siehe Fn. 1254.

[1336] *Barber/Allen*, ICSA Corporate Governance, S. 312, „overemphasised“.

[1337] Committee on Corporate Governance, „Hampel-Bericht“, 1998, Rn. 3.7 f., abrufbar siehe Fn. 1252; *Barber/Allen*, ICSA Corporate Governance, S. 312.

[1338] Review of the role and effectiveness of non-executive directors, „Higgs-Bericht“, 2003, Rn. 6.3, abrufbar siehe Fn. 1254: „to establish a spirit of partnership and mutual respect on the unitary board“.

[1339] Committee on the Financial Aspects of Corporate Governance, Report und Code of Best Practice, 1992, Empfehlung 4.3, abrufbar siehe Fn. 1243; Review of the role and effectiveness of non-executive directors, „Higgs-Bericht“, 2003, S. 21, abrufbar siehe Fn. 1254; *Kershaw*, Company Law, S. 239, 241; *Barber/Allen*, ICSA Corporate Governance, S. 37.

[1340] *Mills*, On The Board, S. 116 f. über das Konzept des hybriden Direktors.

[1341] *Cheffins/Black*, TLR 2006, 1386, 1420 vergleichen auch den Aufsichtsrat mit den NEDs; ebenso *Jungmann*, ECFR 2006, 426, 437 ff.

gem. § 111 Abs. 4 Satz 1 AktG ausgeschlossen ist. Das englische Company-Recht unterscheidet ferner hinsichtlich der Verantwortung nicht zwischen exekutiven und nichtexekutiven Direktoren. Das deutsche Recht differenziert gleichwohl sogar zwingend die Verantwortung von Aufsichtsratsmitgliedern und Vorstandsmitgliedern. Insofern ist es richtig, dass sich Aufsichtsratsmitglieder und NEDs ähneln, und man kann sie auch miteinander vergleichen, aber sie sind rechtlich nicht gleich.[1342]

(3) Funktion von exekutiven Direktoren (Executive Directors)

Die exekutiven Direktoren sind sowohl Manager mit einem Anstellungsvertrag und damit mit dem operativen Tagesgeschäft betraut als auch Direktoren des Boards of Directors und sitzen damit im zentralen verantwortlichen Organ der Company.[1343] Nicht jeder hochrangige Manager ist automatisch ein (exekutiver) Direktor. Vielmehr haben in den englischen internationalen Großunternehmen nur wenige von ihnen eine solche Doppelrolle.[1344] Im Übrigen treffen sie als Direktoren, so wie die NEDs, dieselben allgemeinen Pflichten eines Direktors.[1345] Sie bauen jedoch eine Brücke zwischen dem Board of Directors und den Managern und sollen durch ihre internen Einblicke die Arbeit des Boards effektiver gestalten.[1346]

Hier stellt sich die Frage, ob die exekutiven Direktoren damit mit dem Vorstand der deutschen AG vergleichbar sind. Dafür würde zunächst sprechen, dass sie anders als die Manager, die nicht Direktoren sind, Mitglied in einem formellen Geschäftsführungsorgan der Gesellschaft sind. Gleichfalls schadet es nicht, dass sie trotz ihrer Managerposition auch als Direktoren mit der Überwachung des Managements betraut sind.[1347] Der Vorstand ist gleichermaßen angehalten, sich und das untergeordnete Management zu kontrollieren.[1348] In ihrer Funktion sind sie daher dem Vorstand sehr ähnlich. Andererseits muss beachtet werden, dass die Geschäftsführung der Manager nicht von den exekutiven Direktoren abgeleitet ist,

---

[1342] *Semler*, in: FS Maier-Reimer, 2010, 689, 691.

[1343] Committee on Corporate Governance, „Hampel-Bericht", 1998, Rn. 3.6, abrufbar siehe Fn. 1252; *Barber/Allen*, ICSA Corporate Governance, S. 36 f.

[1344] *Chambers*, Corporate Governance Handbook, C1.15.

[1345] *Barber/Allen*, ICSA Corporate Governance, S. 278; *Goodison*, in: Mortimore, Company Directors, Rn. 3.56.

[1346] *Barber/Allen*, ICSA Corporate Governance, S. 278.

[1347] Siehe Grundsatz M, N und O des UKCGC 2018 bzw. des UKCGC 2024.

[1348] Den Vorstand trifft z. B. eine Legalitätspflicht, dazu: *Habersack*, in: FS Uwe H. Schneider, 2011, 429, 431 ff., und er muss ein Überwachungssystem zum Fortbestand der Gesellschaft nach § 91 Abs. 2 AktG einrichten. § 91 Abs. 2 AktG bedeutet, dass der Vorstand erstens Maßnahmen ergreifen muss, die es erlauben eine bestandsgefährdende Entwicklung zu erkennen, z. B. eine interne Revision, und zweitens ein Überwachungssystem für die Implementierung der entsprechenden Maßnahmen für die Erkennung eingerichtet werden muss, dazu: *Habersack*, AG 2014, 1, 3; *Dauner-Lieb*, in: Henssler/Strohn, Gesellschaftsrecht, AktG, § 91 Rn. 6; *Koch*, AktG, § 91 Rn. 11; a. A. *Preußner/Becker*, NZG 2002, 846, 848 ff.

sondern vom gesamten Board of Directors.[1349] In der AG ist der Vorstand mit der alleinigen Leitungsverantwortung gem. § 76 Abs. 1 AktG und der Geschäftsführung betraut und wenn Manager außerhalb des Vorstands Geschäftsführungsmaßnahmen durchführen, kommt diese Befugnis vom Vorstand.[1350] Im Ergebnis kann man sie aufgrund ihrer Ähnlichkeiten miteinander vergleichen, aber sie sind ebenfalls nicht gleichzusetzen.

(4) Board-Struktur unter dem UKCGC 2018

Von wesentlicher Bedeutung ist des Weiteren die Zusammensetzung des Boards. Der Grundsatz G des UKCGC 2018[1351] hebt die Ausgewogenheit zwischen nichtexekutiven und exekutiven Direktoren hervor. In Bestimmung 11[1352] heißt es, dass mindestens 50 % der Mitglieder des Boards unabhängige NEDs sein sollten. Der vom UKCGC empfohlene Vorsitzende (Chair) des Boards, der ein unabhängiger NED ist, wird dabei nicht in die 50 % miteingerechnet, sodass es nach der Konzeption des UKCGC 2018 eine knappe Mehrheit an NEDs im Board geben soll.

Neben der nichtexekutiven Tätigkeit ohne Anstellungsvertrag verlangt der UKCGC 2018, dass die NEDs „unabhängig" sind. In Bestimmung 10 des UKCGC 2018 finden sich Faktoren, die festlegen, ob ein NED als unabhängig eingestuft werden kann. Die beiden bedeutsamsten Fälle der fehlenden „Unabhängigkeit" sind vornehmlich gegeben, wenn der Direktor bereits mehr als neun Jahre im Amt war oder wenn er als ein Vertreter eines Großaktionärs agiert.[1353]

[1349] Siehe oben: D. II. 2. a) cc) (1) (a).

[1350] Die Geschäftsführung des Vorstands erfolgt gemeinschaftlich i. S. d. Kollegialprinzips und einer horizontalen Selbstüberwachung gem. § 77 Abs. 1 AktG, sofern der Vorstand aus mehr als einer natürlichen Person besteht, dazu: *Dauner-Lieb*, in: Henssler/Strohn, Gesellschaftsrecht, § 77 AktG, Rn. 1; ebenso wird die organschaftliche Vertretung – zur Einordnung der organschaftlichen Vertretung *Beuthien*, in: FS Canaris, Band 2, 2007, 41, 42 ff. – grundsätzlich gemeinschaftlich durch den Vorstand ausgefüllt (§ 78 AktG Abs. 1 Satz 1, Abs. 2 Satz 1), dazu: *Habersack*, in: Großkomm. AktG, Band 4/1, § 78 Rn. 1; *Koch*, AktG, § 78 Rn. 1, 3.

[1351] Entspricht dem Grundsatz G des UKCGC 2024.

[1352] Entspricht ebenfalls der Bestimmung 11 des UKCGC 2024.

[1353] Dies ist der häufigste Grund, warum ein NED als nicht unabhängig eingestuft wird, dazu: Grant Thornton Review, 2020, S. 3 ff.; ausführlicher zu den Hintergründen des Kriteriums der Unabhängigkeit: *Kershaw*, Company Law, S. 243 ff.; relevante Erwägungen für die aktuelle Ausgestaltung im UKCGC finden sich im Review of the role and effectiveness of non-executive directors, „Higgs-Bericht", 2003, Rn. 9.1 ff., abrufbar siehe Fn. 1254; entspricht mit Ergänzungen der Bestimmung 11 des UKCGC 2024.

(5) Vergleich der Haftung der NEDs

Als Ausgangslage muss bei der Haftung beachtet werden, dass sich nichtexekutive und exekutive Direktoren die gleichen prinzipiellen Pflichten teilen.[1354] Demnach beginnt die Haftung wegen eines Pflichtverstoßes immer vom selben Startpunkt. Andererseits werden die Pflichten eines Direktors ebenso von seiner konkreten Funktion im Board mitbestimmt.[1355] Vornehmlich für die Pflicht aus § 174 CA 2006, wonach die Direktoren eine Pflicht zur Anwendung angemessener Sorgfalt, Fachkenntnis und Gewissenhaftigkeit haben, besteht für die NEDs eine erhöhte Haftungsgefahr. Denn sie haben im Vergleich zu den exekutiven Direktoren eine Informationsasymmetrie und üben ihre Tätigkeit als Nebenamt aus.[1356] Die Rechtsprechung bezieht dies deshalb ein und obwohl alle Pflichten zunächst gleich angewendet werden, wird von einem NED im Vergleich zu einem exekutiven Direktor nur vernünftigerweise das erwartet, was man erwarten darf.[1357] In anderen Worten kann es passieren, dass die Haftung von nichtexekutiven und die von exekutiven Direktoren im gleichen Fall ausnahmsweise auseinandergehen.

ee) Keine Arbeitnehmermitbestimmung

Eine besondere weitere Unterscheidung zum deutschen Aufsichtsrat ist, dass es unabhängig von der Anzahl der Arbeitnehmer keine verpflichtende Arbeitnehmermitbestimmung im Board of Directors gibt (sog. Co-Determination). Das englische Rechtssystem hat sich stets gegen eine Mitbestimmung der Arbeitnehmer im Board of Directors gewehrt.[1358]

Demgegenüber fand ein leichter politischer Wechsel statt und so hat die britische Regierung im Rahmen des „Green Books“ zur Corporate Governance 2016 die unabhängige Behörde „Financial Reporting Council“ (folgend „FRC“) aufgefordert, den UKCGC in die Richtung zu ändern, dass auch Arbeitnehmerinteressen im

---

[1354] *Goodison*, in: Mortimore, Company Directors, Rn. 3.56; *Barber/Allen*, ICSA Corporate Governance, S. 36.

[1355] Bishopsgate v Maxwell [1994] 1 All ER 261, 264, CA; Committee on the Financial Aspects of Corporate Governance, Report und Code of Best Practice, 1992, Empfehlung 4.3, abrufbar siehe Fn. 1243; *Goodison*, in: Mortimore, Company Directors, Rn. 3.56.

[1356] Ausführlich zu Haftungsaspekten von NEDs hinsichtlich der Pflicht zur Anwendung angemessener Sorgfalt, Fachkenntnis und Gewissenhaftigkeit: *Reed*, Comp. Law. 2006, 170, 176.

[1357] So die Formulierung in: Equitable Life Assurance Society v Bowley [2004] 1 BCLC 180, Rn. 41; *Haywood*, in: Mortimore, Company Directors, Rn. 14.46; *Cheffins/Black*, TLR 2006, 1386, 1399.

[1358] *Moore/Petrin*, Corporate Governance, S. 21; *Parkinson*, Corporate Power, S. 408 f. spricht sich für eine stärkere Arbeitnehmermitbestimmung im Board aus, weil nur dort ein echter Einfluss möglich sei; *Davies*, ZGR 2001, 268, 269; kritisch gegenüber der Mitbestimmung: *Mallin*, Corporate Governance, S. 93.

Board of Directors vertreten werden und somit besser Gehör finden.[1359] Dieser Reformvorschlag wurde auch von der FRC in den Grundsätzen D und E sowie in den Bestimmungen 5 und 6 des UKCGC 2018 aufgegriffen.[1360] Die Bestimmung 5 empfiehlt verschiedene Methoden der Einbeziehung der Arbeitnehmer in das Board, z.B. durch Ernennung eines Mitarbeiters in das Board of Directors oder durch die Ernennung eines Direktors, der die Arbeitnehmer vertreten soll, ohne selbst Arbeitnehmer zu sein.

b) Umfassende Gestaltungsfreiheit der Corporate Governance

aa) Flexibilität als Ausgangspunkt

Die bisherigen Ausführungen haben aufgezeigt, dass eine besonders wichtige Säule des Company-Rechts die große Gestaltungsfreiheit hinsichtlich der Struktur und Zuständigkeitsverteilung im Innenverhältnis ist. Es gibt insgesamt nur wenige zwingende Vorschriften, die man aus dem Companies Act 2006 zu beachten hat. Es liegt folglich an jeder einzelnen Gesellschaft, wie sie ihre Verfassung (vornehmlich in den Articles of Association) gestaltet. Dies gilt besonders für die Private Company, aber auch für die etwas mehr regulierte Public Company.[1361] Die Grundlage dieser Gestaltungsfreiheit wird zwar nicht ausdrücklich vom Companies Act 2006 formuliert, jedoch liegt ihr eine anerkannte Annahme („generally unstated assumption“) zugrunde.[1362]

Diese privatautonome Gestaltungsfreiheit im Rahmen der Articles of Association zeigt sich im vorherigen Beispiel darin, dass die Company bei der Delegierung vom Board of Directors sehr frei ist, welche Personen die Geschäftsführung der Gesellschaft ausführen. Die Gestaltungsfreiheit erstreckt sich auch auf die Machtverteilung zwischen den Gesellschaftern und dem Board of Directors oder die Zusammenstellung des Boards of Directors.[1363] Im Ergebnis sind der privatautonomen Kreativität für eine Zuständigkeitsverteilung bzw. der Corporate-Governance-Struktur kaum Grenzen gesetzt. Lediglich auf das Board of Directors und dessen gesetzliche Mindestzuständigkeiten kann nicht verzichtet werden.[1364]

[1359] Corporate Governance Green Paper – Government Response, 2017, S. 33–34, abrufbar unter https://assets.publishing.service.gov.uk/government/uploads/system/uploads/attachment_data/file/640470/corporate-governance-reform-government-response.pdf, zuletzt abgerufen am 24.11.2024.

[1360] Dies entspricht mit sprachlichen Anpassungen den Grundsätzen D und E sowie den Bestimmungen 5 und 6 des UKCGC 2024.

[1361] *Davies/Worthington/Hare*, in: Gower, Company Law, Rn. 1.019, 3.010 ff.

[1362] So *Davies/Worthington/Hare*, in: Gower, Company Law, Rn. 3.010.

[1363] *Davies/Worthington/Hare*, in: Gower, Company Law, Rn. 3.010, ziehen auch hier wieder den Vergleich mit der deutschen (durch das AktG) und US-amerikanischen Rechtslage (durch den Model Business Corporation Act), die deutlich strenger sind.

[1364] Siehe oben: D. I. 2. a) bb) (1).

bb) Annäherung an das dualistische System

(1) Zulässige Annäherung durch Gestaltungsfreiheit

Die vorgestellte privatautonome Gestaltungsfreiheit im Innenverhältnis bedeutet eine Vielfalt von unterschiedlichen zulässigen Zuständigkeitsverteilungen. Besonders ist eine Zuständigkeitsverteilung vorstellbar, bei der das Board ausschließlich mit nichtexekutiven Direktoren besetzt ist und zugleich eine vollumfassende Delegierung der Geschäftsführung auf die Manager erfolgt. In dieser Situation kommt es – theoretisch betrachtet – zu einer Zuständigkeitsverteilung, die sich dem deutschen dualistischen System von Vorstand und Aufsichtsrat der AG annähert. Denn in diesem System wäre ebenfalls die Geschäftsführung von der Aufsicht der Geschäftsführung in unterschiedlichen Ebenen bzw. Gremien getrennt. Diese Option zur faktischen dualistischen Struktur in der Company ist – obgleich sie im Widerspruch zur Konzeption des monistischen Boards steht – nicht vom Gesetz verboten.[1365]

(2) Tatsächliche teilweise Annäherung

Vielmehr findet man trotz der Proklamation des monistischen Systems durch den Code in den (börsennotierten) Public Companies mit einem internationalen Großunternehmen eine Annäherung an die beschriebene dualistische Verwaltungsstruktur. Dies sieht man vornehmlich in der sinkenden Anzahl von exekutiven Direktoren bei einem gleichzeitigen deutlichen Übergewicht und Anstieg von NEDs in den Boards.[1366]Allerdings hat auch die weitere Struktur dualistische Züge. So existieren in einigen Companies unter dem Board sog. „Executive Boards“ (oder auch „Committees“), die als Gremium für die höchsten Manager genutzt werden.[1367] Diese „Executive Boards“ können auf einem „informellen Arrangement“ beruhen oder sogar formell in den Articles of Association anerkannt sein.[1368]

Ob nun Executive Boards oder ein überwältigendes Verhältnis von nichtexekutiven zu exekutiven Direktoren – das monistische System gleicht sich in dieser Hinsicht dem dualistischen System der Trennung von Leitung und Überwachung an. Hierauf wird noch näher beim Vergleich eingegangen.[1369]

[1365] *Davies*, ZGR 2001, 268, 269; A review of corporate governance in UK banks and financial industry entities, „Walker-Bericht“, Rn. 2.2, abrufbar siehe Fn. 29.

[1366] *Chambers*, Corporate Governance Handbook, C1.15 nimmt das Beispiel von *BP plc*, wo damals von vierzehn Direktoren nur zwei gleichfalls Manager und somit exekutive Direktoren waren; siehe dazu auch unten Fn. 1509; ferner dazu: *Barber/Allen*, ICSA Corporate Governance, S. 39. Dies deckt sich teilweise mit Empfehlungen der Literatur: *Kershaw*, Company Law, S. 242.

[1367] *Barber/Allen*, ICSA Corporate Governance, S. 39; *Chambers*, Corporate Governance Handbook, C1.15; *Martin/Slade*, in: Kawamura, Corporate Governance, United Kingdom, Sec. 4.1.

[1368] *Chambers*, Corporate Governance Handbook, C1.15.

[1369] Siehe unten: D. IV. 1. a).

3. Zwischenergebnis

Das Company-Recht ist von einer umfassenden Flexibilität und Gestaltungsfreiheit geprägt. Dies hat sich nur bedingt durch die Corporate-Governance-Debatte verändert. Es wurde größtenteils auf zwingendes Recht verzichtet. Allerdings lösen die freiwilligen Normen des UKCGC 2018 einen hohen tatsächlichen Druck aus, diese einzuhalten. Die Model Articles sind gleichermaßen nur freiwillig und werden ebenfalls vom Rechtsverkehr breit genutzt.

Durch die Model Articles vollzieht sich bei den Companies eine zweifache Delegierung der Geschäftsführungsbefugnis. Die erste verläuft von den Gesellschaftern zum Board of Directors und die zweite von dem Board of Directors zu den Managern. An dieser Stelle muss hervorgehoben werden, dass trotz der Delegation der Befugnisse allein das Board of Directors für die Company verantwortlich ist und seine Verantwortung nicht delegieren kann. Die NEDs, falls welche vorhanden sind, überwachen und beraten das Management. Sie sind andererseits vollwertige Direktoren mit vollen Rechten und Pflichten. Ferner erlaubt die umfassende Flexibilität des Company-Rechts, auch eine dualistische Verwaltungsstruktur in der Company zu etablieren.

II. Beteiligung des Boards of Directors in Unternehmenstransaktionen

Im Lichte der bisherigen Ergebnisse richtet sich der Fokus im folgenden Abschnitt auf die Frage, ob und wie das Board of Directors und besonders die NEDs bei wichtigen Vorgängen eingebunden sind. Die Unternehmenstransaktion dient in dieser Hinsicht als Beispiel eines wichtigen Vorgangs, um den Umgang des englischen Rechts mit Zustimmungsvorbehalten sodann präziser zu vergleichen.

Zur Vermeidung von Wiederholungen wird hinsichtlich des Ablaufs und der Vorgänge einer Unternehmenstransaktion auf C. I. 1. der vorliegenden Arbeit verwiesen. Der deutsche und der englische Ansatz sind von der US-amerikanischen Praxis geprägt und dementsprechend sehr ähnlich.[1370]

1. Grenzen der Delegierung

Zunächst bedarf es der Untersuchung, ob das Board – vergleichbar mit dem Untermaßverbot des Aufsichtsrats nach § 111 Abs. 4 Satz 2 AktG – Grenzen einer zwingenden Beteiligung beachten muss. Über das Maß der Beteiligung an den

---

[1370] *Dunne*, in: Company Acquisition HB, S. 19 ff. Die Übernahme der US-amerikanischen Praxis erstreckt sich auch auf Warranties, Indemnities und Covenants ähnlich zur Darstellung unter C. V. 2.; mehr dazu unter englischer Perspektive bei *Pearey*, in: Company Acquisition HB, S. 261 ff.

Vorgängen der Unternehmenstransaktion entscheiden die Direktoren selbst mit dem Umfang der konkreten Delegierung der Geschäftsführung. Die Delegierung wird in der Regel umso wichtiger und umfangreicher, je größer das Unternehmen ist.[1371] Umgekehrt gilt, dass die Grenzen zwischen Management und Board umso mehr verwischen und das Board selbst mehr zum Führungsgremium wird, je kleiner das Unternehmen der Company wird.[1372]

a) Grenzen der Delegierung aus dem Gesetz

Das Gesetz (CA 2006) äußert sich kaum über den Komplex der Delegierung der Geschäftsführungsbefugnis. Im kleinen Rahmen gibt es nur die gesetzlichen Mindestzuständigkeiten, die nicht delegiert werden dürfen, weil sie entweder ausschließlich den Gesellschaftern[1373] oder den Direktoren gegenüber gelten. So muss z. B. die Genehmigung eines Interessenkonflikts eines Direktors gem. § 175 Abs. 4 lit. b CA 2006 vom gesamten Board of Directors vorgenommen werden und darf nicht delegiert werden.[1374] Überdies ist es ein zwingender allgemeiner Rechtssatz, dass die Direktoren oder Manager nicht ihre Befugnisse nutzen dürfen, um die Company zu betrügen.[1375]

b) Passende Delegierung im Rahmen der Model Articles

Ansonsten wird die allgemeine Delegation den Articles of Association überlassen.[1376] Den Model Articles fehlt allerdings ein detailliertes Delegationssystem. Zwar setzt Art. 5 der Model Articles einen Rahmen für die Delegierung[1377], jedoch ist dieser weit ausgestaltet. So zieht Art. 5 Abs. 1 die zwei Grenzen einer sachgemäßen bzw. passenden Delegierung aus der Perspektive der Direktoren („as they think fit") und daran, dass die Delegierung nicht gegen andere Regelungen der Satzung verstoßen darf. Die Formulierung „as they think fit" hat indes keine er-

---

[1371] *Davies/Worthington/Hare*, in: Gower, Company Law, Rn. 9.005.

[1372] *Mills*, On The Board, S. 116: „The smaller the company, the less distinct the borderline between Board policy and executives management. The more management details comes up to the Board, the more the Board itself operates as the top rung of management ladder".

[1373] *Goodison*, in: Mortimore, Company Directors, Rn. 4.20 ff., z. B. die Autorisierung oder Ratifizierung des Verhaltens eines oder mehrerer Direktoren unter §§ 180, 239 CA 2006.

[1374] *Shutkever/Hayward*, PLC Mag. 2016, 12, 12 f.

[1375] Lexi Holdings v Pannone and Partners (2009) EWHC 2590 (Ch), Rn. 69.

[1376] *Wilson*, in: Mortimore, Company Directors, Rn. 5.01; *Steinfeld et al.*, Blackstone's CA 2006, Rn. 12.01 f.; *Davies/Worthington/Hare*, in: Gower, Company Law, Rn. 1.019.

[1377] Siehe oben: D. I. 2. a) bb) (2).

kennbaren rechtlichen Auswirkungen hinsichtlich einer Mindestbeteiligung für z. B. wichtige Entscheidungen.[1378]

Lediglich bei Weisungen (Directions) im Wege eines außerordentlichen Beschlusses (Special Resolution) durch die Gesellschafterversammlung werden der Delegierung des Boards weitere Grenzen gesetzt. Im Falle einer Weisung müssen die Direktoren so handeln, wie sie von der Gesellschafterversammlung angewiesen wurden.[1379] Es kann zudem Fälle geben, bei denen die allgemeine Ermächtigung der Model Articles zur Delegierung nicht ausreichend ist und nur durch die Gesellschafterversammlung mit einer Regelung in der Satzung gestattet werden kann.[1380] Andererseits sind dies besonders gelagerte Fälle und im Übrigen für die Unternehmenstransaktion nicht relevant.

c) Delegierung von Befugnis, nicht von Verantwortung

Demgegenüber könnte aus dem Umstand, dass allein die Befugnis und nicht die Verantwortung delegiert wird, eine Grenze für das Board of Directors erwachsen. Denn das Board of Directors bleibt stets gemeinschaftlich verantwortlich für die Geschäftsführung und ist somit auch das eigentliche Geschäftsführungsorgan.[1381]

Indes erwächst gleichfalls aus der Undelegierbarkeit der Verantwortung keine inhaltliche Grenze im Sinne eines Untermaßverbots.[1382] An dieser Stelle zeigt sich ein wichtiger Mechanismus der monistischen Struktur der Company. Die Überwachung der Manager durch das Board ist nichts anderes als ein Reflex der Delegierung der Geschäftsführungsbefugnisse an die Manager, da die Verantwortlichkeit undelegierbar beim Board liegt. Dieser Mechanismus spiegelt sich in der Sanktion bei einer fehlerhaften Überwachung der delegierten Geschäftsführung wider. Denn in diesem Fall droht eine Verletzung der Pflichten der Direktoren (Breach of Di-

---

[1378] In der englischen Literatur wird nicht darauf eingegangen. Insgesamt sind ihnen die detaillierten rechtlichen Grenzen der Delegierung – bis auf die aufgezeigten Einzelfälle – eher fremd und für sie wohl eher ein ungewöhnlicher und fremder Ansatz.

[1379] *Goodison*, in: Mortimore, Company Directors, Rn. 4.17.

[1380] Ein solches Beispiel wäre die Delegierung der Festlegung der Vergütung der Direktoren. Diese wird nicht von der allgemeinen Delegierung der Model Articles gedeckt (Guinness Plc v Saunders [1989] UKHL 2). In diesem Fall bedarf es deshalb einer weiteren ausdrücklichen Delegierung, dazu: *Shutkever/Hayward*, PLC Mag. 2016, 12, 12 f.

[1381] Mitchell and Hobbs (UK) Ltd v Mill [1996] 2 BCLC 102; Re Landhurst Leasing plc, Secretary of State for Trade and Industry v Ball and others [1999] 1 BCLC 286; *Chambers*, Corporate Governance Handbook, A1.10; *Shutkever/Hayward*, PLC Mag. 2016, 12, 12 f. nutzen den Begriff von „Power" anstelle von „Authority".

[1382] Diese Frage wird von der englischen Gesellschaftsrechts-Literatur nicht aufgeworfen. Es findet lediglich ein Verweis statt, dass die Delegierung satzungsgemäß erfolgen muss und die Direktoren angemessen die Manager überwachen müssen, so z. B.: *Shutkever/Hayward*, PLC Mag. 2016, 12, 12 f. oder entsprechende Fälle der Rechtsprechung: Re Westmid Packing Services Ltd [1998] 2 BCLC 646; Re Continental Assurance Co of London plc (in liq) [2007] 2 BCLC 287.

rectors' Duties), die sich aus dem CA 2006 ergeben.[1383] Das bedeutet, ein Board darf zwar nach seinem Belieben Geschäftsführungsbefugnisse delegieren.[1384] Wenn es jedoch zu viel delegiert hat und deswegen die Überwachung im konkreten Fall nicht effektiv genug war, kann es aus der undelegierbaren Verantwortung heraus eine Sanktion geben.[1385]

Für die Überwachung der delegierten Geschäftsführung ist konkret als Sanktion eine Schadenersatzpflicht wegen einer Verletzung der Pflicht, den Erfolg des Unternehmens zu fördern nach § 172 CA 2006, und der Pflicht, angemessene Sorgfalt, Geschicklichkeit und Gewissenhaftigkeit walten zu lassen gem. § 174 CA 2006, relevant. Ein Direktor, der gegen die Pflichten verstößt, ist der Gesellschaft gegenüber schadenersatzpflichtig und das Board muss, sofern keine Autorisierung oder Ratifizierung stattfindet, den Anspruch verfolgen.[1386] Für alle Direktoren besteht ferner im Falle der Insolvenz die Gefahr, dass sie für zukünftige Direktorenposten gem. dem Company Directors Disqualification Act 1986 disqualifiziert werden. Es kann demnach schmerzhafte Konsequenzen für einen Direktor haben, wenn er die – ggf. zu umfangreiche – Delegierung nicht ordnungsgemäß überwacht hat.

Es ist deshalb allein im Interesse des Boards of Directors, dass es seiner Verantwortung gerecht wird. Daher muss die Delegierung in ihrem Umfang angemessen sein und das Board of Directors sollte nur an eine Person oder ein Komitee delegieren, wenn diese fähig sind.[1387] Die Größe und die Natur des Geschäfts sind

---

[1383] Die Vorschriften der §§ 171 ff. CA 2006 statuieren spezifische Pflichten, die die Direktoren einhalten müssen. Diese werden als allgemeine Pflichten bezeichnet und umfassen folgende: § 171, die Pflicht, im Rahmen der Befugnisse zu handeln; § 172, die Pflicht, den Erfolg des Unternehmens zu fördern; § 173, die Pflicht, ein unabhängiges Urteil zu fällen; § 174, die Pflicht, angemessene Sorgfalt, Geschicklichkeit und Gewissenhaftigkeit walten zu lassen; § 175, die Pflicht, Interessenkonflikte zu vermeiden; § 176, die Pflicht, keine Vorteile von Dritten anzunehmen; § 177, die Pflicht zur Erklärung des Interesses an einer geplanten Transaktion oder Vereinbarung. Trotz der Kodifikation haben die Pflichten ihre prinzipiellen Ursprünge im Common Law und demnach in der Rechtsprechung, dazu ausführlich *Steinfeld et al.*, Blackstone's CA 2006, Rn. 13.04 f., die erläutern, dass die Pflichten aus nicht exakten Analogien aus dem Trust-Recht (Equity) und dem Vertretungsrecht von den Gerichten entwickeln wurden.

[1384] Die Delegierung, die im Einklang mit der Satzung ist, ist selbst nie eine Pflichtverletzung: Re Westmid Packing Services Ltd [1998] 2 BCLC 646; Re Continental Assurance Co of London plc (in liq) [2007] 2 BCLC 287.

[1385] Es muss immer eine effektive Überwachung der delegierten Aufgabe vorhanden sein: Re Barings plc (No 5) [1999] 1 BCLC 433; Lexi Holdings plc (in administration) v Luqman and others [2007] EWHC 2652 (Ch).

[1386] *Davies/Worthington/Hare*, in: Gower, Company Law, Rn. 10.103 ff. Es gibt ferner die Möglichkeit für die Gesellschafter, im Namen der Gesellschaft dafür zu klagen, dazu: *Keay*, JBL 2007, 656, 675 ff., allerdings findet eine solche private Durchsetzung kaum statt, dazu ausführlich und im Vergleich zur US-amerikanischen Lage: *Armour et al.*, JELS 2009 Vol. 6, 681.

[1387] *Shutkever/Hayward*, PLC Mag. 2016, 12, 12 f.

dabei im Wesentlichen die bestimmenden Faktoren, wann eine Delegierung sinnvoll ist. So kann es für ein Board of Directors eines internationalen Großunternehmens noch angemessen sein, sehr wichtige Angelegenheiten an die Manager zu delegieren.[1388]

d) Flexibilität und Vermeidung zwingender Vorschriften

Hinter dem Fehlen von zwingenden Grenzen steckt die bereits angesprochene Idee, eine besonders flexible Organisation und Verwaltung der Company zu ermöglichen.[1389] Jedes Unternehmen ist einzigartig und hat aus dieser Perspektive eigene Herausforderungen und Umstände, die man schlecht auf andere übertragen kann und umgekehrt. Der Walker-Bericht erklärt diesen flexiblen Ansatz, der ebenso auf die Delegierung der Geschäftsführungsbefugnis an die Manager übertragbar ist:

> „The origin of this construct has been the long-held view that imposing more prescriptive requirements up-front would bring increased risk of inflexibility, box-ticking conformity and compliance cost."[1390]

Oder in anderen Worten: Um das Problem von nicht passgenauen Organisationsstrukturen zu vermeiden, unternimmt der britische bzw. englische Gesetzgeber bzw. Satzungsgeber der Model Articles erst gar nicht den Versuch, die Delegierung der Geschäftsführung nennenswert vorzugeben.

2. Matters reserved for the Board

Das Gesetz und die Model Articles geben folglich nur einen groben Rahmen vor und erlauben eine flexible passgenaue Lösung für jede Company und ihr Geschäft. Im Übrigen bleibt das Board immer verantwortlich und seine Haftung soll dahingehend wirken, dass die Direktoren stets die Manager ordentlich überwachen. Ein Untermaßverbot bzw. -gebot gibt es indes nicht.

Trotz des Fehlens eines Untermaßverbots hat sich eine Praxis entwickelt, dass bedeutsame Entscheidungen und Geschäfte beim Board zur Entscheidung verbleiben und keine Delegation erfolgt.[1391] Bei solchen Entscheidungen über Angele-

---

[1388] Re City Equitable Fire Insurance Company Ltd [1925] Ch 407.

[1389] Siehe oben: D. I. 2. b).

[1390] A review of corporate governance in UK banks and financial industry entities, „Walker-Bericht", Rn. 1.17, abrufbar siehe Fn. 29.

[1391] *Chambers*, Corporate Governance Handbook, A1.10 spricht von „good practice"; *Barber/Allen*, ICSA Corporate Governance, S. 38; *Cardale*, Guide Corporate Governance, Rn. 9.010 ff.; Review of the role and effectiveness of non-executive directors, „Higgs-Bericht", 2003, Rn. A.1.2, abrufbar siehe Fn. 1254.

genheiten, die sich das Board reserviert hat (Matters reserved), übt das Board selbst die Geschäftsführung aus.[1392]

Die Matters reserved setzen sich grundsätzlich aus den wenigen verpflichtenden Aufgaben des Boards aus dem CA 2006[1393] und solchen Angelegenheiten, die Ausdruck einer „Good Corporate Governance“ sind, zusammen.[1394] Sie sind der Ausgangspunkt für die weitere Delegation der nicht reservierten Angelegenheiten seitens der Geschäftsführung an das Management.[1395] Sie variieren hinsichtlich der Größe und Eigenheiten des konkreten Unternehmens.[1396] Die Matters reserved sind rechtlich nicht kodifiziert. Lediglich im Bereich des Soft Laws, insb. der Kodizes[1397] (dazu a)) und in von der Rechtspraxis anerkannten Leitfäden – wie vom ICSA-/CGI – (dazu b)), findet man wichtige Anknüpfungspunkte für den Inhalt und Umfang der Matters reserved besonders in Bezug zur Unternehmenstransaktion.

a) UKCGC 2018 und frühere Versionen

Bereits der Cadbury Report und Code[1398] und die entsprechenden UKCGC-Versionen trugen dazu bei, die heutige Praxis der Matters reserved zu entwickeln. Im Cadbury Report befand sich eine ausdrückliche Empfehlung, eine Liste von Matters reserved anzulegen. Unter den zwei Mindestbeispielen sind wie folgt ebenfalls abstrakt der Unternehmenserwerb und die -veräußerung enthalten:

> „4.24 We envisage that such a schedule would at least include:
>
> (a) acquisition and disposal of assets of the company or its subsidiaries that are material to the company;
>
> (b) investments, capital projects, authority levels, treasury policies, and risk management policies.“[1399]

[1392] *Kershaw*, Company Law, S. 236: „the board exercises managerial power“.

[1393] Siehe oben: D. I. 2. a) bb) (3).

[1394] *Chambers*, Corporate Governance Handbook, A1.10 erwähnt ferner, dass die Articles of Association und/oder etwaige Shareholder Agreements die Liste der Matters reserved verändern können.

[1395] *Barber/Allen*, ICSA Corporate Governance, S. 38.

[1396] *Cardale*, Guide Corporate Governance, Rn. 9.020.

[1397] Der Code fand bisher nur direkte Anwendung über einen Comply-or-explain-Ansatz für bestimmte börsennotierte Public Companies. Gleichwohl wird ihm für alle weiteren gelisteten oder nicht gelisteten Companies eine wichtige Orientierungsrolle zugeschrieben, dazu: *Chambers*, Corporate Governance Handbook, A1.10. Seine Soft-Law-Standards werden überdies immer mehr zu den generell akzeptierten Standards im Rechtsverkehr oder teilweise Voraussetzungen für eine Finanzierung, dazu: *Hopt/Leyens*, ECFR 2004, 135, 162 f.

[1398] Committee on the Financial Aspects of Corporate Governance, Report und Code of Best Practice, 1992, Provision 1.4, abrufbar siehe Fn. 1243.

[1399] Committee on the Financial Aspects of Corporate Governance, Report und Code of Best Practice, 1992, Empfehlung 4.10 ff., abrufbar siehe Fn. 1243.

Der Cadbury Report weist den Matters reserved eine hohe Bedeutung zu und positioniert diese Herangehensweise zentral in der Corporate Governance einer Company und der Arbeit eines Boards.[1400]

Diese Bedeutung der Matters reserved wird im Lauf der Zeit beibehalten. In der Code-Version von 2012 heißt es exemplarisch: „There should be a formal schedule of matters specifically reserved for [the board's] decision."[1401] In der neusten Version von 2018 findet sich diese Regelung allerdings nicht wieder. Sie wurde in die „Guidance" des UKCGC 2018 verlegt.[1402]

b) ICSA-/CGI-Praxisleitfaden für „Matters reserved for the Board"

Die Ausführungen des Cadbury Codes und seiner Nachfolgerversionen zu den Matters reserved waren insgesamt recht rudimentär. Deshalb existieren für die Praxis als Orientierung weitere detailliertere Empfehlungen von spezialisierten öffentlichen Institutionen, z. B. in der Form des Praxisleitfadens des *The Chartered Governance Institute UK & Ireland* (CGI).

aa) ICSA/CGI im Allgemeinen

Früher war das CGI als *Institute of Chartered Secretaries and Administrators* bekannt (daher die Abkürzung ICSA). Das CGI ist durch das Royal Charter[1403] eine öffentliche Körperschaft, die sich selbst reguliert, und richtet sich an Personen, die im Bereich der Corporate Governance und Compliance arbeiten. Es gibt freiwillige Standards vor und bietet weitere Unterstützungen wie Fortbildungen oder Zugang zu Forschungsergebnissen an.[1404]

Zwar haben die ICSA-/CGI-Leitfäden keinen rechtsverbindlichen Charakter, allerdings zeigen sie eine gelebte Praxis auf, bieten Orientierung und haben auf-

[1400] Zur Hervorhebung der Bedeutung von Matters Reserved im Cadbury Report: *Finch*, JBL 1992, 581, 589 f.

[1401] Vgl. UK CGC 2012 Code A.1.1, abrufbar unter https://bit.ly/3AoIbGh, zuletzt abgerufen am 24. 11. 2024.

[1402] So heißt es: „Ensuring there is a formal schedule of matters reserved for its decision will assist the board's planning and provide clarity to all over where responsibility for decision-making lies", siehe Guidance on Board Effectiveness, Financial Reporting Council, 2018, abrufbar unter https://bit.ly/3UWwD4T, zuletzt abgerufen am 24. 11. 2024.

[1403] Ein Royal Charter wird vom britischen Souverän (König/Königin) auf Raten des Privy Councils an eine Körperschaft verliehen. Sie erlangt dadurch ihre Rechtspersönlichkeit. Das Royal Charter schafft insofern eine öffentliche Körperschaft unter einer Selbstverwaltung. Etwaige Änderungen der Satzung der Körperschaften im Royal Charter unterliegen der Kontrolle des Privy Councils. Dieses Gremium (offiziell *His Majesty's Most Honourable Privy Council*) ist das offizielle Beratergremium des Souveräns (König/Königin) des Vereinigten Königreichs.

[1404] Siehe dazu die Satzung und die Erklärungen des CGI, abrufbar unter https://www.cgi.org.uk/about-us, zuletzt abgerufen am 24. 11. 2024.

grund dessen eine hohe faktische Bedeutung.[1405] Die Leitfäden umfassen verschiedene Gebiete wie die Spezifizierungen der Aufgaben des Prüfungs-, Nominierungs- oder Vergütungsausschusses und vieler weiterer corporate-governance-bezogener Felder.[1406]

bb) ISCA-Leitfaden für Matters reserved for the Board vom Juli 2013

Der aktuelle Leitfaden des ICSA[1407] für Angelegenheiten, die ausschließlich vom Board of Directors entschieden werden sollen, ist vom Juli 2013.[1408] Der Leitfaden wurde 1993 das erste Mal veröffentlicht. Er richtet sich an die Obergesellschaft, die unter den UKCGC fällt, wobei auch ausdrücklich alle anderen Companies adressiert werden.[1409]

Nach dem ICSA (heute CGI) kann ein Board of Directors noch so effektiv sein, es wäre trotzdem nicht möglich, in jeden Bereich des Unternehmens einzugreifen. Dementsprechend muss es das Tagesgeschäft zu Recht ans Management delegieren. Gleichwohl müssen bestimmte Geschäfte vom Board of Directors final entschieden werden.[1410] Diese Auswahl zu treffen und die „reservierten" Geschäfte deutlich von den delegierten Geschäften zu trennen, ist eine zentrale Aufgabe des Boards of Directors.[1411]

Auffällig ist, dass die Empfehlungen der Matters reserved ähnlich zu den bekannten Katalogen der Zustimmungsvorbehalte im deutschen Recht oder anderen aktienrechtlichen Zuständigkeiten des Aufsichtsrats sind. So umfasst beispielhaft der Leitfaden[1412] die Zustimmung zur Planung/Strategie (Abschnitt 1); die Zustimmung zu Restrukturierungen, wie die Gründung/Liquidation von Töchtern (Abschnitt 2); die Zustimmung zur Finanzberichterstattung (Abschnitt 3); die Überwachung des Risikomanagements des Managements (Abschnitt 4); die Zustimmung zu Kreditgeschäften oder anderen kapitalintensiven Maßnahmen (Abschnitt 5) sowie die Personal- und Vergütungszuständigkeit (Abschnitt 7/8). Andererseits gibt es auch Matters reserved, die Gebiete umfassen, die grundsätzlich dem Vorstand im deutschen Recht vorbehalten sind, wie die Kommunikation mit

---

[1405] Siehe unten die entsprechenden Praxisbeispiele: D. II. 3.

[1406] Siehe dazu die Liste aller Leitfäden des CGI, abrufbar unter https://www.cgi.org.uk/knowledge/resources, zuletzt abgerufen am 24.11.2024.

[1407] Im Jahr 2013 hieß das CGI noch ISCA.

[1408] Siehe ICSA-Guidance on matters reserved for the board, abrufbar unter https://bit.ly/42SCZ7h, zuletzt abgerufen am 24.11.2024.

[1409] Siehe ICSA-Guidance on matters reserved for the board S. 2, abrufbar siehe Fn. 1408.

[1410] Siehe ICSA-Guidance on matters reserved for the board S. 2, abrufbar siehe Fn. 1408.

[1411] Siehe ICSA-Guidance on matters reserved for the board S. 2, abrufbar siehe Fn. 1408.

[1412] Siehe umfassend: ICSA-Guidance on matters reserved for the board, abrufbar siehe Fn. 1408.

der Öffentlichkeit (Abschnitt 6) oder die Genehmigung von Unternehmensrichtlinien, wie dem Code of Conduct (Abschnitt 11).

Der Leitfaden trifft ebenfalls Empfehlungen hinsichtlich des vorliegend relevanten Beispiels der Unternehmenstransaktionen. Das Board of Directors soll nach der Empfehlung 2.1 die Zustimmung im Bereich von Structure and Capital für alle

> „Major changes to the group's corporate structure, including, but not limited to acquisitions and disposals of shares which are material relative to the size of the group in question (taking into account initial and deferred consideration)"[1413]

treffen. Überdies findet sich noch eine weitere spezifischere Empfehlung. So formuliert die Empfehlung 5.4 einen Zustimmungsvorbehalt für Share Deals:

> „Major investments [including the acquisition or disposal of interests of more than (3) percent in the voting shares of any company or the making of any takeover offer]."[1414]

c) Würdigung

Das Board of Directors legt größtenteils selbst seine Grenzen der Delegierung fest und wird bestimmte Angelegenheiten somit bei sich verorten. Praktisch betrachtet beschließt das Board daher eine Liste von Angelegenheiten, die ausschließlich durch die Direktoren entschieden werden.[1415] Diesbezüglich sollte hervorgehoben werden, dass sich das Board of Directors in diesem Fall nicht die Befugnis zurückholt, sondern die Manager für solche Geschäfte schlicht nie eine Befugnis hatten.

Das bedeutet des Weiteren, dass eine ausgeübte Delegation nicht mit dem Verlust eines Initiativrechts des Boards gleichzusetzen ist. Es kann vielmehr als das zentrale Organ theoretisch jederzeit die Delegation ändern.[1416] Lediglich bei Delegierungen durch besondere Articles – abweichend von den Model Articles – müsste das Board die besondere Zuständigkeitsverteilung beachten.[1417]

Als Inhaber der durch die Articles übertragenen Geschäftsführungsbefugnis und als Konsequenz der Gestaltungsfreiheit der Delegation können die Direktoren ebenso ein Unterlassen als Tatbestandsanknüpfung einer reservierten Angelegenheit (Matters reserved) nutzen.[1418] Allerdings zeigt der ICSA-Leitfaden auf, dass dies – trotz theoretischer Möglichkeit – wohl praktisch nicht geschieht.

[1413] Siehe ICSA-Guidance on matters reserved for the board S. 5, abrufbar siehe Fn. 1408.

[1414] Siehe ICSA-Guidance on matters reserved for the board S. 7, abrufbar siehe Fn. 1408.

[1415] *Chambers*, Corporate Governance Handbook, A1.10.

[1416] Siehe oben: D. I. 2. a) cc) (1).

[1417] Siehe oben zur finalen Aufteilung der Geschäftsführungsbefugnis durch die Articles of Association: D. I. 2. a) aa) (3).

[1418] Dies ist nach deutschem Recht nicht möglich, siehe oben: B. I. 1. a) bb).

Ansonsten sind die Wirkung und tatsächliche Ausgestaltung der vorgestellten Matters reserved mit den deutschen Zustimmungsvorbehalten des Aufsichtsrats sehr gut vergleichbar. Das Management führt das Tagesgeschäft und bereitet entsprechende Maßnahmen wie einen Unternehmenserwerb vor. Dem Board wird bei einem entsprechenden aktiven Tun die Maßnahme vorgelegt, wenn es unter den Katalog der reservierten Angelegenheiten fällt, wie z. B. „Sollen wir das Unternehmen X kaufen?". Die Direktoren entscheiden dann über die Maßnahme. Dabei hat die Entscheidung der Matters reserved hauptsächlich den Charakter eines Vetos gegen die vorgestellte Maßnahme der Manager. Der übersetzte Begriff der reservierten Angelegenheiten („Matters reserved") klingt zwar auf den ersten Blick deutlich weitergehend als Zustimmungsvorbehalte. In der Praxis sind sie indes wohl mehrheitlich als solche ausgestaltet.

3. Rechtspraxis: die Matters reserved hinsichtlich der Unternehmenstransaktion

Dadurch, dass das Company-Recht stark von der Gestaltungsfreiheit geprägt ist, lohnt sich ein Blick in die Praxis. Dabei werden allein die Matters reserved im Bereich der Unternehmenstransaktion untersucht.

a) Konkrete Beispiele

Die folgenden vier Beispiele umfassen englische börsennotierte internationale Großunternehmen aus unterschiedlichen Branchen.

aa) Haleon plc: Matters reserved vom Mai 2022

Die *Haleon plc* mit Sitz in Weybridge (Vereinigtes Königreich) ist ein junges Pharmaunternehmen, das im Jahr 2022 aus dem Zusammenschluss der Sparten der rezeptfreien Medikamente von *GlaxoSmithKline plc* und der *Pfizer Corporation* entstanden ist.

(1) Vorschrift F

Die Matters reserved[1419] von *Haleon plc* enthalten einen Abschnitt zum Unternehmenskauf in der Vorschrift F „Contracts & Major Transactions":

„(a) Approving significant capital projects and transactions with a value more than £75 million.

[1419] Siehe *Haleon plc*, Matters reserved for the board vom Mai 2022, abrufbar unter https://bit.ly/48k6GRl, zuletzt abgerufen am 24. 11. 2024.

(b) Approving any merger, joint venture, acquisition or disposal of an interest of 5 % or more in the voting shares or securities of any company or where any such transaction has a value of more than of £50 million".

(2) Analyse

Die Vorschrift F ist sehr überschaubar. Sie formuliert einen allgemeinen Zustimmungsvorbehalt in F. (a) hinsichtlich kapitalintensiver Projekte. Schließlich weist der speziellere Zustimmungsvorbehalt F. (b) eine starke Ähnlichkeit zum ICSA-Leitfaden auf und statuiert für Share Deals einen weiten Anwendungsbereich ab 5 % der Stimmrechte oder wenn der Wert der Transaktion £ 50 Millionen übersteigt.

bb) Vodafone Group plc: Matters reserved vom März 2019

Die *Vodafone Group plc* ist ein großes, international tätiges Telekommunikationsunternehmen mit Sitz in Newbury im Vereinigten Königreich.

(1) Vorschrift „Transactions and Contracts"

In den Matters reserved[1420] der *Vodafone Group plc* steht in der Vorschrift „Transactions and Contracts":

> „Acquisitions, disposals or changes in investments by the Company or any subsidiary of the Company, that are over €500 million (taking into account any deferred consideration) or which are otherwise strategically material. When approval for an M&A transaction is sought from the Board, approval must also be sought for any adviser's fees over €10 million which may be payable in connection with it. Any such transaction over €300 million must be formally reported to the Board."

(2) Analyse

Diese „Matter reserved" weist zunächst eine Wertgrenze mit einem einfachen Geldbetrag (500 Mio. EUR) als quantitativen Anknüpfungswert für Unternehmenstransaktionen auf. Zudem wird jede strategisch wesentliche („strategically material") Transaktion unabhängig von einer Wertgrenze mit einem Zustimmungsvorbehalt belegt. Besonders interessant ist, dass auch die Beraterhonorare in diesem Zusammenhang ab 10 Mio. EUR zustimmungspflichtig sind. Zudem muss für Transaktionen von 300 Mio. EUR bis 500 Mio. EUR eine Berichtspflicht eingehalten werden. Insofern werden alle Transaktionen unterhalb von 300 Mio. EUR, wenn sie nicht strategisch wesentlich sind, nicht vom Board überwacht.

[1420] Siehe *Vodafone Group plc*, Matters reserved for the board vom März 2019, abrufbar unter https://bit.ly/3YrU1Z7, zuletzt abgerufen am 24.11.2024.

cc) Reckitt Benckiser Group plc: Matters reserved vom November 2021

Die *Reckitt Benckiser Group plc* ist ein internationales, britisches Unternehmen mit dem Fokus auf Verbraucherprodukte im Bereich Gesundheit, Hygiene und Ernährung mit Sitz in Slough (Vereinigtes Königreich).

(1) Vorschrift F

In den Matters reserved[1421] der *Reckitt Benckiser Group plc* gibt es einen Abschnitt, der sich ausdrücklich auf Unternehmenstransaktionen bezieht. In der Vorschrift F („Major Investments and Disposals") steht:

> „1. Approval of the acquisition or disposal of any entity, business or brand (including any site of manufacture, joint venture and/or minority investment) where the cost of acquisition, proceeds of sale, or value of the Group's interest, as appropriate, exceeds £50 million."

(2) Analyse

Dieser Zustimmungsvorbehalt der Matters reserved der *Reckitt Benckiser Group plc* weist ebenfalls Ähnlichkeiten mit dem Muster des ICSA-Leitfadens auf. Der quantitative Anknüpfungswert ist ein Betrag in £. Der konkrete Geschäftswert sind die Erwerbskosten, die Verkaufserlöse bzw. der Wert der Beteiligung, ohne dass erläutert wird, wie dieser Wert bestimmt wird.

dd) J Sainsbury plc: Matters reserved vom März 2023

Die *J Sainsbury plc* mit Sitz in London ist einer der größten Betreiber von Supermärkten mit einem großen Marktanteil im Vereinigten Königreich.

(1) Vorschrift 35

Die Matters reserved[1422] der *J Sainsbury plc* haben eine interessante Ausgestaltung mit verhaltenssteuernden risikoreduzierenden Merkmalen. In Abschnitt „Capital Expenditure/Acquisitions/Disposals" steht in der Vorschrift 35:

> „Approval of any acquisition, investment in, or disposal of any company where the total consideration, investment or sale proceeds exceed £60 million.
>
> Any acquisition, investment or disposal for less than £60 million will not require Board approval provided that due diligence has taken place, including advice of the Group's Taxation and Legal departments.

[1421] Siehe *Reckitt Benckiser Group plc*, Matters reserved for the board vom März 2023, abrufbar unter https://bit.ly/3BT2YCg, zuletzt abgerufen am 24. 11. 2024.

[1422] Siehe *J Sainsbury plc*, Matters reserved for the Board vom März 2021, abrufbar unter https://bit.ly/4eIvhSe, zuletzt abgerufen am 24. 11. 2024.

If any Stock Exchange announcement or press release is to be made by the Company concerning any acquisition, investment or disposal for less than £60 million, Directors shall be notified in advance of any such announcement or release."

(2) Analyse

Während die übliche Festlegung einer Wertgrenze für Unternehmenskäufe nicht überrascht, ist dies für den zweiten Absatz anders. Dieser greift das verhaltenssteuernde risikoreduzierende Merkmal auf. Diese Vorschrift verlangt für Akquisitionen unterhalb der Wertgrenze, dass es keiner Zustimmung des Boards bedarf, wenn ein Due-Diligence-Prozess durchgeführt und die Rechtsabteilung des Sainsbury-Konzerns involviert wurde.[1423] Der letzte Absatz bezieht sich auf die Kommunikation von Transaktionen unterhalb der Schwelle von 60 Mio. £ und erlaubt den Direktoren, stets die Kontrolle über ihre M&A-bezogene Öffentlichkeitsarbeit zu behalten.

b) Würdigung

Ähnlich wie bei den bereits erörterten deutschen Beispielen können die dargestellten und analysierten Matters reserved für den Bereich der Unternehmenstransaktion nur ein Ausschnitt der Rechtspraxis sein. Ob noch weitere unbekannte interne Vorschriften existieren oder wie die tatsächlich gelebte Handhabung ist, kann daher nicht allein mit diesen Matters reserved beantwortet werden. Nichtsdestotrotz kann man an dieser Stelle wichtige Erkenntnisse gewinnen.

aa) Normalfall: Zustimmungsvorbehalte für Unternehmenstransaktionen

Die Matters reserved sind bei der Unternehmenstransaktion als Zustimmungsvorbehalte ausgestaltet. Interessant ist ferner, dass letztlich alle Regelungen ausschließlich den rechtsverbindlichen Verkauf oder Kauf des Zielunternehmens als Gegenstand des Zustimmungsvorbehalts haben. Andere Vorgänge der Transaktion werden durch das Board grundsätzlich nicht reserviert bzw. überwacht. Lediglich das Beispiel der *Vodafone Group plc* hat gezeigt, dass es einen separaten Zustimmungsvorbehalt für die Transaktionskosten gibt. Dies belegt das Bewusstsein für die Kostenintensität von Unternehmenstransaktionen.

bb) Vielfalt der Ausgestaltung von Zustimmungsvorbehalten

Ferner kann man festhalten, dass in der Praxis von der eingeräumten Gestaltungsfreiheit hinsichtlich der Zustimmungsvorbehalte Gebrauch gemacht wurde.

[1423] Siehe oben die Frage nach der Anwendbarkeit von verhaltenssteuernden Merkmalen in Zustimmungsvorbehalten im deutschen Recht: B. I. 6.

Schon diese vier Beispiele offenbaren die Vielfalt der Ausgestaltungen, die von sehr einfachen bis zu eher komplexeren Regelungstatbeständen reichen können.

Die Wertgrenze mit einem Geldbetrag als quantifiziertem Anknüpfungswert und der Kaufpreis des Zielunternehmens als konkreter Geschäftswert sind dennoch die wesentlichen Tatbestandsmerkmale der Zustimmungsvorbehalte. Insgesamt findet man ähnliche Regelungen wie im ISCA-Leitfaden.

Überdies wird teilweise auch unabhängig vom Wert die strategische Bedeutung als Tatbestandsmerkmal gewählt. Dies zwingt die Manager dazu, dass sie gleichfalls bei Transaktionen unterhalb der Wertgrenzen prüfen müssen, ob sie die Zustimmung des ganzen Boards of Directors benötigen.[1424] Der Einwand, dass die „strategische Bedeutung" zu unbestimmt wäre, ist für die Company – anders als beim deutschen Aufsichtsrat – irrelevant, da das Board seine Befugnisse delegiert und sich demgemäß nicht an ein Bestimmtheitsgebot für die Zustimmungsvorbehalte vergleichbar zu § 111 Abs. 4 Satz 2 AktG halten muss.[1425]

4. Zwischenergebnis

Der CA 2006 und die Model Articles bieten den Direktoren einen großen Freiraum, wie sie die Geschäftsführung delegieren wollen („as they think fit"). Dies soll dem Umstand gerecht werden, dass jedes Unternehmen einzigartig ist. Die Praxis hat im Ergebnis Kataloge von reservierten Angelegenheiten – den Matters reserved – entwickelt, die nicht delegiert werden. Sie funktionieren in ihrer Wirkungsweise grundsätzlich wie die Zustimmungsvorbehalte des Aufsichtsrats gem. § 111 Abs. 4 Satz 2 AktG. Das Board muss nur für die vorgeschlagene Maßnahme seine Zustimmung erteilen oder verweigern. Umgekehrt bedeutet dies, dass das Management diese Maßnahme vorbereitet und durchführt. Das gilt besonders für den Komplex der Unternehmenstransaktion.

III. Besonderheiten bei den Private Companies

Die bisherigen Ausführungen, aber auch der UKCGC, beziehen sich primär auf börsennotierte Public Companies. Sie dominieren besonders mit ihrer wirtschaftlichen Größe die öffentliche Diskussion. Dabei stellen sie nicht einmal 1 % der britischen Companies dar. Die anderen über 99 % sind nicht börsennotierte, meist Private Companies.[1426] Die Mehrzahl davon ist von kleinerer bis mittlerer Größe. Wenige Private Companies haben große und komplexe Unternehmen. Allerdings stellen sie für die Volkswirtschaft des Vereinigten Königreichs, wie die GmbH in

---

[1424] Siehe oben zu der delegierten Befugnis: D. I. 2. a) cc) (1).

[1425] Siehe oben zum Bestimmtheitserfordernis: B. I. 1. c).

[1426] *Bloomfield*, Corporate Governance, S. 42.

Deutschland, einen unverzichtbaren Teil dar.[1427] Was jedoch unterscheidet das Board einer Private Company von dem einer Public Company?

Früher, im Jahr 1985, wurde hinsichtlich der Unterschiede zwischen beiden Boards noch von sekundären Details gesprochen.[1428] Danach (gleichgesetzt mit einem börsennotierten Unternehmen) musste sich das Board der Public Company anders als das einer Private Company um die externe Kommunikation mit Analysten, Brokern, Journalisten etc. kümmern. Währenddessen war die Private Company besonders durch die Restriktionen für den Transfer von Anteilen geprägt.[1429] Dies war die Rechtslage unter dem Companies Act 1980 und seitdem hat sich theoretisch und praktisch viel verändert.

Der Cadbury Report von 1992 und der daraus resultierende Vorgänger des UKCGC und seine Folgeversionen lösten vornehmlich für die börsennotierten Public Companies eine Weiterentwicklung der Rolle und Verantwortung des Boards aus. Heute muss sich ein Board einer Public Company mit dutzenden Corporate-Governance- und Compliance-Themen von der Vergütung der Manager bis zur Diversität beschäftigen.[1430] Dagegen blieben Private Companies lange Zeit relativ unbeachtet und somit von wirklich großen Entwicklungen unberührt.[1431] Deshalb können der Umfang und der Grad der Ausprägung einer Corporate Governance und damit auch hinsichtlich der Matters reserved im Bereich der Unternehmenstransaktion völlig unterschiedlich sein.[1432]

1. Umfangreichere Vielfalt von Strukturen

Insb. drei Faktoren führen zu einer großen Vielfalt von Strukturen der Private Company im Vergleich zur Public Company.

a) Fehlender direkter Einfluss des UKCGC

Private Companies können nicht börsennotiert sein und damit sind sie auch nicht Gegenstand etwaiger kapitalmarktrechtlicher Vorschriften. Als Konsequenz gibt es

[1427] *Tricker*, Corporate Governance, S. 284 f.

[1428] *Mills*, On The Board, S. 45: „The roles and responsibility of public and private company main boards differ only in secondary detail."

[1429] *Mills*, On The Board, S. 46.

[1430] Ein ausführlicher Überblick zum Thema der exekutiven Vergütung im Vereinigten Königreich und zur Beteiligung des Boards und der Gesellschafter findet sich bei *Petrin*, Comp. Law. 2015, 196 ff.

[1431] So wurde der erste offizielle Corporate-Governance-Leitfaden für große Private Companies erst im Jahr 2018 veröffentlicht: Siehe The Wates Corporate Governance Principles for large Private Companies, abrufbar siehe Fn. 1238; ferner *Davies*, ZGR 2001, 268, 274.

[1432] *Barber/Allen*, ICSA Corporate Governance, S. 383 f.

zumindest keine direkte Beschäftigung im Rahmen von „Comply or explain“ mit dem UKCGC 2018. Gleichwohl findet ein indirekter Einfluss statt.[1433]

Ferner gibt es eine staatliche Corporate-Governance-Guidance der FRC, die speziell für große Private Companies entwickelt wurde. Die „Wates Corporate Governance Principles for Large Private Companies“ („Wates Principles“) haben viele ähnliche, aber nicht so detailreiche Prinzipien und Empfehlungen wie der UKCGC 2018.[1434] Der Hintergrund dieses Leitfadens ist, dass seit 2018 gewisse (insb. Private) Companies nach Art. 26 der Companies (Miscellaneous Reporting) Regulations 2018 verpflichtet sind, ein Corporate-Governance-Statement abzugeben und gewisse Strukturen offenzulegen. Die Pflicht besteht für alle (nicht börsennotierten) Companies mit mehr als 2.000 Mitarbeitern und/oder einem Umsatz von £ 200 Mio. und einer Bilanz von £ 2 Mrd. Die Wates Principles sollen für diese betroffenen Private Companies eine freiwillige Orientierungshilfe darstellen.[1435]

b) Andere Gesellschafterstruktur: personelle Überschneidung

Die Gesellschafterstruktur der Private Company unterscheidet sich in der Regel stark von der Gesellschafterstruktur der Public Company. Die Private Company hat typischerweise eine geringe Anzahl an Gesellschaftern. Dies ist besonders § 755 Abs. 1 CA 2006 geschuldet. Regelmäßig hat eine natürliche Person alle Anteile und führt zugleich die Geschäfte.[1436] Die personelle Überschneidung von Management, Direktoren und Gesellschaftern führt häufig zu einer anderen Corporate-Governance-Kultur. Aufgrund dessen wird auch die Bedeutung von Sitzungen des Boards geringer bewertet.[1437]

Insgesamt ist das Verhältnis der Gesellschafter zur Gesellschaft deutlich enger und persönlicher als bei einer (börsennotierten) Public Company mit sehr vielen (untereinander unbekannten) Gesellschaftern mit unterschiedlich großen Beteiligungen. Überdies fallen in Konstellationen mit einer 100%-Beteiligung die Interessen etwaiger Minderheitsgesellschafter weg.[1438]

[1433] *Chambers*, Corporate Governance Handbook, A1.10; *Hopt/Leyens*, ECFR 2004, 135, 162 f.

[1434] The Wates Corporate Governance Principles for Large Private Companies, FRC 2018, abrufbar siehe Fn. 1238.

[1435] The Wates Corporate Governance Principles for Large Private Companies, FRC 2018, S. 5, abrufbar siehe Fn. 1238.

[1436] Diese und weitere Beispiele der „Stages of Ownership“ in: *Chambers*, Corporate Governance Handbook, B1.1 mit praktischen Erwägungen zur Private Company und ihrer Corporate Governance; *Barber/Allen*, ICSA Corporate Governance, S. 392 weisen in diesem Bereich auf die mögliche Problematik hinsichtlich Interessenkonflikten hin; *Bloomfield*, Corporate Governance, S. 43 f.; *Kershaw*, Company Law, S. 235.

[1437] *Chambers*, Corporate Governance Handbook, A7.2.

[1438] *Mallin*, Corporate Governance, S. 108.

c) Kleinere bis mittlere Unternehmensgröße: Kosten und Nutzen

Daneben sind – wie bereits angemerkt – üblicherweise die größeren Unternehmen im Vereinigten Königreich in der Form einer (börsennotierten) Public Company tätig, während die kleineren bis mittleren Unternehmen eher die Private Company als Rechtsträger wählen.[1439] Vornehmlich die Unternehmensgröße hat dabei Einfluss auf Fragen der Corporate Governance.[1440] Bestimmte Corporate-Governance-Strukturen sind teilweise mit erheblichen Kosten verbunden. Insgesamt tendieren demzufolge die kleineren bis mittleren Unternehmen grundsätzlich zu „einfacheren Corporate-Governance-Strukturen".[1441]

Auch der Gesetzgeber sah dies für die Private Company und hat deshalb im Vergleich mit der Public Company die sowieso geringen Regulierungsvorgaben weiter reduziert. Eine Private Company hat z. B. keine Pflicht zur Bestellung eines Company Sectretary[1442] nach § 270 Abs. 1 CA 2006, dessen Aufgabe es ist die Verwaltungs- und Compliance-Themen zu betreuen und dem (den) nichtexekutiven Direktor(en) zuzuarbeiten.[1443] Dagegen schreibt § 271 CA 2006 für die Public Company einen Company Secretary vor. Die Verhältnismäßigkeit der Kostenlast durch die Regulierung wird in diesem Fall aufgegriffen. Ferner gibt es Erleichterungen z. B. im Bereich der Finanzberichterstattung, Kapitalveränderungen und Durchführung von Gesellschafterversammlungen.[1444]

2. Kaum NEDs im Board der Private Company

Nun fragt sich, welche Bedeutung der fehlende direkte Einfluss des UKCGC, die andere Gesellschafterstruktur und ein stärkerer Fokus auf die Kosten auf die nichtexekutive Teilhabe von NEDs im Board of Directors von Private Companies haben. Diesbezüglich ist die Antwort wohl ebenso einer der größten Unterschiede zum Innenverhältnis der Public Company. Denn während das Board der (börsennotierten) Public Company grundsätzlich von NEDs dominiert wird, sind NEDs eher nicht oder in sehr geringer Anzahl in den Boards von kleineren bis mittleren

---

[1439] Corporate Governance Guidance and Principles for Unlisted Companies (IoD/ecoDA) 2010, S. 5; *Mills*, On The Board, S. 48 fasst es im Jahr 1985 noch wie folgt zusammen: „small in the UK normally means private".

[1440] *Bloomfield*, Corporate Governance, S. 45; *Chambers*, Corporate Governance Handbook, A7.2.

[1441] *Mallin*, Corporate Governance, S. 106: „simpler corporate governance structures".

[1442] Ausführlich zum Company Secretary: *Steinfeld et al.*, Blackstone's CA 2006, Rn. 11.05 ff. Bereits der Cadbury Report hebt die Bedeutung des Company Secretary für eine gute Corporate Governance hervor, Committee on the Financial Aspects of Corporate Governance, Code of Best Practice, 1992, Empfehlung 4.25 ff., abrufbar siehe Fn. 1244; ebenso Review of the role and effectiveness of non-executive directors, „Higgs-Bericht", 2003, Rn. 11.25, abrufbar siehe Fn. 1254.

[1443] *Cardale*, Guide Corporate Governance, Rn. 9.006.

[1444] Mehr dazu *Barber/Allen*, ICSA Corporate Governance, S. 384.

Private Companies vertreten.[1445] Zudem kann man einen Schritt weitergehen und feststellen, dass selbst für Private Companies mit einem Großunternehmen mit mehr als 500 Arbeitnehmern NEDs nicht zwangsläufig Teil des Boards sind. Zumindest nicht in einer überwiegenden Anzahl. Dieser Befund lässt sich aus den entsprechenden Praxisleitfäden und den Studien für britische KMUs gewinnen.[1446]

a) Praxisleitfäden

Es gibt für die Zusammensetzung des Boards für Private Companies zwei relevante Leitfäden. Zum einen den Wates-Leitfaden für große Private Companies ab 2.000 Mitarbeitern. Dieser empfiehlt für die betroffenen Companies lediglich, den Wert eines NEDs für das Unternehmen zu erwägen.[1447] Die staatliche Behörde FRC unterstellt demzufolge noch in der Größenordnung von 2.000 Arbeitnehmern, dass die typische monistische Struktur besteht, bei der das Board von exekutiven Direktoren besetzt ist und, wenn überhaupt, einzelne NEDs vorhanden sind. Eine Mehrheit von NEDs im Board wird nicht empfohlen und von der FRC wohl in der Realität auch nicht wahrgenommen.

Des Weiteren gibt es die Corporate Governance Guidance and Principles for Unlisted Companies[1448] des Institute of Directors (IoD) und der European Confederation of Directors' Associations (ecoDA) von 2010[1449]. Dieser Leitfaden empfiehlt, dass erst ab einer gewissen Unternehmensgröße NEDs hinzugefügt werden sollen. Danach kann es hauptsächlich zur Einrichtung einer NED-Position als Bedingung für Fremdkapital kommen.[1450] Ab welcher konkreten Unternehmensgröße hingegen ein NED empfohlen wird, lässt der Leitfaden wiederum offen.

b) Studien zur tatsächlichen Lage

Dieser allgemeine Erfahrungswert, dass erst Unternehmen mit einer gewissen Größe NEDs benötigen und folglich angetroffen werden, wird ebenfalls seit langem

---

[1445] *Chambers*, Corporate Governance Handbook, A7.2. spricht davon, dass NEDs als „expensive luxury" für kleinere Unternehmen im Vereinigten Königreich wahrgenommen werden; *Mallin*, Corporate Governance, S. 106.

[1446] Indes fehlt es an einer empirischen Studie, die alle Boards der Private Companies untersucht.

[1447] Principle 2, Board Composition, The Wates Corporate Governance Principles for Large Private Companies, FRC 2018, abrufbar siehe Fn. 1238.

[1448] Abrufbar unter https://www.iod.com/resources/factsheets/governance/4482/, zuletzt abgerufen am 24.11.2024.

[1449] *Barber/Allen*, ICSA Corporate Governance, S. 384: betont die praktische Relevanz dieser Guidance.

[1450] Corporate Governance Guidance and Principles for Unlisted Companies (IoD/ecoDA) 2010, S. 27; *Barber/Allen*, ICSA Corporate Governance, S. 389 f. schließen sich der Guidance an; ebenso *Mallin*, Corporate Governance, S. 108 f., der sie als „road map" beschreibt.

empirisch unterstützt. So hat eine Studie von 1979 von Booz Allen Hamilton ergeben, dass 46 % der kleineren bis mittleren Companies[1451] keinen NED haben und der Rest im Durchschnitt nur einen.[1452]

Eine weitere empirische Studie von Berry und Perren aus dem Jahr 2001 bestätigt dies mit einem eigenen Wert von 47 % der kleinen bis mittleren Companies, die keinen NED haben.[1453] Diejenigen Geschäftsführer (Managing Directors) ohne einen NED gaben bei der Studie von Berry und Perren mehrheitlich (55 %) an, dass für ihre Gesellschaft NEDs nicht notwendig seien.[1454] Ergänzend bezogen sich 18 % auf die Kosten.[1455] Des Weiteren sehen die mittleren Private Companies mit einem NED den Beitrag des NEDs für die Company allein in der Beratung.[1456] Dagegen wird eine Überwachung als relevanter Beitrag nicht einmal erörtert. Eine aktuellere empirische Studie bzgl. der NEDs in Private Companies gibt es zwar nicht, allerdings zeigen die o. g. Leitfäden von 2018 und 2010 keine Trendwende an.

c) Angleichung bei größeren Unternehmen

Auf der anderen Seite ist Folgendes zu erwähnen: Wenn ein internationales Großunternehmen zu einer Private Company gehört, nähern sich die Strukturen wieder denen der Public Company an. Als Beispiel dafür kann der internationale Tankstellenbetreiber *EG Group Limited* mit über 13.000 Arbeitnehmern genommen

---

1451 Bis 500 Arbeitnehmer und/oder £ 5 Millionen Umsatz.

1452 The Responsibilities and Contribution of Non-Executive Directors on the Boards of UK Companies, Booz-Allen & Hamilton/Institute of Directors, 1979; Ergebnisse der Studie abgedruckt in *Mills*, On The Board, S. 202 ff.

1453 *Berry/Perren*, JSBED 2001, 159, 163 haben 1.103 von 5.279 verschickten Umfragen an britische SMU ausgewertet, wonach nur 47 % der Unternehmen mit einer Größe von 200 bis 499 Arbeitnehmern einen NED haben.

1454 *Berry/Perren*, JSBED 2001, 159, 168 f.

1455 *Berry/Perren*, JSBED 2001, 159, 169. Weitere Punkte gegen einen NED waren: Mangel an Insiderwissen (15 %); nicht daran gedacht, einen zu ernennen (15 %); Schwierigkeit, die richtige Person zu finden (10 %); zu zeitaufwendig (10 %); Störung des Führungsteams (9 %); Verletzung der Privatsphäre (8 %); Verlust der Kontrolle (8 %); schlechte vorherige Erfahrungen mit NEDs (7 %); Verlust der Freiheit der exekutiven Direktoren (5 %); Mangel an Fachwissen (5 %); keine Kenntnis der Möglichkeit (5 %); keine Zeit etwas zu arrangieren (4 %).

1456 *Berry/Perren*, JSBED 2001, 159, 165, so wurde als Nutzen eines NED für die Company angegeben: externe Objektivität (73 %); strategischer Planungsprozess (50 %); finanzielle Expertise (33 %); operatives Fachwissen (31 %); Netzwerk von Kontakten (28 %); strukturierte Verfahren für das Board (28 %); Hilfe bei Wachstumsproblemen (16 %); Marketingunterstützung (14 %); Verbündeter im Board (13 %); reduzierte Boardkonflikte (11 %); Vertrauen bei den Geldgebern (11 %); prestigeträchtiger Name im Board (9 %); Hilfestellung beim Turnaround (7 %); Kundeninformationen bereitgestellt (7 %); Informationen über Wettbewerber bereitgestellt (4 %); Beratung beim Börsengang des Unternehmens (1 %).

werden, dessen Board sieben Direktoren hat, wovon nur zwei exekutive Direktoren sind.[1457]

d) Zwischenergebnis

Im Ergebnis folgen die Einrichtung und die Anzahl von NED-Positionen im Board of Directors der Unternehmensgröße des Unternehmens der Private Company.[1458] Es kann nicht abschließend geklärt werden, was die rechtstatsächliche Schwelle einer Unternehmensgröße mit einem starken Anteil von NEDs im Board ist. Indes sind die Boards of Directors von Unternehmen mit mehr als 500 oder auch 2000 Arbeitnehmern nicht zwangsläufig mit NEDs besetzt. Die Gesellschafter betrachten dabei vornehmlich das Kosten-Nutzen-Verhältnis eines NEDs und verneinen deswegen dessen Einrichtung wohl ebenso häufig.[1459] Darüber hinaus werden NEDs in diesem Bereich nicht als Überwacher, sondern ausschließlich als Berater der exekutiven Kräfte verstanden.

3. Matters reserved der Private Company bzgl. der Unternehmenstransaktion

Viele Private Companies orientieren sich hinsichtlich ihrer Corporate Governance an bekannten Corporate-Governance-Ansätzen[1460] und an vorhandenen Matters-reserved-Listen, die auch (zumindest subsumierbar[1461]) die Unternehmenstransaktionen als Gegenstand haben. Auf der anderen Seite ist es regelmäßig eine völlig andere Ausgangslage im Vergleich mit der Public Company, da die Private Company kein internationales Großunternehmen hat. Das Board wird folglich, wie bereits dargestellt, vornehmlich aus exekutiven Direktoren besetzt sein. Insgesamt verlieren die reservierten Angelegenheiten („Matters reserved") des Boards durch das Verschwimmen der unterschiedlichen Organe in einzelne Personen ihre praktische und rechtliche Bedeutung.

[1457] Siehe https://www.eg.group/the-board-and-group-executive/, zuletzt abgerufen am 24.11.2024; ferner werden die großen Private Companies auch immer mehr zum diskutierten Gegenstand möglicher Corporate-Governance-Reformen, besonders seit der Private-Equity-Trend zu einer Privatisierung von großen Unternehmen geführt hat, dazu: *Barber/Allen*, ICSA Corporate Governance, S. 383.

[1458] *Berry/Perren*, JSBED 2001, 159, 168 f.

[1459] *Chambers*, Corporate Governance Handbook, A7.2 spricht davon, dass NEDs als „expensive luxury" für kleinere Unternehmen wahrgenommen werden; *Mallin*, Corporate Governance, S. 106.

[1460] Auch die Wates Corporate Governance Principles for Large Private Companies, FRC 2018, S. 15, 18, abrufbar siehe Fn. 1238, gehen darauf ein, dass das Board of Directors klare Zuständigkeiten haben soll. Allerdings sprechen sie nicht direkt die Matters reserved im Hinblick auf Unternehmenstransaktionen an.

[1461] *Chambers*, Corporate Governance Handbook, B1.1 spricht von „Material Transactions".

In jedem Fall schlägt die Praxisliteratur dennoch deutlich vor, dass sich jede Company, gleichgültig wie klein sie ist, mit den Fragen der Matters reserved und der Delegation auseinandersetzen und klare Leitlinien definieren sollte.[1462] Ein relevanter Leitfaden und Empfehlungen für Private Companies (und nicht gelistete Public Companies) findet sich ebenfalls in der Corporate Governance Guidance and Principles for Unlisted Companies vom Institute of Directors (IoD) aus dem Jahr 2010. Dieser Leitfaden beleuchtet auch die Matters reserved. Der Leitfaden unterscheidet dabei zwischen den Matters reserved der Gesellschafter[1463] und des Boards. Für die des Boards heißt es dort u. a.: „Approval of major corporate actions (e. g. acquisitions, disposals, commencing or terminating of business activities)".[1464] Im Rahmen dieser Formulierung kann man unter den abstrakten Begriff der wichtigen Erwerbungen und Veräußerungen die Zustimmung zur Unternehmenstransaktion subsumieren, jedoch fehlt es an einer ausdrücklichen Nennung.

Indes kann man bei einer lebensnahen Betrachtung für das relevante Beispiel der Unternehmenstransaktion oder auch für andere wichtige Vorgänge davon ausgehen, dass das Board von kleineren bis mittleren Private Companies praktisch immer in die Umsetzung und Entscheidung eingebunden ist. Das Board übernimmt in solchen Unternehmen mehr Geschäftsführungsaufgaben selbst ohne Delegierung.[1465] Allerdings besteht das Board of Directors nur oder zumindest mehrheitlich aus exekutiven Direktoren. Es handelt sich eben nicht um eine nichtexekutive Beteiligung wie beim Aufsichtsrat.

IV. Vergleich und Erkenntnisse

Im Folgenden werden die Ergebnisse dieses Kapitels mit den Ergebnissen der vorangegangenen Kapitel (B./C.) verglichen. Es geht dabei im Allgemeinen um den Vergleich des deutschen dualistischen Systems mit dem englischen monistischen System im Hinblick auf die Zuständigkeitsverteilung von Leitung und Überwachung und im Spezielleren um die nichtexekutive Überwachung und Beteiligung am Beispiel der Unternehmenstransaktion.

[1462] *Chambers*, Corporate Governance Handbook, B1.1; *Barber/Allen*, ICSA Corporate Governance, S. 388.

[1463] Das Prinzip 1 bezieht sich u. a. auf die Matters reserved für die Gesellschafter und besagt, dass die Gesellschafter einen angemessenen „Verfassungs- und Governance-Rahmen" für die Company schaffen sollen, siehe dazu Corporate Governance Guidance and Principles for Unlisted Companies (IoD/ecoDA) 2010, S. 22.

[1464] Corporate Governance Guidance and Principles for Unlisted Companies (IoD/ecoDA) 2010, S. 25.

[1465] *Kershaw*, Company Law, S. 236.

1. Allgemeine Erwägungen

Es soll an dieser Stelle wieder betont werden, dass anders als beim deutschen Recht viele Ausführungen zur Public Company generell für die Company gelten und sich häufig zwischen Private and Public Company kein rechtlicher Unterschied ergibt.

a) Public Company vs. AG

Dieses Kapitel war vor allem von den umfangreichen Freiheiten des Company-Rechts geprägt.[1466] Zwingende Normen sind kaum vorhanden. Dies erlaubt es der englischen Public Company, flexibel auf die Wünsche der Gesellschafterversammlung einzugehen und verschiedenste privatautonome Ausgestaltungen anzunehmen.[1467] Der CA 2006 schweigt größtenteils über die Zuständigkeiten und Funktionen des Boards oder der Gesellschafterversammlung. Keine einzige Norm des CA 2006 widmet sich den NEDs oder den Matters reserved des Boards. Der Walker-Bericht hat im Fall von NEDs ausdrücklich vor einer legislativen Ausfüllung gewarnt und sah die Gefahr fehlender Flexibilität und einer Schwächung des monistischen kollektiven Systems des Boards of Directors.[1468] Es fehlt in anderen Worten die deutsche „Schwarz-Weiß"-Betrachtung im Board, ob eine Person zwingend exekutiv oder nichtexekutiv sein soll.[1469]

Ein Beispiel für diese Flexibilität ist die Möglichkeit eines hybriden Direktors. Grundsätzlich ist dieser als NED für die Company zuständig, aber bei Bedarf kann er ohne formalistischen Aufwand ebenso Geschäftsführungsaufgaben übernehmen. Dass ein deutscher Aufsichtsrat Aufgaben übernimmt, die Teil der Geschäftsführung sind, ist dagegen gem. § 111 Abs. 4 Satz 1 AktG ausdrücklich und zwingend nicht möglich. Gleichfalls wäre es einem NED – anders als einem Aufsichtsratsmitglied – theoretisch möglich, eine Initiative im Bereich der Geschäftsführung im Board zu starten.[1470]

Lediglich die Frage der Verantwortung wird bei dem Board of Directors nicht delegierbar verortet.[1471] Dies ist in dem Bedürfnis des Rechtsverkehrs – insb. der Gesellschafter und Gläubiger der Gesellschaft – nach einer klaren Letztverantwortlichkeit begründet. Bei der deutschen AG wird diese Verantwortung bei wichtigen Angelegenheiten – insb. durch die Zustimmungsvorbehalte nach § 111 Abs. 4 Satz 2 AktG – geteilt und nicht allein dem Aufsichtsrat oder dem Vorstand

[1466] *Hopt/Leyens*, ECFR 2004, 135, 149.

[1467] Siehe oben: D. I. 2. b).

[1468] A review of corporate governance in UK banks and financial industry entities, „Walker-Bericht", Rn. 2.9, abrufbar siehe Fn. 29.

[1469] *Jungmann*, ECFR 2006, 426, 437.

[1470] *Hopt/Leyens*, ECFR 2004, 135, 150.

[1471] Siehe oben: D. I. 2. a) bb) (1) und (2).

zugewiesen. Dabei trägt der Vorstand selbst bei der Zustimmung des Aufsichtsrats die alleinige Verantwortung, ob er das Geschäft weiter durchführen will.[1472] Ferner erlegt das deutsche System dem AG-Aufsichtsrat mit Rücksicht auf die Leitungsverantwortung des Vorstands ein Geschäftsführungsverbot (§ 111 Abs. 4 Satz 1 AktG) auf, welches durch die Satzungsstrenge gem. § 23 Abs. 5 AktG nicht privatautonom abgeändert werden kann.[1473]

aa) Gründe für die verschiedenen Ansätze

Die Frage, warum beide Systeme so grundlegend verschieden sind, ist schwierig zu beantworten, da die jeweilige Pfadabhängigkeit[1474] unterschiedlich ist. Nichtsdestotrotz kann man drei Ebenen identifizieren, die ihren Beitrag zur Verschiedenheit geleistet haben.

(1) Historisch gewachsene Kulturunterschiede

Das britische bzw. englische Recht verfolgt einen deutlich anderen Ansatz bei der Regulierung ihrer Kapitalgesellschaften. Nicht nur werden die Public und die Private Company im gleichen Gesetz geregelt, sie werden auch deutlich schwächer reguliert. Dies gilt ganz besonders für die Public Company im Vergleich mit der deutschen AG. Das folgende Zitat verdeutlicht dies:

> „The unified approach of the CA 2006 seems feasible because, although British public companies are more regulated than private companies, the British legislation has always had less ambitious regulatory goals for public companies than our continental counterparts.“[1475]

Dieses Zitat fasst sehr gut die Geisteshaltung des Company-Rechts für die Public Company, aber auch für die Private Company zusammen. Der britische Gesetzgeber ist sich der Möglichkeit einer höheren Regulierung bewusst und hat sich gleichwohl dagegen entschieden. Diese fehlenden „Ambitionen“ folgen nicht aus einer Trägheit, sondern aus der Überzeugung, dass die privatautonome Gestaltungsfreiheit im Innenverhältnis der beste Ansatz ist. Die Bandbreite an möglichen Unternehmen ist schlicht zu groß. Dies gilt besonders, wenn man die Kapitalgesellschaften nur in einem Gesetz – dem Companies Act – regeln will und eigene Gesetze für Spezialgesellschaften ablehnt.[1476] Die empfohlene generelle und freiwillige Corporate-

[1472] *Semler*, Leitung und Überwachung, S. 121.

[1473] *Henssler*, in: Henssler/Strohn, Gesellschaftsrecht, AktG, § 111 Rn. 2; *Hopt*, in: FS Hüffer, 2010, 355, 355 spricht davon, dass „das deutsche Aktiengesetz eine umfassende Regelung der Materie [anstrebt] und bekanntlich ganz im Gegensatz zu vielen Rechtsordnungen nur wenig Spielraum für die Satzungsgestaltung [lässt].“

[1474] *Hopt/Leyens*, ECFR 2004, 135, 161 zur Theorie der „Path Dependence“.

[1475] *Davies/Worthington/Hare*, in: Gower, Company Law, Rn. 1.019.

[1476] *Davies*, ZGR 2001, 268, 277 sieht das als maßgeblichen Grund für die Flexibilität des englischen Gesellschaftsrechts.

Governance-Struktur der Model Articles wird dagegen wegen ihrer Praktikabilität und Marktpraxis sowieso von den meisten Companies gewählt.[1477] Es besteht aus der englischen Perspektive folglich keine Not für zwingendes Recht. In Anbetracht dieses konsequenten Ansatzes erscheint es angemessen und nicht übertrieben, von einem Flexibilitätsgebot des Company-Rechts zu sprechen.[1478]

Ein wesentlicher Teil dieser liberalen Philosophie ist das Vertrauen auf effiziente Entscheider in der Praxis. Wenn man sich vor Augen hält, dass es theoretisch möglich wäre, dass die Gesellschafterversammlung der größten börsennotierten Public Company mit einem internationalen Großunternehmen die Geschäftsführung übernimmt, könnte man schnell die Frage stellen, ob dies nicht durch eine feste Aufteilung verhindert werden sollte, da dies dem Unternehmen, Gläubigern und Minderheitsgesellschaftern schaden könnte. Allerdings wird an dieser Stelle darauf vertraut, dass keine entsprechende Gesellschafterversammlung sich mit der Geschäftsführung beschäftigen wird. Es ist höchst unwahrscheinlich und damit schlichtweg nicht relevant. Vielmehr geht man davon aus, dass sich eine Praxis entwickelt und sich Unternehmen daran orientieren.[1479] Etwaige Abweichungen von der Marktpraxis können einen faktischen Begründungsdruck gegenüber Gesellschaftern oder anderen Stakeholdern auslösen und demzufolge gibt es zumindest einen faktischen Druck, gewisse Standards einzuhalten, aber eben ohne rechtlichen Zwang.[1480] Diese liberale Philosophie beruht sicherlich auf historischen Gründen.[1481] Die teilweise Skepsis gegenüber Ideen aus Kontinentaleuropa wurde ebenfalls als Bestätigung für den eigenen Ansatz genutzt. Diese Skepsis betraf ganz besonders Ideen aus dem deutschen Rechtssystem.[1482] Die heutige englische Gesellschaftsrechtsliteratur greift immer noch gerne das deutsche Gesellschaftsrecht, besonders das AktG, auf, um das Gegenteil einer eher dispositiven geprägten Gestaltungsstruktur aufzuzeigen.[1483]

[1477] Siehe ausführlich: *Hardman*, Articles of Association in UK Private Companies: An Empirical Leximetric Study, 2021.

[1478] Siehe oben: D. I. 2. b) aa).

[1479] Siehe oben als Beispiel die Einräumung der Kompetenz-Kompetenz für die Gesellschafter der Public Company: D. I. 2. a) aa) (2).

[1480] Indes kann dieser faktische Druck auch zum unerwünschten „Box Ticking" führen, dazu Committee on Corporate Governance, „Hampel-Bericht", 1998, Rn. 1.12 ff., abrufbar siehe Fn. 1252; *Reddy*, MLR 2019, 692, 698 ff.; *Davies*, ZGR 2001, 268, 278 f.

[1481] Siehe oben: D. I. 1.; ferner *Davies*, ZGR 2001, 268, 270 ff.

[1482] *Mills*, On The Board, S. 69 ff. z. B. bewertet den deutschen Ansatz der zwingenden dualen Organisation von Aufsichtsrat und Vorstand als negativ und sieht deshalb auch den englischen Ansatz als stärker an.

[1483] Wie z. B. *Davies/Worthington/Hare*, in: Gower, Company Law, Rn. 1.019, Rn. 3.010, die auf die zwingende duale Struktur der deutschen AG verweisen. Sie erwähnen allerdings auch, dass das GmbH-Recht wiederum mehr Gestaltungsfreiraum bietet; zudem wird heutzutage durch Regulierung z. B. im Kapitalmarktrecht der englische Ansatz immer wieder aufgeweicht und teilweise auch generell angezweifelt, dazu: *Chiu*, JBL 2009, 697, 699 ff.

Das deutsche Aktienrecht ähnelte dagegen bis zum Aktiengesetz von 1937 dem englischen flexiblen Ansatz im Verhältnis von Aufsichtsrat und Vorstand.[1484] Der Wendepunkt waren die Verankerung der Leitungsverantwortung und die Implementierung des sog. Führerprinzips zugunsten des Vorstands im Aktienrecht.[1485] Mit dieser Entscheidung wurde eine unflexible und zwingende Ausgangssituation geschaffen. Der demokratische Nachkriegsgesetzgeber kippte zwar das Führerprinzip im Sinne, dass nur eine Person im Zentrum steht, und führte das Kollegialprinzip ein, aber er rüttelte nicht an der strengen alleinigen Leitungsverantwortung des Vorstands und all ihrer Folgen.[1486]

[1484] Vor der Machtergreifung und dem AktG von 1937 herrschte auch im deutschen Gesellschaftsrecht ein liberaler Zeitgeist mit einer Generalversammlung (assemblée générale), die das höchste Willens- und Entscheidungsorgan der AG war, *Hüffer*, in: Bayer/Habersack, Aktienrecht im Wandel, Band II, S. 340; *Fleischer*, in: Bayer/Habersack, Aktienrecht im Wandel, Band II, S. 433 f.; *Hofer*, in: Bayer/Habersack, Aktienrecht im Wandel, Band I, S. 411; ferner *Spindler*, AG 1998, 53, 55, der ebenfalls die Flexibilität des deutschen Aktienrecht vor dem AktG von 1973 hervorhebt.

[1485] Die Beweggründe des damaligen Gesetzgebers des AktG von 1937 für die alleinige Leitungsverantwortung des Vorstands einerseits und für das Geschäftsführungsverbot des Aufsichtsrats andererseits kann man in zwei Gruppen unterteilen, die sich jedoch in diesem Fall nicht gegenseitig ausschließen, sondern auch ineinander überlaufen. Die eine Gruppe war bemüht, ein effektives Modell zu finden, das in einem unabhängigen Vorstand mit Leitungsautonomie und fehlendem umfangreichem Einfluss des Aufsichtsrats gesehen wurde, dazu: *Klausing* (Hrsg.), AktG 1937 mit Amtl. Begründung, 1937, S. 3, 60; *Bayer/Engelke*, in: Bayer/Habersack, Aktienrecht im Wandel, Band I, S. 647 f. Diese Überlegungen gab es bereits in Zeiten der Weimarer Republik und es wurde daran teilweise angesetzt, dazu: *Kropff*, in: Bayer/Habersack, Aktienrecht im Wandel, Band I, S. 698 ff.; *Koch*, in: 50 Jahre AktG, 2016, 65, 66. Die andere Gruppe war vor allem von der nationalsozialistischen Ideologie getrieben und wollte das Führerprinzip für den Vorstand im AktG von 1937 verankern, dazu: *Hopt/Roth*, in: Großkomm. AktG, Band 5, § 111 Rn. 5; *Hein*, ZHR 166, (2002), 464, 474; *Thiessen*, AG 2013, 573, 574 ff. Dies hatte, dem Inhalt des Führerprinzips geschuldet, gleichwohl Auswirkungen auf die Reichweite und die Beteiligung des Aufsichtsrats besonders für die Zustimmungsvorbehalte, siehe dazu aus der damaligen Zeit: *Schubert/Schmid/Regge (*Hrsg.), Akademie f. Deutsches Recht 1933–1945, Protokolle Ausschüsse, Band 1, Aktienrecht, 1986, S. 157; *Schlegelberger*, Die Erneuerung des Deutschen Aktienrechts, 1935, S. 28; *W. Schmidt*, Umgestaltung der Satzungen der AG nach dem neuen Aktiengesetz, 1937; *ders.*, in: Großkomm. AktG, 1939, § 95, Rn. 20; *Geßler*, JW 1937, 497, 498; *Möhring/Schwartz*, Satzungsgestaltung nach neuem Aktienrecht, 1938, S. 99 f.; rückblickend: *Fleischer*, BB 2013, 835, 836.

[1486] Allerdings wird in der Nachkriegsliteratur das „Primat des Vorstands" (ob als Individuum oder Gruppe) auch nach der Novelle von 1965 immer noch in Verbindung mit dem Führerprinzip des AktG von 1937 gestellt: *v. Mettenheim*, DB 1977, 447, 448 f. Vor der Novelle wird noch sehr ausdrücklich vom sog. „Führerprinzip" gesprochen, *Hueck*, BB 1953, 325, 327. Die Begründung oder die Berichte zum AktG 1965 äußern sich beim § 76 AktG nicht zum ideologischen Erbe des AktG von 1937, siehe: *Kropff* (Hrsg.), AktG von 1965, S. 97 f. Zur damaligen Beurteilung der Zustimmungsvorbehalte: *Baumbach/Hueck*, AktG, 13. Aufl. 1968, § 111 Rn. 11; *Geßler*, in: Geßler/Hefermehl, AktG, 1973, Band 2, § 111 Rn. 66.

(2) Einfluss des dualistischen oder monistischen Systems auf das Denken

Man kann bei der Warum-Frage hinsichtlich der Flexibilität einerseits und der zwingenden Ausgestaltung andererseits nicht die Systemfrage ignorieren.

Wenn man nun die Ausführungen zum Company-Recht mit dem deutschen Aktienrecht vergleicht, kommt einem das deutsche Aktienrecht wie ein engmaschiges Korsett vor. Das Geschäftsführungsverbot des Aufsichtsrats oder auch der Hauptversammlung mit den entsprechenden Ausnahmen und die alleinige Leitungsverantwortung des Vorstands führen zu einer streng aufgeteilten Macht innerhalb der AG. Das erlaubt dem Vorstand, unabhängig zu sein mit all den Vorteilen und Nachteilen einer solchen Regelung. Diese saubere Trennung der Zuständigkeitsverteilung wird gerade in der Nachkriegszeit als Kennzeichen des dualistischen Systems verstanden.[1487]

Aus der englischen Perspektive wird das dualistische System kritisiert, weil die nichtexekutiven Mitglieder des Aufsichtsorgans zu weit entfernt („too far removed") von den täglichen Entscheidungsträgern seien und ihnen aufgrund dieser Distanz Wissen und Erfahrung für die effektive Kontrolle fehlten. Die monistische Struktur des Boards erhöhe dagegen die Wahrscheinlichkeit, das zu verhindern.[1488] Allerdings gibt es gleichwohl gegenteilige Stimmen, wonach diese Ablehnung der dualistischen Struktur wieder auf eine generelle Skepsis bzw. fehlendes Vertrauen auf Ideen aus Kontinentaleuropa basiert.[1489]

Der Streit der beiden Systeme geht ebenso mit der Frage der Effektivität und entsprechender Studien einher.[1490] Jedoch geht es an dieser Stelle nicht um die Frage nach einer höheren Effektivität eines der beiden Systeme. Vielmehr geht es darum, dass mit der Systemfrage ein gewisses – fast reflexartiges – Denken und eine Voreingenommenheit über weitere Fragen der Corporate Governance mit angelegt werden und die nationale Debatte maßgeblich beeinflussen. Der Dualismus führt

---

[1487] *Lutter*, in: Bayer/Habersack, Aktienrecht im Wandel, Band II, Rn. 64, 79; *Spindler*, in: MüKo AktG Vorbemerkung § 76 Rn. 18; *Kort*, in: Großkomm. AktG, Band 4/1, § 76 Rn. 21.

[1488] *Barber/Allen*, ICSA Corporate Governance, S. 48 merken an, dass es hinsichtlich der Grundfrage nach dem dualistischen oder monistischen System keine richtige oder falsche Antwort gibt, und weisen darauf hin, dass z. B. beim *NHS Foundation Trust* eine dualistische Struktur gewählt wurde; ähnlich *Mallin*, Corporate Governance, S. 280 f.; dagegen *Mills*, On The Board, S. 69, 218 f., der sehr kritisch gegenüber dem dualistischen System ist und die deutsche Arbeitnehmermitbestimmung mit einer ansteckenden Bronchitis vergleicht; ebenfalls ablehnend: A review of corporate governance in UK banks and financial industry entities, „Walker-Bericht", Rn. 2.6, abrufbar siehe Fn. 29.

[1489] So *Robertson*, Hume Papers Vol. 3, 1995, 1, 4: „in part the dislike (in the UK) probably stems from mistrust of ‚continental European' ideas." Ferner ist *Robertson* dem dualistischen System deutlich offener gegenüber und sieht darin die Chance, dass das Management sich mehr Mühe gibt; ebenso positiv: *Shaw*, Hume Papers Vol. 1, 1993, 20 ff.; *Wooldridge*, in: Feldmann/Meisel, CCL, S. 55, der jedoch anmerkt, dass es für eine verpflichtende Struktur im englischen System zu spät sei.

[1490] So stellt *Jungmann*, ECFR 2006, 426, 447 ff. keine Unterschiede in der Effektivität fest und diskutiert ausführlich die Stärken und Schwächen von beiden Systemen.

reflexartig zur zwingenden Aufteilung der Aufgaben, wobei die Betonung auf „zwingend“ liegt. Warum ein dualistisches System begründen, wenn es doch keine Grenze gibt? Umgekehrt gilt: Warum ein monistisches System mit einem Board, wenn manche Direktoren bestimmte Maßnahmen nicht ausführen dürfen? Das System bestimmt das Denken und die Möglichkeiten der Rechtsanwender. Es ist mit anderen Worten eine Voreingenommenheit für das eigene System, die wie ein Argument in der Debatte wirkt.

Als ein Beispiel von der englischen Seite kann man die Frage nehmen, ob man legislativ – z. B. im CA 2006 – die Aufgabe oder zumindest etwas bzgl. der NEDs klären sollte. Immerhin gibt es keinerlei gesetzliche Ausfüllung oder Sonderregelung zu ihnen. In diesem Zusammenhang vermerkt der prominente Walker-Bericht hingegen, dass dies gerade die monistische Struktur gefährden würde:

> „In particular, a legislative approach would weaken and could undermine the concept and practice of the unitary board and the associated common accountabilities of executive and non-executive directors alike to all shareholders.“[1491]

Der Erhalt und die Reinheit des monistischen Systems werden an dieser Stelle zum Argument. Freilich bezieht sich das auch auf die Argumente für das System, wie z. B. die gemeinsame Rechenschaftspflicht gegenüber den Gesellschaftern,[1492] aber eben auch auf das System selbst.

(3) Deutsche Arbeitnehmermitbestimmung

Allerdings steckt hinter der Flexibilität im Vereinigten Königreich und der zwingenden Unternehmensverfassung der AG in Deutschland ebenso die starke deutsche Arbeitnehmermitbestimmung.[1493] Denn die Bedeutung des Geschäftsführungsverbots gem. § 111 Abs. 4 Satz 1 AktG hat sich von der Anteilseignerseite erhöht, als die Arbeitnehmermitbestimmung ausgeweitet wurde. Ohne das Geschäftsführungsverbot könnten nämlich Arbeitnehmervertreter im Aufsichtsrat mehr Kontrolle über die Geschäftsführung erlangen. Für die Gesellschafterseite ist demnach eine zwingende gesetzliche Einschränkung sinnvoll, weil man sein Eigenkapitalinvestment so vor nachteiligen Maßnahmen schützen kann. Durch die zwingende Unternehmensverfassung der AG kann der Vorstand trotz eines mitbestimmten Aufsichtsrats mit Arbeitnehmervertretern unabhängig das Geschäft der AG i. S. d. Unternehmensinteresses führen. Sämtliche Flexibilisierungsreformen müssten sich demnach mit der Arbeitnehmermitbestimmung und dem Kontrollwunsch aus Gesellschaftersicht in Einklang bringen lassen.[1494] Mit einer alleinigen

---

[1491] A review of corporate governance in UK banks and financial industry entities, „Walker-Bericht“, Rn. 2.9, abrufbar siehe Fn. 29.

[1492] Siehe oben: D. I. 2. a) bb) (2) und (3).

[1493] *Hopt/Leyens*, ECFR 2004, 135, 146.

[1494] Dies gilt auch exemplarisch für die Zustimmungsvorbehalte gem. § 111 Abs. 4 Satz 2 AktG. Dies zeigt sich anhand ihrer eigenen Geschichte. Als eine Folge der Einführung der

Leitungsverantwortung des Vorstands und dem Geschäftsführungsverbot des Aufsichtsrats ist man allerdings sicher, dass es nicht zu einem massiven Kontrollverlust der Anteilseigner kommen würde. Es schafft deshalb gleichfalls eine Akzeptanz für die Arbeitnehmermitbestimmung. Insofern ist die Mitbestimmung besonders aus heutiger Perspektive die Grenze für eine flexible Struktur im Innenverhältnis der AG.[1495]

Die englische Perspektive kennt dieses Problem schlicht nicht. Bis auf die freiwilligen Empfehlungen im UKCGC 2018[1496] gibt es keine Arbeitnehmermitbestimmung im Board of Directors. Die Gesellschafter einer Company müssen folglich nicht besorgt sein, einen Teil der Kontrolle über das Unternehmen zu verlieren.[1497]

bb) Allgemeine Erkenntnisse

(1) Deutsches Modell als Standard für internationale Großunternehmen

Es wird teilweise eine sog. Konvergenzbewegung beobachtet, wonach sich das dualistische System auf das monistische System zubewegt und das dualistische System auf das monistische System.[1498] Für das englische System werden als Ausdruck der Konvergenzbewegung vornehmlich die höhere Anzahl von NEDs in den Boards und die Ausschüsse, die nur mit NEDs besetzt sein sollen, angeführt. Für das

---

paritätischen Mitbestimmung im Jahr 1976 reduzierten sich nämlich die Zustimmungsvorbehalte in den Satzungen, siehe dazu: BDA, Arbeitskreis Mitbestimmung, 1976, S. 16; rückblickend: *Schiessl*, AG 2002, 593, 596 f. Alternativ wurde sogar komplett auf die Zustimmungsvorbehalte verzichtet, dazu: *Kropff*, in: Semler, Reformbedarf Aktienrecht, 1994, S. 3, 20; *Semler*, in: FS Doralt, 2004, 609, 610; *Lange*, DStR 2003, 376, 376. Demnach hatten im Jahr 1980 lediglich ca. zwei Drittel der mitbestimmten Aktiengesellschaften Zustimmungsvorbehalte, dazu: *Steinmann/Gerum*, AG 1980, 1, 6; *Habersack*, NZG 2020, 881, 883. Neben der Motivation, Verhinderungsmöglichkeiten zu vermeiden, wollte man sich dadurch auch der Gefahr entziehen, dass die Zustimmungsentscheidung von arbeitspolitischen Bedingungen abhängig gemacht wird, dazu: *Fonk*, ZGR 2006, 841, 843. Auf der anderen Seite blieb dieses Manöver nicht von den Gewerkschaften unberücksichtigt. Der Deutsche Gewerkschaftsbund legte einen Gesetzentwurf für ein Mitbestimmungsgesetz von 1982 vor, der ein verpflichtendes Minimum von Zustimmungsvorbehalten enthielt: DGB, Entwurf abgedruckt in AG 1982. Der Gesetzgeber von 1982 handelte indes nicht; ferner äußerten Vertreter der Wissenschaft ihre entsprechende Ablehnung: *Langenberg*, DB 1984, 1765, 1767 f.; *Schwark*, AG 1983, 303, 308 f.

1495 *Hopt/Leyens*, ECFR 2004, 135, 146 sehen die Mitbestimmung als wesentliche Grenze für die Ausgestaltung einer monistischen Struktur in Deutschland, weil die Gesellschafter nicht zulassen würden, dass die Arbeitnehmervertreter bei allen Entscheidungen mitbestimmen können.

1496 Siehe oben: D. I. 2. a) ee).

1497 *Moore/Petrin*, Corporate Governance, S. 21; *Davies*, ZGR 2001, 268, 269; *Mallin*, Corporate Governance, S. 93.

1498 *Hopt/Roth*, in: Großkomm. AktG, Band 5, § 111 Rn. 89 ff.; gegen die Konvergenzthese: *Davies*, ZGR 2001, 268, 283 ff.

deutsche System wird auf die nicht mehr so strenge Aufteilung der Geschäftsführung, die Beratungsaufgabe und die Weiterentwicklung des Aufsichtsrats abgestellt.[1499] Grundsätzlich ist dem so zuzustimmen. Immerhin führte z.B. das TransPuG zu einer Zustimmungsvorbehaltspflicht und stärkte die unternehmerische Mitverantwortung des Aufsichtsrats.[1500]

Andererseits war das deutsche System nie rein dualistisch geprägt.[1501] Die Zustimmungsvorbehalte als Lockerung der dualen Struktur waren von Anfang an Teil des AktG von 1937.[1502] Ebenfalls rechtstatsächlich hinsichtlich der Beratungsfunktion fand stets mehrheitlich eine zukunftsgerichtete Beratung in den deutschen Aufsichtsräten, auch vor der BGH-Entscheidung,[1503] die eine Beratungspflicht formulierte, statt.[1504]

Das deutsche Recht hatte somit nie einen reinen Dualismus, sondern von Anfang an einen teilweise gelockerten Dualismus. Es gab zwar weitere Lockerungen des Dualismus seit dem AktG von 1937, was man unter die Konvergenz fassen kann. Der Rechtsvergleich zeigt indes, dass das Modell des deutschen Dualismus mit einer teilweisen Lockerung für die internationalen Großunternehmen typischerweise die passendste Verwaltungsstruktur im Innenverhältnis bietet.

Im deutschen Recht wird teilweise bereits anerkannt, dass der deutsche Ansatz des Dualismus für Großunternehmen von Vorteil ist.[1505] Sofern diese Ansichten

---

[1499] *Hopt/Roth*, in: Großkomm. AktG, Band 5, § 111 Rn. 90 f.

[1500] Siehe oben: B. I. 2. b); *Hopt/Roth*, in: Großkomm. AktG, Band 5, § 111 Rn. 91.

[1501] Darauf weist allgemein *Hopt/Roth*, in: Großkomm. AktG, Band 5, § 111 Rn. 588, 590, 605 hin; gleichfalls weitere Gesetzesvorhaben neben dem TransPuG wie das KonTraG, dazu: *Deilmann*, in: FS Sandrock, 2000, 165, 165 ff.; *Pahlke*, NJW 2002, 1680, 1680 ff.; UMAG, VorstAG, dazu: *Dauner-Lieb et al.*, DB 2010, 377, 381 ff., FISG und der DCGK weisen dem Aufsichtsrat eine viel stärkere und aufgewertete Bedeutung zu, dazu allgemein: *Lutter*, DB 2009, 775, 775; *Hopt/Roth*, in: Großkomm. AktG, Band 5, § 95 Rn. 11; *Seibert*, in: FS Hommelhoff, 2012, 1111, 1111 ff. Diese allgemeine Dynamik des Aktienrechts kommt von dem sich wandelnden wirtschaftlichen Rahmen und setzt sich weiter fort, sodass bereits *Zöllner*, AG 1994, 336, 336 von der „Aktienrechtsreform in Permanenz" spricht, dazu *Seibert*, AG 2002, 417, 420; *Habersack*, AG 2009, 1, 1 ff.

[1502] *Fleischer*, BB 2013, 835, 836 ff.; *Brouwer*, Zustimmungsvorbehalte, S. 48 f., 58 beschreibt die Zustimmungsvorbehalte des Aufsichtsrats als „Lockerung des aktienrechtlichen Gewaltenteilungsprinzips".

[1503] BGH, Urteil v. 25.03.1991 – II ZR 188/89, BGHZ 114, 127, 127 ff.

[1504] Bereits in *Passow*, Aktiengesellschaft Studie 1922, S. 438 wird auf die beratende und unterstützende Tätigkeit des Aufsichtsrats unter alter Rechtslage im HGB Bezug genommen; *Martens*, BB 1973, 1118, 1121 ist zeitlich nicht weit entfernt von der 1965er-Reform, die grundsätzlich die Situation des AktG von 1937 bestätigt, und führt in dieser Hinsicht aus: „Das Schwergewicht der Aufsichtsratstätigkeit liegt ganz offensichtlich in der Beratung künftiger geschäftspolitischer Maßnahmen, also in dem kooperativen Zusammenwirken mit dem Vorstand."

[1505] *Windbichler*, ZGR 1985, 50, 71 f. mit einem US-amerikanischen Vergleich; *Spindler/Kepper*, DStR 2005, 1775, 1777; ferner heben die Effizienz des Aufsichtsratssystems für unter den Großunternehmen vornehmlich die internationalen Großunternehmen i. S. d. Untersuchung meinen, kann der Rechtsvergleich dies durch das Phänomen eines angenäherten Dualismus mit vorgeschalteten Managern und einem nachgeschalteten Board of Directors der englischen internationalen Großunternehmen bestätigen.[1506]

Ferner kann man einen Schritt weitergehen und konstatieren, dass für eine Gesellschaft mit einem internationalen Großunternehmen der teilweise gelockerte Dualismus, wie er in Deutschland bei der AG aktuell praktiziert wird, mit der prinzipiellen Teilung von Leitung und Überwachung in zwei Organe der optimale Standard ist.[1507] Dies wird auch durch die Praxis der Zustimmungsvorbehalte und Matters reserved des hiesigen Vergleichs bestätigt.

Dies wird im Folgenden im Verhältnis zum Vergleich begründet. Dabei ist es wichtig zu betonen, dass die folgenden Ausführungen nur für internationale Großunternehmen gelten.

(a) Verhältnis von nichtexekutiven zu exekutiven Direktoren

Ein sehr offensichtlicher Ausdruck der Annäherung an die dualistische Struktur ist die Entwicklung der Anzahl der NEDs im Verhältnis zu den exekutiven Direktoren in den englischen internationalen Großunternehmen. So verlangt und empfiehlt der UKCGC zwar nur ein leichtes Übergewicht von NEDs im Board.[1508] Indes haben in der Realität viele Boards der englischen internationalen Großunternehmen nur eine geringe Anzahl an exekutiven Direktoren (meist CEO und CFO) und eine hohe Anzahl von NEDs.[1509] Die Praxis verzichtet somit regelmäßig auf eine nen-

---

Aktiengesellschaften hervor: *Escher-Weingart*, ZVglRWiss 2000, 387, 400; *Scheffler*, ZGR 1993, 63, 76; *Lutter*, ZHR 1981, 224, 225.

[1506] *Hopt/Leyens*, ECFR 2004, 135, 160 f. stellen eine ansteigende Konvergenz von englischen Gesellschaften zur deutschen dualistischen Struktur durch die stärkere Abgrenzung von Management und Kontrolle fest; auch zur Konvergenz: *Jungmann*, ECFR 2006, 426, 436; *Baums*, ZIP 1995, 11, 15; *Davies*, ZGR 2001, 268, 283; *Moore/Petrin*, Corporate Governance, S. 17 f.; *Chambers*, Corporate Governance Handbook, C1.15; *Barber/Allen*, ICSA Corporate Governance, S. 39; *Windbichler*, ZGR 1985, 50, 71 f. mit einem amerikanischen Beispiel, das auch dort aufzeigt, dass sich das monistische System zum dualistischen System hin entwickelt. Allerdings sieht *Windbichler* das System des Vereinigten Königreichs als das Paradebeispiel für das monistische System an. In der Review of the role and effectiveness of non-executive directors, „Higgs-Bericht", 2003, S. 21, abrufbar siehe Fn. 1254, geht der Bericht zwar auf die Möglichkeit eines dualistischen Systems ein, lehnt es allerdings ab.

[1507] Ähnlicher Gedankengang: *Windbichler*, ZGR 1985, 50, 71 f.; *Spindler/Kepper*, DStR 2005, 1775, 1777; *Henssler*, in: FS Ulmer, 2003, 192, 204.

[1508] Der UKCGC 2018 bzw. 2024 betont, wie wichtig die Teilhabe von nichtexekutiven und exekutiven Direktoren im Board ist, siehe Grundsatz G des UKCGC 2018. Ebenso betont dies der Higgs-Bericht, siehe Review of the role and effectiveness of non-executive directors, „Higgs-Bericht", 2003, Rn. 8.6, abrufbar siehe Fn. 1254.

[1509] Dazu zehn Beispiele von englischen internationalen Großunternehmen: *BP plc:* 11 Direktoren, davon 9 NEDs; *Shell plc:* 12 Direktoren, davon 10 NEDs; *AstraZeneca plc:* 13 Direktoren, davon 11 NEDs; *HSBC Holdings plc:* 12 Direktoren, davon 11 NEDs; *Unilever* nenswerte Teilhabe von exekutiven Direktoren. Damit wird die zentrale Eigenschaft der monistischen Struktur größtenteils ausgeklammert.[1510]

(b) Mangelnde Bedeutung der Stimmrechte der exekutiven Direktoren

An dieser Stelle kann man sich hinsichtlich der Board-Zusammensetzung auch fragen, welche Bedeutung die Stimmrechte der exekutiven Direktoren noch als Merkmal des monistischen Systems haben. Können sie noch tatsächlich Abstimmungen im Board beeinflussen? Klar ist, dass dies eine Frage des Einzelfalls ist. Das Votum der exekutiven Kräfte wird überdies grundsätzlich eine Ausstrahlungswirkung auf die NEDs haben. Allerdings ist der Einfluss bei wirklich strittigen Punkten allein wegen der Überzahl des NEDs ersichtlich gering.[1511] Denn welche Bedeutung haben z. B. noch die Stimmrechte von zwei exekutiven Direktoren des *Shell*-Beispiels im Vergleich mit zehn Stimmen der NEDs?[1512] Noch deutlicher ist das Beispiel von *HSBC plc*, bei der nach aktuellem Stand nur der CEO im Board of Directors ist und die restlichen elf Mitlieder NEDs sind.[1513]

(c) Executive Committees als Notwendigkeit

Zu der entwickelten dualistischen Struktur gehören auch die bereits angesprochenen Executive Boards oder Committees.[1514] Es ist offensichtlich, dass es bei internationalen Großunternehmen ein Bedürfnis zum exklusiven Austausch von exekutiven Kräften gibt. Denn ein solches Unternehmen ist nicht nur mit einem, sondern mit dutzenden internationalen komplizierten Themen konfrontiert. Viele dieser Themen weisen eine Schwierigkeit und ein Anspruchsniveau auf, sodass es schwierig erscheint, NEDs im Rahmen ihres Nebenamtes dabei umfassend mitzunehmen. Im deutschen System ist diese Runde bzw. dieses Gremium der Vorstand. Die wichtigen geschäftsführenden Manager (Vorstand) des Unternehmens können sich an dieser Stelle schnell und effektiv zusammensetzen und die Themen bearbeiten.[1515] Es ist deshalb nicht überraschend, dass sich teilweise offizielle Executive

---

plc: 9 Direktoren, davon 7 NEDs; *British American Tobacco plc:* 10 Direktoren, davon 8 NEDs; *Rio Tinto plc:* 14 Direktoren, davon 12 NEDs; *Vodafone Group plc:* 12 Direktoren, davon 10 NEDs; *Haleon plc:* 12 Direktoren, davon 10 NEDs; Reckitt *Benckiser Group plc:* 11 Direktoren, davon 9 NEDs; Stand 24. 11. 2024.

[1510] Auch dies ist ein bekanntes Phänomen der Konvergenz, so *Hopt/Roth*, in: Großkomm. AktG, Band 5, § 111 Rn. 90 f.; *Hopt/Leyens*, ECFR 2004, 135, 146; a. A. *Davies*, ZGR 2001, 268, 283 ff.

[1511] Auch dies kann unter die Konvergenz gefasst werden: *Hopt/Leyens*, ECFR 2004, 135, 146.

[1512] Siehe Fn. 1509.

[1513] Siehe Fn. 1509. Das deckt sich auch mit der Empfehlung von *Kershaw*, Company Law, S. 242: der dies als „a perfect recipe for management control of the board" sieht; ggf. wird jedoch bei dem Board der *HSBC Holdings plc* noch der CFO ergänzt werden.

[1514] *Davies*, ZGR 2001, 268, 283.

[1515] *Jungmann*, ECFR 2006, 426, 451 sieht eine effektive Entscheidungsfindung in einem Gremium wie dem Vorstand.

Boards oder Committees in englischen Unternehmen entwickelt haben.[1516] Für diejenigen Public Companies mit einem internationalen Geschäft, bei denen ein solches Gremium nicht öffentlich kommuniziert wurde, erscheint es zudem fernliegend, dass es keinen exklusiven Austausch oder zumindest informelle Sitzungen unter den Spitzenführungskräften gibt.[1517] Im Ergebnis kann man daher sagen, dass es aus tatsächlichen Gründen eine Notwendigkeit für ein exklusives exekutives Gremium innerhalb eines internationalen Großunternehmens gibt.[1518]

(d) Matters reserved ohne Initiativcharakter

Zusätzlich bestätigt die tatsächliche Ausgestaltung der Matters reserved als Zustimmungsvorbehalte das oben bezeichnete Ergebnis. Denn die reservierten Angelegenheiten (Matters reserved) der englischen Public Companies mit einem internationalen Großunternehmen ähneln den deutschen Zustimmungsvorbehalten und ihrer Praxis.[1519] Es liegt in diesen Unternehmen eben keine andere innere Ordnung vor, wonach das Board sich einen Teil, z. B. Unternehmenstransaktionen, umfassend reserviert und selbst die Initiative für konkrete Zielunternehmen ergreift. Vielmehr starten die Manager die Initiative und bereiten die Maßnahme vor. Im Board wird dann der fertige Deal mit seinen Konditionen präsentiert und sie müssen dazu Ja oder Nein sagen. Mit anderen Worten wird trotz der rechtlichen Möglichkeit nicht von Zustimmungsvorbehalten Gebrauch gemacht, die z. B. ein Unterlassen oder eine Initiative im engeren Sinne als Gegenstand haben.[1520]

(e) Board of Directors als nachgeschaltetes Organ

Ferner wird teilweise die Bedeutung des Boards of Directors für die Unternehmensstrategie als Abgrenzung betont. Es sei gerade das strategische Element, was das monistische Board of Directors auszeichne und es vom AG-Aufsichtsrat unterscheide.[1521] Dieses Argument überzeugt bei einer tatsächlichen Betrachtung nicht.

Erstens ist der Aufsichtsrat durch die Beratung und Zustimmungsvorbehalte in Fragen der Investitionen, Compliance und anderer prägender Strategiemaßnahmen – trotz der Leitungsverantwortung des Vorstands nach § 76 Abs. 1 AktG und

---

[1516] Siehe oben: D. I. 2. b) bb) (2); ferner *Davies*, ZGR 2001, 268, 283.

[1517] Allgemein zu den Executives Committees: *Chambers*, Corporate Governance Handbook, C1.15; *Barber/Allen*, ICSA Corporate Governance, S. 39; *Martin/Slade*, in: Kawamura, Corporate Governance, United Kingdom, Sec. 4.1.

[1518] *Chambers*, Corporate Governance Handbook, C1.15.

[1519] Siehe oben: D. II. 2. c).

[1520] Siehe oben: D. II. 2. b).

[1521] *Davies*, ZGR 2001, 268, 286 ff. widerspricht aus diesem Argument der Konvergenzthese.

dessen Zuständigkeit für die Unternehmensstrategie – ein Organ von unternehmerischer Mitverantwortung.[1522]

Zweitens und am entscheidendsten zeigen die Matters reserved im Bereich der Unternehmensstrategie, aber auch in jedem anderen Feld den allgemeinen nachgeschalteten Charakter des Boards an.[1523] Die tatsächliche Verantwortung des Boards of Directors für die Unternehmensstrategie wird sich somit auf ein mit dem Aufsichtsrat vergleichbares nachgeschaltetes Engagement beschränken.[1524]

(f) Zwischenergebnis

Der tatsächliche Umstand, wie sich grundsätzlich die Corporate Governance der englischen internationalen Großunternehmen im Hinblick auf die NEDs, aber besonders auch die Matters reserved als nachgeschaltete Zustimmungsvorbehalte entwickelt haben, obwohl das englische System lange als Paradebeispiel eines monistischen System galt,[1525] führt zu dem Schluss, dass das gelockerte deutsche dualistische System die typischerweise optimale Corporate-Governance-Struktur für internationale Großunternehmen gefunden hat.[1526]

Das englische Recht hat eben nicht vom deutschen Recht abgeschaut. Im Gegenteil: Es wurde immer versucht, beim monistischen System zu bleiben.[1527] Allerdings kann man in Unternehmen, die zu groß sind, kaum erfolgreich Geschäftsführung und Aufsicht in nur einem Gremium vereinen und deswegen teilen sie sich logischerweise in zwei Gremien auf, wobei bei wichtigen Maßnahmen die Verantwortung in eine vorgeschaltete Entscheidung der Manager und eine nachgeschaltete Entscheidung des Aufsichtsorgans aufgeteilt wird. Es wäre deswegen vorteilhaft,

---

[1522] Für einen ausführlichen Überblick zur Teilhabe des Aufsichtsrats an der Unternehmensplanung durch Zustimmungsvorbehalte: *Schmidt*, Unternehmerische Verantwortung des Aufsichtsrats, S. 274 ff. Im Übrigen ist der AG-Aufsichtsrat im Allgemeinen kein reines Überwachungsorgan, sondern ein „mitunternehmerisches Organ" der AG, dazu: *Lutter et al.*, Rechte und Pflichten des AR, Rn. 57; *Peltzer*, NZG 2002, 593, 593; *Hopt/Roth*, in: Großkomm. AktG, Band 5, § 95 Rn. 11.

[1523] Siehe D. II. 2.; auch dies kann man unter der Konvergenz fassen: *Hopt/Roth*, in: Großkomm. AktG, Band 5, § 111 Rn. 90 f.; *Hopt/Leyens*, ECFR 2004, 135, 146; gegen die Konvergenzthese: *Davies*, ZGR 2001, 268, 283 ff.

[1524] Auch im Higgs-Bericht wird den NEDs lediglich zugeschrieben, dass sie nur etwas zur Strategie beitragen sollen („contribute"): Review of the role and effectiveness of non-executive directors, „Higgs Bericht", 2003, S. 27, abrufbar siehe Fn. 1254.

[1525] Noch *Windbichler*, ZGR 1985, 50, 67.

[1526] Ähnlich *Windbichler*, ZGR 1985, 50, 71 f. mit einem US-amerikanischen Beispiel, wobei sie noch das englische System als Paradebeispiel für das monistische System sieht; ein ähnliches Phänomen erkennt man auch in den französischen Rechtsordnungen, dazu: *Henssler*, in: FS Ulmer, 2003, 192, 204; a. A. *Davies*, ZGR 2001, 268, 284 ff.

[1527] Siehe Grundsatz G des UKCGC 2018 bzw. 2024; ebenso: Review of the role and effectiveness of non-executive directors, „Higgs-Bericht", 2003, Rn. 8.6, abrufbar siehe Fn. 1254.

diese Wirklichkeit für internationale Großunternehmen mehr zu akzeptieren und darauf aufzubauen.

(2) Reduzierung der Satzungsstrenge hinsichtlich der Zuständigkeiten

Die Verwaltungsstruktur der AG ist für internationale Großunternehmen grundsätzlich sehr treffend. Jedoch kann die AG auch kleinere Unternehmen haben oder es kann bei einem deutschen internationalen Großunternehmen einen atypischen Fall geben. Besonders in diesen Fällen zeigt deshalb das Company-Recht für das deutsche Gesellschaftsrecht die Chancen und Machbarkeit einer flexiblen Zuständigkeitsverteilung für eine Aktiengesellschaft ohne Satzungsstrenge.

(a) Satzungsautonomie statt Satzungsstrenge

Freilich war der Aufsichtsrat nicht als Geschäftsführungsorgan konzipiert. Andererseits bedeutet dies nicht als Automatismus, ihm die Geschäftsführung oder ein Initiativrecht in jedem Fall zwingend zu verbieten, wenn es die Hauptversammlung im konkreten Fall allgemein gestattet hat. Ohne eine entsprechende Entscheidung der Hauptversammlung könnte es bei der aktuellen gesetzlichen Ausgangslage als Auffangregelung bleiben.[1528]

Dieser Ansatz einer privatautonomen Gestaltungsfreiheit im Innenverhältnis mit einer standardisierten Auffangregelung zeigt sich erfolgreich in der englischen Public Company. Zwar ist das Board of Directors grundsätzlich das Geschäftsführungsorgan, aber es kann sich durch Delegierung zu einem (reinen) Überwachungsorgan entwickeln. Die konzeptionelle monistische Struktur würde indes eher dazu einladen, die gesamte Geschäftsführung auch im Board of Directors zwingend zu verankern. Die Realität dagegen zeigt abhängig von der Unternehmensgröße unterschiedliche Ausgestaltungen.[1529] Die Satzungsautonomie der Public Company bedeutet demnach auch für die großen Publikumsgesellschaften eine auf die Realität ihres konkreten Unternehmens maßgeschneiderte Corporate Governance.[1530] Lediglich die Frage der Verantwortung wird zwingend und überzeugend beim Board of Directors verortet.[1531]

(b) Rechtsökonomischer Nachteil des deutschen Rechts

Ferner bestätigt auch eine rechtsvergleichend-ökonomische Betrachtung einen solchen flexiblen und praktikablen Ansatz. Abschnitt B. II. 1. hat dargelegt, dass nur eine individuelle passgenaue Corporate Governance Kosten senkt und den

---

[1528] Zur Deregulierung des deutschen Aktienrechts *Spindler*, AG 1998, 53, 53 ff.; ebenso für eine größere Satzungsfreiheit *Bachmann*, in: FS Hopt, 2010, 337, 354.

[1529] *Davies/Worthington/Hare*, in: Gower, Company Law, Rn. 1.019, 3.010 ff.

[1530] Dazu allgemein siehe oben: B. II. 1.

[1531] Siehe zu den Grenzen der Delegierung oben: D. II. 1.

Unternehmenswert steigen lässt.[1532] Es mag viele Aktiengesellschaften geben, bei denen die gesetzliche zwingende Struktur von Leitung und Überwachung dies widerspiegelt.[1533] Allerdings liegt diesbezüglich die Betonung auf dem konkreten Fall, der eine passende Corporate Governance benötigt und nicht ein zufällig passendes Massenmuster. Die Satzungsstrenge gem. § 23 Abs. 5 AktG mit ihrer engmaschigen Regulierung kann demnach in manchen Fällen zu Kosten führen.[1534] Im Vergleich mit der Public Company ist das ein klarer Nachteil.

(c) Ersparnis von Transaktionskosten auch bei standardisiertem Recht

Das Argument, dass das zwingende Recht der AG gerade Transaktionskosten i. S. d. „Nexus of Contracts" sparen soll, weil es dem Rechtsmarkt eine Vorgabe gibt und sich somit nicht jeder Aktionär bzw. Beteiligte informieren muss, wie eine ihn schützende vertragliche Lösung aussehen könnte,[1535] greift nicht. Denn richtigerweise setzt eine angebotene Standardisierung nicht zwingendes Recht voraus.[1536] Das zeigt gerade der vorliegende Rechtsvergleich mit dem Companies Act 2006 und den Model Articles. Der Marktdruck und Kosteneinsparungen führen dazu, dass viele englische Companies die Model Articles freiwillig nutzen.[1537] Der Rechtsvergleich offenbart deshalb, dass der deutsche Gesetzgeber auf den Markt und die Vernunft der Beteiligten setzen darf und dadurch Kosten für die Wirtschaft eingespart werden.

(d) Internationaler Wettbewerb der Gesellschaftsmodelle

Auch das Argument einer zu starken Pfadabhängigkeit[1538] vom deutschen Aktienrecht mit seiner zwingenden Ausgestaltung überzeugt nicht.[1539] Demgemäß können hohe Kosten entstehen, wenn es zu einem Systemwechsel von einem stark pfadabhängigen System kommt. Damit kann eine an sich bessere Lösung teurer sein, als im etablierten System zu verbleiben. Allerdings haben sich in dem Bereich

---

[1532] Dazu: *Knoll*, MM-Theorem Legal Applications, 2018, S. 6 f.; *Goshen/Squire*, Columbia Law Review 2017, 767, 767 ff.

[1533] Besonders gilt dies für die zuvor angesprochenen AGs mit einem internationalen Großunternehmen.

[1534] Ohne Rechtsvergleich sieht auch *Spindler*, AG 1998, 53, 58 ff. eine Kostenlast durch die Satzungsstrenge.

[1535] Zur Lehre des „Nexus of Contracts": siehe Fn. 364.

[1536] So zu Recht und ausführlicher: *Spindler*, AG 1998, 53, 58 ff.

[1537] Dies ergab eine empirische Studie für die Private Companies für das gesamte Vereinigte Königreich, dazu *Hardman*, Articles of Association in UK Private Companies: An Empirical Leximetric Study, 2021. Eine Studie für die Public Companies existiert nicht. Die Ergebnisse der Studie dürften indes übertragbar sein; so auch *Shutkever/Hayward*, PLC Mag. 2016, 12, 12 f.

[1538] *Hopt/Leyens*, ECFR 2004, 135, 161.

[1539] *Spindler*, AG 1998, 53, 69.

der Großunternehmen die Standards internationalisiert und nicht nationalisiert,[1540] und man merkt an der steigenden Beliebtheit der KGaA oder deutscher Public Companies eine Umstellung auf flexiblere Modelle.[1541]

Zur Verdeutlichung kann man hier das jüngere Beispiel der *Birkenstock Holding plc*[1542] anführen. Sie ist die Holdinggesellschaft des deutschen Schuhherstellers und -verkäufers *Birkenstock Group B.V. & Co. KG* aus Linz am Rhein und seit 2023 an der *NYSE* gelistet. Es ist klar, dass auch andere Aspekte – wie das deutsche Steuerrecht, das Kapitalmarktrecht und die höhere Bewertung an der New Yorker Börse – eine entscheidende Rolle bei der vorliegenden Strukturierung gespielt haben.[1543] Nichtsdestotrotz zeigt sich an diesem Beispiel auch die teilweise fehlende Wettbewerbsfähigkeit des deutschen Gesellschaftsrechts.

(e) Zwischenergebnis

Es erscheint dementsprechend aus der rechtsvergleichenden Perspektive angemessen, der Hauptversammlung mehr Gestaltungsmöglichkeiten über die Corporate Governance ihrer AG und der Frage der Überwachung und Leitung des Aufsichtsrats und Vorstands im Innenverhältnis zu geben.[1544] Unabhängig von dieser Erkenntnis aus dem Rechtsvergleich bietet eine Reform der Satzungsstrenge gem. § 23 Abs. 5 AktG eine Chance, das fragwürdige ideologische Erbe des AktG hinsichtlich des theoretischen Misstrauens für demokratische Entscheidungsprozesse der Hauptversammlung zu korrigieren.[1545]

[1540] *Spindler*, AG 1998, 53, 68 f.

[1541] So das Beispiel der *ALBA Europe Holding plc & Co. KG* mit Sitz in Berlin oder der *Merck KGaA* mit Sitz in Darmstadt. Auch die allgemeine Wirtschaftspresse greift die Beliebtheit der KGaA auf, so *Terpitz/Osman*, Warum die KGaA immer beliebter wird – nicht nur bei Fußballklubs, Handelsblatt, 18.03.2018, abrufbar unter https://www.handelsblatt.com/unternehmen/management/rechtsform-warum-die-kgaa-immer-beliebter-wird-nicht-nur-bei-fussballklubs/21080158.html, zuletzt abgerufen am 24.11.2024; ferner *Koch*, AktG, § 278 Rn. 2. Nach *Bayer et al.*, GmbHR 2022, 777, 779 gab es im Jahr 2022 in Deutschland 378 KGaAs.

[1542] Diese ist zwar konkret eine Public Company unter Jersey Company Law. Die relevanten Regelungen und insb. die Satzungsautonomie sind indes größtenteils deckungsgleich mit dem CA 2006 des englischen Rechts, siehe dazu Art. 5 und 6 des Companies (Jersey) Law 1991. Die Jersey Companies erhalten auch eine UK Company Number, in diesem Fall konkret: BR025976 und FC040859.

[1543] Siehe dazu allgemein den Artikel „Birkenstock beantragt Börsengang in den USA" im Handelsblatt von *Schütze* und *Korf* vom 13.09.2023, abrufbar unter https://bit.ly/3CgC72, zuletzt abgerufen am 24.11.2024.

[1544] Ebenfalls allgemein für eine Deregulierung *Spindler*, AG 1998, 53. *Bayer*, in: FS Hopt, 2010, 373, 381, 382 ist für eine Lockerung der Satzungsstrenge für nichtbörsennotierte Aktiengesellschaften und bezeichnet die Deregulierung als „Gebot der Stunde"; gegen eine stärkere Beteiligung der Hauptversammlung: *Cahn*, NZG 2023, 299, 300 ff.

[1545] *Geßler*, JW 1937, 497, 497 erklärt die ideologische Geisteshaltung für die Entmachtung der Hauptversammlung in der NS-Zeit, die auch auf dem Misstrauen gegenüber demokratischen Strukturen beruht: „Da die Demokratie dem Leben fremd ist, konnte es nicht ausbleiben, daß sich die tatsächliche Handhabung des Gesetzes durch die Wirtschaft von der

(3) Zwischenergebnis: Public Company vs. AG

Die englische Praxis bestätigt für die deutschen internationalen Großunternehmen den bisherigen aktienrechtlichen Ansatz des gelockerten Dualismus mit der prinzipiellen Trennung von Leitung und Überwachung in zwei Organe als das optimale Zuständigkeitsmodell. Gleichzeitig zeigt das englische Recht auf, dass Flexibilität und Vertrauen in den Rechtsmarkt wertvolle Freiräume für Unternehmen schaffen.

Dabei bedarf es keines rechtlichen Zwangs. Es gibt zwar keine Studie, die die Kosten der aktuellen deutschen Lösung und/oder der englischen Lösung betrachtet. Andererseits kann man sich dies theoretisch erschließen und man sah im ehrlichen Spiegel des Markts – insb. vor dem Brexit – zwar deutsche Unternehmen mit dem englischen Rechtsträger der Public Company[1546], umgekehrt aber keine Fälle, in denen die AG von einem englischen Unternehmen als Rechtsträger gewählt worden wäre.

Packt man beide Ergebnisse zusammen, so spricht vieles dafür, dass der aktuelle gelockerte deutsche Dualismus, der den prinzipiellen Vorteil der Trennung von Leitung und Überwachung in zwei Organe behält, aber Ausnahmen für die Sonderfälle erlaubt, für das deutsche Recht vornehmlich als Angebot für internationale Großunternehmen besonders attraktiv sein kann.

b) Private Company vs. GmbH mit Aufsichtsrat

Die Beliebtheit der Private Company in Deutschland vor dem Brexit hat bereits Reformen in Deutschland, hauptsächlich hinsichtlich des Stammkapitals, ausgelöst.[1547] Allerdings kann der Vergleich auch bezüglich der Corporate Governance helfen.

Wie bereits festgestellt und allgemein bekannt, ist die Größe des Unternehmens der entscheidende Umstand für die Frage der Corporate Governance. Deshalb kann man zunächst die vorherigen Ergebnisse eines teilweise gelockerten Dualismus auch auf die GmbH übertragen, wenn sie Trägerin eines internationalen Großunternehmens ist, z.B. die Robert Bosch GmbH. Die folgenden Ausführungen bezie-

---

Auffassung des Gesetzgebers entfernte. Zu keiner Zeit war die Hauptversammlung i.E. des Handelsgesetzbuches tatsächlich das oberste Verwaltungsorgan. Sie entschied nicht über die Geschichte der Aktiengesellschaft, so viele Beschlüsse auch gefaßt wurden, die das nach außen kundtun sollen. Die Masse der Aktionäre war auf der Generalversammlung überhaupt nicht vertreten."

[1546] Ein bekanntes aktuelles Beispiel ist die *ALBA Europe Holding plc & Co. KG* mit Sitz in Berlin.

[1547] Zum Wettbewerb der GmbH und der Private Company *Hommelhoff/Bayer/Kleindiek*, in: Lutter/Hommelhoff, GmbHG, Einl. Rn. 23 ff.

hen sich deswegen auf die GmbH, die Trägerin eines kleineren, mittleren oder Großunternehmen ist, das kein internationales Großunternehmen ist.[1548]

aa) Kein angenäherter Dualismus in den restlichen englischen Companies

Bei den englischen Klein- bis Großunternehmen erfolgte keine tatsächliche Annäherung an eine dualistische Verwaltungsstruktur. Wie die Untersuchung unter D. III. 2. aufgezeigt hat, haben mittlere und wohl auch viele Großunternehmen kaum bis keine NEDs im Board.[1549] Ihre Rolle wird ansonsten vornehmlich als Berater gesehen und ihr Nutzen im Verhältnis zu den Kosten sorgsam abgewogen.[1550]

Dies ist im deutschen Recht durch das Mitbestimmungsrecht und die vergleichsweise niedrige Schwelle von mehr als 500 Arbeitnehmern des DrittelbG eine andere Ausgangslage, wodurch eine GmbH mindestens einen Aufsichtsrat mit drei Mitgliedern errichten muss.[1551] Im deutschen Recht konnte durch den staatlichen Zwang nie geklärt werden, ob eine partielle dualistische Struktur für Unternehmen unterhalb der internationalen Großunternehmen eine vorteilhafte Corporate-Governance-Struktur der Leitung und Überwachung ist.[1552]

Der hiesige Rechtsvergleich kann jedenfalls anders als bei den internationalen Großunternehmen nicht bestätigen, dass der teilweise gelockerte Dualismus für Großunternehmen und kleinere und mittlere Unternehmen eine vorteilhafte Corporate-Governance-Form ist. Ob die monistische Struktur eine Lösung ist, hängt vom Einzelfall ab.

bb) Starker Flexibilitätsverlust durch die Mitbestimmung

In der vorherigen Untersuchung wurde dargestellt, dass die GmbH-Gesellschafter bei Bedarf von dem gesetzlichen Leitbild abweichen können, wonach die Geschäftsführer das Tagesgeschäft durchführen und die Gesellschafter diese überwachen und anweisen.[1553] Man kann durch den Gesellschaftsvertrag z.B. einen fakultativen Aufsichtsrat einrichten und ihm auch mehr Aufgaben, als es bei der AG

[1548] Siehe oben für die zugrunde gelegten Definitionen: A. III.

[1549] Siehe allgemein die Studie zu KMUs von *Berry/Perren*, JSBED 2001, 159, 163, wonach nur 47 % der Unternehmen mit einer Größe von 200 bis 499 Arbeitnehmern einen NED haben.

[1550] *Berry/Perren*, JSBED 2001, 159, 169.

[1551] Siehe oben: B. III. 2. a).

[1552] *Säcker*, DB 1978, 1845, 1846 sieht noch im Jahr 1978 „zahlreiche in der Praxis entwickelte Beirats- und Verwaltungsratslösungen" für die GmbH.

[1553] Siehe oben: B. III. 1. b).

möglich ist, zuweisen.[1554] Alternativ kann man sogar mit einem Beirat eine grundsätzlich monistische Struktur mit der Leitung und Überwachung in einem Gremium in der GmbH schaffen.[1555] Das GmbH-Recht bietet dem Rechtsverkehr dementsprechend eine breite Palette an flexiblen privatautonomen Lösungen. Jedoch gelten diese Möglichkeiten nur für GmbHs, die nicht in den Anwendungsbereich des Mitbestimmungsrechts fallen. Sobald es zur Anwendung des Mitbestimmungsrechts mit mehr als 500 Arbeitnehmern im Falle eines „Großunternehmens" kommt, wird dem flexiblen GmbH-Recht vom Gesetz ein Aufsichtsrat aufgezwungen. Die Gesellschafter müssen als Folge dem Geschäftsführer gewisse Mindestkompetenzen überlassen und alle verpflichtenden Verweisungen des AktG für den Aufsichtsrat beachten.[1556] Die angebotene Flexibilität der GmbH im Innenverhältnis ist somit wieder verloren. Diesen Nachteil haben die englischen Private Companies mangels fehlender Mitbestimmung nicht.[1557]

cc) Kosten und Mitbestimmungsrecht

(1) Kostspielige zwingende Doppelstrukturen

Die aktuelle Rechtslage hinsichtlich des DrittelbG und MitbestG sorgt an mehreren Stellen für unnötige Kosten der betroffenen GmbHs. Vornehmlich im englischen Ansatz wird betont, dass die Corporate-Governance-Instrumente, wie eine Überwachung der Leitung durch NEDs, im Verhältnis zum Vorteil einer Überwachung kostspielig sein können.[1558] Dem ist aus der hiesigen rechtsökonomischen Perspektive beizupflichten. Bei der GmbH, wie bei der Private Company, gibt es durch die Gesellschafterstruktur weniger Bedürfnis nach einer gesonderten Überwachung. Denn entweder sind die Gesellschafter regelmäßig auch die Geschäftsführer, sodass kein Prinzipal-Agenten-Verhältnis besteht, oder die Gesellschafter übernehmen selbst die Überwachung bei einem Fremdgeschäftsführer.[1559] Man sollte nicht den Fehler begehen und denken, dass nicht genug überwacht werden kann. Denn eine Überwachung, die nicht nennenswert nützt, kostet nur Geld. Zusätzlich können Kosten durch die verlorene Gestaltungsfreiheit im Innenverhältnis

[1554] Allgemein zur Gestaltungsfreiheit bzgl. des fakultativen Aufsichtsrats: *Seyfarth*, in: Scholz, GmbHG, Band II, § 52 Rn. 16, 323, § 52 Rn. 2; *Spindler*, in: MüKo GmbHG, Band 2, § 52 Rn. 295.

[1555] Allgemein zu dieser Gestaltung *Spindler/Kepper*, DStR 2005, 1775, 1776; kritisch *Sigle*, NZG 1998, 619, 620 f.

[1556] *Teubner*, ZGR 1986, 565, 578 f.; *Spindler/Kepper*, DStR 2005, 1775, 1777; *Zöllner*, ZGR 1977, 319, 323; *Säcker*, DB 1978, 1845, 1846; siehe oben: B. III. 2. d).

[1557] Siehe oben: D. I. 2. a) ee) und b).

[1558] Siehe oben: D. III. 1. c) und 2.

[1559] Siehe oben: B. II. 1. *Adams*, ZIP 2006, 1561, 1562 ff. weist auf weitere wertvernichtende Eigenschaften der Mitbestimmung hin, besonders hinsichtlich des DrittelbG, dass im Markt bekannt sei, dass Unternehmen gezielt versuchen, nicht auf die 500 Arbeitnehmer heranzuwachsen, was wiederum zu einem Wertverlust führt.

entstehen, da nach dem Gesetz ausnahmslos jede mitbestimmte GmbH in eine Zuständigkeitsverteilung gezwungen wird, die ggf. gar nicht auf ihre tatsächlichen Bedürfnisse passt.[1560]

(2) Ersparnis durch die Mitbestimmung

Während man abstrakt feststellen kann, dass eine überflüssige Überwachung und ein Flexibilitätsverlust grundsätzlich unnötige Kosten produzieren, ist die ausführlich diskutierte Frage, ob der Einfluss der Arbeitnehmer selbst Kosten produziert oder zu einem gesteigerten Wert führt, nicht abschließend beantwortet.[1561] Es gibt allerdings bei vielen Unternehmen die tatsächliche Tendenz durch z.B. die Abwanderung in eine ausländische Rechtsform die Mitbestimmung nach dem MitbestG und DrittelbG zu umgehen.[1562] Die allgemeine Befürchtung heimischer Anteilseigner ist, dass der Wert ihres Eigenkapitalinvestments unter dem Einfluss der Arbeitnehmer leidet, da ihre Interessen häufig den Renditeinteressen der Anteilseigner widersprechen. Das sieht man z.B. sehr eindrücklich bei notwendigen Einsparungen. Auf der anderen Seite wird allgemein der zentrale Vorteil der Mitbestimmung in der Kooperation zwischen der Unternehmensleitung und Arbeitnehmern im Rahmen des Integrationsmodells[1563] gesehen.[1564] Diese Kooperation könnte deshalb die Kosten durch eine gesteigerte Produktivität senken, sodass die auferlegten Kosten der Mitbestimmung ausgeglichen oder sogar niedriger sind.[1565] Die empirischen Untersuchungen können allerdings insgesamt weder etwaige Schäden durch den Einfluss der Arbeitnehmer noch den Nutzen bestätigen oder ausschließen.[1566] Es ist jedoch von einer theoretischen Betrachtung richtig, dass eine erfolg-

---

[1560] Siehe oben: B. III. 2. d).

[1561] Offen: *Sadowski et al.*, ZGR 2001, 110, 128 ff., 132, im Ergebnis nicht empirisch geklärt. Insgesamt positive Auswirkungen: Bericht Mitbestimmung und neue Unternehmenskulturen der Bertelsmann-Stiftung und der Hans-Böckler-Stiftung, 1998, S. 34; insgesamt negative Folgen nach *Adams*, ZIP 2006, 1561, 1562 ff. Über die Folgen der ungeklärten wirtschaftlichen Auswirkungen: *Habersack*, in: Habersack/Henssler, MitbestimmungsR, MitbestG Einl. Rn. 68 ff.; *Henssler*, ZFA 2018, 174, 176.

[1562] Bereits *Henssler*, RdA 2005, 330; *ders.*, ZFA 2018, 174, 175 ff. spricht insgesamt vom Erosionsprozess; *C. Götze et al.*, ZIP 2009, 245, 245 sehen Fluchtbewegungen besonders bei „großen und mittleren Unternehmen“.

[1563] *Wiedemann*, BB 1978, 5, 10 führt aus, dass der deutschen Mitbestimmung das Integrationsmodell zugrunde liegt, und lehnt überdies das Konfliktmodell ab.

[1564] Bericht Mitbestimmung und neue Unternehmenskulturen der Bertelsmann-Stiftung und der Hans-Böckler-Stiftung, 1998, S. 34; zustimmend: *Raiser*, in: Raiser/Veil/Jacobs, MitbestG, Einl. Rn. 74; abstrakt: *Sadowski et al.*, ZGR 2001, 110, 114. *Henssler*, in: FS Ulmer, 2003, 192, 197, 202, sieht das Belegschaftsinteresse für die Mitbestimmung besonders in der „Verhinderung von Fehlentscheidungen“, welche den Arbeitsplatz riskieren.

[1565] Kosten können gleichfalls dadurch gesenkt werden, dass Mitarbeiter die Gründe ihrer Unzufriedenheit äußern können und deswegen nicht das Unternehmen verlassen, dazu: *Sadowski et al.*, ZGR 2001, 110, 114.

[1566] *Sadowski et al.*, ZGR 2001, 110, 128 ff., 132; kritisch *Adams*, ZIP 2006, 1561, 1562 ff.; ebenso zusammenfassend *Henssler*, RdA 2005, 330, 330.

reiche Kooperation Kosten sinken lässt, die ansonsten durch einen Konflikt entstehen würden. Das ist offensichtlich und kann nicht abgesprochen werden.

(3) Reformbedarf für die Vereinbarkeit von Kosten und Kooperation

Die indes viel entscheidendere Frage ist daher, ob die Kooperation von Unternehmensleitung und Arbeitnehmern insgesamt nicht günstiger geht. Dabei muss man die unterschiedlichen Unternehmensgrößen beachten, wobei bei ansteigender Größe des Unternehmens eine immer weiter institutionalisierte Kooperation gerechtfertigter erscheint, da die Distanz zwischen Arbeitnehmern und Unternehmensleitung größer wird.[1567] Aber selbst bei den (internationalen) Großunternehmen muss man die Frage in den Raum stellen, ob eine Kooperation der Arbeitnehmer und Unternehmensleitung nicht günstiger geht. Das Kosten-Nutzen-Verhältnis steht in Verbindung mit der Frage, welche Form von Kooperation zum konkreten Unternehmen passt. Letztlich gilt an dieser Stelle erneut das vorherige allgemeine Ergebnis, dass nur eine passgenaue Struktur zu den besten wirtschaftlichen Ergebnissen führen kann. Für manche Unternehmen kann das auch zufällig der obligatorische Aufsichtsrat sein. Für viele andere wird dies bei einer lebensnahen Betrachtung nicht der Fall sein.[1568]

Im deutschen Recht werden die Kosten aufgrund rechtspolitischer Entscheidungen für eine Mitbestimmung mit mehr als 500 Arbeitnehmern zwangsläufig hingenommen.[1569] Allerdings löst der hiesige Rechtsvergleich berechtigte Zweifel an dieser Entscheidung aus. Eine bessere Kompromisslösung, wie die des UKCGC 2018 in der Bestimmung 5[1570], könnte Anregungen bieten, um die Ziele, Kosten, Nutzen und Mitbestimmung der Arbeitnehmer stärker in Einklang zu bringen:

> „For engagement with the workforce, one or a combination of the following methods should be used: a director appointed from the workforce; a formal workforce advisory panel; a designated non-executive director.“[1571]

[1567] Dies sieht man auch am Vorschlag von *Adams*, ZIP 2006, 1561, 1562 ff.

[1568] Auch *C. Götze et al.*, ZIP 2009, 245, 245 sehen vorrangig die Gestaltung an den unternehmerischen Bedürfnissen, wo die Mitbestimmung nur ein Aspekt neben z. B. gesellschafts- oder steuerrechtlichen Bedürfnissen ist.

[1569] Auch wenn es rechtspolitische Kritik und Reformwünsche gibt. Das Berliner Netzwerk Corporate Governance schlägt z. B. einen Konsultationsrat vor und will die Mitbestimmung aus dem Aufsichtsrat holen, siehe AG 2004, 200, 200 f. Der Arbeitskreis „Unternehmerische Mitbestimmung“, ZIP 2009, 885, 886 ff. schlägt eine Verhandlungslösung zu einer Mitbestimmungsvereinbarung vor, allerdings nur für das MitbestG; dazu weitergehend: *Henssler*, ZFA 2018, 174, 187 ff. *Adams*, ZIP 2006, 1561, 1567 empfiehlt eine Drittelbeteiligung statt paritätischer Mitbestimmung ab 5.000 Arbeitnehmern; *Bayer*, NJW 2016, 1930, 1936 sieht auch Potenzial für eine Board-Lösung.

[1570] Zur Diskussion aus englischer Perspektive, ob dies genügt: *Parkinson*, Corporate Power, S. 408 f., der sich für eine stärkere zwingende Arbeitnehmermitbestimmung im Board ausspricht.

[1571] Entspricht der Bestimmung 5 des UKCGC 2024.

Eine passgenaue Lösung für eine neue deutsche Mitbestimmung ist nicht Teil der Untersuchung. Der Rechtsvergleich mit dem englischen Recht sensibilisiert jedoch in Hinsicht auf die Kosten. Denn im Ergebnis bewirkt die aktuelle Mitbestimmungslösung des DrittelbG und MitbestG für den Aufsichtsrat eine sehr steife Zuständigkeitsverteilung und eine meist doppelte Überwachung und bleibt die Erklärung fällig, dass nur so eine Mitbestimmung in der GmbH möglich ist. Es ist indes für den Wettbewerb wichtig, dass das deutsche Recht den deutschen Unternehmen flexible und kostengünstige Lösungen im Rahmen der Kapitalgesellschaften anbietet. Ansonsten droht eine Abwanderung in andere europäische oder ausländische Rechtsformen.[1572]

(4) Unbefriedigende Praxissituation als Bestätigung des Reformbedarfs

Auch in der teilweise fehlenden Annahme der Mitbestimmung in der Praxis sieht man die Untauglichkeit der aktuellen Lösung und den Versuch die Kosten zu umgehen. Eine bekannte Vermeidungstaktik ist z. B., dass die Unternehmensleitung versucht die Grenzen von mehr als 500 oder 2.000 Arbeitnehmern nicht zu erreichen.[1573] Eine andere beliebte Vermeidungstaktik bei den DrittelbG-GmbHs ist, trotz des Umstands, dass sie die Grenze von mehr als 500 Arbeitnehmern überschritten haben, keinen Aufsichtsrat einzurichten. So haben ca. 56 % der betroffenen DrittelbG-GmbHs keinen eingerichteten obligatorischen Aufsichtsrat.[1574] Nun könnte man es aus einer reinen Kostenperspektive in diesem Zustand belassen, da die Praxis das skizzierte Problem durch teilweise Nichtbeachtung löst und keine Sanktionen drohen.[1575] Indes produziert dieser Schwebezustand selbst z. B. durch Rechtsberatung Kosten. Im Übrigen können (besonders institutionelle) ausländische Investoren oder Kapitalgeber verunsichert und verschreckt werden.[1576] Sie wollen nicht in Unternehmen investieren, die gegen geltendes Recht verstoßen oder in

---

[1572] *Habersack*, in: Habersack/Henssler, MitbestimmungsR, MitbestG, Einl. Rn. 73 ff., Rn. 76 f. bezeichnet die „nationale Mitbestimmung als Fremdkörper in einer globalisierten Wirtschaft" und verweist auf die Vorschläge des Arbeitskreises „Unternehmerische Mitbestimmung" zur Vermeidung „der Flucht aus der AG".

[1573] *C. Götze et al.*, ZIP 2009, 245, 246, 247; *Adams*, ZIP 2006, 1561, 1567. Zur Frage, ob das eine Umgehung des Mitbestimmungsrechts sei, und dies überzeugend verneinend: *Henssler*, ZFA 2000, 241, 244 f.

[1574] Die Studie von *Bayer/Hoffmann*, GmbHR 2015, 909, 915 stellte fest, dass 247 GmbHs unter dem Anwendungsbereich des DrittelbG (56 %) keinen Aufsichtsrat gebildet haben.

[1575] *Henssler*, in: Habersack/Henssler, MitbestimmungsR, DrittelbG, Einl. Rn. 13 betont auch, dass dies im Ergebnis richtig ist, da jedem Betriebsrat die Option eines Statusverfahrens nach §§ 97 ff. AktG offensteht.

[1576] *Henssler*, in: FS 50 Jahre BGH, 2000, 387, 420 beschreibt die deutsche Mitbestimmung als vom Ausland wahrgenommener „eklatanter Wettbewerbsnachteil"; *ders.*, ZFA 2000, 241, 243, 244. Nach *C. Götze et al.*, ZIP 2009, 245, 245 sind ausländische Investoren sowieso gegenüber der Mitbestimmung im Allgemeinen kritisch; dagegen: *Raiser*, in: Raiser/Veil/Jacobs, MitbestG, Einl. Rn. 72, nach dem es nicht absehbar ist, ob ausländische Investoren vom MitbestG „abgehalten" werden.

anderen Worten vermeintlich einen „Compliance-Verstoß" aufweisen. Freilich kann man dann der ausländischen Seite erklären, dass dadurch keine Ordnungswidrigkeit begangen wird und es bei den Arbeitnehmern liegt, ein Statusverfahren gem. §§ 97 ff. AktG einzuleiten.[1577] Diese Komplexität muss die andere Seite indes erst einmal verstehen und dafür Verständnis aufbringen. Dies ist allemal kein zufriedenstellendes Ergebnis. Zumal es der Anspruch des deutschen Gesetzgebers sein sollte, wirtschaftsrechtliche Regime anzubieten, aus denen man nicht weg-, sondern zu denen man hinflieht. Dies bestätigt, dass es kreativerer Lösungen des Gesetzgebers für eine flexible Corporate Governance der betroffenen GmbHs und eine zweckmäßige Arbeitnehmermitbestimmung im Verhältnis zu den Kosten bedarf.[1578]

dd) Zwischenergebnis

Unternehmen mit mehr als 500 Arbeitnehmern werden häufig schon als Großunternehmen verstanden und doch sind ihre Bedürfnisse anders als bei den internationalen Großunternehmen mit zehntausenden Arbeitnehmern weltweit.[1579] Sie können deutlich nationaler und regionaler geprägt sein und produzieren bei einer lebensnahen Betrachtung mehr Sonderkonstellationen, als eine gesetzlich vorgegebene Zuständigkeitsverteilung zu lösen vermag. Grundsätzlich sind diese Feststellungen im Kern des GmbH-Rechts und des (Private-)Company-Rechts verankert.[1580] Nichtsdestotrotz ist dies in der deutschen Situation anders, wenn das Mitbestimmungsrecht angewendet wird und ein obligatorischer Aufsichtsrat die Folge ist. Diese GmbHs werden in ein partielles dualistisches System[1581] von Geschäftsführung und Aufsichtsrat gedrückt, ohne die Frage zu beantworten, ob das wirklich passt. Dies führt zu erheblichen Regulierungskosten, und der Tatsache geschuldet, dass die Gesellschafterversammlung meist gut überwachen wird, kommt es im Falle einer Fremdgeschäftsführung zu keiner nennenswerten Reduktion von Agentenkosten.[1582] Mit anderen Worten bedarf es in diesen Fällen häufig keiner Überwachung der exekutiven Kräfte durch einen Aufsichtsrat, die zudem Kosten auferlegt und die Wettbewerbsfähigkeit schmälert. In den englischen Unternehmen werden die NEDs außerhalb der internationalen Großunternehmen vornehmlich – vielleicht

[1577] Ausführlich *Henssler/Glindmann*, ZIP 2014, 2105, 2105 ff.; *Henssler*, in: Habersack/Henssler, MitbestimmungsR, DrittelbG, Einl. Rn. 13.

[1578] *Bachmann*, in: FS Hopt, 2010, 337, 34 sieht pessimistisch kaum Chancen für ein mögliches Optionsmodell und verweist auf die politische Lage in Deutschland; These 9 des Berliner Netzwerks Corporate Governance hebt die prinzipielle Bedeutung der Teilhabe von Arbeitnehmern als gute Corporate Governance hervor, siehe AG 2004, 200, 201.

[1579] Für die zugrunde gelegten Definitionen siehe oben: A. III.

[1580] Siehe oben: B. III. 1. b) für die GmbH und D. III. 1. für die Private Company.

[1581] Zur partiellen Angleichung: *Henssler*, in: FS 50 Jahre BGH, 2000, 387, 402; *ders.*, GmbHR 2004, 321, 321; siehe oben: B. III. 2. a).

[1582] Siehe oben: B. II. 1.

ausschließlich – als Berater und nicht als Überwacher verstanden.[1583] Der Gedanke, dass ein vermutlich von den Gesellschaftern dominiertes Unternehmen überwacht werden muss, ist für sie wohl fremd, für die entsprechenden deutschen GmbHs mit mehr als 500 Arbeitnehmern dagegen Normalität. Bei nüchterner Betrachtung stimmt jedoch die englische Wahrnehmung. Gleichzeitig hat die Mitbestimmung dem Grunde nach klare Vorteile. Es sollten deswegen andere Formen der Arbeitnehmermitbestimmung erwogen werden, die versuchen, den prinzipiell vorteilhaften und kostensenkenden Aspekt der Kooperation von Arbeitnehmern und Anteilseignern umzusetzen.

c) KGaA- und SE-Einwand

Beide vorherigen Abschnitte kritisieren im Bereich des deutschen Rechts die Kosten einer fehlenden Gestaltungsfreiheit im Innenverhältnis der AG durch die Satzungsstrenge gem. § 23 Abs. 5 AktG und für die mitbestimmte GmbH die Kosten durch die Mitbestimmung.

Nun könnte man in Anbetracht dieser Kritik einwenden, dass es Unternehmern mit der SE und KGaA freisteht, im deutschen System in flexiblere Rechtsformen mit ebenso weniger strengen Mitbestimmungsregimen zu wechseln oder für die KGaA direkt diese als Rechtsträgerin ihres gegründeten Unternehmens zu nutzen.

aa) Die KGaA

Die Vorteile der KGaA wurden oben bereits in der Untersuchung dargestellt.[1584] An dieser Stelle soll nur nochmals die umfassende Satzungsautonomie hervorgehoben werden. Ferner ist der Einfluss der Mitbestimmung bei der KGaA geringer, da die maßgeblichen Entscheidungen beim mitbestimmungsfreien Komplementär liegen.[1585] Überdies hat der mitbestimmte KGaA-Aufsichtsrat keine Personalfunktion oder die Befugnis zu den Zustimmungsvorbehalten nach § 111 Abs. 4 Satz 2 AktG.[1586]

bb) Die SE

Die SE bietet für die deutschen Unternehmen mit ihrem Optionsmodell eine monistische und dualistische Verwaltungsstruktur an, sodass flexiblere Corporate-

---

[1583] *Berry/Perren*, JSBED 2001, 159, 165; siehe oben: D. III. 2. b).

[1584] Siehe oben: B. II. 2. a) aa).

[1585] BGH, Beschluss v. 24.02.1997 – II ZB 11/96, BGHZ, 134, 400, 400; *Henssler*, in: FS 50 Jahre BGH, 2000, 387, 405; *Mertens/Cahn*, in: KK-AktG, Band 5, § 278 Rn. 61; kritisch: *Habersack*, in: Habersack/Henssler, MitbestimmungsR, MitbestG, § 1 Rn. 40 f.

[1586] *Mertens/Cahn*, in: KK-AktG, Band 5, § 287 Rn. 14; *Kallmeyer*, ZGR 1983, 57, 62; *Koch*, AktG, § 278 Rn. 15; *Sethe*, AG 1996, 289, 291.

Governance-Modelle ebenfalls durch eine SE möglich sind.[1587] Indes gibt es nur begrenzte Wege (sog. numerus clausus der Gründungsformen), eine SE zu gründen. Ohne auf die an dieser Stelle nicht notwendigen Details einzugehen, bedarf es grundsätzlich der Verschmelzung mehrerer Aktiengesellschaften aus verschiedenen EU/EWR-Staaten oder eines Formwechsels einer nationalen AG.[1588]

Darüber hinaus besteht bei der SE die vorrangige Verhandlungslösung für die Mitbestimmung, sodass dort ebenfalls flexiblere Lösungen oder sogar eine Vermeidung der Mitbestimmung möglich sind.[1589] Denn die Mitbestimmung in den Organen der SE unterliegt gem. § 47 Abs. Nr. 1 SEBG nicht dem DrittelbG oder dem MitbestG. Hingegen wird auf sie das SEBG angewendet.[1590] Das Verfahren des SEBG zur Mitbestimmung ist dabei vereinfacht wie folgt: Vor der Gründung als Eintragungsvoraussetzung muss ein Verhandlungsverfahren zwischen den Unternehmensleitung(en) und den Arbeitnehmern durchgeführt werden. Der Gegenstand dieser Verhandlungen kann – vorliegend relevant – gem. § 21 Abs. 3 SEBG die Zahl der Arbeitnehmermitglieder des Aufsichts- oder Verwaltungsorgans der SE und ihre Rechte sein. Die Verhandlungsparteien sind auf der einen Seite die Unternehmensleitung(en) und auf der anderen ein „besonderes Verhandlungsgremium" (BVG).[1591] Dieses wird von allen Arbeitnehmern der beteiligten EU/EWR-Gesellschaften zu ihrer Repräsentation gewählt.[1592] Es beschließt grundsätzlich gem. § 15 Abs. 2 SEBG mit der Mehrheit seiner Mitglieder, in der zugleich die Mehrheit der vertretenen Arbeitnehmer enthalten sein muss. Die Kosten des Verhandlungsverfahren tragen gem. § 19 SEBG die beteiligten Gesellschaften und nach ihrer Gründung die SE als Gesamtschuldner.

Grundsätzlich kann es zu drei möglichen Ergebnissen kommen: (1) Es gibt eine Verhandlungslösung. (2) Das BVG beschließt sehr unwahrscheinlich die Nichtaufnahme oder den Abbruch der Verhandlungen, sodass die SE

[1587] Für das dualistischen System siehe §§ 15 ff. und für das monistische System §§ 20 ff. SEAG. Nach *Bayer et al.*, GmbHR 2022, 777, 779 gab es 801 SEs in Deutschland (Stand 2022). Sie ist damit häufiger vertreten als die KGaA mit 378. Einen Überblick zu den Gründungsformen registrierter SEs in der EU und der jeweils gewählten Corporate-Governance-Struktur bietet *Wenz*, in: HB SE, § 1 Rn. 39, 41.

[1588] Siehe dazu zunächst die Art. 2, 15 ff. SE-VO 2157/2001. Für eine ausführliche Erläuterung der jeweiligen Gründungsformen: *Teichmann*, in: HB SE, § 4 Rn. 2 ff.

[1589] *C. Götze et al.*, ZIP 2009, 245, 246, 251 ff. Hier ist vergleichend zu beachten, dass 94 % aller SEs in der EU keine Mitbestimmung haben, dazu: *Wenz*, in: HB SE, § 1 Rn. 43. Umgekehrt verfügen über 83 % aller operativ tätiger SEs in Deutschland über eine Mitbestimmung, dazu: *Wenz*, in: HB SE, § 1 Rn. 45.

[1590] Das SEBG ist die deutsche Umsetzung der europäischen Richtlinien RL 2001/86/EG und RL 2003/72/EG.

[1591] Zum Grundsatz der vertrauensvollen Zusammenarbeit beider Parteien: *Annuß/Rudolph*, in: HB SE, § 14 Rn. 120.

[1592] Das Bildungs- und Wahlverfahren ergibt sich aus §§ 4 ff. SEBG.

gem. § 16 Abs. 2 SEBG mitbestimmungsfrei ist.[1593] (3) Die Verhandlungen scheitern. Es greift nach §§ 22, 34 SEBG als Auffangregelung die Mitbestimmung kraft Gesetz.[1594] Es gilt dann das „Vorher-nachher-Prinzip". Dem Grunde nach wird danach das höchste Mitbestimmungsniveau einer am Gründungsprozess beteiligten Gesellschaft angewendet.[1595] Es wird somit der vorherige Zustand „konserviert" bzw. „eingefroren". Eine nachträgliche Überschreitung von Schwellenwerten ist dann irrelevant. Folglich bedeutet das Vorher-nachher-Prinzip, wenn vor der SE-Gründung keine Mitbestimmung im Betrieb bestand, ist dies nach einem gescheiterten Verhandlungsverfahren und der anschließenden SE-Gründung ebenso der Fall.[1596] Allerdings ist gem. § 18 Abs. 3 SEBG potenziell die Wiederaufnahme des Verhandlungsverfahrens zu beachten.

cc) Stellungnahme

Nun ist als Ausgangslage klar, dass selbst bei der KGaA und der SE nicht das Niveau der Gestaltungsfreiheit des Innenverhältnisses der englischen Company erreicht wird. Indes gibt es weitere wichtige Punkte, die bei einem solchen Einwand beachtet werden müssen.

(1) Unnötige Kosten

Bevor mit dem wichtigsten Punkt gestartet wird, soll noch einmal Folgendes in Erinnerung gerufen werden. Nach dem (Reverse) MM-Theorem stehen die unnötigen Kosten für ein Unternehmen wie ein Regler, den man hoch- und herunterschieben kann, zum Wert des Unternehmens.[1597] Andererseits lebt man nicht in einer Welt ohne Kosten, was durch die widerstreitenden Interessen einer pluralistischen Gesellschaft auch nicht möglich wäre, da nicht jeder übereinstimmen würde, dass die Steigerung der Unternehmenswerte das einzige Ziel des gesellschaftlichen Handelns sein sollte. Es kann dementsprechend allein um eine Optimierung im Sinne eines Optimierungsgebots oder – um eine Begrifflichkeit des Verfassungsrechts sinngemäß zu nutzen – eine „praktische Konkordanz" gehen, sodass sich alle Interessen bestmöglich verwirklichen.[1598]

[1593] *Henssler*, in: FS Ulmer, 2003, 192, 197; *C. Götze et al.*, ZIP 2009, 245, 246, 251; *Annuß/Rudolph*, in: HB SE, § 14 Rn. 135 weisen darauf hin, dass die Terminologie der „Beteiligungsfreiheit" nicht richtig sei, da die Verhandlungen nach § 18 SEBG wieder aufgenommen werden können.

[1594] *Henssler*, in: FS Ulmer, 2003, 192, 198; *Annuß/Rudolph*, in: HB SE, § 14 Rn. 136 ff.

[1595] *C. Götze et al.*, ZIP 2009, 245, 246, 251.

[1596] *Henssler*, ZFA 2018, 174, 178 erläutert zudem die führenden Vermeidungsstrategien; *C. Götze et al.*, ZIP 2009, 245, 246, 251 f.

[1597] Siehe oben: B. II. 1. a).

[1598] *Hesse*, Verfassungsrecht, S. 28 zum Begriff der praktischen Konkordanz und des Optimierungsgebots.

Diese praktische Konkordanz ist jedoch im Hinblick auf die Kosten nicht realisiert, wenn man das gleiche Ziel mit geringeren Kosten erreichen könnte. Denn dann stehen das Kosteninteresse bzw. das Unternehmenswertinteresse unnötig zurück. Dies ist vorliegend der Fall, weil der Wechsel in eine Rechtsform der SE oder KGaA Kosten produziert, die schlicht mit einem flexibleren AG- und Mitbestimmungsregime nicht nötig wären. Die einzelnen Kostenpunkte sind dabei vielfältig und reichen von den offensichtlichen Honoraren für Rechtsanwälte und Wirtschaftsprüfer bis zu eher weniger offensichtlichen Kosten im Rahmen eines Wechsels, wie Opportunitätskosten.

(2) Fehlende Eignung als Einstiegsgesellschaften

Ein weiteres Argument gegen den hiesigen hypothetischen Einwand ist, dass beide Kapitalgesellschaften, die KGaA und die SE, nicht als typische Einstiegsgesellschaften für Unternehmer geeignet oder möglich sind. Die Gründung einer KGaA ist – besonders mit ihrem Komplementär – sehr aufwendig und als juristischer Laie nicht einfach zu durchdringen. Die Gründungsmöglichkeiten der SE setzen sogar bereits eine Aktiengesellschaft mit europäischer Niederlassung oder mehrere Gesellschaften voraus.[1599]

(3) Globalisierte Wirtschaft und das Ende des Home Bias

Des Weiteren muss man aus der nationalen Perspektive gegen den hiesigen KGaA- oder SE-Einwand vorbringen, dass wenn ein Unternehmer „die Flucht aus der AG" oder einer mitbestimmten GmbH erwägt, dieser auch geneigt sein kann, das deutsche Gesellschaftsrecht gänzlich zu verlassen und sich einer ausländischen Rechtsform zu bedienen.[1600] Dies ist eine tatsächliche Gefahr eines Bedeutungsverlustes des deutschen Gesellschaftsrechts.

Die heranwachsende jüngere deutsche Bevölkerung wird zukünftig wahrscheinlich in ihrer Entscheidungsfindung hinsichtlich der Wahl der Gesellschaftsform immer weniger einem Home Bias unterliegen. Das Phänomen des Home Bias stammt ursprünglich aus der Finanzökonomie und bezeichnet vereinfacht die Voreingenommenheit in Bezug auf heimische Anlageklassen, z.B. kaufen deutsche Anleger besonders häufig Aktien deutscher Unternehmen. Internationale Anlageprodukte werden dabei unter- und deutsche Anlagen übergewichtet.[1601]

[1599] Siehe dazu Art. 2, 15 ff. SE-VO 2157/2001.

[1600] *Henssler*, ZFA 2018, 174, 175 ff. weist auf die Internationalisierung der Wirtschaft hin; *C. Götze et al.*, ZIP 2009, 245, 248, 254 sehen einen „zunehmenden Wettbewerb zwischen den europäischen Gesellschaftsformen".

[1601] *French/Poterba*, A. E. R. 1991, 222, 222 ff. waren die ersten Ökonomen, die den Home Bias untersuchten. Dabei sollte hervorgehoben werden, dass *French/Poterba* den Home Bias für nationale Eigenkapitalanlagen als Ergebnis von „Entscheidungen [betrachten] und nicht auf institutionelle Zwänge" zurückführen.

Der zugrunde liegende Gedanke kann indes auf andere Sachverhalte übertragen werden. Heute erwägt z. B. ein Gründer noch – wie selbstverständlich – eine (deutsche) GmbH für sein junges Unternehmen zu gründen oder ein bereits erfolgreicher deutscher Unternehmer plant für die Ausgliederung eines Geschäftsteils die Gründung einer weiteren GmbH. Bei vielen dieser tagtäglichen Entscheidungen in Deutschland erwägen nur wenige Personen bei einer lebensnahen Betrachtung die Gründung einer ausländischen Gesellschaft. Sie unterliegen damit dem Home Bias. Doch die damalige Beliebtheit der Private Company zeigt, wie schnell Teile des Rechtsverkehrs diesen Home Bias ablegen können, obgleich die Popularität der englischen Private Company durch den Brexit beendet wurde. Nun allerdings studieren immer mehr Deutsche im Ausland[1602] oder haben durch ihre eigene familiäre Migrationsgeschichte mehr Bezüge zu ausländischen Staaten.[1603] Ebenso werden sich heimische Juristen durch ein Auslandsstudium[1604] und globale Geschäfte immer mehr an ausländische Rechtsformen vornehmlich im EU[1605]- und US[1606]-Kontext gewöhnen. Im Ergebnis wird auch die heimische Rechtsberatung immer mehr den Home Bias ablegen.[1607] Der Trend ist folglich klar und setzt das steife AG- und Mitbestimmungsrecht unter Druck. Denn dass der Rechtsmarkt freiwillig ein strengeres und an Flexibilität leidendes Regime nutzen wird, erscheint unwahrscheinlich. Die KGaA und die SE helfen dahingehend nur bedingt, wie die Ausführungen aufgezeigt haben. Umgekehrt bedeutet dies aber auch, dass sich für die nichtmitbestimmte GmbH dieses Problem nicht in diesem Ausmaß stellt.[1608]

[1602] Der aktuellste Bericht des Statistischen Bundesamts von 2021 stellte fest, dass im Jahr 2019 137.900 Deutsche im Ausland studierten, 2003 waren es 65.800 deutsche Studenten im Ausland, während es 1994 nur 38.464 waren, abrufbar unter https://bit.ly/3Ys7G2w, zuletzt abgerufen am 24. 11. 2024.

[1603] Nach der Pressemitteilung des Statistischen Bundesamts haben 24,3 % der Deutschen eine Migrationsgeschichte, abrufbar unter https://bit.ly/3Y8tLli, zuletzt abgerufen am 24. 11. 2024.

[1604] *Merkt*, in: FS Sandrock, 2000, 657, 658 sieht den Grund für das „Amerikanisierungsphänomen“ u. a. auch im Auslandsstudium in den USA.

[1605] Hier greift die Gründungstheorie, siehe EuGH, Urteil v. 30. 09. 2003 – Rs C-167/01, NJW 2003, 3331, 3331 ff.

[1606] Hier gilt die „gesellschaftliche Freizügigkeit“ im deutsch-amerikanischen Rechtsverkehr gem. Art. VII Abs. 1 Satz 1 des Freundschafts-, Handels- und Schifffahrtsvertrags zwischen Deutschland und den USA (1956) (BGBl. II S. 487).

[1607] Dies ist offensichtlich zu Teilen bereits erfolgt, siehe die Beispiele: *ALBA Europe Holding plc*, *Birkenstock Holding plc* und *Linde plc*.

[1608] Ebenfalls kritisch in Bezug zur Satzungsstrenge: *Spindler*, AG 1998, 53; *Bayer*, in: FS Hopt, 2010, 373, 381, 382; in Bezug zur Mitbestimmung: *Adams*, ZIP 2006, 1561, 1562 ff.

2. Spezielle Erwägungen zur Unternehmenstransaktion

a) Unternehmenstransaktion: theoretische Unterscheidung

Wenn man nun die Ansätze hinsichtlich der Unternehmenstransaktion betrachtet, fällt besonders die grundverschiedene theoretische Ausgangslage auf. Im englischen Recht ist das Board zunächst das zentrale Geschäftsführungsgremium und „verliert" die Geschäftsführung nur durch die Delegation, die sie aber auch jederzeit zurückholen kann. Das bedeutet, für das Board of Directors stellen sich die komplizierten Fragen der Verletzung von Zuständigkeiten durch die alleinige Leitungsverantwortung des Vorstands gem. § 76 Abs. 1 AktG und des Geschäftsführungsverbots gem. § 111 Abs. 4 Satz 1 AktG gar nicht. Bei jedem Vorgang der Transaktion – gleichgültig wie klein und unbedeutsam sie ist – kann sich das Board of Directors die Befugnis über die Initiative, Entscheidung und Durchführung jederzeit zurückholen. Des Weiteren hat es auf der anderen Seite keine Pflicht, besonders große Unternehmenstransaktionen selbst zu entscheiden. Es kann sich lediglich haftbar machen.[1609]

Aus der deutschen Perspektive ist zu fragen, ob § 111 Abs. 4 Satz 2 AktG es erlaubt, von den Zulässigkeitsgrenzen des Übermaßverbots in dem konkreten Fall abzuweichen. Wenn man der in dieser Untersuchung vertretenen Ansicht folgt, dass jeder Erwerb und jede Veräußerung eines Zielunternehmens zumindest ein Geschäft von erheblicher Bedeutung sind, so sind die Unterschiede zwischen dem deutschen und dem englischen Recht zumindest in diesen Fällen gering. Andererseits kann es nach der hiesigen Ansicht dazu kommen, dass der Aufsichtsrat bei einem Geschäft von grundlegender Bedeutung (Untermaßverbot) selbst durch einen Zustimmungsvorbehalt handeln muss, was für ein Board of Directors nicht gilt.

Zusätzlich könnte das englische Board of Directors, anders als der AG-Aufsichtsrat[1610] und der GmbH-Aufsichtsrat[1611], den Kauf- oder Verkaufsversuch eines Zielunternehmens, den Abschluss eines Letters of Intent, die Entscheidung zur Zulassung einer Due-Diligence-Prüfung mit einer professionellen, fachkundigen Begleitung und den Abschluss einer W&I-Versicherung als reservierte Angelegenheiten (Matters reserved) entscheiden.

b) Unternehmenstransaktion: tatsächliche Betrachtung

aa) Gemeinsamkeiten

Betrachtet man die praktische Umsetzung der deutschen und englischen Großunternehmen, stellt man indes fest, dass die deutschen Zustimmungsvorbehalte und

[1609] Siehe oben: D. II. 1. und 4.

[1610] Siehe oben: C. II. 3., C. III. 3., C. IV. 3. und C. VII. 3.

[1611] Siehe oben: C. IX.

die englischen Matters reserved in die gleiche Richtung laufen und sich in ihrer Struktur sehr ähneln.[1612] Die Wertgrenze ist das prinzipielle Mittel, um zu entscheiden, ob das Board oder der Aufsichtsrat über die Unternehmenstransaktion bestimmen soll. Ansonsten findet man trotz der englischen Freiheiten weder in den Leitfäden noch in den Praxisvorschriften der reservierten Angelegenheit (Matters reserved) einen anderen besprochenen Vorgang einer Unternehmenstransaktion.[1613] Demnach kommen die englische Praxis und das deutsche Recht auf ähnliche Ergebnisse.

bb) Unterschiede und Anregungen für das deutsche Recht

(1) Mitbestimmung und Unternehmenskauf

Einen Unterschied gibt es zwischen den vergleichbaren (Private) Companies und den mitbestimmten GmbHs nach DrittelbG. Bei der mitbestimmten deutschen GmbH mit mehr als 500 Arbeitnehmern findet eine Überwachung der Geschäftsführung durch den nichtexekutiven Aufsichtsrat nach DrittelbG statt, was wiederum auch eine Unternehmenstransaktion betreffen würde. Währenddessen kann man davon ausgehen, dass vergleichbare englische Unternehmen, die keine internationalen Großunternehmen sind, eher wenige bis keine NEDs im Board of Directors haben[1614] und folglich keine Überwachung und nachgeschaltete Mitentscheidung von Unternehmenstransaktionen von mit Aufsichtsratsmitgliedern vergleichbaren Personen stattfindet.[1615] Dies bedeutet Kosten für die deutsche GmbH, die eine vergleichbare englische Company nicht hätte.[1616]

(2) Verhaltenssteuernde Tatbestandsmerkmale und Kostengefahr

Ein weiterer Unterschied ist, dass die englischen Matters reserved bzw. Zustimmungsvorbehalte kreativere Ansätze bei ihren Tatbeständen zum Zweck der Risikoverringerung aufweisen. Zu nennen ist z. B. der Zustimmungsvorbehalt von *J Sainsbury plc*, die mit verhaltenssteuernden Tatbestandsmerkmalen arbeitet.[1617] Diese bestätigt auch einen leitenden Gedanken des Kapitels C. V. 3. und VI. 3., wonach eine professionelle Unternehmenstransaktion mit einer Due Diligence ein geringeres Risiko aufweist.

[1612] Siehe oben: D. II. 2. und 3.

[1613] Bis auf den Transaktionskostenvorbehalt der *Vodafone Group plc*.

[1614] Siehe oben: D. II. 2.

[1615] Siehe oben für die Merkmale der Private Company: D. III. 1. und 2.

[1616] Siehe oben: B. II. 1. d).

[1617] Verhaltenssteuernde Merkmale sind jedoch nicht in der Breite präsent. Eine nationale wissenschaftliche Beschäftigung im Vereinigten Königreich fehlt ebenfalls. Zumindest werden sie nicht ausdrücklich diskutiert.

Ferner zeigt das Beispiel der *Vodafone Group plc*, dass teilweise die Bedeutung der Kosten für die Beratung einer Unternehmenstransaktion erkannt wurden und in ihre Corporate Governance in der Form von Matters reserved eingebaut wurden. In dem *Vodafone*-Zustimmungsvorbehalt bedarf es daher einer Zustimmung des Board of Directors, wenn Beratergebühren von über 10 Mio. EUR entstehen können.[1618]

Diese zwei Praxisbeispiele aus dem Rechtsvergleich bestätigen somit die Ergebnisse von B. III. 6. bzw. C. V./VI. 3. und C. II. 3. c).

V. Ergebnisse des Kapitels D.

Die rechtstatsächliche Anzahl an NEDs und die Matters reserved ohne einen Initiativcharakter der englischen internationalen Großunternehmen weisen darauf hin, dass sich das Board of Directors dieser Unternehmen zu einem nachgeschalteten Überwachungsorgan mit einer unternehmerischen Verantwortung ähnlich dem deutschen Aufsichtsrat entwickelt hat. Dieses Phänomen ist eine Bestätigung des deutschen Ansatzes eines gelockerten Dualismus von Leitung und Überwachung als Zuständigkeitsverteilung des Vorstands und des Aufsichtsrats für die deutschen internationalen Großunternehmen.

Der Rechtsvergleich mit dem englischen Recht und der englischen Praxis zeigt indes auf, dass das deutsche Aktienrecht mehr Vertrauen in flexible privatautonome Lösungen haben sollte. Es bedarf daher einer Reform der Satzungsstrenge gem. § 23 Abs. 5 AktG. Nur eine passgenaue Corporate Governance reduziert Kosten und fördert den Wohlstand. Allerdings soll die aktuelle Rechtslage die dispositive Auffangregelung bleiben.

Der Rechtsvergleich bestätigt die Zweifel am Mitbestimmungsrecht aus der GmbH-Perspektive. Die bezweckte Flexibilität des GmbH-Rechts für privatautonome Lösungen im Innenverhältnis wird durch das Mitbestimmungsrecht genommen. Dabei werden Kosten auferlegt, denen in vielen Fällen keine nennenswerten Einsparungen von Agentenkosten gegenüberstehen. Durch den mitbestimmungsrechtlichen Zwang einer partiellen dualistischen Struktur für die GmbH konnte nicht festgestellt werden, ob der Markt eine solche Lösung für die Unternehmen dieser Größenordnung vorziehen würde. Die englische Praxis kann dies zumindest nicht bestätigen.

Das Board of Directors muss kein Übermaßverbot für seine Zustimmungsvorbehalte (Matters reserved) beachten. Demnach kann das Board einer Company ohne rechtliche Einschränkungen über den Kauf- oder Verkaufsversuch eines Zielunternehmens, den Abschluss eines Letters of Intent, die Entscheidung zur Zulassung einer Due-Diligence-Prüfung mit einer professionellen, fachkundigen Begleitung

---

[1618] Siehe die Zustimmungsvorbehaltsvorschriften der *Vodafone Group plc* in D. II. 3. a) bb) und den Abschnitt zu den Transaktionskosten C. II. 3. c).

und den Abschluss einer W&I-Versicherung als eine reservierte Angelegenheit (Matters reserved) entscheiden.

Tatsächlich kommen allerdings nur die Geschäfte, die eine entsprechende Bedeutung für das Unternehmen aufweisen, in den Matters reserved vor. Insofern bestätigt die englische Rechtspraxis teilweise die deutschen Ergebnisse. Die zwei Praxisbeispiele der Matters reserved über Unternehmenstransaktionen von *J Sainsbury plc* und *Vodafone Group plc* aus dem Rechtsvergleich bestätigen überdies die Ergebnisse der Untersuchung zum Einsatz von verhaltenssteuernden risikoreduzierenden Tatbestandsmerkmalen und zur Bedeutung der Transaktionskosten.

Das deutsche Mitbestimmungsrecht sorgt darüber hinaus für einen weiteren Unterschied bei der Unternehmenstransaktion. Während in Deutschland bei einer GmbH mit mehr als 500 Arbeitnehmern ein Aufsichtsrat die Unternehmenstransaktion überwachen und mitentscheiden wird, werden viele englische Großunternehmen keine oder nur wenige NEDs haben. Somit wird in den vergleichbaren englischen Unternehmen die Geschäftsführung bei Unternehmenstransaktionen kaum überwacht. Hier stellt sich die Frage, ob die Kosten der nichtexekutiven Überwachung im angemessenen Verhältnis zu den Einsparungen von Agentenkosten stehen, was in vielen Fällen nicht der Fall sein wird.

E. Schluss

In vielen Fällen sind die skurrilsten Vergleiche die treffendsten. An dieser Stelle soll deshalb gewagt werden, Kunst mit dem Gesellschaftsrecht zu vergleichen. Denn das deutsche Gesellschaftsrecht erweist sich nach dieser Untersuchung beim Zustimmungsvorbehalt gem. § 111 Abs. 4 Satz 2 AktG als eine feingliedrige und durchdachte Arbeit, wie das Werk eines alten Meisters. Jeder Pinselstrich ist perfekt gesetzt und die Konzeption ist tiefsinnig und stimmig. An jedes Detail ist gedacht. Dagegen wirkt das englische Gesellschaftsrecht wie das moderne Werk eines Künstlers der Avantgarde. Wenige gesetzte Striche, die kaum erkennen lassen, was das Gemalte sein soll. Ansonsten nur leere oder in anderen Worten freie, weiß grundierte Leinwand. Gleichwohl wird man überrascht, wenn man die Datierung der jeweiligen Gemälde sieht, wonach das Werk des vermeintlich alten Meisters jünger als die abstrakte englische Kunst ist. Der Betrachter des jeweiligen Werks wird überdies vor unterschiedliche Herausforderungen gestellt. Beim deutschen Werk muss er analysieren und das Konzept verstehen und prüfen. Hingegen muss der Betrachter beim englischen Werk die weißen Lücken und offenen Stellen selbst füllen.

Kunst liegt im Auge des Betrachters und doch hat diese Untersuchung aus den oben besprochenen Gründen große Sympathien für die privatautonome Gestaltungsfreiheit des englischen bzw. britischen Gesellschaftsrechts. Es ist in diesem Zusammenhang außerordentlich bedauerlich, dass sich der Nachkriegsgesetzgeber nicht mit der fragwürdigen und demokratieablehnenden Grundstruktur des AktG von 1937 kritisch auseinandergesetzt hat. Nichtsdestotrotz erreicht das untersuchte deutsche Recht überraschenderweise eine teilweise sehr präzise Antizipation der Bedürfnisse der Praxis und wird vielfach durch die Praxis eines fremden Landes bestätigt.

I. Kapitel B. – Zustimmungsvorbehalte des Aufsichtsrats gem. § 111 Abs. 4 Satz 2 AktG

Nun war eine relevante Frage der Untersuchung die nach dem Inhalt und dem Umfang der Zustimmungsvorbehalte des § 111 Abs. 4 Satz 2 AktG. Der AG-Aufsichtsrat darf lediglich für Geschäfte von erheblicher Bedeutung, die kein Unterlassen zum Gegenstand haben und die bestimmt genug sind, einen Zustimmungsvorbehalt begründen. Alles unter der Schwelle der erheblichen Bedeutung ist vom Übermaßverbot des § 111 Abs. 4 Satz 1 erfasst. Liegt nach seiner Beurteilung ein

Geschäft von grundlegender Bedeutung vor, muss er sogar einen Zustimmungsvorbehalt begründen. Dies ist das Untermaßverbot des § 111 Abs. 4 Satz 2 AktG.

Indes war ebenfalls ein Ziel dieser Untersuchung, einen praktikablen Ansatz anzubieten, der es dem Aufsichtsrat erlaubt, die schwierige Situation von unterschiedlichen Bedeutungsschwellen in konkrete Wertgrenzen für die Zustimmungsvorbehalte zu übersetzen. Als Antwort auf diese Frage bieten sich Wertgrenzen mit einem risikobasierten Ansatz an. Der Ansatz geht vereinfacht wie folgt:

Erstens muss der Aufsichtsrat die Bedeutungsschwelle von grundlegender Bedeutung und die von erheblicher Bedeutung für seine Gesellschaft ermitteln. Diese werden jeweils durch quantitative Anknüpfungswerte ausgedrückt, z. B. entsprechende Prozentwerte des Eigenkapitals. Für die Bewertung der Bedeutungsschwellen steht dem Aufsichtsrat ein Beurteilungsspielraum zu, sodass er lediglich vertretbar ohne Beurteilungsfehler prognostizieren muss, welcher Wert eine grundlegende oder erhebliche Bedeutung haben wird.

Zweitens soll der weitere Zustimmungsvorbehalt die Ermittlungsmethode für den konkreten Geschäftswert der Maßnahme enthalten. Der konkrete Geschäftswert der Maßnahme ergibt sich dementsprechend aus der Addition des finanziellen Umfangs der Maßnahme (z. B. ein Kaufpreis) und der etwaigen quantifizierten Risiken der konkreten Maßnahme (z. B. weitere absehbare Kapitalinvestments oder mögliche Schäden).

Wenn es nun zu einer einschlägigen Maßnahme (z. B. zum Kauf eines Zielunternehmens) kommt, ermittelt der Vorstand den konkreten Geschäftswert entsprechend der Methode und vergleicht den Wert mit dem quantitativen Anknüpfungswert. Ist der konkrete Geschäftswert der Maßnahme größer oder gleich dem quantitativen Anknüpfungswert, legt der Vorstand die Maßnahme dem Aufsichtsrat zur Zustimmung vor.

Neben dem risikobasierten Ansatz für die Wertgrenzen können verhaltenssteuernde Tatbestandsmerkmale in einer effektiven Weise die Tatbestände der Zustimmungsvorbehalte für eine verbesserte präventive Überwachung ergänzen. Sie setzen für den Vorstand einen Anreiz in der Form, dass er keine Zustimmungsentscheidung des Aufsichtsrats einholen muss, wenn er gewisse im Zustimmungsvorbehalt spezifizierte risikoreduzierende Maßnahmen einhält. Sie können aus der Sicht des Aufsichtsrats somit helfen, erstens allgemein die Bedeutung des Geschäfts zu verringen und zweitens die Geschäfte mit erheblicher oder grundlegender Bedeutung von denen ohne entsprechende Bedeutung zu isolieren. Diese Gestaltungsoption darf indes nicht überspannt werden, da ab einem übermäßigen Einsatz die Bestimmtheit leidet. Jedoch kann man die goldene Mitte zwischen einem zu simplen und zu komplexen Tatbestand finden. Denn grundsätzlich gibt es einen oder zwei zentrale Umstände, die als risikoreduzierende Tatbestandsmerkmale ausreichen, um die Bedeutung massiv zu verringern.

Gleichwohl stellen sich diese Gestaltungsfragen der Zustimmungsvorbehalte eher für die deutschen internationalen Großunternehmen, die mit vielen komplizierten Maßnahmen konfrontiert sind. Der risikobasierte Ansatz und die verhaltenssteuernden Tatbestandsmerkmale weisen dort den größten Nutzen auf und ermöglichen dem Aufsichtsrat eine effektive Überwachung und unternehmerische Mitverantwortung.

Grundsätzlich führt allein eine auf die Umstände und Bedürfnisse des konkreten Unternehmens passgenaue Corporate-Governance-Struktur zu den besten Ergebnissen hinsichtlich der Reduktion von Agenten- und Prinzipalkosten und zum höchsten Unternehmenswert. Der Aufsichtsrat kann dabei von einer rechtsökonomischen Perspektive Agenten- und Prinzipalkosten reduzieren. Des Weiteren kann er ebenso mehr Kosten produzieren als einsparen, wenn er selbst hohe Agentenkosten produziert oder nicht notwendig ist, weil seine Funktion von engagierten und fähigen Gesellschaftern übernommen wird. Dies kann besonders bei einer mitbestimmten GmbH oder einer Kleinen AG der Fall sein. Dieses generelle Ergebnis ist auch auf die Zustimmungsvorbehalte des Aufsichtsrats gem. § 111 Abs. 4 Satz 2 AktG übertragbar. Sie können Agenten- und Prinzipalkosten reduzieren, wenn der Aufsichtsrat fähig und notwendig ist. Umgekehrt können sie dem Unternehmen auch mehr Kosten auferlegen, wenn z. B. ein fähigeres Organ die Funktion der Zustimmungsvorbehalte erfüllen kann.

II. Kapitel C. – Zustimmungsvorbehalte der Unternehmenstransaktion

Die zentrale Aufgabe der Untersuchung lag darin, die Ergebnisse des Kapitels B. in Bezug zur Unternehmenstransaktion und ihren Vorgängen zu setzen.

Die Analyse in Kapitel C. hat demnach gezeigt, dass für die deutschen internationalen Großunternehmen aufgrund ihrer M&A-Praxis ein Erwerb oder eine Veräußerung eines Zielunternehmens prinzipiell kein außergewöhnliches Geschäft sein muss. Andererseits ist die Gewöhnlichkeit nicht gleichzusetzen mit einer fehlenden Bedeutung der Unternehmenstransaktionen für die Zustimmungsvorbehalte gem. § 111 Abs. 4 Satz 2 AktG. Die entwickelten Leitlinien für die ausgewählten Vorgänge sind wie folgt zusammenzufassen:

Erstens: Jeder Erwerb oder jede Veräußerung eines Zielunternehmens, auch bei verhältnismäßig kleinen und mittleren Transaktionen, ist unabhängig vom Preis oder vom Vorstand kalkulierten quantifizierten Risiken ein Geschäft von erheblicher Bedeutung und kann vom Aufsichtsrat bei Verdacht oder Wunsch untersucht werden. Jedoch bietet es sich für den Aufsichtsrat eines internationalen Großunternehmens nicht an, tatsächlich jede Transaktion zu überwachen. Der Aufsichtsrat kann und sollte dafür auf den risikobasierten Ansatz und verhaltenssteuernde Merkmale zurückgreifen und entsprechend filtern.

Zweitens: Ein roter Faden, der sich bei jedem Vorgang durchzog, ist, dass die M&A-Branche viele Instrumente, Lösungen und Ansätze bietet, um die Risiken einer Unternehmenstransaktion zu reduzieren. Eine Unternehmenstransaktion begleitet von fachkundigen erfahrenen Experten kann man kaum mit einer Unternehmenstransaktion ohne diese Begleitung vergleichen. Es ist, als würde man eine Operation am offenen Herzen von einem erfahrenen Herzchirurgen durchführen. Der Eingriff ist zwar immer noch gefährlich. Indes wird das Risiko erheblich durch seine Fachkunde reduziert. Gleichzeitig ist dieser professionelle Eingriff durch einen Herzchirurgen nicht ansatzweise vergleichbar mit der eines medizinischen Laien. Dieser würde mit an Sicherheit grenzender Wahrscheinlichkeit das schlimmste Ergebnis herbeiführen. Dies gilt auch hier. Es ist die professionelle M&A-Branche, die die Risiken bändigt und damit überhaupt einen M&A-Markt schafft.

Dies zeigt den Wert auf, den die professionelle Beratung für die weltweite und nationale Wirtschaft schafft – obgleich Rechtsanwälten, Steuerberatern, Wirtschaftsprüfern und Investmentbankern oft vorgeworfen wird, dass sie sich lediglich an den Unternehmenstransaktionen bereichern. Für dieses allgemeine Verständnis – hier in Bezug zu Rechtsanwälten – steht beispielhaft der folgende bekannte Auszug aus dem Roman „God bless you, Mr. Rosewater“ des US-amerikanischen Schriftstellers Kurt Vonnegut:

> „In every big transaction, […] there is a magic moment during which a man has surrendered a treasure, and during which the man who is due to receive it has not yet done so. An alert lawyer will make that moment his own, possessing the treasure for a magic microsecond, taking a little of it, passing it on. If the man who is to receive the treasure is unused to wealth, has an inferiority complex and shapeless feelings of guilt, as most people do, the lawyer can often take as much as half the bundle, and still receive the recipient's blubbering thanks.“[1619]

Demgegenüber kann man mit den Ergebnissen des Kapitels C. diesem verbreiteten Verständnis getrost entgegentreten. Denn der „Schatz“, der übertragen wird, würde nicht ohne die Hilfe der Berater übertragen werden. Außer man wollte am Beispiel der Unternehmenstransaktion auf die Vorzüge des Haftungs-, Kartell-, Steuer-, Arbeitsnehmerschutz-, Umweltschutz- und Wirtschaftsstrafrechts (usw.) oder gleich auf anorganisches Wirtschaftswachstum verzichten. Wenn man einen solchen Verzicht nicht anstrebt, ist die Welt allerdings komplex und voller Risiken. Das Wissen, um diese Komplexität zu beherrschen, kann nicht in einer Person oder in einem Unternehmen liegen, sodass Berater nicht nur helfen, sondern die Transaktion überhaupt erst ermöglichen. Das ist nicht verwerflich, sondern etwas Gutes.

Auf der anderen Seite ist dies gewiss keine Entschuldigung für unnötige Kosten durch schlechte Regulierung. In diesen Fällen profitieren auch regelmäßig die Berater, weshalb sich dieses Verständnis vermutlich überhaupt entwickelt hat. Es liegt

---

[1619] *Kurt Vonnegut*, God Bless You, Mr. Rosewater, 1965, S. 3.

dementsprechend bei den staatlichen Institutionen durch die richtige Regulierung auch Kosten zu senken, statt sie ausschließlich aufzuerlegen.

III. Kapitel D. – Rechtsvergleich mit dem Recht von England und Wales

Gerade hinsichtlich dieser unnötigen Kosten konnte der Rechtsvergleich Erkenntnisse generieren. Im Kern hat der Rechtsvergleich mit dem englischen Recht gezeigt, dass im Bereich der internationalen Großunternehmen die englische Praxis dem deutschen Recht ähnelt. Das Board of Directors ist nämlich mit einer überwiegenden Mehrheit an NEDs besetzt und hat sich angesichts der Ausgestaltung der Matters reserved zu einem nachgeschalteten Organ entwickelt, das auf die vorgeschaltete Maßnahme der Manager reagiert. In diesem Sinne ähneln sich beide Praxen auch bei der nichtexekutiven Aufsicht von Unternehmenstransaktionen. Dies bestätigt grundsätzlich die aktuelle aktienrechtliche Zuständigkeitsverteilung der Verwaltung für internationale Großunternehmen.

Ansonsten zeigte der hiesige Rechtsvergleich, dass die aktienrechtliche Satzungsstrenge für die AG und das Mitbestimmungsrecht für die GmbH vielen Unternehmen Kosten auferlegen, die in der englischen Jurisdiktion nicht drohen. Infolgedessen gibt es aus deutscher Sicht einen Reformbedarf, um die Wettbewerbsfähigkeit der deutschen Gesellschaftsformen sicherzustellen. Anderenfalls drohen in einer internationalisierten Wirtschaft Abwanderung und ein Bedeutungsverlust für das deutsche Gesellschaftsrecht.

Literaturverzeichnis

Achenbach, Hans: Verbandsgeldbuße und Aufsichtspflichtverletzung (§§ 30 und 130 OWiG), Neue Zeitschrift für Wirtschafts-, Steuer- und Unternehmensstrafrecht, 2012, 321 (zitiert: *Achenbach*, NZWiSt 2012, 321)

Achenbach, Hans: Die Einführung einer „unternehmensgerichteten Sanktion" und einer Ausfallhaftung im Kartellordnungswidrigkeitsrecht durch die 9. GWB-Novelle, Zeitschrift für Wirtschafts- und Steuerstrafrecht, 2018, 185 (zitiert: *Achenbach*, wistra 2018, 185)

Adams, Michael: Das Ende der Mitbestimmung, Zeitschrift für Wirtschaftsrecht (ZIP), 2006, 1561 (zitiert: *Adams*, ZIP 2006, 1561)

Alexander, Christian: Das vertragliche Verbot der Abwerbung von Mitarbeitern zwischen Unternehmen im Spannungsfeld von Kartellrecht, Handelsrecht und Lauterkeitsrecht, Zeitschrift für Wettbewerbsrecht, 2016, 16 (zitiert: *Alexander*, ZWeR 2016, 16)

Altmeppen, Holger: Grenzen der Zustimmungsvorbehalte des Aufsichtsrats und die Folgen ihrer Verletzung durch den Vorstand, in: Georg Bitter/Marcus Lutter/Hans-Joachim Priester/Wolfgang Schön/Peter Ulmer, Festschrift für Karsten Schmidt zum 70. Geburtstag, 2009, S. 23–40 (zitiert: *Altmeppen*, in: FS Karsten Schmidt, 2009, 23)

Altmeppen, Holger: Persönliche Haftung des Aufsichtsrats für Verletzung der Massesicherungspflicht der Geschäftsleiter, Zeitschrift für Wirtschaftsrecht (ZIP), 2010, 1973 (zitiert: *Altmeppen*, ZIP 2010, 1973)

Arcot, Sridhar/*Bruno*, Valentina/*Faure-Grimaud*, Antoine: Corporate governance in the UK: Is the comply or explain approach working? International Review of Law and Economics 30, 2010, 193 (zitiert: *Arcot et al.*, IRLE 30 2010, 193)

Armour, John/*Black*, Bernard/*Cheffins*, Brian/*Nolan*, Richard: Private Enforcement of Corporate Law: An Empirical Comparison of the United Kingdom and the United States, Journal of Empirical Legal Studies, Volume 6, Issue 4, 2009, 681 (zitiert: *Armour et al.*, JELS 2009 Vol. 6, 681)

Bach, Dwayne: Datenschutzrechtliche Vorgaben bei der Weitergabe von Beschäftigten- und Kundendaten während der Due-Diligence-Phase, Europäische Zeitschrift für Wirtschaftsrecht, 2020, 175 (zitiert: *Bach*, EuZW 2020, 175)

Bachmann, Gregor: Aufsichtsratsautonomie – Recht und Politik der dualen Unternehmensverfassung, in: Stefan Grundmann/Brigitte Haar/Hanno Merkt/Peter O. Mülbert/Marina Wellenhofer/Harald Baum/Jan von Hein/Thomas von Hippel/Katharina Pistor/Markus Roth/Heike Schweitzer (Hrsg.), Festschrift für Klaus J. Hopt zum 70. Geburtstag, 2010, S. 337 (zitiert: *Bachmann*, in: FS Hopt, 2010, 337)

Balke, Michaela/*Klein*, Karen: Vorstandshaftung für fehlerhafte Ausrichtung der Compliance-Organisation, Zeitschrift für Wirtschaftsrecht (ZIP), 2017, 2038 (zitiert: *Balke/Klein*, ZIP 2017, 2038)

Banerjee, Subir Kumar: Steuerklauseln im Unternehmenskaufvertrag – effiziente Risikominimierung beim Unternehmenskauf, Betriebsberater, 2012, 1518 (zitiert: *Banerjee*, BB 2012, 1518)

Barber, Bernadette/*Allen*, Barbara: The ICSA Corporate Governance Handbook, 4. Auflage, 2017 (zitiert: *Barber/Allen*, ICSA Corporate Governance)

Baron, Michael/*Trebing*, Cristina: Umgang mit Kartellrechtrisiken in M&A-Transaktionen – aktuelle Fragestellungen und Entwicklungen, Betriebs-Berater 2016, 131 (zitiert: *Baron/Trebing*, BB 2016, 131)

Baumbach, Adolf/*Hueck*, Alfred: Aktiengesetz, 13. Auflage, 1968 (zitiert: *Baumbach/Hueck*, AktG, 13. Aufl. 1968)

Baums, Theodor: Der Aufsichtsrat – Aufgaben und Reformfragen, Zeitschrift für Wirtschaftsrecht (ZIP), 1995, 11 (zitiert: *Baums*, ZIP 1995, 11)

Bayer, Walter: Die Erosion der deutschen Mitbestimmung, Neue Juristische Woche, 2016, 1930 (zitiert: *Bayer*, NJW 2016, 1930)

Bayer, Walter: Unterschiede im Aktienrecht zwischen börsennotierten und nichtbörsennotierten Gesellschaften, in: Stefan Grundmann/Brigitte Haar/Hanno Merkt/Peter O. Mülbert/Marina Wellenhofer/Harald Baum/Jan von Hein/Thomas von Hippel/Katharina Pistor/Markus Roth/Heike Schweitzer (Hrsg.), Festschrift für Klaus J. Hopt zum 70. Geburtstag, 2010, S. 373–390 (zitiert: *Bayer*, in: FS Hopt, 2010, 373)

Bayer, Walter/*Habersack*, Matthias: Aktienrecht im Wandel, Band I, Entwicklung des Aktienrechts, 2007 (zitiert: *Bearbeiter*, in: Bayer/Habersack, Aktienrecht im Wandel, Band I)

Bayer, Walter/*Habersack*, Matthias: Aktienrecht im Wandel, Band II, Grundsatzfragen des Aktienrechts, 2007 (zitiert: *Bearbeiter*, in: Bayer/Habersack, Aktienrecht im Wandel, Band II)

Bayer, Walter/*Hoffmann*, Thomas: Gesetzeswidrige Mitbestimmungslücken bei der GmbH, GmbH-Rundschau, 2015, 909 (zitiert: *Bayer/Hoffmann*, GmbHR 2015, 909)

Bayer, Walter/*Lieder*, Jan/*Hoffmann*, Thomas: Bundesweite Rechtstatsachen zum Unternehmens- und Gesellschaftsrecht (Stand 01.01.2022), GmbH-Rundschau 2022, 777 (zitiert: *Bayer et al.*, GmbHR 2022, 777)

Bea, Franz Xaver/*Scheurer*, Steffen: Die Kontrollfunktion des Aufsichtsrats, Der Betrieb, 1994, 2145 (zitiert: *Bea/Scheurer*, DB 1994, 2145)

Bechthold, Rainer/*Bosch*, Wolfgang: Gesetz gegen Wettbewerbsbeschränkungen (§§ 1–96, 185, 186) Kommentar, 10. Auflage, 2021 (zitiert: *Bechtold/Bosch*, GWB)

Beck, Lukas: Konzernhaftung in Deutschland und Europa, Eine Untersuchung der Grundlagen der Haftung für Leitung und Organisation grenzüberschreitender Unternehmensgruppen, 2019 (zitiert: *Beck*, Konzernhaftung)

Beck, Ralf/*Klar*, Michael: Asset Deal versus Share Deal – Eine Gesamtbetrachtung unter expliziter Berücksichtigung des Risikoaspekts, Der Betrieb, 2007, 2819 (zitiert: *Beck/Klar*, DB 2007, 2819)

Berens, Wolfgang/*Brauner*, Hans U./*Strauch*, Joachim/*Knauer*, Thorsten (Hrsg.): Due Diligence bei Unternehmensakquisition, 8. Auflage, 2019 (zitiert: *Bearbeiter*, in: Berens/Brauner/Strauch/Knauer, Due Diligence)

Berger, Klaus Peter: Die Anglisierung des Wirtschaftsrechts, in: Barbara Grunewald/Harm Peter Westermann, Festschrift für Georg Maier-Reimer zum 70. Geburtstag, 2010, S. 17–28 (zitiert: *Berger*, in: FS Maier-Reimer, 2010, 17)

Berger, Klaus Peter: Vom praktischen Nutzen der Rechtsvergleichung. Die „internationale brauchbare" Auslegung nationalen Rechts, in: Klaus Peter Berger/Werner F. Ebke/Siegfried Elsing/Bernhard Großfeld/Gunther Kühne, Festschrift für Otto Sandrock zum 70. Geburtstag, 2000, S. 49–64 (zitiert: *Berger*, in: FS Sandrock, 2000, 49)

Berle, Adolf/*Means*, Gardiner: The Modern Corporation and Private Property, 1932 (zitiert: *Berle/Means*, Modern Corporation, 1932)

Berrar, Carsten: Die zustimmungspflichtigen Geschäfte nach § 111 Abs. 4 AktG im Lichte der Corporate Governance-Diskussion, Der Betrieb, 2001, 2181 (zitiert: *Berrar*, DB 2001, 2181)

Berry, Aidan/*Perren*, Lew: The role of non-executives directos in UK SMEs, Journal of Small Business and Enterprise Development, 2001, 159 (zitiert: *Berry/Perren*, JSBED 2001, 159)

Besen, Marc/*Gronemeyer*, Achim: Informationsaustausch im Rahmen von Unternehmenskäufen – Kartellrechtliche Entwicklungen und Best Practice, Corporate Compliance Zeitschrift, 2013, 137 (zitiert: *Besen/Gronemeyer*, CCZ 2013, 137)

Beuthien, Volker: Gibt es im Gesellschaftsrecht eine gesetzliche Stellvertretung? in: Andreas Heldrich/Jürgen Prölss/Ingo Knoller, Festschrift für Claus-Wilhelm Canaris zum 70. Geburtstag, Band 2, 2007, S. 41–48 (zitiert: *Beuthien*, in: FS Canaris, Band 2, 2007, 41)

Beuthien, Volker: Pauschalierter Schadenersatz und Vertragsstrafe, in: Gotthard Paulus/Uwe Diederichsen/Claus-Wilhelm Canaris, Festschrift für Karl Larenz zum 70. Geburtstag, 1973, S. 495–516 (zitiert: *Beuthien*, in: FS Larenz, 1973, 495)

Bloomfield, Stephen: Theory and Practice of Corporate Governance – An Integrated Approach, 2013 (zitiert: *Bloomfield*, Corporate Governance)

Boecken, Winfried/*Düwell*, Franz Josef/*Diller*, Martin/*Hanau*, Hans (Hrsg.): Gesamtes Arbeitsrecht, 2. Auflage, 2023 (zitiert: *Bearbeiter*, in: Boecken/Düwell/Diller/Hanau, Gesamtes ArbR)

Boll-Kempelmann, Caroline: Arglist beim Unternehmenskauf, Neue Zeitschrift für Gesellschaftsrecht, 2021, 541 (zitiert: *Boll-Kempelmann*, NZG 2021, 541)

Borris, Christian: Streiterledigung bei (MAC-)Klauseln in Unternehmenskaufverträgen: ein Fall für „Fast-Track"-Schiedsverfahren, Betriebs-Berater, 2008, 294 (zitiert: *Borris*, BB 2008, 294)

Bosse, Christian: TransPuG: Änderungen zu den Berichtspflichten des Vorstands und zur Aufsichtsratstätigkeit, Der Betrieb, 2002, 1592 (zitiert: *Bosse*, DB 2002, 1592)

Böttcher, Lars: Organpflichten beim Unternehmenskauf, Neue Zeitschrift für Gesellschaftsrecht, 2007, 481 (zitiert: *Böttcher*, NZG 2007, 481)

Boujong, Karlheinz: Rechtliche Mindestanforderungen an eine ordnungsgemäße Vorstandskontrolle und -beratung, Die Aktiengesellschaft, 1995, 203 (zitiert: *Boujong*, AG 1995, 203)

Brandes, Helmut: Die Rechtsprechung des Bundesgerichtshofes zur Aktiengesellschaft, Zeitschrift für Wirtschafts- und Bankrecht, 1994, 2177 (zitiert: *Brandes*, WM 1994, 2177)

Brandstätter, Veronika/*Schüler*, Julia/*Puca*, Rosa Maria/*Lozo*, Ljubica: Motivation und Emotion (Lehrbuch), 2. Auflage, 2013 (zitiert: *Brandstätter et al.*, Motivation und Emotion)

Brouwer, Tobias: Compliance im Wirtschaftsverbund, Corporate Compliance Zeitschrift, 2009, 161 (zitiert: *Brouwer*, CCZ 2009, 161)

Brouwer, Tobias: Zustimmungsvorbehalte des Aufsichtsrats im Aktien- und GmbH-Recht, Zur Funktion und Wirkweise von Aufsichtsratsvorbehalten im Einheitsunternehmen und im Konzern, 2008 (zitiert: *Brouwer*, Zustimmungsvorbehalte)

Busche, Jan/*Looschelders*, Dirk/*Rieble*, Volker: J. von Staudinger Kommentar zum BGB, Buch 2, §§ 397–432, 13. Auflage, 2022 (zitiert: *Bearbeiter*, in: Staudinger BGB, Buch 2)

Busche, Jan/*Röhling*, Andreas (Hrsg.): Kölner Kommentar zum Kartellrecht, Band 1, 2017 (zitiert: *Bearbeiter*, in: KK-KartellR)

Busekist, Konstantin von/*Timmerbeil*, Sven: Die Compliance Due Diligence in M&A-Prozessen, Corporate Compliance Zeitschrift, 2013, 225 (zitiert: *v. Busekist/Timmerbeil*, CCZ 2013, 225)

Cahn, Andreas: Gesellschaftsinterne Informationspflichten bei Zusammenschluss- und Akquisitionsvorhaben, Die Aktiengesellschaft, 2014, 525 (zitiert: *Cahn*, AG 2014, 525)

Cahn, Andreas: Pflichten und Haftung der Organe der Erwerbergesellschaft bei M&A-Transaktionen, in: Mathias Habersack/Karl Huber/Gerald Spindler, Festschrift für Eberhard Stilz zum 65. Geburtstag, 2014, S. 99–110 (zitiert: *Cahn*, in: FS Stilz, 2014, 99)

Cahn, Andreas: Die Leitung der Aktiengesellschaft durch den Vorstand, Neue Zeitschrift für Gesellschaftsrecht, 2023, 299 (zitiert: *Cahn*, NZG 2023, 299)

Cannivé, Klaus: Die Legal Vendor Due Diligence – Marktstandard oder Modeerscheinung, Zeitschrift für Wirtschaftsrecht (ZIP), 2009, 254 (zitiert: *Cannivé*, ZIP 2009, 254)

Cardale, Mark: A Practical Guide to Corporate Governance, 5. Auflage, 2014 (zitiert: *Cardale*, Guide Corporate Governance)

Chambers, Andrew: Chambers' Corporate Governance Handbook, 8. Auflage, 2020 (zitiert: *Chambers*, Corporate Governance Handbook)

Cheffins, Brian R.: Corporate Governance and Countervailing Power, The Business Lawyer, Volume 74, 2019 (zitiert: *Cheffins*, TBL 2019 Vol. 74, 1)

Cheffins, Brian R.: The Rise of Corporate Governance in the UK: When and Why, Current Legal Problems, Vol. 68, 2015, 387 (zitiert: *Cheffins*, CLP 2015, 387)

Cheffins, Brian R.: The Undermining of UK Corporate Governance (?), Oxford Journal of Legal Studies, Vol. 33, 2013, 503 (zitiert: *Cheffins*, OJLS 2013, 503)

Cheffins, Brian R.: The Stewardship Code's Achilles' Heel, Modern Law Review, 2010, 1004 (zitiert: *Cheffins*, MLR 2010, 1004)

Cheffins, Brian R.: Company Law: Theory, Structure and Operation, 2000 (zitiert: *Cheffins*, Company Law)

Cheffins, Brian R./*Black*, Bernard S.: Outside Director Liability Across Countries, Stanford Law School, Law and Economics Working Paper No. 266, Texas Law Review, 2006, 1386 (zitiert: *Cheffins/Black*, TLR 2006, 1386)

Cheffins, Brian R./*Reddy*, Bobby V.: Thirty Years and Done – Time to Abolish the UK Corporate Governance Code, European Corporate Governance Instute – Law Working Paper No. 654/2022, University of Cambridge, Faculty of Law, Research Paper No. 13/2023 (zitiert: *Cheffins/Reddy*, Time to Abolish the UKCGC)

Chiu, Iris H.-Y.: The role of a company's constitution in corporate governance, Journal of Business Law, 2009, 697 (zitiert: *Chiu*, JBL 2009, 697)

Claussen, Carsten Peter: Der Aktionär – das unbekannte Wesen, in: Georg Bitter/Marcus Lutter/Hans-Joachim Priester/Wolfgang Schön/Peter Ulmer, Festschrift für Karsten Schmidt zum 70. Geburtstag, 2009, S. 217–232 (zitiert: *Claussen*, in: FS Karsten Schmidt, 2009, 217)

Daghles, Murad M./*Haßler*, Thyl N.: Warranty & Indemnity-Versicherung im Rahmen von Unternehmenstransaktionen, Gesellschafts- und Wirtschaftsrecht, 2016, 455 (zitiert: *Daghles/Haßler*, GWR 2016, 455)

Dauner-Lieb, Barbara/*Preen*, Alexander von/*Simon*, Stefan: Das VorstAG – Ein Schritt auf dem Weg zum Board-System? Der Betrieb, 2010, 377 (zitiert: *Dauner-Lieb et al.*, DB 2010, 377)

Davies, Gavin/*Platts*, Tom/*Lewis*, Rupert: Shareholder activism: there's a lot of it about, PLC Magazin 2008, 19(5), 23 (zitiert: *G. Davies et al.*, PLC Mag. 2008, 23)

Davies, Paul: Struktur der Unternehmensführung in Großbritannien und Deutschland: Konvergenz oder fortbestehende Divergenz, Zeitschrift für Unternehmens- und Gesellschaftsrechts, 2001, 268 (zitiert: *Davies*, ZGR 2001, 268)

Deci, Edward L./*Ryan*, Richard M.: Self-Determination Theory: A Macrotheory of Human Motivation, Development and Health, Canadian Psychology, 2008, 182 (zitiert: *Deci/Ryan*, Canadian Psychology 2008, 182)

Deilmann, Barbara: Abgrenzung der Überwachungsbefugnisse von Gesellschafterversammlung und Aufsichtsrat einer GmbH unter besonderer Berücksichtigung des mitbestimmten Aufsichtsrats, Betriebs-Berater, 2004, 2253 (zitiert: *Deilmann*, BB 2004, 2253)

Deilmann, Barbara: Die Stellung des Aufsichtsrats der Aktiengesellschaft nach Inkrafttreten des KonTraG, in: Klaus Peter Berger/Werner F. Ebke/Siegfried Elsing/Bernhard Großfeld/Gunther Kühne, Festschrift für Otto Sandrock zum 70. Geburtstag, 2000, S. 165–178 (zitiert: *Deilmann*, in: FS Sandrock, 2000, 165)

Dietrich, Christian: Der neue § 111 Abs. 4 Satz 2 AktG Zustimmungsvorbehaltspflicht auch für unternehmerisches Unterlassen? Deutsches Steuerrecht, 2003, 1577 (zitiert: *Dietrich*, DStR 2003, 1577)

Dunne, Patrick/*Connon*, Ian: Company Acquisitions Handbook, 10. Auflage, 2011 (zitiert: *Bearbeiter*, in: Company Acquisition HB)

Emmerich, Volker/*Habersack*, Matthias (Hrsg.): Konzernrecht, 12. Auflage, 2023 (zitiert: *Emmerich/Habersack*, Konzernrecht)

Emmerich, Volker/*Habersack*, Matthias (Hrsg.): Aktien- und GmbH-Konzernrecht, 10. Auflage, 2022 (zitiert: *Bearbeiter*, in: Emmerich/Habersack Aktien/GmbH-Konzernrecht)

Escher-Weingart, Christina: Corporate Governance Strukturen – ein deutsch–U.S.-amerikanischer Rechtsvergleich, Zeitschrift für vergleichende Rechtswissenschaften, 2000, 387 (zitiert: *Escher-Weingart*, ZVglRWiss 2000, 387)

Ettinger, Jochen/*Jaques*, Henning: Beck'sches Handbuch Unternehmenskauf im Mittelstand, 3. Auflage, 2021 (zitiert: *Bearbeiter*, in: Beck'sches HB Unternehmenskauf Mittelstand)

Feldmann, David/*Meisel*, Frank (Hrsg.): Corporate and Commercial Law: Modern Developments, 1996 (zitiert: *Bearbeiter*, in: Feldmann/Meisel CCL)

Finch, Vanessa: Board perfomance and Cadburry on corporate governance, Journal of Business Law, 1992, 581 (zitiert: *Finch*, JBL 1992, 581)

Fischbach, Jonas: Hauptversammlungsvorlagen des Aufsichtsrats, Zeitschrift für Wirtschaftsrecht (ZIP), 2013, 1153 (zitiert: *Fischbach*, ZIP 2013, 1153)

Fleischer, Holger: Gestaltungsgrenzen für Zustimmungsvorbehalte des Aufsichtsrats nach § 111 Abs. 4 Satz 2 AktG, Betriebs-Berater 2013, 836 (zitiert: *Fleischer*, BB 2013, 835)

Fleischer, Holger: Die Fairness Opinion bei M&A-Transaktionen zwischen Markt und Recht, in: Stefan Grundmann/Brigitte Haar/Hanno Merkt/Peter O. Mülbert/Marina Wellenhofer/Harald Baum/Jan von Hein/Thomas von Hippel/Katharina Pistor/Markus Roth/Heike Schweitzer (Hrsg.), Festschrift für Klaus J. Hopt zum 70. Geburtstag, 2010, S. 2753–2776 (zitiert: *Fleischer*, in: FS Hopt, 2010, 2753)

Fleischer, Holger: Zulässigkeit und Grenzen von Break-Fee-Vereinbarungen im Aktien- und Kapitalmarktrecht, Die Aktiengesellschaft, 2009, 345 (zitiert: *Fleischer*, AG 2009, 345)

Fleischer, Holger: Der Zusammenschluss von Unternehmen im Aktienrecht, Zeitschrift für das gesamte Handelsrecht und Wirtschaftsrecht, 2008, 538 (zitiert: *Fleischer*, ZHR 2008, 538)

Fleischer, Holger: Legal Transplants im deutschen Aktienrecht, Neue Zeitschrift für Gesellschaftsrecht, 2004, 1129 (zitiert: *Fleischer*, NZG 2004, 1129)

Fleischer, Holger: Zur organschaftlichen Treuepflicht der Geschäftsleiter im Aktien- und GmbH-Recht, Zeitschrift für Wirtschafts- und Bankrecht, 2003, 1045 (zitiert: *Fleischer*, WM 2003, 1045)

Fleischer, Holger/*Goette*, Wulf (Hrsg.): Münchener Kommentar zum GmbHG, Band 2, 4. Auflage, 2023 (zitiert: *Bearbeiter*, in: MüKo GmbHG, Band 2)

Fonk, Hans-Joachim: Zustimmungsvorbehalte des AG-Aufsichtsrats, Zeitschrift für Unternehmens- und Gesellschaftsrecht 2006, 841 (zitiert: *Fonk*, ZGR 2006, 841)

French, Kenneth R./*Poterba*, James M.: Investor Diversification and International Equity Markets, The American Economic Review, 1991, 222 (zitiert: *French/Poterba*, A. E. R. 1991, 222)

Frydenberg, Stein: Theory of Capital Structure – A Review, 2004 (zitiert: *Frydenberg*, Theory of Capital Structure Review, 2004, S. 7 ff.)

Gadow, Wilhelm/*Bezzenberger*, Gerold/*Heinichen*, Eduard (Hrsg.): Aktiengesetz, Großkommentar der Praxis, 1939, 1. Auflage (zitiert: *Bearbeiter*, in: Großkomm. AktG, 1939)

Gaul, Björn/*Otto*, Björn: Auswirkungen des TransPuG auf das Verhältnis zwischen GmbH-Geschäftsführung und Aufsichtsrat, GmbH-Rundschau, 2003, 6 (zitiert: *Gaul/Otto*, GmbHR 2003, 6)

Georgiades, Apostolos: Optionsvertrag und Optionsrecht, in: Gotthard Paulus/Uwe Diederichsen/Claus-Wilhelm Canaris, Festschrift für Karl Larenz zum 70. Geburtstag, 1973, S. 409–434 (zitiert: *Georgiades*, in: FS Larenz, 1973, 409)

Gerpott, Torsten J.: Empirische Befunde zu Unternehmenskäufen durch Big Tech-Konzerne, Neue Zeitschrift für Kartellrecht, 2022, 561 (zitiert: *Gerpott*, NZKart 2022, 561)

Geßler, Ernst: Das Aktiengesetz vom 26. Januar 1937, Juristische Wochenschrift, 1937, 497 (zitiert: *Geßler*, JW 1937, 497)

Geßler, Ernst/*Hefermehl*, Wolfgang (Hrsg.): Aktiengesetz, 1. Auflage, 1937, Band 2 (zitiert: *Bearbeiter*, in: Geßler/Hefermehl AktG, 1973, Band 2)

Geyrhalter, Volker/*Zirngibl*, Nikolas/*Strehle*, Christopher: Haftungsrisiken aus dem Scheitern von Vertragsverhandlungen bei M&A-Transaktionen, Deutsches Steuerrecht, 2006, 1559 (zitiert: *Geyrhalter et al.*, DStR 2006, 1559)

Girgensohn, Thomas: Die Mitwirkung des Aufsichtsrats bei unternehmenspolitischen relevanten Entscheidungen, Der Betrieb, 1980, 337 (zitiert: *Girgensohn*, DB 1980, 337)

Goette, Wulf/*Habersack*, Mathias/*Kalss*, Susanne (Hrsg.): Münchener Kommentar zum Aktiengesetz, Band 2, 6. Auflage, 2023 (zitiert: *Bearbeiter*, in: MüKo AktG, Band 2)

Goette, Wulf/*Habersack*, Mathias/*Kalss*, Susanne (Hrsg.): Münchener Kommentar zum Aktiengesetz, Band 5, 6. Auflage, 2023 (zitiert: *Bearbeiter*, in: MüKo AktG, Band 5)

Gomtsian, Suren: Voting engagement by large institutional investors. Journal of Corporation Law, 45(3), 2020, 659 (zitiert: *Gomtsian*, J. Corp. 2020, 659)

Göpfert, Burkard/*Meyer*, Stephan T.: Datenschutz bei Unternehmenskauf: Due Diligence und Betriebsübergang, Neue Zeitschrift für Arbeitsrecht, 2011, 486 (zitiert: *Göpfert/Meyer*, NZA 2011, 486)

Goshen, Zohar/*Squire*, Richard: Principal Costs: A New Theory for Corporate Law and Governance, Columbia Law Review, 2017, 767 (zitiert: *Goshen/Squire*, Columbia Law Review 2017, 767)

Göthel, Stephan R. (Hrsg.): Grenzüberschreitende M&A-Transaktionen, 5. Auflage, 2020 (zitiert: *Bearbeiter*, in: Göthel Grenzüberschreitende M&A-Transaktionen)

Götz, Heinrich: Rechte und Pflichten des Aufsichtsrats nach dem Transparenz- und Publizitätsgesetz, Neue Zeitschrift für Gesellschaftsrecht, 2002, 599 (zitiert: *Götz*, NZG 2002, 599)

Götz, Heinrich: Leitungssorgfalt und Leitungskontrolle der Aktiengesellschaft hinsichtlich abhängiger Unternehmen, Zeitschrift für Unternehmens- und Gesellschaftsrecht, 1998, 525 (zitiert: *Götz*, ZGR 1998, 525)

Götz, Heinrich: Die Zustimmungsvorbehalte des Aufsichtsrats der Aktiengesellschaft, Zeitschrift für Unternehmens- und Gesellschaftsrecht, 1990, 633 (zitiert: *Götz*, ZGR 1990, 633)

Götze, Cornelius/*Winzer*, Thomas/*Arnold*, Christian: Unternehmerische Mitbestimmung – Gestaltungsoptionen und Vermeidungsstrategien, Zeitschrift für Wirtschaftsrecht, 209, 245 (zitiert *C. Götze et al.*, ZIP 2009, 245)

Gower, Jim (Hrsg.): Principles of Modern Company Law, 11. Auflage, 2021 (zitiert: *Bearbeiter*, in: Gower Company Law)

Gran, Andreas: Abläufe bei Merger & Acquisitions, Neue Juristische Woche, 2008, 1409 (zitiert: *Gran*, NJW 2008, 1409)

Großfeld, Bernhard: Sinn und Methode der Rechtsvergleichung, in: Klaus Peter Berger/Werner F. Ebke/Siegfried Elsing/Bernhard Großfeld/Gunther Kühne, Festschrift für Otto Sandrock zum 70. Geburtstag, 2000, S. 329–340 (zitiert: *Großfeld*, in: FS Sandrock, 2000, 329)

Grossmann, Klaus: Warranty & Indemnity-Versicherungen, Die Aktiengesellschaft, 2003, R488 (zitiert: *Grossmann*, AG 2003, R488)

Grossmann, Klaus/*Mönnich*, Ulrike: Warranty & Indemnity Insurance – Die Versicherbarkeit von Garantierisiken aus Unternehmenskaufverträgen, Neue Zeitschrift für Gesellschaftsrecht, 2003, 708 (zitiert: *Grossmann/Mönnich*, NZG 2003, 708)

Grundmeier, Charlotte Elisabeth: Dogmatische Grundzüge einer konzernweiten Compliance, Der Konzern, 2012, 487 (zitiert: *Grundmeier*, Der Konzern 2012, 487)

Grundmeier, Charlotte Elisabeth: Rechtspflicht zur Compliance, 2011 (zitiert: *Grundmeier*, Rechtspflicht zur Compliance)

Grunewald, Barbara: Der Einfluss des Aufsichtsrats auf die Geschäftsführung – was ist erwünscht, was ist erlaubt? Zeitschrift für Wirtschaftsrecht (ZIP), 2016, 2009 (zitiert: *Grunewald*, ZIP 2016, 2009)

Habersack, Mathias: Der Aufsichtsrat zwischen Geschäftsführungsverbot und Überwachungsaufgabe, Neue Zeitschrift für Gesellschaftsrecht, 2020, 881 (zitiert: *Habersack*, NZG 2020, 881)

Habersack, Mathias: Vorstands- und Aufsichtsratsvergütung – Grundsatz und Anwendungsfragen im Lichte der Aktionärsrechterichtlinie, Neue Zeitschrift für Gesellschaftsrecht, 2018, 127 (zitiert: *Habersack*, NZG 2018, 127)

Habersack, Matthias: Corporate Governance-Belange und Arbeitnehmerbelange im Rahmen des § 111 Abs. 4 Satz 2 AktG, Zeitschrift für das gesamte Handelsrecht und Wirtschaftsrecht, 2014, 131 (zitiert: *Habersack*, ZHR 2014, 131)

Habersack, Mathias: Grund und Grenzen der Compliance-Verantwortung des Aufsichtsrats der AG, Die Aktiengesellschaft, 2014, 1 (zitiert: *Habersack*, AG 2014, 1)

Habersack, Mathias: Die Legalitätspflicht des Vorstandes der AG, in: Ulrich Burgard/Walther Hadding/Peter O. Mülbert/Michael Nietsch/Reinhard Welter, Festschrift für Uwe H. Schneider zum 70. Geburtstag, 2011, S. 429–442 (zitiert: *Habersack*, in: FS Uwe H. Schneider, 2011, 429)

Habersack, Matthias: Gedanken zur konzernweiten Compliance-Verantwortung des Geschäftsleiters eines herrschenden Unternehmens, in: Stefan Bechthold/Joachim Jickeli/Mathias Rohe, Recht, Ordnung, und Wettbewerb, Festschrift zum 70. Geburtstag von Wernhard Möschel, 2011, S. 1175–1192 (zitiert: *Habersack*, in: FS Möschel, 2011, 1175)

Habersack, Mathias: Die Teilhabe des Aufsichtsrats an der Leitungsaufgabe des Vorstands gemäß § 111 Abs. 4 S. 2 AktG, dargestellt am Beispiel der Unternehmensplanung, in: Jens

Koch/Peter Ulmer/Martin Winter (Hrsg.), Festschrift für Uwe Hüffer zum 70. Geburtstag, 2010, S. 259–272 (zitiert: *Habersack*, in: FS Hüffer, 2010, 259)

Habersack, Mathias: Wandlungen des Aktienrechts, Die Aktiengesellschaft, 2009, 1 (zitiert: *Habersack*, AG 2009, 1)

Habersack, Matthias: Trihotel – Das Ende der Debatte? – Überlegungen zur Haftung für schädigende Einflussnahme im Aktien- und GmbH-Recht, Zeitschrift für Unternehmens- und Gesellschaftsrechts, 2008, 533 (zitiert: *Habersack*, ZGR 2008, 533)

Habersack, Mathias/*Henssler*, Martin: Mitbestimmungsrecht, 4. Auflage, 2018 (zitiert: *Bearbeiter*, in: Habersack/Henssler, MitbestimmungsR)

Habersack, Mathias/*Schürnbrand*, Jan: Unternehmenskauf im Wege des Auktionsverfahrens aus AGB-rechtlicher Sicht, in: Andreas Heldrich/Jürgen Prölss/Ingo Knoller, Festschrift für Claus-Wilhelm Canaris zum 70. Geburtstag, Band 1, 2007, S. 359–378 (zitiert: *Habersack/Schürnbrand*, in: FS Canaris, Band 1, 2007, 359)

Hansmann, Henry/*Kraakman*, Reinier: The Essential Role of Organizational Law, The Yale Law Journal, 2000, 390 (zitiert: *Hansmann/Kraakman*, Yale Law Journal 2000, 390)

Harnos, Rafael: Harmonisierung des Kartellbußgeldrechts qua effet utile? Zeitschrift für Wettbewerbsrecht, 2016, 284 (zitiert: *Harnos*, ZWeR 2016, 284)

Harrer, Herbert: Die Bedeutung der Due Diligence bei der Vorbereitung eines Unternehmenskaufs, Deutsches Steuerrecht, 1993, 1673 (zitiert: *Harrer*, DStR 1993, 1673)

Harvey, Neil: Corporate governance: the British experience, International Business Law Journal, 1995, 947 (zitiert: *Harvey*, I.B.L.J. 1995, 947)

Haßler, Thyl/*Wittgens*, Jonas: Aktienrechtliche Rahmenbedingungen von Break-Fee-Vereinbarungen bei M&A-Transaktionen, Betriebs-Berater, 2018, 2178 (zitiert: *Haßler/Wittgens*, BB 2018, 2178)

Hensel, Christian/*Dörstling*, Daniel: Grenzen der Offenlegung im Rahmen der Due Diligence, Deutsche Steuerrecht, 2021, 170 (zitiert: *Hensel/Dörstling*, DStR 2021, 170)

Henssler, Martin: Die Zukunft der deutschen Unternehmensmitbestimmung im europäischen Rechtsrahmen, Zeitschrift für Arbeitsrecht, 2018, 174 (zitiert: *Henssler*, ZFA 2018, 174)

Henssler, Martin: Haftung des Verkäufers wegen Informationspflichtverletzung beim Unternehmenskauf, in: Stefan Grundmann/Brigitte Haar/Hanno Merkt/Peter O. Mülbert/Marina Wellenhofer/Harald Baum/Jan von Hein/Thomas von Hippel/Katharina Pistor/Markus Roth/Heike Schweitzer (Hrsg.), Festschrift für Klaus J. Hopt zum 70. Geburtstag, 2010, S. 113–139 (zitiert: *Henssler*, in: FS Hopt, 2010, 113)

Henssler, Martin: Die Vertretung mehrerer Beteiligter in M&A-Auktionsverfahren durch sozietätsverbundene Rechtsanwälte, in: Barbara Grunewald/Harm Peter Westermann, Festschrift für Georg Maier-Reimer zum 70. Geburtstag, 2010, S. 219–244 (zitiert: *Henssler*, in: FS Maier-Reimer, 2010, 219)

Henssler, Martin: M&A Beratung und Unabhängigkeit des Wirtschaftsprüfers, Zeitschrift für das gesamte Handelsrecht und Wirtschaftsrecht, 2007, 10 (zitiert: *Henssler*, ZHR 2007, 10)

Henssler, Martin: Material Adverse Change-Klauseln in deutschen Unternehmenskaufverträgen – (r)eine Modeerscheinung? in: Theodor Baums/Marcus Lutter/Karsten Schmidt/Johannes Wertenbruch (Hrsg.), Festschrift für Ulrich Huber zum siebzigsten Geburtstag, 2006, S. 739–756 (zitiert: *Henssler*, in: FS Huber, 2006, 739)

Henssler, Martin: Bewegung in der deutschen Unternehmensmitbestimmung – Reformdruck durch Internationalisierung der Wirtschaft, Recht der Arbeit, 2005, 330 (zitiert: *Henssler*, RdA 2005, 330)

Henssler, Martin: Die Ernennung des Vorsitzenden der Geschäftsführung in der mitbestimmten GmbH, GmbH-Rundschau, 2004, 321 (zitiert: *Henssler*, GmbHR 2004, 321)

Henssler, Martin: Unternehmerische Mitbestimmung in der Societas Europas, in: Mathias Habersack/Peter Hommelhoff/Uwe Hüffer/Karten Schmidt, Festschrift für Peter Ulmer zum 70. Geburtstag, 2003, S. 627–642 (zitiert: *Henssler*, in: FS Ulmer, 2003, 192)

Henssler, Martin: Die Unternehmensmitbestimmung, in: Wilhem Canaris 50 Jahre Bundesgerichtshof. Festgabe aus der Wissenschaft, 2000, S. 387 (zitiert: *Henssler*, in: FS 50 Jahre BGH, 2000, 387)

Henssler, Martin: Umstrukturierung von mitbestimmten Unternehmen, Zeitschrift für Arbeitsrecht, 2000, 241 (zitiert: *Henssler*, ZFA 2000, 241)

Henssler, Martin/*Glindemann*, Jan: Keine Offenlegungspflichten des Aufsichtsratsberichts in der mitbestimmungspflichtigen GmbH ohne Aufsichtsrat – Ende einer verfehlten Gesetzesauslegung, Zeitschrift für Wirtschaftsrecht (ZIP), 2014, 2105 (zitiert: *Henssler/Glindmann*, ZIP 2014, 2105)

Henssler, Martin/*Strohn*, Lutz (Hrsg.): Gesellschaftsrecht Kommentar, 6. Auflage, 2024 (zitiert: *Bearbeiter*, in: Henssler/Strohn Gesellschaftsrecht)

Henze, Hartwig: Leitungsverantwortung des Vorstands – Überwachungspflicht des Aufsichtsrats, Betriebs-Berater, 2000, 209 (zitiert: *Henze*, BB 2000, 209)

Henze, Hartwig: Prüfungs- und Kontrollaufgaben des Aufsichtsrats in der Aktiengesellschaft, Neue Juristische Woche, 1998, 3309 (zitiert: *Henze*, NJW 1998, 3309)

Hesse, Konrad: Grundzüge des Verfassungsrechts der Bundesrepublik Deutschland, 20. Auflage, 1995 (zitiert: *Hesse*, Verfassungsrecht)

Hilgard, Mark C.: Der Freistellungsanspruch beim Unternehmenskauf, Der Betriebs-Berater, 2016, 1218 (zitiert: *Hilgard*, BB 2016, 1218)

Hilgard, Mark C.: Earn-Out-Klauseln beim Unternehmenskauf, Betriebs-Berater, 2010, 2912 (zitiert: *Hilgard*, BB 2010, 2912)

Hilgard, Mark C.: Break-up Fees beim Unternehmenskauf, Betriebs-Berater, 2008, 286 (zitiert: *Hilgard*, BB 2008, 286)

Hirte, Heribert/*Mülbert*, Peter O./*Roth*, Markus: Großkommentar Aktiengesetz, 5. Auflage, 2015, Band 4/1, §§ 76–94 AktG (zitiert: *Bearbeiter*, in: Großkomm. AktG, Band 4/1)

Hirte, Heribert/*Mülbert*, Peter O./*Roth*, Markus: Großkommentar Aktiengesetz, 5. Auflage, 2019, Band 5, §§ 95–116 AktG (zitiert: *Bearbeiter*, in: Großkomm. AktG, Band 5)

Hoenig, Klaus Marinus/*Klingen*, Sebastian: Die W&I-Versicherung beim Unternehmenskauf, Neue Zeitschrift für Gesellschaftsrecht/2016, 1244 (zitiert: *Hoenig/Klingen*, NZG 2016, 1244)

Hoffmann, Andreas C./*Schieffer*, Anita: Pflichten des Vorstands bei der Ausgestaltung einer ordnungsgemäßen Compliance Organisation, Neue Zeitschrift für das Gesellschaftsrecht, 2017, 401 (zitiert: *Hoffmann/Schieffer*, NZG 2017, 401)

Hoffmann-Becking, Michael: Deutscher Corporate Governance Kodex – Anmerkungen zu Zulässigkeit, Inhalt und Verfahren, in: Jens Koch/Peter Ulmer/Martin Winter (Hrsg.), Festschrift für Uwe Hüffer zum 70. Geburtstag, 2010, S. 337–354 (zitiert: *Hoffmann-Becking*, in: FS Hüffer, 2010, 337)

Hoffmann-Becking, Michael: Der Aufsichtsrat im Konzern, Zeitschrift für das gesamte Handelsrecht und Wirtschaftsrecht, 1995, 325 (zitiert: *Hoffmann-Becking*, ZHR 1995, 325)

Hofschroer, Georg: Der Zustimmungsvorbehalt des Aufsichtsrats in der Aktiengesellschaft, 2013 (zitiert: *Hofschroer*, Zustimmungsvorbehalt)

Hoger, Andreas/*Baumann*, Johannes: Der M&A-Vertrag bei Abschluss einer W&I-Versicherung, Neue Zeitschrift für Gesellschaftsrecht, 2017, 811 (zitiert: *Hoger/Baumann*, NZG 2017, 811)

Hollington, Robin: Hollington on Shareholders' Rights, 10. Auflage, 2023 (zitiert: *Hollington*, Shareholder Rights)

Hölters, Wolfgang (Hrsg.): Handbuch Unternehmenskauf, 9. Auflage, 2019 (zitiert: *Bearbeiter*, in: Hölters Hdb. Unternehmenskauf)

Hölters, Wolfgang: Die zustimmungspflichtigen Geschäftsführungsmaßnahmen im Spannungsfeld zwischen Satzungs- und Aufsichtsratsautonomie, Betriebs-Berater, 1978, 640 (zitiert: *Hölters*, BB 1978, 640)

Hölters, Wolfgang/*Weber*, Markus (Hrsg.): Aktiengesetz, 4. Auflage, 2022 (zitiert: *Bearbeiter*, in: Hölters/Weber, AktG)

Holzapfel, Hans-Joachim/*Pöllath*, Reinhard (Hrsg.): Unternehmenskauf in Recht und Praxis, 16. Auflage, 2021 (zitiert: *Bearbeiter*, in: Holzapfel/Pöllath, Unternehmenskauf)

Hommelhoff, Peter: Unternehmensführung in der mitbestimmnten GmbH, Zeitschrift für Unternehmens- und Gesellschaftsrecht, 1978, 119 (zitiert: *Hommelhoff*, ZGR 1978, 119)

Hopt, Klaus J.: Comparative Corporate Governance: Ein Themenkatalog in: Jens Koch/Peter Ulmer/Martin Winter (Hrsg.), Festschrift für Uwe Hüffer zum 70. Geburtstag, 2010, S. 355–364 (zitiert: *Hopt*, in: FS Hüffer, 2010, 355)

Hopt, Klaus J./*Leyens*, Patrick C.: Board Models in Europe – Recent Developments of Internal Corporate Governance Structures in Germany, the United Kingdom, France, and Italy. European Company and Financial Law Review (ECFR), 1, 2004, 135 (zitiert: *Hopt/Leyens*, ECFR 2004, 135)

Hoyningen-Huene, Gerrick v./*Powietzka*, Armin: Unterrichtung des Aufsichtsrats in der mitbestimmten GmbH, Betriebs-Berater, 2001, 529 (zitiert: *v. Hoyningen-Huene/Powietzka*, BB 2001, 529)

Huber, Ulrich: Rechtsfähigkeit, juristische Person und Gesamthand, in: Uwe H. Schneider/ Peter Hommelhoff/Karsten Schmidt/Barbara Grunewald/Wolfram Timm/Tim Drygala, Festschrift für Marcus Lutter zum 70. Geburtstag, 2000, S. 107–140 (zitiert: *Huber*, in: FS Lutter, 2000, 107)

Hueck, Alfred: Der Aufsichtsrat der GmbH, Betriebs-Berater, 1953, 325 (zitiert: *Hueck*, BB 1953, 325)

Hüffer, Uwe: Qualifiziert faktisch konzernierter Aktiengesellschaft nach dem Übergang zur Existenzvernichtungshaftung bei der GmbH, in: Matthias Habersack/Peter Hommelhoff, Festschrift für Wulf Goette zum 65. Geburtstag, 2011, S. 191–204 (zitiert: *Hüffer*, in: FS Goette, 2011, 191)

Hüffer, Jens: Vorstandspflichten beim Zustimmungsvorbehalt für M&A-Transaktionen, in: Peter Kindler/Jens Koch/Peter Ulmer/Martin Winter (Hrsg.), Festschrift für Uwe Hüffer zum 70. Geburtstag, 2010, S. 365–385 (zitiert: *J. Hüffer*, in: FS Hüffer, 2010, 365)

Immenga, Ulrich: Zuständigkeiten des mitbestimmten Aufsichtsrats, Zeitschrift für Unternehmens- und Gesellschaftsrecht, 1977, 249 (zitiert: *Immenga*, ZGR 1977, 249)

Jäger, Wolfgang/*Kokott*, Juliane/*Pohlmann*, Petra/*Schröder*, Dirk/*Seelinger*, Daniela (Hrsg.): Frankfurter Kommentar zum Kartellrecht, 109. Lieferung, 2024 (zitiert: *Bearbeiter*, in: Frankf. Komm. KartellR)

Jansen, Esther: Auswirkung der Finanzierbarkeit auf die Gestaltung von Unternehmenskaufverträgen, Gesellschafts- und Wirtschaftrecht, 2009, 361 (zitiert: *Jansen*, GWR 2009, 361)

Jensen, Michael C./*Meckling*, Wlliam H.: Theory of the Firm: Managerial Behavior, Agency Costs and Ownership Structure, Journal of Financial Economics, 1976, 305 (zitiert: *Jensen/ Meckling*, Journal of Financial Economics 1976, 305)

Jungmann, Carsten: The Effectiveness of Corporate Governance in One-Tier and Two-Tier Board Systems – Evidence from the UK and Germany, European Company and Financial Law Review, 2006, 426 (zitiert: *Jungmann*, ECFR 2006, 426)

Kallmeyer, Harald: Rechte und Pflichten des Aufsichtsrats in der KGaA, Zeitschrift für Unternehmens- und Gesellschaftsrecht, 1983, 57 (zitiert: *Kallmeyer*, ZGR 1983, 57)

Karpoff, Jonathan/*Lott*, John R.: The Reputational Penalty Firms Bear from Comitting Criminal Fraud, Journal of Law and Economic, 1993, 757 (zitiert: *Karpoff/Lott*, J. L. Econ. 1993, 757)

Kau, Wolfgang M./*Kukat*, Klaus: Haftung von Vorstands- und Aufsichtsratsmitgliedern bei Pflichtverletzung nach dem Aktiengesetz, Betriebs-Berater, 2000, 1045 (zitiert: *Kau/Kukat*, BB 2000, 1045)

Kaufhold, Tim: Stapled Insurance bei Private Equity-Transaktion in Deutschland, Betriebs-Berater, 2016, 394 (zitiert: *Kaufhold*, BB 2016, 394)

Kawamura, Akira (Hrsg.): Corporate Governace, 2. Auflage, 2015 (zitiert: *Bearbeiter*, in: Kawamura Corporate Governance)

Keay, Andrew: Company directors behaving poorly: disciplinary options for shareholders, Journal of Business Law, 2007, 656 (zitiert: *Keay*, JBL 2007, 656)

Keay, Andrew: Comply or Explain in Corporate Governance Codes: In Need of Greater Regulatory Oversight, Legal Studies, Volume 34, 2014, 279 (zitiert: *Keay*, Leg. Stud. 2014, 279)

Kershaw, David: Company Law in Context, 2. Auflage, 2012 (zitiert: *Kershaw*, Company Law)

Keßler, Axel: Datenschutz als Bestandteil der M&A-Due Diligence, Corporate Compliance Zeitschrift, 2020, 158 (zitiert: *Keßler*, CCZ 2020, 158)

Kischel, Uwe: Rechtsvergleichung, 2015 (zitiert: *Kischel*, Rechtsvergleichung)

Klausch, Johannes/*Mentzel*, Moritz: Datenschutz im Unternehmenskauf, Betriebs-Berater, 2020, 1610 (zitiert: *Klausch/Mentzel*, BB 2020, 1610)

Klein, Benjamin/*Leffler*, Keith B.: The Role of Market Forces in Assuring Contractual Performance, Journal of Political Economy, 1981, 615 (zitiert: *Klein/Leffler*, J. Pol. Econ. 1981, 615)

Klesse, Julia/*Michels*, Maike: Arglistige Täuschung beim Abschluss eines Unternehmenskaufvertrages – falsche Angaben über die wirtschaftliche Situation der Zielgesellschaft, Neue Zeitschrift für Gesellschaftsrecht, 2021, 732 (zitiert: *Klesse/Michels*, NZG 2021, 732)

Klöhn, Lars/*Schmolke*, Ulrich: Unternehmensreputation (Corporate Reputation), Neue Zeitschrift für Gesellschaftsrecht, 2015, 689 (zitiert: *Klöhn/Schmolke*, NZG 2015, 689)

Knoll, Michael S.: The Modigliani-Miller Theorem at 60: The Long- Overlooked Legal Applications of Finance's Foundational Theorem, 2018, Faculty Scholarship at Penn. Law (zitiert: *Knoll*, MM-Theorem Legal Applications, 2018)

Koch, Jens: Aktiengesetz, 18. Auflage, 2025 (zitiert: *Koch*, AktG)

Koch, Jens: Die Konflikttoleranz des Aufsichtsratsamtes, in: Boris P. Paal/Dörte Poelzig/Oliver Fehrenbacher, Festschrift für Werner F. Ebke zum 70. Geburtstag, 2021, S. 533–544 (zitiert: *Koch*, in: FS Ebke, 2021, 533)

Koch, Jens: Zur Binnenstruktur des Konzerns, Zeitschrift für Wirtschaftsrecht (ZIP), 2020, 2485 (zitiert: *Koch*, ZIP 2020, 2485)

Koch, Jens: Der Vorstand im Kompetenzgefüge der Aktiengesellschaft, in: Holger Fleicher/Jens Koch/Bruno Kropff/Marcus Lutter, 50 Jahre Aktiengesetz, ZGR-Sonderheft 19, 2016 (zitiert: *Koch*, in: 50 Jahre AktG, 2016)

Koch, Jens: Die Überwachung des Aufsichtsrats durch den Vorstand, Zeitschrift für das gesamte Handelsrecht und Wirtschaftsrecht, 2016, 578 (zitiert: *Koch*, ZHR 2016, 578)

Koch, Jens: Wissenszurechnung aus dem Aufsichtsrat, Zeitschrift für Wirtschaftsrecht (ZIP), 2015, 1757 (zitiert: *Koch*, ZIP 2015, 1757)

Koch, Jens: Compliance-Pflichten im Unternehmensverbund? Zeitschrift für Wirtschafts- und Bankrecht, 2009, 1013 (zitiert: *Koch*, WM 2009, 1013)

Koch, Jens: Die Konzernobergesellschaft als Unternehmensinhaber i.S.d. § 130 OWiG? Die Aktiengesellschaft, 2009, 564 (zitiert: *Koch*, AG 2009, 564)

Koch, Jens: Der kartellrechtliche Sanktionsdurchgriff, Zeitschrift für das gesamte Handelsrecht und Wirtschaftsrecht, 2007, 545 (zitiert: *Koch*, ZHR 2007, 545)

Koch, Stefan: Mitwirkungsrechte der Kommanditaktionäre bei der GmbH & Co. KGaA: Grenzen satzungsgemäßer Einschränkung (zitiert: *S. Koch*, DB 2002, 1701)

Koppersteiner, Hans Georg: „Faktischer Konzern“ und Konzentration, Zeitschrift für Unternehmens- und Gesellschaftsrecht, 1973, 1 (zitiert: *Koppersteiner*, ZGR 1973, 1)

Körber, Torsten/*Schweitzer*, Heike/*Zimmer*, Daniel (Hrsg.): Immenga/Mestmäcker Wettbewerbsrecht, Band 2. GWB, 7. Auflage, 2024 (zitiert: *Bearbeiter*, in: Immenga/Mestmäcker GWB)

Kort, Michael: Corporate Governance-Grundsätze als haftungsrechtlich relevante Verhaltensstandards, in: Georg Bitter/Marcus Lutter/Hans-Joachim Priester/Wolfgang Schön/Peter Ulmer, Festschrift für Karsten Schmidt zum 70. Geburtstag, 2009, S. 945–964 (zitiert: *Kort*, in: FS Karsten Schmidt, 2009, 945)

Kösters, Friedrich: Letter of Intent – Erscheinungsformen und Gestaltungshinweise, Neue Zeitschrift für Gesellschaftsrecht, 1999, 623 (zitiert: *Kösters*, NZG 1999, 623)

Kränzlin, Georg-Peter/*Otte*, Sabine/*Fassbach*, Burkhard: Die Gewährleistungsversicherung bei Unternehmenskäufen – neue Entwicklungen und Gestaltungshinweise, Betriebs-Berater, 2013, 2314 (zitiert: *Kränzlin et al.*, BB 2013, 2314)

Kromschröder, Bernhard/*Lück*, Wolfgang: Grundsätze risikoorientierter Unternehmensüberwachung, Der Betrieb, 1998, 1573 (zitiert: *Kromschröder/Lück*, DB 1998, 1573)

Kropff, Bruno: Die Unternehmensplanung im Aufsichtsrat, Neue Zeitschrift für Gesellschaftsrecht, 1998, 613 (zitiert: *Kropff*, NZG 1998, 613)

Kropff, Bruno: Die Beschlüsse des Aufsichtsrats zum Jahresabschluss und zum Abhängigkeitsbericht, Zeitschrift für Unternehmens- und Gesellschaftsrecht, 1994, 628 (zitiert: *Kropff*, ZGR 1994, 628)

Kropff, Bruno (Hrsg.): Aktiengesetz vom 06.09.1965 mit der Regierungsbegründung, 1965 (zitiert: *Kropff* (Hrsg.), AktG von 1965)

Krüger, Dirk/*Kalbfleisch*, Eberhard: Due Diligence bei Kauf und Verkauf von Unternehmen – Rechtliche und steuerliche Aspekte der Vorprüfung beim Unternehmenskauf, Deutsches Steuerrecht, 1999, 174 (zitiert: *Krüger/Kalbfleisch*, DStR 1999, 174)

Kuntz, Thilo: Grundlagen und Grenzen der aktienrechtlichen Leitungsautonomie, Die Aktiengesellschaft, 2016, 101 (zitiert: *Kuntz*, AG 2016, 101)

Kuntz, Thilo: Die Auslegung von Material Adverse Change (MAC)-Klauseln in Unternehmenskaufverträgen, Deutsches Steuerrecht, 2009, 377 (zitiert: *Kuntz*, DStR 2009, 377)

Kyere, Martin/*Ausloos*, Marcel: Corporate governance and firms financial performance in the United Kingdom, Wiley 2020, 1871 (zitiert: *Kyere/Ausloos*, Wiley 2020, 1871)

Lange, Oliver: Zustimmungsvorbehaltspflicht und Kataloghaftung des Aufsichtsrats nach neuem Recht, Deutsches Steuerrecht, 2003, 376 (zitiert: *Lange*, DStR 2003, 376)

Langenberg, Gudrun: Der Aufsichtsrat im DGB-Entwurf zum Mitbestimmungsgesetz, 1984, 1765 (zitiert: *Langenberg*, DB 1984, 1765)

Larenz, Karl: Methodenlehre der Rechtswissenschaften, 6. Auflage, 1991 (zitiert: *Larenz*, Methodenlehre)

Larenz, Karl: Bemerkungen zur Haftung für „culpa in contrahendo“, in: Werner Flume/Peter Raisch/Ernst Steindorff, Beiträge zum Zivil- und Wirtschaftsrecht, Festschrift für Kurt Ballerstedt zum 70. Geburtstag, 1975, S. 397–420 (zitiert: *Larenz*, in: FS Ballerstedt, 1975, 397)

Lenz, Tobias: Zustimmungsvorbehalte im Konzern, Die Aktiengesellschaft, 1997, 448 (zitiert: *Lenz*, AG 1997, 448)

Lieder, Jan: Unternehmerische Entscheidung des Aufsichtsrats, Zeitschrift für Unternehmens- und Gesellschaftsrecht, 2018, 523 (zitiert: *Lieder*, ZGR 2018, 523)

Lieder, Jan: Zustimmungsvorbehalte des Aufsichtsrats nach neuer Rechtslage, Der Betrieb, 2004, 2251 (zitiert: *Lieder*, DB 2005, 2251)

Liekefett, Kai Haakon: Due Diligence bei M&A-Transaktionen, 2005 (zitiert: *Liekefett*, Due Diligence)

Linke, Johanna/*Fröhlich*, Martin: Gestaltungsoptionen für Vertraulichkeitsvereinbarungen bei Unternehmenstransaktion, Gesellschafts- und Wirtschaftsrecht, 2014, 449 (zitiert: *Linke/Fröhlich*, GWR 2014, 449)

Loges, Rainer/*Zimmermann*, Martin: Aktienrechtliche Ansprüche beim Erwerb von Unternehmen gegen Gewährung von Aktien, Zeitschrift für Wirtschafts- und Bankrecht, 2005, 349 (zitiert: *Loges/Zimmermann*, WM 2005, 349)

Loose, Peter/*Griffiths*, Michael/*Impey*, David: The Company Director – Power, Duties and Liabilities, 12. Auflage, 2015 (zitiert: *Loose et al.*, Company Director)

Louven, Christoph/*Mehrbrey*, Kim Lars: Bedeutung aktueller M&A-Streitigkeiten für die Gestaltungspraxis, Neue Zeitschrift für Gesellschaftsrecht, 2014, 1321 (zitiert: *Louven/Mehrbrey*, NZG 2014, 1321)

Lutter, Marcus: Konzernphilosophie vs. konzernweite Compliance und konzernweites Risikomanagement, in: Matthias Habersack/Peter Hommelhoff, Festschrift für Wulf Goette zum 65. Geburtstag, 2011, S. 289–298 (zitiert: *Lutter*, in: FS Goette, 2011, 289)

Lutter, Marcus: Aufsichtsrat und Sicherung der Legalität im Unternehmen, in: Jens Koch/Peter Ulmer/Martin Winter (Hrsg.), Festschrift für Uwe Hüffer zum 70. Geburtstag, 2010, S. 617–626 (zitiert: *Lutter*, in: FS Hüffer, 2010, 617)

Lutter, Marcus: Der Kodex und das Recht, in: Stefan Grundmann/Brigitte Haar/Hanno Merkt/Peter O. Mülbert/Marina Wellenhofer/Harald Baum/Jan von Hein/Thomas von Hippel/Katharina Pistor/Markus Roth/Heike Schweitzer (Hrsg.), Festschrift für Klaus J. Hopt zum 70. Geburtstag, 2010, S. 1025–1037 (zitiert: *Lutter*, in: FS Hopt, 2010, 1025)

Lutter, Marcus: Die Professionalisierung des Aufsichtsrats, Der Betrieb, 2009, 775 (zitiert: *Lutter*, DB 2009, 775)

Lutter, Marcus: Der Aufsichtsrat im Konzern, Die Aktiengesellschaft, 2006, 517 (zitiert: *Lutter*, AG 2006, 517)

Lutter, Marcus: Deutscher Corporate Governance Kodex und die Erläuterungen nach § 161 AktG, in: Theodor Baums/Marcus Lutter/Karsten Schmidt/Johannes Wertenbruch (Hrsg.), Festschrift für Ulrich Huber zum siebzigsten Geburtstag, 2006, S. 871–883 (zitiert: *Lutter*, in: FS Huber, 2006, 871)

Lutter, Marcus: Zustimmungspflichtige Geschäfte im Konzern, in: Liber amicorum Wilhelm Happ, 2006, S. 143–150 (zitiert: *Lutter*, in: Liber amicorum Happ, 2006, 143)

Lutter, Marcus: Der Letter of Intent, 3. Auflage, 1998 (zitiert: *Lutter*, Letter of Intent)

Lutter, Marcus: Unternehmensplanung und Aufsichtsrat, Die Aktiengesellschaft, 1991, 249 (zitiert: *Lutter*, AG 1991, 249)

Lutter, Marcus: Die zivilrechtliche Haftung in der Unternehmensgruppe, Zeitschrift für Unternehmens- und Gesellschaftsrecht, 1982, 244 (zitiert: *Lutter*, ZGR 1982, 244)

Lutter, Marcus: Bankenvertreter im Aufsichtsrat, Zeitschrift für das gesamte Handelsrecht und Wirtschaftsrecht, 1981, 224 (zitiert: *Lutter*, ZHR 1981, 224)

Lutter, Marcus: Zur Wirkung von Zustimmungsvorbehalte nach § 111 Abs. 4 Satz 2 AktG auf nahestehende Gesellschaften, in: Marcus Lutter/Walter Stimpel/Herbert Wiedemann, Festschrift für Robert Fischer, 1979, S. 419–436 (zitiert: *Lutter*, in: FS Fischer, 1979, 419)

Lutter, Marcus: Zur Binnenstruktur des Konzerns, in: Wolfgang Hefermehl/Rudolf Gmür/Hans Brox, Festschrift Harry Westermann zum 65. Geburtstag, 1974, S. 347–368 (zitiert: *Lutter*, in: FS Westermann, 1974, 347)

Lutter, Marcus/*Hommelhoff*, Peter (Hrsg.): GmbH-Gesetz Kommentar, 21. Auflage, 2023 (zitiert: *Bearbeiter*, in: Lutter/Hommelhoff GmbHG)

Lutter, Marcus/*Krieger*, Gerd/*Verse*, Dirk A.: Rechte und Pflichten des Aufsichtsrats, 7. Auflage, 2020 (zitiert: *Lutter et al.*, Rechte und Pflichten des AR)

MacNeil, Iain/*Li*, Xiao: „Comply or Explain“: market discipline and non-compliance with the Combined Code, Corporate Governance: An International Review, Volume 14, Number 5, 2006, 486 (zitiert: *MacNeil/Li*, Corp. Gov. Intl. Rev. 2006, 486)

Mäger, Thorsten/*Schreitter*, Florian v.: Die kartellrechtliche Bußgeldhaftung nach der 9. GWB-Novelle – Überblick und Kritik, Neue Zeitschrift für Kartellrecht, 2017, 264 (zitiert: *Mäger/v. Schreitter*, NZKart 2017, 264)

Mallin, Christine A.: Corporate Governance, 6. Auflage, 2019 (zitiert: *Mallin*, Corporate Governance)

Mansdörfer, Marco/*Timmerbeil*, Sven: Zurechnung und Haftungsdurchgriff im Konzern, Zeitschrift für Wirtschafts- und Bankrecht, 2004, 362 (zitiert: *Mansdörfer/Timmerbeil*, WM 2004, 362)

Marc, Löbbe: Konzernverantwortung und Umwandlungsrecht, Zeitschrift für das gesamte Handelsrecht und Wirtschaftsrecht, 2013, 518 (zitiert: *Löbbe*, ZHR 2013, 518)

Martens, Klaus-Peter: Paritätische Mitbestimmung und Aufsichtsratssystem, Betriebs-Berater, 1973, 1118 (zitiert: *Martens*, BB 1973, 1118)

Mayer, Hans-Jochem/*Kroiß*, Ludwig (Hrsg.): Rechtsanwaltsvergütungsgesetz, 8. Auflage, 2021 (zitiert: *Bearbeiter*, in: Mayer/Kroiß RVG)

Mellert, Christofer Rudolf: Selbständige Garantien beim Unternehmenskauf – Auslegungs- und Abstimmungsprobleme, BB 2011, 1667 (zitiert: *Mellert*, BB 2011, 1667)

Merkt, Hanno: Grundsatz und Praxisprobleme der Amerikanisierungstendenzen im Recht des Unternehmenskaufs, in: Klaus Peter Berger/Werner F. Ebke/Siegfried Elsing/Bernhard

Großfeld/Gunther Kühne, Festschrift für Otto Sandrock zum 70. Geburtstag, 2000, S. 657–688 (zitiert: *Merkt*, in: FS Sandrock, 2000, 657)

Mettenheim, Heinrich v.: Der Aufsichtsrat im Kräftefeld der mitbestimmten GmbH, Der Betrieb, 1977, 447 (zitiert: *v. Mettenheim*, DB 1977, 447)

Metz, Florian: Grundzüge der W&I-Insurance beim Unternehmenskauf, Neue Juristische Woche, 2010, 813 (zitiert: *Metz*, NJW 2010, 813)

Meyer-Sparenberg, Wolfgang/*Jäckle*, Christof (Hrsg.): Beck'sches M&A-Handbuch, 2. Auflage, 2022 (zitiert: *Bearbeiter*, in: Beck'sches M&A-HB)

Mills, Geoffrey: On The Board, 2. Auflage, 1985 (zitiert: *Mills*, On The Board)

Mitsch, Wolfgang (Hrsg.): Karlsruher Kommentar zum Gesetz über Ordnungswidrigkeiten, 5. Auflage, 2018 (zitiert: *Bearbeiter*, in: Karlsruher Kommentar OWiG)

Modigliani, Franco/*Miller*, Merton H.: Corporate Income Taxes and the Cost of Capital: A Correction, The American Economic Review, Vol. 53, No. 3, 1963, S. 433 (zitiert: *Modigliani/Miller*, Corporate Income Taxes, A. E. R. 1963, 433)

Modigliani, Franco/*Miller*, Merton H.: The Cost of Capital, Corporation Finance and the Theory of Investment, The American Economic Review, Vol. 48, No. 3, 1958, S. 261 (zitiert: *Modigliani/Miller*, The Cost of Capital, A. E. R. 1958, 261)

Möhring, Philipp/*Schwartz*, Gustav: Satzungsgestaltung nach neuem Aktienrecht, 1938 (zitiert: *Möhring/Schwartz*, Satzungsgestaltung nach neuem Aktienrecht, 1938)

Moore, Marc/*Petrin*, Martin: Corporate Governance: Law, Regulation and Theory, 2017 (zitiert: *Moore/Petrin*, Corporate Governance)

Mortimore, Simon: Company Directors – Duties, Liabilities, and Remedies, 3. Auflage, 2017 (zitiert: *Bearbeiter*, in: Mortimore Company Directors)

Mülbert, Peter O./*Leuschner*, Lars: Die verfassungsrechtlichen Vorgaben der Art. 14 GG und Art. 2 Abs. 1 GG für die Gesellschafterstellung – wo bleibt die Privatautonomie? Zeitschrift für das gesamte Handelsrecht und Wirtschaftsrecht, 2006, 615 (zitiert: *Mülbert/Leuschner*, ZHR 2006, 615)

Mutschler, Ulrich/*Mersmann*, Ruth: Verfahrensmäßige Anforderungen an ordnungsgemäße Vorstandsentscheidungen im M&A-Bereich, Der Betrieb, 2003, 79 (zitiert: *Mutschler/Mersmann*, DB 2003, 79)

Nagel, Jürgen G.: Abenteuer Fernhandel: die Ostindienkompanien, 2007 (zitiert: *Nagel*, Die Ostindienkompanien)

Nietsch, Michael: Compliance-Risikomanagement als Aufgabe der Unternehmensleitung, Zeitschrift für das gesamte Handelsrecht und Wirtschaftsrecht, 2016, 733 (zitiert: *Nietsch*, ZHR 2016, 733)

Oetker, Hartmut: Weisungsrecht der Gesellschafterversammlung und Zustimmungsvorbehalt des Aufsichtsrats in der mitbestimmten GmbH, Zeitschrift für Wirtschaftsrecht (ZIP) 2015, (zitiert: *Oetker*, ZIP 2015, 1460)

Offerhaus, Jan/*Wilke*, Stefan (Hrsg.): Risikomanagement, Schriftenreihe der RMA, Band 6, 2021 (zitiert: *Bearbeiter*, in: RMA-Risikomanagement)

Pahlke, Anne-Kathrin: Risikomanagement nach KonTraG – Überwachungspflicht und Haftungsrisiken für den Aufsichtsrat, Neue Juristische Woche, 2002, 1680 (zitiert: *Pahlke*, NJW 2002, 1680)

Parkinson, John Edward: Corporate Power and Responsibility – Issues in the Theory of Company Law, 1993, Reprinted 2002 (zitiert: *Parkinson*, Corporate Power)

Passow, Richard: Die Aktiengesellschaft – Eine Wirtschaftswissenschaftliche Studie, 1922 (zitiert: *Passow*, Aktiengesellschaft Studie 1922)

Peltzer, Martin: Handlungsbedarf in Sachen Corporate Governance, Neue Zeitschrift für Gesellschaftsrecht, 2002, 593 (zitiert: *Peltzer*, NZG 2002, 593)

Petrin, Martin: Executive compensation in the UK: past, present, and future, Company Lawyer, Volume 36, Number 7, 2015, 196 (zitiert: *Petrin*, Comp. Law. 2015, 196)

Preußner, Joachim/*Becker*, Florian: Ausgestaltung von Risikomanagementsystem durch die Geschäftsleitung, Neue Zeitschrift für Gesellschaftsrecht, 2002, 846 (zitiert: *Preußner/Becker*, NZG 2002, 846)

Priester, Hans-Joachim: Abspaltung im faktischen Konzern – Umwandlungsrechtlicher Schutz und seine Grenzen, in: Matthias Habersack/Peter Hommelhoff, Festschrift für Wulf Goette zum 65. Geburtstag, 2011, S. 369–380 (zitiert: *Priester*, in: FS Goette, 2011, 369)

Priester, Hans-Joachim: Satzungsvorgaben zum Vorstandshandeln – Satzungsautonomie contra Leitungsautonomie, in: Jens Koch/Peter Ulmer/Martin Winter (Hrsg.), Festschrift für Uwe Hüffer zum 70. Geburtstag, 2010, S. 777–788 (zitiert: *Priester*, in: FS Hüffer, 2010, 777)

Raiser, Thomas: 100 Bände BGHZ: GmbH-Recht, Zeitschrift für das gesamte Handelsrecht und Wirtschaftsrecht, 1987, 422 (zitiert: *Raiser*, ZHR 1987, 422)

Raiser, Thomas/*Veil*, Rüdiger/*Jacobs*, Matthias: Mitbestimmungsgesetz und Drittelbeteiligungsgesetz, 7. Auflage, 2020 (zitiert: *Bearbeiter*, in: Raiser/Veil/Jacobs MitbestG)

Rechenberg, Wolf-Georg v.: Zustimmungsvorbehalte des Aufsichtsrats für die Unternehmensplanung, Betriebs-Berater, 1990, 1356 (zitiert: *v. Rechenberg*, BB 1990, 1356)

Reddy, Bobby V.: The Emperor's New Code? Time to Re-Evaluate the Nature of Stewardship Engagement Under the UK's Stewardship Code, The Modern Law Review, Volume 84, 2021, 842 (zitiert: *Reddy*, MLR 2021, 842)

Reddy, Bobby V.: Thinking Outside the Box – Eliminating the Perniciousness of Box-Ticking in the New Corporate Governance Code, The Modern Law Review, 2019, 692 (zitiert: *Reddy*, MLR 2019, 692)

Reddy, Bobby V.: The Fat Controller: Slimming Down the Excesses of Controlling Shareholders in UK Listed Companies, Oxford Journal of Legal Studies, Volume 38, 2018, 733 (zitiert: *Reddy*, OJLS 2018, 733)

Reed, Rupert: Company directors – collective or functional responsibility, Company Lawyer, 2006, 170 (zitiert: *Reed*, Comp. Law. 2006, 170)

Reuter, Alexander: Unternehmenslenkung im Dialog zwischen Geschäftsleitung und Aufsichtsgremium, Neue Zeitschrift für Gesellschaftsrecht, 2015, 249 (zitiert: *Reuter*, NZG 2015, 249)

Rieger, Norbert/*Rothenfußer*, Christoph: Zusammenwirken von Vorstand und Aufsichtsrat bei wesentlichen Unternehmensentscheidungen, Neue Zeitschrift für Gesellschaftsrecht, 2014, 1012 (zitiert: *Rieger/Rothenfußer*, NZG 2014, 1012)

Risse, Jörg: Wissenszurechnung beim Unternehmenskauf: Notwendigkeit einer Neuorientierung, Neue Zeitschrift für Gesellschaftsrecht, 2020, 856 (zitiert: *Risse*, NZG 2020, 856)

Robertson, Lewis: Corporate Governance: the lesson of recent British experience, Corporate Governance, Hume Papers on Public Policy, Volume 3, 1995, 1 (zitiert: *Robertson*, Hume Papers Vol. 3, 1995, 1)

Rößler, Nicolas: Anforderungen an die Insolvenzfestigkeit eines Contractual Trust Arrangements, Der Betrieb, 2013, 1607 (zitiert: *Rößler*, DB 2013, 1607)

Roth, Markus/*Schoneweg*, Hans: Einsicht in Aufsichtsratsprotokolle als due diligence defense, Neue Zeitschrift für Gesellschaftsrecht, 2004, 206 (zitiert: *Roth/Schoneweg*, NZG 2014, 204)

Rowedder, Heinz/*Pentz*, Andreas (Hrsg.): Gesetz betreffend die Gesellschaften mit beschränkter Haftung Kommentar, 7. Auflage, 2022 (zitiert: *Bearbeiter*, in: Rowedder/Pentz GmbHG)

Rubner, Daniel/*Leuering*, Dieter: Der Zustimmungsvorbehalt des Aufsichtsrats, Neue Juristische Woche-Spezial, 2018, 207 (zitiert: *Rubner/Leuering*, NJW-Spezial 2018, 207)

Säcker, Franz Jürgen (Hrsg.): Münchener Kommentar zum Wettbewerbsrecht, Band 2, 4. Auflage, 2022 (zitiert: *Bearbeiter*, in: MüKo WettbR)

Säcker, Franz Jürgen: Die Anpassung des Gesellschaftsvertrags der GmbH an das Mitbestimmungsgesetz, Der Betrieb, 1977, 1845 (zitiert: *Säcker*, DB 1978, 1845)

Säcker, Franz Jürgen/*Rehm*, Christian: Grenzen der Mitwirkung des Aufsichtsrats an unternehmerischen Entscheidungen in der Aktiengesellschaft, Der Betrieb, 2008, 2814 (zitiert: *Säcker/Rehm*, DB 2008, 2814)

Säcker, Franz Jürgen/*Rixecker*, Roland/*Oetker*, Hartmut/*Limperg*, Bettina (Hrsg.): Münchener Kommentar zum Bürgerlichen Gesetzbuch, Band 7, 9. Auflage, 2024 (zitiert: *Bearbeiter*, in: MüKo BGB, Band 7)

Säcker, Franz Jürgen/*Rixecker*, Roland/*Oetker*, Hartmut/*Limperg*, Bettina/*Schubert*, Claudia (Hrsg.): Münchener Kommentar zum BGB, Band 1, 10. Auflage, 2025 (zitiert: *Bearbeiter*, in: MüKo BGB, Band 1)

Säcker, Franz Jürgen/*Rixecker*, Roland/*Oetker*, Hartmut/*Limperg*, Bettina/*Schubert*, Claudia (Hrsg.): Münchener Kommentar zum Bürgerlichen Gesetzbuch, Band 2, 10. Auflage, 2025 (zitiert: *Bearbeiter*, in: MüKo BGB, Band 2)

Säcker, Franz Jürgen/*Rixecker*, Roland/*Oetker*, Hartmut/*Limperg*, Bettina/*Schubert*, Claudia (Hrsg.): Münchener Kommentar zum BGB, Band 3, 10. Auflage, 2025 (zitiert: *Bearbeiter*, in: MüKo BGB, Band 3)

Sadowski, Dieter/*Junkes*, Joachim/*Lindenthal*, Sabine: Gesetzliche Mitbestimmung in Deutschland: Idee, Erfahrungen und Perspektive aus ökonomischer Sicht, Zeitschrift für Unternehmens- und Gesellschaftsrecht, 2001, 110 (zitiert: *Sadowski et al.*, ZGR 2001, 110)

Schäfer, Carsten: Die Binnenhaftung von Vorstand und Aufsichtsrat nach der Renovierung durch das UMAG, Zeitschrift für Wirtschaftsrecht (ZIP), 2005, 1253 (zitiert: *Schäfer*, ZIP 2005, 1253)

Schall, Alexander: Die Mutter-Verantwortlichkeit für Menschenrechtsverletzung ihrer Auslandstöchter, Zeitschrift für Unternehmens- und Gesellschaftsrecht, 2018, 479 (zitiert: *Schall*, ZGR 2018, 479)

Scheffler, Eberhard: Der Aufsichtsrat – nützlich oder überflüssig? Zeitschrift für Unternehmens- und Gesellschaftsrecht, 1993, 63 (zitiert: *Scheffler*, ZGR 1993, 63)

Schiemann, Gottfried: Der Kartellschaden als Problem des allgemeinen Zivilrechts, in: Stefan Bechtold/Joachim Jickeli/Mathias Rohe, Recht, Ordnung und Wettbewerb, Festschrift zum 70. Geburtstag von Wernhard Möschel, 2011, S. 547–558 (zitiert: *Schiemann*, in: FS Möschel, 2011, 547)

Schiessl, Maximilian: Deutsche Corporate Governance post Enron, Die Aktiengesellschaft, 2002, 593 (zitiert: *Schiessl*, AG 2002, 593)

Schiffer, Jack/*Bruß*, Hannah: Due Diligence beim Unternehmenskauf und vertragliche Vertraulichkeitsvereinbarungen, Betriebs-Berater, 2012, 847 (zitiert: *Schiffer/Bruß*, BB 2012, 847)

Schlegelberger, Franz: Die Erneuerung des Deutschen Aktienrechts, 1935 (zitiert: *Schlegelberger*, Die Erneuerung des Deutschen Aktienrechts, 1935)

Schmid, Ulrich/*Zank*, Horst: What is Loss Aversion? The Journal of Risk and Uncertainty, 2005, 157 (zitiert: *Schmidt/Zank*, J. Risk Uncertain 2005, 157)

Schmidt, Joachim: Die unternehmerische Verantwortung des Aufsichtsrats, 2020 (zitiert: *Schmidt*, Unternehmerische Verantwortung des Aufsichtsrats)

Schmidt, Karsten: Gemeinschaftsunternehmen, Wettbewerbsverbote und Immanenztheorie, in: Detlev Joost/Hartmut Oetker/Marian Paschke, Festschrift für Franz Jürgen Säcker zum 70. Geburtstag, 2011, S. 949–968 (zitiert: *K. Schmidt*, in: FS Säcker, 2011, 949)

Schmidt, Karsten: Gesellschaftsrecht, 4. Auflage, 2002 (zitiert: *K. Schmidt*, Gesellschaftsrecht)

Schmidt, Karsten: Die konzernrechtliche Verlustübernahme als gesetzliches Dauerschuldverhältnis, Zeitschrift für Unternehmens- und Gesellschaftsrechts, 1983, 513 (zitiert: *K. Schmidt*, ZGR 1983, 513)

Schmidt, Karsten/*Ebke*, Werner F.: Münchener Kommentar zum Handelsgesetzbuch, Band 4, 5. Auflage, 2024 (zitiert: *Bearbeiter*, in: MüKo HGB, Band 4)

Schmidt, Karsten/*Lutter*, Marcus: Aktiengesetz Kommentar, Band 1, 5. Auflage, 2024 (zitiert: *Bearbeiter*, in: K. Schmidt/Lutter AktG, Band 1)

Schmidt, Karsten/*Lutter*, Marcus: Aktiengesetz Kommentar, Band 2, 5. Auflage, 2024 (zitiert: *Bearbeiter*, in: K. Schmidt/Lutter AktG, Band 2)

Schmidt, Walter: Umgestaltung der Satzungen der Aktiengesellschaften nach dem neuen Aktiengesetz, 1937 (zitiert: *W. Schmidt*, Umgestaltung der Satzungen der AG nach dem neuen Aktiengesetz, 1937)

Schneider, Uwe H: Der Aufsichtsrat des herrschenden Unternehmens im Konzern, in: Franz Häuser/Horst Hammen/Joachim Hennrichs/Anja Steinbeck/Ulf R. Siebel/Reinhard Welter, Festschrift für Walther Hadding zum 70. Geburtstag, 2004, S. 621–636 (zitiert: *Uwe H. Schneider*, in: FS Hadding, 2004, 621)

Schnorbus, York/*Ganzer*, Felix: Zustimmungsvorbehalte des Aufsichtsrats – Rechte, Pflichten und Haftungsrisiken von Vorstand und Aufsichtsrat – Teil I, Betriebsberater, 2020, 386 (zitiert: *Schnorbus/Ganzer*, BB 2020, 386)

Schnorbus, York/*Ganzer*, Felix: Zustimmungsvorbehalte des Aufsichtsrats – Rechte, Pflichten und Haftungsrisiken von Vorstand und Aufsichtsrat – Teil II, Betriebsberater, 2020, 451 (zitiert: *Schnorbus/Ganzer*, BB 2020, 451)

Scholz, Franz: Kommentar zum GmbH-Gesetz, Band II, 13. Auflage, 2024 (zitiert: *Bearbeiter*, in: Scholz GmbHG, Band II)

Schön, Wolfgang: Anmerkung zum BGH, Urteil v. 15.11.1993, – II ZR 235/92, Juristen Zeitung, 1994, 684 (zitiert: *Schön*, JZ 1994, 684)

Schönberger, Katja: Der Zustimmungsvorbehalt des Aufsichtsrates bei Geschäftsführungsmaßnahmen des Vorstands (§ 111 Abs. 4 Satz 2–4 AktG), 2006 (zitiert: *Schönberger*, Zustimmungsvorbehalt)

Schöne, Franz Josef/*Laufenburg*, Merlin: Aufklärungspflichten beim Unternehmenskauf: „Ehrlich währt am längsten", Betriebsberater, 2022, 72 (zitiert: *Schöne/Laufenburg*, BB 2022, 72)

Schönhaar, Tobias: Verfahrensabläufe bei Unternehmenskaufverträgen, Gesellschaft- und Wirtschaftsrecht, 2014, 273 (zitiert: *Schönhaar*, GWR 2014, 273)

Schreyögg, Georg: Unternehmensstrategie, 1984 (zitiert: *Schreyögg*, Unternehmensstrategie)

Schreyögg, Georg: Der Aufsichtsrat als Steuerungsinstrument des Vorstandes – die Verwaltung der Aktiengesellschaft im Lichte der neueren Managementlehre, Die Aktiengesellschaft, 1983, 278 (zitiert: *Schreyögg*, AG 1983, 278)

Schröcker, Stefan: Unternehmenskauf und Anteilskauf nach der Schuldrechtsreform, Zeitschrift für Unternehmens- und Gesellschaftsrecht, 2005, 63 (zitiert: *Schröcker*, ZGR 2005, 63)

Schubert, Sascha: Informationsaustausch im Rahmen von Zusammenschlussvorhaben, Zeitschrift für Wettbewerbsrecht, 2013, 54 (zitiert: *Schubert*, ZWeR 2013, 54)

Schubert, Werner/*Schmid*, Werner/*Regge*, Jürgen (Hrsg.): Akademie für Deutsches Recht, 1933–1945, Protokolle der Ausschüsse, Band 1, Ausschuß für Aktienrecht, 1986 (zitiert: *Schubert/Schmid/Regge* (Hrsg.), Akademie f. Deutsches Recht 1933–1945, Protokolle Ausschüsse, Band 1, Aktienrecht, 1986)

Schwark, Eberhard: Zum DGB-Entwurf eines Mitbestimmungsgesetzes 1982, Die Aktiengesellschaft, 1983, 303 (zitiert: *Schwark*, AG 1983, 303)

Seebach, Daniel: Kontrollpflicht und Flexibilität – Zu den Möglichkeiten des Aufsichtsrats bei der Ausgestaltung und Handhabung von Zustimmungsvorbehalten, Die Aktiengesellschaft, 2012, 70 (zitiert: *Seebach*, AG 2012, 70)

Seibert, Ulrich: Was ist Corporate Governance und warum beschäftigt sie die Gesetzgebung so intensiv? in: Bernd Erle/Wulf Goette/Detlef Kleindiek/Gerd Krieger/Hans Joachim

Priester/Christian Schubel/Martin Schwab/Christoph Teichmann/Carl-Heinz Witt, Festschrift für Peter Hommelhoff zum 70. Geburtstag, 2012, S. 1111–1122 (zitiert: *Seibert*, in: FS Hommelhoff, 2012, 1111)

Seibert, Ulrich: Das „TransPuG" Gesetz zur weiteren Reform des Aktien- und Bilanzrechts, zu Transparenz und Publizität (Transparenz- und Publizitätsgesetz) –, Neue Zeitschrift für Gesellschaftsrecht, 2002, 608 (zitiert: *Seibert*, NZG 2002, 608)

Seibert, Ulrich: Aktienrechtsreform in Permanenz? Die Aktiengesellschaft, 2002, 417 (zitiert: *Seibert*, AG 2002, 417)

Seibert, Ulrich: Der Deutsche Corporate Governance Kodex ist da, Betriebs-Berater, 2002, 581 (zitiert: *Seibert*, BB 2002, 581)

Seibert, Ulrich: Transparenz- und Publizitätsgesetz, Zeitschrift für Wirtschaftsrecht (ZIP), 2001, 2192 (zitiert: *Seibert*, ZIP 2001, 2192)

Seibert, Ulrich: Gesetzentwurf: Kleine AG und Aktienrechtsderegulierung, Zeitschrift für Wirtschaftsrecht (ZIP), 1994, 247 (zitiert: *Seibert*, ZIP 1994, 247)

Seibert, Ulrich/*Kiem*, Roger/*Schüppen*, Matthias (Hrsg.): Handbuch der kleinen AG, 5. Auflage, 2008 (zitiert: *Bearbeiter*, in: HB Kleinen AG)

Semler, Johannes: Gedanken zur materiellen Unternehmensverfassung, in: Barbara Grunewald/Harm Peter Westermann, Festschrift für Georg Maier-Reimer zum 70. Geburtstag, 2010, S. 689–710 (zitiert: *Semler*, in: FS Maier-Reimer, 2010, 689)

Semler, Johannes: Zustimmungsvorbehalte als Instrument der Überwachung, in: Susanne Kalss/Christian Nowotny/Martin Schauer (Hrsg.), Festschrift Peter Doralt zum 65. Geburtstag, 2004, S. 609–623 (zitiert: *Semler*, in: FS Doralt, 2004, 609)

Semler, Johannes: Entscheidungen und Ermessen im Aktienrecht, in: Mathias Habersack/Peter Hommelhoff/Uwe Hüffer/Karten Schmidt, Festschrift für Peter Ulmer zum 70. Geburtstag, 2003, S. 627–642 (zitiert: *Semler*, in: FS Ulmer, 2003, 627)

Semler, Johannes: Rechtsvorgabe und Realität der Organzusammenarbeit in der Aktiengesellschaft, in: Uwe H. Schneider/Peter Hommelhoff/Karsten Schmidt/Barbara Grunewald/Wolfram Timm/Tim Drygala, Festschrift für Marcus Lutter zum 70. Geburtstag, 2000, S. 721–734 (zitiert: *Semler*, in: FS Lutter, 2000, 721)

Semler, Johannes: Leitung und Überwachung der Aktiengesellschaft, 2. Auflage, 1996 (zitiert: *Semler*, Leitung und Überwachung)

Semler, Johannes: Reformbedarf im Aktienrecht, 1994 (zitiert: *Bearbeiter*, in: Semler Reformbedarf Aktienrecht, 1994)

Semler, Johannes: Die Unternehmensplanung in der Aktiengesellschaft, Zeitschrift für Unternehmens- und Gesellschaftsrechts, 1983, 1 (zitiert: *Semler*, ZGR 1983, 1)

Sethe, Rolf: Aufsichtsratsreform mit Lücken, Die Aktiengesellschaft, 1996, 289 (zitiert: *Sethe*, AG 1996, 289)

Sethe, Rolf: Die personalistische Kapitalgesellschaft mit Börsenzugang: Die reformierte KGaA als Mittel zur Verbesserung der Eigenkapitalausstattung deutscher Unternehmen, 1995 (zitiert: *Sethe*, Personalistische Kapitalgesellschaft)

Shapiro, Carl: Premiums for High Quality Products as Returns to Reputations, The Quarterly Journal of Economics, 1983, 659 (zitiert: *Shapiro*, Q. J. Econ. 1983, 659)

Shaukat, Amama/*Grzegorz*, Trojanowski: Board governance and corporate performance, Journal of Business Finance & Accounting, 2018, 184 (zitiert: *Shaukat/Trojanowski*, JBFA 2018, 184)

Shaw, John: Governance and Accountability: Corporate Governance, Hume Papers on Public Policy, Volume 1, 1993, 20 (zitiert: *Shaw*, Hume Papers Vol. 1, 1993, 20)

Shrives, Philip J./*Brennan*, Niamh M.: Explanations for corporate governance non-compliance: A rhetorical analysis, Critical Perspectives on Accounting, Volume 49, 2017, 31 (zitiert: *Shrives/Brennan*, CPA 2017, 31)

Shutkever, Carol/*Hayward*, Rachel: Delegation of directors' powers: when is it permitted? PLC Magazine 2016, 12 (zitiert: *Shutkever/Hayward*, PLC Mag. 2016, 12)

Sigle, Walter: Beiräte, Neue Zeitschrift für Gesellschaftsrecht, 1998, 619 (zitiert: *Sigle*, NZG 1998, 619)

Spill, Joachim: Due Diligence – Praxishinweise zur Planung, Durchführung und Berichterstattung, Deutsches Steuerrecht, 1999, 1786 (zitiert: *Spill*, DStR 1999, 1786)

Spindler, Gerald: Prognosen im Gesellschaftsrecht, Die Aktiengesellschaft, 2006, 677 (zitiert: *Spindler*, AG 2006, 677)

Spindler, Gerald: Die Empfehlungen der EU für den Aufsichtsrat und ihre deutsche Umsetzung im Corporate Governance Kodex? Zeitschrift für Wirtschaftsrecht (ZIP), 2005, 2033 (zitiert: *Spindler*, ZIP 2005, 2033)

Spindler, Gerald: Deregulierung des Aktienrechts? Die Aktiengesellschaft, 1998, 53 (zitiert: *Spindler*, AG 1998, 53)

Spindler, Gerald/*Kepper*, Katrin: Funktionen, rechtliche Rahmenbedingungen und Gestaltungsmöglichkeiten des GmbH-Beirats (Teil II), Deutsches Steuerrecht, 2005, 1775 (zitiert: *Spindler/Kepper*, DStR 2005, 1775)

Steinbeck, Claudia: Überwachungspflicht und Einwirkungsmöglichkeiten des Aufsichtsrats, 1992 (zitiert: *Steinbeck*, Überwachungspflicht)

Steinfeld, Alan/*Mann*, Martin/*Ritchie*, Richard/*Weaver*, Elizabeth/*Galley*, Helen/*Adair*, Stuart/*McLarnon*, Neil/*Cloherty*: Blackstone's Guide to The Companies Act 2006, 2007 (zitiert: *Steinfeld et al.*, Blackstone's CA 2006)

Steinmann, Horst/*Gerum*, Elmar: Unternehmenspolitik in der Mitbestimmung Unternehmung, Die Aktiengesellschaft, 1980, 1 (zitiert: *Steinmann/Gerum*, AG 1980, 1)

Stengel, Arndt/*Scholderer*, Frank: Aufklärungspflichten beim Beteiligungs- und Unternehmenskauf, Neue Juristische Woche, 1994, 158 (zitiert: *Stengel/Scholderer*, NJW 1994, 158)

Stiller-Meynerts, Kirsten/*Rohloff*, Christoph: Post Merger Management, 2022 (zitiert: *Stiller-Meynerts/Rohloff*, Post Merger Management, 2022)

Stoffels, Markus: Grenzen der Informationsweitergabe durch den Vorstand einer Aktiengesellschaft im Rahmen einer „Due Diligence", Zeitschrift für das gesamte Handelsrecht und Wirtschaftsrecht, 2001, 362 (zitiert: *Stoffels*, ZHR 2001, 362)

Streicher, René: Zustimmungsvorbehalte in der mitbestimmten GmbH, GmbH-Rundschau, 2014, 1188 (zitiert: *Streicher*, GmbHR 2014, 1188)

Tettenborn, Martin/*Höltken*, Matthias: Zur Beschaffenheit des Goodwill, Der Betrieb, 2018, 2513 (zitiert: *Tettenborn/Höltken*, DB 2018, 2513)

Teubner, Gunther: Der Beirat zwischen Verbandssouveränität und Mitbestimmung – Zu den Schranken der Beiratsverfassung in der GmbH, Zeitschrift für Unternehmens- und Gesellschaftsrecht, 1986, 565 (zitiert: *Teubner*, ZGR 1986, 565)

Theisen, Manuel René: Kostenstelle Aufsichtsrat, in: Detlev Joost/Hartmut Oetker/Marian Paschke, Festschrift für Franz Jürgen Säcker zum 70. Geburtstag, 2011, S. 487–512 (zitiert: *Theisen*, in: FS Säcker, 2011, 487)

Theisen, Manuel René: Grundsätze ordnungsgemäßer Kontrolle und Beratung der Geschäftsführung durch den Aufsichtsrat, Die Aktiengesellschaft, 1995, 193 (zitiert: *Theisen*, AG 1995, 193)

Thiessen, Jan: Zustimmungsvorbehalte des Aufsichtsrats zwischen Pflicht und Kür, Die Aktiengesellschaft, 2013, 573 (zitiert: *Thiessen*, AG 2013, 573)

Thomas, Randall S./*Van der Elst*, Christoph: Say on Pay around the World, Washington University Law Review, 2014, 653 (zitiert: *Thomas/Van der Elst*, Wash. U. L. Rev. 2014, 653)

Thümmel, Roderich C.: Aufsichtsratshaftung vor neuen Herausforderungen – Überwachungsfehler, unternehmerische Fehlentscheidung, Organisationsmängel und andere Risikofelder, Die Aktiengesellschaft, 2004, 83 (zitiert: *Thümmel*, AG 2004, 83)

Thüsing, Gregor: Professionalisierung des Aufsichtsrats, Zeitschrift für Wirtschaftsrecht (ZIP), 2020, 2500 (zitiert: *Thüsing*, ZIP 2020, 2500)

Tiedemann, Klaus: Strafrechtliche Grundprobleme im Kartellrecht, Neue Juristische Wochenschrift, 1979, 1849 (zitiert: *Tiedemann*, NJW 1979, 1849)

Tribess, Alexander/*Spitz*, Marc René: Datenschutz im M&A-Prozess, Gesellschafts- und Wirtschaftsrecht, 2019, 261 (zitiert: *Tribess/Spitz*, GWR 2019, 261)

Tricker, Bob: Corporate Governance – Principles, Policies, and Practices, 4. Auflage, 2019 (zitiert: *Tricker*, Corporate Governance)

Van Hulle, Karel/*Maul*, Silja/*Drinhausen*, Florian (Hrsg.): Handbuch zur Europäischen Gesellschaft (SE), 2. Auflage, 2022 (zitiert: *Bearbeiter*, in: HB SE)

Van Venrooy, Gerd J.: Zwingende Zustimmungsvorbehalte der Gesellschafterversammlung gegenüber der Geschäftsführung, GmbH-Rundschau, 2005, 1243 (zitiert: *Van Venrooy*, GmbHR 2005, 1243)

Vetter, Eberhard: Corporate Governance in der GmbH – Aufgaben des Aufsichtsrats der GmbH, GmbH-Rundschau, 2011, 449 (zitiert: *Vetter*, GmbHR 2011, 449)

Vollmer, Lothar: Die mitbestimmte GmbH, Zeitschrift für Unternehmens- und Gesellschaftsrecht, 1979, 135 (zitiert: *Vollmer*, ZGR 1979, 135)

von Mangoldt/Klein/Starck (Hrsg.): Grundgesetz Kommentar, 7. Auflage, 2018 (zitiert: *Bearbeiter*, in: v. Mangoldt/Klein/Starck GG)

Wank, Frank: Der Kompetenzkonflikt zwischen Gesellschaftern und Aufsichtsrat in der mitbestimmten GmbH, GmbH-Rundschau, 1980, 121 (zitiert: *Wank*, GmbHR 1980, 121)

Weißhaupt, Frank: Geschäftsleiter der Zielgesellschaft als „Diener zweier Herren" des Unternehmenskaufvertrages? Zeitschrift für Wirtschaftsrecht (ZIP), 2016, 2447 (zitiert: *Weißhaupt*, ZIP 2016, 2447)

Werder, Axel v.: Der Deutsche Corporate Governance Kodex – Grundlagen und Einzelbestimmungen, Der Betrieb, 2002, 801 (zitiert: *v. Werder*, DB 2002, 801)

Werder, Axel von/*Kost*, Timo: Vertraulichkeitsvereinbarung in der M&A-Praxis, Betriebs-Berater, 2010, 2903 (zitiert: *v. Werder/Kost*, BB 2010, 2903)

Werner, Rüdiger: Earn-Out-Klauseln – Kaufpreisanpassung beim Unternehmenskauf, Deutsches Steuerrecht, 2012, 1662 (zitiert: *Werner*, DStR 2012, 1662)

Westermann, Harm Peter: Eigenständige Wahrnehmung der Aufsichtsratspflichten, in: Bernd Erle/Wulf Goette/Detlef Kleindiek/Gerd Krieger/Hans Joachim Priester/Christian Schubel/Martin Schwab/Christoph Teichmann/Carl-Heinz Witt, Festschrift für Peter Hommelhoff zum 70. Geburtstag, 2012, S. 1319–1338 (zitiert: *Westermann*, in: FS Hommelhoff, 2012, 1319)

Weyl, Desmond: Zustimmungsvorbehalte nach § 111 Abs. 4 Satz 2 AktG als Möglichkeit einer Konzernsteuerung, 2015 (zitiert: *Weyl*, Zustimmungsvorbehalte Konzernsteuerung)

Wiedemann, Herbert: Aufstieg und Krise des GmbH-Konzernrechts, GmbH-Rundschau, 2011, 1009 (zitiert: *Wiedemann*, GmbHR 2011, 1009)

Wiedemann, Herbert: Ist der Kleinaktionär kein Aktionär?, in: Georg Bitter/Marcus Lutter/Hans-Joachim Priester/Wolfgang Schön/Peter Ulmer, Festschrift für Karsten Schmidt zum 70. Geburtstag, 2009, S. 1731–1742 (zitiert: *Wiedemann*, in: FS Karsten Schmidt, 2009, 1731)

Wiedemann, Herbert: Die Zukunft des Gesellschaftsrechts, in: Marcus Lutter/Walter Stimpel/Herbert Wiedemann, Festschrift für Robert Fischer, 1979, S. 883–904 (zitiert: *Wiedemann*, in: FS Fischer, 1979, 883)

Wiedemann, Herbert: Aufgaben und Grenzen der unternehmerischen Mitbestimmung der Arbeitnehmer, Betriebs-Berater, 1978, 5 (zitiert: *Wiedemann*, BB 1978, 5)

Wiedemann, Herbert: Die Haftung des Verkäufers von Gesellschaftsanteilen für Mängel des Unternehmens, in: Rolf Dietz, Heinz Hübner, Festschrift für Hans Carl Nipperdey zum 70. Geburtstag, 1965, Band I, S. 815–836 (zitiert: *Wiedemann*, in: FS Nipperdey, 1965, 815)

Wieneke, Lauren: Der Einsatz von Aktien als Akquisitionsgewährung, Neue Zeitschrift für Gesellschaftsrecht, 2004, 61 (zitiert: *Wieneke*, NZG 2004, 61)

Windbichler, Christine: Zur Trennung von Geschäftsführung und Kontrolle bei amerikanischen Großgesellschaften, Zeitschrift für Unternehmens- und Gesellschaftsrecht, 1985, 50 (zitiert: *Windbichler*, ZGR 1985, 50)

Winter, Martin: Die Verantwortlichkeit des Aufsichtsrats für „Corporate Compliance", in: Jens Koch/Peter Ulmer/Martin Winter (Hrsg.), Festschrift für Uwe Hüffer zum 70. Geburtstag, 2010, S. 1103–1128 (zitiert: *Winter*, in: FS Hüffer, 2010, 1103)

Wirth, Gerhard: Anforderungsprofil und Inkompatibilität für Aufsichtsratsmitglieder, Zeitschrift für Unternehmens- und Gesellschaftsrecht, 2005, 327 (zitiert: *Wirth*, ZGR 2005, 327)

Wirtz, Markus: Die Aufsichtspflichten des Vorstandes nach OWiG und KonTraG, Wirtschaft und Wettbewerb, 2001, 342 (zitiert: *Wirtz*, WuW 2001, 342)

Wittmann, Josef: Die Haftungsbeschränkung beim Unternehmenskauf nach deutschem und US-Recht, Zeitschrift für Internationales Wirtschaftsrecht, 2022, 209 (zitiert: *Wittmann*, IWRZ 2022, 209)

Worthington, Sarah/*Angew*, Sinéad: Sealy & Worthington's Company Law, 12. Auflage, 2022 (zitiert: *Worthington/Angew*, Company Law, 2022)

Zöllner, Wolfgang: Aktienrechtsreform in Permanenz – Was wird aus den Rechten des Aktionärs? Die Aktiengesellschaft, 1994, 336 (zitiert: *Zöllner*, AG 1994, 336)

Zöllner, Wolfgang: GmbH und GmbH und Co. KG in der Mitbestimmung, Zeitschrift für Unternehmens- und Gesellschaftsrecht, 1977, 319 (zitiert: *Zöllner*, ZGR 1977, 319)

Zöllner, Wolfgang/*Noack*, Ulrich/*Zetzsche*, Dirk (Hrsg.): Kölner Kommentar zum Aktiengesetz, Band 7, 4. Auflage, 2022 (zitiert: *Bearbeiter*, in: KK-AktG, Band 7)

Zöllner, Wolfgang/*Noack*, Ulrich (Hrsg.): Kölner Kommentar zum Aktiengesetz, Band 5, 3. Auflage, 2018 (zitiert: *Bearbeiter*, in: KK-AktG, Band 5)

Zöllner, Wolfgang/*Noack*, Ulrich (Hrsg.): Kölner Kommentar zum Aktiengesetz, Band 2/2, 3. Auflage, 2013 (zitiert: *Bearbeiter*, in: KK-AktG, Band 2/2)

Zweigert, Konrad/*Kötz*, Hein: Einführung in die Rechtsvergleichung, 3. Auflage, 1996 (zitiert: *Zweigert/Kötz*, Rechtsvergleichung)

Stichwortverzeichnis

Dimitrij Voronov

Innen- und Außenkommunikation von Vorstand und Aufsichtsrat einer Aktiengesellschaft

Der Gegenstand der Arbeit ist die Untersuchung der Systematik, Grenzen und Reichweite der Kompetenzen von Vorstand und Aufsichtsrat im Bereich der Innen- und Außenkommunikation einer unabhängigen, börsennotierten AG sowie der damit verbundenen Kompetenzausübungsschranken. Die Arbeit verfolgt das Ziel, durch systematische Analyse einen Beitrag zur Definition rechtlicher Kommunikationsregeln der Verwaltungsorgane einer AG zu leisten. Die Beantwortung der Fragen der Kommunikationskompetenzen des Vorstands und Aufsichtsrats erfolgt durch eine ganzheitliche Analyse des Kompetenzverteilungssystems des Aktienrechts in diesem Bereich. Im ersten Teil werden die gesetzliche Systematik und die Reichweite der Innenkommunikation der Verwaltungsorgane der Aktiengesellschaft untersucht. Im zweiten Teil erfolgt eine Untersuchung der Außenkommunikation der Verwaltungsorgane einer AG. Eine besondere Bedeutung kommt dabei der Untersuchung der Reichweite der Außenkommunikation des Aufsichtsrats zu.

Schriften zum Wirtschaftsrecht, Band 365
186 Seiten, 2025
ISBN 978-3-428-19436-0, € 69,90
Titel auch als E-Book erhältlich.

Duncker & Humblot · Berlin